中国信托法

TRUST LAW OF CHINA

Zhao Lianhui

赵廉慧　著

中国教育出版传媒集团
高等教育出版社·北京

图书在版编目（CIP）数据

中国信托法 / 赵廉慧著. -- 北京：高等教育出版社，2024.6
ISBN 978-7-04-062043-6

Ⅰ. ①中… Ⅱ. ①赵… Ⅲ. ①信托法-中国 Ⅳ. ①D922.282.4

中国国家版本馆 CIP 数据核字（2024）第 072526 号

中国信托法

Zhongguo Xintuo Fa

策划编辑 姜 洁　责任编辑 周轶男　封面设计 张申申　版式设计 徐艳妮
责任绘图 黄云燕　责任校对 刘丽娴　责任印制 赵 佳

出版发行 高等教育出版社
社 址 北京市西城区德外大街 4 号
邮政编码 100120
印 刷 河北宝昌佳彩印刷有限公司
开 本 787mm × 1092mm 1/16
印 张 26.25
字 数 580 千字
购书热线 010-58581118
咨询电话 400-810-0598
网 址 http://www.hep.edu.cn
http://www.hep.com.cn
网上订购 http://www.hepmall.com.cn
http://www.hepmall.com
http://www.hepmall.cn
版 次 2024 年 6 月第 1 版
印 次 2024 年 11 月第 2 次印刷
定 价 66.00 元

物 料 号 62043-00

前　言

党的二十大报告指出："完善社会治理体系"，"加快推进市域社会治理现代化"。这是再创"中国之治"新辉煌的必然要求。信托制度不仅是理财和商业活动的灵活工具，在慈善公益事业、养老和社会基金管理（职业年金、住房公积金、公共维修基金）、家庭财产和谐传承（民事信托、家族信托）、特殊群体保护（特殊需要信托、预付费信托）以及基层治理（物业信托）等方面也发挥着重要的社会作用。

上善若水。信托法如同法律制度中的"水"，填补社会生活规则供给"洼地"，为社会治理注入活力，为社会关系注入信任。本书作为系统介绍信托法相关理论与实务的教材，具有以下几方面特点。

第一，本土化的尝试。不少师友都在询问本书和《信托法解释论》（中国法制出版社2015年版）之间的关系。《信托法解释论》出版已八年有余，承蒙读者厚爱，虽未曾修订，但重印已十余次。《信托法解释论》的定位是理论书，虽然也是立足中国法，但有比较多的理论铺陈。本书则尽量避免理论的过度展开，特别是关于比较法的讨论，而增加了很多国内真实案例和事例，更关注国内信托领域的实践，致力于将信托法理无缝嵌入我国的民商法、金融法和社会法之中。所以，本书是一本更加本土化的作品。

日本学者道垣内弘人在2017年出版《信托法》一书，该书副标题就是"民法别卷"，书中没有一个英文注释，可以理解为他把该书当作运用本土民商法理论资源解释信托法的一个样本。我也不揣浅陋、择善而从，尽量克制对外国法的引用，尝试写出一部真正的中国信托法教材。

第二，简明，但不简单。一直想写一本简明扼要、通俗易懂的中国信托法教材，但是一旦下笔，发现谈何容易！信托法中的信托财产和信托受益权的性质、信托财产独立性、受托人的有限责任、受托人的信义义务相关原理及相关规则都非常复杂和精细，过分简略的表达和过分抽象的概括可能会误导信托法的初学者。在书中，我引用了英国哲学家斯泰宾的名言：“一种复杂的事态很少能用一句话说明它的真相……我们很容易养成一种习惯，接受一些可以免除我们思考之劳的简明的论断。”法律是复杂事态，信托法更是如此，我们要对过分斩钉截铁的判断和看似对称完美的论证保持警惕。

例如，“信托财产的独立性”是典型的“罐头语言”，它没有告诉我们：这种独立性是针对谁的独立性？独立性的含义为何，是否类似于法人财产？如何实现这种独立性？受托人的有限责任的含义为何？受托人的有限责任和信托财产的独立性是何关系？

再如，信托受托人的主要义务是信义义务，但信义义务为什么被称为法定义务？它和约定义务的关系如何？忠实义务和谨慎义务作为信义义务的主要内容，分别提供了哪些行为规则？违反这些规则，信托相关法律又提供了什么样的救济？

所以，本书虽然力图用最明了的方式解读我国实践中核心和棘手的信托法律问题，但是绝不回避信托法律问题的复杂性。

第三，建构信托法理论体系。本书的一个任务是建立信托法内部诸制度间的联系，在一个完整的体系结构中理解具体制度和规则。

例如，《信托法》第 2 条关于“信托”的定义中出现的“按委托人的意愿”和“为受益人的利益”的表述，是贯穿整个信托法的核心命题，在探讨委托人、受益人的权利和受托人的义务的过程中，无时无刻不需要关注委托人的意愿和受益人利益之间的平衡。

又如，关于忠实义务违反，除了《信托法》第 25—28 条有明确规定之外，关于信托报酬的规定（第 35 条）、关于分别管理和分别记账的规定（第 29 条）、关于禁止抵销（第 18 条）的规定，都与此相关。

再如，关于财产权结构的规则是信托法的核心。在信托的财产权结构中，信托财产是受托人用于偿还信托债务和给付信托利益的责任财产，信托财产的独立性很明显并没有包括将受托人的固有财产隔离于信托债务之外的效力，这对于理解受托人对第三人责任的规则（第 37 条）是至关重要的。当然，在更宏观的维度上，我们需要理解民事责任的基本原理：民事主体承担的责任原则上是个人责任。因信托财产不具有主体地位，信托财产必须依附于受托人，承担信托债务的责任财产包括受托人的个人财产是顺理成章的。受托人对第三人的法定有限责任必须有法律的明确规定，而我国的信托法并没有对此作出明确规定。

第四，选取真实的案例。本书不仅关注真实案例呈现的真实商业交易和生活安排的复杂性，且特意将对事实问题的关注限制在合理的范围之内。所以，本书主要节选引用法院裁判文书中的说理部分并展开分析。有时，一个糟糕的说理带来的教益并不比一个优秀的说理少。很多时候，本书仅仅截取案例中与特定章节相关的法律问题进行探讨。对于大多数读者而言，只需要阅读“案例评析及问题”部分即可，而不用费力追寻案例的全貌。

第五，设置开放的问题。本书每章章末都附有思考题。这些思考题并非法律职业资格考试意义上的试题，是开放性的，没有标准答案。唯有通过不断地思考、反复阅读，才能深入理解信托法的相关基本原理、规则和功能。

最后，感谢高等教育出版社的姜洁老师。《信托法解释论》出版后不久，姜老师就与我联系，看能不能按照与王军兄的大著《中国公司法》类似的风格写一本信托法教材。当时我的主要担忧在于，中国信托法的案例从质到量都严重不足，无法支撑一部通过案例阐释法理的作品。本书最终得以出版，离不开姜老师的督促、鼓励和支持。

感谢责任编辑周轶男老师。周老师专业、认真且细致，对书稿精心编辑，提出很多合理化建议，为本书增色不少，也让我对本书的出版增添不少信心。

感谢中国政法大学的出版资助。中国政法大学的博士研究生王玮和硕士研究生林国章、赵子璇、胡润泽、张瑞宁、侯文卓等同学对书稿进行了精心的校对，这里一并表示感谢。

赵廉慧

2023 年 11 月于北京

2024 年 2 月修订于牛津大学图书馆

目　　录

第一章 概述

法律缺乏衡平，相当于躯体没有灵魂。

——Jean Bodin, Six livres de la république (1576).[①]

（在童话故事《睡美人》中）一个邪恶的仙女参加了奥罗拉公主的洗礼仪式，她施与了诅咒而非赐予礼物。她预言有一天奥罗拉会用纺锤刺穿她的手，她在那一天“肯定会死”。之后，善良的仙女教母希波吕塔也将她的洗礼礼物赐予了孩子。她没有完全消解邪恶仙女预言的能力，但她至少可以将死刑减刑为沉睡。衡平法不能消除法律的效力，但它可以缓和糟糕法律的影响。衡平法不破坏规则，而只是弯曲了规则。

——Gary Watt[②]

信托的模式包括“信托 = 财产处分模式、信托 = 契约模式、信托 = 制度模式”三种。

——［日］能见善久[③]

① 转引自 Gary Watt, *Equity Stirring, The Story of Justice Beyond Law,* Hart Publishing, 2009, p.136。

② Gary Watt, *Equity Stirring, The Story of Justice Beyond Law,* Hart Publishing, 2009, p.2.

③ ［日］能见善久：《现代信托法》，赵廉慧译，中国法制出版社 2011 年版，第 10—15 页。

第一节　信托的应用场景

在我国，信托法是被严重低估的私法制度。信托在民事、公益慈善、商事、养老等广泛的领域都有着十分重要的应用。

一、民事领域

（一）信托在家庭内部传承、赡养、抚养和扶助方面的功能

在家庭财产继承与分配、老年人的赡养、未成年人抚养和残障人士扶助等领域，信托制度能发挥其他民事法律制度很难发挥的作用，近年来在国内已经出现不少相关案例。

案例 1-1-1[①]　**李某 4 遗嘱信托案**[②]

李某 4 于 2015 年 8 月 1 日写下亲笔遗嘱一份，内容如下：

一、财产总计：1. 上海元普投资管理有限公司投资 500 万元月月盈招商证券托管；2. 上海银行易精灵及招商证券约 500 万元；3. 房产：金家巷、青浦练塘前进街、海口房产各一套。二、财产处理：1. 在上海再购买三房两厅房产一套，该房购买价约 650 万元，只传承给下一代，永久不得出售。现有三套房产可出售，出售的所得并入“李某 4 家族基金会”，不出售则收租金。2. 剩余 350 万元资金及房产出售款项约 400 万元和 650 万元房屋及其他资产约 1 400 万元，成立“李某 4 家族基金会”管理。三、财产法定使用：妻子钦某某、李某 2 每月可领取生活费 1 万元整，现房租金 5 000 元，再领现金 5 000 元，所有的医疗费全部报销，买房之前的房租全额领取。李某 2 国内学费全报。每年钦某某、李某 5、李某 6、李某 7 各从基金领取管理费 1 万元。妻儿、三兄妹医疗费自费部分报销一半住院大病。四、以后有补充，修改部分以日后日期为准。财产的管理由钦某某、李某 5、李某 6、李某 7 共同负责。新购 650 万元房产钦某某、李某 2、李 1 均有权居住，但不居住者，不能向居住者收取租金。（说明：钦某某为立遗嘱人李某 4 的现任妻子；李 1 是李某 4 和前妻所生女儿，1983 年生；李某 2 为李某 4 和钦某某所生女儿，2006 年生；李某 5、李某 6、李某 7 为李某 4 之兄弟姐妹。）

一审法院判决认为，本案的自书遗嘱符合继承法的要件，遗嘱的内容符合信托法对遗嘱信托的要求，虽然有部分遗嘱的内容因客观原因不能执行，但不妨碍在剩余的财产上继续执行。二审法院基本支持了一审法院的判决，依照《继承法》[③]相关规定和《信托法》第 2 条、第 6 条、第 8 条第 1 款、第 2 款、第 9 条、第 13 条第 1 款、第 31 条第 1 款、第 42 条之规定，判决李某 4 所立遗嘱有效，依法成立信托，李 1 要求按照遗嘱继承的请求可获支持。李

---

① 本书截取的案例按在章节中出现的顺序编号，如**案例 1－1－1**，即第一章第一节第一个案例。

② 上海市第二中级人民法院（2019）沪 02 民终 1307 号二审民事判决书。

③ 本书引用之国内法律，除特殊情况外，一般使用简称，如《中华人民共和国继承法》简称为《继承法》。

某6、李某5、李某7要求执行遗嘱的请求可获支持，并担任受托人，根据判决指定的范围，按照法律规定以及遗嘱的内容履行受托人义务。遗嘱范围以外的遗产，按照法定继承进行分割。

再以抚养残疾子女为目的的信托为例，父母年事渐高，为了自己的残疾子女的利益，以自己作为委托人，以有关机构作为受托人，把金钱和房屋等作为信托财产转移给相关机构，使其承担抚养残疾子女的职责，这是特殊需要信托的典型应用场景。在课征赠与税的国家，这种安排还能得到税收优待。通过这种安排，让专业的、长期存在的机构作为残疾子女的抚养人，这对能力渐衰的父母而言是一个福音。

（二）家族信托的兴起

家族信托并非一个规范的法律概念。它本质上属于民事信托（见本章关于信托分类的讨论），既可以是营业型的家族信托（信托机构受托），也可以是非营业型的家族信托（非信托机构受托，如**案例 1－1－1**“李某4遗嘱信托案”）。中国银行保险监督管理委员会（以下简称“银保监会”）[①]的一个规范性文件（以下简称“37号文”）[②]把信托公司作为受托人的家族信托定义为“信托公司接受单一个人或者家庭的委托，以家族财富的保护、传承和管理为主要信托目的，提供财产规划、风险隔离、资产配置、子女教育、家庭治理、公益（慈善）事业等定制化事务管理和金融服务的信托业务”。本书对该定义作几点评论：

第一，以信托目的作为主要区分标准。家族信托以家族财富的保护、传承和管理为主要信托目的。单纯以追求信托财产保值增值为主要信托目的、具有专户理财性质和资产管理属性的信托业务不属于家族信托，而属于商事信托。在行业内，通常把信托业务区分为私募投行、资产管理和财富管理三大板块，而家族信托属于财富管理业务，与资产管理和私募投行业务等有着根本区别。只是，家族信托本身并不具有特别清晰的概念边界，往往具有综合性，所以该定义特意标明，家族财富的保护、传承和管理是家族信托的主要目的，并不排除某些家族信托包含投资、理财甚至公益的目的。

第二，家族信托不能是纯粹的自益信托。[③]目前，信托业中的信托业务主要是以投融资和保值增值为目的的自益信托，而并非主要以实现与委托人的财产破产隔离甚至财富的代际传承为目的。家族信托则以财产的无偿转移为目的，必须有不同于委托人的受益人存在（他益）。家族信托的“受益人应包括委托人在内的家庭成员”，据此，家族信托主要以设立人（委托人）的家庭成员为受益人，但并非要求所有的受益人都是家庭成员。2023年3月发布的《中国银保监会关于规范信托公司信托业务分类的通知》用“亲属”的定义取代了“家庭成员”的概念，并明确公益慈善信托或慈善组织可以成为受益人，扩大了受益人的范围。

第三，家族信托不能低于1 000万元。这一限制不妥当。之前有一些信托公司有低

---

① 2023年3月，中共中央、国务院印发了《党和国家机构改革方案》，决定在中国银行保险监督管理委员会基础上组建国家金融监督管理总局，不再保留中国银行保险监督管理委员会。

② 《中国银行保险监督管理委员会信托监督管理部关于加强规范资产管理业务过渡期内信托监管工作的通知》。

③ 自益信托，是指委托人和受益人是同一人的信托。受益人是委托人以外的其他人的信托被称为他益信托。

于 1 000 万元的“Mini 家族信托”产品，如果为家族信托施加最低金额要求，会禁锢实践中的探索。而且，作为灵活安排的一部分，有一些家族信托可能会分批注入信托财产，如果因为其首期注入的金额低于 1 000 万元而无效，显然和信托制度的精神相违背。正因为如此，目前业界引入新的分类，允许设立金额以 100 万元为起点的家庭服务信托。[①]

第四，银保监部门[②]作为信托业的监管部门出台文件规范以信托公司作为受托人的家族信托并无问题，但是，信托法理论和实务操作不应基于其定义把非信托公司作为受托人的家族信托排除在外。《信托法》第 24 条第 1 款规定，信托的受托人可以是“具有完全民事行为能力的自然人、法人”，自然人和非信托机构可以受托家族信托，只是操作起来难度较大。

（三）推进民事信托（含家族信托）在我国的应用

在我国，由于当事人缺乏对民事信托的认识，很多人甚至不知道有民事信托制度可资利用，即便知道，也会把民事信托等同于家族信托，认为设立家族信托是财富人士的特权。再加上我国的信托制度本身存在一定不足，使得信托制度不能成为利用者顺心应手的制度工具。

第一，我国的信托制度没有培养出范围广泛的适格受托人。在我国，除了作为营业信托之受托人的信托公司之外，其他的自然人、法人和组织如何成为受托人，如何履行受托职责，法律规则仍然处于未明状态，理论上对现行信托法也缺乏有力且系统的解释；而且，非机构受托人（甚至机构受托人）仍不能赢得委托人的信任。

第二，出于效率的考虑，信托公司等信托机构把自己的客户定位于高端的高净值客户，不接受小额的、非标准化的、非金钱的信托，这是民事信托无法普及的重要原因。

第三，信托登记制度不完善。目前会出现不知道到哪里进行信托（财产）登记，登记机构拒绝提供登记的情形。以不动产和股权等需要登记的财产设立信托面临困难。

第四，我国的信托税制不完善，对信托的税收类型和征税环节都没有合理和系统的规定。

正因为如此，《信托法》虽然颁行二十余年，但信托观念并没有为大众所知，民事信托仍然处在初步发展的阶段。基于同样的原因，公益慈善信托也发展缓慢。

二、公益慈善领域[③]

公益慈善信托是从事公益慈善事业的重要制度工具（详见本书第八章）。

随着社会的发展，对公益慈善事业法律制度的需求在两个端点上产生：一端是公益财产的供给端，另一端是公益财产的需求端。在公益财产的供给端，随着我国社会经济的发展，部分私主体积累了一定的财富，为从事公益事业打下了一定的客观物质基础；

---

① 《中国银保监会关于规范信托公司信托业务分类的通知》。

② 目前为国家金融监督管理总局及其派出机构。

③ 《慈善法》第 44 条规定，“本法所称慈善信托属于公益信托”。本书除特别说明外，不区分公益信托、慈善信托及公益慈善信托。

而且，健康的财富观念正在逐步形成，更多的人开始利用自己创造出来的财富为社会谋取福利，促进公益事业的发展，寻求社会进步和自我价值的实现。另外，在公益财产的需求端，在扶贫、救灾、济困、助残、教育、科技、文化、卫生等传统领域，以及在绿色环保、男女平等、妇女儿童保护、体育、动物保护和社区建设等现代领域，广泛存在着仅靠政府的力量无法满足的巨大社会需求，更多社会力量的参与甚为必要。而公益慈善信托是公益事业发展的重要制度工具之一。

目前，我国存在的公益慈善信托的数量较少、规模较小、期限短[①]，未来仍然有较大发展空间。

三、商事领域

（一）集合资金信托计划

在我国，信托公司（受托人）根据《信托公司集合资金信托计划管理办法》，通过以下步骤设计集合资金信托计划：（1）多名合格投资者把资金转移到信托公司的账户。（2）信托由此成立，投资人（委托人）成为最初的受益人。（3）信托公司把从投资者处募集的资金以债权或者股权等方式投资到合适的项目中，把管理信托财产所取得的收益向受益人分配。这样就确立了投资者＝委托人＝受益人、信托公司＝受托人这样的基本结构。在这种结构中，投资者可以在一定范围内通过转让受益权的方式换取现金。这是我国最简单的集合资金信托。受托人直接从投资者处募集资金，投资者兼任委托人和受益人，受托人把募集的资金作为信托财产进行管理运用，是我国应用十分普遍的信托模式。

在商事信托中，信托财产可以被广泛地运用于资本市场、货币市场和实业市场等，这种灵活的资产管理方式有利于信托财产的保值增值和信托目的的实现。

证券投资信托、不动产投资信托、资产证券化信托、破产信托、产业投资基金和创投基金信托等都是典型的商事信托。[②]

（二）担保信托和以担保为目的的信托

在存在多个债权人的场合，利用信托制度把针对同一资产（不动产或者股权）的担保权转让于一个独立的受托人或是某一个债权人，会带来很多便利。[③]

例如，公司为了筹集资金可以发行公司债，而为了增加公司债的信用、保护公司债之债权人的利益，发行公司债的时候需要对债权人提供担保，即发行“附担保的公司债”。在为公司债的债权人设定担保权之后，每个公司债的债权人理论上都应能够单独实现其担保权。公司债作为有价证券一般可以在不特定的当事人之间转让，但公司债每经一次转让，担保权都需要随之转让，非常不便。因此，就有信托制度之适用余地——可以把

---

① 截至 2023 年 12 月 31 日，我国备案的公益慈善信托数量为 1 652 项，信托财产额为 66.27 亿元。

② 参见李宇：《商业信托法》，法律出版社 2021 年版，第 44—70 页。

③ See *Underhill and Hayton Law of Trusts and Trustees* 19th edition, LexisNexis, 2016, p.65.

公司债的债权人的担保权益作为信托财产转让给受托人；受托人为了债权人的利益保有担保权，并根据不同的情况来实现这一担保权。我国《公司法》《证券法》没有就发行公司债时如何设定担保特别是物权担保作出规定，而中国证券监督管理委员会（简称“中国证监会”）2021 年修订的《公司债券发行与交易管理办法》[①]第 57 条规定，为了保护债券持有人的利益，应设置债券受托管理人。早在 2015 年，《公司债券发行与交易管理办法》明确规定“公司为债券设定担保的，债券受托管理协议应当约定担保财产[②]为信托财产，债券受托管理人应在债券发行前取得担保的权利证明或其他有关文件，并在担保期间妥善保管”，承认了担保信托制度，不过 2021 年修订时删除了类似表述。[③]

另外，《中国银保监会关于规范信托公司信托业务分类的通知》中规定了担保品服务信托，将担保品服务信托定义为“信托公司代表债权人利益，受托管理担保物权，提供担保物集中管理和处置、担保权利集中行使等服务”。

在银团贷款和其他投融资活动中，担保信托及类似的安排都有着广泛的应用。

概括起来，广义的担保信托至少可以包括担保权信托（以担保权作信托财产）和以担保为目的的信托（以担保财产作信托财产）两种。目前实践中存在的主要是第二种。

案例 1-1-2　冯某某与民生银行案[④]

审理法院认定：原告等 45 人向被告信和公司交纳互助保证金和风险准备金，形成资金集合，并委托被告信和公司进行管理，以被告信和公司名义以互助保证金和风险准备金为限，为原告等 45 人向被告民生银行借款提供质押担保，根据《信托法》第 2 条的规定，原告与被告信和公司形成了信托合同关系。

案例 1-1-3　招行徐东支行诉黄冈劳动局案[⑤]

审理法院认为，为了贯彻落实湖北省就业再就业小额担保贷款政策，黄冈劳动局将财政局拨付的小额担保贷款基金委托给第三人黄冈担保公司管理，双方形成信托关系。为了履行信托合同，黄冈担保公司设立小额担保贷款基金专户（账号 56×××77），仅用于下岗再就业小额贷款的担保保证金及逾期贷款的本息代偿，该账户内资金均来源于财政拨款，属于信托财产。根据《信托法》第 17 条规定，黄冈担保公司对招行徐东支行的债务并非处理信托事务产生的债务，设立信托前招行徐东支行对信托财产也不享有优先受偿的权利，不能以该账户内资金履行黄冈担保公司为武汉玛丽公司的借款形成的担保责任，对黄冈劳动局关于停止执行户名为黄冈担保公司的中国银行账户内资金的诉讼请求予以支持。……根据《信托法》第 17 条、《物权法》第 2 条第 2 款、《民事诉讼法》第 227 条、《最高人民法院关于适用〈民

---

① 在 2015 年《公司债券发行与交易管理办法》出台之前，相关规范规定于《公司债券发行试点办法》（已失效）。

② 以担保权为信托财产，还是以担保财产为信托财产，两者的区别值得研究。

③《最高人民法院关于适用〈中华人民共和国民法典〉有关担保制度的解释》第 4 条模糊地使用了“受托人”和“委托关系”的表述，并没有明确规定这种模式属于信托关系。

④ 佛山市南海区人民法院（2015）佛南法民二初字第 573 号一审民事判决书。

⑤ 武汉市中级人民法院（2017）鄂 01 民终 8162 号二审民事判决书。

事诉讼法〉的解释》第312条第1款第1项、第2款的规定，判决：（1）在该院（2017）鄂0106执145号执行案件中，不得执行第三人黄冈担保公司在中国银行黄冈分行设立的账号为56×××77的银行账户内资金；（2）驳回黄冈劳动局其他诉讼请求。

案例 1-1-4　世宸公司和金谷信托案[①]

2014年10月8日，信达公司（受益人）与世宸公司（委托人）、金谷信托（受托人）签订《股权信托合同》，约定世宸公司将其持有的海宸公司99%股权设立他益信托，并约定“特定违约事项”条款，即收购债权未能获得清偿，则触发特定违约事项。

2014年12月16日，春鸿基金（委托人）、广州农商行（受托人）以及海宸公司（借款人）签订《委托贷款借款合同》，约定广州农商行向海宸公司发放贷款7.8亿元……合同约定，之前签订的《股权信托合同》增加他益信托的保障范围至该合同项下的委贷债权，受益人为信达公司。同日，世宸公司（委托人）、金谷信托（受托人）及信达公司（受益人）签订《补充协议》，对“特定违约事项”进行修改，增加《委托贷款借款合同》以及相应担保合同项下任何义务未得到履行，构成特定违约事项。

法院认为，《股权信托合同》签订之初的确是为了保障收购债权实现，《补充协议》也仅约定委贷债权未获实现可触发特定违约事项，未明确委贷债权是否纳入股权信托的保障范围，但根据上述事实及本案再审审查阶段世宸公司向本院提交的《承诺函》载明的内容，原审认定案涉信托的保障范围包括委贷债权并无不当。《委托贷款借款合同》已明确约定增加案涉股权信托的保障范围至委贷债权，虽然世宸公司、信达公司以及金谷信托均非该合同当事人，也未签字，但在同日，三方签订《补充协议》，约定委贷债权未获实现纳入股权信托的特定违约事项。此外，世宸公司等同日还向信达公司等出具《承诺函》，承诺海宸公司、世宸公司等未履行《委托贷款借款合同》项下义务时，信达公司有权处置案涉信托股权，而世宸公司称其持有海宸公司100%股权，足以说明为了使海宸公司获得贷款，世宸公司同意将委贷债权纳入案涉股权信托保障范围之内系其真实意思表示。综上，《股权信托合同》虽未将委贷债权纳入其保障范围，但是，其后签订的《委托贷款借款合同》《补充协议》及世宸公司等出具的《承诺函》变更了《股权信托合同》约定的特定违约事项和保障范围，将其扩充至委贷债权。

案例分析及问题：

实践中，如**案例 1-1-2** 中通过交纳互助保证金和风险准备金形成特殊目的基金的案例并非孤例，“郭某荣与临汾副食商会等案”[②]中便有类似安排。在**案例 1-1-2** 中，原告等45人为委托人，被告信和公司为受托人，受益人为委托人（自益信托），信托财产为互助保证金和风险准备金，信托目的是向受益人的债权人提供质押。**案例 1-1-2** 存在的特殊问题是，委托人（债务人）是多个人，设立信托是为了确保债权人担保权的顺利实现，同时避免债权人要向多个债务人主张担保权利的麻烦，是一种创造性的设计，构成一种具有担保功能的信托。**案例 1-1-3** 的安排也具有

① 最高人民法院（2021）最高法民申227号民事裁定书（审结日期：2021年4月26日）。

② 临汾市中级人民法院（2018）晋10民终1624号二审民事判决书。

类似目的，只是资金来源为政府财政，为单一委托人，且构成他益信托。

在**案例1-1-2**和**案例1-1-3**中，受托人均非信托公司，这种信托肯定无法构成金融监管机构监管的信托业或者营业信托，但无法否认其作为信托的有效性。

案例1-1-4中的信托虽然有信托公司参与，但也仅仅是以偿债为目的的信托，或可称之为“以担保为目的的信托”[①]。这种信托的生效条件、行使条件和解除条件，应当在信托合同中有详尽的约定。上述案例的价值正在于提出了偿债信托这种应用场景，但都不构成严格意义上的担保信托。

案例 1-1-5　王某海、国瑞公司民间借贷纠纷案[②]

一审法院认定，2013年1月20日，王某海（出借人）与阳光半岛公司（借款人）签订《借款合同》，约定：借款金额为16 950万元。……由借款人股东首创公司、翟某圣提供还款保证，并另行签订《保证合同》；由借款人提供其名下不低于500亩土地使用权作为还款的担保并进行抵押登记，另行签订《土地抵押合同》；翟某圣持有借款人49%的股权，首创公司持有借款人51%的股权，上述股东以其持有股权的70%质押给出借人作为还款保证。……

2013年1月20日，阳光半岛公司（抵押人）与国瑞公司（抵押权人）签订《土地抵押合同》，约定：为担保本合同第一条所述“主合同”项下债务的履行，抵押人自愿将登记在其名下的土地使用权为“主合同”出借人王某海的债权设立抵押担保。……该合同签订后，双方向寿县国土资源局申请抵押登记，该局于2013年1月21日颁发寿抵他项（2013）第009号他项权证。……2013年1月30日，阳光半岛公司（抵押人）与国瑞公司（抵押权人）签订《土地抵押合同》。……寿县国土资源局亦于2013年1月30日颁发寿抵他项（2013）第017号他项权证……

一审法院认为，《物权法》第179条规定：为担保债务的履行，债务人或者第三人不转移财产的占有，将该财产抵押给债权人的，债务人不履行到期债务或者发生当事人约定的实现抵押权的情形，债权人有权就该财产优先受偿。前款规定的债务人或者第三人为抵押人，债权人为抵押权人，提供担保的财产为抵押财产。依据上述规定，当事人应当依照法律规定设定担保物权，当事人设定抵押权时，抵押权人应为债权人，即二者应为一致。本案中，虽然阳光半岛公司与国瑞公司签订的两份《土地抵押合同》均约定，该份《土地抵押合同》的主合同为王某海与阳光半岛公司签订的《借款合同》，但亦载明抵押权人为国瑞公司，抵押人为阳光半岛公司，抵押物为阳光半岛公司所有的土地使用权；与上述《土地抵押合同》相对应的编号为寿抵他项（2013）第017号、寿抵他项（2013）第009号他项权证载明的抵押权人也均为国瑞公司，即债权人为王某海，抵押权人为国瑞公司，抵押人为阳光半岛公司，债权人与抵押权人不一致。依据《物权法》第172条关于设定担保物权，应当依照本法和其他法律订立担保合同的规定，担保合同是主债权债务合同的从合同，抵押合同作为债权债务合同的从合同，依据抵押合同设定抵押权的目的在于担保债权的实现，有债权才有抵押权，因此从属性是抵押权的重要特性，体现在抵押权的成立以债权的成立为前提。《物权法》第

---

① 道垣内弘人『信托法』（有斐閣、2017年）38頁。

② 最高人民法院（2015）民一终字第107号二审民事判决书。

192 条关于抵押权不得与债权分离而单独转让或者作为其他债权的担保的规定，亦明确了抵押权处分上的从属性。如上所述，本案中，王某海虽为债权人，但不是抵押合同约定和他项权证载明的抵押权人；国瑞公司虽系抵押合同约定和他项权证载明的抵押权人，对阳光半岛公司却不享有债权，故阳光半岛公司、国瑞公司签订的《土地抵押合同》中关于该合同担保的主合同为王某海与阳光半岛公司之间的《借款合同》的约定，以及据此设定抵押权的行为不符合法律规定。故王某海依据案涉《土地抵押合同》及他项权证主张其案涉土地使用权享有优先受偿权法律依据不足，一审法院不予支持。至于王某海辩称，上述土地使用权未能抵押登记在其名下，系因登记机关不准许将土地使用权抵押登记在自然人名下，此不属于本案审理范围，亦不能作为案涉土地使用权抵押登记在国瑞公司名下，其享有抵押权的理由。

二审法院认为，首先，根据本案查明的事实，阳光半岛公司与王某海签订《借款合同》后，因为当地抵押登记部门不准许将土地使用权抵押登记在自然人名下，双方为了履行《借款合同》关于“由借款人提供其名下不低于 500 亩土地使用权作为还款的担保并进行抵押登记，另行签订《土地抵押合同》”的约定，同意由阳光半岛公司与国瑞公司签订《土地抵押合同》，将案涉土地使用权抵押登记在国瑞公司名下，并明确载明为《借款合同》的债权人王某海的债权提供抵押担保。在抵押登记制度不健全、抵押登记部门不准予将土地使用权抵押登记在自然人名下的情形下，阳光半岛公司和王某海同意由国瑞公司与阳光半岛公司签订《土地抵押合同》，以国瑞公司名义办理抵押登记，为阳光半岛公司与王某海之间的《借款合同》提供抵押担保，实质是阳光半岛公司与王某海为了履行双方之间的《借款合同》而作的一种交易安排。这样的交易安排体现了阳光半岛公司与王某海以案涉土地使用权为双方之间的借款提供抵押担保的真实意思表示，且不违反法律、行政法规的强制性规定。故案涉《借款合同》《土地抵押合同》均属合法有效。其次，阳光半岛公司与国瑞公司之间的《土地抵押合同》明确载明：为担保主合同即阳光半岛公司与王某海之间《借款合同》项下债务的履行，阳光半岛公司自愿将登记在其名下的土地使用权为主合同即《借款合同》出借人王某海的债权设立抵押担保。阳光半岛公司与国瑞公司签订《土地抵押合同》的目的并非将案涉土地使用权抵押给国瑞公司，而是以案涉土地使用权为阳光半岛公司向王某海的借款提供抵押担保。即阳光半岛公司是将案涉土地使用权抵押给《借款合同》的债权人王某海，以履行其与王某海之间的《借款合同》，实现向王某海借款的合同目的。由此可见，阳光半岛公司与国瑞公司之间的《土地抵押合同》并非独立存在的合同，而是附属于阳光半岛公司与王某海之间《借款合同》的从合同，亦即没有阳光半岛公司与王某海之间的《借款合同》，就没有阳光半岛公司与国瑞公司之间的《土地抵押合同》。故本案抵押权设立没有突破抵押权的从属性，也不存在脱离债权的独立抵押。案涉土地使用权的抵押符合《物权法》第 172 条关于担保物权从属性的规定。再次，阳光半岛公司与王某海安排国瑞公司签订《土地抵押合同》，并以国瑞公司名义办理抵押登记，符合《物权法》第 187 条关于以建设用地使用权等财产进行抵押，应当办理抵押登记，抵押权自登记时设立的规定。案涉土地使用权经抵押登记，表明在案涉土地使用权上面存在担保物权的权利负担，对外具有公示公信作用。而阳光半岛公司与国瑞公司之间《土地抵押合同》关于案涉土地使用权为王某海债权提供抵押担保的约定，对于阳光半岛公司、国瑞公司和王某海内部之间具有约束力。在没有信赖登记的善意第三人主张权利的情形下，应依据当事人约定来确定权利归属。根据阳光半岛公司与国瑞公司签订的《土地抵押合同》约定，王某海对案涉土地使用权享有实际抵押权，为案涉土地使用权的实际抵押权人；国瑞公司只是《土地抵押合同》约定的名义上的抵押权人，对案涉土地使用权不享有抵押权，且国瑞公司在诉讼中也未主张任何权利。因登记制度不健全、登记部门不准予将土地使用权抵押登记在自然人名下原因，导致本案债权人与登记上的抵押权人不一致，只是债权人和抵押权人形式上不一致，实质上债权人和抵押权人仍为同一，并不产生抵押权与债权实质上的分离。王某海既是《借款合同》的债权人，也是《土地抵押合同》约定的案涉土地使用权的实际抵押权人，王某海对阳光半岛公司享有的债权实质上就是抵押担保的主债权。故王某海作为本案债权人享有案涉土地使用权的抵押权，符合《物权法》第 179 条关于抵押权的一般规定。

综上，王某海上诉主张对案涉土地使用权享有优先权具有合同和法律依据，本院予以支持。一审判决认定本案抵押权与债权分离，王某海对案涉土地使用权不享有优先权，属适用法律错误，本院予以纠正。

案例分析及问题：

1. 在该案中，因为当地抵押登记部门不准许将土地使用权抵押登记在自然人债权人名下，当事人采取了一种将抵押权人和债权人分离的协议安排。二审法院认为，“本案债权人与登记上的抵押权人不一致，只是债权人和抵押权人形式上不一致，实质上债权人和抵押权人仍为同一，并不产生抵押权与债权实质上的分离。王某海既是《借款合同》的债权人，也是《土地抵押合同》约定的案涉土地使用权的实际抵押权人，王某海对阳光半岛公司享有的债权实质上就是抵押担保的主债权。故王某海作为本案债权人享有案涉土地使用权的抵押权，符合《物权法》第 179 条关于抵押权的一般规定”。法院区分了形式意义上的和实质意义上的抵押权人，但并没有直接回答一个基本理论问题：《物权法》第 179 条（《民法典》第 394 条）是否确立了债权人和担保物权人不得分离的原则？民法中关于担保权从属性的规定是否确立了一种不得违反的法律规则？

二审判决又指出，“阳光半岛公司与国瑞公司之间的《土地抵押合同》并非独立存在的合同，而是附属于阳光半岛公司与王某海之间《借款合同》的从合同，亦即没有阳光半岛公司与王某海之间的《借款合同》，就没有阳光半岛公司与国瑞公司之间的《土地抵押合同》。故本案抵押权设立没有突破抵押权的从属性，也不存在脱离债权的独立抵押”。这意味着，所谓担保权的附随性或者从属性，指的是抵押权对债权的从属性，只要存在抵押权所担保的主债权，就不违反抵押权的从属性。进一步推断，我国民法并不反对担保权人和债权人的分离，只要该担保权是为了担保特定债权即可。

担保信托的存在，就是要构造出一种债权人和担保权人相分离的机制，为多数债权人的担保交易、为债权人无法正常取得担保权的交易，提供高效的制度出口。债权人和担保权人的一致性是对一般交易规律的描述，不应从担保权的附随性中推断出债权人和担保权人必须是同一人这一强制性的要求，[①]否则担保信托在我国法上无处存身。

① 参见赵廉慧：《信托法解释论》，中国法制出版社 2015 年版，第 10 页以下。

2. 二审法院认为，“阳光半岛公司与国瑞公司之间《土地抵押合同》关于案涉土地使用权为王某海债权提供抵押担保的约定，对于阳光半岛公司、国瑞公司和王某海内部之间具有约束力。在没有信赖登记的善意第三人主张权利的情形下，应依据当事人约定来确定权利归属”。由此可以推论出，若出现善意第三人，这种安排仍然无法产生对抗效力。但实际上，这种担心是不必要的。这种安排通常不会产生所谓的善意第三人：除了原债权人之外，没有人可以和受托人手中的抵押权建立联系，也没有人可以就抵押物的价值优先受偿。

3. 如果能用信托关系来处理该案中的担保交易，则交易的结构就会更加清晰，各方的权利义务就更具有确定性。债务人是委托人，担保权人是受托人，受益人是债权人。在该案中，抵押权成功地进行了登记。虽然此种抵押权登记并非信托登记，但由于受托人并没有其他债权人可以和这一抵押权建立联系，无法就抵押权优先受偿，受益人的权利就不会受损。

4.《最高人民法院关于适用〈中华人民共和国民法典〉有关担保制度的解释》第 4 条规定：“有下列情形之一，当事人将担保物权登记在他人名下，债务人不履行到期债务或者发生当事人约定的实现担保物权的情形，债权人或者其受托人主张就该财产优先受偿的，人民法院依法予以支持：（一）为债券持有人提供的担保物权登记在债券受托管理人名下；（二）为委托贷款人提供的担保物权登记在受托人名下；（三）担保人知道债权人与他人之间存在委托关系的其他情形。”在我国法律中，委托合同的当事人和信托合同的当事人都是“委托人”和“受托人”，该条司法解释模糊地使用了“受托人”和“委托关系”的表述，并没有明确规定这种模式属于信托关系。该司法解释实际上支持通过委托合同的方式把担保权人和债权人分离，以实现类似担保信托的效果。

对此，有两个相互关联的问题：（1）财产名义是否可以通过委托合同来设定？（2）约定复杂的财产状态和权利义务状态会不会产生不确定性？

关于第一个问题，《信托法》可以非常简洁地解决财产名义的问题，因为受托人必定是财产名义人（第 2 条），但是通过委托合同确立的受托人无法确定地取得财产名义。事实上，在一般的委托合同关系中，受托人原则上是不能持有财产名义的，受托财产无法归属到受托人的名下。例如，在**案例 2-5-8**“太和汇与绍兴众富案”中，法院就认为当事人不可以通过约定的方式取得诉讼主体资格，这和财产资格不可以通过委托转让的原理是一致的。

关于第二个问题，乌戈·马太教授指出，信托法制度最大的优越之处在于：它给我们提供了一种标准的缺省性规则，这可以极大提升交易的效率。[①]信托法作为成熟的特别民法，对各方当事人的权利义务、信托财产的地位等都有明确的规定，如果当事人明确在交易中采用信托制度，信托法的规则就自动适用，自然增加了交易的稳定性、确定性。而采用《民法典》的委托合同对此作出约定，可能会产生很多不可预知的情形。

---

① 参见［美］乌戈·马太：《比较法律经济学》，沈宗灵译，北京大学出版社 2005 年版，第 158—167 页。

四、养老领域

我国已进入老龄化社会，我国的养老金信托制度体系已经初步建立起来（参见表 1），但是对养老金信托基本法理的探讨仍处于初级阶段。

表 1　我国的养老金信托制度体系

大类	小类	自愿或者强制加入	主要规范依据
基本养老金	企业基本养老金	强制	《社会保险法》《基本养老保险基金投资管理办法》
	事业单位基本养老金	强制	《社会保险法》《国务院关于机关事业单位工作人员养老保险制度改革的决定》
	机关基本养老金	强制	《社会保险法》《国务院关于机关事业单位工作人员养老保险制度改革的决定》
	其他城乡居民基本养老金	政府主导和居民自愿相结合	《人力资源和社会保障部、财政部关于提高全国城乡居民基本养老保险基础养老金最低标准的通知》
	社保基金		《社会保险法》《全国社会保障基金投资管理暂行办法》《全国社会保障基金信托贷款投资管理暂行办法》《全国社会保障基金条例》
狭义的年金（职业年金）	企业年金	自愿	《企业年金办法》《企业年金基金管理办法》
	事业单位年金	自愿	《国务院关于机关事业单位工作人员养老保险制度改革的决定》《机关事业单位职业年金办法》《职业年金基金管理暂行办法》
	机关年金	自愿	《国务院关于机关事业单位工作人员养老保险制度改革的决定》《机关事业单位职业年金办法》《职业年金基金管理暂行办法》
个人养老金（年金）	个人年金	自愿	《国务院办公厅关于推动个人养老金发展的意见》、《民法典》合同编、《信托法》和《保险法》等

（一）基本养老金信托

作为社会保障制度之重要一环，《社会保险法》确立了强制性的基本养老金制度。在过去很长的一段时间，基本养老保险仅仅是针对企业员工的养老保险；“并轨”之后，事业单位和机关也开始适用基本养老金。除了针对有固定“职业”的人的基本养老保险之外，还有覆盖广大城乡居民的基本养老保险。

基本养老金的归集和使用在法律上采取保险机制，但是，在保险基金管理方面，应当以信托原理对各方参与机制进行管理。国务院于 2015 年 8 月 17 日印发的《基本养老保险基金投资管理办法》第 1 条规定：“为了规范基本养老保险基金投资管理行为，保护基金委托人及相关当事人的合法权益，根据社会保险法、劳动法、证券投资基金法、信托法、合同法等法律法规和国务院有关规定，制定本办法。”该规定明确了我国的基本养老金投资管理体制为信托制。

（二）职业年金信托

职业年金包括企业年金、事业单位年金和机关年金等。

职业年金是基本养老金的有益补充。我国最早被称为“年金”信托的制度是根据《企业年金试行办法》和《企业年金基金管理试行办法》实施的企业年金制度。在该制度中，委托人被限制为符合一定条件的企业及其员工，且对受托人实行极其严格的许可制度，因此不利于广泛适用。《企业年金基金管理试行办法》在 2011 年进行了修订[①]，正式更名为《企业年金基金管理办法》，确定了企业年金基金的信托财产地位和信托运行管理体制，对企业年金基金的信托管理和运营作出了比较详细的规定[②]。《企业年金基金管理办法》第 1 条规定“根据劳动法、信托法”等法律制定，明确了该办法是信托法的特别法。

根据《国务院关于机关事业单位工作人员养老保险制度改革的决定》等相关规定，国务院 2015 年颁行《机关事业单位职业年金办法》，把适用职业年金的对象扩大到机关和事业单位的成员。2016 年 9 月 28 日，人力资源社会保障部和财政部印发《职业年金基金管理暂行办法》，该办法第 1 条明确规定“为规范职业年金基金管理，维护各方当事人的合法权益，根据信托法、合同法、证券投资基金法……法律及有关规定，制定本办法”，确立了职业年金基金属于信托。

（三）私人养老金信托

2022 年《国务院办公厅关于推动个人养老金发展的意见》规定，个人养老金实行个人账户制度，缴费完全由参加人个人承担，实行完全积累，参加人每年缴纳个人养老金的上限为 12 000 元。这也基本上确立了养老金账户的类似信托账户的地位。

综上，“三大支柱”的养老金基金管理体制都（应）采取信托制。

五、其他社会领域

社会性基金管理大多涉及公共利益或者多数人利益，通过个别磋商缔约实现当事人权益保护虽有可能，但缔约成本高，可以通过立法或者司法引入信托机制，尝试解决社会基金管理的问题。

（一）物业和公共维修资金管理

1. 物业费和公共收益信托

在《民法典》中，物业服务合同处在委托合同和行纪合同、中介合同之间，属于一种信义关系合同。全体业主还可以通过正当程序和物业服务公司签订信托合同，将信托法的理论和规则引入物业服务关系之中，进一步明确以下基本规则：（1）信托财产是物业费、公共收益和其他意外所得。刨除物业公司的信托报酬（固定数额或者比例+约定

---

① 该办法在 2015 年又进行了修订。

② 美国《雇员退休收入保障法》（Employee Retirement Income Security Act, ERISA）第 403 条规定，以劳动者作为对象的给付制度中，资产应全部采取信托的方式加以保有，只在例外的场合允许采用保险合同的方式，原因即在于信托机制因其财产的独立性和管理的专业性所带来的安全与效率。

的激励报酬），剩余的全部财产归受益人（全体业主）所有。（2）委托人兼受益人是全体业主。业主个人或者业主群体可以行使信托法规定和信托合同约定的委托人和受益人的权利。（3）受托人的义务包括约定义务和法定的信义义务。如此，以规范和翔实的方式将财务信息和服务内容公开，就不再是合同法上的附随义务或者从合同义务，而变成了物业服务企业法定的核心义务。特别是在利益冲突的行为方面，物业服务企业有自证清白的义务。这对理顺物业—业主关系具有重要的意义。

信托制物业服务还可以通过引入信托公司成为共同受托人来实现[①]。这种做法可以利用不同受托人的社会化分工的优势，强化受托人之间的相互制衡和相互协调，借以提升物业服务的专业化程度和资金管理水平。在这种模式中，物业服务公司专注于物业服务的提供。信托公司负责信托财产的管理和分配，在有财产积累的小区，还可以通过投资获取收益。通俗地说，信托公司负责管钱，物业公司负责花钱；管钱的不花钱，花钱的不管钱，隔离了风险，提升了效率。

基层民主和自治，需要良好的制度工具作为载体。信托制就是满足这一要求的安全、高效和规范的载体。

2. 以信托制梳理专项维修资金的管理体制

专项维修资金是广大居民的“住房养老钱”。专项维修资金实际上类似信托财产，属于只能用于特殊目的的财产[②]，即使作为共有人的业主也没有将特定份额归为己有的权利。《住宅专项维修资金管理办法》第 4 条规定：“住宅专项维修资金管理实行专户存储、专款专用、所有权人决策、政府监督的原则。”根据该条规定，专项维修资金属于独立的财产，由独立的机构单独管理，只能用于特定用途。上述规定实际上是对信托制度非常规范和完整的表达。

财政部 2020 年 4 月 20 日印发的《住宅专项维修资金会计核算办法》更是从财会制度上确认了专项维修资金是一种信托基金，虽然该办法仍然没有使用“信托”这一术语。

而且，任何管理专项维修资金的主体（包括业主委员会和代管的政府部门），都在客观上承担了类似受托人的职责。《民法典》和《住宅专项维修资金管理办法》虽然确立了专项维修资金制度，但对各方主体的权利、义务和责任并没有特别清晰的法律规定。如果能根据《信托法》梳理和构造各方的权利、义务和责任，将大幅提升专项维修资金制度的合理性。

信托机制在社会治理方面的一个重要功能是，它特别适合运用于主体因人数众多而虚化或者缺位的社会关系之中。住宅专项维修资金管理关系正是这样一种社会关系。

以专业的信托机构作为维修资金的管理人，就可以把政府部门从自己不擅长的资金管理事务中解放出来，专心履行监管职责；可以提升大量沉淀的维修资金的管理效率，从而提升居民的福利；可以明确管理人的责权义，确保资金的安全、便利使用。这样，所有人无法参与管理的问题、政府部门的定位问题、资金的保值增值问题、管理人的责

① 樊融杰：《中航信托创新落地“双受托制”物业管理服务信托》，载《中国银行保险报》2021 年 10 月 13 日。

② 《住宅专项维修资金管理办法》第 2 条第 2 款规定：“本办法所称住宅专项维修资金，是指专项用于住宅共用部位、共用设施设备保修期满后的维修和更新、改造的资金。”

权义问题均可得到妥善解决。

（二）住房公积金管理

住房公积金制度由 1999 年《住房公积金管理条例》[①]确立。该条例第 3 条规定“职工个人缴存的住房公积金和职工所在单位为职工缴存的住房公积金，属于职工个人所有”，确立了职工作为信托委托人和受益人的地位；第 10 条规定“直辖市和省、自治区人民政府所在地的市以及其他设区的市（地、州、盟）应当按照精简、效能的原则，设立一个住房公积金管理中心，负责住房公积金的管理运作”，确立了住房公积金管理中心的受托人地位；为了确保资金的独立和安全管理，第 13 条还要求“住房公积金管理中心应当在受委托银行设立住房公积金专户”。用信托理论解释并改造住房公积金的管理体制最有利于该制度的目的实现。

（三）环保诉讼损害赔偿金信托

2016 年 7 月 20 日，山东省德州市中级人民法院首次对“雾霾环境公益诉讼案”依法公开审理并作出一审宣判，判处被告振华公司赔偿因超标排放污染物造成的损失 2 198.36 万元，用于德州市大气环境质量修复，并在省级以上媒体向社会公开赔礼道歉；将诉讼请求中的赔偿款项支付至德州市专项基金账户，用于德州市大气污染治理。[②]

该案在环保公益诉讼上取得的进展可圈可点，不过，法院判决将损害赔偿纳入德州市专项基金账户，该账户的性质如何并不清楚。如果是财政专户，则甚为不妥。法院可以损害赔偿金设立公益慈善信托，之前最高人民法院也曾经发布指导意见提出设立“公益环境诉讼专项基金”。财政专户当然也可视为政府作为受托人的信托，但政府几乎无法受到监督，且有将损害赔偿金变成行政罚款的观感（之前被告企业已经受到行政处罚），缺乏正当性。

（四）其他涉众资金管理

在消费者保护领域，也有非意定公益慈善信托存在的必要。例如，在食品安全领域诉讼大规模出现的场合，如何处置担责商家的巨额损害赔偿金，可能是一个棘手的问题。可以参照环保公益基金的设立，由司法裁量设置一个损害赔偿金公益慈善信托基金，来解决理赔过程中出现的一系列问题。在健身、美容、网络教育、共享单车等可能会涉及预付费的领域，因涉及数额十分庞大，为了避免商家卷钱“跑路”，也为了明确各方主体对于预付款的权利和义务，似应强制要求运营商将相关的预付款托管，建立一种类似信托的机制。

除了法院在司法中可以创设法定信托之外，立法机关和行政机关也可以在特定领域通过法律或行政法规的方式创设法定信托。例如，《道路交通安全法》第 17 条规定，“国家……设立道路交通事故社会救助基金”。另《道路交通事故社会救助基金管理试行办法》

---

① 该条例分别在 2002 年、2019 年被修订。

② 参见“中华环保联合会与德州晶华集团振华有限公司环境污染责任纠纷”一审民事判决书（山东省德州市中级人民法院（2015）德中环公民初字第 1 号，审结日期：2016 年 9 月 29 日）。

第 2 条第 2 款（已失效）规定，“本办法所称道路交通事故社会救助基金（以下简称救助基金），是指依法筹集用于垫付机动车道路交通事故中受害人人身伤亡的丧葬费用、部分或者全部抢救费用的社会专项基金”。从基金的财产来源看[①]，该基金是否构成公益慈善信托仍可商榷（如案例 1－1－6 中，法院将其认定为“具有公益基金的社会性质”），但属于法定的社会性信托无疑。

案例 1–1–6　孙某堂、宋某举追偿权案[②]

法院认为，道路交通事故社会救助基金具有公益基金的社会性质，其设立目的是使受害人在急需救治时能够得到及时的帮扶，基金管理人所追偿的费用是责任人应赔付的抢救费用，以回笼公益基金，帮助以后更多的受害人，各方当事人在善后事宜处理完毕后，应本着友善、感恩的原则，及时按责任大小归还救助基金。本案中，各方当事人在交通事故处理完毕后，不但未主动归还中原农业保险股份有限公司垫付的抢救费用，还相互推诿，有违社会公正、法治、诚信、友善的社会主义核心价值观。一审法院依照交通事故各方的过错责任，判令宋某举、孙某堂、孙某东、孙某豪偿还中原农业保险股份有限公司垫付的抢救费用并无不当。

（五）国民信托

国民信托（national trust）通常以私人的非营利组织的形式运作，虽然它们中的不少也从其政府取得巨大的支持，但是其本质是民间发起的运动，旨在为后代子孙保存具有历史价值或自然美景的地区。借助大众的捐献，国民信托组织以购置、接受捐赠，或以签订合同的方式获得国民信托财产，并试图保存、管理，对社会大众开放这些资产。第一个这样的组织是英国的“National Trust for Places of Historic Interest or Natural Beauty”，该组织建立于 1895 年，其他国民信托多以此为样板[③]。目前，“国民信托”是英国的第一大土地持有者，组织照看了 2 700 平方公里的土地，近 900 公里的海岸线，以及 300 余座古迹与庭园。日本的国民信托运动始于 1964 年，当时，作家大佛次郎和其他镰仓市的居民合力拯救镰仓市这座美丽的古都，使其免于无节制的开发。现今，日本各地有近 50 个国民信托运动正在进行。国民信托运动已扩展至全球多个国家和地区，包括美国、加拿大、巴哈马、荷兰、马来西亚、韩国、斐济、新西兰等。

（六）盲目信托或“阁僚信托”

盲目信托（blind trust）是指将财产交付信托时，赋予受托人全权处理财产事务的权

---

① 《道路交通事故社会救助基金管理办法》第 9 条规定：“救助基金的来源包括：（一）按照机动车交通事故责任强制保险（以下简称交强险）的保险费的一定比例提取的资金；（二）对未按照规定投保交强险的机动车的所有人、管理人的罚款；（三）依法向机动车道路交通事故责任人追偿的资金；（四）救助基金孳息；（五）地方政府按照规定安排的财政临时补助；（六）社会捐款；（七）其他资金。”

② 河南省许昌市中级人民法院（2020）豫 10 民终 3040 号二审民事判决书。

③ See en.wikipedia.org.

利，委托人不但无法了解资产内容，也无权过问管理机构的处理方式。这种信托方式通常适用于政府官员等敏感职务，以避免政治人物把公共资金引入私人领域之时所产生的利益冲突。在盲目信托的制度下，委托人完全不能过问托管机构对其资产的投资决策，只可定期透过报表，得知获利及孳息的状况。另外，诸如证券监督管理机构的工作人员经常有机会接触足以影响市场行情的信息，为了避免这些工作人员利用这些信息用于股市操作，可以将这些人员的资产交付盲目信托，由第三人管理，减少其利用职务获取利益的可能性[①]。盲目信托的委托人还必须放弃许多权利，除了不得干涉托管机构的营运管理、不得要求提供账务报告之外，也不得享有任意变更受托人营运管理决策或变更受益人等方面的权利。

我国台湾地区 1993 年的“公职人员财产申报法”第 7 条规定了公职人员财产强制信托。为了使强制信托有依据，台湾地区加速了“信托法”的“立法”进程，其“信托法”在 1995 年三读通过[②]。

日本在其《国务大臣、国务副大臣及大臣政务官规范》（平成 13 年阁议决定）中规定“就任时所持有的股份、可转换公司债等有价证券（包括私募基金），向信托银行等进行信托，在任期间不得解除合同或者变更合同”，以防止这些人员利用基于其地位取得的企业内部信息出卖自己的有价证券牟利，在这种组织结构中，大臣等人虽然能取得股份等的运用收益，但是不得干涉信托财产的运用方式。这是反向利用信托制度，使相关人士不能取得和享有与该权利同一的利益。这种信托在日本被称为“阁僚信托”。

（七）国有和集体资产管理信托

有学者认为，可以按照信托的机理构造国有资产的管理体制[③]。人们期待利用信托机制有效改变公有制造成的公有财产主体虚位问题。信托财产的独立性和委托人的虚位，受托人责任的法定化，受托人财产管理的专业性，这些都和保护国有资产免于流失的价值目标暗合。不过，和很多学者不同的是，本书认为，出于保护国有资产的目的，国有资产管理信托应为这里所归类的法定信托，而非一般意义上的因合同而产生的信托（虽然也需要通过合同来确定当事人之间的关系），需要为此制定特别法，由该法律对国有资产管理信托的结构，受托人的甄别（招标）、职责内容以及履职程序和信息披露等作出特别规定[④]，而不能仅仅通过内部约定来进行，借以保护国有资产。

另外，信托机制在梳理集体土地入市、城镇土地使用权的集中管理等方面也可发挥重要功能。

---

① 参见方嘉麟：《信托法之理论与实务》，中国政法大学出版社 2004 年版，第 93—94 页。

② 参见谢哲胜：《信托法》，元照出版公司 2007 年版，第 17 页。

③ 参见席月民：《国有资产信托法研究》，中国法制出版社 2008 年版。

④ 《企业国有资产法》第 54 条确立了国有资产转让的竞价制度。类似的制度在未来的规制国有资产管理信托的法律中应有所体现。

六、作为救济法的信托法[①]

我国民商法领域出现了不同于传统救济理念的新的救济类型。例如，《公司法》第186条规定，董事、高级管理人员等违背忠实义务时，所得收入“应当归公司所有”。另外，《证券法》等法律中也出现了类似的救济方法，这种方法被称为“归入权”。《信托法》第26条规定，受托人“利用信托财产为自己谋取利益的，所得利益归入信托财产”，这和上面的“归入权”相似。从救济的角度来看，这种救济不同于传统民法中以填补受害人的损害为目的的救济方法，而是将侵害人所得的利益划入向受害人提供救济的范围。之所以以侵害人的利得作为救济标准，是因为在现代社会中，侵犯他人权利的同时，侵害人也会从中取得利益，这个利益很可能会超出受害人自己形式上遭受的损害。不像在传统的侵权中，侵权行为被法律经济学研究者“比喻”为一种负值或者零值的交易[②]，侵权所得最多等于对方的损失，不可能大于对方的损失；如今，管理他人财产事务的情形大量涌现，一个人利用其地位可以对他人产生巨大影响，并从中取得经济利益。客观上看，如果不采用返还救济的理论（或者大陆法系的准无因管理理论），用传统的损害赔偿理论解释这种新型救济的性质总有无力之感。因此，我们的救济法体系也应作相应的调整。在违背信义义务（fiduciary duty）的所有场合，具体而言是指在委托、信托、合伙、代理、公司中等违背义务的场合，以及在有破产管理人和其他财产管理人的场合，都需要引入返还救济（restitutionary remedy，又称“吐出救济”）理念，或者至少改进不当得利制度、扩大救济范围，以使违反义务的受托人[③]吐出所得。

关于吐出救济或者返还救济，最典型的是英美法上的规定。英美法上有返还法（law of restitution）、不当得利法（law of unjust enrichment）、准合同法（*quasi* contract）这样几个概念。其中，准合同是来自罗马法的概念，罗马法上的准合同应包括大陆法系的不当得利和无因管理两个概念（我国《民法典》也采用了准合同的概念），英美法过去没有统一的不当得利法和返还法理论，采用默示合同理论（implied contract）来解决相关问题，不过在现代已经抛弃了默示合同理论，相应也不再使用准合同的概念，而采返还法或者不当得利法的概念。英美法上返还法的发展，一方面包括传统普通法上的准合同的内容，另一方面包括衡平法上的拟制信托（constructive trust）、衡平法留置（equitable lien）、代位（subrogation）、衡平法报账（equitable accounting）等[④]。特别是拟制信托制度，可以

---

① 信托法原理在民事领域有很广泛的具体应用。例如，在未成年人抚养费诉讼中，支付抚养费的一方如果对未成年人的监护人缺乏信任，可以在银行开设共同账户，只有在符合当事人约定的目的和程序时，才能从该账户提取资金。另外，有学者指出信托救济在消费者集团诉讼中的作用。See Kerry Barnett, “Equitable Trusts: An Effective Remedy in Consumer Class Actions”, *The Yale Law Journal*, Vol. 96, No. 7 (Jun., 1987), p. 1591. 我国《消费者权益保护法》第47条对消费者协会提起诉讼有明确规定。

② 参见［美］迈克尔·D. 贝勒斯：《法律的原则——一个规范的分析》，张文显等译，中国大百科全书出版社1996年版，第172、246页。

③ 对受托人义务是约定的义务还是法定的义务，理论上有争议。本书主张受托人义务的核心是忠实义务，这种义务为特殊的法定义务。详见第五章的讨论。

④ Restatement of Restitution §1 (1937).

认为其综合了大陆法系不当得利和无因管理的救济理念。

我国最早在知识产权侵权领域以新型的损害赔偿计算方法的形式引入了类似于返还救济的救济形态,《民法典》第1182条亦承认了以侵权人的利得作为损害的计算标准(虽然仅限于对人身侵权的财产损害方面)。实际上，需要引入返还救济理念的并不限于侵权法领域，返还救济作为一种救济方式，应适用于几乎所有的私法领域，包括侵权法、合同法、财产法、信托法、公司法、代理法等。而英美法上的返还法问题一般和错误、虚假陈述、欺诈等因素牵连在一起，和民法的合同、侵权等领域密切相关。返还法是以被告取得的收益或者利得为基础的救济方式；而相比之下，损害赔偿法是建立在损害基础上的救济方式。大陆法系的立法和解释有不少采纳了"准无因管理"制度[①]，该制度的实质在于弥补其他民事救济的不足。但是，既然我国已经有了信托法，信托法所提供的救济观念应能起到同样的作用，似乎就不再需要引入准无因管理制度了。

信托本身所蕴含的衡平观念是很多民事救济的基础。我国不存在英式衡平法传统，但是并不缺乏对衡平法的救济理念和该理念所代表的救济方式的需求。应以发展拟制信托等法理为契机，整合我国民事救济理论。

第二节　信托法的功能

如果必须说出信托法最独特的特征，那就是灵活性。梅特兰在其被广为引用的一段话中指出，信托是"一种具有极大灵活性和普遍性的制度"；日本信托法集大成者四宫和夫教授认为,"除了不能用于非法的和无法实现的目的之外，设定信托可以实现各种各样的目的。……如果说设定信托受有限制的话，那只能说明法律家和实务家缺乏想象力"；而能见善久教授则强调，信托思想的一个重要方面就是自由和创造性[②]。

信托法制度存在的意义，在于具有其他财产法制度——合同法、代理法、公司法和物权法等所不具有的独特功能。本节对信托法的诸多功能作概括介绍。

一、把名义财产权和财产利益及控制权分离的功能

在信托的结构中，控制和管理信托财产的部分或者全部职权可以和受益权分离，可以保留给信托的设立者，也可以授予受托人或者其他人。委托人可以通过信托实现利益灵活分配的目的。

例如，为了避免股权因继承而分散，股东S作为委托人将其所持有的某公司的51%的股份交付给受托人T，股权中包含的表决权等管理权既可以交由受托人行使，也可保留给S自己行使，甚至可以保留给S信任的第三人行使，股权所产生的分红等利益和股

① 《德国民法典》第687条第2项。

② See Nathan Isaacs, Trusteeship in Modern Business, 42 *Harv. L. Rev.* 1048.1060－1061 (1929). 四宫和夫『信託法[新版]』(有斐閣、法律学全集、1989年)15頁；能見善久『現代信託法』(有斐閣、2004年)5頁。

权最终转让所得，归 S 指定的多个受益人，受益人也可以包括 S 自己。

二、受益人连续功能和受益权分层功能

信托法有将委托人设立的信托目的长期固定化，并根据该目的将信托受益权连续地归属于数个受益人的功能。和物权法相比，信托对信托利益分割具有更大的灵活性：对物权的分割和转让，要么是对物权的全部转让，要么是在所有权上设定他物权（而根据物权法定原则，可以设定他物权的类型和内容都是受限的）。而通过设立信托则可以对财产权利进行更为灵活、更为复杂的分割，很少受物权法定原则之限制[①]。根据委托人的意愿，受托人可以把信托利益在两个以上的受益人之间分配，分配信托利益的方式可以是同时共享的，也可以是有先后次序的，还可以是临时的、偶然的和附条件的。对信托利益的分割可以是同时的、量的分割（如所有受益人按固定比例享有受益权），也可以是不同时的、质的分割（如受益人 A 先享有房屋的使用权、股权的收益受益权，A 去世后全部受益权归 B），还可以是结构化——优先受益权和劣后受益权的分割（只有优先级受益人的利益得到满足之后，劣后级受益人才能取得剩余信托利益）。

三、财产的长期管理功能

财产的长期管理功能是指使信托财产长时间地受制于委托人意思的功能。

（一）意思冻结功能

信托制度能够满足委托人长期的意愿。这种意愿和合同所体现的意愿之实现方式不同。就合同中的意愿，当事人可以比较容易地在事前作出相对全面的约定（典型的合同，如买卖、租赁等合同很少授予一方当事人有关合同事务的裁量权），也可以根据具体的情况在事后通过合意对合同的条款进行修改。而在信托中，为了避免委托人对信托事务的过分干涉，其意愿应在信托设定之时确定。这样，在委托人确定意愿的框架之内，受托人可以享有稳定的、长期的裁量权[②]。这样，信托不因委托人的死亡或丧失意思能力而终止，信托自始至终反映的都是为实现委托人设立信托当初的目的而持续性地管理和处分信托财产的行为。这就是日本学者所称的“意思冻结功能”。它反映的是信托的特质，即

---

① 当然，这也不意味着可以通过信托对财产权进行无限制的分割。过分复杂的财产权分割也是物权法定原则欲规制的。因此，在信托法领域也应保持一种平衡关系：当事人的创造性（合同自由）和对滥用这种自由的限制之间的平衡。关于信托法与物权法定原则关系的讨论，参见能見善久『信託と物権法定主義——信託と民法の交錯』西原道雄先生古稀記念論集所収（2001.12）；王涌：《论信托法与物权法的关系——信托法在民法法系中的问题》，载《北京大学学报（哲学社会科学版）》2008 年第 6 期；赵廉慧：《财产法视野中的物权法定原则》，载吴敬琏、江平主编：《洪范评论》（第 10 辑），北京大学出版社 2008 年版，第 59—73 页。

② 若合同能尽善尽美地约定当事人义务的细节，信义义务就没有存在的必要了。See F.H. Easterbrook & D.R. Fischel, *The Economic Structure of Corporate Law*, Harvard University Press, 1996, p.90。因此，可以把信义义务理解为应对合同不完备性的一种策略。

安全性、确定性和持续性[①]。

不过，强调意思冻结功能并不意味着信托当初设立的条款是一成不变的。首先，对信托财产进行长期管理的目的有时可能会和公共政策产生冲突。若委托人对信托财产所施加的限制能长期存在，将会创设出一种不能流动或者流动性很差的财产，不利于社会财富的创造，这也是和财产权可转让性原则相违背的，应当在尊重委托人的长期意愿和社会对财产流转性的需求之间维持一种平衡。为此，比较法上对信托的存续期间多有限制[②]。其次，在委托人最初设定的目的和客观情形产生冲突之时，委托人和受益人可以通过合意对信托财产的管理方法加以变更。委托人和受益人意见不统一时，可由法院裁定（《信托法》第 21 条、第 49 条）。在公益慈善信托的情形，此种变更权被赋予公益事业管理机构（《信托法》第 69 条）。这类似于民法上的"情势变更原则"。

需要注意，说信托有长期的财产管理功能，只是在一般意义上而言的。信托的灵活性体现在，它既可以长期存在，也可以短期存在。这也正是信托和法人制度相比更方便的地方。

（二）受托人的裁量功能

虽然在委托—代理关系中，代理人也享有一定的裁量权，但是，代理人接受本人（委托人）的指示是常态。而在信托中，虽然就受托人不享有裁量权的信托是否为真正的信托（裸体信托和消极信托的问题）仍有争论，但主流观点仍认为典型的信托中受托人应享有裁量权，至少说受托人享有比委托—代理关系中的代理人更多的裁量权可能是有道理的。在享有裁量权方面，受托人更接近公司中董事和经理人的地位。

信托法上的基本规则是，除了信托文件对受托人如何行事有明确约定之外，受托人对信托财产管理是有裁量权的。而如何避免受托人滥用其裁量权是信托法的核心问题之一。为限制受托人裁量权的滥用，信托法中大量存在着规制受托人的规定，其中最重要的限制是为受托人施加信义义务，其目的并不是排除受托人的裁量权，而是要确保受托人只为受益人的利益行使这种裁量权。

四、集合管理功能

在信托中，受托人的集合管理功能可以朝两个方向应用。

第一，把多个委托人的少量资金集合起来，由专业机构（或专业人士）进行集中管理。将小额的资产汇集起来设立信托，不仅能降低信托机构的管理成本，而且能满足受托人之交易相对人的巨额资金需求。

第二，如资产证券化类型的信托所显示的，把不动产、债权等财产证券化，相当于把一个统一的财产标准化之后，分割成一个个小额的信托单位，这样可以让众多的人参与购买信托单位所代表的信托受益权。

---

① 参见新井誠『信託法［第 3 版］』（有斐閣、2008 年）85—86 頁。

② 详见本书第二章关于信托的设立的讨论。

五、转换功能

（一）财产名义和占有的转换功能

委托人通过设立信托，将财产权转移至值得信赖之人名下，受信赖之人根据受托目的管理财产，在管理过程中并不享有由此产生的收益，但出于处理信托事务的需要，可根据信托目的拥有一定的裁量权。在此意义上，财产权发生了转换，产生了信托财产的占有人（受托人）和信托财产实际利益的享有人（受益人）。因受托人不得享有信托利益，故为信托受益人创造出了“财产上的安全地带”[①]。

当从对信托财产的处分中受益的人因法律或者现实的原因而人数众多时，不是让他们共有，而是把产权转让给适当的少数受托人。委托人仍然可以保留一定控制权。

（二）能力转换功能

因委托人无管理之时间或无管理之能力，设立信托可以由受托人弥补委托人自身的不足，实现能力的转换。

（三）财产形态和性质的转换功能

首先，关于财产形态的转换。例如，当事人以不动产设立信托，此时委托人的财产形态由不动产变成受益权（资产证券化是其典型例）。其次，委托人通过将自己的私有财产设立公益信托，实现私益财产向公益财产的转换。

（四）数量的转换功能

前文介绍的信托的集合管理功能中，有两个方面的转换，即小额财产的汇集功能和大额财产的分割功能的转换。信托正是通过这样的功能，满足不同当事人的投资和融资需求，提高财产的管理效率[②]。

（五）时间转换功能

如前所述，信托有长期管理功能，即便委托人不复存在，信托财产依然处于受托人的管理之下，信托目的依然可以实现，典型如遗嘱信托和企业年金信托。

六、破产风险隔离功能

信托实现破产风险隔离功能的方式是创设相对独立的信托财产。成功设立信托之后，

---

① 四宮和夫『信託法［新版］』（有斐閣、法律学全集、1989年）14頁以下。

② 正是由于信托存在集合管理功能和转换功能，信托在晚近被用作资产证券化的导管体，即通过签订信托合同，分割委托人（发起人）因设立信托而拥有的信托受益权，使其得以转让给投资大众，进而获得资金。此谓之信托的“导管功能”。参见赖源河、王志诚：《现代信托法论》（增订三版），中国政法大学出版社 2002 年版，第35页。

信托财产即成为独立于委托人、受托人、受益人的安全财产，委托人、受托人和受益人三方的债权人一般而言均不得对信托财产采取查封、冻结、变卖、强制过户等法律强制措施。而且，现实的营业信托中，一个信托受托人的各个信托项目之间相互独立，风险也鲜有传染性。由此也可以说，信托有为受益人创设出安全、优越之权利的功能。

当然，破产风险隔离功能在信托以外的财产管理制度中也存在，并非信托专属，如公司制度。公司实现破产风险隔离功能的机制是创设独立的法律人格，使公司成为不同于公司股东、公司管理者的独立主体，因此，公司股东和公司管理者的债权人都不能直接强制执行公司财产。

信托是很灵活的制度，当事人设立信托，可能意图实现一种或者多种功能。例如，要实现破产风险隔离功能，不一定要设立信托，其他制度如法人制度也能实现这一功能，甚至比信托做得更彻底。信托是一种民商事法律制度，和其他民商事制度一同发挥作用，既有协作又有竞争，当事人可基于自己的目的选择不同的制度或某一制度的某一功能。

第三节　信托法简史

一、信托在英国的诞生

虽然不能排除罗马法对英国法的影响，但一般认为，现代信托法发端于中世纪的用益（use）安排。法律史家追踪至 13 世纪中期，当时的圣方济各教派修士来到英格兰，因教义禁止他们拥有自己的财产，恩主们（feoffor to uses）（委托人）就将自己的土地转让给修士的朋友（受托人）（feoffee to uses），这些朋友及其继承人为了修士（受益人）的利益持有土地。通过这种安排，土地的财产权就由恩主们转让于修士的朋友，修士们可以在事实上占有这些土地，而修士的朋友为了这些修士（受益人）（*cestui que use*）的利益在名义上持有他们的财产。此时，持有财产的人（受托人）并不对土地等财产进行积极的管理。

最初，英国的民事法院是不强制执行这种用益安排的，其原因在于，当受益人起诉受托人要求强制执行委托人的安排时，僵化的普通法法院没有相关的令状（writ）和诉讼程序来保护受益人的利益。所以当时所存在的用益安排大多是君子协定或名誉信托（honorary trust），仅对受托人施加道德和宗教的约束。一个丧失良知的受托人完全可以剥夺受益人对土地的占有并自己享有土地上的利益，因为从普通法上看，受托人才是土地的主人。用益结构中的受益人并没有法律上的权利，只好寄希望于受托人自愿履行其道德义务或者荣誉义务（honorary obligation），但无法防止个别受托人背信弃义。

不过，对于“国王良知的保管人”——枢密大臣（chancellor，the “keeper of the king's conscience”）而言，受托人的背信行为违反良知，他会以一种个案和衡平的方式迫使受托人为了受益人的利益执行用益的安排。到 14 世纪，国王以及作为国王良心守护者的枢密大臣开始基于良心和衡平观念强制执行用益，承认其作为一种衡平法上的权益。一旦枢密大臣强制执行用益，即可大大降低受托人不忠带来的风险。到 15 世纪，用益的运用就更加普及了。地主很快就发现可以利用用益来规避关于长子继承制的法律规则。例如，委托人可以将土地转让给受托人及其继承人，后者为了委托人的终生以及后续受益人的利益保有土地。①

但是，在国王和政府看来，用益经常被"滥用"。用益被民众用来逃避其税务和其他封建负担及债务等，并违背国王的意愿向各种宗教组织提供利益和财产。在 1536 年（亨利八世统治时期），英国议会通过了《用益法》②以结束这种滥用。该法强制执行用益，即把受益人在不动产上的衡平法权利转变成法定权利，这会产生消除原来受托人所持有之法定利益的效果，此时受益人成为完全的所有权人，享有全部法定财产权（legal ownership）和衡平法所有权（equitable ownership），承担财产上的全部税负等负担。

不过，《用益法》并没有得到全部执行，否则信托法就很难发展起来。《用益法》的一个例外是从所谓的积极信托（active trust）发展出来的。在积极信托中，受托人不仅需要名义的财产权，还需要有法定财产权去履行为受益人利益管理财产的义务和职责。除此之外，《用益法》还有别的漏洞可以被律师加以利用，以缓和其严苛的适用。最终，可能还是因为国王不再依靠封建土地上的负担作为财政来源，"用益"变身为"信托"，逐渐被法律认可。

当时，英国在经济、军事和文化上具有极大影响力，信托法首先在英语国家传播开来。

二、信托法在缺乏形式衡平法的法域广泛传播

信托法虽然来源于英美法，但因其在财产管理方面的极大灵活性和便利性，目前在世界范围内产生了广泛的影响。虽然有学者担心，信托法之基础是英国法上的普通法/衡平法的二元划分，是衡平法中的良心（conscience）和道德观念，在缺乏衡平法基础和民众认知度的大陆法系，无法有效地将其和本土制度无缝衔接，发挥最大的社会功能。但是，事实证明这种担心是不必要的，除了深受英国影响的国家，大陆法系很多国家和地区都逐渐引入了信托法制度。根据学者总结，在不存在英格兰式衡平法的法域，信托法以三种方式存在。③

第一，自然生成。最典型的例子是苏格兰。至少在 16 世纪，苏格兰就自然发展出了自己的信托法体系，虽然很难完全避免受英格兰的影响，但苏格兰的信托法的确是在一个不存在英格兰衡平法的法律环境中独立发展起来的。将英格兰和苏格兰合并为大不列颠王国的《合并约法》（Treaty of Union）（1707 年 5 月 1 日生效）的第 XIX 条规定，保留苏格兰自己的法律体系和法院系统，大不列颠王国的上院仅仅是苏格兰民事纠纷的最高上诉法院。在这种相对独立的法律和司法体系中，虽然苏格兰也属于普通法系（遵循先

① See Robert H. Sitkoff, Jesse Dukeminier, *Wills, Trusts, and Estates*, 11th edition. Wolters Kluwer, pp. 396 – 398.

② 27 Hen.8, ch. 10 (1536).

③ See Paolo Panico, *International Trust Laws*, Oxford University Press, 2017, pp.783 – 808.

例原则也得到最大限度的尊重），但是其最有特色的地方是，他们的法学家们（institutional writers）在17世纪到19世纪对苏格兰法律的重述很显然是遵照罗马法原则进行的。例如，John Darlymple大法官、John Erskine教授、Baron David Hume教授和George Joseph Bell教授的著作在缺乏立法和司法权威判例的情况下具有法源的效力。正因为其法律特别是财产法是建立在罗马法基础上的，苏格兰也因此被称为混合法系国家，衡平法（除了极少例外）很显然不是苏格兰法律的渊源。

苏格兰信托法有三个值得注意的特征：一是成文法，苏格兰在1867年制定了《信托法》；二是将受益权作为一种对人权（in personam right），这一点和英国法截然不同，英国法将其作为一种衡平法所有权，更强调其对物权（in rem right）的侧面；三是双财团理论（dual patrimony theory），把信托财产作为受托人名下的一般财团之外的特别财团（后述）。

学者期待，随着越来越多国家对《海牙关于信托的法律适用及其承认的公约》（以下简称《海牙信托法公约》）的承认，信托法可以在大陆法系进行更为广泛的传播，苏格兰信托法可以作为受到罗马法之财产法影响、不存在英式衡平法之国家引入信托法的典范。[①]

第二，认可关于信托的国际私法。不存在衡平法的国家可以通过承认有关信托的国际冲突法而在事实上引入信托法。1985年7月1日通过的《海牙信托法公约》的目的正是如此。目前，该公约的缔约方包括澳大利亚、加拿大（魁北克省和安大略省除外）、意大利、列支敦士登、卢森堡、马耳他、摩纳哥、荷兰、圣马力诺、塞浦路斯、瑞典、英国和我国香港特别行政区等。法国和美国都已经签署但还没有批准该公约。

在大陆法系，《海牙信托法公约》不是认可信托法的唯一基础。有一些国家处理信托问题的条款直接出现在其国际私法立法中。例如，《比利时国际私法法典》（2004年）第七章用和《海牙信托法公约》类似的方法规定了信托承认，其关于信托的定义也和《海牙信托法公约》相仿。罗马尼亚2011年《民法典》在具体制度和一般框架方面很显然受到加拿大《魁北克民法典》的影响，其第七编第2659—2662条规定了关于信托适用的问题。捷克共和国2014年在制定新的民法典的同时制定了独立的国际私法，其国际私法的第72章是关于信托适用的条款。

另外，欧洲自由贸易联盟（European Free Trade Association）的法院在审理Olsen v. Norway一案时把承认信托的重要性提升到促进开业自由和资本流动自由的高度。

第三，大陆法系和混合法系的立法。日本早在1922年就引入了《信托法》，同属东亚文化圈的韩国等国家和地区也随后引入，我国在2001年颁行了《信托法》。2007年《法国民法典》引入了信托制度，虽然其信托和英美法上的信托存在一些差异，但这仍然可以被视为一个标志性事件。《葡萄牙民法典》在继承部分有类似的制度，深受法国法影响的加拿大《魁北克民法典》和美国路易斯安那州的民法典比法国更早引入了信托制度。前面介绍过的批准《海牙信托法公约》的不少国家都在立法中规定了信托，如马耳他、列支敦士登、圣马力诺等。东欧国家如匈牙利、罗马尼亚和捷克共和国也都引入了信托

---

① See Paolo Panico, *International Trust Laws*, Oxford University Press, 2017, p.788.

法。南非和拉丁美洲的不少国家存在信托制度，德国在司法实践中一直都承认类似信托的安排——Treuhand。上述法域都不存在英国法意义上的衡平法传统，但是并不妨碍其基于现实的考虑引入信托法制度。

英国学者 Swadling 赞同民法学者 Gretton 和 Honore 的观点，即在民法法域中，衡平法并不是承认信托的必要条件。他进一步认为，“普通法中也是如此。如果从头开始设计一个普通法法律体系，我们完全可以建立一个没有衡平法的英国信托制度”[①]。

三、我国信托法的引入和制度框架

我国最初引入信托法的主要目的是引进信托业这种商业制度。我国最早出现的信托机构可以追溯到 1913 年日资设立的大连取引信托株式会社。1921 年夏秋之际，上海地区先后成立了 12 家华资专业信托公司，这标志着中国近代信托业的诞生。从 1921 年到 1926 年，中国近代信托业开始兴起；从 1927 年到 1937 年 7 月，中国近代信托业得到初步发展；1937 年 8 月至 1945 年 8 月，中国信托业在抗战中畸形繁荣，而从抗战胜利后到新中国成立前，中国信托业在统制经济体制下逐渐衰退[②]。新中国成立后，由于在计划经济体制下，信托存在的客观条件消失，到 20 世纪 50 年代中期，信托业务全部停办。

1979 年 10 月，以中国国际信托投资公司的成立为标志，中国信托业得到恢复。在改革开放初期，信托业得到了一定的发展。但是，中国金融信托业自 1979 年恢复以来，因法律框架和监管框架缺乏，行业发展乱象丛生，国家对其进行了多次全国性的清理整顿。每一次整顿都伴随一批信托业法律法规的出台。可以说，中国信托业的发展史就是一部清理整顿史。

其中最为重要的是第五次整顿。1999 年 2 月，《国务院办公厅转发中国人民银行整顿信托投资公司方案的通知》发布，宣布中国信托业第五次清理整顿开始，这次整顿工作的基本原则为“信托业务为本”“信托业与证券业分业经营、分别设立、分业管理”“规模经营”“分类设置”。监管层本着“坚决把信托办成真正的信托，不让有问题的公司留下来”的态度，将众多规模小、资不抵债的公司撤销，到 2000 年，原来存在的 239 家信托公司最终被批准重新登记的只有 60 多家。在这个阶段，信托基本法《中华人民共和国信托法》于 2001 年颁布并实施，中国人民银行制定的《信托投资公司管理办法》于 2001 年发布实施，《信托投资公司资金信托管理暂行办法》于 2002 年开始施行，中国信托业开始沿着合法合规发展的道路前进。

以 2018 年发布的《中国人民银行、中国银行保险监督管理委员会、中国证券监督管理委员会、国家外汇管理局关于规范金融机构资产管理业务的指导意见》（业内称之为《资管新规》）为标志，以去通道、破刚兑、促转型为目的的行业变革正在进行，或可称之为“第七次行业整顿”。

---

① Swadling, W. (2019). Trusts without Equity in the Common Law. *Zeitschrift für Vergleichende Rechtswissenschaft* (118).

② 关于新中国成立前我国信托业的发展，参见中国信托业协会编著：《信托基础》，中国金融出版社 2012 年版，第 46—54 页。

到目前为止，有效存在的和信托法密切相关的法律法规和规章主要包括《信托法》《证券投资基金法》《慈善法》《信托公司管理办法》《信托公司集合资金信托计划管理办法》《信托公司净资本管理办法》《企业年金办法》《企业年金基金管理办法》《慈善信托管理办法》《中国银保监会信托公司行政许可事项实施办法》《中国人民银行办公厅关于进一步明确规范金融机构资产管理业务指导意见有关事项的通知》等。

第四节　信托的概念和分类

一、信托的概念

信托，是指委托人基于对受托人的信任，将其财产权委托给受托人，由受托人按委托人的意愿以自己的名义，为受益人的利益或者特定目的，进行管理或者处分的行为(《信托法》第 2 条)。

很多文献对信托的理解是从定义开始的，把定义作为构成要件来看。本书认为，我国《信托法》的定义虽不能完全起到信托构成要件的作用，但从这个定义还是能归纳出信托的基本要素的[①]。

（一）信托当事人

一般而言，信托当事人包括委托人、受托人和受益人。这不同于通常只有两方当事人的合同关系。

（二）信托行为

信托法明确允许以合同和遗嘱的方式设定信托。如果通过合同行为（双方法律行为）设立信托，则委托人和受托人是信托合同的当事人，这是最为常见的设立信托的方式[②]；如果通过遗嘱设立信托，因遗嘱是单方法律行为，则不需要与受托人的合意(《信托法》第 8 条第 3 款的要求不合理)。另外，实践中已经存在以宣言的方式设立的慈善信托。宣言属于一种单方法律行为。

无论通过合同、遗嘱还是宣言设立信托，都不需要和受益人之间达成合意，即受益人不是“信托行为当事人”，而仅仅是“信托当事人”。但是，信托的特殊之处正在于，受益人虽然不是信托行为的当事人，却因其信托关系当事人的资格，取得强制执行信托的权利，这一点不同于合同（第三人利益合同除外）。

---

① 英美法系就信托的定义采取的是“目的导向”的方法，主要是在描述信托之法律效果，而不是像大陆法系国家所尝试做的规定信托的构成要件、成立要件。参见方嘉麟:《信托法之理论与实务》，中国政法大学出版社 2004 年版，第 7 页。

② 在合同信托的场合，坚持债权行为和物权行为划分的学者可能会主张信托行为既包括签订信托合同，又包括把信托财产转移给受托人的处分行为。

（三）“委托给”的含义

从文义解释出发（《信托法》第 2 条、第 7 条第 1 款、第 15 条、第 28 条、第 29 条），“委托”一词似乎意味着委托人没有把信托财产的财产权[①]转移给受托人，这样，我国的信托似乎不需要信托财产的移转就能成立[②]。但目前实务操作和司法实践中很少有支持这一观点的。

委托是一种基础性的关系，基于委托关系可以进行不同的权利义务结构的安排[③]。仅仅根据《信托法》第 2 条规定的条件，仍然无法确保信托关系的成立。受托人以自己的名义从事管理和处分行为这一条件虽然能区别于委托—代理关系，但是不能区别于管理人以自己的名义行事的行纪关系。从制定信托法的历史背景看，我国信托法所参考的众多国家和地区均在信托的概念中强调财产权的转移（宣言信托除外），否则将违背信托本质。因此，无论如何强调我国国情，都不应理解成我国信托法上的信托不转移财产权就可以设立。“委托给”的表述并非错误的，而是不全面的，它仅仅明确了意定信托的约定基础（委托），但没有揭示信托的本质属性。严格地看，设立信托是一种处分行为。

值得注意的是，《信托法》第 2 条的定义针对的仅是意定信托。在复归信托和拟制信托等非意定信托中，由于不存在委托人，便不存在委托人向受托人主动转移财产设立信托的问题。

（四）信义关系

在我国法的背景下，信义关系大多是在某种明示或者默示的委托法律关系的基础之上形成的财产法律关系群，代理、中介、行纪、合伙、公司、信托等均属于群成员。

根据传统民法理论中的委托代理二元区别论（the theory of separation）的观点，委托关系是包括代理关系、信托关系等在内的信义法律关系的基础法律关系，根据委托人对受托人的授权，接受委托的人可以成为其代理人，也可以成为其行纪人、中介人、信托受托人、合伙人、公司法中的董监高、遗嘱执行人和遗产管理人等。委托关系是合同法律关系，但是通过这种合同构建的法律关系并不完全是合同法律关系，如通过合同创设物权、通过协议组建公司、通过合同设立信托等。如果认同理论上存在一个信义关系法（fiduciary law），这个法律领域最典型的规则就是信托法的规则。

信义关系具有以下特点：

第一，所涉双方信息不对称、能力不对等。在民事领域，至今在日语中唯有教师、医师、律师（即传统上所谓“三师”）能被尊称为“先生”（另外还有代议士），师生、医患和律师/客户关系在知识、信息、技能、权利方面存在不同程度的不对等、不平衡，为

---

① 不少学者坚持使用“所有权转移”这样的表述，来讨论信托财产权归属问题，而罔顾《信托法》第 2 条明智地采用了“财产权”这一表述的事实。虽然该法第 7 条使用了设立信托的财产必须是“委托人合法所有的财产”的表述，但后者的“所有”应广义地理解为对财产权具有处分权，而非物权法意义上的所有权；正如公司虽然可以被描述为公司财产的所有者，但这毕竟是比喻的用法，而并非指公司所享有的公司财产权是一种物权法意义上的所有权。为了避免概念之争，本书坚持使用“财产权”这样的表述。

② 持该观点的代表学者为张淳教授。详见张淳：《中国信托法特色论》，法律出版社 2013 年版，第 33—97 页。

③ “所有和信义关系相关的当事人都会将财产和权利委托给受托人”。[美] 塔玛 • 弗兰科：《信义法原理》，肖宇译，法律出版社 2021 年版，第 1 页。

信义关系之典型。在商事领域，无论是信托、代理，还是在公司和合伙企业中，受托人或管理人（公司法中的董事等、信托和证券基金等法律关系中的受托人、代理法中的代理人等）一方也总是处于知识、技能和信息等方面的优势地位。在社会领域，慈善事业和其他社会基金的管理越来越专业化、中介化，慈善组织（社会组织）和受托机构管理着数额巨大的慈善财产、养老基金、住房公积金、公共维修基金，这些慈善组织和受托机构也处在非常重要的地位。

第二，一方对另一方产生“信赖”或者依赖（dependence）。由于社会化分工的原因，财产事务的管理越来越专业和复杂，一方主动或者被动地将其事务委托于另一方。在规则层面，对受托人情感、伦理道德的信赖退居其次，对其专业技能、契约精神和遵守法律的信赖甚至依赖变得更为重要。

第三，受信赖的一方对受托事务管理有不同程度的裁量权和控制权。在这种法律关系之中，为了借用专业人士之力提升事务管理的效率，都需要受托人享有一定的裁量权。可以说，裁量权的行使是信义关系的本质特征。与普通债权债务关系中主要以物的给付义务为内容不同，受托人的义务内容主要是管理和决策义务，这些义务在实质上构成了受托人的权限和职权。在违反通常义务（非信义义务）的情形，就像一个人该如何驾驶汽车，其行为标准相对明确；而对于应如何管理信托财产，则会因场景和期限之不同而产生极大不同。所以，受托人职责和义务的履行与裁量权的行使如影随形。

第四，为了限制受托人（管理人）滥用裁量权，法律为受托人施加法定义务。受托人裁量权是必要的，但是，为了保护本人的利益免受管理人的侵害，除了通过当事人约定或者法律直接规定来限制受托人的职权和行为范围之外（这是早期信托法所采取的策略），原本可以采取以下几种方法：（1）只选择无利害关系的人为管理人；（2）以奖赏激励管理人不滥用其权限；（3）控制管理人；（4）对管理人加以监督；（5）以同业协会的规范或者行政机关的行政命令等其他方法。但是，这些方法并不能完全消除管理人滥用权限的可能性，在现代社会既不能仅靠受托人的道德良心和宗教观念，也不能像古典信托法那样严格限制受托人的裁量权，因此才有设置法定的信义义务之必要[①]。裁量权的授予（empowerment）造成代理成本问题——裁量权的滥用，信义义务则成为受益人利益的首要捍卫者。

但是，如何区分信托中的信义关系和其他信义关系（比如公司法、代理法中的信义关系），是一个值得探讨的问题。

（五）信托目的

信托目的是信托的核心要素。根据信托目的，理论上可以把信托划分为公益信托、私益信托（private trust）和目的信托。《信托法》第 2 条的字面含义似乎为承认目的信托（purpose trust）保留了空间。

实践中已经存在很多案例，在这些案例中，当事人之间签订的合同可能并没有标明“信托合同”，受托人可能也不是信托公司，但其法律关系符合信托的基本概念、具备信

① Tamar Frankel, Fiduciary Law, 71 *Cal. L. Rev.* 795, at 809 – 816.

托的基本特征，都构成信托关系，适用信托法进行调整（如案例 1－4－1，仅本章还有案例 1－1－1、1－1－2、1－1－3）。

案例 1-4-1　　张某与海通资管公司案[①]

最高人民法院经审查认为，本案中，张某作为委托人、海通资管公司作为管理人、上海银行股份有限公司（以下简称“上海银行”）作为托管人共同签订的《海通海赢 1 号定向资产管理计划定向资产管理合同》约定，张某委托海通资管公司对委托资产进行定向投资、运作和管理，由张某享有委托资产的收益和清算后的剩余资产，并自行承担投资风险，资金托管于上海银行为委托资产专门开立的银行账户中，独立于管理人、托管人的固有财产，海通资管公司、上海银行按固定比例收取管理费。根据上述约定，案涉资产管理业务呈现出受托财产独立、受益人自担风险等特点，符合《信托法》第 2 条规定的“信托，是指委托人基于对受托人的信任，将其财产权委托给受托人，由受托人按委托人的意愿以自己的名义，为受益人的利益或者特定目的，进行管理或者处分的行为”的法律特征，各方权利义务关系应受到信托法的调整。海通资管公司作为受托人负有避免利益冲突、公平对待客户、向客户提供影响投资决策的全部信息等信义义务。

二、信托的理论分类

信托的分类可以有多重维度。通过分析这些不同维度的信托类别，可以理解信托的特点及其多元的功能。《信托法》第 3 条将民事、营业和公益信托并列，并不代表三者是按照一个划分标准进行的分类，这一点需要注意。

（一）民事信托、商事信托和公益慈善信托[②]

这是依信托目的所作的分类。民事信托，大致可以定义为主要以家庭内部的财产传承和分配等为目的的信托。所谓“家族信托”，主要应归类于此。商事信托（commercial trust），主要是以投融资和商业交易为目的的信托。因只有营业性的信托机构能充任商事信托受托人，所以，商事信托都是营业信托。民事信托和商事信托统称为私益信托。公益慈善信托是以从事慈善和公益事业为目的的信托。

如表 2 所示，在私益信托（下表区域Ⅰ和区域Ⅱ）和公益慈善信托（区域Ⅲ）之间，存在着一些性质复杂的中间类型。

首先是年金信托（pension trust）。年金信托能享有一定的税收优待政策，但不是公益慈善信托。年金信托的受托人多是营业性的信托机构并以增值保值为目的，故具有一定的商事信托的属性，但是又很难说是典型的商事信托。

其次是目的信托（purpose trust）。目的信托是指非公益的、没有受益人的特定目的

---

① 最高人民法院（2018）最高法民申 1423 号民事裁定书（审结日期：2018 年 11 月 28 日）。

② 关于民事信托、商事信托、营业信托、商业公司之间的关系，参见赵廉慧：《商事信托的界定》，载《月旦民商法杂志》2022 年第 78 期。

信托，该定义有法条作为依据（《信托法》第 2 条实际上能容纳公益的特定目的信托和非公益的特定目的信托）。

表 2　信托二维分类表

	Ⅰ：民事信托	Ⅱ：商事信托	Ⅲ：公益慈善信托
A：营业信托	AⅠ：民事信托/营业信托 例：信托机构受托的家族信托	AⅡ：商事信托/营业信托 例：信托机构受托的集合资金信托	AⅢ：公益慈善信托/营业信托 例：信托公司受托的慈善信托
B：非营业信托	BⅠ：民事信托/非营业信托 例：自然人受托的民事信托	BⅡ：无	BⅢ：公益慈善信托/非营业信托 例：基金会受托的慈善信托

（二）营业信托和非营业信托

这种分类以受托人是否是营业性信托机构为标准。

这种分类的后果是：营业信托需要接受信托业监管当局的监管，非营业信托则原则上不需要监管，或至少不需要金融机构监管部门的监管。

后文会讨论，营业性信托机构不仅指信托公司。不是只有信托公司从事的才是营业信托。

简单探讨一下慈善信托。信托公司作为慈善信托受托人的场合需要接受民政部门的慈善行为监管和金融监管部门的金融监管。因慈善信托也可以成为信托公司从事收取信托报酬的信托业务，此时可以理解为营业信托。而在慈善组织作为受托人的场合，只需要接受民政部门的监管，此时不能称作营业信托。

（三）意定信托和非意定信托

意定信托即英美法上的明示信托，可包括合同信托、遗嘱信托和宣言信托等。合同信托和宣言信托又可以合称为生前信托（living trust）。

非意定信托包括复归信托（resulting trusts）、拟制信托（constructive trust）和法定信托（statutory trust）。关于非意定信托的讨论参见本书第二章第七节。

实务中常见的是意定信托，但非意定信托也有广泛的适用余地，只是其所适用的法理和意定信托存在一定的差异而已。

（四）各种分类的关系

分类问题具有复杂性。一方面，各种分类内部的边界并不十分清晰；另一方面，各种分类也有所交叉。例如，商事信托都属于营业信托，但是营业性信托机构既可以从事商事信托，也可以从事民事信托（家族信托），还可以从事慈善信托。自然人能受托民事信托（家族信托）和信托法意义上的公益信托（不能是《慈善法》意义上的慈善信托），但不能从事商事信托。非信托机构理论上可以从事民事信托，[①]其中慈善组织可以从事慈

① 自然人和非金融机构有时会基于商业目的（非家事目的）成为受托人，本书中有不少相关案例。这是否可归类到非营业的商事信托，值得探讨。

善信托，但都不能从事商事信托。再如，大多数民事、商事以及慈善信托都是以意定的方式设立的，但也有可能从事法定的民事、商事和慈善信托。

第五节　作为民事特别法的信托法

信托法毫无疑问属于民事特别法，在意思自治、私权保护和个人责任上和民法一脉相承，只是在民事关系、民事权利、民事行为、民事主体和组织、民事救济等方面展现了一些特殊性而已。《民法典》作为民事基本法，当然可以是一部“纯粹”的民法，没有必要过多规定如信托法这样的具体而特别的制度。但《民法典》作为开放的体系，在制定时应考虑和民事特别法的协调，为信托法这样的特别法留下自我发展的制度空间。可是，我国《民法典》除了在继承编重复了《信托法》上关于遗嘱信托的规定之外，没有就信托制度作更多规定，也没有为信托法的发展预留空间。

一、信义关系法

从梅因爵士的著作《古代法》中，大家熟悉了“从身份到契约”的社会关系演进，而在现代社会，似乎存在着一定程度的“从契约到信赖”的转型。至少，人们越来越多地处于信赖关系当中。用信托法所代表的信义关系法原理去调整信赖关系，引入衡平法理，会给民众提供更为充分的保护。《民法典》在坚持合同（契约）法这种古典意识形态的同时，也规定了大量关于信义关系的制度，如代理、监护、遗嘱执行人和遗产管理人、委托合同、物业服务合同、行纪合同、中介合同和合伙合同等。《民法典》对信义关系特别是信义义务（谨慎义务和忠实义务）虽然缺乏系统化规范，但在解释论上，不能仍然按照公平交易（arm’s length transaction）的基本假定来理解《民法典》的相关规范。虽然信义关系大多通过合同缔结（法定监护关系等是例外），但信义关系是特殊的、超越了合同关系的法定关系，信义义务是超出约定义务的法定义务，仅仅按普通合同法去规范这些法律关系是会出问题的。

二、民事组织和民事主体法

信托原则上没有法人地位，但很多场合具有组织体（institution or organization）属性，《民法典》应为这种组织体预留制度空间。不过，如果按照字面的含义解释《民法典》的下列条文，信托这种组织体既非法人、亦非自然人，至少从以下三点来看，也很难归入非法人组织的范畴。

第一，《民法典》第 102 条规定非法人组织是不具有法人资格，但是能够依法以自己的名义从事民事活动的组织。而根据《信托法》，委托人不能以自己的名义从事活动，只能借助受托人名义。

第二，《民法典》第 103 条规定非法人组织应当依照法律的规定登记。而信托的设立原则上不需要进行与非法人组织类似的设立登记。

第三，《民法典》第 104 条规定非法人组织的财产不足以清偿债务的，其出资人或者设立人承担无限责任。而信托法上的出资者（委托人）原则上是承担有限责任的。

信托本身具有反管制的特点，信托法也因此可以成为非经登记而成立之组织体的备用性规则。而且，在我国商事信托实务中，商业信托计划逐渐取得了一定的“实体”或者组织体的地位。而慈善信托因其复杂的内部组织结构，也被学者称为一种组织体（institution）。在国外，信托在商事和慈善领域的实体化倾向十分明显。因此，在解释上，可以承认信托是据信托法在《民法典》之外创设的一种新型组织形态，不宜将《民法典》的相关规定理解为对创设民事组织体的严格限制。

三、财产法和财产权

信托法中有两个和财产法相关的概念：信托受益权和信托财产权。该财产权结构在民法中亦非特殊。

信托受益权是信托法创造的新型财产权利，《民法典》中关于民事权利的规定没有对此作出直接回应。《民法典》第一编第五章只列举了物权、债权、知识产权、继承权和虚拟财产权，没有明确规定受益权，但不能说《民法典》不承认信托受益权的财产权地位，我们可以分别在第 125 条（“民事主体依法享有股权和其他投资性权利”）和第 126 条（“民事主体享有法律规定的其他民事权利和利益”）中找到商事信托和民事信托受益权的规范依据。当然，信托受益权的性质和行使方法等仍然有赖于司法和学理的解释。

根据“一物一权”原理，在概括财产上不能成立严格意义上的所有权，信托财产可以用“概括财产”“责任财产”或“一般担保财产”这些经典民法概念加以描述，不是新的财产权类型。《民法典》完全没有采用这些内涵确定的概念来描述民事主体所享有的财产权集合。可能被忽视的是，《民法典》第二编第五章把私人所有权和国家所有权及集体所有权并列，该“私人所有权”并非一种具体民事权利类型，而是一种类似所有制的概念，是对宪法所确立的基本经济制度的一种重申。把此处的“私人所有权”作为财产权类型看待的误解同样会导致把信托财产看成一种财产权类型。

《民法典》和《信托法》没有使用责任财产（patrimony）等高效的传统民法术语，使得对信托财产的理解产生偏差，才造成“信托财产所有权”这类术语之流行，仿佛信托财产权是一种新型所有权或财产权。这是应该重点澄清的。

四、民事救济和民事责任法

《民法典》对公司法和信托法中的代表性救济——“归入权”没有作出回应。《民法典》第 179 条列举了十一种民事责任承担方式，包括：停止侵害；排除妨碍；消除危险；返还财产；恢复原状；修理、重作、更换；继续履行；赔偿损失；支付违约金；消除影响、恢复名誉；赔礼道歉。这些民事责任承担方式在构成要件、救济内容等方面均和归入权存在重大差异。

必须强调的是，把《民法典》中关于救济的列举作限定性解释是不恰当的，理论界和实务界应重视对信托法等法律所提供独特救济的研究。

整体上，民法的话语体系属于“古典”的话语体系，但古典的体系也能保持开放之姿态，直面接受如信托法这一“鲶鱼”带来的冲击，避免古典话语体系变成过时话语体系。信托法虽然来自英美法，和我们原本倚重的大陆法系的概念体系存在一定的差异，但民众对信托法的需求是客观存在的，因此不能把信托法异国情调化，不能过分强调其差异性而忽视其作为私法规则的普遍性。从解释上将信托法纳入民法的体系框架之中，必将有利于信托这一良好的制度工具造福于民。

[本章思考题]

1. 我国已经有了比较完善的民商法律制度，为什么还需要信托法？信托法有哪些独特的功能？

2. 江平教授提出了一个著名的问题：如何在欠缺衡平法传统的中国引入信托法？你如何回应这一问题？

3. 日本学者四宫和夫曾经说过，信托法源自英美法，和大陆法系民法之间的关系如水上浮油，无法融合。如何评价这一观点？

4. 如何理解信托法和信义法的关系？

5. 如何理解《信托法》第3条所规定的民事信托、营业信托和公益信托之间的关系？

[本章学习参考资料]

第二章 信托的设立和效力

鲁迅先生在《娜拉走后怎样》的演讲中说道："……娜拉当初是满足地生活在所谓幸福的家庭里的，但是她竟觉悟了：自己是丈夫的傀儡，孩子们又是她的傀儡。她于是走了，只听得关门声，接着就是闭幕。……走了以后怎样？伊孛生并无解答……"

有法院以信托持股违背公序良俗为由判决信托无效。但信托无效之后怎么样？法院也并无解答。

——本书作者

第一节　信托设立和"三个确定性"

一、信托的基本要素概述

意定信托，即通过法律行为设立的信托。对于意定信托，除了法律行为一般的要件之外，主要应关注三个方面的要素：（1）信托财产，为物的要素；（2）信托当事人，包括委托人、受托人、受益人和其他当事人，为人的要素；（3）信托目的，为信托之意思（精神）要素。英国 1840 年 Knight v. Knight 案确立了信托设立的"三个确定性"原则，即意图的确定性（certainty of intention）、信托财产的确定性（certainty of subject matter）和受益人的确定性（certainty of objects）。这大致和上述意思要素、物的要素以及人的要素相对应。

二、我国设立信托的要素

（一）信托目的的确定性和合法性

只要委托人在书面文件中明确表达了设立信托的意图，即便没有使用"信托"的表述，信托也可能成立。

案例 2-1-1　　李某 4 遗嘱信托案①

案例分析及问题：

在该案中，立遗嘱人在遗嘱中明确规定，要把其个人财产装入"家族基金会"，用于其家庭成员的生活目的。不过，立遗嘱人很明显混淆了基金会和基金。所谓基金会，在我国是指"利用自然人、法人或者其他组织捐赠的财产，以从事公益事业为目的"的非营利法人。按照该定义，基金会是公益（慈善）法人，所有财产要用于公益慈善目的，这显然和本案中以家庭成员的利益为目的是相矛盾的；另外，基金会为法人，需要按照非常严格的设立程序经民政部门批准设立。在该案中，立遗嘱人很显然并不清楚什么叫基金会，但其将个人财产设立一个独立的基金，用于家庭成员生活的目的非常明显。所以，一审法院通过合理解释立遗嘱人意愿，尽力辨别出符合立遗嘱人真意的法律形式——信托，帮助私人实现意愿。

即便委托人缺乏对信托术语的了解也不影响信托的成立。例如，张三（委托人）将 100 万元转让给李四（受托人），说：为我的儿子张五（受益人）投资这笔钱，每年在他生日时将投资的收益交给他，到他 30 岁时，再将全部财产转让给他。即便张三

① 上海市第二中级人民法院（2019）沪 02 民终 1307 号二审民事判决书（审结日期：2019 年 5 月 30 日），同案例 1-1-1。

根本没听说过什么是信托法、什么是受托人，他是否理解信托的含义并不起关键作用。甚至，即便受托人李四对信托文件一无所知，也并不能否认信托的成立。在该案中，立遗嘱人的遗愿虽然是设立“基金会”，并没有使用“信托”的表述，受托人也很可能不知道自己被指定为受托人，但法院仍然综合遗嘱的内容认定立遗嘱人有设立信托的目的，遗嘱信托成立。

相反，即便当事人使用了“信托”这样的词汇，若真实意图并非如此，则信托不能成立。例如，甲将 100 万元交给乙说：我用这笔钱创设一个信托，你是受托人，你有绝对的权利使用这笔钱，借以达成你所期望的任何目的。这里，甲的意图实际上相当于赠与，而非设立信托。

在英美法上，表意人如果使用恳求性语言（precatory language），信托并不一定能成立。恳求性语言一般是指“我希望（wish）”“我建议”等。例如，甲在遗嘱中说：我给乙 100 万元，希望他将这笔钱用于他儿子的教育。这里很难认定甲具有设立信托的意图，因为他没有给受托人强加一种法律义务，而仅仅是一种道德义务。

英美信托法更重视真实意图而非形式，当事人只需要明确表示出要创设信托的意图即可，设立信托并不需要特别的形式（当然，在涉及不动产时有书面形式的要求①），当事人甚至不需要使用设立“信托”这样的言辞。在我国信托法上，对信托成立存在要式的要求，《信托法》第 8 条第 1 款规定：“设立信托，应当采取书面形式。”这样，当事人在书面文件中体现了设立信托的意图，即可成立信托。

关于信托目的的合法性，详见本章第五节。

（二）受益人的确定性

1. 受益人确定原则

设立信托的效果之一，应有明确或者至少可以明确的受益人，这样信托才能被强制执行。此即受益人确定性原则或者受益人原则（beneficiary principle）。受益人并非信托合同当事人，但在信托成立之后，则成为信托关系的当事人，享有受益权②。

2. 委托人和受托人的要素

委托人是信托的发起者、信托目的的提供者和信托运作的监督者，但除此之外，委托人在信托设定之后原则上不再承担重要的功能，这不同于委托合同（《民法典》第三编第二十三章）的委托人。信托之委托人是信托合同的当事人或者是遗嘱信托的设立者，对于意定信托而言，存在委托人是不言而喻的，所需要考虑的仅是适格与否的问题。

受托人是信托财产的名义人和管理者，在信托的结构中发挥重要作用。受托人是信托合同的当事人，可以根据合同法考虑信托合同的成立与否问题，亦不需要作为设立信托的要件特别考虑。而且，英美法谚有云：“法院不允许因欠缺受托人而使信托无效（The court will not allow a trust to fail for want of a trustee）”，即便受托人不存在，一般而言信托

① See J. E. Penner, *The Law of Trusts*, fourth edition, Oxford University Press, 2005, p.172.

② 参见谢哲胜：《信托法》，元照出版公司 2007 年版，第 80 页。

亦不终止，只是需要选任新的受托人而已。我国信托法坚持了和英美法类似的原则（《信托法》第 13 条）。

对委托人和受托人的具体要求，参见第四章和第五章的相关讨论。

3. 受益人确定原则的例外

在私益信托中，受益人确定是最基本的要求。该原则在有些领域会有所缓和。例如，英美法上对信托的一种划分是固定信托（fixed trust）[①]和裁量信托（discretionary trust），后者在设定时，受益人及其受益权并非确定，信托文件将不少管理信托事务和分配受益权的权利授予受托人或第三人，由其自由裁量。这在形式上构成对受益人确定性原则的违背。然而，这并不是受益人确定性原则的典型例外，毕竟此时受益人的大致范围是确定的。

最典型的例外是目的信托（purpose trust），包括狭义的目的信托和公益信托（第八章）。例如，在基于教育和环保事业等公益目的的信托，为了墓地和墓碑的建造和维修的信托，以及以维持某种动物的生活、帮助已故之人的灵魂升入天堂、发起和促进猎狐运动等为目的的信托[②]之中，不仅不要求存在确定或可以确定的受益人，有确定的受益人反而会导致目的信托无法成立。

（三）信托财产的确定性和合法性

1. 为什么信托财产需要确定

《信托法》第 7 条规定，“设立信托，必须有确定的信托财产”。这和英美法上信托财产确定性原则的要求一致。信托是一种财产管理的制度，没有信托财产，信托就失去了存在的载体，根本无法存在。信托财产是委托人设立信托的客体，是受益人受益权之所系，也是受托人为实现信托目的管理、处分的标的，因此，信托财产在信托行为当时必须确定。

此外，信托行为属于处分行为，传统物权行为理论也要求处分行为的标的具有确定性或者特定性。[③]信托财产为委托人有权处分的财产权，其范围、种类、数量等在信托行为中都应有一定程度的明确表示。以房产为例，其座落、建号、门牌号、基地号、建物层次、面积、权利范围等，必须在信托契约或遗嘱中载明，且置于可办理移转或处分的状态。设立信托应完成财产之转让，或完成财产的处分行为，让受托人成为信托财产的

---

① 即受托人对信托财产的管理和信托利益的分配不享有任何裁量权的信托。See Bryan A. Garner, *Black's Law Dictionary*, 11th edition, Thomson Reuters, 2019, p.1820.

② 参见［英］D.J. 海顿：《信托法》（第 4 版），周翼、王昊译，法律出版社 2004 年版，第 106 页。

③ 有观点认为，商事信托不需要信托财产作为设立条件。例如，日本学者神田秀树认为，商事信托的本质属于一种设计，信托财产对商事信托而言并非不可欠缺。李宇教授在考察英美信托法之后认为，“商事信托更重视商业资产未来的营利能力，将来财产能否成为信托财产，对资产证券化信托等尤为重要。证券化资产以应收账款为主，尤其是将来应收账款，大多尚无基础合同”。参见李宇：《商业信托法》，法律出版社 2021 年版，第 548—553 页。不过，如果将信托财产的确定性解释为包含未来可以确定，如应收账款作为未来债权，但将其装入信托之时，如果通过科学的测算技术表明了该债权的存续具有确定性，并规定转让权利的期间，且有时还会有适当的增信或担保措施，即达到了确定性的要求。信托财产的确定性并不要求如所有权和物权转让那样完全和绝对的确定性。所以可以认为，即便在商事信托中，也应同样要求信托财产的确定性。

财产权人[①]。

2. 信托财产的确定性是设立之时的确定性

从法条的体系解释上看，《信托法》关于信托财产确定性原则的规定主要规定于第二章“信托的设立”。该章第 7 条第 1 款明确规定，“设立信托，必须有确定的信托财产”；第 9 条第 4 项也规定，设立信托应以书面文件载明“信托财产的范围、种类及状况”，都非常明确地把对信托财产确定性的要求限定在“信托设立”这一前提背景之下，从未把信托财产确定性的要求之射程扩展到信托存续期间。另外，《信托法》第 11 条从反面规定“信托财产不能确定”是信托无效的事由之一，虽然没有特别限定，但是从其体系上看，第 11 条也出现在“信托的设立”一章中，是作为信托设立失败的事由而存在的，因此，不能把信托财产确定性的要求理解为信托从成立到存续整个期间的要求，更不能把信托财产嗣后交易行为的不确定作为信托无效的事由。

案例 2-1-2　世欣荣和诉长安信托案[②]

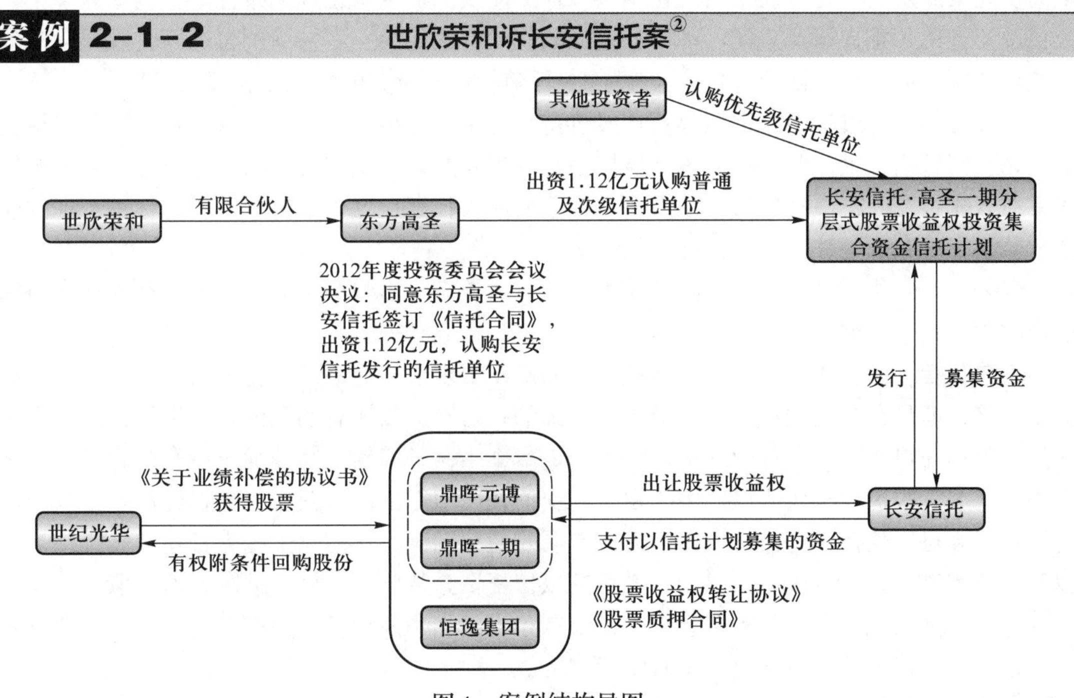

图 1　案例结构导图

2011 年 8 月，世欣荣和与东方高圣等 9 名合伙人组建了天津东方高圣诚成股权投资合伙企业（下称“合伙企业”）。合伙人一致同意，将合伙企业资金用于受让恒逸石化限售流通

① 在美国法上，特别是在遗嘱信托的场合，只要存在有效的财产转移，即便受托人对此并不知情，信托依然成立。换句话说，信托的成立并不以委托人的通知、受托人的接受或者承诺为条件。但是，当生前信托（非遗嘱信托）不存在受托人时，此时不符合向受托人转移财产的要求，美国的法院在特殊的情况下，在指定受托人之前通过把委托人（或其继承人）拟制为受托人的方法来使信托得以存续。而在宣言信托中，委托人设立信托的宣言加之信托财产的隔离或者特定化可视为对交付或者转移的替代。See Edward C. Halbach, Jr, *Trusts, Gilbert Law Summaries,* Thomas/West, 2008, pp.80－81.

② 最高人民法院民终（2016）19 号二审民事判决书（审结日期：2016 年 6 月 6 日）。

股（下称“标的股票”）的股票收益权。

后长安信托设立“长安信托·高圣一期分层式股票收益权投资集合资金信托计划”（下称“信托计划”），兴业银行上海分行（下称“兴业银行”）以约2亿元认购该信托计划优先受益权；案外第三人和合伙企业分别投资认购信托计划普通和次级受益权，资金均由合伙企业支付，合计约1亿余元。

2012年3月15日，长安信托与鼎晖一期、鼎晖元博两只有限合伙基金签署《股票收益权转让协议》，约定长安信托以3.1亿元受让两只基金持有的恒逸石化股票收益权，该等股票收益权包括股票处置收益及股票在约定收益期间所实际取得的股息及红利等孳息。同时，各方签署了《股票质押合同》，将标的股票质押给长安信托，以担保《股票收益权转让协议》的履行。

之前的2010年4月，鼎晖一期、鼎晖元博与世纪光华、恒逸集团曾签署《关于业绩补偿的协议书》及其补充协议，约定在相关会计年度实际盈利未达标的条件下，世纪光华可以人民币1元的价格向恒逸集团、鼎晖一期、鼎晖元博回购后三者持有的恒逸石化股票；鼎晖一期和鼎晖元博承诺不得于2014年7月16日前转让其持有的恒逸石化股票。

信托计划运行过程中，因恒逸石化股价持续低于优先级保本价，长安信托按照优先级受益人兴业银行的指令，解除标的股票质押后变现持仓股票，变现价款尚不足以完全支付优先级受益人本金及收益，劣后级受益人合伙企业分配信托利益为零。世欣荣和诉称由于标的股票收益权不具有确定性，案涉信托计划无效。

2016年6月6日，二审法院最高人民法院对该案作出判决，对“资产收益权作为信托财产的确定性”问题进行了分析，并认定案涉信托计划有效。

判决要旨：信托法律关系中，信托财产的确定要求信托财产从委托人自有财产中隔离和指定出来，而且在数量和边界上应当明确，即信托财产应当具有明确性和特定性，以便受托人为实现信托目的对其进行管理运用、处分。本案中，长安信托与鼎晖一期、鼎晖元博分别在相应《股票收益权转让协议》中约定了长安信托所取得的涉诉股票收益权的数量、权利内容及边界，已经使得长安信托取得的涉诉股票收益权明确和特定，受托人长安信托也完全可以管理运用该股票收益权。所以，长安信托以信托资金从鼎晖一期、鼎晖元博处取得的股票收益权具有确定性，世欣荣和以涉诉股票上存在世纪光华回购权益为由否定《信托合同》效力，事实和法律依据均不充分，本院不予支持。

案例分析及问题[①]：

最高人民法院在该案中得出“长安信托以信托资金从鼎晖一期、鼎晖元博处取得的股票收益权具有确定性”的结论，这被解读为最高人民法院认为信托财产的确定性要求不限于信托设立阶段。前文已论及，关于信托财产确定性的条文（《信托法》第7条、第9条和第11条），都在《信托法》第二章“信托的设立”部分，信托财产因欠缺确定性无效是信托设立阶段的问题。所以，上述解读是错误的。

① 对该案的详尽分析，参见赵廉慧：《信托财产确定性和信托的效力——简评世欣荣和诉长安信托案》，载《交大法学》2018年第2期。

案例延伸分析

3. 信托财产的合法性

《信托法》第 7 条虽然要求信托财产是“委托人合法所有的财产”，但是，这里的“合法所有的财产”应解释为委托人有权处分的财产，且该财产须于为信托行为时即已确定存在。因所有权的对象原则上仅为有体物（《民法典》第 240 条），不能包括权利，用益物权、债权、知识产权、股权甚至信托受益权等均无法成为“所有”之对象，狭义解释“所有”二字会产生很荒唐的结果，所以对这里的“所有”须作广义解释。而“确定存在”，并不以现存或特定为限，还包括将来可以实现的权利。例如，债权也是财产权的一种，委托人（债权人）可将其金钱债权凭据和票据、存款证明、金钱消费借贷契约、人寿保险证书甚至应收账款等信托给受托人，使受托人成为名义上的债权人，执行债权的催收、保全、管理、处分等任务，并将所得利益交付受益人。本书第三章对此问题有进一步讨论。

在日本信托法和我国台湾地区“信托法”上，有所谓“受托人信托财产占有瑕疵承受”的规则，亦颇值得参考[①]。

信托的基本分类有意定信托和非意定信托之区分，本章的主要篇幅用于讨论意定信托的设立。

第二节　合同信托

根据英美法的理论，信托区别于合同[②]。但是，按照传统民法的解释论，信托中的意定信托采取合同、遗嘱和宣言三种法律行为形式，均可以被称为信托行为[③]，属于法律行为的下位概念，这样，在信托法就信托行为没有规定的场合，似可适用民法中关于法律行为的一般规定。

值得强调的是，虽然信托大多通过合同创设，但信托并非合同，违反信托（breach of trust）不能等同于违约（breach of contract）。

① 《日本信托法》第 15 条规定：就属于信托财产项下之财产的占有，受托人承继委托人之占有瑕疵。我国台湾地区“信托法”第 33 条规定：受托人关于信托财产之占有，承继委托人占有之瑕疵。前项规定于以金钱、其他代替物或有价证券为给付标的之有价证券之占有，准用之。

② See Jill E. Martin, *Modern Equity*, 19th edition, Sweet & Maxwell Ltd, 2012, p.52.

③ 即便在英美法系国家，也有更多的学者承认信托中合意的因素及其接近契约的侧面，代表性观点可参见：K. Gray, Property in Thin Air, (1991) 50 (2) CLJ 252 at 302. Langbein, “The Contractarian Basis of the Law of Trust”, 107 *Yale L. J.* 625 (1995)。

一、信托合同的要式性

我国的信托合同为要式合同，信托不能通过口头设立。在我国信托实践主要是营业信托的背景下，为了保护受益人（委托人）的利益，强调要式性具有一定的合理性。

在坚持要式主义的前提下，为了促使信托成立，似应适当从宽解释：只要有设立信托的意图，即便书面文件中没有标明“信托”，亦应予以认可，例如在前引**案例 2－1－1**“李某 4 遗嘱信托案”中，立遗嘱人的书面遗嘱中从来没有提及信托，但只要其实际意图是设立信托，并不妨碍信托的成立，在合同的场景下同样如此。在民事领域，应在合适的场合运用信托法理对法律关系进行解读，把某些法律行为解释为信托行为。而且，法院为了对民事主体提供更充分的救济，可以适用信托法理承认非意定信托的存在[①]。本章第七节探讨非意定信托。

在商事领域，2019 年，《全国法院民商事审判工作会议纪要》（以下简称《九民纪要》）由最高人民法院印发，其中第 88 条“营业信托纠纷的认定”第 2 款规定：“根据《关于规范金融机构资产管理业务的指导意见》的规定，其他金融机构开展的资产管理业务构成信托关系的，当事人之间的纠纷适用信托法及其他有关规定处理”，承认了非信托公司的资管机构因从事资管业务而产生的纠纷可以适用信托法，即便相关资管合同中并没有使用“信托”的表述。

另外，特别法（规）如《证券投资基金法》和《企业年金基金管理办法》等明文规定适用《信托法》，相关基金或资金管理合同属于信托合同并无疑问。

案例 2-2-1 开封正大诉上海帮盈案[②]

2003 年 1 月 2 日，原、被告签订一份《期货代理交易协议书》（下称“协议一”），约定原告将其拥有所有权的 10 000 吨大豆委托被告全权代理在大连商品交易所（下称“大交所”）进行期货交易，被告有权对交易作出判断并实施行为，原告有权追踪交易情况。被告在协议中承诺此笔大豆在大交所交易所得利润交付原告人民币 110 万元作为保底收入，在 2003 年 3 月 31 日与本金人民币 2 520 万元一并无条件偿付原告。协议中，双方另确认就该 10 000 吨大豆在提单注册为交割仓单时发生的升水所得款项各得 50%，被告又确认此笔大豆在大交所交易之风险及全部费用均由其承担。当日，双方就原告另拥有的 4 220 吨大豆又签订一份《期货交易代理协议》（下称“协议二”），约定被告 2003 年 3 月 31 日支付原告款项为本金人民币 11 014 200 元，该份协议中无关于保底利润的约定，其余约定事项与前份协议相同。

2003 年 2 月 19 日，原告书面委托被告全权处理协议二项下 4 220 吨大豆的一切相关事宜。3 月 20 日，原、被告双方签署一份备忘录，确认 4 220 吨大豆已在 3 月份交割，另一笔 10 000 吨大豆安排在 5 月份交割；被告 4 月 10 日前将 4 220 吨大豆本利共计人民币

① 在英美法上，衡平法上的救济在普通法的救济穷尽之后登场；基于这种法理，若其他现存的民商法制度框架就能很好地解释当事人的法律关系并给当事人提供充分的救济，并无适用信托法理之必要。

② 上海市第一中级人民法院（2004）沪一中民三（商）初字第 145 号一审民事判决书。

11 014 200 元汇到原告账户，4 月 4 日前将 10 000 吨大豆 3 月份利润 110 万元的余款 70 万元汇到原告账户；被告同意 5 月 23 日前支付原告 10 000 吨大豆 5 月份交割保底利润人民币 150 万元及本金对账余额 2 520 万元，共计人民币 2 670 万元；双方确认 5 月份交割之期货升水利益部分包含在 150 万元保底利润部分，原告不再享受升水利益。

嗣后，被告将协议项下部分大豆在大交所注册仓单，并持仓单进行质押，所获款项进入其在中谷公司及渤海公司营业部账号。其余部分进行了现货销售，被告开具了增值税发票给买方。自 2003 年 3 月 14 日至 6 月 26 日，被告支付原告人民币 640 万元。

2003 年 6 月 27 日，被告向原告出具还款承诺书，提出将自有房屋等作为向原告付款的担保。嗣后，双方未办理相关担保事宜。同年 9 月 2 日，原告致函被告，称被告单方面操作期货，与原告无关，要求被告按约归还欠款。

另查：协议一项下的 10 000 吨大豆系原告向被告购买所得，双方确认抵扣掉被告替原告支付的其他费用后，原告尚欠被告该笔大豆货款人民币 693 288 元。

法院认为：原、被告签订的协议虽冠以“期货代理协议”之名，但作为代理方的被告并非专业期货经纪机构，不具有从事期货经纪业务的经营范围，故双方之间不属客户与期货经纪公司之间的期货交易纠纷。从协议约定内容来看，双方之间系被告代理原告将原告的大豆进行期货交易，被告亦据此辩称双方之间系代理关系，期货交易后果由原告承担，并由此对原告的付款请求进行抗辩。但是，被告作为代理人，在本案中并未以原告名义实施代理行为，此举显然不具备代理关系的基本法律特征，双方之间代理关系不能成立，被告上述辩称不予采信。

案例分析及问题：

法院综合分析协议的约定内容及履行方式，认定该案所涉期货代理协议具有信托合同之特征，原、被告之间应属信托法律关系。首先，原告基于对被告的信任而委托被告进行期货交易，符合信托关系成立的基础。其次，被告接受原告委托后，作为中谷公司等期货经纪公司客户，以自己名义在上述公司对协议项下大豆进行交易，符合信托关系中受托人以自己名义处理信托资产的特征。最后，从被告履行协议行为方式的角度来看，被告将部分大豆注册仓单，根据期货交易规则，交易所标准仓单上反映的权利人只能是客户，即本案被告，且被告将仓单质押后款项亦进入其在经纪公司的账户，除注册仓单，被告将其余大豆进行现货销售后，开具增值税发票给买方，被告上述行为皆证明其在履行与原告所签协议过程中，对协议项下大豆拥有充分的管理、处分之权利。法院从实质法律关系中推断出信托关系之存在。

该论证存在薄弱之处。以（1）信任基础存在，（2）被告以自己的名义而非原告的名义，及（3）被告对相关财产有充分的管理处分之权利，只能排除原、被告之间是代理关系，但不能必然证成为信托关系。例如，行纪关系也基本符合上述三个方面的特征。而且，该案中，“双方另确认就该 10 000 吨大豆在提单注册为交割仓单时发生的升水所得款项各得 50%，被告又确认此笔大豆在大交所交易之风险及全部费用均由其承担”，这也和信托关系中受益人是最终风险承担者的一般要求不符。

信托关系的重要特征之一，是受托人要把信托财产当作相对独立的责任财产进行管理。该案中看不到当事人有这样的安排。

该案中，若不涉及被告的第三人债权人，只要确定双方具有某种信义关系即可解决纠纷，将双方的法律关系论证为信托关系并非必要。而且，实际存在的法律关系往往具有混合性，不能简单地套用某一现成的法律规定。

该案审理法院否认信托存在的理由却“独辟蹊径”，指出：原、被告之间虽为信托法律关系，但被告并非专业信托机构，不具备签署信托合同的签约资格，案涉协议应为无效。法院之所以作出如此判断，是错误地适用了《信托法》第 4 条，误以为所有的信托都应当以信托机构作为受托人。

二、信托合同与信托关系的成立与生效

（一）信托合同和信托关系

如果把信托设立行为理解为包括债权行为和物权行为的综合行为，那么信托合同本身应被理解为债权行为，债权行为的履行产生了处分行为的后果，信托关系得以成立。

为了简化问题，本书从功能上把信托设立过程区分为关于信托合同和信托（关系）两个层面（参见表 3）。

表 3　信托成立与信托生效之含义及法律效果

本书用语	《信托法》条文及用语	《信托法》用语的含义	法律效果
信托成立	第 8 条第 3 款	信托合同的成立和生效	合同上的约束力：受托人有权请求委托人交付信托财产；受托人的忠实义务产生*
信托生效	第 44 条、对第 10 条中“信托不产生效力”及第 11 条中“信托无效”的反面解释	信托关系生效	信托关系上的约束力：信托财产具备独立性，产生免于强制执行的效力，受托人成为信托财产的名义所有人，得以对抗第三人（第三章特别是第 17 条）； 受益人的受益权产生（第 44 条）； 受托人的善管注意义务等管理义务产生（第四章第二节）

注：《信托法》条文并没有具体规定如此法律效果，且对此并非没有争议，仅供参考。

第一个层面，信托是否成立的问题（《信托法》第 8 条）。这等价于信托合同是否成立及生效的问题。信托合同是否成立（生效），决定信托合同能否在信托合同当事人（委托人和受托人）之间产生约束力。具体而言，是指受托人能否强制执行委托人允诺设立信托的财产，以及委托人在信托财产转移之前能否主张受托人违背信托义务（特别是忠实义务）[①]的问题。信托合同作为一种特殊的合同，如果成立，则应对作为当事人的委托人和受托人产生相应的约束力。

第二个层面，信托是否生效的问题。这里需要判断的是信托财产是否转移、是否成为受托人名下的财产，受益人（其为信托合同上的第三人）对信托财产有没有可以强制执行的受益权（《信托法》第 44 条）、能否以信托财产对抗第三人（主要指委托人的债权

① 信托合同的成立（生效）主要产生合同上的效力，即约束当事人（委托人和受托人）的效力，但是，合同效力的产生是信托关系效力的一部分。不能把受托人的忠实义务理解为只有在信托关系生效之后才产生的义务。

人、受托人的债权人、受益人的债权人）等一系列问题。信托生效，原则上须完成信托财产由委托人至受托人的移转（《信托法》第 10 条）。

简言之，区分信托成立（信托合同的成立与生效）和信托生效（信托关系生效），主要看信托关系是仅能对信托合同当事人产生约束力，还是能对第三人产生约束力。可以把信托合同关系视为信托关系的一部分①。

（二）信托合同为诺成合同

根据《信托法》第 8 条的规定，以合同方式设立信托的，只要当事人之间达成合意（“信托合同签订时”），信托即成立。这表明信托合同是诺成合同②。

信托合同作为一种合同，原则上一旦成立即应产生约束力，即合同当事人应有权要求相对人履行。在缔结信托合同之后，受托人是否有权请求委托人转移信托财产，使信托关系得以生效呢？对此，要考虑信托制度的本质。信托制度是财产管理制度，是围绕财产建立的权利义务制度，如果信托财产没有转移给受托人，虽然信托合同已经成立，但原则上信托关系没有成立，受益权并不产生。而且，受益人就信托的成立原则上并没有向委托人支付对价，受益人处在类似受赠人的地位，在委托人和受托人缔结信托合同之后也无权强制执行信托合同使信托关系生效。

信托财产转移给受托人之前，信托合同的缔结只是确立了委托人和受托人的合同关系。信托合同缔结之后，受托人虽然有权根据一个已经成立的合同请求委托人转移信托财产使信托关系得以成立，但是，该请求不得被强制执行。若委托人违约，受托人仅可取得违约损害赔偿或者违约金的救济。归结结底，是否转移财产给受托人，取决于委托人。

三、信托合同主要是无偿行为

根据《信托法》，信托合同原则上是无偿的，受托人非经约定不可取得信托报酬（第 35 条）。即信托合同是从受托人作为信托合同当事人是否取得信托报酬来区分有偿无偿的。商事信托鲜有无偿，但民事信托既可能是无偿的，也可能是有偿的。

另外，在区分民事信托和商事信托之时，民事信托类似一种委托人针对受益人的结构化赠与行为（structured gift），委托人通过设立信托行为实现无偿处分财产的目的；而商事信托的委托人交付财产设立信托，同时取得受益权（自益信托）作为对价，是有偿的。③这一区分是重要的，它通过受益人取得受益权是否支付对价这一标准，将民事信托

---

① 依此，也留下通过“契约行为 + 物权行为 = 信托行为”的方式解释信托行为的空间。在承认法律行为内部划分为债权行为和物权行为的理论中，似可把信托成立的问题（信托合同成立生效的问题）看作债权行为问题，把信托生效的问题看作物权行为问题。

② 参见张淳：《中国信托法特色论》，法律出版社 2013 年版，第 116 页；何宝玉：《信托法原理研究》，中国政法大学出版社 2004 年版，第 99 页。周小明博士则认为不能简单采取要物说或者诺成说。参见周小明：《信托制度比较法研究》，法律出版社 1997 年版，第 128—129 页。

③ 参见高凌云：《被误读的信托——信托法原论》（第二版），复旦大学出版社 2021 年版，第 43 页。

和商事信托区分开来，非常简洁明了。但是，这和大陆法系合同法语境下探讨合同（信托）行为的有偿无偿是两个不同的问题。

四、信托合同条款

《信托法》第 9 条第 1 款规定："设立信托，其书面文件应当载明以下事项：（一）信托目的；（二）委托人、受托人的姓名或者名称、住所；（三）受益人或者受益人范围；（四）信托财产的范围、种类及状况；（五）受益人取得信托利益的形式、方法。"上述事项被规定为"应当载明"的事项，即信托合同的必备条款，具有一定的强制性，否则信托可能会因缺乏确定性而无法成立。

《信托法》第 9 条第 2 款还规定了选择性事项，包括信托期限、信托财产的管理方法、受托人的报酬、新受托人的选任方式、信托终止事由等事项。

案例 2-2-2　黄某浩与吉某案[①]

……而黄某浩与吉某虽签订了《辽宁奥克化学集团有限公司股权认购及代持凭证书》，但该凭证书没有明确信托目的，没有受托人的管理或者处分权限和范围，也没有受托人的报酬等事项的明确约定，不符合民事信托法律关系的构成要件。

案例分析及问题：

该判决把受托人的管理和处分权限及范围、受托人的报酬等事项和信托目的一起，作为判断信托法律关系是否成立的构成要件，明显不当。

因该条是针对所有信托文件的规范，通过遗嘱方式设立信托似应符合该条规定，这无疑会大大增加设立遗嘱信托的难度。

第三节　遗嘱信托

一、遗嘱信托的死因性和可撤回性

《信托法》第 8 条规定可以遗嘱方式设立信托，《民法典》第 1133 条重申了遗嘱信托。《信托法》第 13 条规定，设立遗嘱信托，应当遵守继承法关于遗嘱的规定。如此，遗嘱信托和遗嘱一样，属于死因法律行为，是可撤回的、动态的（《民法典》第 1142 条）。一个符合法律要求的遗嘱信托可以由立遗嘱人在其生前加以变更，只需要遵照法律对遗嘱变更的形式要求即可。

遗嘱信托是动态的，意味着遗嘱信托和遗嘱类似，订立之后并不立即产生确定的财

① 杭州市中级人民法院（2011）浙杭商终字第 93 号二审民事判决书（审结日期：2011 年 3 月 28 日）。

产处分效果，只在立遗嘱人死亡时确定地发生效力。所以，立遗嘱人在生存期间，可以随时修订甚至废弃该遗嘱信托。

在遗嘱订立之后和立遗嘱人死亡之前，立遗嘱人、受益人和信托财产都可能发生很多变化。例如，立遗嘱人生前十分富有，可以立下遗嘱，把自己的特定财产，如汽车、房屋或者存款通过信托分别归于不同的受益人，但是等他死亡之时可能已经破产，受益人什么也得不到。遗嘱信托和遗嘱一样，在立遗嘱人生前，最多只相当于为受益人创设了一种期待权。

所以，遗嘱信托在订立的当时，直至立遗嘱人死亡之前，其财产没有进行有效的处分，无法产生破产风险隔离功能。无法期待通过订立遗嘱信托达成与委托人的其他财产相隔离的效果。

二、遗嘱信托的要式性

由于《信托法》规定信托设立必须采取书面的形式，因此，《民法典》所允许的口头遗嘱形式（《民法典》第 1138 条）不能设立遗嘱信托。其他如自书遗嘱、代书遗嘱、打印遗嘱、录音录像遗嘱、公证遗嘱，均可以设立遗嘱信托。

三、遗嘱信托的生效时间

根据《信托法》第 8 条，采取信托合同以外的其他书面形式设立信托的，“受托人承诺信托时，信托成立”。其反面解释是，在以遗嘱这种“信托合同以外的其他书面形式”设立信托时，若没有得到受托人的承诺则信托不能成立。这一规定混淆了双方行为（合同行为）和单方行为，也和英美信托法上“衡平法不允许信托因缺乏受托人而无效（Equity will not allow a trust to fail for want of a trustee）”的法理不符[①]。

在以合同方式设立信托时，受托人之所以负有受托义务，是因为委托人和受托人之间存在合意。但是，以遗嘱方式设立信托，并不需要存在这样的合意。多数情况下，委托人在立遗嘱之前请求对方成为自己的受托人，若对方承诺则成为受托人；不过，的确有人会在不知情的情况下被指定为受托人，而委托人所选定的人并没有承诺的义务。从法律性质上看，遗嘱是单方、死因行为，即遗嘱的成立和生效并不取决于相对人的承诺。我国《民法典》虽然没有规定遗嘱生效的时间，但一般认为，遗嘱在立遗嘱人死亡时生效。相应地，遗嘱信托的生效也不应取决于受托人是否承诺。

如果以受托人承诺作为遗嘱信托生效的时间，若立遗嘱人死亡后受托人没有承诺，则遗嘱不生效，原本用作设立信托的财产会根据一般继承规则归属于继承人。为了避免这种情况的发生，应把遗嘱信托的成立时间确定为遗嘱生效的时间，这样，信托在委托人死亡之时生效，遗产转化为信托财产，而非按法定继承规则处理。

---

① 比如按照美国法，只存在有效的财产转移，即便受托人对此并不知情，信托亦成立。也即，通知受托人或者受托人接受信托的承诺对于信托的成立均非必要。Rest. 3d §14. 该规则同样适用于非遗嘱信托。

《信托法》第 13 条第 2 款之规定似乎缓和了第 8 条的不合理规定，该条款规定："遗嘱指定的人拒绝或者无能力担任受托人的，由受益人另行选任受托人；受益人为无民事行为能力人或者限制民事行为能力人的，依法由其监护人代行选任。遗嘱对选任受托人另有规定的，从其规定。"根据该条款，在遗嘱指定的受托人拒绝或者不能胜任之时，法律仍然提供了选任新受托人的程序，并不必然导致信托的不成立和无效。

四、遗嘱信托的受托人

（一）遗嘱信托中受托人的确定

《信托法》第 13 条第 2 款把选任新受托人的职责授予了受益人。允许受益人指定受托人是因为已没有其他人可以行使指定权——委托人（立遗嘱人）已经死亡而受托人拒绝行动。但是，在实践中，如果允许受益人选任新受托人，受益人可能会指定和自己有关系的人，这样会导致受托人和受益人之间的制衡关系失效[①]。在普通法上，信托受益人永远也没有指定受托人的权利；在信托文件没有规定或者没有在任或离任的受托人愿意指定新受托人时，法院有权指定[②]。由于我国《信托法》中没有类似条款，为防止选任新受托人的权限自动落入受益人手中，委托人应在信托文件（遗嘱）中明确规定如何选任受托人，或者指定多个受托人。

而且，以遗嘱方式设立慈善信托之时，若遗嘱中没有指定受托人，或者出现需要选任新受托人的情形，因慈善信托不存在特定的受益人，该条款徒成具文。参见案例 8－2－1"李某 1 等诉贺某继承案"。

在我国遗嘱信托制度中，受托人确定程序以及新受托人选任程序的规定不甚完善。在《日本信托法》上，利害关系人（受益人、继承人等）可以"在规定的期限内就是否承诺信托，对被指定为受托人者进行催告并要求给以确切的答复"[③]，之后，接受的人即承担受托人之职责。而就新受托人的选任程序，我国信托法也仅仅规定了受益人及其监护人享有选任权，但没有规定在这些选任主体亦不存在时或各个受益人（及其监护人等）就新受托人人选有争议或者无法确定时的救济程序。在《日本信托法》上，在受托人不接受委托时，"法院可以根据利害关系人的申请选任受托人"[④]，这样的规定更为全面，更符合促进遗嘱信托成立生效的原则，也凸显对意思自治原则的尊重。

（二）遗嘱信托中受托人义务的特殊性

遗嘱信托的受托人可以是自然人、非专业人士，有时甚至是不取报酬的，但是这是否意味着受托人的义务标准会有所降低呢?

受托人的义务标准是客观标准，受托人应该遵守处在这个位置上的人应当遵守的一般规则。在遗嘱信托中，委托人去世，遗嘱信托才生效，受托人几乎没有机会通过约定

① Lusina Ho, *Trust Law in China*, Sweet & Maxwell Asia, 2003, p.81.

② Trustee Act, 1925 (England and Wales), s.41; Restatement(Second) of Trusrs, §108.

③ 《日本信托法》第 5 条第 1 项。原则上需要对委托人的继承人答复。

④ 《日本信托法》第 6 条第 1 项。

降低自己的义务标准。不过，遗嘱信托的受托人就信托事务的管理有更大的裁量权，受益人的监督权行使客观上也受到一定限制，相比之下受益人的地位更脆弱，对受托人的依赖更严重。

而在商事信托当中，不少委托人是机构投资者，和受托人之间更接近平等交易（arm's length transaction）之地位。即便是非机构投资者，多数也是合格投资者，受托人有更多的机会通过信托文件的约定降低自己的义务标准。在某些集合类的信托中，受益人虽然并无太多磋商的权利，但会受到更多的法定监管规则和行业自律规则的保护。

所以，整体上而言，民事信托中受托人要更多地受信托法上关于法定信义义务规则的约束；商事信托的受托人则有更多的机会通过合同保护自己，但受托人的义务边界受法定的监管规范调整，很难说商事信托受托人的义务相比遗嘱信托项下的受托人义务有所缓解。一般性地比较民事信托（包括遗嘱信托）当中受托人和商事信托受托人之间的义务可能是不恰当的。

（三）遗嘱信托受托人和遗产管理人

遗嘱信托具有代执行性。立遗嘱人死亡，遗产即成为信托财产（不按法定继承处理），此时若没有完善的遗产管理人制度、不清楚谁是把遗产转移给受托人的义务人，遗嘱信托的可操作性将大大降低。从《民法典》的条文看，遗嘱执行人不过是产生遗产管理人的一种途径，并无不同于遗产管理人的职权。所以此处只探讨遗产管理人。

1. 遗产管理人的确定

遗嘱执行人是立遗嘱人指定的人，其主要功能是执行遗嘱和管理遗产，成为遗产管理人（《民法典》第 1133 条和第 1145 条）。除了立遗嘱人指定的遗嘱执行人作为遗产管理人之外，遗产管理人可以由继承人推选的人、所有继承人、被继承人生前住所地的民政部门或者村民委员会和法院指定的人担任（《民法典》第 1145 条和第 1146 条）。

据此，立遗嘱人的朋友、专业机构或专业人士（如律师）等也可能会被指定为遗产管理人。

2. 遗产管理人的职责和权利

遗产管理人的职责有：清理遗产并制作遗产清单；向继承人报告遗产情况；采取必要措施防止遗产毁损、灭失；处理被继承人的债权债务；按照遗嘱或者依照法律规定分割遗产；实施与管理遗产有关的其他必要行为（《民法典》第 1147 条）。其中，“实施与管理遗产有关的其他必要行为”应包括将遗产交付受托人使遗嘱信托得以生效的行为。

遗产管理人可以依照法律规定或者按照约定获得报酬（《民法典》第 1149 条）。遗产管理人可以按照约定获得报酬并无问题，但如何理解依照法律规定获得报酬？似乎可以解释为，在遗产管理事务比较复杂和专业的场合，如果遗产管理人是法院指定的，即可根据未来出台的规则确定遗产管理人的报酬。

3. 关于遗产管理人责任的规定不妥

《民法典》第 1148 条规定，遗产管理人应当依法履行职责，因故意或者重大过失造成继承人、受遗赠人、债权人损害的，应当承担民事责任。很明显，这是按照普通侵权责任对遗产管理人的责任作出的规定。但是，遗产管理人的职责主要涉及财产处理，其地位和（遗嘱）信托受托人十分类似，所以，遗产管理人的责任应参照信托法关于受托人责任的规定。最明显的例子是，如果遗产管理人利用其地位以遗产和自己或自己的利害关系人进行交易，按信托法原理，这是违反忠实义务的行为，继承人（受益人）不需要提交证据证明受托人存在过错，这种行为本身构成利益冲突，应被禁止，继承人（受益人）应可撤销交易，甚至让遗产管理人吐出所得。该条没有区分遗产管理人的谨慎义务和忠实义务，一律按侵权法一般规则处理，有失允当。

在英美法的理论上，信托受托人和遗嘱执行人均属于受信人（fiduciary），有时甚至是不予区分的。例如，在英国的 Re Speight（1883）案中，法官 Jessel M.R.总结道：在现代社会，法院已经不再区分遗嘱执行人和受托人了，他们依照同样的原则承担责任。遗嘱执行人或者遗产管理人的职责类似于信托受托人，可以通过理论解释把实际控制遗产的继承人等视为遗嘱执行人或者受托人[①]，承担受托人的职责，或者按照所有法定继承人为共同共有人的逻辑，使他们相互之间承担信义义务。当然，仅仅参照并不能确定地解决责任承担问题，仍然需要法律提供完备而清晰的规则。

总之，我国民法上的遗产管理人和信托受托人之间虽存在不少差异，但在遗产管理人义务方面，可以参考受托人义务的规则。

案例 2-3-1 翁某雅案[②]

有利公司于 1998 年 4 月 20 日在广东省佛山市顺德区设立，由香港居民翁某祐及其儿子翁某基分别持股 80%和 20%。有利公司的章程未对股东股权继承作任何规定。2012 年 5 月 3 日，因逾期未年检，有利公司被广东省佛山市顺德区市场安全监管局吊销了营业执照。翁某祐至今被登记为有利公司的法定代表人。2004 年 5 月 2 日，翁某祐在香港去世。其曾于 2001 年 11 月 6 日立下遗嘱。遗嘱注明委任翁某芳等四人为遗嘱执行人及信托受托人。由全部四名信托受托人共同管理其遗产；信托受托人有权依信托将其遗产出售变为现款。只要信托受托人使用绝对酌情权认为恰当，可拥有充分的权利延期出售上述财产，并无须承担损失；信托受托人从其现金及上述出售所得的现款中支出预留款项用于缴付相关债务和费用以及遗产税后，将持有余款和尚未出售的财产分为 17.2 份，分配给十三名受益人以信托方式持有；本遗嘱根据香港特别行政区法律解释及生效。

2006 年 1 月 11 日，香港高等法院出具了上述遗嘱的《遗嘱认证书》，明确对该遗嘱进行了认证及登记，将遗嘱项下的全部及个别遗产及财物的管理权授予翁某芳等四人。翁某芳等四人已充分并如实确认，将会支付在上述遗嘱中所载的由于死者死亡及遗产而欠下的合理债务，并会根据法律的要求，出示相关真实、准确、完整的财产清单和账目。

2010 年 12 月 30 日，翁某芳等四人以翁某基为被告、有利公司为第三人，向广东省佛山市顺德区人民法院提起诉讼，认为翁某基在翁某祐去世后，没有主动邀请其进入有利公司董事会工作，并拒绝配合其继承翁某祐所有的有利公司 80%的股份，请求实现该遗产继承。经审理，广东省佛山市顺德区人民法院裁定驳回翁某芳等四人起诉。翁某芳等四人不服该民

① 转引自何宝玉：《英国信托法原理与判例》，法律出版社 2001 年版，第 32 页。

② 最高人民法院（2020）最高法民再 111 号再审民事判决书（审结日期：2020 年 12 月 30 日）。

事裁定，向佛山市中级人民法院提起上诉。佛山市中级人民法院审理后作出（2013）佛中法民四终字第 213 号民事裁定，撤销上述一审裁定，指令广东省佛山市顺德区人民法院对案件进行审理。后来，翁某芳等四人撤回该案起诉，另行向佛山市中级人民法院提起（2013）佛中法民二初字第 11 号案，请求变更公司登记的诉讼，佛山市中级人民法院于 2014 年 1 月 22 日作出该案民事判决：确认翁某芳等四人有权持有有利公司目前登记于翁某祐名下的 80%股份；有利公司应于判决发生法律效力之日起五日内将公司股东名册上记载于翁某祐名下的 80%股份变更记载于翁某芳等四人名下，并于判决发生法律效力之日起三十五日内向公司登记机关办理相应的股权变更登记手续；驳回翁某芳等四人的其他诉讼请求。

翁某雅向佛山市中级人民法院提起本案诉讼，以其已年满 18 周岁，有权自行持有案涉股份为理由，认为已经发生法律效力的 11 号判决损害其合法权益，请求撤销 11 号判决。

诉讼中，翁某芳等四人向佛山市中级人民法院提交香港律师黄某胜出具的法律意见书，说明根据香港特别行政区法律例第 10 章《遗嘱认证及遗产管理条例》规定及香港现行处理遗产继承方面的法例及案例，在立遗嘱人死亡后，先由在遗嘱内指定的遗嘱执行人向香港高等法院申请遗嘱认证，香港高等法院颁发《遗嘱认证授予书》后，由遗嘱执行人收集遗产中的资产及管理收集了的资产，然后再由遗嘱执行人根据遗嘱的要求分配遗产，而继承人即遗嘱受益人是无权直接收集及分配遗产的。

案例分析及问题：

该案涉及的问题是：遗嘱信托生效之后，是否必须将信托财产转移、归集到受托人名下之后，受益人才能主张分配？

1. 翁某芳等兼具遗嘱执行人、遗产管理人和信托受托人的身份。无论是根据香港地区的法律还是内地的法律，遗产管理人都无权以自己的名义持有财产，所以翁某芳等只能根据信托法主张持有案涉股权。

2. 如何理解遗产管理和遗产（信托财产）分配两个阶段？归集信托财产（管理）和分配信托财产是受托人的两种义务，但并非只有完成了第一个阶段才能进入第二个阶段。如果第一个阶段已经完成，受益人（受益人均已成年）即可根据遗嘱（信托文件）的约定行使支付信托利益（分配信托财产）的请求权。而在该案中，基于遗产管理的复杂性，遗产管理阶段非常长，从立遗嘱人去世或者遗嘱生效至最高人民法院审理之时已经有十多年之久；而且，信托财产（遗产）分配阶段已经开始，根据香港高等法院的认定，已经完成了相当数量信托财产的分配。所以，不能截然区分财产归集和财产分配两个阶段，不能说只有将所有的信托财产都归入受托人的名下才算完成了遗产管理阶段。

根据该案遗嘱的规定，受托人是有裁量权的。在遗产归集管理的过程中，如果发现将一些财产归入受托人的名下十分困难，无法操作，受托人可以将这些遗产按原状分配。在该案中，这种分配并不违背遗嘱和信托文件的规定，甚至对受益人是有利的。此时，作为处置信托财产的一种方式，将信托财产直接分配给受益人是最高效且合理的。当未成年的受益人成年时，在信托存续期间将一些无法纳入信托财产的财产直接分配给受益人是符合立遗嘱人的意愿的。

从该案裁判文书提供的有限事实似乎可以看出，以受托人的名义持有有利公司的股权在经济上是效率低下的。原本以信托方式集中持有股权的目的是避免纠纷，保持公司的运营价值（going concern），但是目前公司已经停止运营，分割之后进行清算才是合理的。非要将目标公司股权纳入信托并进行集中管理似乎并无意义。

目前，并不存在规范意义上的股权信托登记，受托人将股权变更至自己名下存在被自己的债权人强制执行的风险。

该案从初审到终审，都是基于信托持有股权才有利于受益人利益的假设作出裁决。坚持受托人持有，表面上看似乎尊重了信托法原理，但事实上，这是在静态地理解信托。如此处理并不能真正解决纠纷。信托法是衡平法，是公平合理地解决纠纷的法。分配股权如果不违背立遗嘱人的明确的意思表示，如果不会给信托财产带来损害，就不会侵害受益人整体的利益。根据信托法理，受益人有要求按信托文件约定取得信托利益的权利。

3. 根据该案法院裁决中提供的信息，原受托人资格已经被香港地区的法院撤销，内地法院之前要求将股权登记到受托人名下的裁决在事实上已经无法履行。信托以信任为核心，如果受益人对受托人不再信任，受托人应采取对受益人利益最大化的方式处置信托财产而非固执己见。

总之，将目标公司股权直接分配给受益人，既符合立遗嘱人的意愿，又符合受益人的利益。机械地坚持将信托财产归集之后才分配，恰恰违背了遗嘱信托的宗旨。

五、遗嘱信托和特留份制度

特留份制度是继承法上的一项制度，是为了保护法定继承人而限制被继承人之遗嘱自由的一项制度[①]。学理上，遗嘱信托的安排如果侵害了特留份，其效果是特留份的继承人可以行使扣减权，而遗嘱信托本身并非无效[②]。

《民法典》未明确使用“特留份”这一概念，只是在第1141条规定：“遗嘱应当为缺乏劳动能力又没有生活来源的继承人保留必要的遗产份额”，使用了保留份额这样的表述。该条规定和域外民法上的特留份制度有极大不同——虽然用“应当”二字表明了强制性，但是把判断什么是“必要的遗产份额”的权力交给了法院裁量。而比较法上的特留份制度是为特定的人预留了法定的比例，法院鲜有裁量之余地。[③]

过去，私有财产的范围有限，主要是动产，而且法律提供的财产安排手段也有限。将来，随着财产的量的增加和质的改变，按照自己的意愿安排遗产的法律结构势必增加并复杂化。过去不会成为问题的遗产处分权的问题就会显现出来。继承法作为财产法（财产管理法）的重要地位也将重新被人们认识到。[④]

至于遗嘱信托是否存在侵害特留份的问题，虽有观点认为，信托为极富弹性的制度，

---

① 参见林秀雄：《继承法讲义》，元照出版公司2005年版，第315—317页。

② 参见谢哲胜：《信托法》，元照出版公司2007年版，第81页。

③ 如《日本民法典》第1028条以下；《德国民法典》第658条以下；《法国民法典》第913条以下。

④ 继承法作为规定财产权取得的方法和债务转移的方法的法律，属于财产法，只是由于传统的原因作为亲属法的一部分来处理。参见内田貴『民法Ⅳ親族・相続［補訂版］』（东京大学出版会、2004年）326頁。

原则上应不受特留份的限制，[①]但本书认为，《信托法》规定遗嘱信托的设立应遵守继承法，如果《民法典》关于特留份的制度是强制性的法律规定，就不能通过遗嘱信托规避或者违反该制度。由于我国并没有确立强制性的特留份制度，通过遗嘱信托进行财产安排所受的限制要比域外小。

第四节 宣 言 信 托

宣言信托，又称自己信托，是指特定的人作出意思表示，由其自身根据一定的目的对自己的一定财产进行管理、处分以及其他为了达成该目的所必要行为的信托。[②]

我国《信托法》第 2 条规定："本法所称信托，是指委托人基于对受托人的信任，将其财产权委托给受托人，由受托人按委托人的意愿以自己的名义，为受益人的利益或者特定目的，进行管理或者处分的行为。"其中将财产权"委托给"受托人，按照通说的解释，要求有财产权转让或其他处分行为。这意味着，在信托设立的时候必须进行财产的转移，而且根据一般理解，委托人不能和自己签订合同。如果按照这种解释，我国似乎是不承认宣言信托的。

但是本书认为，我国承认宣言信托是有理论依据、规范基础和实践验证的：

第一，委托人当然无法和自己签订合同，但宣言信托中的宣言并非合同，不是双方法律行为，而是类似遗嘱的单方法律行为（属于无相对人的、单方的、生前法律行为），委托人作出有效意思表示，宣言行为即可生效。

第二，从解释上，把《信托法》第 2 条规定的委托人"将其财产权委托给受托人"解释为委托人把财产权从"作为委托人的甲"转移给"作为受托人的甲"，并不能算是一种语言游戏。例如，在实践中经常有受托人以受益人的身份出现（受托人是多个受益人之一的场合）；再如公司的股东同时担任公司的董事和高管。同一人分担不同的法律角色是法律技术正常运作的结果，因此，委托人兼具受托人的法律角色并不违法。

第三，我国《信托法》及相关监管规范从来不禁止信托受托人的固有财产投资于自己设立的信托计划。《信托法》是私法，是授权法，其中并无对委托人兼任受托人的禁止性规定，第 43 条第 3 款的反面解释是《信托法》并不禁止受托人成为信托的委托人兼受托人。

第四，在基金化的资产管理类产品、集合资金信托计划、年金信托等场景下，受托人把委托人的资金归集起来，统一进行投资运用和管理。此时，说受托人把已经逐一归属于自己名下的（委托人不同的）资金再次统一委托给自己进行集合运用，逻辑上是顺畅的。

我国已经出现了宣言信托的多件实例。例如，2018 年 10 月 31 日在南昌市民政局备

---

① 参见方嘉麟：《信托法之理论与实务》，中国政法大学出版社 2004 年版，第 51 页。

② 英文中创设信托的一种方式为"trust declarations"，此即信托宣言。日本信托法中使用"自己信托"的术语，揭示该种信托中委托人宣告自己为受托人这一特点。

案的“中航信托·青年返乡创业扶贫慈善信托”（备案号：360100-0-000009），委托人和受托人均为中航信托，这是我国第一单宣言慈善信托。在 2021 年又增加了两件。目前并没有看到设立宣言信托有明显的消极后果。所以不能说我国信托法上不承认宣言信托。宣言信托在民事信托、商事信托和慈善信托中都有着广泛的应用需求，因此，承认宣言信托在我国具有现实意义。

比较法上大多承认宣言信托[①]。在宣言信托中，至少在形式上不需要把财产从委托人向受托人移转，构成转移财产要件的例外。甚至可以说，宣言信托更集中体现了信托机制的本质：分割出不同于管理人（受托人）之固有财产（一般财产）的特别财产，这样，财产的管理者并不是财产利益的享有者。至于这个管理者是委托人自己还是不同于委托人的人，有时似乎并不重要——特别是在委托人自身是财产更有效率的管理者、委托人只是想利用信托的破产风险隔离功能的情形中更是如此。

第五节　信托的无效

一、违法信托

委托人不能以让受托人从事犯罪行为、侵权行为或者其他违背公共政策的行为为目的设立信托。例如，让受托人从事毒品买卖、以信托财产举办赌场等信托是无效的。

导致信托设立无效的违法，是指违反了法律、行政法规中效力性强制性规定。此种信托违法，既存在于目的的场合，也存在于动机的场合。例如，将信托财产中的金钱投资股票，将每年的收益向受益人交付，在“目的”上是没有问题的。但是，若因为委托人对受益人负了赌债，以设定信托的方式作为返还的手段，这就构成“动机”不法。一般而言，动机的不法性，限于相对人知道该违法性而导致行为无效。不过这里处在相对人地位的人不是受托人，而是受益人。受有利益的人若知道该不法性，则行为无效[②]。

二、违反公序良俗的信托

即便没有违反法律，若信托违反公序良俗，信托的设立也无效。

（一）违反公序良俗信托的类型

1. 道德伦理（“良俗”）领域

公序良俗属于具体规则之外的一般条款，其“意义在于为价值判断提供进入实证法

---

① 例如：Restatement (2d) of trust §17 a, UTC§401；《日本信托法》第 3 条；我国台湾地区“信托法”第 71 条（“法人为增进公共利益，得经决议对外宣言自为委托人及受托人，并邀公众加入为委托人”）规定了宣言信托，只是限定在公益信托的范围之内。

② 参见道垣内弘人『信託法入門』（日経文庫、2007 年）58 頁。

的通道，并由此实现法官造法”，“公序良俗原则并无明确的构成要件可供把握，判断时需结合具体的主客观情境作出综合考量”。[①]传统上，违反公序良俗的案例多发生在婚姻家庭和继承领域，多和婚姻家庭伦理及性道德有关。但因我国的民事信托并没有得到充分的发展，目前相关案例并不多见。在“王某与赵某合同纠纷案”[②]中，法院认为：（1）信托合同以受益人是否与特定当事人（C）结婚“区分不同的信托利益分配标准，以经济利益干预受益人的配偶选择，有违善良风俗”；（2）信托合同以受益人所生子女是否为与特定当事人（C）所生支付不同信托利益，以经济利益引导受益人与 C 之外的女性生育子女，在受益人已经结婚的情况下，有悖家庭伦理。这是国内信托合同因违反公序良俗被宣告无效的第一个案例。不过，信托合同作为生前财产处分的一种方式，通过信托利益分配方案对婚姻进行干涉、对不同的潜在受益人进行区别对待，是否一定构成对公序良俗的违反？这些都需要根据具体的情形进行判断。

公序良俗，在某种意义上可以理解为调整违法行为之外延的原则，应当慎用，切不可把公序良俗的适用简单化、标签化。例如，在婚姻家庭领域，并非一旦涉及婚外性关系就自动构成对公序良俗的违反。例如，**案例 3–4–3**“家族信托强制执行第一案”的案外案（不当得利案）虽然涉及婚姻外的两性关系，但是因涉及未成年人利益的保护，如果一律按违反公序良俗裁判为无效，难称公允[③]。又如在“对同居保姆的遗赠无效案”[④]中，夫妻长期分居、离婚诉讼长期存在的事实，以及保姆对遗赠人的长期照顾和情感满足，都应该是法院综合考虑的因素。很多年前的“泸州遗赠案”，用社会舆论代替理性判断，贴标签、污名化、直线思维判案，带来的不良后果至今仍然值得反思。

英国法官伯勒在 Richardson v. Mellish.案[⑤]中指出，公序良俗是一匹桀骜不驯的马，你永远不知道它将把你带向何方。不合理地滥用公序良俗原则干涉合同、遗嘱和信托的效力，会阻碍当事人目的的实现。而帮助当事人合法意愿的实现原本就是契约自由和财产处分自由之原则的根本要求。

2. 监管和规制（“公序”）领域

近年来，有越来越多的法院在金融纠纷领域引用公序良俗原则，解决相关当事人违反监管规范的行为是否有效的问题。最典型的案例是**案例 2–5–1**“福建伟杰案”。

---

① Rüthers/Stadler，转引自朱庆育：《民法总论》（第二版），北京大学出版社 2016 年版，第 303 页。

② 北京市丰台区人民法院（2022）京 0106 民初 10339 号一审民事判决书（审结日期：2023 年 3 月 23 日）。

③ 在婚姻家庭领域内涉及公序良俗的纠纷中，很多同时涉及夫妻共有财产制的效力范围问题。相比公序良俗规则的抽象和模糊特性，夫妻财产共有规则显得更为清晰。若夫妻关系存续，夫妻一方即使出于抚养婚姻外的未成年子女的目的处分财产，也会被认定全部无效。**案例 3–4–3** 涉及婚外未成年人的抚养，过于强大的夫妻财产共有规则的不合理性就凸显出来。有案例显示，法院此时仍然可能坚持认为违反夫妻共有财产制及公序良俗的处分无效，涉及未成年人抚养费的争议可以另行起诉。参见“董某某与张某某等赠与合同纠纷案”，北京市高级人民法院（2021）京民申 6851 号民事裁定书。

④ 广东省深圳市中级人民法院（2019）粤 03 民终 21725 号二审民事判决书（审结日期：2021 年 1 月 13 日）。

⑤ 130 E.R. 294.

案例 2-5-1 福建伟杰案①

法院认为:《信托持股协议》的内容明显违反中国保险监督管理委员会制定的《保险公司股权管理办法》(2014 年修订)第 8 条关于"任何单位或者个人不得委托他人或者接受他人委托持有保险公司的股权"的规定,对该《信托持股协议》的效力审查,应从《保险公司股权管理办法》禁止代持保险公司股权规定的规范目的、内容实质,以及实践中允许代持保险公司股权可能出现的危害后果进行综合分析认定。

首先,从《保险公司股权管理办法》禁止代持保险公司股权的制定依据和目的来看,尽管其在法律规范的效力位阶上属于部门规章,并非法律、行政法规,但中国保险监督管理委员会是依据《保险法》第 134 条关于"国务院保险监督管理机构依照法律、行政法规制定并发布有关保险业监督管理的规章"的明确授权,为保持保险公司经营稳定,保护投资人和被保险人的合法权益,加强保险公司股权监管而制定。据此可以看出,该管理办法关于禁止代持保险公司股权的规定与《保险法》的立法目的一致,都是为了加强对保险业的监督管理,维护社会经济秩序和社会公共利益,促进保险事业的健康发展。

其次,从《保险公司股权管理办法》禁止代持保险公司股权规定的内容来看,该规定系中国保险监督管理委员会在本部门的职责权限范围内,根据加强保险业监督管理的实际需要具体制定,该内容不与更高层级的相关法律、行政法规的规定相抵触,也未与具有同层级效力的其他规范相冲突,同时其制定和发布亦未违反法定程序,因此,《保险公司股权管理办法》关于禁止代持保险公司股权的规定具有实质上的正当性与合法性。

最后,从代持保险公司股权的危害后果来看,允许隐名持有保险公司股权,将使真正的保险公司投资人游离于国家有关职能部门的监管之外,如此势必加大保险公司的经营风险,妨害保险行业的健康有序发展。加之由于保险行业涉及众多不特定被保险人的切身利益,保险公司这种潜在的经营风险在一定情况下还将危及金融秩序和社会稳定,进而直接损害社会公共利益。

综上可见,违反《保险公司股权管理办法》有关禁止代持保险公司股权规定的行为,在一定程度上具有与直接违反《保险法》等法律、行政法规一样的法律后果,同时还将出现破坏国家金融管理秩序、损害包括众多保险法律关系主体在内的社会公共利益的危害后果。因《信托持股协议》违反《保险公司股权管理办法》的禁止性规定,损害了社会公共利益,故依照《合同法》第 52 条第 4 项损害社会公共利益的合同无效等规定,案涉《信托持股协议》应认定为无效。天策公司可以在举证证明其与伟杰公司存在讼争股份委托持有关系的基础上,按照合同无效的法律后果依法主张相关权利。

案例分析及问题:

最高人民法院在该案说理部分坚持了个案判断的立场。裁定中如此表述:"在审查《信托持股协议》的效力的时候,应从监管规范禁止代持保险公司股权规定的规范目的、内容实质,以及实践中允许代持保险公司股权可能出现的危害后果进行综合分析认定。"虽然最高人民法院在该案中最终得出当事人的持股安排因违反公序良俗而无效的结论,但这里面有非常明显的个案判断的意味,并不能由此归纳出"凡是违反了监管规范的《信托持股协议》都属无效"这样的结论。法院引入违反公共

① 最高人民法院(2017)最高法民终 529 号二审民事裁定书(审结日期:2018 年 3 月 4 日)。

利益或者“公序良俗”条款而把信托持股的约定解释为无效，仅仅从逻辑上看，似乎并无问题。

法院在裁定中对下列基本问题的论证稍显空泛：该案中的信托持股是否违反了公共利益，违反了什么公共利益？是否必须将其认定为无效？

原则上，所有的监管规则都在维护公共利益，不能认为一旦违反监管法规就可以因违反公共利益而无效。部门规章的制定要取得上位法的授权，其立法目的应当和上位法的立法目的保持一致，任何部门规章都不能和上位法相冲突。理论上，任何监管规章都具有其正当性和合法性，违反了部门规章这种监管规则，当然也违反了上位法的立法精神，但这并不必然导致法律行为无效。该案中，因部门规章根据上位法制定、亦符合上位法的原则，就认定违反部门规章就相当于违反了上位法，从而宣告法律关系无效，在逻辑上是孱弱的。如果最高人民法院根据规章和上位法（法律）相一致就推断出“违反监管规章即违反法律”，是很危险的。这相当于借道《合同法》第 52 条第 4 项扩张了第 5 项的效力，监管规章仍然会直接成为判断法律行为效力的依据。

公序良俗原则或公共利益原则是立法授权法院运用裁量权判断合同是否无效的最后手段（last resort），在适用上必须谨慎而谦抑。若通过简单引用部门规章之违反就构成《合同法》第 52 条第 4 项（《民法典》第 153 条第 2 款）之无效的话，金融实践中的很多合同都会被宣告无效。

在该案裁决之前（也在 2017 年），最高人民法院在“郝某莎诉万向信托案”[①]中指出，“证监会发布的《关于清理整顿违法从事证券业务活动的意见》是管理性规范而非效力性规范，不是法律和行政法规，也不是对结构化证券投资信托计划本身效力是否违法作出的认定，案涉结构化证券投资信托计划信托合同合法有效”，认定违反监管规章不会导致伞型信托和过高杠杆的信托无效。

2019 年，最高人民法院印发的《九民纪要》显示了法院裁决要尊重金融监管的立场。例如，（1）《九民纪要》第 86 条规定了“场外配资合同的效力”：“从审判实践看，场外配资业务主要是指一些 P2P 公司或者私募类配资公司利用互联网信息技术，搭建起游离于监管体系之外的融资业务平台，将资金融出方、资金融入方即用资人和券商营业部三方连接起来，配资公司利用计算机软件系统的二级分仓功能将其自有资金或者以较低成本融入的资金出借给用资人，赚取利息收入的行为。这些场外配资公司所开展的经营活动，本质上属于只有证券公司才能依法开展的融资活动，不仅规避了监管部门对融资融券业务中资金来源、投资标的、杠杆比例等诸多方面的限制，也加剧了市场的非理性波动。在案件审理过程中，除依法取得融资融券资格的证券公司与客户开展的融资融券业务外，对其他任何单位或者个人与用资人的场外配资合同，人民法院应当根据《证券法》第 142 条、合同法司法解释（一）第 10 条的规定，认定为无效。”（2）《九民纪要》第 92 条规定了“保底或者刚兑条款无效”：“信托公司、商业银行等金融机构作为资产管理产品的受托人与受益人订立的含有保证本息固定回报、保证本金不受损失等保底或者刚兑条款的合同，人民法院

① “郝某莎诉万向信托案”，最高人民法院（2017）最高法民申 3856 号再审审查与审判监督民事裁定书。

应当认定该条款无效。受益人请求受托人对其损失承担与其过错相适应的赔偿责任的，人民法院依法予以支持。实践中，保底或者刚兑条款通常不在资产管理产品合同中明确约定，而是以‘抽屉协议’或者其他方式约定，不管形式如何，均应认定无效。”刚兑条款无效的规定并无法律和行政法规中效力性强制性规范的依据，其基本理论很可能还会指向民法中的公序良俗条款。

但实际上，这种立场并没有被多数法院所认同。在“王某亮与中信信托案”中，法院认为：“25号信托计划属于结构化股权投资信托产品，其优先受益人与劣后受益人投资资金配置比例为4:1，杠杆比例过高；但25号信托计划属于阳光私募类信托计划，各投资人均为合格投资人且该信托计划设立及履行过程中亦无明确的法律法规或监管规定对于结构化股权投资信托产品的杠杆比例作效力性的强制性限制，故该信托计划虽杠杆比例过高，但未违反法律、行政法规或损害公共利益，亦不存在其他无效情形，信托有效。”①

法院如果欲宣告类似“郝某莎诉万向信托案”或者“王某亮与中信信托案”中的信托无效，也完全可以按照该案中法院的逻辑，引入公序良俗条款。公序良俗原则被滥用的风险始终存在。

案例 2-5-2　田某翔等诉张某俭案②

2003年11月18日，第三人绿城公司成立，田某翔作为股东出资13万元，占注册资本的10.8%。其出资总额中包含7人出资，其中田某翔出资额50 000元。2005年，绿城公司增资，田某翔增资至90 000元；田某全入股10 000元，登记在田某翔的名下。2007年4月6日，绿城公司第一届股东大会第九次决议，同意将田某翔、李某某、徐某某、赵某某几个股东代表更换为张某俭、毛某某、刘某某、徐某作为股东代表。田某翔股东代表变更为张某俭。2007年4月6日，张某俭与田某翔签订《信托协议》，田某翔将90 000元资金委托给张某俭，以张某俭名义投资于绿城公司；同日，张某俭与田某全签订《信托协议》，田某全将10 000元资金委托给张某俭，以张某俭名义投资于绿城公司。田某翔、田某全根据绿城公司的经营情况、按照出资比例分红利。田某翔从2004年到2009年分别取得分红。

法院认为，依照我国公司法规定，有限公司的股东可以按照实缴的出资比例分取红利，但股东不得抽逃出资。绿城公司成立时，股东众多，为规避当时我国公司法关于有限公司股东人数的限制性规定，绿城公司的发起人采用了信托协议的形式，把多数股东的出资信托给少数股东。田某翔、田某全与股东张某俭签订《信托协议》，就是为了上述目的。田某翔在绿城公司成立时作为股东，出资50 000元，后又增资至90 000元；田某全出资10 000元，该款已作为出资额投入绿城公司。田某翔、田某全根据绿城公司经营情况也多次获得分红，应当认定田某翔、田某全是绿城公司的隐名股东，田某翔的90 000元、田某全的10 000元是投入绿城公司的出资款。同时，田某翔、田某全与张某俭签订《信托协议》，张某俭并未

---

① “王某亮与中信信托案”，北京市高级人民法院（2021）京民终501号二审民事判决书（审结日期：2022年7月28日）。

② 平顶山市湛河区人民法院（2013）湛民二初字第340号一审民事判决书（审结日期：2014年4月18日）。

收取二原告的资金作为信托资金。根据《公司法》第 36 条“公司成立后，股东不得抽逃出资”之规定，田某翔、田某全要求解除与张某俭签订的《信托协议》，返还投资本金和利息，没有事实根据和法律依据。综上，判决驳回原告田某翔、田某全的诉讼请求。案件受理费 2 300 元，由原告承担。

案例分析及问题：

1. 信托持股协议是否有效

双方签订的信托协议是否违反了信托法的强制性规定？该合同的内容是否真实有效？法院认为，绿城公司成立时，股东众多，为规避当时我国公司法关于有限公司股东人数的限制性规定，绿城公司的发起人采用了信托协议的形式，把多数股东的出资信托给少数股东。田某翔、田某全与股东张某俭签订《信托协议》，就是为了上述目的。田某翔在绿城公司成立时作为股东，出资 50 000 元，后又增资至 90 000 元；田某全出资 10 000 元，该款已作为出资额投入绿城公司。田某翔、田某全根据绿城公司经营情况也多次获得分红，应当认定田某翔、田某全是绿城公司的隐名股东。法院主张采取信托协议的方法，即便是为了“规避”公司法关于股东人数的限制性规定，也不妨碍实际出资人成为目标公司的隐名股东。法院至少没有明确否定信托协议的效力——即便该协议的目的是规避法律的强制性规定。本书主张，不能一律认为规避法律的信托无效，要看规避的对象是否是法律、行政法规中的效力性强制性规定，是否违背公序良俗达到必须否定其效力的程度——虽然这种论证路径基本上也是结果导向的。

在该案中，所涉公司为有限责任公司，既非特殊公司（接受严格管制的企业如金融企业等），亦非公众公司，隐名持股并不侵害公司和股东利益，不侵害公司债权人利益，也不违反其他公共政策，所以，承认该信托持股的效力似无问题。

在**案例 2-5-1**“福建伟杰案”中，通过信托代持某金融企业的股权因违反社会公共利益而被认定为无效。不能因规避或者违反的监管规章等法律效力层级低，法院就一律不能引用公共政策宣告某些规避行为无效，“只有违反法律、行政法规中的效力性的强制性规定才能无效”不能当作一条铁律来遵守。但反过来看，引用公共利益宣告合同无效必须慎重，法院应负严格的论证义务：不仅要看宣告无效能否增进社会公共利益，还要看宣告无效之后能否对当事人提供充分的救济。法院不能认为只有宣告无效才能体现出对监管权威的尊重。

2. 非信托公司是否可以签订信托合同

被告和第三人都主张，信托关系中的受托人应当是信托机构，法律依据是《信托法》第 4 条。早期的信托法案例中的确有不少法院据此认定凡是非信托机构作为受托人的信托均无效，这是对《信托法》第 4 条的误解。《信托法》第 4 条规定：“受托人采取信托机构形式从事信托活动，其组织和管理由国务院制定具体办法。”解释上，该条少一个“的”字，应该是“受托人采取信托机构形式从事信托活动的，其组织和管理由国务院制定具体办法”，否则所有信托都必须以信托机构为受托人，完全否定了非营业信托，《信托法》明确规定自然人可以充任受托人的条文（第 24 条）就失去了意义。

目前法理已经十分清楚：信托并不限于以营业性信托机构为受托人的营业信托，还包括以非营业性信托机构为受托人的非营业信托，如民事信托，此时并不要求受托人一定是信托公司等机构；而法律已经明确规定慈善信托可以由慈善组织充任受托人（《慈善法》第 47 条）。

（二）脱法信托原理

脱法行为，是指以迂回手段规避强行规定之行为。被规避的强行规定，大多为禁止性规定或关于租税和监管的法规等。当事人所采之迂回手段行为，是利用契约自由达成法律所不许之效果。[①]信托因其灵活性，很容易被当事人用来规避法律的规定，但不能认为规避法律的行为一律无效。此正如德国学者 Flume 氏所说：脱法行为之问题，实际上就是法律解释之问题。[②]

首先应当看被规避和违反的规则之类型。这里可参照法律行为无效的相关原理。根据《民法典》第 153 条和《信托法》第 11 条及其原理，包括合同在内的法律行为仅在“违反法律、行政法规的强制性规定”时无效，违反地方性法规和行政规章的行为并非无效。法院不能仅凭《民法典》和《信托法》的这两个条文便认定合同无效，还必须指明当事人所订立信托文件中违背的具体的强制性法律规范[③]；而且，所谓“强制性规定”，仅指“效力性强制性规定”，因此，即便违反法律、行政法规中的“取缔规定”[④]或者“管理性强制规定”[⑤]，法律行为亦非无效。以此推理，信托之设立只有在规避法律和行政法规中的效力性强制性规定的场合才属无效。

其次，应不断审视这些被规避的法律规则本身的效力和合法性。向来有信托乃规避不合理法律之产物的说法。随着法律制度的发展，法律规则的合理性逐渐增加，脱法信托之存在的正当性在降低。不过，不管法律制度本身如何发展，规则的不协调、不合理、低效率不可避免，而在意定信托领域，也一直存在当事人自由和国家管制之间的博弈。当事人的契约自由不断挑战国家管制的正当性，在这个过程中，规则合法性和正当性的边界不断清晰。如果当事人设立信托之时并无欺诈、胁迫之因素，且和第三人利益和公共利益无涉（较少存在经济学上的“负外部性”），大量的当事人自愿执行规避法律规定的信托，这只能说明这个法律规定本身可能存在一些不完善、不合理的地方。例如，信托能作为契约第三人等受益人强制执行的契约，而传统的第三人受益合同一般而言因违背合同的相对性原理不具有强制执行力。通过信托能实现通过合同所不能实现的目的，这至少说明在第三人受益合同方面坚持合同相对性有些不合时宜，所以即便是相对保守的英国法，也在第三人受益合同的范围内修改了过去长期固守的规则。

总之，简单化地以无效来处理脱法信托，不仅限制了人们创造性的发挥，有时还会

---

① 参见王泽鉴：《民法总则》（增订版），中国政法大学出版社 2001 年版，第 284—285 页。

② 转引自王泽鉴：《民法总则》（增订版），中国政法大学出版社 2001 年版，第 284—285 页。

③ 直接引用《民法典》第 153 条和《信托法》第 11 条作出判决无异于说“认定当事人违法是因为当事人违法”，缺乏论理。

④ 参见史尚宽：《民法总论》，中国政法大学出版社 2000 年版，第 330 页。

⑤ 最高人民法院《关于当前形势下审理民商事合同纠纷案件若干问题的指导意见》第 15 条。

使背信的一方当事人通过主张信托无效的方式取得信托关系得到遵守之外的更多利益，这和“法律不允许人因自己的错误行为获利”的法律精神相违背。

当然，违法和违背公序良俗行为，无论如何都不能通过规避措施转变为合法行为。

我国信托法没有就脱法信托作出明文规定，法院或可援引《信托法》第 11 条第 1 项关于“信托目的违反法律、行政法规或者损害社会公共利益”的规定或者第 5 条关于违法和违背公共利益的条款[①]来处理脱法信托问题。

案例 2-5-3　潘某诉宋某强案：借名买卖经济适用房纠纷案

2002 年，被告宋某强委托中介公司在代理购房的事务过程中，与原告潘某协商一致，征得潘某的同意，并取得潘某的身份证，以潘某的名义购买了位于北京市昌平区东小口镇某小区 10 号楼 12 单元 6 号房屋一套。该房屋系经济适用房，建筑面积 106.67 平方米，总价款 282 676 元，交付期限为 2002 年 4 月 21 日。2002 年 4 月 9 日，宋某强又以潘某（借款人）的名义向银行借款 22 万元，用于购买上述房屋。于 2004 年 2 月 24 日取得了房屋所有权证书，登记的所有权人为潘某。潘某未支付购房的任何费用。房屋交付后，宋某强在该房内居住。

2007 年 1 月，潘某向法院起诉，要求判令宋某强向其腾退北京市昌平区东小口镇某小区 10 号楼 12 单元 6 号房屋一套。昌平区人民法院认为，虽然潘某取得该房屋权属证书，但其未支付购房的任何费用，且未持有任何与购买房屋有关的合同、权利证书、房屋使用等材料的原件，遂判决该房屋的所有权归宋某强。潘某不服，向北京市第一中级人民法院上诉。

北京市第一中级人民法院认为：潘某持有上述房屋权属证书，主张宋某强腾退房屋，符合房屋管理相关法律规定，法院予以支持。潘某取得的是经济适用房，而经济适用房是政府提供政策优惠，限定建设标准、供应对象和销售价格，具有保障性质的政策性商品住房。故宋某强要求确认产权归其所有，缺少相关法律依据，不应予以支持。改判宋某强将位于北京市昌平区东小口镇某小区 10 号楼 12 单元 6 号房屋腾退并交予潘某。

案例分析及问题：

该案虽属合同纠纷，但对分析脱法信托具有借鉴意义。借名他人买经济适用房的实质是把自己购买经济适用房的资格转让给他人。该案的核心问题是：当事人的行为是否构成一个通谋的意思表示或者是否签订了一个“以合法形式掩盖非法目的”的合同（当时《合同法》的表述），是否签订了一个规避法律的合同？回答这一问题，需要探讨经济适用房的资格是否可以转让。根据我国的相关规范，经济适用房具有社会保障功能，若允许这种资格自由转让，将无法达到国家创设经济适用房制度的目的。但一般的经济适用房制度都规定，经济适用房在购买几年后便可以流通，即法律并不禁止经济适用房的买卖，据此，购买经济适用房的资格似乎并非完全不可转让[②]。

---

① 《信托法》第 5 条规定：“信托当事人进行信托活动，必须遵守法律、行政法规，遵循自愿、公平和诚实信用原则，不得损害国家利益和社会公共利益。”

② 在英国法关于规避法律之信托的一个判例——Tinsley v. Milligan 案中，Tinsley 和 Milligan 共同购买了一房屋，并将 Tinsley 登记为房屋的唯一的所有权人，因为这样可使得 Milligan 获得某种社会保障利益。法院认为该信托存在非法目的。Tinsley v. Milligan [1994] 1 AC 340, 371 – 2.

该案中，法院推倒已经完全履行的合同之效力，有助长当事人背信行为之嫌——在合同签订之时甚至合同履行之时当事人都认为签订了一个合算的合同，但是，一旦经济形势发生变化，当事人后悔时便以自己签订的合同无效为由推翻之[①]，这违背人们的一般公平正义观念。

而且，规制经济适用房的相关规定并非法律或者行政法规，往往是地方性的政府规章，该案中当事人的行为无法构成违法行为，只能非常勉强地纳入违背公序良俗的框架（违背“社会公共利益”）。

假设当事人用信托的方式来完成上述安排：甲把一笔钱转让给乙，以乙为受托人，并在信托文件中约定受托人管理信托财产的方式是购买房产，受托人用信托财产购买了经济适用房，并最终在法律允许经济适用房转让时（一般是 5 年），把经济适用房作为信托利益过户给甲。这个交易过程构不成通过设立信托来转让法律禁止转让的资格，最多算是转让了限制转让的资格，严格来说并无违法之处。若法院在事后否定信托的效力，属过分干预。

案例 2-5-4 高某惠与叶某杰案[②]

高某惠为我国台湾地区居民，意图投资广州宏铭塑胶工业有限公司（以下简称“宏铭公司”），待该公司上市后获取股权溢价。由于《中外合资经营企业法》及《中外合资经营企业法实施条例》均规定外商（包括台商）在境内设立独资或合资企业必须经有关部门审批，而《商务部关于外商投资举办投资性公司的规定》进一步明确申请设立投资性公司的外国投资者应为一家外国的公司、企业或经济组织。为规避外商投资法规的限制，2002 年高某惠与叶某杰签订信托合同，约定高某惠以 1 994 400 元人民币作为信托财产，信托于叶某杰，由其作为受托人向广州德佑投资有限公司（以下简称“德佑公司”）出资，再由德佑公司向宏铭公司出资。信托合同中载明了当事人的此项信托目的。由于宏铭公司经历多年仍不能上市，高某惠以信托合同具有非法目的（规避法律）为由，向法院起诉主张信托合同无效。

一审广州市萝岗区人民法院认为，相关法规皆未禁止台湾地区居民通过信托的形式设立投资性公司，因此高某惠的信托行为不符合《信托法》第 11 条关于信托无效的规定。同时，信托合同没有《合同法》第 52 条规定的导致合同无效的情形，因此该信托合法有效。但是，二审广州市中级人民法院认为，《中外合资经营企业法》规定了设立中外合资企业的审批制，而商务部的规定更是排除了外商以自然人身份设立中外合资企业的可能性。当事人在信托契约中对信托目的的约定表明当事人系以信托的形式规避《中外合资经营企业法》的强制性规定，符合《信托法》第 11 条第 1 项的情形，该信托行为无效。法院根据合同无效后返还财产的原则，判令叶某杰返还高某惠 1 994 400 元。

---

① 基于“当事人不得因自己的错误行为而获利”的原则，对当事人事后主张合同无效应进行必要的限制，这有利于维护当事人之间的善意和信赖，这也是“禁反言”和诚信原则的要求。

② 广州市中级人民法院（2008）穗中法民四终字第 7 号二审民事判决书。

案例 2-5-5 章某虹诉谭某玲案[1]

2008 年 3 月 7 日，章某虹与谭某玲签订信托协议书，约定：信托人及受益人为章某虹，受托人为谭某玲，信托财产为 1801 号、1802 号房屋。章某虹于 2001 年 7 月 21 日购买了上述房屋，后因章某虹身份（美国籍）问题，无法获得银行按揭贷款。故双方协商一致以谭某玲名义购买该房屋，并以谭某玲名义申请贷款。章某虹每月/季按时偿还贷款。如不能按时偿还银行贷款而被贷款银行采取法律行动，章某虹应保证谭某玲不受财产及法律方面任何损失；章某虹不按时还款与谭某玲无关，谭某玲应向银行揭示真正购房人、借款人、还款义务人。谭某玲除依法定或约定而取得报酬外，不得利用信托财产为自己谋取利益。

二审法院认为：谭某玲与章某虹签订的信托协议书系双方当事人真实的意思表示，不存在违反法律、法规之处，应为有效，双方当事人均应当按约定履行。根据信托协议书的约定，章某虹系房屋的实际购买人，故章某虹要求谭某玲协助办理产权过户手续的诉讼请求，于法有据。谭某玲上诉称其与华润公司签订的两份商品房买卖合同存在规避法律的问题，属于无效合同，并认为一审判决无法执行，谭某玲就其该项上诉理由并未提供充分的法律依据，两份商品房买卖合同并未违反法律法规的强制性规定，就其该项上诉理由，不予采信。二审法院依照《民事诉讼法》第 153 条第 1 款第 1 项、第 158 条，判决：驳回上诉，维持原判。诉争房屋的银行抵押贷款手续解除后 7 日内，谭某玲及华润公司协助章某虹办理诉争房屋的产权过户手续，将上述两套房屋的产权过户至章某虹名下。

案例分析及问题：

1. 信托关系可以在自然人之间成立。**案例 2-5-4** 和**案例 2-5-5** 中的受托人都是自然人。

信托法提供了高效的、清晰的缺省性规则（default rule），所以，上述两个案例中的当事人都选择运用信托来构建其法律关系，一个是股权代持，另一个是不动产代持，如果不存在规避法律和行政法规的效力性强制性规范的情形，应能取得法院的支持，如**案例 2-5-5**。

而**案例 2-5-4** 之所以被宣告无效，是因为二审法院认为，“《中外合资经营企业法》规定了设立中外合资企业的审批制，而商务部的规定更是排除了外商以自然人身份设立中外合资企业的可能性。当事人在信托契约中对信托目的的约定表明当事人系以信托的形式规避《中外合资经营企业法》的强制性规定”，而非因受托人是自然人。

2. 在**案例 2-5-4** 中，即便法院宣告信托合同无效的立场值得赞同，二审法院“根据合同无效后返还财产的原则，判令叶某杰返还高某惠 1 994 400 元”是很典型的机械适用法条的做法，没有真正解决纠纷。

由于《信托法》对无效的后果并无规定，法院在宣告信托无效时，往往引用《合同法》第 58 条（现规定于《民法典》第 157 条，具体表述发生变化）的规定：“合同无效或者被撤销后，因该合同取得的财产，应当予以返还；不能返还或者没有必要

[1] 北京市第一中级人民法院（2011）一中民终字第 12448 号二审民事判决书。

返还的，应当折价补偿。有过错的一方应当赔偿对方因此所受到的损失，双方都有过错的，应当各自承担相应的责任。”该案中即是如此。但是，如何理解该条规定的“返还”，在金融领域又该如何适用这种“返还”，都是未经认真探讨的问题。该案中对“返还”的适用更是值得商榷。

这个问题并不只在信托法的场景下才出现，在所有涉及第三人的合同中都可能出现，在金融领域只是更为明显而已。《合同法》第 58 条（《民法典》第 157 条）更多的是以买卖合同等作为典型法律关系而构建的规则。如果是买卖合同，交易的标的是特定物，可能出现返还的问题，但如果如该案这样，受托人持有的是金融资产，仅仅是服务的提供者，以委托人的初始出资作为返还对象有失公允。

3. 即使我们赞同**案例 2-5-4** 中法院认定信托持股约定无效的立场，亦不能如该案这般直接适用《民法典》第 157 条关于“返还”的规定，否则可能会激励机会主义行为（moral hazard）。

类似该案中的信托安排在两种极端情形下都会引发诉讼：

第一，投资特别成功（如投资企业成功上市）。此时受托人（股份的名义所有人）会有极强的动因主张信托无效。如果按该案作返还（仅返还原始出资）处理，则背信弃义的受托人反而会因自己的背信行为取得巨大利益。

第二，投资失败（投资企业无法上市，投资资金无法收回）。如该案的情形，委托人会有极大的动因主张信托无效，取得返还投资财产的救济对委托人而言绝对是一个意外之喜（windfall）。

4. 在法院只能适用《民法典》合同编的前提下，似可将该案作为“不能返还”的情形处理。原因在于，将受托人持有的股权转移给委托人恰恰是相关法律法规禁止的。此时，可以将其在目标公司的股权以强制拍卖的方式向委托人返还股权价值，即第 157 条所规定的“折价补偿”。

另外，还要区分双方在签订合同的过程中是否有过错。要具体区分作为委托人的台商过错程度更高（例如，其为了达到投资大陆企业的目的对受托人大加劝诱），还是受托人的过错程度更高（例如，为了吸引投资对委托人进行劝诱），之后根据第 157 条的规定依过错合理分配损害赔偿责任。如此才能得出相对公平的裁决。这才是信托法作为衡平之法的应有之义。

另外，包括我国在内的成文法国家的信托法中大多没有关于信托存续期限的规定[①]。但是这并不意味着信托可以永续存在。在我国，信托多为商事信托，大多约定有存续期限；即便在民事信托中，若当事人试图设立永续存在的私益信托，法院可以根据民法上的公序良俗原则加以干预。

---

① 日本旧信托法和韩国及我国的信托法律中，没有类似英美法中的反永久权规则（rule against perpetuities）。不过，2006 年修改后的《日本信托法》第 91 条增加了类似规定。

三、诉讼（讨债）信托的限制

依据《信托法》第 11 条第 4 项规定，专以诉讼或者讨债为目的设立的信托无效。

（一）禁止诉讼（讨债）信托的理由

禁止诉讼（讨债）信托的理由主要有以下几种：（1）保障律师业的营业垄断，防止以营利为目的而替代律师承揽诉讼的社会滥诉现象。（2）信托以财产管理为内容，当事人的诉讼权利不能作为信托的标的，不属于财产管理的内容[①]。（3）一些有特殊背景的个人或组织担当“讨债公司”角色，还会引发侵害债务人和债权人权益的其他问题。在此情形下的诉讼行为本身是合法的，但实际上身为被告的债务人将在经济、精神上承受极大的压力。此时，讨债公司本身也并非为委托人（债权人）的利益，而是为了方便没有律师资格的讨债公司（受托人）自身的利益，利用信托手段，获取利益。从这种意义上，即便形式上合法，也不会允许这种通过国家机关来获取社会普遍观念上认为不法利益的行为。（4）双方的权利和责任在法院裁决之前是不确定的，这使诉讼信托在设立的时候缺乏财产确定性要件。而且，受托人以信托的名义提起诉讼，会导致法律关系复杂化[②]。

有学者提出，判断是否构成以诉讼为目的的信托有以下几种标准：（1）当事人之间的关系是否淡薄；（2）受托人是否以讨债为业；（3）信托成立与诉讼之间时间间隔长短等。还有学者指出，以诉讼为主要目的限于两种情形：（1）诉讼是由他人意图牟利而挑唆引起的；（2）纯粹从法律秩序上观察，不具有法律正当性的情形[③]。

（二）诉讼（收债）信托的容许

1. 和债权让与中类似问题的比较

限制以诉讼为目的设立信托的主要理由和债法上限制债权转让的理由类似。在现代社会，除非某些债权本身的转让性是受限制的，一般没有必要限制以债权转让或者设立信托的方式收债[④]。

2. 消费者保护诉讼

为了保护消费者，《消费者权益保护法》第 47 条规定：“对侵害众多消费者合法权益的行为，中国消费者协会以及在省、自治区、直辖市设立的消费者协会，可以向人民法院提起诉讼。”此时，消费者协会处于类似受托人的法律地位，这种主要以诉讼为目的的信托是合法的。

3. 保理

如保理（factoring）[⑤]制度所显示的，收债是一项合法的业务，为何不可运用信托收债？贷款的证券化就是一种收债方案。如果担心有人滥用信托收债，可以从程序方面加

---

① 参见［日］中野正俊、张军建：《信托法》，中国方正出版社 2004 年版，第 65 页。

② See Lusina Ho, *Trust Law in China*, Sweet & Maxwell Asia, 2003, p.73.

③ 参见朱柏松：《诉讼信托无效之规定的适法性探讨》，载《月旦法学杂志》2001 年第 75 期。

④ 参见赵廉慧：《债法总论要义》，中国法制出版社 2009 年版，第 228—235 页。

⑤ 《民法典》合同编第十六章规定了保理合同。

以规制——比如，只有被依法授权的自然人或者法人可以成为收债的受托人。

我国台湾地区的“信托法”虽然也规定了诉讼信托禁止条款（第 5 条第 3 款），但有学者认为，此为对日本信托法的继受，反映的是东方社会传统的价值观，而并非信托法原理，也未必符合现代社会鼓励人们主张权利的观念，因此，应严格限制其适用范围[①]。

案例 2-5-6 某信托公司诉讼催债案

中国建设银行某分行将一笔不良贷款资产转让给信达资产管理公司（简称“信达资产”），信达资产又将债权转让给东方资产管理公司（简称“东方资产”）。2006 年 6 月，东方资产与某信托公司签订财产信托合同，约定东方资产以上述债权设立信托，由某信托公司对其进行管理、运用及处分。东方资产于 2006 年 6 月 2 日在《金融时报》上发布公告，就上述债权设立信托事宜履行了通知义务并进行了催收。某信托公司于 2008 年向天津市第二中级人民法院提起诉讼，要求债务人偿付债务。双方就东方资产与某信托公司之间成立的信托是否属于诉讼信托发生了争议。

法院认为，信托关系本质上属于一种委托经营关系，依照《信托法》第 2 条以及第 11 条第 4 项的规定，信托公司的经营范围应仅限于为受益人的利益或特定目的进行管理或者处分。而根据中国人民银行《整顿信托投资公司方案》第 1 条的规定，信托投资公司在监管机构心目中的定位是“受人之托，代人理财”，信托公司应发展为以手续费、佣金为收入的中介服务组织，而不是去办理银行存款、贷款业务。由此可见，信托公司的经营业务中不包括代人主张债权，即便订立了具有该方面内容的信托合同，依据《信托法》第 11 条第 4 项的规定，也应属于无效情形。因此，法院认为该案中信托公司并不直接享有其所主张的债权，依法也不具有以自己的名义通过诉讼方式追讨上述债权的权能，不是本案适格的原告，裁定驳回起诉。[②]

案例 2-5-7 华宝信托诉陈某兴案[③]

2007 年 5 月，上海通用汽车金融有限责任公司（以下简称“汽车金融公司”）与陈某兴签订了《汽车贷款合同》与《汽车抵押合同》，由汽车金融公司向陈某兴发放汽车贷款 60 000 元，陈某兴办理了车辆抵押登记作为贷款合同的担保。2007 年 12 月，汽车金融公司与华宝信托有限责任公司（以下简称“华宝信托”）签订《通元 2008 年第一期个人汽车抵押贷款证券化信托合同》，约定汽车金融公司将其在《汽车贷款合同》中现有和可能产生的权利皆信托于华宝信托。汽车金融公司与华宝信托为该项资产证券化安排进行了公告。2007 年 11 月起，陈某兴未如约还款，华宝信托经多次催告后诉至法庭。被告未到庭应诉。

① 参见谢哲胜：《信托法》，元照出版公司 2009 年版，第 83 页。

② 本案例摘自周淼鑫：《论信托有效性的司法对待——司法态度的实证分析及其反思》，中国政法大学硕士论文 2011 年。

③ 上海市浦东新区人民法院（2009）浦民二（商）初字第 1700 号一审民事判决书。

法院认为，本案焦点在于信托机构能否以自己的名义对信托财产的债务人进行诉讼。法院首先认定三方当事人相互之间签订的贷款合同和信托合同有效，同时信托关系中华宝信托和汽车金融公司已尽了法定的公告义务，因此信托有效成立。受托人基于信托关系可以自己的名义对信托财产进行管理处分，该处分自然包括诉讼，受托人当然可以直接以自己的名义对信托财产的债务人提起诉讼[①]。

法院在类案中论证道：原告与××金融有限责任公司就本案贷款债权构成信托法律关系，受托人原告受委托人××金融有限责任公司的信任，基于信托合同关系，可以自己的名义为××金融有限责任公司的利益对该贷款债权进行管理或者处分。因此，原告以自己的名义向被告主张××金融有限责任公司的贷款债权，于法不悖，亦不损害作为债务人被告的合法权益，故合法有效。[②]

案例分析及问题：

在**案例 2-5-6** 中，法院认为信托公司受让债权并主张债权超出了其业务范围，坚持《信托法》第 11 条第 4 项的字面含义，认为该信托无效，相应地，信托公司不具有原告资格。

而在**案例 2-5-7** 中，法院认为债权作为信托财产设立的信托有效，而受托人通过诉讼对债务人主张债权是履行其管理和处分信托财产职责的必要内容，否定了适用《信托法》第 11 条第 4 项的必要性。这种裁决是正确的。

《信托法》第 11 条第 4 项还经常在著作权纠纷中被引用。因中国音乐著作权协会经常和作者签订信托合同来对其作品进行集体管理，若中国音乐著作权协会起诉侵权人，后者往往会主张适用《信托法》第 11 条第 4 项。不过，大多数法院都没有支持侵权人的这一主张。[③]

案例 2-5-8　太和汇与绍兴众富案[④]

法院在裁定中认为：债券受托管理人以原告身份起诉，不符合代理制度及《信托法》的相关规定，亦不符合《民事诉讼法》关于案件受理条件及诉讼当事人的相关规定。在法律没有规定的情况下，创设一种全新的诉讼模式和制度，已超出法律赋予法院的职权范围。因此，受托管理人以原告身份起诉，不符合起诉条件，应当裁定驳回起诉。

案例分析及问题：

法院的部分分析包括裁定结论有一定道理。但是，从该案并不能抽象出这样的一般法理：债券受托人不能是信托法意义上的受托人，债券受托人不能取得起诉债务人的原告资格。

---

① 参见顾权：《信托型资产证券化案件的司法审查标准》，载《人民司法》2009 年第 12 期。

② “D 信托有限责任公司诉被告王某某、高某某金融借款合同纠纷案”，上海市浦东新区人民法院（2008）浦民二（商）初字第 4205 号一审民事判决书。

③ “中国音乐著作权协会诉长安商场案”，北京市第一中级人民法院（2003）一中民初字第 12058 号一审民事判决书。

④ 上海市高级人民法院（2019）沪民初 27 号一审民事判决书。

案例延伸分析

第六节　诈害信托之规制

从委托人之债权人的角度看，委托人设立信托属于处分行为，其责任财产可能会因此减少。但是，不独信托如此，所有的债务人只要向他人转让财产自然就会产生这样的问题。除非以损害委托人之债权人利益为目的（《信托法》第 12 条），因信托设立导致特定财产从委托人处向外流出，本身并无问题。

在自己资力尚可之时，通过设立信托把自己的部分财产用于特殊的目的，这是财产规划（estate planning）和财产保护（asset protection）的应有之义。但是，不能抽象地强调信托的所谓避债功能，如果设立信托构成对债权人权利的侵犯，债权人可以撤销该信托。

《信托法》第 12 条规定："委托人设立信托损害其债权人利益的，债权人有权申请人民法院撤销该信托。人民法院依照前款规定撤销信托的，不影响善意受益人已经取得的信托利益。本条第一款规定的申请权，自债权人知道或者应当知道撤销原因之日起一年内不行使的，归于消灭"，确立了委托人债权人的撤销权制度。

一、区分自益信托和他益信托

为了探讨以欺诈为目的的信托，需要区分两种信托类型：一种是委托人同时是唯一受益人的自益信托，另一种是受益人为委托人之外第三人的他益信托。如果是他益信托，原则上委托人的责任财产会有所减少；如果是自益信托，委托人虽然丧失对信托财产的所有权，但是取得了受益权，形式上委托人的责任财产似乎并未减少[①]。

第一，在他益信托中，财产的经济利益从委托人向受益人转移。这还可以进一步区分为两种情况：第一种情况如家族信托，相当于委托人对第三人进行赠与或者无偿的转让；第二种情况，是把财产设立信托，以履行委托人对第三人的义务。如果委托人没有足够的财产去偿还所有的债务，或濒于破产，而仍然通过设立信托减少自己的财产，这是给其他债权人带来风险的行为，是可撤销的。即便是为了偿债设立信托，如果这一信托对委托人之债权人进行了不当的差别对待，甚至排除部分债权人受偿，也应能撤销[②]。

---

① 参见谢哲胜：《信托法》，元照出版公司 2009 年版，第 85 页。

② 参见赵廉慧：《债法总论要义》，中国法制出版社 2009 年版，第 210—211 页。

第二，在自益信托中，委托人同时又是受益人，因此，委托人并没有失去其财产的经济价值，只是其财产的形态发生了改变，如从所有权转变为受益权。因此，创设这样的信托并不会使债权人的利益受到威胁。例如，委托人有 1 000 万元资产，其中包括 500 万元借款，就其中 800 万元设定自益信托，剩余财产 200 万元。因委托人自己同时为受益人，受益权仍然是委托人的财产，并不当然对其债权人造成损害。

二、和《民法典》第 538 条的关系

《信托法》第 12 条属于债权人保护的规定，但并没有详尽规定适用条件（如信托设立和负债的先后等），原则上可以参照《民法典》第 538 条的规范，在满足《民法典》第 538 条撤销权要件时行使撤销权自无问题。即便在受让人为善意的场合，虽然严格地讲并不符合《民法典》第 538 条的构成要件（合同法理论上一般认为，受让人如果是善意的，则债权人不可行使撤销权），但根据《信托法》第 12 条，也可以申请撤销信托（但受益人已经享受完毕的利益并无返还之必要）。原因在于，受让人（形式受让人——受托人和实质受让人——受益人）受让信托财产一般没有支付对价，受托人仅仅是被转移财产的名义财产权人，即便信托被撤销，也不会构成对受托人利益的损害。可以认为，在信托中，原则上信托被撤销，受托人没有特别需要保护的利益，仅能根据合同法理针对委托人取得损害赔偿。

在委托人破产的场合，应参考适用《企业破产法》中的撤销权（《企业破产法》第 31 条、第 32 条）。

三、撤销权的行使和受益人保护

债权人以诈害信托为由申请法院撤销信托之后，信托行为从设立当初即为无效信托，这样就产生受托人返还信托财产的效果，受益人的受益权消灭。根据《信托法》规定，若他益信托的受益人已经取得信托利益，应区分受益人善意和恶意，来决定其是否应当返还。如果受益人为恶意，则信托利益构成不当得利，自应返还[①]；如果受益人为善意，信托被撤销并不影响善意受益人已经取得的信托利益。但信托被撤销，受益权即丧失基础，因此，受益人受领的信托利益均构成不当得利，无论受益人是否善意，均应予返还。只是根据不当得利的返还规则，受益人的善意、恶意会决定返还的范围[②]：受益人为善意的，返还利益以现存利益为限（把“已经取得的信托利益”解释为“已经享受的信托利益”）；受益人为恶意的，返还利益的范围应以受益人取得利益时的数额为限，即使该利益在返还之时已经减少甚至不存在；如果给债权人带来损害，恶意受益人还应承担损害赔偿责任，因其与委托人存在共同过错。

---

① 类似观点请参见能見善久『現代信託法』（有斐閣、2004 年）37—38 頁；[日] 中野正俊、张军建：《信托法》，中国方正出版社 2004 年版，第 66—67 页。

② 参见能見善久『現代信託法』（有斐閣、2004 年）37—38 頁。

四、撤销权行使的期间

《信托法》第 12 条第 3 款规定，委托人债权人的撤销权自其知道或者应当知道撤销原因之日起一年内行使。该期间的性质为不可变期间，不中止、中断，属于除斥期间，非诉讼时效。《民法典》第 541 条还为债权人撤销权规定了行使的最长期间（5 年），似应适用于该条。

第七节　非意定信托和信托无效的后果

一、非意定信托概述

在英美法系国家，信托可分为四种：一是明示信托（express trusts），即委托人以明确的意思表示确定受托人，设立信托。明示信托也可被称为意定信托，是本书所讨论的重心所在。二是复归信托。三是拟制信托。复归信托与拟制信托有时被统称为默示信托（implied trust），即法院根据委托人的默示行为推定委托人有设立信托的意图，或者根据公平正义原则，以司法裁决方式推定成立的信托。四是法定信托（statutory trusts），即直接根据法律规定和法律事实而成立的信托。意定信托以外的信托被统称为非意定信托。关于意定信托和非意定信托的分类，如表 4 所示。

表 4　信托分类：意定信托和非意定信托

<table>
<tr><td rowspan="3">意定信托</td><td rowspan="3">当事人（通过法律行为）创设的信托</td><td>合同信托</td></tr>
<tr><td>遗嘱信托</td></tr>
<tr><td>宣言信托</td></tr>
<tr><td rowspan="4">非意定信托
（广义的法定信托）</td><td rowspan="3">法院（通过裁量权行使）创设的信托</td><td>复归信托</td></tr>
<tr><td>拟制信托</td></tr>
<tr><td>其他作为救济的信托</td></tr>
<tr><td>立法创设的信托</td><td>狭义的法定信托</td></tr>
</table>

二、复归信托

现代信托法意义上的复归信托（resulting trusts），其适用范围从原来的“无偿让与”拓展到“信托无效”领域。复归信托是一种衡平法上的法律后果，这一法律后果主要关注在信托出现问题（如无效、撤销等）时信托财产上利益的分配问题，其核心的后果就是“财产返还”。

根据学者总结，在以下四种情况下会产生复归信托：（1）当明示信托全部或者部分无效时；（2）当信托委托人的意思表示不清晰时；（3）明示信托被充分履行后仍然有剩余信托财产（我国《信托法》第 55 条类此）；（4）当为动产或者不动产的转让支付完对价的一方把财产的所有权置于第三人（受让人）名下之时，英美法院将推定付款人的意愿是：由受让人担任付款人的受托人[①]。

在英国法上的 In re Vandervell's Trusts 案[②]中，Megarry J.把复归信托分为两类。

1. 自动复归信托（automatic resulting trusts）。自动复归信托和当事人的意图以及其他任何推定无关，而是转移财产失败的自动后果[③]。当委托人尝试为第三人设立明示信托但该信托的设立因受益人缺位等原因而失败或者部分失败时，就产生自动复归信托。在通过设立信托转让财产利益失败之后，信托上的财产利益必须归属于某个人，最恰当的结果自然是回到委托人手中。例如，指定一个无法确定的受益人[④]，或者受益人在信托财产向受托人转移之后不再存在或者不再相关时[⑤]，原信托财产转变成一个以委托人为受益人的信托财产。

2. 推定复归信托（presumptive resulting trusts）。当事人无偿向他人转让财产，或者以他人的名义购买财产，在没有相反证据的情况下，就产生了假设复归信托。假设复归信托包含两种类型。

第一，无偿转让型（gratuitous transfer）。例如，A 把财产无偿转让给 B，此时若 A 转让的意图并不清楚，法律就创设出一个可推翻的复归信托，除非 A 和 B 之间存在亲子关系，或夫妻关系、情人关系，或父亲和非婚生子的关系，或有其他反证。换句话说，自愿的无对价转让财产或者以他人名义购买财产之时，如无明确的赠与之意思（outright gift），则认定成立为了 A 之利益的复归信托[⑥]。当然，正如其名称显示的，上述假定是可以被推翻的[⑦]。例如，在 Fowkes v. Pascoe 案[⑧]中，有证据显示一个女人以自己和其孙女的名义购买了股票，其孙子和孙女所提供的证据显示这一切都是作为赠与进行的，法院认可了这些证据。另外，这种假设仅仅和创设信托的意图有关，并不考虑创设该信托的隐晦动机。再如，在 Tinsley v. Milligan [⑨]案中，一个女人以信托方式向其情人转移财产，目的是骗取社会保险，法院裁决认为这并不能击败复归信托的假定。

第二，购买价金型（purchase money）。例如，两人或多人共同出资购置财产，衡平法会认为这些人按出资份额享有对所购财产的衡平法财产权，而不管他们是以谁的名义持有所购财产（是以他们中的某个人、某几个人甚至是第三人的名义）。享有所

① 参见高凌云：《被误读的信托——信托法原论》（第二版），复旦大学出版社 2021 年版，第 180—181 页。

② Re Vandervell's Trusts (no.2) [1974]1 All ER 47.

③ Per Megarry J, Re Vandervell's Trusts (No 2) [1974]1 All ER 47.

④ Morice v.Bishop of Durham 1805 10 Ves 522.

⑤ Re Gillingham Bus Disaster Fund [1958] Ch 300.

⑥ 法律谚语有云：无论何人不得推定其为赠与（*Nemo praesumitur donare*）。郑玉波：《法谚》，法律出版社 2007 年版，第 195 页。

⑦ 在 Westdeutsche Landesbank v. Council of London Borough of Islington [1996] AC 669 中，Lord Browne-Wilkinson 指出："……关于复归信托的假定可以被任何能证明与该信托不一致的意图的证据所推翻，而不仅是能被赠与意图的证据推翻。"

⑧ Fowkes v. Pascoe (1875) LR10Ch App 343.

⑨ Tinsley v. Milligan [1994] 1 AC 340.

购财产的法律财产权（legal title）的人以裸体信托方式、为了他们共同的利益持有所购财产[①]。

三、拟制信托

在美国法上，甚至有人认为拟制信托（constructive trust）根本就不是信托，而是通过法律的运作（by operation of law，主要是司法的运作）为当事人提供的一种衡平法的救济（remedial institution），来对错误行为提供补救或者防止不当得利[②]。不过，在英国，不少法官仍然坚持拟制信托作为一种实体制度的属性（a substantive institution），例如法官 Peter Gibson 指出，英国法没有追随其他法域把拟制信托当作一种不当得利的返还救济。不能把所有权和债混淆，也不能把债权债务关系转化成受托人和受益人的关系[③]。拟制信托同样产生于法律的运作，而非当事人的意愿，不管这种意愿是明示的还是默示的。英美法并没有提供一个清楚的和涵盖一切的拟制信托概念，拟制信托的边界或许被故意模糊化，"以便法院在根据具体案件所要求的正义处理问题之时，其可用的技术不被限制"[④]。有人甚至认为它是"在现代社会发展财产法的一个现成的工具"[⑤]。

一个典型案例是 Attorney-General of Hong Kong v. Reid 案。在该案中，一个高级检察官接受了贿赂，不起诉某一嫌疑人。该检察官用受贿来的钱在新西兰购买了产业。该检察官的雇主——总检察官（the Attorney-General），认为该检察官对总检察官有信义义务，因此该财产是由该检察官所持有的、以总检察官为受益人的推定信托财产。该主张被枢密院（the Privy Council）支持。该案之所以广受争议是因为它有可能无法代表英国法，上诉法院在之前审理的 Lister v. Stubbs 案中就采取了不同的立场，其给出的理由是：信托提供的救济是一个很强的救济，它授予原告一个被告的其他债权人所没有的对物性的权利（proprietary rights），没有强有力的理由去把该受害者（原告）置于被告的其他债权人之前。作为一个枢密院的裁决，Attorney-General of Hong Kong v. Reid 案并没有推翻 Lister v. Stubbs 案中的决定，该原则在英国和威尔士仍然得到贯彻。只是在英国的早期殖民地国家如澳大利亚没有被坚持。在英国法上，Lister v. Stubbs 案和 Attorney-General of Hong Kong v. Reid 案之间存在紧张关系。拟制信托提供救济的主要目的是防止被告不当得利和对他人财产的不当干预。

概括起来，以下情形可以适用拟制信托[⑥]。

第一，拟制信托可以作为违反信义义务的救济。受信任的人取得未经授权的收益就会构成拟制信托。法律的原则是，一个受信人不可以利用其地位为自己取得利益，受托人、代表人或者代理人是不应该从其受信人的地位直接或者间接取得利益的，人们需要

---

① J. E. Penner, *The Law of Trusts*, fourth edition, Oxford University Press, 2005, pp.97–98.

② Edward C. Halbach, Jr, *Trusts, Gilbert Law Summaries*, Thomas/West, 2008, p.283.

③ Halifax Building Society v. Thomas [1996] 2 WLR 63.

④ Carl Zeiss Stiftung v. Herbert Smith & Co. [1969] 2 Ch. 276 at 300, per Edmund Davies L. J.

⑤ Sen v. Headley [1991] Ch. 425 at 440 (Nourse L. J.) .

⑥ See Edward C. Halbach, Jr, *Trusts, Gilbert Law Summaries*, Thomas/West, 2008. pp.283–286.

判断受信人取得利益是否合理或者是否独立于受信关系。例如，雇员对雇主负有诚信义务，雇员在工作中收取他人贿赂，雇员对贿赂的占有视为信托，受益人为雇主。而且，这种受信关系（fiduciary relationship）的类型不是封闭的[①]。

第二，某人是基于欺诈、胁迫、错误等原因取得财产权，衡平法院认为在衡平法上该人保有该财产权构成不当得利，应转移给他人。例如，A 错误地转让了两块土地给 B，而 A 原本的意图是只转让第一块土地。此时，受让人以拟制信托的方式持有第二块土地。又如，甲以欺诈方式取得乙的财产权，法院为保护乙的利益，可成立拟制信托，使甲成为乙的受托人，负有为乙的利益而持有该财产的义务。再如，小偷盗窃他人财产，小偷对该财产的使用视为信托，产生的收益属于失主，而不管收益是否大于失主的损失。

第三，当委托人设立的信托因形式要件等无法被强制执行时。如果受让人拒绝强制执行该信托，法院会认定一个拟制信托存在。例如，在英美法上也会对某些特殊的信托（涉及土地的信托或者遗嘱信托）有形式要求，此时如果受托人不愿意强制执行该口头信托，法院在合适的情形下会认定存在拟制信托，来避免受让人不当得利。

第四，如果受让人把其不当取得的财产转让给了善意购买人（bona fide purchaser，大致相当于大陆法系的“善意第三人”），此时可以对转让人取得的财产对价和利益适用拟制信托（一说是根据“追踪法理”，tracing doctrine）。如果第三人不是支付了对价的善意第三人，此时财产转让人对第三人手中持有的财产就产生了拟制信托，即第三人被视为受托人而占有该财产，由此所获收益属于受益人（转让人）。

第五，在财产买卖合同中，出让方（vendor）拒绝转让财产，买受方可以主张违约损害赔偿，还可以主张拟制信托。自出让人应当转让财产始，出让人被视为买受人的受托人而占有财产，因此，他通过该财产获得的任何收益都属于买受人。根据衡平法谚语“Equity looks upon that as done which ought to be done”，从签订买卖合同时起，衡平法就将不动产的产权由出卖人转让给买受人。出卖人直到把不动产的法律产权转让给买受人之前一直以拟制信托的方式作为受托人持有买受人的不动产。

第六，夫妻共同财产、家庭共同财产，虽以其中一人为名义所有权人，但其被视为夫妻或家庭的受托人。

四、我国的非意定信托

从条文上看，我国《信托法》关于非意定信托的规定至少有以下几方面内容：

第一，《信托法》第 26 条规定了作为违反信托之救济手段的归入权，该权利确认了受托人因违反信托所取得的一切利益，归入信托财产。归入权作为一种救济手段，客观上产生了受托人把非法所得作为信托利益归入信托财产的效力，与拟制信托相类。

第二，《信托法》第 55 条规定：“……信托财产的归属确定后，在该信托财产转移给权利归属人的过程中，信托视为存续，权利归属人视为受益人。”该条规定的意旨在于，信托终止后，为了把剩余财产进行妥当的分配，仍然给原受托人课以受托人的义务；原

① See Jill E. Martin, *Modern Equity*, 17th edition, Sweet & Maxwell Ltd, 2005, pp.301 – 343.

信托终止，新的信托并非根据当事人意愿产生，因此为非意定信托。因该种信托的要件均由信托法规定，所以为法定信托，在实际效果上和复归信托类似。

第三，《信托法》第 72 条规定：“公益信托终止，没有信托财产权利归属人或者信托财产权利归属人是不特定的社会公众的，经公益事业管理机构批准，受托人应当将信托财产用于与原公益目的相近似的目的，或者将信托财产转移给具有近似目的的公益组织或者其他公益信托。”将信托财产转移给其他公益信托，类似于成立了新的法定信托。适用近似原则将终止后的公益信托财产转移给其他目的近似的公益信托，亦符合原公益信托之委托人的默示意愿。

除了《信托法》规定的上述情形之外，非意定信托似还可以包括根据特别法（规）成立的、适用信托法原理的财产管理法律制度。例如，我国的住房公积金制度。虽然《住房公积金管理条例》并没有明确其信托关系属性，但是，若认同其财产管理体制为信托关系，该信托关系即为法定信托关系，公积金管理中心即为受托人。其他如预付款管理制度、养老金基金管理制度、公共维修基金制度等亦有适用法定信托法理之余地。在这些社会基金管理体系的构建中，因涉及多数受益人利益，且会触动现有的社会基金管理者或实际控制者的利益，所以缔约成本较高，需要立法介入，强制确立信托管理体制，借以维护社会公共利益。

在司法领域，早在 1998 年，最高人民法院在审理“TMT 案”时便使用了拟制信托的解释方法；后来，也有地方法院根据信托法原理为诉讼当事人提供救济，亦可认为采用了拟制信托的观念。

案例 2-7-1　TMT 案[①]

1979 年春季，中国出口商品交易会期间，广东省轻工业品进出口（集团）公司（以下简称“轻工业品公司”）与香港东明贸易有限公司（以下简称“东明公司”）总经理王某明等人商谈吊扇生产和出口业务，一致同意使用由东明公司提供的“TMT”商标。东明公司提供的“TMT”商标是王某明根据原东明贸易公司及东明公司英文名称词汇的第一个字母和沙特阿拉伯海关入境签章的菱形图案设计的文字和图形组合商标。由于受轻工业品公司的误导，东明公司错误认为当时香港公司不能在内地注册商标，故与轻工业品公司商定，由轻工业品公司在内地办理商标注册，TMT 公司在香港地区和中东部分国家办理 TMT 商标注册。轻工业品公司此后向国家工商总局办理了 TMT、TMC、SMT 商标注册登记。1982 年 3 月，东明公司歇业，原东明公司总经理王某明与另一股东组建 TMT 公司，接手原东明公司与轻工业品公司经营 TMT、TMC、SMT 商标的吊扇等业务，并负责清还原东明公司所欠的轻工业品公司的款项，也承受 TMT 等三个商标。数年来，TMT 公司在 TMT 牌吊扇的主要销售国家和地区办理了 TMT、TMC、SMT 商标注册。

1994 年 10 月 6 日，轻工业品公司与 TMT 公司签订一份协议，约定：1. 在中国境内，“TMT”商标属轻工业品公司注册，轻工业品公司有绝对的经营和管理权利。2. 在中国境外

① 最高人民法院（1998）知终字第 8 号二审民事判决书（审结日期：2000 年 5 月 15 日）。

（包括香港地区），"TMT"商标属TMT公司注册，TMT公司有绝对的经营和管理权利。3. TMT公司在中国境内生产出口的TMT牌电风扇及其配件产品，必须全部经过轻工业品公司出口。如因其他原因，轻工业品公司不能提供出口服务，TMT公司在征得轻工业品公司的同意后，可以由其他公司或工厂经营出口服务，但需按工厂出厂价的2%缴纳商标使用费，并签订商标使用协议。该协议签订后，TMT公司认为轻工业品公司没有依约打击境内有关厂家的侵权行为，造成其巨大经济损失，要求将TMT、TMC、SMT商标返还或以港币30万元办理转名手续，转让给TMT公司。轻工业品公司认为TMT公司没有依约缴纳商标使用费，尚欠19 232美元未付，且未经许可使用TMT商标在境内安排生产和销售。多年来，双方当事人为解决商标纠纷多次协商未果。轻工业品公司遂向海关总署进行了知识产权保护备案。TMT公司在境内安排生产的产品因此无法出口，造成厂家产品积压。TMT公司以轻工业品公司违背双方的委托约定，意图侵吞TMT公司委托其在境内注册的商标，阻止TMT公司定牌加工产品的出口，造成其经济损失为由，向广东省高级人民法院起诉，请求判令终止其委托轻工业品公司在境内注册和管理TMT、TMC、SMT商标的关系；轻工业品公司返还因委托关系而取得的财产并赔偿损失人民币1亿元。

一审法院认为，当事人之间的关系为委托关系。最高人民法院认可了TMT公司的主张，纠正为事实上的信托关系，理由是：认定为委托关系，则轻工业品公司作为代理人接受被代理人TMT公司的委托，是不能以代理人的名义，而应以被代理人的名义在境内注册争议商标，轻工业品公司以自己名义注册了争议商标，就属1995年修正的《商标法实施细则》第25条第1款第3项所指的注册不当行为，TMT公司依法就只能在法定期限内向商标评审委员会申请撤销轻工业品公司的注册，通过这种程序来实现争议商标的回归，而不能向法院提起诉讼。一审法院认定双方为委托关系，与其审判结果相矛盾。而认定为信托关系，则受托人以自己名义为委托人从事民事活动是本质特征，在信托关系终止时，受托人就应当将占有、管理的委托人的财产、利益返还给委托人。据此，轻工业品公司以自己名义注册争议商标就不属注册不当，而是合法注册，本案争议就不能适用注册不当处理。[①]

案例分析及问题：

在《信托法》颁行之前的2000年，最高人民法院在审理该案时使用事实信托的方法解释当事人之间的关系。

有学者认为该案中法院引入了拟制信托的观念[②]。从技术上分析，该案中当事人不存在明文的信托合同或其他法律文件，很难归入明示信托或者意定信托之中，所谓事实上的信托，为法官对当事人的法律关系按事实上的权利义务作出的解释，有默示信托的意味。法院引入信托观念的目的是给当事人提供更公平合理的救济，在这种意义上，说符合拟制信托的观念亦无问题。

本书认为，当时没有信托法，把法律关系认定为信托关系稍显超前，一个最符合法律论证逻辑的方法是通过对不当得利理论或者无因管理理论进行扩张解释（如

① 案情总结摘自蔡养军：《论事实上的信托》，载江平、杨振山主编：《民商法律评论》（第一卷），中国方正出版社2004年版，第407—409页。

② 参见冯象：《送法下乡与教鱼游泳》，载《读书》2002年第2期。

采取准无因管理理论），亦能达到类似的结果①。而在目前《信托法》已经出台的情况下，对于法院运用传统的救济方法无法提供充分救济（under-compensated）的案件，当然可以适用信托法的理论，通过解释信托法来完善民事救济体系和民事责任理论，这是对信托法理论促进民法发展的一个非常重要的期待。

案例 2-7-2 沈阳玻璃钢风机厂与戴某羽案②

沈阳市中级人民法院认为，本案中戴某羽作为分管技术的副厂长与风机厂之间形成受信任关系，戴某羽对风机厂负有忠实义务，即不得处于其职责和个人利益相冲突地位，利用其受信任人地位从厂里获取利益，因而，其取得的购房款系为风机厂所代为持有的。即戴某羽是该笔款项名义上的使用人，风机厂是该笔款项实质上的权利人，由于该款项已用于购房（已由金钱转化为房产），因此，戴某羽对该房屋负有返还义务，亦即风机厂可对该房产主张返还的物权性权利，该权利不受诉讼时效限制。由于风机厂诉讼中仅主张当时购房款的价额 17 万余元，本院对此予以准许。同样理由，本案中争议的 5 万元款项系戴某羽出差从单位所借，其用途系用于单位出差这一特定目的，故该款项仍然是戴某羽为单位所代为持有，戴某羽虽是该款项名义上的使用人，但实质上该款项仍为风机厂所有，为金钱（货币）所有与占有相一致规则之例外。而戴某羽至今不能举证证明其系为该特定目的之所用，风机厂据此享有返还款项的物上请求权，故戴某羽关于借款已过时效的抗辩理由不能成立。

案例分析及问题：

该案中，法院显然认为公司对公司高管这种受信人的权利是一种超越债权请求权的权利，因此能不受诉讼时效限制；该种权利具有物上代位性，即便财产的形态发生改变，亦能追及。

另外，2014 年《最高人民法院关于全面加强环境资源审判工作为推进生态文明建设提供有力司法保障的意见》提出了“探索设立环境公益诉讼专项基金”的主张：将环境赔偿金专款用于恢复环境、修复生态、维护环境公共利益；尚未设立基金的地方，可以与环境资源保护行政执法机关、政府财政部门等协商确定环境赔偿金的交付使用方式。在环境污染的公益诉讼中，已经有法院判决判令被告将损害赔偿金支付给“环境公益诉讼救济专项资金”账户③，该案中的“环境公益诉讼专项基金”可被视为一种法定信托。另外，如果法院将公益诉讼等的损害赔偿金设立为新的基金，可以理解为根据司法裁决创设了一种法定信托。

---

① 参见江平：《信托挺起现代金融的一大支柱》，载《中国证券报》2004 年 9 月 8 日，第 1 版；江平：《信托制度在中国的应用前景》，载《法学》2005 年第 1 期；陶国峰、臧云鹏：《专家评说中国首例商标信托案》，载《中华商标》2000 年第 12 期。有学者对该案是否构成拟制信托提出异议，认为该案所提到的“事实上的商标权财产信托关系”很难在传统的英美信托法原理下获得一个逻辑上合理的支持。参见张天民：《失去衡平法的信托：信托观念的扩张与中国〈信托法〉的机遇和挑战》，中信出版社 2004 年版，第 315 页。

② 沈阳市中级人民法院（2008）沈中民三终第 1445 号二审民事判决书。

③ “云南省宜良县国土资源局诉×××环境污染责任纠纷案”，昆明市中级人民法院（2012）昆环保民初字第 6 号一审民事判决书（审结日期：2012 年 9 月 25 日）。

五、信托无效的后果和非意定信托的引入

我国《信托法》虽然就信托无效的情形作了规定，但是对信托无效的法律后果没有任何规定，信托法作为民商事特别法，按照特别法未作规定依一般法处理的逻辑，《民法典》关于法律行为无效（合同无效、遗嘱无效）的规定适用于信托无效。[①]

但是《民法典》的相关规定似乎不能圆满解决下列问题：（1）信托财产在信托无效后的归属；（2）信托财产是否受财产独立性原则的保护，特别是能否对抗受托人个人债权人的追索；（3）信托财产增值部分应属于谁；（4）受托人转让财产于第三人，转让效力如何；（5）受托人在管理信托财产中的过错判断标准；（6）受托人的报酬该如何计算；（7）对第三人的责任该如何承担等。

案例 2-7-3　杨某诉苏某雄案[②]

法院认为，原告杨某与被告苏某雄关于原告将资金交给被告苏某雄，由被告苏某雄操作购买炒作黑市黄金期货，本金及所得利润归原告所有的约定，属于信托投资理财合同，但是由于被告苏某雄无从事信托投资理财的资格，其接受原告信托投资的行为违反了《信托投资公司管理办法》第 12 条第 2 款的规定，即未经中国人民银行批准，任何单位和个人不得经营信托业务，且双方在合同中约定的黑市黄金期货，未经中国人民银行批准，属非法金融业务，据此，根据《合同法》第 52 条第 5 项的规定，原、被告之间的信托投资理财合同无效。

法院判决被告返还投资款及根据中国人民银行规定的同期同类贷款利率计算的利息。

关于如何适用《民法典》第 157 条规定的“返还”救济，这里稍作分析。

第一，一般而言，信托无效情形可被概括为两大类：一般无效信托与非法无效信托。一般无效信托是指不符合“三个确定性”原则等要求的信托，但不存在目的非法之情形，更准确说应为信托不成立。这类信托无效后一般可以适用复归信托来“返还”信托财产。而非法无效信托是指信托因目的非法、违反法律和公共政策而导致的无效。虽然《民法典》第 157 条删除了《民法通则》第 61 条的追缴条款，但是若非法行为所得财产符合追缴的条件，相关机构仍然可以进行追缴，而无法适用类似复归信托的规则。

第二，并非信托财产中所有的财产返还均能产生物权返还的后果，只有在需要返还的财产是信托财产并且信托财产原物是有体物的情况下才适用物权返还请求权，除此之外的其他信托财产因“物”之不存在而应依照不当得利法理返还。而我国民法上的不当得利法理，无法解决信托财产增值部分的返还问题[③]。此时需要引入类似英美信托法上的

---

① 《民法典》第 157 条规定：“民事法律行为无效、被撤销或者确定不发生效力后，行为人因该行为取得的财产，应当予以返还；不能返还或者没有必要返还的，应当折价补偿。有过错的一方应当赔偿对方由此所受到的损失；各方都有过错的，应当各自承担相应的责任。法律另有规定的，依照其规定。”

② 北海市银海区人民法院（2010）银民初字第 299 号一审民事判决书。

③ 参见李宇：《民法总则要义：规范释论与判解集注》，法律出版社 2017 年版，第 739 页。

拟制信托的救济来保护当事人的利益。拟制信托救济的核心就是返还或者利益吐出。我国《信托法》上的归入权（第 26 条）类似于这种救济。

第三，信托无效场景下问题的复杂性在于，信托财产可能已经合法地投资（如入股、借贷）运用于第三方，此时返还的内涵为何？如何返还？例如，以不合法的财产（如犯罪所得）设立信托的，如何被收缴？若信托当事人的过错不足以使信托财产被收缴，此时信托财产如何返还给委托人？在这两种情形下，都可以成立以国库或委托人为受益人的拟制信托，受托人以拟制信托受托人的身份继续管理信托事务直至投资到期，这样才符合国库或者委托人的利益最大化的原则，强行恢复原状、终止受托人与第三人的投资交易，既不可能，又无必要。强制受托人返还初始信托财产的做法（如**案例 2–5–4**“高某惠与叶某杰案”）更是有失公允。

滥用信托无效也会产生**案例 2–5–1**“福建伟杰案”中的特殊情形：信托被宣告无效，判令将信托财产返还委托人会违反监管规则；判令受托人返还委托人的初始出资也极不合理（所以，该案审理法院仅宣告信托持股无效，但是没有就无效的后果作出裁决）。此时，可以灵活运用信托法作为衡平法的法理，参照《信托法》第 55 条的规定，仍令受托人为了委托人的利益继续持有信托财产，成立法定信托。若委托人具备持有（保险公司）股权的条件，信托终止，作为信托财产的股权转移给委托人；若委托人在合理的期限内无法具备持有（保险公司）股权的条件，受托人可以将股权按照公平价格转让给适格的受让人，将所得资金转移给委托人。

［本章思考题］

1. 如何理解信托设立的“三个确定性”原则？
2. 在合同信托中，信托合同成立后，受托人是否有权请求委托人交付信托财产使信托得以生效？
3. 如何理解遗嘱信托的可撤回性？
4. 如何理解遗嘱信托中遗产管理人的重要性？
5. 为什么要承认宣言信托？
6. 信托法是否需要保留诉讼信托和讨债信托无效的规定？
7. 如何理解信托无效中的公序良俗违反？
8. 信托无效能否等同于合同无效？合同法对于信托无效所提供的救济是否充分？

［本章学习参考资料］

第三章 信托财产

With the explanation of trust as patrimony everything falls into place.（以财团理论解释信托，一切皆浑然天成。）

——George L Gretton[①]

① George L Gretton, Trusts without Equity, *International and Comparative Law Quarterly*, vol. 49 (2000), p.612.

本章主要探讨信托财产的性质和归属，信托财产的物上代位性、信托财产的独立性和为了取得这种独立性而进行的公示。

第一节　信托财产的性质和归属

一、信托财产是概括财产——“财团”

信托财产可以用大陆法系所熟悉的术语被描述为一种“财团”。财团，在民法上多被称为责任财产、一般财产、一般担保财产或概括财产，是民事主体用来履行债务、承担责任的全部个人财产。无论是自然人、法人或非法人组织，都可能同时持有民法上的多种财产形态，甚至包括债务，这些概括财产类似于“资产”（assets）的概念，是“一揽子财产”。当自然人死亡或者法人终止后，这个一般财产就分别变成“遗产”或“破产财团”。民事主体可以把一揽子财产“打包”设立信托。

在传统民法中，财团的概念是被忽视的。只有在债法、继承法和强制执行法中，人们才会关注财团的概念。除此之外，财团基本被联想为财团法人，具有法律人格，很少有人探讨没有法律人格的财团之法律地位。

二、“信托财产所有权”是比喻的用法

信托财产和法人财产、合伙财产等类似，都不是一种独立而具体的财产权类型[①]，而属于概括财产。这个概括财产里面可能包括物权（所有权、用益物权和担保物权）、债权、股权、知识产权甚至信托受益权。这样的概括财产上不可能成立一种所有权，否则会产生“对股权的所有权”“对债权的所有权”“对他物权的所有权”“对知识产权的所有权”等奇怪的表述。而且，这和所有权只能成立在动产和不动产之上的物权法规定相龃龉（《民法典》第240条），亦违背“一物一权”之法观念。所以，“信托财产所有权”至少是一种不严谨的表达。[②]

“信托财产所有权”只能作为一种比喻和借用的表述，否则即便在大陆法系的语境中也是站不住脚的。现行《信托法》从来没有“信托财产所有权”的表述，“信托财产所有权”的表述在我国是欠缺规范基础的。[③]正如我们在公司法中不再讨论“公司财产所有权”（《公司法》上也从来没有“公司财产所有权”的表述）问题一样，我们也不需要探讨“信托财产所有权”问题。我们需要探讨的是信托财产权的归属。

---

① 参见周小明：《信托制度：法理与实务》，中国法制出版社2012年版，第197页。

② 值得注意的是，《民法典》第二编第五章把私人所有权和国家所有权、集体所有权并列，很明显，“私人所有权”并非一种具体民事权利类型，而类似所有制的概念，是对宪法所确立的基本经济制度的一种重申。而把此处的“私人所有权”作为财产权类型看待的误解同样会导致把信托财产看成一种财产权类型。

③ 英国学者指出，信托法上所谓的双重所有权是不存在的，受益人对信托财产并不享有某种形式的所有权。See Swadling, W. (2019). Trusts without Equity in the Common Law. Zeitschrift für Vergleichende Rechtswissenschaft(118).

三、信托财产属于受托人名下的特别财团

信托财产归属于受托人。受托人名下有两种以上的财团：一是受托人的一般财团（一般责任财产）；二是信托财产这种特别财团，这就是“双财团理论”。即便在声称受到大陆法系传统影响的我国，接受该理论框架并不存在困难（下文即是论证）。

根据民法理论，每个民事主体所有的个人财产构成其一般财产或一般财团（general patrimony），如果没有其他的约定或者法律规定，该一般财团都属于其清偿债务的一般担保财产。但是，除了一般财团之外，民事主体名下还可能出现特别财产或者特别财团（special patrimony），这在大陆法系的法律中也并不罕见。

第一个典型例是担保物权，它被用来优先清偿附有担保物权的债权人，构成特别目的财产或者特别财团——虽然和信托财产相比，它与一般财团的分割并不彻底。第二个例子是特留份，特留份是从被继承人的一般财团（遗产）中独立出来，用于特殊目的的财产。第三个例子，在夫妻双方明确约定夫妻财产制的情况下，夫妻各方享有的夫妻共同财产属于“一般财团”，夫妻各方独立管理的特有财产和保留财产为“特别财团”。[①]传统民法也承认，同一主体名下可能存在着不同类型的甚至区别对待的财产。对于一般财产适用一般的法律规定，即按照普通民法、商法当中的一般性规定处理即可；但对于特殊财产要适用特别的法律规定。

不少非英美法系国家明文或默示地采取了这种双财团理论。各国实际上普遍有类似“财团”的概念，如瑞士、意大利、荷兰等，都采取了财团的概念。此外，一些国际公约如《海牙信托法公约》以及《欧洲信托法原则》，采用“trust fund”“asset segregated”这样的表述。法国法学家 Pierre Lepaulle 的理论中就有财团理论[②]，加拿大魁北克省深受其影响，在与信托相关的法律制度中采用了该理论。实际上，拉丁美洲国家、南非的信托法也采取了独立财团理论，该理论在世界范围内有一定的普及性。最具代表性的苏格兰在其信托法的立法文件特别是其法律委员会报告中，明确建议要采取双财团理论作为信托法的基础，该报告指出，“双财团理论为苏格兰信托法的性质提供了具有说服力和令人满意的解释”。[③]而且，这个理论对很多国家产生了深远的影响。

双财团理论在罗马法中已初见端倪，对于大陆法系国家来说并不陌生，可以比较容

① 把财产作特别区分（Sonderung），对财产的管理、财产持有人对财产的处分权、使用权以及债务责任的发生等都具有特定的意义。参见［德］卡尔·拉伦茨：《德国民法通论》（上册），王晓晔等译，法律出版社 2003 年版，第 417—420 页。

② P. Lepaulle, Traité théorique et pratique des trusts en droit interne, en droit fiscal et en droit international (Paris: Rousseau et Cie, 1931) .其更早的作品请见：“An Outsider's View Point of the Nature of Trusts” (1928) 14 *Cornell L. Q.* 52. 另外，对财团理论的全面论述，see Kenneth G. C. Reid, “National Report for Scotland”, in *Principles of European Trust Law*, ed. David J. Hayton and others, (The Hague: Kluwer Law International, 1999), pp.68 – 69.

③ 值得注意的是，苏格兰的双财团理论认为，受托人只以信托财产这个特别财团为限对信托债务承担责任，其固有财产并不对信托债务承担个人责任。See John Finley, *Trusts*, Dundee University Press(2012), p.16. 其实际效果是使信托财产具备了法人人格。反对双财团理论的代表性观点，详见 Lionel Smith，Trust and Patrimony，Revue générale de droit, Vol. 38, pp. 379 – 403, 2008. Lionel Smith 教授之所以反对双财团理论，是担心信托财产变成法人财产，进而消解信托制度作为一种基础性法律制度的地位。而在本书采用的双财团理论中，信托财产为非法人财团，信托受托人对信托债务依然要承担个人责任（详见本书第五章第七节关于受托人对第三人责任的讨论）。

易地被民法的话语体系所接受。

信托财产作为一种财团属于"非法人财团"，和合伙财产、设立中法人的财产等类似，而和法人财产的地位相异：法人（不区分财团法人和社团法人）的财产取得了法律人格，属于法人财团。

案例 3-1-1 海通证券与中国华力等案[①]

原告海通证券与被告中国华力、丁某山质押式证券回购纠纷一案，上海金融法院作出的（2019）沪 74 民初 2103 号民事调解书已经发生法律效力，因中国华力、丁某山均未按期履行义务，海通证券向上海金融法院申请强制执行。执行中，上海金融法院对被执行人中国华力持有的"北京文化"（证券代码：000802）无限售流通股 27 236 814 股股票依法启动评估拍卖程序。在评估拍卖程序中，意向竞买人某资产管理公司向法院提出申请，其作为管理人拟代表"某资产管理计划"参与本次竞买。法院经审查认为，虽然资管计划本身不能成为民事法律关系的适格主体，但是可以由管理人以管理人名义参与竞买，竞买成功后可将处置股票过户到资管计划专用证券账户中。在这过程中当严格审查管理人参与竞买的资金来源，管理人负有披露资金来源的义务，确保管理人竞买的资金来源于该资管计划。

经上海金融法院同意，意向竞买人某资产管理公司在交纳保证金后参与本次司法拍卖，最终由于其他竞买人出价更高，该待处置股票由他人竞拍成功。

案例分析及问题：

"资产管理关系基本上属于信托法律关系"这一判断，逐渐由《资管新规》和最高人民法院的《九民纪要》认可，目前大部分资管关系都可以适用《信托法》。在该案中，上海金融法院指出："虽然资管计划本身不能成为民事法律关系的适格主体，但是可以由管理人以管理人名义参与竞买，竞买成功后可将处置股票过户到资管计划专用证券账户中。"即，按照信托法的原理，资管计划在法律属性上归类为信托，其本身并无法律人格，对外行为需要借助受托人的法律人格。受托人以其名义对外行事，但交易后果归属于信托财产而非固有财产。

多年来，在中国证券登记结算有限责任公司的系统中，信托计划持股或者基金持股，一般都登记为信托或者基金的名称，可以作为信托在实践中是一种组织体的例证，但不能改变信托本身不具备法人资格这一基本事实。

按照商事信托法人化的观点，在商事信托中，信托财产自身应能取得法律人格，可以无须借用受托人的名义而直接以信托本身的名义作为适格民事主体参与民事活动。如此可以比较低的成本使信托制度成为公司制度的替代：投资者（委托人=受益人）取得有限责任的保护，受托人对第三人也取得有限责任的保护，仅承担类似公司董事的对外责任，即不对信托债务[②]承担个人责任。信托还具有类似公司的筹资和集合管理的优势。

---

① 上海金融法院（2019）沪 74 执 483 号执行裁定书（审结日期：2020 年 7 月 29 日）。

② 严格地说，因信托没有法人资格，"信托债务"的表述可能是不准确的。正是基于对信托法人化的担心，《日本信托法》上没有使用信托债务这种表述，而使用"信托财产责任负担债务"这种表述。本书仍按约定俗称把"信托财产责任负担债务"称为"信托债务"。

但是，商事信托“法人化”存在一定的风险：如果信托成为法人，受托人的地位就退化为代理人或者类似公司董事地位，其义务和责任大幅度缩减，受托人不用以个人信用为信托债务承担责任，或者说，受托人的个人信用不再附加于信托财产之上，可能会导致信托债权人的预期发生变化，而多数信托债权人（无论是自愿的还是非自愿的债权人）短期内不能适应这种变化。

而且，和公司法人的重要不同是，商事信托的信托财产除了资金及其代位财产之外并无其他资产（实业公司大多会有厂房、办公场所、存货、不动产等），如果允许信托负债（目前对信托公司的监管规则禁止信托积极负债，但实际上，信托隐形负债一直都存在；更何况其他资管领域并不明文禁止信托负债），受托人可能会运用信托从事过分冒险的投资，或者委托人会滥用信托进行过分冒险甚至非法的资本运作（参考本书第五章中对《信托法》第 37 条的探讨）。

因此，即便是商事信托的法人化，也必须由立法明确确立，改变相关当事人对信托制度的预期。对现行《信托法》进行解释无法得出信托具有法人资格的结论。

即便承认商事信托法人化，商事信托也仅能部分取代公司，商业信托和商业公司各自有其擅长的领域。一般认为，商事信托只适合金融投资领域而无法适用于实业事业。

第二节　初始信托财产

一、《信托法》第 14 条概述

《信托法》第 14 条规定：“受托人因承诺信托而取得的财产是信托财产。受托人因信托财产的管理运用、处分或者其他情形而取得的财产，也归入信托财产。法律、行政法规禁止流通的财产，不得作为信托财产。法律、行政法规限制流通的财产，依法经有关主管部门批准后，可以作为信托财产。”《信托法》第 14 条包括三个方面的内容：（1）受托人因承诺信托而取得的财产是信托财产，此为“初始受托财产”。（2）受托人因信托财产的管理运用、处分或者其他情形（信托财产的毁损灭失等）而取得的财产，也归入信托财产，这些财产可以理解为信托财产的“代位财产和收益”。（3）法律、行政法规禁止流通的财产，不得作为信托财产；法律、行政法规限制流通的财产，依法经有关主管部门批准后，可以作为信托财产。这明确了对信托财产的合法性和流通性的要求。

二、设立信托之时信托财产（初始受托财产）的范围

在设定信托之际，需要有最初的信托财产。除了关于合法性、确定性、委托人有处分权及可转让性（可流通性）[①]的要求之外，其种类并不受限制，金钱、动产、不动产、

① 日本学者称之为“可以转化为金钱价值”的属性。参见四宫和夫『信托法［新版］』（有斐閣、法律学全集、1989 年）138 頁；新井誠『信託法［第 3 版］』（有斐閣、2008 年）326—327 頁。

有价证券、金钱债权、知识产权甚至信托受益权等可以流通的财产均无不可。下面探讨几个特殊问题。

（一）无形财产设定信托的问题

1. 在无形财产上的利益，若能转让，可作为信托财产。因此，债权（特别是金钱债权）、知识产权、商誉或者商业秘密等财产权形态，只要具备可转让性，都可以作为信托之标的。

但是，未来得到某一财产的预期或者希望并不能作为信托财产。例如，被继承人死亡之前的继承权、赠与的允诺[①]等。债权虽然也是一种未来才能实现的权利，但它和纯粹的预期或者期望之间是不同的：债权是一种已经成立的、原则上具备确定性的权利（《信托法》第 7 条），其实现具有法律上的保障；而后者不是。实际上，某些未来债权也具有一定的确定性。比如，公路收费权，虽然在以该权利设定信托时债务人并未出现，但这种未来债权仍然具有相当大的确定性，和期待得到的赠与等“权利”仍有重要区别。因此，应收账款、公路收费权等权利也可以作为信托财产。

案例 3-2-1　黄甲、杨某与黄乙民事信托纠纷案[②]

黄甲与杨某系再婚夫妻，双方于 1989 年 10 月 6 日登记结婚。黄乙系黄甲与前妻所生之子。1999 年年底，黄甲、杨某出资人民币 109 000 元购买了系争房屋，系争房屋的性质为公有住房。因黄甲、杨某的户籍不在上海，于是将系争房屋的租赁户名登记为黄乙。后来黄乙取得了系争房屋的租用居住公房凭证。2000 年 11 月，黄甲、杨某与子女黄乙、黄丙、黄丁达成了家庭内部协议，内容为：“我们夫妇竭尽毕生储蓄购置了某号 402 室，以度晚年。因目前两人户口尚在大屯，不能办购房手续，故暂用黄乙名义办购房手续。该房之所有权与相关权利，应属我们夫妇。今后如何处理该房，决定权在我们。我们将据各子女与我们相处之表现与现状另行决定。今立此据知会相关各方，以免日后矛盾，并请共同监督之。”落款处有黄甲、杨某、黄乙、黄丙、黄丁签名。目前系争房屋由黄甲、杨某居住使用。

审理中，黄乙表示，黄乙成为系争房屋的承租人是双方协商的结果，不同意变更租赁户名，当时签订家庭协议时，并未讲过要迁入户口；不同意购买系争房屋，也没有能力支付对价；要求维持房屋现状，让黄甲、杨某继续居住。法院向黄甲、杨某释明诉讼风险后，两人表示仍然坚持诉讼请求。

审理法院认为，系争公房由黄甲、杨某出资购买了使用权，但由于两人户口在外地，故以黄乙的名义出面购买。家庭协议的内容也反映出黄乙只是系争公房挂名的承租人，房屋的实际权利人为黄甲、杨某。因此，双方之间并非信托关系，而是实际出资人与名义购买人的关系。黄乙是系争公房名义上的承租人，对系争公房并无相关权利。如黄甲、杨某符合入户条件，可由房屋出租部门对此进行调整。目前系争公房也由黄甲、杨某居住使用，

---

① 赠与合同为诺成合同（《民法典》第 657 条），这样受赠人似乎就取得了一个能对赠与人强制执行的债权。但是，由于这种“债权”受制于赠与人的任意撤销权（《民法典》第 658 条第 1 款），因此，其“权利”属性至为稀薄，无法用以设立信托。

② 上海市宝山区人民法院（2009）宝民三（民）初字第 1326 号一审民事判决书。

黄乙并未妨害两人对系争公房的使用。现黄甲、杨某要求黄乙按照市场价格支付系争公房对价，在黄乙表示不同意的情况下，对黄乙构成强制性出售，违反了民事行为意思自治的原则，故对黄甲、杨某的请求难以准许。据此，依照《民法通则》第 4 条之规定，判决如下：原告黄甲、杨某要求被告黄乙按照市场价格支付某号 402 室公房对价的诉讼请求，不予支持。

案例分析及问题：

法院关于“现黄甲、杨某要求黄乙按照市场价格支付系争公房对价，在黄乙表示不同意的情况下，对黄乙构成强制性出售，违反了民事行为意思自治的原则”的观点具有一定合理性。但是，并不一定要否认信托关系的存在才能得出这样的结论，把承租人和实际承租人之间按信托关系对待能够更好地处理纠纷。

该案中，当事人设立信托的意思明确，法院认为双方仅是“实际出资人与名义购买人的关系”而“并非信托关系”，论证并不具有说服力。信托制度的重要功能之一就是把财产权的真正享有者和财产的名义主体分离。如果原、被告之间的信托合同不构成规避法律或者违反公序良俗的信托，则原、被告之间的信托关系应属有效。根据信托法的规则，原告作为受益人自然可以要求被告（受托人）将信托利益转移给原告，使原告成为租赁户主。当然，在目前的规则框架内，因原告没有上海户口，无法实现承租权的直接转移，法院不能支持原告的这一诉讼请求。此时恰当的做法是承认信托有效，但驳回原告要求被告按照市场价格购买的请求。

之后，在法律法规允许原告将租赁权转让或者意定继承的时候，由被告作为受托人根据原告（委托人）的意愿进行处分。

根据信托法原理，信托财产可以是承租权这样的债权。受益人作为信托利益的最终享有人，理应对信托有实际的控制权。法院不支持信托关系成立，维持现状，表面上看原告没有什么权利受到侵害，但是实际上，因房屋租赁权在被告名下，又不承认原告完整的信托受益权，原告未来按照自己意愿处分自己财产权的权利（如将系争房屋的承租权转移给黄丙、黄丁等）受到了侵害。

2. 资产收益权作为信托财产的问题。实践中，受托人除了用资产收益权作为信托财产设立信托之外，还创设了很多信托财产的交易方式，特别是以信托资金购买特定资产收益权这种交易方式，如股票（股权）收益权信托、各种收费权项下的收益权信托、租金收益权信托、实物资产（如物业）收益权信托、信托受益权项下的收益权信托等。这些附着于特定资产上的收益权本身在法律上的定性并不清晰。

这种类型的“财产”在信托中存在两个问题：一是作为信托财产设立信托的问题，二是作为信托财产交易对象之财产的问题。只有前者才涉及信托财产确定性的要求（参见案例 2-1-2“世欣荣和诉长安信托案”）。

收益权不是法律、行政法规禁止流通的财产。但是，收益权包括很多类似“未来债权”属性的财产权利。应参照对“未来债权”所进行的讨论，考虑（但不限于）所涉及的资产、所涉及的债务人、将来债权的合同类型、将来债权的范围、将来债权的收取方式等因素，看信托财产是否“确定”，信托财产确定的可以设定信托[①]，类似于一种资产证券化信托业务。在真正的资产证券化过程中，有对投资目标资产的特定和明确化的要求，为此，还需要对特定资产作信用评级，把该资产真正转让（true sale）给信托[②]。如果真的以资产收益权作为初始财产设定信托，在归类上就属于一种财产（权）信托而非资金信托。

案例 3-2-2 安信信托与昆山纯高案[③]

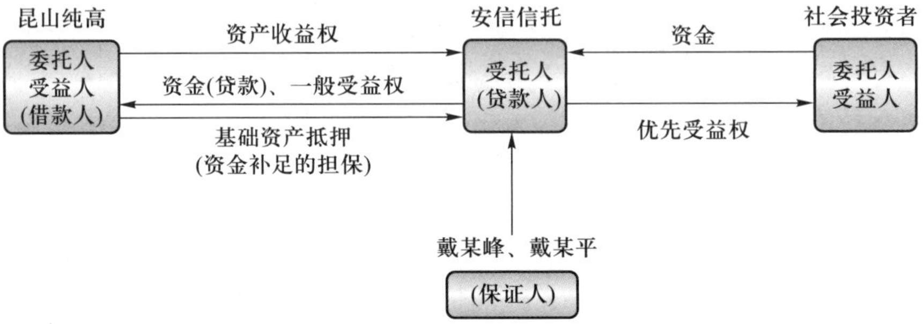

图 2 案例结构导图

案例概要：2009 年 9 月 11 日，委托人昆山纯高与安信信托订立《信托合同》，约定：安信信托通过设立“昆山·联邦国际”资产收益财产权信托并转让优先受益权的方式向昆山纯高融通资金，信托财产是基础资产所产生的全部收益。昆山纯高自持一般受益权，并委托安信信托将优先受益权向社会投资者发行。安信信托将募集的信托资金交付给昆山纯高用于支付“昆山·联邦国际”项目后续工程款和调整公司财务结构。昆山纯高收取基础资产收益款后，应当汇给信托专户，并负有资金补足义务，即保证信托专户中的现金余额满足《资金监管协议》中“最低现金余额表”的要求。昆山纯高若未依约履行资金补足义务，逾期罚息按应付未付价款的日万分之二点一计收。昆山纯高负有支付信托报酬的义务。昆山纯高将“昆山·联邦国际”基础资产抵押给安信信托，作为其对《信托合同》项下资金补足义务的担保。在信托存续期间，该基础资产由委托人昆山纯高负责管理、经营和销售。因房地产交易中心不接受《信托合同》作为主合同办理抵押登记手续，2009 年 9 月 11 日，安信信托作为贷款人与借款人昆山纯高、保证人戴某峰、戴某平另行签署《信托贷款合同》，约定安信信托将其从前述优先受益权转让中获得的资金作为贷款发放给昆山纯高，贷款期限为 3 年，贷款年利率为 10%，贷款年利率自逾期之日起自动按 12%执行；逾期罚息为日万分之二点一，逾期复利为年利率 10%，逾期违约金为日万分之三。昆山纯高承诺贷款期间，向信托专户及安信信托指定账户划转销售款，以满足最低现金余额表的要求。昆山纯高未按约定补足资金的，

① 有学者担心，特定资产收益权由于缺乏法律上的独立权利形态，依法将难以成立有效的信托。参见周小明：《信托制度：法理与实务》，中国法制出版社 2012 年版，第 134 页。

② 在资产证券化过程中，资产必须要信托给或者转让给特殊目的机构（SPV，包括信托和特殊目的公司），摆脱创始机构对其控制和支配，进而排除创始机构的债权人对于该资产的请求。参见王文宇主编：《金融法》，元照出版公司 2004 年版，第 290 页。

③ 上海市第二中级人民法院（2012）沪二中民六（商）初字第 7 号一审民事判决书，上海市高级人民法院（2013）沪高民五（商）终字第 11 号二审民事判决书。

逾期罚息为日万分之二点一。昆山纯高将“昆山·联邦国际”基础资产抵押给安信信托，作为其对《信托贷款合同》项下资金补足义务的担保。

2009 年 9 月底，安信信托按照《信托合同》的约定募集 2.15 亿元优先受益权转让款，并将转让款支付给昆山纯高。2012 年 6 月，安信信托与戴某平、戴某峰签订《抵押合同》，约定戴某平、戴某峰将其房产抵押给安信信托，担保昆山纯高在《信托贷款合同》项下的义务，随后戴某平、戴某峰办理抵押登记。2012 年 9 月 18 日，安信信托以昆山纯高违反《信托贷款合同》约定为由，宣布信托贷款提前到期，诉请法院判决昆山纯高按照《信托贷款合同》偿还本金及利息、违约金、罚金、复利，如不履行则执行抵押物。昆山纯高辩称其与安信信托之间是信托合同关系，《信托贷款合同》是以合法形式掩盖非法目的的无效合同，请求驳回起诉。

案件争议焦点是《信托合同》与《信托贷款合同》的效力，以及受托人能否要求委托人强制履行其在信托合同下的义务。一审法院审理认为信托合同有效，《信托贷款合同》是表面行为，不能强制执行。安信信托与昆山纯高之间的权利义务以及违约责任，应以《信托合同》为准。昆山纯高未按约定的付款时间向信托专户足额支付最低现金余额，违反了《信托合同》的约定，存在违约行为，应归还本金及承担违约责任。二审法院维持原判。

案例分析及问题：

资产收益权作为信托财产设立信托是否有效？

（1）在该案中，审理法院承认了以资产收益权作为信托财产设立财产权信托的有效性，但是没有给出清晰的论证逻辑。同时，审理法院的上一级法院上海市高级人民法院也表达了对资产收益权作为信托财产是否具有独立性的担忧：信托财产系基础资产上的收益权，但基础资产的所有权仍归属于委托人。如果委托人的其他债权人要求以基础财产清偿债务，势必影响信托财产即所谓“收益权”的实现。[①]法院的担忧是有道理的。在信托中，委托人将特定财产转让给受托人，应完成“真实出售”（true sale），如此一来委托人的该部分资产信用就和其自身信用分割开来，受托人只需要关注信托财产及对信托财产的运作。这正是资产证券化要运用信托制度的主要原因。如果以权利边界不清、委托人仍然有控制权的所谓“资产收益权”设立信托，无法实现委托人信用和资产信用的分离。

（2）以资产收益权设立信托的当事人，名为委托人，但实务中大多是融资方，或者至少是（类）资产证券化的利用者。在类似金融实践中，需要关注基础资产所包含的现金流（cash flow）。而该案中基础资产所包含的现金流既不充分，也不确定。不过，在资产收益权的信托中，不能仅仅看资产收益权本身，资产收益权的提供者（劣后的委托人）往往会负有回购义务、补足义务或者采取其他增信措施。除了看资产收益权本身是否确定之外，还要看一起打包进去的是否有真实的资产和现金流。如果资产价值整体上是可以确定的，就应当承认其作为信托财产的确定性，进而承认信托的有效性。

---

① 参见《2012—2013 年上海法院证券、期货、信托纠纷案件审判情况通报》，载于上海市高级人民法院官网。

在金融领域，当事人只要把可控的现金流打包进入信托财产，信托财产即为确定。不能按照传统的民法思维，仅仅对资产收益权本身的民事权利属性进行考察，而应综合考察资产收益权+增信措施等是否将确定的资产或现金流打包进去。

（3）如果以“资产收益权本身并非确定的民事权利”为由认定信托无效，不利于保护普通投资者。承认信托的效力，至少可以把效力问题转化为受托人义务问题，这对于保护（优先级）受益人而言更为充分。

3. 表决权信托中的信托财产问题。表决权信托由美国首创，主要在英美法系国家尤其是美国公司法实践中比较盛行。表决权信托（voting trust）是指一个股东或数个股东根据协议将其持有股份的法律上权利，主要是股份的表决权，转让给一个或多个受托人，后者为实现一定的合法目的而在协议约定或法律确定的期限内持有该股份并行使其表决权的一种信托。

一般认为，只有财产或者财产权利可以作为信托财产。从狭义表决权信托的内涵来看，受托人接受的只是表决权。英美法接受表决权是财产权利的观点；但在大陆法系，学界通常认为单独的表决权很难成为信托财产。虽然股东表决的事项由董事会决定，其中大可包括选举董事和监事、公司未来经营发展乃至公司增资扩股、股东红利分配等实际上只有终极股东财产权才包含的内容，但是对是否只承认具有财产权利的表决权为信托财产，或是对单独的表决权信托予以一概否认，存有颇多争论。而如果委托人基于对受托人的信任将股份上的权利概括地移转给受托人，则构成广义表决权信托。

案例 3-2-3　青岛啤酒公司表决权信托事例①

2002 年 10 月 21 日，中国最大的啤酒酿造商青岛啤酒股份有限公司（简称“青岛啤酒公司”）和世界最大的啤酒酿造商安海斯—布希公司（以下简称“A–B 公司”）正式签署战略性投资协议。该协议的主要内容是，青岛啤酒公司将向 A–B 公司分三次发行总金额为 1.82 亿美元（约合 14.16 亿港币）的定向可转换债券。该债券在协议规定的 7 年内将全部转换为青啤 H 股，总股数为 30 822 万股。A–B 公司在青岛啤酒公司的股权比例将从目前的 4.5% 逐次增加到 9.9%和 20%，并最终达到 27%。协议执行完毕后，青岛市国资办仍为青岛啤酒公司的最大股东（持股 30.56%），A–B 公司将成为青岛啤酒公司最大的非政府股东。A–B 公司拥有青岛啤酒公司超出 20%的股权的表决权，将通过表决权信托的方式授予青岛市国资办行使。A–B 公司将按股权比例获得在青岛啤酒公司的董事会及其专门委员会、监事会中的代表席位。

信托法是财产管理法，即便表决权本身并非财产权，但和股权这种财产权的行使关系密切，所以仍然不失为一种财产管理制度。其实，讨论的重点不应是表决权本身能否作为信托财产设立信托的问题，而是这种权利结构的创设可能会带来哪些消极的后果以及如何控制这些消极后果。

---

① 转引自熊宇翔：《表决权信托运用的一个成功范例——青啤股权变更案的深层次解读》，载《税收与企业》2003 年第 4 期。

4. 担保权作为信托财产的有效性。在民法上，抵押权等担保物权是为了使债权人的债权得到优先清偿而设立的一种权利，债权人以外的人一般不能享有担保物权。作为担保对象的债权关系本身为内部关系，其成立、存续、消灭，成立时的瑕疵，以及成立后抗辩权的发生和消灭，第三人一般不易得知；债权的抵押权等担保物权即便经过公示，对第三人而言仍不能安心受让债权，更不用说随债权的转让而产生的抵押权的变更的频繁和复杂，费时费力。因此，需要强调“与债权绝缘意义上的抵押权的抽象性”[①]。特别是在发行公司债的场合，担保权信托（security trust）——将担保权交由受托人保有和管理，把债权人作为受益人，担保权成为信托财产——这一制度的必要性逐渐为人们认识到。例如，在银团贷款（syndicate loan）中，多数金融机构向同一债务人融资，与其债权人都享有担保权，不如让债权人代表或者第三人为了债权人的利益而享有担保权，否则行使起来就非常麻烦。而且，在转让债权的时候也不需要进行担保权手续的移转，这样是很便利的。

5. 知识产权等作为信托财产。在现代社会，如知识产权这样的无形财产权几乎没有清楚的物理边界可以捍卫，所以比较容易被侵犯，财产权的行使方式也变得复杂。比如音乐作品的著作权，著作权人不可能一一授权人们使用其权利，而没有取得授权的使用人似乎也不能全部视为侵权。著作权人自己亲自行使权利和保护权利，因成本很高而不现实，这样，由专门的组织作为著作权人的受托人，以专业的手段和专业的管理，使著作权人的权利得到充分实现便很有必要。早在 1993 年，《最高人民法院民事审判庭关于中国音乐著作权协会与音乐著作权人之间几个法律问题的复函》便承认了中国音乐著作权协会与音乐著作权人之间法律关系的信托属性。

此外，知识产权信托还可以用作知识产权的产业化机制和价格形成机制等。

6. 保险金信托中的信托财产问题。在家族信托中，保险金信托得到了比较广泛的应用。在实践中，保险金信托有三个版本。

（1）1.0 版本。委托人自行投保并将其持有的人寿保险或者年金保险的保单受益权或者保险金作为信托财产设立信托，之后经被保险人同意，将信托公司变更为保单受益人，当保单约定的赔付条件成就之后，保险公司将保险金赔付给信托公司，信托公司按照信托合同的约定管理运用信托财产，将信托财产及收益向信托受益人分配。该种模式下，初始信托财产是保单受益权。

（2）2.0 版本。在保险产品和信托产品均成立之后，经被保险人同意，投保人、保单受益人均变更为信托公司，在保单存续期间，由信托公司利用信托财产继续代为缴纳保费，并作为保单受益人受托管理和分配保险金。由于后续投保人变更为信托公司，避免了投保人身故后保单作为遗产分割或者作为投保人财产被强制执行。在该种模式下，初始信托财产是资金或保单受益权。

（3）3.0 版本。委托人设立资金信托之后，委托信托公司购买保险。信托公司作为受托人以信托财产支付保费并与保险公司签订保险合同，信托公司不仅是保单受益人，也是保单的直接投保人。在理赔之后，信托公司管理和运用所得保险金，按约定向受益人

① ［日］我妻荣：《债权在近代法中的优越地位》，王书江、张雷译，中国大百科全书出版社 1999 年版，第 53 页。

分配。在该种模式下，初始信托财产是资金。[①]

在 2.0 版本和 3.0 版本中，信托公司成为投保人或者变更为投保人，需要取得被保险人的同意，否则便违反了《保险法》第 31 条所确立的保险利益原则。

7. 债务作为信托财产的可能性。信托在成立之后的运作过程中，信托财产可能会负有债务，人们对信托财产中包含有债务一般并无异议。那么，既然信托在设立之后其信托财产中可以包含债务，为什么在设立的阶段就不可以呢？这需要探讨在设立信托时债务作为信托财产的可能性。

例如，若租给第三人的财产被作为信托财产转让给受托人，受托人不仅在形式上取得财产所有权，而且取得了对出租人的债务。如果财产的前所有人（出租人、委托人）从承租人那里取得保证金，受托人在租赁合同期满之后有义务返还该保证金。

再如，在遗嘱信托中，一组包含债务的财产（比如遗产）似乎能成为信托财产。立遗嘱人希望把他所有的财产包括债务交给受托人，使受托人替他还债并帮他按照特定的目的处理剩余的财产。因此，附加在财产上的债务也可以成为信托财产的一部分。[②]

一项积极财产如果伴随有一定的法律义务，只要该财产的价值大于所附义务的价值，仍然可以作为信托财产设立信托。委托人以概括财产设立信托，只要积极财产的价值大于消极财产的价值，亦不妨碍以此设立信托[③]。我国《信托法》第 7 条、第 14 条也并没有将债务排除出初始信托财产的范围[④]。

（二）关于信托财产的限制规定

法律、行政法规禁止流通的财产，不得作为信托财产。法律、行政法规限制流通的财产，依法经有关主管部门批准后，可作信托财产。即违法的和不具有流通性的财产，不可作信托财产。不过，仅作为管理对象的财产，即使不具有流通性亦可，比如把宗教场所作为信托财产委托出去。

非财产利益（人身利益），如人身免受伤害的利益、父母对子女的利益、夫妻之间的利益等都不是财产；一个人所拥有的知识和技能也不是财产。这些利益不具有可转让性，因此不能作为信托财产。

---

① 参见中国信托业协会编：《2021 年信托业专题研究报告》，中国财政经济出版社 2022 年版，第 292—293 页。

② 《民法典》第 1159 条规定："分割遗产，应当清偿被继承人依法应当缴纳的税款和债务；但是，应当为缺乏劳动能力又没有生活来源的继承人保留必要的遗产。"根据该条规定，似乎可以推断出在我国继承法上，采取的是先偿债后继承的原则，遗产管理人可以把遗产作为一个整体管理，先偿债，之后对遗产进行分配。信托作为更长时间轴上的继承，受托人自然可以将包括债务在内的遗产一并受托。作为例证，《日本信托法》第 21 条第 1 款第 2 项规定，"信托财产因信托前之原因而生之权利"之权利人，可以强制执行信托财产，或者说，信托设立之前存在于信托财产之上的义务（包括债务），可以信托财产清偿，这相当于承认用以设立信托的财产之上可能存在债务。

③ 参见周小明：《信托制度：法理与实务》，中国法制出版社 2012 年版，第 131 页。

④ 但是，如果委托人没有经过其债权人同意把其债务包括在信托财产之中，成为"信托财产责任负担债务"，也不能产生其债权人只能扣押信托财产主张债权的结果，委托人自身的固有财产也仍然是责任财产。参见道垣内弘人『信託法入門』（日経文庫、2007 年）70—72 頁。

第三节　信托财产的物上代位性

一、代位财产和收益

（一）受托人权限内取得的财产

在信托存续期间，信托财产的形态是不断发生变化的（《信托法》第 14 条第 2 款）。例如，最初的信托财产是金钱，受托人用部分金钱购买股票，部分用于贷款，部分用于购买不动产，信托财产中就分别包括了股票、债权和不动产。而且，在信托财产中的建筑物因侵权行为而毁损灭失之时，侵权人的损害赔偿金或者保险人支付的保险金同样属于信托财产。信托财产即使转变成新的形态，这些新的财产也构成信托财产，这被称为"信托财产的物上代位"或者"信托财产的同一性"。

（二）违反信托的对外行为所涉财产

在受托人违反信托义务把信托财产处分给第三人的场合，委托人（受益人）有权申请撤销受托人的行为，从第三人处把该财产取回并归于信托财产（《信托法》第 22 条）。或者，委托人（受益人）可以追认受托人的处分行为，并主张因该行为而取得的财产为信托财产。理论上，委托人（受益人）就这两种主张应有选择权。不过，在受益人不积极行使选择权的时候，原则上应认定受托人依物上代位取得的代位物归信托财产[①]。

二、"信托财产的可处分性"和"信托财产占有瑕疵承继"

把设立信托的行为解释为委托人的财产处分行为是合理的。《信托法》第 7 条要求设立信托的财产必须是委托人"合法所有的财产"或财产权利，但这并不是说委托人只能以其所有权设立信托，可解释为委托人应以其有处分权的财产设立信托[②]。

值得思考的是：委托人以他人的财产设立信托会产生何种效力？例如，委托人将其借来的油画名作转让给受托人设立信托，该信托的效力如何？另外，委托人以存在权利瑕疵的财产设立信托（例如，委托人用被抵押的财产设立信托），该信托的效力又如何？在这些情况下，似不能径行根据《信托法》第 11 条第 3 项"委托人以非法财产或者本法规定不得设立信托的财产设立信托"的规定认定信托无效。

不独委托人利用设立信托转移他人之物的情形，委托人滥用信托制度，转移存在瑕

① 参见能見善久『現代信託法』（有斐閣、2004 年）62 頁。

② 有学者认为此处的"合法所有"的财产权利范围要远大于所有权，应包括具有财产利益的所有财产权利，包括所有权、他物权、股权、知识产权、债权等。参见周小明：《信托制度：法理与实务》，中国法制出版社 2012 年版，第 129 页。

疵（权利瑕疵）之财产的情形亦应有规则一体调整。《日本信托法》第15条规定："就属于信托财产项下之财产的占有，受托人承继委托人之占有瑕疵。"我国台湾地区"信托法"、《韩国信托法》亦有类似规定。我国没有相关的明文规定，仅《信托法》第17条第1款包含了相近的法理：在信托设立之前对信托财产享有优先性权利（如抵押权）的人，并不因信托的设立而丧失这些权利。不过，该条规定得过于狭窄，不仅是在设立信托之前对信托财产享有优先权的人，其他情形，如委托人对设立信托的财产无处分权（前述）的情形、以债权或股权设立信托时债权或股权上存在权利瑕疵或者抗辩权的情形等都可以借用"信托财产占有瑕疵承继"法理加以调整。

委托人用其没有处分权或者存在权利瑕疵的财产设立信托的后果是：信托并非一律无效，但承认权利人对信托财产仍然享有原有的权利，可以对信托财产强制执行。即委托人不能通过滥用信托制度来逃避、遮断、清除财产上的原有负担和瑕疵。

案例 3-3-1 爱建信托公司与方大公司案[①]

法院认为，虽然爱建信托公司一审提交了2006年8月31日召开的惠能公司职工持股受益人大会决议，显示指定并授权委托人代表惠能公司与爱建信托公司签订《信托合同》，委托爱建信托公司受让泛域公司持有的惠能公司34.145%股权，作为公司职工持股信托的新增部分，爱建信托公司还提交了其在上海信托登记中心将前述《信托合同》《股权转让协议》等信托登记证明材料进行登记的部分复印件，但前述证据未在工商行政管理机关或其他具有公示效力的机构进行登记，其他各方当事人亦对复印件的真实性不予认可，故一审判决对爱建信托公司提交的前述证据未予采纳正确，本院予以确认。

综前所述，爱建信托公司依据《信托合同》管理的惠能公司信托财产为信托资金人民币5 839.35万元，所对应的股权为20.855%。爱建信托公司持有的惠能公司34.145%股权受让自泛域公司，因泛域公司未缴纳该部分出资人民币9 560.65万元，故泛域公司未收取对价；爱建信托公司对于泛域公司未履行出资义务即转让34.145%股权亦属明知，且承诺承担出资义务。故方大公司有权要求爱建信托公司在未出资本息范围内对惠能公司债务不能清偿部分承担补充赔偿责任。

案例分析及问题：

该案的核心问题是，如果委托人以存在增资瑕疵的股权设立信托，股权所涉公司的债权人能否根据公司法主张受托人承担出资不实责任？

1.《信托法》第16—18条等宣告信托财产独立性的条款并不会自然产生信托财产独立性的效果，欲使信托财产取得独立于受托人固有财产的实际效果，应当采取《信托法》上规定的信托财产登记（第10条）、分别管理（第29条）等公示手段和措施。这和通过合同设定物权须经公示的原理是一致的。

该案判决中对爱建信托公司提出的"信托财产具有独立性，受托人应对第三人债权人承担有限责任"的主张作出回应，认为信托公司"提交了其在上海信托登记中心将前述《信托合同》《股权转让协议》等信托登记证明材料进行登记的部分复印

① 北京市高级人民法院（2017）京民终601号二审民事判决书（审结日期：2019年6月28日）。

件，但前述证据未在工商行政管理机关或其他具有公示效力的机构进行登记，其他各方当事人亦对复印件的真实性不予认可”。审理法院实际上认为，上海信托登记中心的登记并非《信托法》认可的信托登记，只有在股权变更登记机关——工商行政管理机关办理的信托登记（公示）才具有相关的公示效力。

该案中，信托公司主张因欠缺股权的信托登记制度，在中国信托登记有限责任公司（以下简称“中信登”）的登记虽然不是《信托法》规定的信托登记，但也应产生相当之公示效果。对于可否承认法定公示手段以外的公示手段，值得进一步探索。

2. 该案的重点是，即便承认中信登的登记能产生信托财产公示的效力（本书赞同这种观点，详见本章第五节特别是**案例 3-5-5**“银河金汇与安信信托执行异议案”项下的讨论），但该公示只能产生使信托财产对抗受托人的固有债权人的效果，不必然使得固有财产产生对抗信托债权人的效果。

《信托法》没有授予受托人针对信托债权人的有限责任（详见第五章）；更何况该案中的债权人是被动地成为债权人的，且其并不属于《信托法》第 37 条意义上的信托债权人。

3.《日本信托法》第 15 条规定了受托人占有瑕疵承继规则：“受托人占有信托财产时，应承继委托人占有的瑕疵。”根据学者解释，该规定原本是针对信托法立法当时日本信托制度被滥用的状况，和违法信托禁止、债权人欺诈信托禁止、诉讼信托禁止等规定一同作为应对信托的暗箱操作的对策设立的。有学者提出，可以认为该规定的主旨在于阻止“有物品瑕疵的占有人、委托人，将其转让给善意的受托人，企图得到善意占有的保护，利用信托制度不当地消灭占有的瑕疵”①。

该案中，虽然没有证据证明受托人存在恶意，但是受托人若未尽尽调义务，接受了存在瑕疵的股份，还能主张信托财产上的权利瑕疵（及相关责任）消灭，客观上帮助了委托人逃避应尽的出资义务，这应当是在信托财产占有瑕疵承继规范的射程之内。我国虽然并没有规定此制度，但参考这一原理，让代为持股的受托人承担股东责任，无疑是合理的选择。受托人在承担过责任之后，可以向委托人求偿；求偿不能的风险才由受托人承担。

第四节　信托财产的独立性

一、信托财产独立性的含义

信托财产的独立性，即便不能被称为信托法最重要的特征，至少也可以被认为是信托法的重要特征之一。

---

① 山田昭『信託立法過程の研究』（勁草書房、1981 年）140 頁。

但是，在日本、我国信托法立法当中均未采用“信托财产独立性”这一术语，“信托财产独立性”这种流传甚广的表述只是学者对信托财产具有能免受委托人、受托人和受益人的债权人强制执行等特殊法律地位的概括[①]，是一种内涵不清晰的“罐头语言”[②]。在英语文献中很少看到“信托财产独立性（independence of trust property）”这种表述，信托财产的“独立”是对“segregated from”或“separated from”的翻译。《欧洲信托法原则》第3条“信托基金”第3款规定了受托人应当把信托财产“隔离于（segregated from）”受托人的固有财产以及其他信托财产。“信托财产独立性”实际上是对围绕信托财产地位以及相关利害关系人对信托财产权利义务的一系列复杂规则的概括。

“独立性”这种表述至少会给人带来三个方面的误解：（1）信托财产似乎已被完全实体化（reification）为一种法人财团，人们很容易把信托理解为财团法人。（2）进而，信托财产独立性也能同“公司法人财产的独立性”一样产生完全的、双向的破产隔离功能，即信托财产不仅能独立于受托人的个人债权人，受托人的固有财产也能独立于信托债权人。（3）信托财产独立性是信托设立的要件，不能满足这个要件的“信托”就不是信托，或无效。这三方面误解在信托法的理论和实践中普遍存在。

信托财产独立性问题至少可以分解为以下四个方面的问题：一是信托财产独立于委托人的责任财产（《信托法》第15条），委托人之债权人不能强制执行。二是信托财产独立于受托人的责任财产和同一受托人名下的其他信托财产（《信托法》第16条、第18条、第28条）。三是信托财产独立于受益人的责任财产（《信托法》无直接规定，但这是不言而喻的）。四是受托人的固有财产能否独立于信托财产并免受信托债权人的追索。

二、信托财产对委托人的独立性

在信托中，委托人向受托人转移一定的财产，使该财产和委托人的信用力（责任财产）进行切割分离，受益人只需要关注信托财产的运用就可以了。这也是信托制度能应用于资产流动化场景和委托人财产规划场景的重要原因。

（一）实现方式：转移还是处分

1. 转移：以“人格”实现责任隔离

《信托法》的措辞虽然是委托人将财产权“委托给”（第2条）了受托人，但是，欲达到“信托财产与委托人未设立信托的其他财产相区别”（第15条）的效果，就不能认为委托人和受托人之间仅仅建立了委托—代理关系。通过信托的设立，必须首先达到“信托财产不再是委托人的财产”之效果。即便在自益信托的场合，信托设立人虽然以受益人身份取得了受益权，但失去了设立信托之财产的财产权。这对委托人的债权人无法追

① 根据日本能见善久教授的研究，日本在信托立法时是对“信托财产保护”的问题加以处理，后来在1926年青木徹二博士出版的《信托法论》当中开始使用“信托财产独立性”这样的表达方式。参见能見善久『現代信託法』（有斐閣、2004年）45頁。

② “一种复杂的事态很少能用一句话说明它的真相。……我们很容易养成一种习惯，接受一些可以免除我们思考之劳的简明的论断”，这样就产生了“罐头思维”。参见［英］L.S.斯泰宾：《有效思维》，吕叔湘、李广荣译，商务印书馆1997年版，第47页。

索信托财产而言具有重要意义。创设信托的第一个逻辑后果是，信托财产的财产权不再属于委托人，对此，《信托法》第 15 条予以明确。

在法律技术上，把财产转移给不同的主体一直都是破产隔离的手段。无论是赠与、设立公司还是设立信托，出资者把自己的财产转移给了另外一个主体，使该财产从自己的责任财产中分离出去，从而达成破产隔离的目的。[①]这本质上是一种人格上的隔离或者实体屏障（entity shielding），[②]即信托财产归属于不同于委托人的另外一个主体——受托人，信托财产不再是委托人的财产，委托人之债权人不能强制执行他人（受托人）的财产是顺理成章的。从外观上看，委托人把信托财产转移给受托人，信托财产不再是委托人的财产，在法律上变成受托人的财产，委托人不能从信托财产取得实质的利益，这种安排一般对委托人的债权人也不会造成误解（相比之下，信托财产是受托人名下的财产这一状态会给信托受托人的债权人造成不少误解，因此需要不少技术性条款加以调整，比如信托登记、分别管理等）。

2. 从转移到处分：以宣言信托为例

（1）承认宣言信托的正当性。形式上，宣言信托就是委托人是唯一受托人的信托。比较法上大多承认宣言信托。[③]在理论和实践上，我国承认宣言信托都有其正当理由（参见第二章的论述）。

（2）资产隔离：从“转移”到“处分”。如果认为信托创设了一种在受托人名下受到特别对待的财产，那么信托财产没有必要从受托人以外的委托人处取得；如果能够认同信托设立行为本质上为一种处分行为，而该处分行为创设了一种独立于创设人之一般财产的特别财产，那么该财产也没有必要从委托人转移给一个不同于委托人的受托人。在意定信托中，委托人只是进行了一个财产处分行为（an act of disposition），即委托人把欲设立信托的财产从其一般责任财产中隔离出来，处分为特别财产。委托人设立此种信托的行为类似利用自己的特定财产设定担保物权，使该特定财产成为不同于自己普通财产的特殊目的财产，这种处分行为附加一定的公示手段同样产生破产隔离的功能；而宣言信托提供了一种新的可能性，委托人只是把自己针对某特定财产的法律地位进行了变更——把自己从委托人变为受托人。[④]

在宣言信托中，委托人通过处分行为实现信托财产不再是其自身责任财产的目的，

---

① 转移、出表（off-balance）等，都是进行资产分割（也意味着责任分割）的方式。

② 美国学者亨利·汉斯曼等认为，公司（法人）法、合伙企业法和信托法等本质上都属于组织法（organizational law），组织法的主要功能是进行资产分割（asset partitioning），这就是“资产分割理论”。该理论主张，资产分割分为两大类型，其一是有限责任，它使出资人（股东或者信托的委托人）与其组织的债务相隔离，防止组织的出资人受到组织本身债权人（公司之债权人或信托财产之债权人）的追索，因此，有限责任又被称为是一种所有人屏障（owner shielding）或者防卫型资产分割（defensive asset partitioning）。其二是积极型的财产分割（affirmative asset partitioning）或者实体屏障（entity shielding），无论是在历史上还是经济上，它都比有限责任制度更有意义。实体屏障则是使组织的资产免受出资人个人的债权人（以及出资人设立的其他企业的债权人）的追索。See Henry Hansmann & Reinier Kraakman, “The Essential Role of Organizational Law”, *Yale Law Journal*, Vol. 110 (2000), pp.393–395. See Henry Hansmann, Reinier Kraakman and Richard Squire, “Law and the Rise of the Firm”, *Harvard Law Review*, Vol. 119, Issue 5 (2006), pp.1336 – 1337.

③ 例如：Restatement（2d）of trust §17 a，UTC§401；《日本信托法》第 3 条；我国台湾地区“信托法”第 71 条。

④ 对此问题富有启发的讨论，请参见 Maurizio Lupoi, *Trusts: A Comparative Study*, Cambridge University Press, 2000. p.2。

从而达到信托财产独立于委托人之一般财产的效果。这和其他类型信托通过财产转移、担保权设定等达到的效果是一样的。转移也属于一种处分行为。信托设立行为或信托行为都包含一个处分行为。在合同信托和遗嘱信托中，是合同行为或者遗嘱行为加上财产权转移的处分行为等；在宣言信托中，宣言行为本身就是处分行为；在担保信托中，担保物权的设立本身也是处分行为。

信托法本质上是通过处分行为创设出独立于委托人责任财产的新的特殊财团(special patrimony)。如果承认信托设立行为本质上属于处分行为，信托宣言方式所体现的资产隔离方法就具有了相当程度的普遍性，并非例外。

（二）委托人权利保留和信托财产独立性

信托法的一般规则是：如果信托文件没有其他约定，委托人和赠与人一样，一旦赠与完成，赠与人对受赠人如何处理赠与财产就不再有发言权；委托人不能认为由于这些财产曾经是自己的，现在实际上还是自己的。委托人一旦创设了受益权，就只有受益人能强制执行信托。委托人在设立信托之后，如果能完全从信托的场景中退出，实现信托财产不再是委托人的责任财产的效果，委托人的债权人不能扣押信托财产就顺理成章。

但是，如果委托人保留权利，如保留对受托人进行指示、更换受托人、变更受益人的权利，甚至保留撤回信托的权利等，此时的信托能否产生破产隔离之效果，此时的信托是否还是信托，值得探讨。有观点从所有权和控制权的关系理论出发，认为委托人既然还保留着对信托财产的控制权，便不能认为信托财产已经从其责任财产中脱离出去，委托人的债权人应有权强制执行信托财产。本书认为对此不能一概而论。

信托法作为私法，除规定了委托人一系列法定权利之外，委托人在信托文件中为自己保留适当的权利，并不违背信托法之基本精神。除了根据信托文件的约定可以变更信托财产管理方法、变更受托人、变更信托的一般条款之外，根据《信托法》第 51 条规定，委托人可根据信托文件的约定变更受益人或者处分信托受益权，也可以解除信托（保留单方解除信托的权利，即该信托是可撤回信托）。又根据《信托法》第 53 条和第 54 条规定，信托文件可以规定信托终止事由，在信托终止之后信托财产可归属于信托文件规定的人，这里的归属权利人包括委托人。如果按字面解释上述条文，可以认为我国信托法是允许委托人在信托文件中保留撤回权的；委托人保留撤回权的信托（ revocable trust ）仍然是信托。[①]特别是对于实务中大量存在的以金钱作为信托财产的自益信托而言，即便委托人保留这种权利，似乎也不会构成对委托人债权人的损害。委托人权利的保留只有在同时构成了对债权人的欺诈或为实现非法目的之场合，才会影响到信托的效力。

这里对委托人保留权利的情形作以下粗略划分：（1）被动信托（ passive trust ），受托人几乎完全听从委托人的指示；（2）保留变更信托受益权的信托；（3）可撤回信托。需注意的是，这些划分之间也没有清晰的界限。

---

① 然而，委托人虽然能为自己保留这些权利，但这些权利必须明确地在信托文件中体现出来。委托人的该种地位是来自信托文件的约定，而不是来自委托人原本是财产所有人的地位。

（三）被动信托

在委托人保留了对信托财产的运用指示权的情形中，委托人的债权人能否追索至信托财产？是否有保护委托人的债权人的必要？在受托人只是听从委托人的指示、履行被动性职责时，信托还能不能被称为信托呢？

1. 否定被动信托效力的传统观点

如果委托人把一定的资金信托给受托人用于股票投资，全部信托利益向受益人交付，但实际上信托财产的运作全部听命于委托人的指示，且很多时候受益人和委托人为同一人，具体的收益分配的内容（如什么时候分配、分配多少）也根据受益人（委托人）的指示决定，那么该信托的信托财产本质上是由委托人自己管理和运用。这样的信托被称为被动信托、消极信托或者“名义信托”。

2017 年中国银行业监督管理委员会下发的《信托业务监管分类试点工作实施方案》及其《信托业务监管分类说明（试行）》（这两个办法未公布）明确规定，被动管理型信托是指信托公司不具有信托财产的运用裁量权，而是根据委托人或具有指令权限的人的指令，对信托财产进行管理和处分的信托。被动管理型信托应具有四个主要特征：（1）信托设立之前的尽职调查由委托人或其指定的第三方自行负责，信托公司有义务对信托项目的合法合规性进行独立的尽职调查。（2）信托的设立、信托财产的运用和处分等事项，均由委托人自主决定或信托文件事先明确约定。（3）信托公司仅依法履行必须由信托公司或必须以信托公司名义履行的管理职责，包括账户管理、清算分配及提供或出具必要文件以配合委托人管理信托财产等事务。（4）信托终止时，信托财产以实际存续状态转移给信托财产权利归属人，或信托公司根据委托人的指令对信托财产进行处置。这些文件表明，至少在实务操作和监管层面是承认被动信托的。

代表性的观点认为，除确有正当原因之外，被动信托（消极信托）“通常多属通谋而为之虚伪表示，极易助长脱法行为之形成，难认其行为之合法性”[①]。受托人作为“通道”持有信托财产，委托人对信托财产保持控制权，并且又以受益人的身份享有信托利益，信托财产仍然是委托人的财产，这和委托并无实质差异，不是有效的信托。

从条文之文义解释看，被动信托的效力也会受人质疑。《信托法》第 2 条规定了受托人须对信托财产进行“管理或者处分”，若受托人不从事积极的财产管理就不是信托，或者说被动信托是无效的。

总之，否定被动信托（特别是名义信托效力）的理由有以下几点：（1）《信托法》规定受托人要对信托财产进行“管理和处分”，不进行积极管理和处分的信托不符合信托的本质；（2）被动信托中信托财产没有真正的转移，信托财产不能产生独立性，不能产生破产隔离功能，该信托是无效信托。

2. 肯定被动信托效力的理由

仅仅因为受托人并不对信托财产进行积极“管理”就否认该财产应受到信托法之保护（信托财产的独立性），在逻辑上是不协调的。即便是名义受托人通常也会进行一定的“管理”，如开设账户、接受回款、按指示分配信托利益等。一般而言，受托人没有任何

---

① 转引自王志诚：《信托法》（增订第六版），五南图书出版公司 2017 年版，第 28 页。

义务的、极端的名义信托可能不存在。若意图设立这种极端的名义信托，需要把这种意图在信托行为中明确地表达出来。[①]被动信托的实质是委托人通过信托合同的约定稀释或者降低了（某个）受托人的法定义务。被动信托仍然是有效的信托，受托人仍然会保留最小限度的对信托事务的权利和义务。

信托的功能之一是专业管理，但如果委托人本身就是专业人士，他设立信托的目的是使信托财产与相应的风险隔离开来，如果由他自身保留对信托财产的管理权和适当的控制权能给信托财产带来更好的回报和更高的收入，这并非不合理，委托人所做的只是以一个管理者替代另外一个管理者而已。[②]实际上，委托人多数情况下的确也可以通过更换受托人达到类似的目的。当委托人更换受托人时，法院一般情况下会假定委托人是为了保护受益人的利益而行使权利，如果并没有其他人的利益因此受到侵害，法院不会认为该种权利保留属违法。

在他益型的被动信托中，可以把委托人 S 和受托人 T 一起看作共同受托人，此时只产生共同受托人之间的权限和义务的分配问题，其中一方受托人当然可以是名义受托人。对受益人而言，一个受托人 T 作为名义人对财产进行管理，另外一个受托人 S 就受托财产的运用和指示负有作为受托人的义务和责任，这样的安排当然是无可置疑的。更不用说在宣言信托中，受托人和委托人原本就是同一人。

在长期信托如家族信托中，更换受托人是十分正常的。技术上，为了避免受托人变更导致信托财产名义人频繁变更的问题，有的民事信托把信托财产转移给一个永续存在的机构受托人，这个受托人仅为持有财产而存在。

如果委托人向受托人的财产移转不构成虚假意思表示，则很难得出财产权移转行为无效的结论。被动信托中，委托人大多通过指示权的保留来剥夺受托人的管理权和处分权。和存在撤回权的场合不同，委托人即便保留了运用和指示权，信托财产也不会自动返还给委托人。如果委托人就信托财产的运用方法和管理有指示权，而受托人仅根据该指示行事，此时也可以说实质的指示权人（委托人）享有控制权。但是，享有指示权甚至控制权和享受信托利益并不是一回事，仅仅以存在指示权为由就把指示权人等同于所有权人是不恰当的。因此，不能轻易地因此认定信托财产在实质上就是委托人自己的财产，不能轻言“信托穿透”。[③]

在金融实践中，更常见的是委托人不仅有指示权，还兼有受益人的地位，即自益信托。此时，委托人的债权人同时也是受益人的债权人，可以通过受益权而间接追索信托财产。即委托人兼受益人享有信托的全部利益的，由于可以解除信托（《信托法》第 50 条），所以

---

① 在英国的单位信托（unit trust）中，信托财产由托管受托人（custodian trustee）管理，而运用指示由经理人进行（也被称为 manager trustee）。因此，托管受托人只是承担被动的功能，不过，若经理人作出违反信托条款的指示或者是违法的指示，托管受托人有不听从的义务。

② “财产的管理者甚至没有必要是委托人以外的人，委托人把受托人变更为自己（宣言信托）似乎也无问题，只要此时不是自益信托。”刘鸣炜：《信托制度的经济结构》，汪其昌译，上海远东出版社 2015 年版，第 197 页。

③ 需要注意的是，“信托穿透”和“揭破公司面纱”的原则类似，均是个案地（case by case）针对具体行为判断，并不能够直接导致信托无效。这也是信托灵活性的一个体现。参见叶林：《公司法研究》，中国人民大学出版社 2008 年版，第 105 页。

委托人的债权人代位行使该解除权，可以对返还到委托人处的财产采取强制执行等措施。[①]

概括地回应一下前文提到的“否定说”。首先，名义信托也可以产生破产隔离的功能。当名义信托是他益信托时，应能产生和积极信托一样的与委托人的财产隔离之功能，当该信托是宣言信托时也是如此。其次，在自益信托的场合，就算是积极信托，也很难产生和委托人的财产风险隔离的功能［信托使委托人的财产权转变成受益权，但受益权仍然是委托人（受益人）的责任财产］，被动信托的财产更没有风险隔离的功能。但是不应轻易否定此时信托财产的独立性，信托财产至少在信托存续期间是不能被强制执行的。最后，有一些信托并非为实现破产隔离的功能而设立，而只是为了实现专业管理功能、规避不合理的监管规定或者烦琐的程序规定等，此时，哪怕是自益的名义信托也不能轻易被认定无效，而仅仅是信托财产可以被委托人的债权人强制执行而已。信托财产独立性并非信托的生效要件。信托无效的后果和信托受益权被强制执行的后果有极大差异，除信托因违法需要被否定其法律行为之后果外，尽量保留信托的效力，可能对委托人的债权人保护而言更为有利。

3. 我国法院的立场

在我国的信托业实务中，信托公司大量从事通道业务，这种信托的信托财产的来源、用途、投向等完全按照委托人的指示进行，属于典型的被动信托。例如，在**案例 5–2–3**“吉林建苑公司和四川信托案”中，审理法院认为，双方当事人签订的《信托合同》系双方当事人的真实意思表示，不违反法律、法规的强制性规定，未损害国家、集体及他人的合法权益，应属合法有效。[②]在我国司法实务中，之前很少发现认定这种信托为无效信托的案例。但在**案例 3–4–1** 中，法院似乎出现了转向。

案例 3–4–1　新长江公司等与易光贸易公司案[③]

2015 年 1 月，易光贸易公司（委托人）与中信信托公司（受托人）签订《资金信托合同》，约定：易光贸易公司基于对中信信托公司的信任，以本合同约定的信托基金设定一项单一资金信托。易光贸易公司以其合法拥有的资金委托给中信信托公司，由中信信托公司以自己的名义向新长江公司发放信托贷款，贷款金额为 44 000 万元，期限为 1 年。本合同项下的信托为指定型资金信托，即中信信托公司根据易光贸易公司确定的具体用途对信托财产进行管理。

2019 年 1 月 30 日，易光贸易公司向中信信托公司发出《信托指令函》，主要内容为：本信托原计划于 2016 年 1 月 27 日终止，但由于新长江公司未依约偿还贷款本息而延期至今。为实现信托目的，现依据《资金信托合同》的约定指令办理以下事项：1. 请贵司终止本信托，本信托的终止日为 2019 年 1 月 31 日，本信托终止时的信托财产归属于易光贸易公司。2. 请贵司将本信托项下的信托财产以届时信托财产现状的形式向易光贸易公司进行分配，其中对

---

① 在委托人兼受益人享有指示权的信托中，委托人的债权人若不能对信托财产直接强制执行，不免会给人以创造出了免于强制执行之财产的印象，不过如前所述，由于委托人的债权人能强制执行受益权，所以绝对不能说是不当的。这和债务人的财产变形为银行的定期存款，然后债权人强制执行该存款是一样的。

② 最高人民法院（2017）最高法民申 5004 号民事裁定书（审结日期：2017 年 12 月 25 日）。

③ 北京市高级人民法院（2020）京民终 36 号二审民事判决书（审结日期：2021 年 8 月 24 日）。

于非资金形式的信托财产（即《信托贷款合同》及担保合同项下的债权）由贵司将《信托贷款合同》及担保合同项下的债权转让给易光贸易公司。同日，中信信托公司（转让人）与易光贸易公司（受让人）签订《债权转让协议》。

一审法院认为，本案中各方当事人签订的《资金信托合同》《信托贷款合同》《保证合同》《资金信托合同之补充协议》《债权转让协议》等均系各方当事人的真实意思表示，内容不违反法律、行政法规的禁止性规定，合同合法有效。合同当事人均应严格履行合同所约定的义务。中信信托公司按照合同约定履行了向新长江公司发放贷款的义务。现新长江公司未按照合同约定按时偿还贷款本息已经构成违约，应对此承担违约责任。

二审法院认为，我国《信托法》第 2 条规定："本法所称信托，是指委托人基于对受托人的信任，将其财产权委托给受托人，由受托人按委托人的意愿以自己的名义，为受益人的利益或者特定目的，进行管理或者处分的行为。"在信托法律关系中，受托人是信托财产的权利主体，以自己的名义对外从事活动，其行为所产生的法律后果，由受托人自行承担。《贷款通则》第 7 条第 3 款规定："委托贷款，系指由政府部门、企事业单位及个人等委托人提供资金，由贷款人（即受托人）根据委托人确定的贷款对象、用途、金额期限、利率等代为发放、监督使用并协助收回的贷款。贷款人（受托人）只收取手续费，不承担贷款风险。"

依据上述规定可以得出以下结论：出资人与金融机构间签订委托贷款协议后，由金融机构自行确定用资人的，法院应认定出资人与金融机构间成立信托贷款关系。出资人与金融机构、用资人之间按有关委托贷款的要求签订有委托贷款协议的，法院应认定出资人与金融机构间成立委托贷款关系。案涉《资金信托合同》对于信托的约定并不是信托法意义上的信托形式。

易光贸易公司、中信信托公司与新长江公司通过《资金信托合同》和《信托贷款合同》建立起来的委托贷款合同关系，实质是作为委托人的易光贸易公司与作为借款人的新长江公司之间的民间借贷。案涉《资金信托合同》和《信托贷款合同》的效力以及易光贸易公司与新长江公司之间的利息、违约金等权利义务均应受有关民间借贷的法律、法规和司法解释的规制。

二审法院判决如下：撤销一审判决；新长江公司返还易光贸易公司借款本金 4.4 亿元，并赔偿利息损失（自 2015 年 1 月 26 日起至 2019 年 8 月 19 日止，按照中国人民银行同期一年期贷款基准利率计算；自 2019 年 8 月 20 日起至本金给付之日止，按照全国银行间同业拆借中心公布的同期一年期贷款市场报价利率（LPR）计算。执行中扣除新长江公司已经支付的利息 220 万元）；……

案例分析及问题：

该案涉及多个核心的信托法问题，这里仅讨论消极信托是不是信托、如何理解消极信托的效力这两个问题。

1. 该案中，根据信托文件的约定，受托人不承担对融资方项目尽调的职责；信托存续期间也完全按照委托人的指令行事；在信托终止时受托人不负责债务回收，只需要原状返还即可。即委托人承诺承担一切相关的法律风险。二审法院据此认为："作为受托人的中信信托公司并不承担《资金信托合同》项下信托财产的管理运用职责"，并基于此认定"案涉《资金信托合同》对于信托的约定并不是信托法意义上的信托形式"，否定了通道类信托是信托。

2. 通道类信托，学理上称之为消极信托或被动信托。这种信托业务不能展现受托人的主动管理能力，2018 年发布的《资管新规》禁止“提供规避投资范围、杠杆约束等监管要求的通道服务”，但在此之前，这种信托业务一直是合法合规的信托业务。

例如，在“富地公司和民生银行青岛分行案”[①]中，法院指出：“根据《公司委托贷款合同》约定的内容，各方形成委托贷款法律关系；根据《资金信托合同》约定的内容，各方又形成信托法律关系。但在本案中，各方均认可本案交易属于通道业务，案涉 20 亿元资金实际上来源于民生银行青岛分行。……因此，原判决认定，不论本案法律关系定性为委托贷款法律关系，还是信托法律关系，从实际权利人的角度，民生银行青岛分行具有原告主体资格，不存在缺乏证据证明和适用法律错误的问题，富地公司该项申请再审理由不能成立。民生银行青岛分行将出借款项通过与富地公司、中融公司签订《公司委托贷款合同》《资金信托合同》等方式，以中融公司为‘通道’发放给借款人富地公司，实际上即为增加产品复杂性、拉长资金链条、可能导致金融监管机构对交易风险难以穿透核查的通道业务，确实不符合金融机构不得开展通道业务的监管规定。对此，原审判决已经作出明确认定，而且表明司法并不鼓励此种交易。但《中国人民银行、中国银行保险监督管理委员会、中国证券监督管理委员会、国家外汇管理局关于规范金融机构资产管理业务的指导意见》第二十二条在规定‘金融机构不得为其他金融机构的资产管理产品提供规避投资范围、杠杆约束等监管要求的通道服务’的同时，为确保平稳过渡，在第二十九条明确按照‘新老划断’原则，将过渡期设置为截至 2020 年年底，后又延长至 2021 年年底。本案交易发生于 2014 年，在上述指导意见颁布之前。故原审判决未支持富地公司提出的案涉合同无效的主张，亦不存在缺乏证据证明和适用法律错误的情形。”

另外，在“夏某亮和中航信托案”[②]中，法院指出：“对于夏某亮所主张的设立上述通道业务的真实目的是规避《公司法》第一百四十二条第四款的禁止性规定，由此该信托贷款所涉合同因设立信托计划目的违法而均为无效，本院认为，根据《中国人民银行、中国银行保险监督管理委员会、中国证券监督管理委员会、国家外汇管理局关于规范金融机构资产管理业务的指导意见》，在对信托通道业务作出否定性评价的同时，也设置了过渡期。该意见第二十二条规定‘金融机构不得为其他金融机构的资产管理产品提供规避投资范围、杠杆约束等监管要求的通道服务’，同时也在第二十九条明确按照‘新老划断’原则，将过渡期设置为截至 2020 年年底，以确保平稳过渡。在过渡期内，对于存量通道业务，如果不存在法律规定的其他无效情形，一方仅以信托计划设立目的违法为由主张所涉合同无效的，人民法院不予支持。夏某亮并未举证证明本案存在法律规定的其他无效情形。原审认定本案所涉合同有效并无不当。”最高人民法院在**案例 5-2-3**“吉林建苑公司和四川信托案”中也承认消极信托的合法性。即之前的代表性案例[③]很少有否定消极信托效力的。

---

① 最高人民法院（2021）最高法民申 4519 号民事裁定书（审结日期：2021 年 8 月 31 日）。

② 最高人民法院（2020）最高法民申 2846 号民事裁定书（审结日期：2020 年 12 月 24 日）。

③ 例如，最高人民法院认为，通道性质的信托依然是有效的信托，甚至监管规范的禁止性规定也不影响信托的效力。参见“郝某莎诉万向信托案”，最高人民法院（2017）最高法民申 3856 号再审审查与审判监督民事裁定书；“华宝信托有限责任公司诉上海红枫国际妇产医院有限公司营业信托纠纷案”，上海市第一中级人民法院（2017）沪 01 民终 10069 号二审民事判决书。

3. 把话题限定在营业信托的领域，《九民纪要》第 93 条明确指出，在 2020 年年底前，仅以信托业务实质为通道业务、信托目的违法为由主张合同无效，法院不予支持，委托人和受托人之间的合同约定，依然受法律保护。但不能简单地理解为，因《资管新规》在 2022 年已经开始实施，在此之后通道业务已经被禁止。更不能理解为通道类信托在私法中的效果是无效。

通道业务和消极信托容易被当事人滥用而规避法律，使得信托产品通过令人眼花缭乱的安排掩盖真实的交易目的，所以，一旦遇到消极信托或通道业务信托纠纷，对司法者而言是一个重要的提示或者警示——此时需要高度关注该交易结构是否存在违法或者违背公众政策的问题。

但是，《资管新规》使用的语言非常明确：金融机构只是不得为其他金融机构的资产管理产品提供“规避投资范围、杠杆约束”等监管要求的通道服务。若当事人设计的资产管理产品并非出于以上目的，不宜将其业务作为非法业务予以禁止。

即便当事人从事了《资管新规》所规制的“提供规避投资范围、杠杆约束等监管要求的通道服务”，因《资管新规》仅仅是监管规范，明确产生的是对违规者进行处罚的后果，但并不必然产生否定该法律行为私法行为效力的后果。法院在引用《九民纪要》判案时，也要认真考量这种通道类信托是否有被滥用的情形，是否违背公序良俗，进行个案判断。即《资管新规》实施后，并不意味着法院可以免于进行个案判断的职责，一律否定通道类信托的效力。

该案中，法院直接认定消极信托不是信托，略显局促。

4. 遇到通道类信托时需要谨慎对待，不能一律否定其信托属性，以致按委托贷款处理，按民间借贷处理则更显严苛。这是因为，按民间借贷处理反而让受托人轻易地逃避了责任，也对已经违约的融资方提供不必要的保护，最终对投资者不利——投资者丧失了信托法中法定信义义务提供的保护。况且，信托贷款、委托贷款是信托公司和相关金融机构的合法业务，只要委托人没有滥用这种制度，没有违反利率管制、转贷套利等规则，把信托贷款认定为委托贷款甚至民间借贷都是不恰当的。

5. 消极信托在商事信托以外的领域（如民事和慈善信托领域）都有着非常广泛的应用，不能因受托人不承担积极管理义务就认为信托无效。

无论是理论上还是在实践中，除非将被动信托用于非法和违背公序良俗的目的，原则上被动信托是有效的。即便信托财产不能产生针对委托人的独立性，也不能否认信托本身的效力。

而即使在消极信托中，受托人仍然需要承担基本的义务。受托人违背这些义务只产生受托人责任承担问题，不会反过来导致信托无效。例如，在“江山制药公司与中泰信托公司营业信托纠纷案”[①]中，江山制药公司将自有的合法资金委托给中泰信托公司，中泰信托公司作为受托人应按照《信托合同》的约定履行信托资金的发放、资金的监管等义务。《信托合同》中明确约定，中泰信托公司应在土地抵押、在

① 泰州市中级人民法院（2014）泰中商初字第 00173 号一审民事判决书。

建工程抵押手续以及强制执行公证完成之后向目标企业发放贷款。虽然信托公司能举出证据认为该信托为通道业务，委托人在信托事务处置过程中保留了很多权利，但“现有证据表明，中泰信托公司在未具备上述三个前提条件的情况下，将信托资金发放给目标企业，且目标企业也未按《房地产项目资金封闭运作管理协议书》及《借款合同》的约定，将商品房预售款汇入监管账户，在归还江山制药公司 2 000 万元本金及部分利息后便无力偿还剩余款项及利息。对此，中泰信托公司违反《信托合同》的约定，对款项的发放、款项的监管、款项的回收等未尽到合理、谨慎的义务，依约应向江山制药公司承担违约责任，赔偿其损失”。

（四）保留变更受益人的权利

如果委托人没有保留撤回信托的权利，只保留了分配信托财产的权利，此时是否构成虚假信托（sham trust）呢？

委托人希望主导分配信托财产之权利的原因可能在于，委托人在设立信托之时并不清楚该如何分配信托利益，而非意图欺诈。现实中，委托人如果通过信托文件把信托利益分配权授予无利害关系的第三人，如受益人之保护人（protector），该信托一般不会被认定为虚假信托，甚至委托人自己保留信托财产的分配权也并不必然影响信托的效力。只有当委托人在保留分配主导权的同时还保留其他重要权利时，才可能被认为没有真正设立信托。委托人保留的分配权如果把取得信托利益的人限定在固定的、不可更改的数个受益人之内，是可以接受的。但如果这种权利伴随着能够增加或者撤销某个人的受益人资格，那么委托人有限的分配主导权似乎就演变成了一般性的任命权（power of appointment），据此，委托人能够自由地让世上的任何一人成为受益人，并直接向其分配信托利益。①此时的委托人完全控制了信托，和可撤回信托几无区别。委托人保留撤回权和保留恣意的分配主导权具有一个共同点：委托人将自己变成了信托的剩余索取权人（residual claimant）②。

或许有观点会认为，委托人保留分配权和增加受益人的权利并不会给信托的存续带来什么伤害，因为无论委托人指令受托人分配给谁，这个人都是受益人，受益人作为一个整体仍然是信托财产的剩余索取权人。但实际上，委托人享有增加任何人（包括他自己）作为受益人的权利，使得委托人自身成为剩余索取权人。如果任何人都可以成为受益人中的一员，其结果就是没有人是剩余索取权人，或者除了委托人之外世界上任何一个人都可以通过添加自己为受益人而损害受益人的利益。一旦受益人作为一个群体不再确定地享有剩余索取权，他就不是信托意义上真正的受益人，此时的信托也非真正的信托。③

我国内地目前还没有因委托人保留分配权利而影响信托财产独立性的案例，此处介绍一个香港终审法院审结的案例。

---

① 参见刘鸣炜：《信托制度的经济结构》，汪其昌译，上海远东出版社 2015 年版，第 197—198 页。

② 特别在商事信托当中，信托受益权和股权非常类似，属于剩余索取权（residual claim），即信托受益人是最终全部剩余信托利益的享有者，也是信托财产风险的最终承担者。中文文献持这种观点的有赵廉慧：《信托法解释论》，中国法制出版 2015 年版，第 423—452 页；刘鸣炜：《信托制度的经济结构》，汪其昌译，上海远东出版社 2015 年版，第 188 页。

③ 参见刘鸣炜：《信托制度的经济结构》，汪其昌译，上海远东出版社 2015 年版，第 198—199 页。

案例 3-4-2　P 先生的裁量家族信托案[①]

1995 年 7 月，香港的 P 先生以其持有的 AL 集团股权等财产在泽西岛（Jersey）设立了家族信托（裁量信托），财产委托人、保护人及受益人之一为 P 先生本人，受托人为 H 国际信托有限公司。2009 年，P 先生和其妻子 J 女士离婚，J 女士要求平分信托财产对应的价值。

该案历经初审和上诉审，香港终审法院于 2014 年 7 月作出终审判决。判决指出，从 P 先生的信托文件可以确定，该裁量信托实际上可以被视为 P 先生处分 AL 集团股权的遗嘱。在该案中，委托人就像立遗嘱人可以随时改变遗嘱一样修改信托意愿书，受托人对委托人的所有意见都会遵照执行。法院综合考虑了下列因素：（1）P 先生自己成为该信托的保护人，因此享有包括更换受托人等的权利，对受托人有着重要的影响力；（2）P 先生自己成为该信托受益人之一；（3）受托人虽然是 AL 集团一定比例股权的持有人，但 AL 集团的实际经营权仍由 P 先生本人控制；（4）P 先生声称其子女 K 应当拥有 1/3 的信托权益，但由于该信托属于裁量信托，K 在该信托中也是一个可以被 P 先生任意决定的对象，能否从该信托中获得收益不具确定性；（5）如果该信托决定把整个或部分信托利益仅分配给其中一个受益人，不会遇到任何障碍。据此，香港终审法院得出结论：在 P 先生要求下，受托人极有可能将信托的全部、部分资产或收入都支付给 P 先生本人，因此，该信托的资产仍然属于 P 先生直接可用的财务资源，该信托财产并不具有独立性，反而整个信托财产及受托人都完全受到委托人 P 先生个人意志的控制，该信托中的受托人除了担任信托财产即 AL 集团相应股权的名义登记人之外，其他包括 AL 集团的投票权及经营权、AL 集团的股息分配权、信托收益的分配权等所有的权利均由 P 先生所操控。故该信托不成立，信托财产应当作为夫妻的共有财产依法进行分配。

案例分析及问题：

该案中，委托人设置了一个裁量信托，这并无问题；他也同时保留了分配信托利益的指示权，相当于委托人享有分配信托利益的裁量权。仅委托人有自由分配信托利益给受益人的裁量权，这亦无问题。但该案中，委托人不仅是受益人之一，且理论上他可以取得该信托的全部受益权，即委托人自身成为信托的剩余索取权人，这和可撤回信托没有差别，故该信托财产不能产生独立于委托人的效力。[②]

（五）可撤回信托[③]

一个有效成立的信托需要有能强制执行信托、取得信托剩余利益的受益人。受益人为剩余索取权人，是指受益人的一个群体是剩余索取权人，而非全部受益人均为剩余索

① Kan Lai Kwan Kay v. Poon Lok To Otto (2014) 17 HKCFAR 414.

② 美国判例和立法的一个很明显的现代趋势是：允许债权人强制执行信托财产，这既是《美国信托法第三次重述》[Rest. 3d §25（2）and cmt.e] 和《统一信托法》[UTC §505（a）1] 的立场，也一直是联邦破产法的立场。

③ 从语义上讲，“撤销”是对已经完成行为的撤销，“撤回”是对未完成行为的撤回，“可撤销信托”更为准确。不过，为了避免和《信托法》第 12 条所规定的信托的撤销、第 22 条规定的受托人行为的撤销混淆，本书采用“可撤回信托”。

取权人，[①]在清偿信托债务和补偿受托人（《信托法》第 35 条、第 37 条）之后，至少有一个受益人可以获得剩余信托财产。但是，可撤回信托改变了这一规则。

可撤回信托的受益人会面临三种可能的结果：[②]（1）在作出分配结果之前，委托人就撤回信托，此时委托人是剩余索取权人，受益人不是。（2）在撤回信托之前，委托人指令受托人分配给受益人。受益人收到信托利益，但他们是固定收益索取权人而非剩余索取权人，其地位和公司的债权人相似。（3）委托人在其生前不撤回信托，委托人死后，信托变为不可撤回信托，在此情况下，只有委托人的死亡使得受益人成为剩余索取权人。在这三种情况下，一开始受益人不确定他们现在或者将来能否成为剩余索取权人。此时可撤回信托最好理解为遗赠而不是信托，因为受益人不能确定地成为剩余索取者。

根据传统的英国信托法规则，信托除非约定，不可撤回。[③]而在现代法上，委托人可以保留撤回信托的权利变成了一种缺省性规则。在美国，除非信托文件中明确表明信托是不可撤回的，原则上生前信托是可以撤回的，[④]但在效果上存在一些差异。《美国信托法第二次重述》规定，只要委托人自己不行使撤回权，委托人的债权人就不能追索信托财产，而美国《统一信托法》却允许委托人的债权人直接执行信托财产，[⑤]在保护债权人的同时能让信托继续存在这一点上，显得比较灵活。即在美国信托法上，如果信托委托人保留撤回权，此时信托并非无效或不是信托。

我国《信托法》似乎更愿意为委托人保留比较大的权利。委托人设立信托之后，即便自己保留控制权，只要能确保信托财产不回流至自己的责任财产之中，仍然能产生破产隔离功能，委托人的债权人不能强制执行信托财产。

在某些“保留撤回权的信托”中，由于委托人在任何时候都能从受托人处取回财产，因此实质上是由委托人保留着财产的财产权（所有权），委托人的债权人应能追索该信托财产。日本能见善久教授认为，为了保护委托人之债权人的利益并无宣布信托无效之必要。若宣布信托的设立无效，则会导致受托人关于管理信托财产的义务消灭，而这是不恰当的。这里与其宣告信托无效，不如保留信托的效力，信托财产仍然由受托人运用管理；同时使委托人的债权人有权通过某些方法追索这些信托财产，这样可能是比较妥当

---

① 例如，实务当中的结构化信托中的优先级受益人就很难说是剩余索取权人。根据美国史蒂文·西瓦兹教授的分析，结构化信托中的投资者能作为信托的优先权利人收回他们的投资外加利息，类似于债权人的角色；而只有劣后的投资者才是该信托的剩余索取权人。参见［美］史蒂文·西瓦兹:《金融监管创新与监管前沿文库》，高凌云等译，上海远东出版社 2015 年版，第 3 页以下。

② 参见刘鸣炜:《信托制度的经济结构》，汪其昌译，上海远东出版社 2015 年版，第 198 页。

③ 在设定信托之时，委托人可以为自己保留终止信托的权利，即撤回信托；也可以给自己较弱的权能，比如变更受托人，或决定受益人能取得的财产份额的权利等。但是必须注意这一点：若委托人有权能去撤回信托或指定新受托人，这种权能必须是在信托条款中明确表示出来或者能清晰地推定出来，而不是来源于委托人作为信托财产的初始所有人的地位。事实上，委托人可以在信托条款中把这种权能授予他所选择的任何人，如在离岸信托中委托人所做的那样。委托人可以授予一系列权能给一个被称为保护人的人。See J. E. Penner, *The Law of Trusts*, 11th edition, Oxford University Press, 2019, p.23.

④ Edward C. Halbach, Jr, *Trusts, Gilbert Law Summaries*, Thomas/West, 2008, p.31. 遗嘱信托在委托人死亡之前均可撤回。

⑤ 参照《美国信托法第二次重述》第 320 条评论（o），美国《统一信托法》第 505 条（2）。

的，[①]似乎可以通过让委托人的债权人代位行使撤回权的方式加以应对。而在自益信托的场合，委托人的债权人不必通过主张信托无效来保护自己的权利，只需要根据《信托法》第 50 条主张代位行使委托人的信托解除权，就能对信托财产进行追索。[②]

对委托人的债权人而言，代位解除信托有时甚至不是一个最优的选择，他可以选择让信托继续存在，从而强制执行信托受益权（强制受让信托受益权），借以保留信托的持续运营价值。[③]

对于委托人保留信托财产的完全的管理处分权的信托，不需要在性质上否定该信托的效力，而只需要作技术处理即可。比如，可以把信托财产继续视为委托人的财产进行征税，以防止委托人利用信托规避税收。税务部门有很多低门槛的测试方法去应对受委托人控制和影响的信托。例如，根据美国税法，如果委托人要保留处理遗产的权利，要缴纳该财产的遗产税，信托本身是有效的。[④]

案例 3-4-3　家族信托强制执行第一案[⑤]

在执行杨 LL 与张 XL 不当得利纠纷一案诉讼保全过程中，张 XL 向法院提出执行异议。

张 XL 称，首先，因杨 LL 与胡 ZG、张 XL 不当得利纠纷一案，法院依据杨 LL 的申请于 2019 年 11 月 6 日作出了（2019）鄂 01 民初 9482 号民事裁定书，裁定查封、冻结了异议人名下存款 880 万元、5 处不动产市场价值共计 1 857 万元、受益人为张某的《WM 信托・福字 221 号财富传承财产信托》项下的信托资金 1 180 万元，以及异议人名下价值 40 万元的越野车一辆，以上查封、冻结异议人财产价值总计 3 957 万元，该金额远远高于杨 LL 起诉张 XL 不当得利的 3 383 万元。……案涉 3 383 万元中绝大部分是胡 ZG 出于法定抚养义务为他与张 XL 的非婚生子张某设立的家庭信托基金，基金所获收益用于张某的生活、教育等开销，由于张某尚未成年，异议人作为法定监护人起到代管职责，因此本案中异议人没有不当得利，杨 LL 无权主张所谓的资金占用费。其次，从保全合法性的角度分析，《WM 信托・福字 221 号财富传承财产信托》项下的信托资金受法律保护，法院不应对其实施财产保全，已保全的应立即解除。根据《九民纪要》第 95 条的规定，除符合《信托法》第 17 条规定的情形外，法院不应当准许当事人因其与委托人之间的纠纷申请对信托公司专门账户中的信托资金采取保全措施。本案中，《WM 信托・福字 221 号财富传承财产信托》并不涉及《信托法》第 17 条规定的情形，杨 LL 没有如实向法院告知上述情况，导致法院保全错误。最后，法院冻结《WM 信托・福字 221 号财富传承财产信托》项下的信托资金和收益，造成案外人张某

---

① 参见能見善久『現代信託法』（有斐閣、2004 年）39 頁。

② 委托人的解除权虽然受到限制，在名义信托中，由于对解除权进行限制有害于委托人的债权人，应把限制解除权的部分解释为无效。

③ 这里的逻辑和公司法中“揭破公司面纱”制度的逻辑类似：一个公司被当作傀儡或者工具并不必然导致该公司设立无效或者该公司被撤销法人资格，只有该公司的实际控制人利用公司侵害第三人或者社会公共利益，该公司的法人面纱才被揭破。能见善久教授也指出，承认信托财产的独立性和承认信托财产的法律人格不是一回事。参见能見善久『現代信託法』（有斐閣、2004 年）45 頁。

④ 参见刘鸣炜：《信托制度的经济结构》，汪其昌译，上海远东出版社 2015 年版，第 197 页。

⑤ 武汉市中级人民法院（2020）鄂 01 执异 661 号执行裁定书。

生活困难，违背人道主义。综上，请求解除对《WM 信托·福字 221 号财富传承财产信托》项下信托资金的冻结。

WM 信托有限公司于 2020 年 8 月 10 日向法院出具《关于（2020）鄂 01 执保 230 号协助冻结存款的说明》，载明:《WM 信托·福字 221 号财富传承财产信托》为我司作为委托人（应为受托人）、招商银行股份有限公司作为财务顾问机构的单一信托。由委托人张 XL 于 2016 年 2 月 5 日设立，初始规模 3 080 万元。依据最新的估值数据，截至 2020 年 7 月 31 日，信托财产净值为 11 830 320.73 元……该项目由张 XL 作为委托人，其子张某作为唯一受益人的他益信托，信托受益权由张某 100%享有。依据信托法的相关规定，该项目项下的信托财产非委托人张 XL 的存款或个人财产……

2020 年 8 月 14 日，法院作出（2020）鄂 01 执保 230–1 号协助执行通知书，内容为：“因被申请人张 XL 与你单位签订了《WM 信托·福字 221 号财富传承财产信托》，现请你单位停止向张 XL 及其受益人或其他第三人支付合同项下的所有款项及其收益。”同日，法院向 WM 信托有限公司邮寄送达（2019）鄂 01 民初 9482 号民事裁定书及（2020）鄂 01 执保 230–1 号协助执行通知书。WM 信托有限公司于 2020 年 8 月 31 日签收上述文书。

2016 年 1 月 28 日，张 XL（委托人）与 WM 信托有限公司（受托人）签订《WM 信托·福字 221 号财富传承财产信托信托合同》（合同编号：8012015–X801001001），合同载明：1.1 委托人基于对受托人的信任，自愿将其合法拥有的资金及/或金融理财产品信托给受托人，即将委托人的相关财产的法律上的所有权完全转移给受托人，由受托人管理、运用。受托人通过按照信托文件的规定持有、管理和处分信托财产，并以此作为信托利益的来源，按信托文件的约定向受益人分配信托利益。1.3 本信托设立后，委托人死亡，信托继续存续直至信托期限届满或信托终止，信托财产不作为其遗产或者清算财产。国家法律另有规定的除外。2.2.3.1 本信托项下财富传承信托信托利益受益对象，为委托人的儿子、父亲、母亲、舅舅和外婆，共计受益人 5 名。2.4.2 本信托成立时，委托人信托给受托人的自愿用于财富传承信托目的的信托财产首期总金额为预计 3 080 万元人民币，其中银行现金存款 3 080 万元……。2.4.4.3 信托专户信息如下：信托专户：户名‘WM 信托有限公司’，开户行‘招商银行武汉分行积玉桥支行’，账号‘95510××××××××××’。17.2.1 信托在下列任一情形发生之日终止：17.2.1.1 本信托之信托目的已经无法实现。17.2.1.2 本信托被法院或仲裁机构依法撤销、被认定无效或被判决终止。17.2.1.3 本信托期限届满或本信托项下全部信托财产分配完毕……。17.2.1.6 本信托运行满 5 年后的 30 日内，委托人可以提前终止信托；若本信托运行满 5 年后的 30 日内委托人无书面意思表示提前终止本信托，则信托持续运行至满 50 年止或全部信托财产分配完毕之日止。7.2.1.1 在信托生效当日或之前，委托人或受益人以受益人名称在资金保管机构或其他机构开立独立的人民币专用账户（受益人收款账户）。受益人收款账户用于接收信托利益……。附件二–9 信托利益支付计划：（1）自 2018 年 1 月份（含）起，受托人每个自然月度日历日 10 日向受益人 1（张某）支付依托利益人民币 6 万元，直至本信托终止或受益人 1 死亡……

2020 年 5 月 30 日，张 XL（委托人）与 WM 信托有限公司（受托人）签订《信托受变更函》，将上述信托受益人由委托人张 XL 的儿子（张某）、父亲、母亲、舅舅和外婆 5 人变更为张某。

法院认为：关于案涉信托合同项下资金及收益权能否冻结的问题。法院在财产保全程序中，为避免委托人转移信托受益权或作出信托理财回赎资金行为，依杨 LL 的申请于信托期间对案涉《WM 信托 • 福字 221 号财富传承财产信托》合同项下的所有款项进行了冻结，要求受托人 WM 信托有限公司停止向委托人及其受益人或其他第三方支付合同项下的所有款项，该冻结措施不涉及实体财产权益的处分，不影响信托期间 WM 信托有限公司对张 XL 的信托财产进行管理、运用或处分等信托业务活动，只是不得擅自将张 XL 的本金作返还处理，不属于对信托财产的强制执行。因此，法院上述对信托合同项下资金的保全措施不违反《信托法》的相关规定，合法有效。至于法院对《WM 信托 • 福字 221 号财富传承财产信托》项下信托基金收益的冻结，根据已查明事实，上述信托利益受益对象即信托基金受益人为案外人张某，如认为本院执行行为损害信托基金受益人的权益，可由案外人张某向本院提出排除执行异议。张 XL 提出此项异议，主体不适格，且法院已对案外人张某所提异议在另案中予以审查，故对张 XL 此项异议请求，法院不予支持。

综上，异议人张 XL 异议理由不成立，法院不予支持，驳回异议人张 XL 的异议请求。

案例分析及问题：

该案中，委托人的债权人主张对信托财产强制执行，所以该案主要是展现信托财产独立于委托人特征的案例。

1. 信托法上的基本原则是：委托人以财产设立家族信托之后，该财产就不再属于其责任财产，而成为信托财产，原则上既不可以被强制执行，也不可被采取冻结等保全措施。由于家族信托不能为完全的自益信托，信托财产并非委托人的责任财产，除非有证据证明信托设立无效、应被撤销，或者委托人把信托当作自己的“木偶”“傀儡”，委托人事实上完全控制信托财产并让自己成为剩余索取权人，否则委托人的债权人不能对信托财产强制执行，当然也无权对信托财产采取保全措施。

2. 对信托财产采取保全措施是否属于强制执行信托财产？该案中，法院认为：“为避免委托人转移信托受益权或作出信托理财回赎资金行为，依杨 LL 的申请于信托期间对案涉《WM 信托 • 福字 221 号财富传承财产信托》合同项下的所有款项进行了冻结，要求受托人 WM 信托有限公司停止向委托人及其受益人或其他第三方支付合同项下的所有款项，该冻结措施不涉及实体财产权益的处分，不影响信托期间 WM 信托有限公司对张 XL 的信托财产进行管理、运用或处分等信托业务活动，只是不得擅自将张 XL 的本金作返还处理，不属于对信托财产的强制执行。”

而委托人则根据《九民纪要》第 95 条之规定主张法院原则上不应当准许当事人因其与委托人之间的纠纷申请对信托公司专门账户中的信托资金采取保全措施，即保全措施也属于强制执行措施。

保全措施属于强制执行措施之一，禁止信托财产分配的保全措施也对信托财产的管理构成了实质的干预，也应受《信托法》第 17 条规范。而且，《九民纪要》中已经把不得采取保全措施作为不得对信托财产采取的强制执行措施的一部分。该案审理法院解释说“该冻结措施不涉及实体财产权益的处分，不影响信托期间 WM 信托有限公司对张 XL 的信托财产进行管理、运用或处分等信托业务活动，只是不得擅自将张 XL 的本金作返还处理，不属于对信托财产的强制执行”，对《信托法》第 17 条是有误解的。《信托法》第 17 条禁止对信托财产强制执行的射程应当包括保全行为。[①]

3. 根据《信托法》第 17 条第 2 款的规定，若无权对信托财产采取强制执行措施的当事人对信托财产采取了强制执行措施，委托人、受托人和受益人都有权提出异议。所以，法院所主张的必须由受益人提出异议，委托人不是提出异议的适格主体的观点是错误的。《信托法》第 17 条规定的是特别的异议之诉，法院在审理涉及信托争议的案件时不能拒绝适用《信托法》。

4. 该案中有多个值得注意的细节：案涉家族信托合同在 2016 年 1 月 28 日签订，该信托合同授予委托人在 5 年内解除信托的权利（案涉信托合同第 17.2.1.6 条）。而正是在 5 年期间内的 2020 年 5 月 30 日，委托人与受托人签订《信托受变更函》，将上述信托受益人由委托人张 XL 的儿子（张某）、父亲、母亲、舅舅和外婆 5 人变更为其儿子张某一人。案涉法院依据申请对信托财产采取保全措施的民事裁定书作出的时间是在此之前的 2019 年 11 月 6 日。

而且，案涉家族信托 2016 年 2 月 5 日设立，初始规模 3 080 万元，截至 2020 年 7 月 31 日，信托财产净值为 11 830 320.73 元。从常理推断，该案应排除信托财产管理不善、大幅亏损的可能性，在 4 年多的时间里，受托人已经将信托财产中超过 60% 的价值分配给了受益人。

因没有看到案涉信托合同原文，无法判断信托文件对信托的变更有什么样的具体约定，更无法判断委托人保留了什么样的权利。根据《信托法》第 51 条，如果委托人经受益人同意（在该案中需要经过全体受益人的同意），自然可以变更受益人；如果委托人在信托文件中保留了可以任意按照自己意愿修改信托条款（特别是关于变更受益人和受益权条款）的权利，这种约定当然也是有效的。不过，如果委托人在信托文件中为自己保留了随时可以把自己变成唯一或者主要受益人的权利，这和约定了信托的解除权几乎没有太大区别，此时的信托类似可撤回信托，虽然不至于无效，但是其信托财产并未从委托人的个人责任财产中完全剥离出去，被委托人的债权人主张权利是可以理解的。

5. 该案中的信托财产能不能强制执行？除非构成《信托法》第 17 条第 1 款规定的四种例外，原则上没有人可以对信托财产提出任何诉求。很浅显的道理是：信托财产并非委托人的财产。该案中，信托委托人是不当利得之债的债务人，委托人设立家族信托之后，该信托的信托财产就不再是委托人的个人责任财产，委托人的债权人欲对信托财产采取措施，包括保全措施，应提出信托无效或者可撤销的理由，否则，从法律意义上看，保全案涉信托财产和保全任何一个完全无关的人的财产一样缺乏法律依据。而在该案中，申请人并没有提出信托无效、可撤销或者信托仍然在委托人的控制之下等主张。这样，法院支持申请人对信托财产的任何主张都缺乏法律上的联系点。债权人可以委托人设立信托的财产不是“委托人合法所有的财产”为由主张信托无效，进而对信托财产采取保全等强制执行措施。

① 日本信托法有更为明确的规定。根据《日本信托法》第 23 条的规定，对信托财产原则上不得采取“强制执行，假扣押、假处分”等措施。

6. 有时，设立信托的目的并非产生破产隔离功能，而是利用信托的财产管理功能和分配（传承）功能。委托人根本没有负债甚至资产非常雄厚，当然可以保留对信托的实质控制。

事实上，遗嘱信托在委托人生前并无破产隔离功能，但如果委托人的主要目的是处理财产在代际之间的传承，遗嘱信托仍然是正常的家族信托设立方式。另外，生前可撤回信托并无完全的和委托人的财产隔离的功能，而生前可撤回信托也被越来越多的人采用。

不能说因为委托人保留权利或者保留过大的权利，这种信托就一定会被“刺穿”，还要看委托人保留权利的内容和方式。如果委托人只是对信托财产的管理方法、信托利益的分配时间等因素保留了变更权或指示权，这并不会导致信托被“刺穿”。只要委托人保留的权利没有让其成为信托的剩余索取权人，该信托财产的独立性仍然应当存在。在前引**案例 3-4-2**“P 先生的裁量家族信托案”中，委托人保留对受益人进行变更的权利以及其他权利，综合来看，委托人完全有可能成为信托的唯一受益人，此时的信托已经形骸化，被“刺穿”也是理所应当。但即便在**案例 3-4-2** 中，法院仍然没有否认信托本身的效力。

本书不赞成这样一种观点：由于我国信托法并没有明确规定，所以在我国，委托人无论保留什么样的权利，信托也不会被“刺穿”。这种观点过分强调我国信托法和英美信托法之间的所谓差异。信托法是私法，不管法律是否有明文规定，世界各国的基本法理应当是共通的。即使在我国，法院也可以综合各种情形，通过解释信托法，“刺穿”滥用信托所设立的家族信托，保护委托人的债权人的利益和社会公共利益。否则，信托必定会成为各种违法行为的“管道”。一个可能的解释路径是：对《信托法》第 15 条和第 50 条作扩张解释和目的解释。第 15 条规定，“设立信托后，委托人死亡或者依法解散、被依法撤销、被宣告破产时，委托人是唯一受益人的，信托终止，信托财产作为其遗产或者清算财产”。一个保留了委托人成为信托唯一受益人可能性的信托，类似自益信托，受益权仍然是委托人的责任财产，委托人的债权人强制执行受益权之时，可以根据第 50 条代位解除信托，“信托财产”变成委托人的财产，被强制执行并无问题。作出如此论证并不复杂。

信托设立是一种处分行为，信托设立之后，信托财产应当处于一个确定的状态，即要么是委托人的，要么是受托人的（为受益人的利益持有）。委托人当然可以利用信托的财产管理功能并保持对信托财产的控制力，但是，他不能独占两种不能并存的优势——对自己的债权人主张信托财产是为了受益人的利益而存在的财产；对受益人说自己才是唯一的受益人。

总之，委托人保留过多权利的信托依然有效，但在委托人的债权人和国家税收部门的眼中，信托财产依然是委托人的责任财产。

7. 信托财产的独立性内涵复杂，除了《信托法》第 17 条规定的四种例外情形（大致可以被总结为“信托财产可被信托债权人强制执行”），信托财产仍然不能排除在某些情形下被强制执行。

案例延伸分析

（六）独立于委托人和独立于受托人的关系

1. 对委托人的独立性："独立"的第一步

信托财产产生独立性是信托设立的可能后果之一。信托（设立）行为包括两部分，以合同信托为例，第一部分是信托合同的成立，这是一个负担行为；第二部分是信托财产的交付，这可以被理解为民法上的处分行为。完成这两个过程，信托财产就变成受托人名下的财产，信托财产和委托人的财产分割（partition）原则上产生和委托人的个人财产破产隔离的效果，但不一定能产生对抗受托人的债权人的破产隔离效果。例如，若受托人没有把信托财产分别管理，或没有恰当地分别管理，甚至在极端的情形下委托人没有要求受托人进行分别管理，只能说信托财产不能产生对抗受托人之债权人追索的效力，即信托财产没有产生针对受托人固有财产的独立性，但是不能说信托不成立或者无效。也就是说，信托（关系）生效并不意味着信托财产必然产生完全的独立性。"信托"两个字并非魔法师口中的神奇咒语，贴上"信托"标签的法律关系并不能必然产生信托财产独立和破产隔离效果。

信托当事人签订信托合同后，信托合同已经成立，信托关系在信托财产转移给受托人之后也已经成立，此时信托财产至少已经产生对抗委托人之债权人的独立性。在信托有效成立之后，受托人有义务将信托财产分别管理。在有些案件（如**案例 3-5-7**"浦北燃气诉庆泰信托案"）中，受托人没有尽到分别管理和公示的职责，只能说该信托财产不能产生对抗受托人的债权人的独立性，而不能笼统地说相关财产不是信托财产，更不能说此时的信托财产不能产生独立性，至少该信托财产能产生对抗委托人的债权人的独立性。受托人没有履行分别管理义务或者其他注意义务，导致受托人的债权人或者其他债权人对信托财产强制执行的，受托人因违背受托人义务（分别管理义务、注意义务）等对委托人、受益人等承担相应的责任，但信托财产被强制执行不会溯及性地使信托无效。

2. 公示："独立于委托人"和"独立于受托人"的关联

使信托财产产生独立于委托人的效力的一般方式是把信托财产转移给一个作为"他者"的受托人，借用受托人之"人格屏障"达到责任隔离之效果。但是，通过对宣言信托的分析可知，说"通过处分行为实现责任隔离"更具有概括性。财产转移、设置担保权和宣言等形态不同的处分行为，不需要经由人格的隔离也能实现财产责任的隔离。但是，要实现信托财产独立于受托人的固有财产之效果，仅仅由委托人作出财产处分行为是不够的，或者说，仅仅有处分行为所附带的公示功能是不够的。

就财产权转移需要采取登记等公示手段的，例如以不动产物权设立信托，原本物权法等规定了以产权变更登记等作为公示手段，登记完成可以产生使“受让人成为财产权人，转让人不再是财产权人”这一效果。物权变更登记只能使受托人成为信托财产的权利人，能产生信托财产免于委托人的债权人强制执行的效果，但不能产生信托财产独立于受托人的固有财产的效果；仅仅进行物权变更登记，委托人转移给受托人的财产变成了受托人的责任财产，仍然无法对抗受托人的债权人。因此，一个不同于物权登记的信托登记的必要性就产生了——如果对作为信托财产的不动产进行了信托登记，此时，信托登记作为一种公示手段同时具有宣示的效力，产生的效果不仅包括“受让人成为财产权人，转让人不再是财产权人”（物权变更登记的效果），还包括“受托人虽然是财产权人，但是该财产并不是受托人自身负债的责任财产”。[①]这种信托生效之后，信托财产除了自动产生独立于委托人的固有财产的效果之外，也同时产生独立于受托人的固有财产的效果，原因在于，信托财产转移给受托人之后在产生物权公示效力的同时也产生了信托公示的效力，信托财产也如同实现了分别管理（《信托法》第 29 条）。

对于财产权的转移不需要登记等公示手段的财产，如动产、现金等，信托财产的占有转移于受托人，一般能产生推定的产权转移效果，但能否进而产生独立于受托人自身责任财产的效果，值得探讨。日本的学理上认为除了存在登记和注册手段的信托财产之外，信托财产不需要具备特别的对抗要件，只要受托人对其进行分别管理，就能对抗第三人。[②]我国台湾地区学者对此有类似的观点。[③]

总之，信托财产独立性是对信托特征的一种描述，是信托成立可能产生的效果，但是并不意味着信托的成立需要以信托财产独立性为要件。信托成立能产生信托财产针对委托人的独立性，部分情况下也能产生对受托人的独立性，但并非必然能产生如此效果。信托财产的独立性是一个过程，产生针对委托人固有财产的独立性是第一个阶段。信托设立行为之所以能产生责任隔离功能，是因为它是一个包括财产转移在内的处分行为，该处分行为的效果是使信托财产脱离于委托人的责任财产。信托财产要产生针对受托人固有财产的独立性（信托财产独立性的第二个阶段），仅仅通过信托设立这样的处分行为是不充分的，还需要分别管理和信托登记等必要的信托财产公示（详见本章最后一节）。

三、信托财产对受托人的独立性

信托财产要和受托人的固有财产区别对待。一个形象的比喻是：受托人身上背有两个钱袋子，一个装的是受托人个人的财产，一个装的是信托财产。对于信托财产，受托人不可以为了自己的利益加以使用，这是因为受托人需要根据信托的目的进行管理和运用等，受托人个人的债权人不得扣押信托财产；在受托人破产时，这些财产也不构成其破产财团；受托人还有将该利益归属于受益人的使命。因此，信托财产是受托人名义下的财产中被特别对待的财产。这就是信托财产的独立性的重要含义之一。

---

① 遗憾的是，目前信托财产登记，特别是不动产信托登记在我国是缺位的。

② 参见道垣内弘人『信託法』（有斐閣、2017 年）139—140 頁。

③ 参见王志诚：《信托法》（增订第六版），五南图书出版公司 2017 年版，第 166—167 页。

（一）对强制执行的限制显示出来的独立性

禁止受托人的债权人强制执行信托财产的必要性是非常容易理解的。例如，受托人自己的房屋贷款没有支付，若房屋贷款的债权人能够扣押信托财产，就明显侵害了受益人的利益。受托人不能为了自己的利益使用信托财产，不能从信托财产中取得约定报酬以外的利益，否则会构成对忠实义务的违反。受托人的债权人不能期待把信托财产作为扣押的对象，不能对信托财产强制执行，对于违反这一规定的行为，委托人、受托人或者受益人可以提出异议并加以排除（《信托法》第 17 条）。

需要注意的是，虽然《信托法》规定受托人“有权”提出异议，但是应当区分：委托人和受益人提出异议是一种权利，而受托人提出异议是一种义务。当然，委托人、受益人和受托人就谁提出异议之诉有约定或者事后达成合意的，依其约定。

（二）例外：对信托财产的强制执行

1. 设立信托前债权人已对该信托财产享有优先受偿的权利，并依法行使该权利的。设立信托前的债权人是指委托人的债权人。如果在信托设立前，委托人之债权人已对信托财产享有优先受偿的权利（例如，委托人的债权人是对后来成为信托财产的财产享有优先权的人，如委托人为其债权人在信托财产上设立了抵押权等担保物权），即使信托已经成立，亦应允许债权人继续行使其权利，防止委托人以设立信托为借口损害债权人的利益。此时，委托人之债权人可以申请法院强制执行该信托财产。

所谓“依法行使该权利”，是指债权人在法定期间内向法院主张权利。依据《民法典》的规定，通常情况下，债权人向法院请求保护民事权利的诉讼时效期间为 3 年。此外，债权人也可以根据《信托法》第 12 条的规定，申请撤销该信托，申请权的有效期限为知道或者应当知道撤销原因之日起 1 年。

2. 受托人处理信托事务所产生的债务。例如，受托人为了信托购入股权，相对人享有价金债权。由于信托财产和公司不同，不具有独立的法人格，所以，和信托相关的交易都是以受托人作为当事人进行的。受托人因该股权交易负有债务之时，受托人就成为该债务的债务人。

我国《信托法》虽然规定了信托财产的债权人可以申请执行信托财产这一禁止强制执行信托财产之例外（第 17 条第 1 款第 2 项），但是并没有明确信托财产的债权人能否申请强制执行受托人的固有财产，至少从条文上看并没有禁止信托财产的债权人申请强制执行受托人的固有财产，受托人也没有权利对这样的申请提出异议（即受托人针对第三人没有类似《民法典》第 687 条所规定的检索抗辩权）。若信托财产的债权人有权强制执行受托人的固有财产，虽然受托人有对信托财产的优先受偿权，但是，当信托财产不足以覆盖受托人对债权人的债务的时候，受托人还是用自己的固有财产承担了相应的风险，实质上是受托人承担了个人的无限责任，没有把其因管理信托事务而产生的责任限制于受托财产（《信托法》第 37 条）。我国《信托法》在制定时参考了日本法的规定，这样解释也和日本旧信托法的解释是一致的。第五章在讨论“受托人对第三人责任”时对这个问题有更详细的讨论。

案例 3-4-4 朱某玉与江苏壹泽资本公司案[①]

申请执行人朱某玉与被执行人江苏壹泽资本公司、东海证券公司国内非涉外仲裁裁决一案，上海国际经济贸易仲裁委员会（2019）沪贸仲裁字第 1011 号裁决书已发生法律效力。朱某玉向扬州市中级人民法院申请执行，扬州市中级人民法院冻结在东海证券公司托管账户中壹泽基金名下账户（客户号 087000003513，证券账户 B88×××21、08×××48）内的资金，并要求东海证券公司协助执行，东海证券公司认为其作为基金托管方，无权对相应股票进行变卖。

法院认为:《信托法》第 17 条规定,“除因下列情形之一外,对信托财产不得强制执行:……（二）受托人处理信托事务所产生的债务，债权人要求清偿该债务的”。从作出仲裁裁决的仲裁委员会的函件看，仲裁中没有实体审查，并且拒绝对东海证券公司能否变卖壹泽基金证券账户中的股票进行释明，即未认定可以以壹泽基金的证券账户资产清偿江苏壹泽资本公司在仲裁裁决中应当承担的债务。

根据对仲裁裁决的理解，仲裁主文中，江苏壹泽资本公司是由于违反基金合同而产生责任，但不能笼统地将之理解为“处理委托事务”产生的债务。基金受托人的违约损失赔偿责任等明显属于江苏壹泽资本公司应当以其固有财产进行清偿的债务，如果以壹泽基金证券账户中的资产进行清偿，即将江苏壹泽资本公司自身应当承担的责任以基金财产进行清偿，侵犯了其他投资人的利益，不符合基金合同关于公平清偿的约定。因此，江苏壹泽资本公司对于朱某玉的违约行为，不属于处理委托事务的行为，由此产生的损失赔偿等违约责任不应当由基金财产承担，而应当由江苏壹泽资本公司的固有财产清偿，不能对壹泽基金证券账户中的资金和股票进行强制执行。

案例分析及问题：

（1）信托债权人可以强制执行信托财产。

“信托财产具有独立性”这一表述本身具有误导性，更准确的表述是：有效成立并进行适当公示的信托之信托财产不是受托人、委托人和受益人的责任财产，委托人、受托人和受益人的债权人不能直接对其强制执行；但是信托财产（通过受托人）若负下信托债务，当然可以被信托债权人强制执行。

《信托法》第 17 条规定的 4 种例外，广义上都可以被称为信托债务，其第 1 款第 2 项“受托人处理信托事务所产生债务”更属于狭义的信托债务。对于狭义的信托债务，《信托法》最直接的规定是第 37 条。该条规定：“受托人因处理信托事务所支出的费用、对第三人所负债务，以信托财产承担……”该表述和第 17 条第 1 款第 2 项规定的“受托人处理信托事务所产生债务”在内涵上基本一致。

（2）信托受益人在符合一定条件之时可以强制执行信托财产。

《信托法》第 17 条第 1 款第 4 项规定“法律规定的其他情形”。即使承认信托受益权属于一种债权，该债权仍然是针对受托人的，并非直接针对信托财产，只有受托人怠于履行已经成就的信托利益给付义务（《信托法》第 34 条）之时，受益人才有可能主张对信托财产采取强制执行措施。[②]而且，此时的强制执行措施对全体受益人都产生效力。

---

① 扬州市中级人民法院（2019）苏 10 执 789 号执行裁定书。

② 值得注意的是，在英国法上，受益权本身不能理解为受益人与信托财产之间的直接关系，而只能理解为是对受托人对信托财产所享有的权利的权利。See Lionel Smith，Trust and Patrimony，*Revue générale de droit*, Vol. 38, 2008, pp. 379－403.

（3）受益人对受托人的个人债权也不能强制执行信托财产。

非因信托原因，受托人对受益人负有债务的，受益人为受托人的固有债权人（与第三人债权人无异），不能强制执行信托财产，当无疑问。

而在该案中，法院认为，受托人违反义务而对受益人产生的责任并非《信托法》第 17 条第 1 款第 2 项所规定的信托债务，受益人自然也就不是信托债权人，而是针对受托人个人（固有财产）的权利人，所以该案中受益人原则上不能主张强制执行基金财产。

在英美法上，受托人对受益人的义务分为两类。第一类以信托财产及其代位财产作为责任财产，被称为信托财产专属性责任（proprietary liability）。受托人管理信托事务过程当中，对信托财产进行管理处分，不管是否符合信托职权，除非取得信托财产的人是善意第三人，原则上受益人可以追及该财产。第二类以受托人的固有财产为责任财产，属于受托人的个人责任（personal liability）。如果受托人在管理信托事务过程中违反义务，则受托人需要以其固有财产承担个人责任。[①]

该案中，受益人对受托人的权利是基于《信托法》第 22 条、第 25 条等所产生的损害赔偿请求权，可以对受托人的固有财产申请强制执行。法院认为，“以基金财产进行清偿，侵犯了其他投资人的利益，不符合基金合同关于公平清偿的约定”，虽然亦有一定的道理，但特定受益人之所以无法执行基金财产，主要是因为基金财产并非受托人个人债务的责任财产。

在集合投资信托的场合，除非仅仅违反了对多个受益人的公平义务，一般而言不会出现只侵害一个受益人而其他受益人的利益毫发无损的情形。一个受益人的损害赔偿请求可以成立，其他受益人亦能主张同样的权利。在此情形，除了受托人的固有财产，信托财产也是确保受托人履行针对受益人义务的责任财产，信托财产的残值决定了损害赔偿的数额，此时区分受托人是以其固有财产还是信托财产承担责任只有抽象的意义。

也即，在单一资金信托的场景下，或集合项目的全部基金持有人都可以对受托人主张损害赔偿的场景下，法院可以对这两种请求权一并处理——《信托法》第 22 条原本就包含了受托人对受益人的个人责任和信托财产专属责任两种责任。当然，理论上精细地区分不同请求权的规范基础仍然是必要的。

3. 信托财产本身应担负的税款。受托人在管理信托财产过程中可能会产生纳税（交易税、所得税和契税等）义务。这种纳税义务为一种针对国家的特殊债务，原则上应当由信托财产承担。若受托人没有及时缴纳，税务部门可对信托财产强制执行。

4. 法律规定的其他情形。有学者认为，《信托法》第 34 条所规定的受益人针对受托人的请求权属此[②]。受益人存在已经成就的受益权的，若受托人怠于支付，则受益人应能

① See J. E. Penner, *The Law of Trusts*, 11th edition, Oxford University Press, 2019, p.293.

② 参见周小明：《信托制度：法理与实务》，中国法制出版社 2012 年版，第 223 页。

强制执行信托财产。[①]

（三）在受托人死亡与破产之时所体现的独立性

依据《信托法》第 16 条，信托财产与受托人的固有财产相区别，不得归入受托人的固有财产或者成为受托人的固有财产的一部分（这也有要求分别管理的意味）。受托人因死亡或者依法解散、被依法撤销、被宣告破产[②]而终止的，信托财产不属于其遗产或者清算财产。在后者，信托财产被隔断于受托人的破产风险，体现了信托的“破产隔离功能”。

（四）在抵销方面的独立性

我国《信托法》关于禁止抵销的规定主要体现于第 18 条：“受托人管理运用、处分信托财产所产生的债权，不得与其固有财产产生的债务相抵销。受托人管理运用、处分不同委托人的信托财产所产生的债权债务，不得相互抵销。”该条规定了信托财产上的债权和受托人固有财产上的债务之间抵销的禁止，以及同一受托人名下不同信托上的债权和债务相互抵销的禁止。禁止抵销的方式确定了信托财产独立于受托人的固有财产、同一受托人管理的不同信托财产之间相互独立这样的基本规则。

1. 信托法场景下抵销问题的复杂性

（1）因信托（财产）不具备法律人格，所以才有抵销禁止的规定。目前的民事法律中只有《合伙企业法》和《信托法》中有禁止抵销的规定。“合伙（财产）本身”和信托财产在法律地位上的相同点是，二者都没有主体资格。相比之下，公司有清晰的法人主体资格制度，公司本身和其股东是不同的法律主体，公司对第三人 G 的债务 f1 和公司股东对 G 的债权 f2 理所应当不能相互抵销，不需要在立法当中作特别规定。[③]由于我们不承认合伙企业的法人地位，所以只能通过特别规定来强调合伙财产和合伙人财产的相对区分，信托也是如此。由于一般不承认信托财产的法人地位，所以在信托中才有维护信托财产独立性的规则，而禁止抵销的规则是维护信托财产独立性的显著体现之一[④]。

（2）抵销场景中的受托人忠实义务问题。信托财产独立于受托人固有财产，受托人受托的不同信托财产之间也相互独立。从对《信托法》第 18 条的字面解释可以看出，该条禁止的是受托人管理运用、处分信托财产所产生的债权和其固有财产产生的债务的抵

---

① 在英国法上，一般认为受益人对信托财产并没有直接的权利，受益人对信托财产只有一种衍生权利。See Lionel Smith，Trust and Patrimony，*Revue générale de droit*, Vol. 38, (2008), p.390.

② 《中国银保监会关于新华信托股份有限公司破产的批复》同意新华信托进入破产程序。这是《信托法》实施以来第一例信托公司破产的案例，受托人破产的问题不再是一个纯理论问题。我国《企业破产法》主要解决的是破产企业的债权债务关系问题，而信托公司破产要处理好和受益人之间的关系问题，受益人并非信托公司的债权人。所以在处理信托公司破产问题的过程中，要注意信托财产的独立性和受益人保护问题。

③ 其实，在公司的场景下最恰当的例子是：公司本身和其管理者（例如董事，处于类似受托人的地位）是不同的法律主体，公司对第三人 G 的债务 f1 和公司董事对 G 的债权 f2 理所应当不能相互抵销。

④ 传统信托法一般认为，固有财产是受托人的财产自无疑问，而信托财产是受托人的“名义财产”。但是，信托财产也仅仅是受托人名义上的财产而已，并不承认信托财产是受托人的真正财产或是其个人债务的责任财产（一般担保财产），否则，信托财产和固有财产同时归属于受托人，则信托财产上的债权和固有财产上的债务（或反之亦然）自然能进行抵销。日本、韩国和我国的信托法只是强调信托财产是独立于受托人固有财产的财产。

销以及信托财产之间债权债务的抵销这两种情形，前者涉及受托人自我交易或者侵占信托利益的问题，后者涉及受托人对不同信托财产的双方代理问题（《信托法》第 28 条）。所以，禁止抵销的问题和受托人的忠实义务密切相关。

（3）抵销场景中的第三人利益保护问题。由于信托财产和受托人的固有财产之间的区别仅是法律上的存在，和信托财产交易的人有时并不能区分自己是在和信托财产打交道还是在和受托人的固有财产打交道（在信托中，第三人对受托人个人信用的信赖是常见的），有必要保护第三人的信赖和期待。

这也和信托法中的对外责任承担机制有关。受托人为了处理信托事务而和第三人签订合同之后，以什么财产作为责任财产来履行合同债务？因信托财产没有法律人格，对于交易的相对人而言，受托人名下的信托财产和其固有财产至少在形式上全部属于受托人的财产，那么，第三人是只能对信托财产主张权利呢？还是只能对受托人的固有财产主张权利呢？还是既能对信托财产又能对受托人的固有财产主张权利呢？我国《信托法》第 37 条和日本信托法、我国台湾地区"信托法"均采取的是最后一种立场，而受托人与第三人的关系又对能否抵销有影响。

总之，信托法中的抵销问题比较复杂[①]，本书仅探讨信托法规定的两种情形。

2. 对《信托法》第 18 条的解读

（1）信托债权和固有债务之间的抵销禁止。我国《信托法》第 18 条第 1 款规定的情形是，第三人 G 是受托人 T 个人之固有财产的债权人，如果 G 能用这一债权抵销自己对信托财产的债务，相当于受托人可以信托财产来清偿固有债务，这会侵害信托财产及受益人的利益。所以，必须禁止这种抵销。

案例 3-4-5　信托业保障基金相关的抵销事件

信托业保障基金公司（下称"保障基金公司"）使用保障基金为 A 信托公司提供了一笔流动性支持借款，现 A 信托公司已违约。A 信托公司认购的保障基金因对应的信托产品到期，保障基金公司需进行结算返还。现保障基金公司想行使抵销权，用待返还的保障基金本金和收益抵销流动性支持借款，是否具备行使抵销权的依据和条件？

案例分析及问题：

随着信托业的发展，原本只是理论上探讨的问题会逐渐在现实场景中呈现出来，涉及信托法原理的案例、事例越来越多，如抵销问题。

保障基金公司向信托公司提供的流动性支持借款的性质为何？在该案中，如果不是针对特定信托产品或项目提供的流动性支持，这笔款项似乎应被认定为信托公司对保障基金公司所负的一般债务，即信托公司的固有债务，应以信托公司的固有财产偿还。

信托公司要求返还的保障基金本金和收益的权利之性质为何？根据《信托业保障基金管理办法》第 14 条的规定，信托业保障基金有三种来源：（1）信托公司按净资产余额的 1%缴纳；（2）属于购买标准化产品的投资性资金信托的，由信托公司认购，属于融资性资金信托的，由融资者认购，均按新发行金额的 1%认购；（3）财产

① 详见道垣内弘人『信託法入門』（日経文庫、2007 年）第 87 頁以下内容。

信托按信托公司所收取信托报酬的 5%认购[①]。

第一种是按照净资产余额的比例缴纳形成的基金，属于信托公司的固有财产，可以抵销。

第二种基金都是来源于和特定信托产品或项目挂钩的当事人认购，不管认购义务人是信托公司还是融资人，项目结束本金和收益都要返还给该产品或项目。[②]已经有法院的判决将这一部分财产按特定信托产品或项目的信托财产（至少是非固有财产）对待（如**案例 3-5-1**“渤海信托和广州农商行执行异议案”）。所以，返还的保障基金本金和收益的权利应属于特定信托产品或项目的信托财产上所享有的信托债权。如此，根据《信托法》第 18 条第 1 款的规定，即：“受托人管理运用、处分信托财产所产生的债权，不得与其固有财产产生的债务相抵销”，二者不能抵销。

第三种的认购主体是信托公司，且和信托报酬挂钩，项目终止之后返还的对象是信托公司，似应属于信托公司的固有财产，亦可被抵销。

反过来，假设第三人 G 针对信托财产享有债权 f1，而 G 对受托人的固有财产欠下债务 f2，f1 和 f2 之间原则上是能够抵销的[③]，理由在于：这相当于受托人使用固有财产偿还了信托财产之上的债务，并不违背其忠实义务；我国《信托法》第 37 条规定了受托人可以选择使用其固有财产偿还信托债务，之后取得对信托财产的求偿权。

（2）债权人 G 对同一受托人名下的甲信托享有债权、对乙信托负有债务的情形。我国《信托法》第 18 条第 2 款规定的情形是：T 成为甲、乙两个信托的受托人，在处理甲信托事务过程中对第三人 G 负债 f1。此时，即使乙信托的信托财产对 G 有债权 f2，G 也不能主张 f1 和 f2 相抵销。原因在于，若认可这种抵销，相当于 G 可以从乙信托的信托财产回收债权 f1。这损害了乙信托受益人的利益。

信托场景下的抵销问题非常复杂。例如，如果认为受托人发起的上述抵销主要违反了其忠实义务，那么，《信托法》第 28 条规定的但书是否适用呢？换言之，如果信托文件、委托人或受益人允许这种抵销，是否仍要禁止呢？

（五）混同方面的独立性

我国《信托法》对此没有规定。信托财产与受托人的固有财产相互独立，成为受益人受益权的标的。在信托财产为所有权以外的权利，如用益物权、担保物权等的时候，

---

① 《信托业保障基金管理办法》第 14 条规定：“保障基金现行认购执行下列统一标准，条件成熟后再依据信托公司风险状况实行差别认购标准：（一）信托公司按净资产余额的 1%认购，每年 4 月底前以上年度末的净资产余额为基数动态调整。（二）资金信托按新发行金额的 1%认购，其中：属于购买标准化产品的投资性资金信托的，由信托公司认购；属于融资性资金信托的，由融资者认购。在每个资金信托产品发行结束时，缴入信托公司基金专户，由信托公司按季向保障基金公司集中划缴。（三）新设立的财产信托按信托公司收取报酬的 5%计算，由信托公司认购。”

② 《信托业保障基金管理办法》第 25 条规定：“信托公司按净资产余额和新发财产信托认购的基金，其本金及收益由保障基金公司按年度与信托公司结算。投资性资金信托和融资性资金信托认购的保障基金，其本金及收益由保障基金公司按季度与信托公司结算。信托公司在每个信托产品清算时向其认购者支付本金及收益。季中发生信托产品清算的，由信托公司先行垫付。”

③ 虽然我国信托法没有规定这一点。

受托人即使因其个人原因（继承以及其他事由）取得该权利的标的物，也不适用民法上的混同原则，该权利本身依旧存在，以免损害受益人的利益。

例如，假设以某房屋上的抵押权作为信托财产设立信托，但该房屋为受托人因个人事务购得，这样受托人虽然既是该抵押权的权利人（作为信托财产的管理者），又是该抵押物的所有人（作为其固有财产的主人），此时房屋的抵押权并不会因混同而消灭。

但是，如果受托人购买该房屋不是因个人事务，而是因信托事务，则发生混同。

四、信托财产对受益人的独立性

受益人只能根据信托文件的规定向受托人请求给付，并没有直接针对信托财产的请求权。所以日本信托法规定受益权的性质为债权。虽然就受益权的属性仍然有可讨论之处，不过，信托财产并非受益人的财产，就此没有太大争议。由此，受益人的债权人没有理由直接申请强制执行信托财产，而只能针对受益人主张强制执行其受益权（参见第六章的讨论）。

案例 3-4-6　华融证券和慧融企业执行异议案[①]

法院认为："本案争议的焦点问题为两个：一是案涉账户内的财产是否为信托财产；二是本案是否存在超标的查封。信托财产是指受托人依据信托意图而管理和支配的财产。本案中，隆泰公司、华融证券、广州农村商业银行股份有限公司所签订的《华融启航 39 号定向资产管理计划资产管理合同》属定向资产管理业务。按照该合同风险揭示书所述，定向资产管理业务是指证券公司接受单一客户委托，与客户签订合同，根据合同约定的方式、条件、要求及限制，通过专门账户管理客户委托资产的活动。该管理合同规定的是一种理财服务，并不具备信托财产的独立性特征。故华融证券以案涉账户内的资产系信托财产故而不能予以强制执行的理由，本院不予采纳。

《最高人民法院关于人民法院民事执行中查封、扣押、冻结财产的规定》第十九条规定，'查封、扣押、冻结被执行人的财产，以其价额足以清偿法律文书确定的债权额及执行费用为限，不得明显超标的额查封、扣押、冻结'。本案中，隆泰公司尚欠慧融企业的债务数额未经执行实施环节予以明确，在此情形下，执行异议审查环节无权亦无法直接确认该项债务的具体数额。但基于(2019)京仲裁字第 2925 裁决书可知，本案执行标的数额应处于不小于 3 000 万元的区间范围内。故以现有的冻结价值判断，本案并不存在明显超标的额执行的情形。且经查，本院实际冻结的金额仅为 0 元。综上，华融证券的异议请求，应予驳回。"

案例分析及问题：

资管计划大多是信托，资管产品适用信托法，资管计划的资产属于信托财产，到目前应无争议。审理法院认为该管理合同规定的是"理财服务"，资管计划的资产"不具备信托财产的独立性特征"的观点是错误的。

---

① 大连市中级人民法院（2022）辽 02 执异 267 号执行裁定书（审结日期：2022 年 5 月 23 日）。

不过，资管产品作为商事信托产品，属于委托人（受益人）的自益信托，在该案中，因被执行人为受益人，债权人完全可以申请强制执行受益人的受益权（《信托法》第 47 条）。再加上被执行人为唯一委托人（受益人），信托财产全部属特定受益人的受益权支配范围，受益人的债权人可以根据《信托法》第 50 条代位受益人解除信托，对信托财产整体申请采取强制措施似乎并无问题。所以，审理法院得出的结论似无问题，只是采取了错误的论证。

若案涉信托是集合信托，则受益人的债权人无权强制执行信托财产，只能执行该受益人的受益权。

五、固有财产针对信托财产的独立性是否存在

信托财产的独立性是信托法的重要规则，但必须强调的是，承认信托财产的独立性和承认信托财产的法律人格不是一回事[①]。

受托人因管理信托事务对第三人负债，此时，在第三人债权人看来，受托人即债务人，受托人用以履行该债务的财产是否仅以信托财产为限呢？或者说，是否存在受托人的固有财产针对信托债务的独立性呢？因信托财产原则上不具有法律人格，这种独立性是不存在的。详尽的讨论请参见第五章。

六、其他和信托财产独立性相关的问题

信托在存续期间，受托人运用信托财产向第三人投资或发放贷款的，受托人手中持有的信托财产转变成投资权益和贷款债权，受托人只能针对第三人主张相应权利；但第三人从受托人处取得财产之后，这些财产就不再属于信托财产。委托人除了可在满足《信托法》第 22 条的条件下撤销并追回这些财产之外，不能对第三人主张信托财产的独立性。

下面两个案例反映出这个问题的复杂性。

案例 3-4-7　华融信托与浙江赛日公司执行异议案[②]

华融国际信托有限责任公司（简称“华融信托”）与浙江赛日新材料科技有限公司（简称“浙江赛日公司”）于 2013 年 7 月 24 日签订信托贷款合同，贷款人华融信托以设立的“华融 · 赛日新材信托贷款集合资金信托计划”募集的信托资金向借款人浙江赛日公司发放贷款，贷款金额拟定为 3 亿元。后双方又签订信托贷款合同之补充协议二，约定华融信托向浙江赛日公司发放信托贷款人民币 1 亿元，专项用于补充浙江赛日公司的经营流动资金。另，华融信托与上海浦东发展银行股份有限公司宁波余姚支行、浙江赛日公司签订资金监管协议，约定：“……乙方（浙江赛日公司）同意将其为履行本协议而于丙方（上海浦东发展银行股份有限公司宁波余姚支行）处开立的如下账户作为接收甲方（华融信托）根据主合同的约定向

① 参见能見善久『現代信託法』（有斐閣、2004 年）45 頁。

② 宁波市中级人民法院（2014）浙甬执复字第 19 号执行裁定书。

乙方划付B类信托贷款资金的监管账户，本账户同时作为乙方提前归集B类信托贷款本金的归集账户，以及乙方偿付A类信托贷款的全部款项义务履行完毕之日起至偿付B类信托贷款的全部款项义务履行完毕之日止的期间，乙方及其股东陈某君所参股的企业分配股息、红利时，该等股息、红利的收款账户”，约定的监管账户账号为94×××09。后华融信托与上海浦东发展银行股份有限公司宁波余姚支行、浙江赛日公司签订用款账户监管协议，约定浙江赛日公司在上海浦东发展银行股份有限公司宁波余姚支行开立账号为94×××17的专门账户为监管账户，对资金的使用进行监管。浙江赛日公司使用信托资金时，须向华融信托提交资金使用申请书，经申请人审核同意后，由上海浦东发展银行股份有限公司宁波余姚支行完成划款行为。银行往来账户显示，华融信托分别于2014年4月11日将8 000万元、4月14日将2 000万元汇入浙江赛日公司94×××09账户中。浙江赛日公司分别于2014年4月11日将8 000万元款项、5月12日将2 000万元汇入宁波维远国际贸易有限公司。宁波维远国际贸易有限公司分别于2014年4月11日将3 000万元、4月14日将5 000万元、5月12日将2 000万元汇入浙江赛日公司94×××17账户中。法院根据原告上海浦东发展银行股份有限公司宁波余姚支行的申请，于2014年6月26日依法作出（2014）甬余低商初字第160-1号民事裁定书，并冻结了被告浙江赛日公司94×××17账户中的银行存款1 680万元。案件进入执行后，本院于2014年7月1日作出（2014）甬余执民字第2147-1号执行裁定书，并扣划被执行人浙江赛日公司94×××17账户中的银行存款16 648 928.84元。

法院认为：《信托法》第2条规定，本法所称信托，是指委托人基于对受托人的信任，将其财产权委托给受托人，由受托人按委托人的意愿以自己的名义，为受益人的利益或者特定目的，进行管理或者处分的行为。第14条规定，受托人因承诺信托而取得的财产是信托财产。《中国人民银行关于信托投资公司人民币银行结算账户开立和使用有关事项的通知》规定，信托投资公司对受托的信托财产，应在商业银行设置专用存款账户。信托财产专户的存款人名称应为受托人（即信托投资公司）全称，不同的信托财产应开立不同的专户，并对应不同的账号。本案中，本院冻结扣划的账号为94×××17的账号，存款人为被执行人浙江赛日公司，而非本案中异议人华融信托，该账户设立不符合信托财产专户的要求。异议人认为通过资金流向，异议人将1亿元分两次打入被执行人浙江赛日公司94×××09账户，浙江赛日公司通过上述账户将1亿元陆续汇入宁波维远国际贸易有限公司，宁波维远国际贸易有限公司将1亿元打入执行人浙江赛日公司94×××17账户中，最终浙江赛日公司94×××17账户中的款项仍然系华融信托的信托资金于法无据。

综上，本案被执行人浙江赛日公司94×××17账户中的财产非信托财产，本院可强制执行并无不妥。异议人提出的异议请求，理由不成立，应予以驳回。

案例 3-4-8　国民信托公司与远东宏信执行异议案[①]

2016年5月24日，国民信托公司同中商投公司签订《信托贷款合同》，约定国民信托

① 天津市高级人民法院（2018）津民终225号二审民事判决书（审结日期：2018年11月19日）。

公司以贷款人的名义向中商投公司发放信托贷款，金额为 1.5 亿元，贷款利率为 4.12%，到期日为 2017 年 5 月 24 日。同日，为保证上述信托贷款合同项下债权的实现，国民信托公司与中商投公司、恒丰银行签订了《存单质押合同》，中商投公司以其合法所有的一张金额为 1.5 亿元的定期存单作质押（存单编号 00004192），质押期间为主合同项下债务履行期限届满之日起两年。

2017 年 5 月 24 日，信托贷款到期，中商投公司未按期偿还借款本息，国民信托公司就上述质押存单依据《单位定期存单质押贷款管理规定》第 27 条“用于质押的单位定期存单项下的款项在质押期间被司法机关或法律规定的其他机关采取冻结、扣划等强制措施的，贷款人应当在处分此定期存款时优先受偿”的规定，行使优先受偿权，以该存单项下存款偿还借款。根据《人民币单位存款管理办法》第 11 条“存款单位支取定期存款只能以转账方式将存款转入其基本存款账户，不得将定期存款用于结算或从定期存款账户中提取现金”的规定，银行工作人员将该存单项下 1.5 亿元提取后存入中商投公司在恒丰银行开立的还款账户（账号：85×××94）用来还款。但在继续还款操作时，发现中商投公司账户部分款项被冻结，无法进行操作。

经查，中商投公司账户于 2017 年 5 月 9 日被天津市第二中级人民法院依据（2017）津 02 执保 109 号执行裁定书冻结，冻结金额为 37 950 631.73 元。2017 年 8 月 17 日，国民信托公司提出书面异议请求天津市第二中级人民法院作出（2017）津 02 执异 80 号裁定书裁定驳回。

另查明，恒丰银行出具《单位定期存单确认书及止付承诺函》，确认中商投公司在该行开立定期存单，存单号 00004192，账户为 85×××81，存单金额 1.5 亿元，利率 2.01%，存单期限 12 个月。《存单质押合同》约定国民信托公司委托恒丰银行代为接收和保管本合同项下出质的权利凭证，质权自中商投公司将权利凭证直接交付至恒丰银行之日起生效。恒丰银行在《存单质押合同》附件二中签章确认已接收出质的单位定期存单。2016 年 5 月 24 日，国民信托公司将 1.5 亿元信托贷款通过转账方式支付给中商投公司。另，恒丰银行进账单显示，2017 年 5 月 24 日，中商投公司自名下 85×××81 账户转账 1.5 亿元至名下 85×××94 账户内。同日，银行流水显示中商投公司名下 85×××94 账户入账三笔，分别为 1 250 833.33 元、2 000 000 元、153 015 000 元。

庭审中，国民信托公司认可中商投公司名下 85×××94 账户中除远东公司冻结的 37 950 631.73 元，其余款项已经为国民信托公司扣划。

法院认为，关于中商投公司开立在恒丰银行的账号 85×××94 的账户性质、该账户能否被冻结的问题。经审理查明，恒丰银行与中商投公司签订的《流动资金借款合同》中明确约定，中商投公司 85×××94 账户为贷款资金放款账户、贷款资金回笼账户。中商投公司与国民信托公司签订的《信托贷款合同》约定，中商投公司 85×××94 账户为接受信托贷款账户。恒丰银行、中商投公司、国民信托公司签订的《存单质押合同》亦约定，信托贷款到期日，经中商投公司、国民信托公司一致同意并确认，恒丰银行应按照《质押存单（代为）清偿通知》要求及时将兑现质押存单应得款项直接划入国民信托公司指定的账户，以偿还主债务。同时，85×××94 账户的对账单显示，该账户内的资金全部被用于偿还中商投公司欠付恒丰银行及国民信托公司的贷款本息，该账户符合贷款发放及收回的专户专用特征，中商投公司 85×××94 账户的性质应为银行贷款账户。依据《最高人民法院〈关于银行贷款账户能否冻结的请示报告〉的批复》规定，在执行以银行为协助执行人的案件时，不能冻结户名为被执行人的银行贷款账户，故中商投公司账号 85×××94 的账户应解除冻结，国民信托公司的该项上诉请求成立。

案例分析及问题：

1. 首先需要明确，**案例 3–4–7** 和**案例 3–4–8** 都和规定信托财产独立性（以该财产是信托财产对抗第三人强制执行）的《信托法》第 17 条无关。

事实上，有可能对信托财产提出强制执行请求的主体一般包括：（1）委托人的债权人、受托人的债权人和受益人的债权人；（2）信托财产的债权人或其他权利人；（3）极个别场景下，受托人以信托财产投资企业的债权人等要求受托人以信托财产承担股东责任（股东责任很少产生，但的确可能产生）。

符合（2）和（3）条件的相关主体可以提出强制执行信托财产的请求，而（1）中所涉主体原则上不能强制执行信托财产，否则构成《信托法》第 17 条执行异议的对象。

上面列举之外的其他主体和信托财产没有法律上的联系点，不大可能提出强制执行信托财产的请求。

2. **案例 3–4–7** 中提出强制执行请求的权利人，不是委托人、受托人或者受益人的债权人，而是受托人运用信托财产对外交易的债务人（浙江赛日公司）的债权人（上海浦东发展银行股份有限公司宁波余姚支行）；且强制执行的对象，也并非信托财产。

对浙江赛日公司而言，信托公司是其债权人，信托公司将信托财产贷款给浙江赛日公司，浙江赛日公司的债权人能否请求强制执行监管账户的资金，要看这些资金是否“交付”、是否已经属于浙江赛日公司。不管是从哪里来的资金，只要进入浙江赛日公司的银行账户中，即已完成“交付”，即属于浙江赛日公司的责任财产。浙江赛日公司的债权人提出强制执行请求是有道理的。即，**案例 3–4–7** 中，监管账户的财产之所以能被强制执行，是因为其不属于信托财产。该案中信托公司按照《信托法》第 17 条提出异议，认为如果能论证该账户的财产属于信托财产即能避免强制执行。法院不认同这一主张，认为《中国人民银行关于信托投资公司人民币银行结算账户开立和使用有关事项的通知》规定，信托投资公司对受托的信托财产，应在商业银行设置专用存款账户。信托财产专户的存款人名称应为受托人（即信托投资公司）全称，不同的信托财产应开立不同的专户，并对应不同的账号。该案中，法院冻结扣划的账号为 94×××17 的账号，存款人为被执行人浙江赛日公司，而非该案中异议人华融信托，该账户设立不符合信托财产专户的要求。**案例 3–4–7** 中，监管账户的户名是浙江赛日公司，不可能是受托人名下的信托账户。信托公司完全没有可能把监管账户论证为信托账户，也没有可能把监管账户中的财产论证为信托财产。

不过，在**案例 3–4–7** 中，信托公司似乎可以主张监管账户具有特殊性：虽然以浙江赛日公司的名义开设监管账户，但由于存在合同的监管约束，账户内的资金浙江赛日公司不具有（完全）支配力。特别是该案中的债权人又恰恰是监管协议的当事银行。该监管协议的效力不需要产生对世的物权的效力，只要能对抗知情的

（notified）的银行即可。不过，从判决书中看不出监管协议条款是否得到了遵守；该监管账户的资金是否还处于受托人的控制之下；未经信托公司审核，浙江赛日公司是否有权自由使用账户内资金。

3. 脱离**案例 3-4-7**，一个一般性的问题是：除了信托专户之外，银行账户能否创设出账户户主一般财产之外的特殊财产？信托实践中，除了金融领域的受托人，其他主体出于资金运用的效率和安全的考虑之外，对设置共同账户和其他特殊目的账户的需求越来越明显。如果固执于“要么是完全平等的债权、要么是完全绝对的物权或所有权”的观念，这种实践中的创造似乎很难得到司法的支持。

这里介绍一下 Quistclose 信托。Quistclose 信托来源于 1970 年英国的“巴克莱银行诉奎斯特克鲁斯案”（Barclays Bank v. Quistclose Investments Ltd）[①]（简称“Quistclose 案”）。该案中，为了缓解 Rolls Razor 公司的经济困境，Quistclose 投资公司与 Rolls Razor 公司签订了一份贷款合同，合同约定由 Quistclose 公司向 Rolls Razor 公司提供贷款，不过 Rolls Razor 公司仅能将所借资金用于支付股东股息这一特定目的。该笔资金存入 Rolls Razor 公司在 Barclays 银行开设的一个独立于其他所有资金的股息账户内。后来 Rolls Razor 公司在股息支付前破产，Barclays 银行主张有权用股息账户中的资金来冲抵 Rolls Razor 公司在其银行中的透支。Quistclose 公司主张股息账户中的资金是以信托方式为其持有的，银行无权以该笔资金来冲抵 Rolls Razor 公司从银行其他账户中所为的透支。英国法院在审理该案时认为，独立地存入股息账户的资金应被视为为贷款人的利益以信托方式持有，当特定目的未能实现时，这笔资金为贷款人成立复归信托。

该案的法律内涵非常值得研究，至少能证明一点：债的安排和对世的财产权安排之间的区分并无绝对边界，特别是当这种债附有某种特定目的之时。而且，从政策上衡量，若不允许债权人取得优先的权利，之前债权人根本不会提供融资，对陷于困境中企业的资金援助也就没有启动的可能。

4. 在**案例 3-4-7** 中，监管账户的资金被融资方（借款人）的其他债权人请求强制执行，并得到了法院的支持。但在**案例 3-4-8** 中，开立在中商投公司（借款人）名下的恒丰银行账号 85×××94 同样并非信托专户，审理法院却以“在执行以银行为协助执行人的案件时，不能冻结户名为被执行人的银行贷款账户”为由否认了被执行人债权人对该账户的强制执行。审理法院引用了《最高人民法院〈关于银行贷款账户能否冻结的请示报告〉的批复》：“你院（2013）豫法执复字第 00042 号《关于银行贷款账户能否冻结的请示报告》收悉，经研究，答复如下：在银行作为协助执行人时，现行法律和司法解释只规定了可以对被执行人的银行存款账户进行冻结，冻结银行贷款账户缺乏依据。强制执行应当通过控制和处分被执行人财产的措施来实现。银行开立的以被执行人为户名的贷款账户，是银行记载其向被执行人发放贷款及收回贷款情况的账户、其中所记载的账户余额为银行对被执行人享有的债权，属于贷款银行的资产，并非被执行人的资产，而只是被执行人对银行的负债。因此，

① Barclays Bank v. Quistclose Investments Ltd (1970) A. C. 567.

通过‘冻结’银行贷款账户不能实现控制被执行人财产的目的。只要人民法院冻结到了被执行人的银行存款账户或控制其他可供执行的财产，即足以实现执行的目的，同时也足以防止被执行人以冻结或查封的资产向银行清偿债务。而所谓‘冻结’被执行人银行贷款账户，实质是禁止银行自主地从法院查封、扣押、冻结的被执行人财产以外的财产中实现收回贷款的行为。这种禁止，超出执行的目的。将侵害银行的合法权益，如果确实存在银行在法律冻结被执行人存款账户之后，擅自扣收贷款的情况，则可以依法强制追回。因此，在执行以银行为协助执行人的案件时，不能冻结户名为被执行人的银行贷款账户。”

但如果按照这一逻辑，在**案例 3-4-7** 中，鉴于信托公司对监管账户中的资金仍然有一定控制力，而且，资金监管协议约定：“……乙方（浙江赛日公司）同意将其为履行本协议而于丙方（上海浦东发展银行股份有限公司宁波余姚支行）处开立的如下账户作为接收甲方（华融信托）根据主合同的约定向乙方划付 B 类信托贷款资金的监管账户，本账户同时作为乙方提前归集 B 类信托贷款本金的归集账户，以及乙方偿付 A 类信托贷款的全部款项义务履行完毕之日起至偿付 B 类信托贷款的全部款项义务履行完毕之日止的期间，乙方及其股东陈某君所参股的企业分配股息、红利时，该等股息、红利的收款账户。”这清楚地表明，该账户虽非信托账户，但是该账户类似浙江赛日公司的还款账户而非存款账户，该账户内的财产同样不应是浙江赛日公司的责任财产。

5. 在上述两个案例中，信托公司和借款人之间并非信托关系，而是贷款关系这种普通的债权债务关系。债务人能否主张自己开设了一个以自己为受托人、以信托公司为受益人的信托账户呢？再推演一下，债务人能否主动设置一个信托，专门作为履行其债务的工具，从而在自己的责任财产中隔离出只有特定债权人能追索的特别财产呢（如设立宣言信托并进行公示）？如此是否会产生对一般债权人不公平的后果呢？

传统债法规则被假定为关于民法债的规则，对金融债考虑得较少。在传统的债之关系中，债权人通常不会控制债务人的行为，不会干涉债务人的自由行为和自由选择。而在金融之债当中，银行和信托机构等通常附有贷款目的，进而介入债务人的行为。银行或信托机构在贷款之时除了取得担保之外，能否如 Quistclose 案那样取得优先的权利，值得探讨。

第五节 信托公示

一、信托公示的必要性

信托设立属于处分行为，一旦信托设立，信托财产即归属于受托人，不再属于委托人的责任财产。但是，信托财产在受托人名下，要产生不是受托人自己责任财产的效果，仅仅完成信托财产从委托人到受托人的财产权转移公示是不够的，例如，仅仅将信托财产的物权登记到受托人的名下，仍然无法解决受托人的个人债权人对该财产的强制执行问题。此时，除了财产权转移公示，还需要信托公示。

二、我国信托公示规则的主要问题

第一，仅粗略规定了信托财产的登记公示。《信托法》规定，信托财产中“有关法律、行政法规规定应当办理登记手续的”，才有登记要求，这主要包括土地及其地上物等不动产（权利）、有限责任公司和无纸化的上市公司的股权和股份、专利权和商标权等。而有些权利在转移时，法律要求的是采取注册或其他公示手段，有些不动产物权的转移并非以登记作为生效要件，是否属于这里的“有关法律、行政法规规定应当办理登记手续的”权利，值得探讨。而对以动产、资金、债权等财产权利设立信托该如何公示，《信托法》无明文规定。

第二，没有规定公示的操作细节。《信托法》第 10 条并没有规定公示的内容、程序等细节。例如，信托文件能否作为登记依据等问题一直没有得到解决。另外，能否仅仅登记某些特定财产是信托财产，而不披露其他细节，或者是否要披露信托文件的细节——委托人的身份或者受益人的身份，甚至是信托的条款等，并不明确。虽不能要求《信托法》规定关于信托登记所有的程序性和操作性规范，但《信托法》关于信托登记的规范中连登记义务人、登记机关等都没有规定，我国信托登记制度一直缺乏可操作性。

我国物权法领域原本缺乏统一的登记部门和统一的登记制度，直到 2014 年年底国务院颁行了《不动产登记暂行条例》，但其中并无信托财产登记的规定。实务中，相关登记主管机关目前还不承认、不认可信托文件作为财产权登记的法律依据，致使目前设立资金信托以外的财产信托非常困难，造成了信托实务发展的瓶颈。中国信托登记有限责任公司的设立虽然是我国信托登记机制的有益尝试，但是因无法解决和不动产、股权的产权登记机关的职权冲突，无法从根本上解决信托登记的问题。

第三，信托财产的信托登记和物权登记的关系不清。如前所述，以不动产作为信托财产的，物权的过户登记仅仅解决了信托财产不再是委托人的责任财产的问题，但没有解决信托财产为何既在受托人名下但又不是受托人的责任财产的问题。而信托登记和物权登记由同一个部门进行操作应是效率最高的。

第四，没有区分信托（关系）登记和信托财产登记。例如，慈善信托目前采取备案制，经过备案的慈善信托的财产属于受托人持有的信托财产是明确的，应当具有公示效力。即使信托财产中有不动产物权、股权等，这些财产权即使没有进行狭义的信托财产登记而只作了备案，当事人滥用慈善信托侵害委托人或受托人之债权人的利益的情形也绝少出现，也不会出现可能会对财产状态产生误认的受托人之债权人，以此进行公示应当认为是充分的。而在私益信托中，能否以信托（关系）的公示替代信托财产的公示，值得探讨。

三、我国信托财产公示的实践

信托财产在受托人名下，很明显不是委托人和受益人的财产，委托人、受益人的债权人对信托财产不存在正当的期待。所以，信托财产公示的目的主要是对抗受托人的固有债权人。

（一）资金、动产、债权等

1. 资金

《信托法》对资金作为信托财产该如何公示没有规定。原则上，只要受托人履行了《信托法》第 29 条规定的分别管理、分别记账等义务，即可认为完成公示[①]。对于非营业的民事信托而言，受托人如何开设信托账户，作为信托财产的资金是否要采取第三方保管制，法律对此并无明确规定。

不过，我国的营业信托实践对集合资金信托计划这种商业信托的信托资金有着特别的监管要求。《信托公司集合资金信托计划管理办法》第 19 条规定："信托计划的资金实行保管制。对非现金类的信托财产，信托当事人可约定实行第三方保管，但中国银行业监督管理委员会另有规定的，从其规定。信托计划存续期间，信托公司应当选择经营稳健的商业银行担任保管人。信托财产的保管账户和信托财产专户应当为同一账户。信托公司依信托计划文件约定需要运用信托资金时，应当向保管人书面提供信托合同复印件及资金用途说明。"该规定强制要求集合资金信托的信托财产必须交由第三方保管。这样，不仅产生"信托财产不是受托人固有财产"的效力，还可以减少因受托人不履行分别管理义务或者滥用信托财产给受益人造成的损害。这是金融监管机构的强化要求。需要注意的是，该规定对非集合资金信托计划并不适用。例如，对于单一资金信托而言，当事人可以选择是否设置保管账户。

信托公司受托的家族信托虽大多为单一信托，但出于风险隔离的考虑，其资金仍应开设信托专户和保管账户加以保管。

2008 年《中国银监会办公厅关于鼓励信托公司开展公益信托业务支持灾后重建工作的通知》规定"信托公司应当在商业银行开立公益信托财产专户，并可以向社会公布该专户账号"，确认了慈善信托也要开设信托财产专户。《慈善法》实施之后出台的《民政部、中国银行业监督管理委员会关于做好慈善信托备案有关工作的通知》明确规定，作为备案审查的重要内容，申请备案人要出具"开立慈善信托专用资金账户证明、商业银行资金保管协议"，确立了慈善信托财产的保管制。

案例 3-5-1　渤海信托和广州农商行执行异议纠纷案[②]

异议人渤海信托请求解除因（2019）粤执保 47 号裁定书冻结的三个案涉银行账号，理由如下：一是案涉兴业银行账户和工商银行账户中的资金是信托专户资金，专户资金系信托计划委托人（投资者）的信托财产，并非申请人的固有资金，依据《信托法》第 17 条不应

---

① 日本信托法上，对于金钱和债权，采取在信托账簿上计算管理的方式（《日本信托法》第 34 条第 1 款第 1 项）。

② 广东省高级人民法院（2019）粤执异 9 号执行裁定书，最高人民法院（2019）最高法执复 88 号执行裁定书。

冻结。二是案涉平安银行账户属于信托业保障基金专项账户，用于核算保障基金认购者的资金及其应享收益，完全独立于信托公司固有资金，依据《信托法》第 16 条应予解除冻结。

法院认为：

1. 关于本院查封的账户是不是信托财产专用结算账户、信托业保障基金专项账户。我国《信托法》第 16 条规定，信托财产与属于受托人所有的财产（以下简称“固有财产”）相区别，不得归入受托人的固有财产或者成为固有财产的一部分。异议人作为持牌信托公司，依法经营信托业务，根据《信托法》规定，有权以自己的名义，持有和管理独立于固有财产的信托财产，不能适用一般性规则，将其名下账户一概认定为自有资金账户。具体到本案：

（1）关于案涉兴业银行账户、工商银行账户是不是信托财产专用结算账户。异议人提供的信托专户开立凭证能够证明这两个账户是专用账户；信托合同中的银行账号与信托登记文件记载的银行账号相一致，是本院冻结的两个账号；信托合同中的信托登记编码与中国信托登记有限责任公司信托登记通知书中的编码以及信托登记官方网站相关网页记载的编码一致；委托人打款凭证可证明有多名或者单一投资者向案涉银行账户打款。上述相关证据材料相互可以印证，形成证据链条。保全申请人虽然认为两个账户中被冻结的资金是否确实是信托财产尚存疑问，但其认可异议人前述证据材料的真实性，也没有提出证据对异议人的举证进行反驳。故本院支持异议人的请求，将案涉兴业银行账户、工商银行账户中的资金作为异议人依照信托合同约定进行管理、运作的受托资金处理。

（2）关于案涉平安银行账户资金是不是信托业保障基金。异议人提供的账户开立凭证能够证明该账户是专用账户且资金性质为保障基金；提供的业务回单能够证明该账户与中国信托业保障基金有限责任公司归集专户有资金往来；提供的案涉工商银行账户资金对应的信托合同中，有“以本信托项下信托资金的 1%认购信托业保障基金”的内容，其中载明的中转所用的信托财产专户为案涉平安银行账户。上述相关证据材料相互可以印证，形成证据链条。保全申请人虽然认为案涉平安银行账户中被冻结的资金是否确实是信托业保障基金尚存疑问，但其认可异议人前述证据材料的真实性，也没有提出证据对异议人的举证进行反驳。故本院支持异议人的请求，将案涉平安银行账户作为信托公司基金专户处理。

2. 关于对信托财产专用结算账户、信托业保障基金专项账户中的资金能否实施保全冻结。首先，我国《信托法》第 17 条规定：“除因下列情形之一外，对信托财产不得强制执行：（一）设立信托前债权人已对该信托财产享有优先受偿的权利，并依法行使该权利的；（二）受托人处理信托事务所产生债务，债权人要求清偿该债务的；（三）信托财产本身应担负的税款；（四）法律规定的其他情形。对于违反前款规定而强制执行信托财产，委托人、受托人或者受益人有权向人民法院提出异议。”目前没有证据证明本案具备上述四种例外情形，也无证据证明异议人将自有资金打入案涉信托财产专用结算账户中，故对案涉兴业银行、工商银行账户中的资金不应作为异议人的自有资金冻结。其次，《信托业保障基金管理办法》第 26 条规定，信托公司应当设立保障基金专项账户，应当按季度与保障基金公司核对认购保障基金的资金余额、变动和支付情况。虽然该账户中的资金尚未划转到中国信托业保障基金有限责任公司归集专户，但其仍非信托公司的固有财产，且冻结该专户将使保障基金失去向归集专户划付的通道，故在没有发现该账户中有异议人其他自有资金的情况下，不宜对该账户继续冻结。保全申请人提出，信托法、民事诉讼法及相应司法解释只是规定不得将信托财产作为受托人的财产强制执行，没有禁止对其实施财产保全。因法律设定财产保全制度的目的是保障将来的生效判决能够得到执行，而保全他人的财产、保全将来不能用于执行的财产无法实现这一目的，故对其主张不予支持。因冻结第三人资金影响第三人的合法权益，故法院如发现冻结的是第三人资金，无论被保全人是否予以置换或者提供担保，法院均应依职权解冻，对保全申请人必须提供合格的担保才能解除对案涉账户冻结的观点亦不予支持。

综上，异议人的请求有事实依据和法律依据，应予支持。本院在采取保全措施时依据表面证据原则，冻结以被保全人名义开立的案涉银行账户虽无不当，但经执行异议程序审查，发现冻结的账户资金不能证明是异议人的固有财产，应当解除冻结。解除冻结的行为实施后，本院（2019）粤民初 11 号民事裁定书仍应继续执行，但是应当通过保全异议人固有财产的方式实现，裁定解除对渤海信托在中国工商银行上海民生路支行×××账号、兴业银行石家庄分行营业部×××账号、平安银行石家庄分行营业部×××账号的冻结措施。

案例分析及问题：

法院支持受托人关于“信托财产专用结算账户和信托业保障基金专项账户的财产并非信托公司的固有财产，不得被第三人强制执行”的主张，逻辑清晰，结论准确。

1. 如何证明某银行账户是信托财产专用结算账户？受托人作为异议人提供了信托财产专用结算账户开立凭证；信托合同中的银行账号与信托登记文件记载的银行账号相一致，是法院冻结的两个账号；信托合同中的信托登记编码与中国信托登记有限责任公司信托登记通知书中的编码以及信托登记官方网站相关网页记载的编码一致；委托人打款凭证可证明有多名或者单一投资者向案涉银行账户打款。法院认为：上述相关证据材料相互可以印证，形成证据链条。

2. 如何证明某银行账户是信托业保障基金专项账户？异议人提供的账户开立凭证能够证明该账户是专用账户且资金性质为保障基金；提供的业务回单能够证明该账户与中国信托业保障基金有限责任公司归集专户有资金往来；提供的案涉工商银行账户资金对应的信托合同中，有“以本信托项下信托资金的 1%认购信托业保障基金”的内容，其中载明的中转所用的信托财产专户为案涉平安银行账户。上述相关证据材料相互可以印证，形成证据链条。信托业保障基金专项账户能产生和信托财产专用结算账户类似的免于被受托人的债权人强制执行的功能。

但不应反推出这样的结论：要证明信托公司所开设的某账户为信托账户，必须以上述多重证据并存为必要。

对于非营业型民事信托，就其资金信托财产该如何公示并无法律规定。在我国，已经有裁决确认，即使没有名为信托财产专用结算账户的账户，当事人如果能够证明账户内的资金来源清晰，资金流向和用途与其他债权债务并无关联，法院仍有可能认定相关财产为信托财产，如**案例 3–5–2**、**案例 3–5–3** 以及**案例 1–1–1**“李某 4 遗嘱信托案”等。

案例 3-5-2 招行徐东支行诉黄冈劳动局案①

《国务院关于进一步加强就业再就业工作的通知》《中国人民银行、财政部、劳动和社会保障部关于改进和完善小额担保贷款政策的通知》颁布实施后，2006 年 10 月，《湖北省就业再就业小额担保贷款实施办法》颁布，要求省市县都要建立小额担保贷款担保基金，专项用于小额担保贷款，担保基金主要由同级财政筹集，委托本级政府出资的小额担保贷款信用担保机构运作，受委托的信用担保机构应建立贷款担保基金专门账户，基金的运作与信用担保机构的其他业务分开，单独核算，小额担保贷款信用担保机构以基金为质物，与相关银行签订整体担保合同。第三人黄冈担保公司是由黄冈市国有资产经营公司、张某等企业法人和自然人注册成立的有限责任公司。为了贯彻落实《湖北省就业再就业小额担保贷款实施办法》等文件精神，2015 年 2 月 11 日，黄冈劳动局（即原黄冈市劳动就业管理局，为行文简洁，该案例中统一用简称）与黄冈担保公司、中国银行黄冈分行签订《黄冈市就业再就业小额担保贷款合作协议》，约定黄冈担保公司在中国银行黄冈分行设立黄冈市就业再就业小额贷款担保基金专户，市直担保基金直接拨付到基金专户，实行封闭运行，专项用于市直就业再就业小额贷款的担保。同日，黄冈担保公司与中国银行黄冈分行签订《黄冈市就业再就业小额担保贷款合作协议》，约定黄冈担保公司在中国银行黄冈分行指定的经办银行设立黄冈市就业再就业小额贷款担保基金专户，市直担保基金直接拨付到基金专户，实行封闭运行，专项用于市直就业再就业小额贷款的担保。2015 年 9 月 22 日，黄冈担保公司与中国银行黄冈分行签订《保证金质押总合同》，约定黄冈担保公司在中国银行黄冈分行营业部设立保证金账户，账号 56×××77，黄冈担保公司将黄冈市财政局拨付的专款转至下岗再就业小额贷款担保基金专户（账号 56×××77），仅用于下岗再就业小额贷款的担保保证金及逾期贷款的本息代偿。此后，该账户内资金均来源于财政拨款，及黄冈担保公司履行担保责任后，就业再就业人员的还本付息。

2016 年 5 月 3 日，法院对“招行徐东支行诉武汉玛丽公司、黄冈担保公司借款合同纠纷”一案作出民事判决书［（2016）鄂 0106 民初 11 号］，判决武汉玛丽公司于判决生效之日起 10 日内偿还招行徐东支行借款本金 4 162 289.37 元、支付截至 2016 年 2 月 22 日的利罚息 214 459.49 元及 2016 年 2 月 23 日起至判决确定给付之日止的银行利罚息（以 4 162 289.37 元为本金计算基数，按照合同约定标准计付）、黄冈担保公司承担连带保证责任、驳回招行徐东支行其他诉讼请求……武汉玛丽公司不服该判决，提起上诉，2016 年 10 月 21 日法院作出民事判决书［（2016）鄂 01 民终 5169 号］，判决驳回上诉，维持原判。招行徐东支行向该院申请强制执行后，2017 年 1 月 13 日该院作出执行裁定书［（2017）鄂 0106 执 145 号］，裁定冻结、扣划武汉玛丽公司、黄冈担保公司银行存款 4 889 973.86 元，并通知中国银行黄冈分行协助扣划黄冈担保公司在中国银行账户内存款 4 889 973.86 元至该院账户，预备作为执行款转交招行徐东支行。黄冈劳动局提出异议，认为户名为黄冈担保公司的中国银行账户是根据行政机关文件设立的专户，该账户内资金是黄冈劳动局专用于黄冈市就业再就业小额贷款担保基金，不属于黄冈担保公司所有，请求解除对户名为黄冈担保公司的

① 武汉市中级人民法院（2017）鄂 01 民终 8162 号二审民事判决书，同案例 1-1-3。

中国银行账户的查封、冻结，退还扣划的资金。法院于 2017 年 4 月 18 日作出执行裁定书［（2017）鄂 0106 执异 16 号］，裁定驳回黄冈劳动局的异议请求。

一审法院认为，为了贯彻落实湖北省就业再就业小额担保贷款政策，黄冈劳动局将黄冈市财政局拨付的小额贷款担保基金委托给第三人黄冈担保公司管理，双方形成信托关系。为了履行信托合同，黄冈担保公司设立小额贷款担保基金专户（账号 56×××77），仅用于下岗再就业小额贷款的担保保证金及逾期贷款的本息代偿，该账户内资金均来源于财政拨款，属于信托财产。我国《信托法》第 17 条规定："除因下列情形之一外，对信托财产不得强制执行：（一）设立信托前债权人已对该信托财产享有优先受偿的权利，并依法行使该权利的；（二）受托人处理信托事务所产生债务，债权人要求清偿该债务的；（三）信托财产本身应担负的税款；（四）法律规定的其他情形。对于违反前款规定而强制执行信托财产，委托人、受托人或者受益人有权向人民法院提出异议。"黄冈担保公司对招行徐东支行的债务并非处理信托事务产生的债务，招行徐东支行也非在设立信托前已对信托财产享有优先受偿的权利，不能以该账户内资金履行黄冈担保公司为武汉玛丽公司的借款形成的担保责任，对黄冈劳动局关于停止执行户名为黄冈担保公司的中国银行账户内资金的诉讼请求予以支持。物权的客体是不动产和动产，以及法律规定的权利，银行账户内资金不是物权客体，而是储户与银行间储蓄合同的标的物。户名为黄冈担保公司的中国银行账户内资金是黄冈担保公司与中国银行黄冈分行间储蓄合同的标的物，黄冈劳动局对其不能享有所有权，对黄冈劳动局关于中国银行账户内资金属于其所有的诉讼请求不予支持。

根据存款历史交易明细清单、中国银行黄冈分行出具的账号情况说明、还款清单，户名为黄冈担保公司的中国银行账户内资金均来源于财政拨款，再就是黄冈担保公司履行担保责任后，贷款人偿还的本息、该账户内资金来源是清晰的，该账户内资金的流向和用途与本案并无关联，对招行徐东支行司法鉴定的申请不予支持。根据《信托法》第 17 条、《物权法》第 2 条第 2 款、《民事诉讼法》第 227 条、《最高人民法院关于适用〈中华人民共和国民事诉讼法〉的解释》第 312 条第 1 款第 1 项、第 2 款的规定，法院判决在该院（2017）鄂 0106 执 145 号执行案件中，不得执行第三人黄冈担保公司在中国银行黄冈分行设立的账号为 56×××77 的银行账户内资金。

二审裁判驳回上诉，维持原判。

案例分析及问题：

基金即信托。[①]不论当事人是否使用了"信托"作为构建其法律关系的关键词，只要该法律关系事实上构成信托关系，即可适用《信托法》来解决纠纷。

根据该案中提供的信息，案涉基金是根据《湖北省就业再就业小额担保贷款实施办法》设立的小额贷款担保基金，"专项用于小额担保贷款，担保基金主要由同级财政筹集，委托本级政府出资的小额担保贷款信用担保机构运作，受委托的信用担保机构应建立贷款担保基金专门账户，基金的运作与信用担保机构的其他业务分开，单独核算……"，而黄冈劳动局与黄冈担保公司、中国银行黄冈分行签订的《黄冈市

① 该判断在绝大多数情况下是成立的，一个例外是有限合伙基金，有限合伙显然不是信托。不过，即便是有限合伙基金，其基金财产也保持着类似信托财产的地位，其普通合伙人对有限合伙人负有信义义务。

就业再就业小额担保贷款合作协议》中约定，“黄冈担保公司在中国银行黄冈分行设立黄冈市就业再就业小额贷款担保基金专户，市直担保基金直接拨付到基金专户，实行封闭运行，专项用于市直就业再就业小额贷款的担保”。而且，2015 年 9 月 22 日黄冈担保公司与中国银行黄冈分行签订的《保证金质押总合同》还约定，“黄冈担保公司在中国银行黄冈分行营业部设立保证金账户，账号 56××××77，黄冈担保公司将黄冈市财政局拨付的专款转至下岗再就业小额贷款担保基金专户（账号 56××××77），仅用于下岗再就业小额贷款的担保保证金及逾期贷款的本息代偿。此后，该账户内资金均来源于财政拨款，及黄冈担保公司履行担保责任后，就业再就业人员的还本付息”。

从这些信息可以看出，该基金资金来源于黄冈市财政局拨付专款，虽然基金账户开设在黄冈担保公司名下，但是这些资金很显然不构成担保公司的收入，而是其名下的特别财产。该财产进入专户，封闭运作，只用于“下岗再就业小额贷款的担保保证金及逾期贷款的本息代偿”这一特别目的，该财产只能被符合这一目的的人（担保权人）所追索，但不能被担保公司自身的债权人所追索。这都符合信托财产作为受托人名下的特别财产、具有独立性的特征。

值得探讨的是，该基金在担保公司名下，并没有履行类似信托公司对信托财产进行托管的特殊程序，应否产生对抗第三人的效力。根据《信托法》第 10 条之规定，设立信托，有关法律、行政法规规定应当办理信托财产登记手续的，才应办理信托登记；又根据《信托法》第 27 条和第 29 条，信托设立之后，受托人只要不将信托财产和固有财产混淆，将信托财产与其固有财产分别管理、分别记账，将不同委托人的信托财产分别管理、分别记账，信托财产即能产生其作为信托财产的独立性，对抗受托人的债权人。该案中，基金账户虽然开设在担保公司名下，但是属于其名下的独立账户，进行封闭运作，只用于开设账户的目的，即具有了对抗第三人的独立性，而没有必要像信托公司从事集合资金信托业务那样强制第三方托管或保管。

案例 3-5-3 慈善医院和钇成公司案[①]

2020 年 12 月 18 日，河南省焦作市山阳区人民法院（以下简称“山阳法院”）作出判决，判决慈善医院支付钇成公司货款 9 515 418.6 元及逾期付款违约金、利息。2021 年 4 月 6 日，河南省焦作市中级人民法院作出判决：驳回上诉，维持原判。2021 年 5 月 7 日，钇成公司向山阳法院申请执行。2021 年 8 月 12 日，山阳法院冻结慈善医院工商银行账户内存款 5 535 000 元。

慈善医院提出异议。2021 年汛情发生后，焦作慈善总会启动“抗洪救灾”慈善募捐项目，接受社会捐赠，经报请市防汛抗旱指挥部，由焦作慈善总会向申请人拨付防汛救灾捐赠资金 550 万元。焦作慈善总会于 2021 年 7 月 27 日分两次向慈善医院工商银行账户（尾号 0317）转账，转账共计 550 万元，并备注“抗洪救灾慈善款”。双方于 2021 年 8 月 2 日签订了《焦作

① 河南省焦作市中级人民法院（2021）豫 08 执复 145 号执行裁定书（审结日期：2021 年 11 月 3 日）。

慈善总会防汛救灾捐赠资金使用协议》，该协议约定该笔款项属于防汛救灾专项捐赠资金，必须用于辖区内受灾人员的紧急转移安置、基本生活救助、医疗救助，灾后住房及道路、基础设施的恢复重建和自然灾害救助物资的采购、储存和运输，以及因灾遇难人员亲属的抚慰等项支出，不得挪作他用。2021 年 8 月 11 日，焦作慈善总会分两次向慈善医院工商银行账户（尾号 3623）转账共计 35 000 元，转账备注为抗洪救灾慈善款。因抗洪救灾慈善款要求“专人管理、专户储存、专账核算、专项使用”，按照焦作慈善总会的要求申请人将名下工商银行账户（尾号 3623）设为专户，将存放于工商银行账户（尾号 0317）中的 550 万元转至工商银行账户（尾号 3623），并备注专项资金，以便于焦作慈善总会的监管和审计。但该账户被山阳法院冻结，导致申请人无法使用该笔款项进行防汛救灾。

山阳法院认为：根据相关法律规定，被执行人未履行生效法律文书确定的义务，法院有权根据不同情形扣押、冻结、划拨、变价处置被执行人的财产。专项资金实行“专人管理、专户储存、专账核算、专项使用”。山阳法院执行的案涉账户中虽然标注有专项资金的流转，但该账户并非专项资金专用账户，且异议人慈善医院提交的证据不能证明山阳法院所冻结的款项属于专项资金。在异议人慈善医院未按照生效法律文书履行对申请执行人给付义务的情形下，山阳法院依法冻结其在银行开立的案涉账户内的银行存款符合法律规定。异议人慈善医院以案涉账户内的资金是防汛抗洪专项救灾资金为由，主张法院不能冻结的异议理由不能成立，山阳法院不予支持。

河南省焦作市中级人民法院经审查认为：针对案涉账户内的资金是否是防汛抗洪专项救灾资金问题，山阳法院仅对查封账户是否专项资金账户进行了审查，但对账户内资金的来源、用途以及资金性质没有审查清楚，造成案件基本事实不清，证据不足。据此，撤销原审执行裁定，发回重新审查。

案例 3-5-4　费县新庄镇人民政府执行异议案[①]

因费县新庄镇人民政府未履行其义务，经申请执行人田某增申请，法院于 2022 年 8 月 17 日立（2022）鲁 1325 执 1946 号案执行。案件执行过程中，法院于 2022 年 10 月 17 日向费县农商银行新庄支行送达（2022）鲁 1325 执 1946 号执行裁定书和协助冻结存款通知书，冻结了被执行人费县新庄镇人民政府在费县农商银行新庄支行 3000××××1398 账户的存款 1 563 892.50 元。异议人不服，提出异议。

听证中，异议人提交了《预算单位开设（变更）银行账户申请表》、印鉴卡片及案涉账户中 2021 年 9 月 9 日至 2022 年 11 月 4 日的银行流水，能够证明异议人费县新庄镇人民政府于 2021 年 9 月 10 日申请、在费县农商银行新庄支行开立了“专用存款账户”，该账户流水虽然显示含有“新农合”“新农保”“小麦保险”“花生保险”“小麦良种”“平安保险”等项目，但 2022 年 1 月 26 日“跨行转入”2 355 772.00 元、2022 年 1 月 28 日行内汇划 855 772.00 元、2022 年 6 月 15 日“滕某明工资津贴补贴清退”10 640.00 元、2022 年 11 月 3 日马某龙“跨行实时汇入”315.90 元没有明确资金来源和用途，且账户流水中尚有多处

① 山东省费县人民法院（2022）鲁 1325 执异 72 号执行裁定书（审结日期：2022 年 12 月 1 日）。

"跨行转账""退津贴"等非专项支出，该账户资金混同使用，故本院对该账户的专用性质不予认定。

本院认为，履行生效法律文书是当事人应尽的法律义务。……本案中，案涉账户登记在费县新庄镇人民政府的名下，该账户内资金应归费县新庄镇人民政府所有。虽然异议人提交了该资金账户流水，但该资金账户的专用属性不能认定，案涉资金账户并不属于人民法院不得查封、扣押、冻结的特殊资金账户。对于是否属于不得查封、扣押、冻结的财产，最高人民法院专门出台了一系列通知、批复、复函等文件及司法解释加以限定和规范，例如，《最高人民法院关于强制执行中不应将企业党组织的党费作为企业财产予以冻结或划拨的通知》《最高人民法院关于产业工会、基层工会是否具备社团法人资格和工会经费集中户可否冻结划拨问题的批复》等文件，以及《最高人民法院关于人民法院民事执行中查封、扣押、冻结财产的规定》等司法解释，另有部分散见于《信托法》《证券投资基金法》等专门针对某一类型法律关系进行调整的单行法律法规当中。人民法院执行过程中应严格遵照上述规定执行，不得随意扩大其适用范围。因此，裁定驳回异议人（被执行人）费县新庄镇人民政府的异议请求。

案例分析及问题：

在**案例 3–5–3** 中，无论是当事人还是法院，都没有主张慈善医院管理的财产属于信托财产。但是，慈善医院证明了以下几点：（1）资金来源（焦作慈善总会转账记录，备注"抗洪救灾慈善款"）；（2）焦作慈善总会和慈善医院之间签订的《焦作慈善总会防汛救灾捐赠资金使用协议》，该协议约定该笔款项属于防汛救灾专项捐赠资金，必须用于辖区内受灾人员的紧急转移安置、基本生活救助、医疗救助，灾后住房及道路、基础设施的恢复重建和自然灾害救助物资的采购、储存和运输，以及因灾遇难人员亲属的抚慰等项支出，不得挪作他用；（3）抗洪救灾慈善款要求"专人管理、专户储存、专账核算、专项使用"，按照焦作慈善总会的要求申请人将名下工商银行账户（尾号 3623）设为专户，将存放于工商银行账户（尾号 0317）中的 550 万元转至工商银行账户（尾号 3623），并备注专项资金。这样，即可认定该账户的资金并非慈善医院的固有资金，具有对抗慈善医院固有债权人强制执行的效力。这种具有专款专用性质的专项基金，构成信托财产无疑。

而在**案例 3–5–4** 中，债务人也是以专项账户为由提出执行异议。但法院认为，案涉账户并不是专款的归集账户，也没有专用于某一特定用途，所以，不属于法院不得查封、扣押、冻结的特殊资金账户。

2. *动产*

法律对动产作为信托财产该如何公示并无特别规定。根据《信托公司集合资金信托计划管理办法》第 19 条的规定，对非现金类的信托财产，当事人可约定实行第三方保管，也可以不约定。操作时，受托人对动产进行分别管理即可（《信托法》第 29 条）。目前，信托公司有以艺术品、白酒等作为信托财产的。

《日本信托法》要求必须以登记或者注册进行公示的，"不登记或不注册就无法以权利的得失或变更对抗第三人的财产"，就现金、普通动产和一般债权等信托财产，并没有法定公示的要求。日本的判例和通说认为，即使没有标识，也可以信托对抗第三人，[1]在实务上一般采取在信托财产上贴标签的形式，使第三人知悉该财产为信托财产。

3. 债权

根据我国现行法律的规定，债权转让实行高度的意思自治原则，原则上可以自由转让，其转移方式和转移时间均按照债权转让文件确定。因此，除非法律另有规定，以债权设立信托，债权的转移方式和转移时间完全由信托文件规定。但是，对于证券化的债权，主要是债券和票据（包括汇票、本票和支票），法律对其转让方式通常会另有规定。对于有形的债券，其转移需以背书方式（记名债券）或者交付方式（无记名债券）进行；对于无纸化的债券，其转移需要到相关债券登记结算机构办理转移登记；对于票据权利的转移，依照《票据法》的规定，应当采取连续背书的方式转移。

在信托业的监管规范中，没有对债权作为信托财产该如何公示的规定。信托业的实践中不乏以债权或者类债权（如各种资产收益权）设立信托的案例，大多以债权转让辅之以信托文件，完成债权作为信托财产的证明，并不需要独立的信托登记程序。

（二）股权

以股权作为设立信托的财产，其转移方式视公司形式不同而不同。

1. 关于有限责任公司的股权

有限责任公司的股权依照股权转让合同的约定转移，因此，用其设立信托，股权按照信托文件规定的条件和时间转移，转移后，应当取得公司签发的出资证明书和记载于公司备置的股东名册，但出资证明书和股东名册的记载仅是股权的证明文件，不是取得股权的条件。根据2023年修订的《公司法》第32条和第34条的有关规定，有限责任公司股东的姓名或者名称属于公司登记事项；登记事项发生变更的，应当依法办理变更登记。未经登记或者变更登记的，不得对抗善意第三人。据此，有限责任公司股权变更登记不是股权转移的生效要件，只产生不得对抗善意第三人的法律效果。除了股权变更登记之外，还应当完成股权信托登记的过程。但是，目前的股权登记部门不存在股权信托登记程序，仅完成股权变更登记并不能使股权作为信托财产产生对抗第三人（受托人的债权人）的效力。

案例 3-5-5　银河金汇与安信信托执行异议案[2]

上海金融法院在审理银河金汇与安信信托其他合同纠纷一案过程中，安信信托对该院在财产保全过程中，冻结登记在其名下的上海塞善实业有限公司等股权的保全措施存有异议，向该院提出书面异议。

安信信托称，被冻结的案涉股权分别系其作为受托人发起设立的“安信安赢 12 号·深圳雅园宾馆城市更新集合资金信托计划”等项下的信托财产，申请解除对登记在安信信托名下的案涉股权的冻结。

---

① 参见道垣内弘人『信託法（現代民法別卷）第2版』（有斐閣、2022年）151頁。

② 上海市高级人民法院（2020）沪执复28号执行裁定书。

银河金汇对被冻结的案涉股权是否案涉信托计划项下的信托财产存疑，认为现有证据无法证明案涉信托计划有效成立，即使案涉信托计划有效成立，如信托计划的实际委托人或受益人是安信信托，案涉股权仍为安信信托实际所有。现行法律并未禁止对股权类信托财产采取保全措施，且根据商事外观主义原则，安信信托以其并非股权实际所有人为由提出异议，不得对抗第三人。综上，银河金汇主张保全行为不存在错误，请求驳回异议人的申请。

针对银河金汇的主张，上海金融法院认为，案涉股权虽登记在安信信托名下，但安信信托已提交信托文件、付款回单等材料，证明案涉股权是案涉信托计划下的信托财产。信托财产独立于安信信托固有财产，银河金汇未能证明存在《信托法》第 17 条规定情形，对于案涉股权的冻结，应当解除保全措施。而且，信托依法设立后，案涉股权作为信托财产独立于委托人、受托人、受益人各自的固有财产，除符合《信托法》第 17 条规定情形外，不应被冻结，故对银河金汇的主张不予支持。据此，上海金融法院作出（2020）沪 74 执异 3 号异议裁定，解除对案涉股权的冻结措施。银河金汇不服，向上海市高级人民法院申请复议。

复议申请人银河金汇称：异议裁定认定案涉股权属于信托财产，系事实认定错误，安信信托申请解除对案涉股权的保全措施没有任何依据。案涉信托计划未进行登记，现有证据也不能排除安信信托实际持有股权。综上，请求撤销（2020）沪 74 执异 3 号异议裁定，驳回安信信托对案涉股权解除保全措施的申请。

二审法院驳回银河金汇的复议申请。

案例分析及问题：

1. 在该案中，银河金汇主张，有证据证明受托人同时是该信托的受益人，此时信托财产作为其受益权的对象，可以被采取强制执行措施。实践中的确可能出现受托人因受让全部或者部分受益权而成为受益人甚至唯一受益人的情形，所以这一主张形式上具有合理性。不管在民事信托还是商事信托中，受托人作为多个受益人之一享有受益权也是再自然不过的事情。此时，受托人的债权人可以根据《信托法》第 47 条的规定直接对信托受益权、间接对信托财产采取合适的强制措施；若受托人是唯一受益人（委托人），债权人还可以根据《信托法》第 43 条第 3 款、第 50 条及相关原理代位解除信托并强制执行信托财产。

当然，银河金汇似乎并没有提出有力的证据证明受托人同时是受益人。但法院对此作出的回应也并非有力。法院认为：有效设立的信托，信托财产就自动取得独立性，就不再属于委托人、受托人和受益人各自的固有财产或偿债财产，若不符合《信托法》第 17 条所规定的 4 种例外情形，信托财产即不受强制执行。然而，除了《信托法》第 17 条规定的例外，还有一些主体在特定情形下可以强制执行信托财产，如受益人。简单地以《信托法》第 17 条作为论证工具，有时会陷于同义反复、循环论证。

2. 该案的核心问题是：由于并不存在股权作为信托财产的信托登记方法，以股权作为信托财产设立信托只能直接登记在受托人名下，在形式上成为受托人的财产。此时，受托人的债权人能否强制执行该股权？

以股权作为初始信托财产，由于股权原本并不存在统一的登记要求，根据《信托法》第 14 条的规定，对于这些形态不同的股权（有限责任公司、非上市的股份公司和上市的股份公司的股权），只要有确定的证据证明股权的受让人是以信托受托人的身份取得股权的（有信托文件的存在，加上中国信托登记有限责任公司的登记作为佐证），该股权状态亦不会对第三人形成不合理的信赖，那么，该股权作为信托财产就应能产生对抗第三人的效力。该案中，法院似乎正是这样论证的。面对债权人“案涉信托计划未进行登记”的质疑，上海金融法院认为“安信信托已提交信托文件、付款回单等材料，证明案涉股权是案涉信托计划下的信托财产”，这表明法院承认，即使未经《信托法》第 10 条意义上的信托财产登记，股权也可以作为信托财产对抗第三人，这是非常值得关注的。

从合理性的角度看，目前以信托公司作为受托人的股权信托，根据监管要求，需要在中国信托登记有限责任公司登记，按照《信托登记管理办法》第 9、11 条的要求，信托初始登记的登记信息包括信托产品名称、信托类别、信托目的、信托期限、信托当事人、信托财产、信托利益分配等信托产品及其受益权信息和变动情况等详尽而具体的内容，最重要的是，受托人应当提交加盖公章的信托文件样本。这些措施足以证明股权属于信托财产。即使第三人并无在中国信托登记有限责任公司查询登记状态的义务，但是经过在中国信托登记有限责任公司的登记程序，信托公司以受托人的身份持有股权这一事实已经不可逆地被确定下来，应能产生对抗受托人固有债权人的效力。所谓“不可逆地被确定”，是指股权在受托人名下的状态已经确定，只能是信托财产，受托人完全没有机会去主张该财产是其固有财产。

3. 此外，在受托人是信托公司或者其他受托机构时，监管机构对受托人从事股权受托业务有着严格的监管要求，例如，《信托公司管理办法》第 20 条规定，“信托公司不得以固有财产进行实业投资，但中国银行业监督管理委员会另有规定的除外”，信托公司以固有资金入股其他公司受到很强的监管，需进行严格的审批。故从商业惯例来看，信托公司通常是通过信托计划持有股权。

有严格的监管要求和商业惯例存在，又有中国信托登记有限责任公司所提供的公示功能的存在，受托人名下的财产状态比较容易确定。但是，如果受托人并非信托公司等营业信托机构，在信托登记制度缺位的情况下，受托人持有财产的状态就很难确定。**案例 3-5-6** 就属于这种情况。

4. 延伸思考：在信托对第三人交易中，受托人取得股权也无法进行信托登记。此时，股权能否（应否）产生对抗受托人债权人的效力？

其实，只要不以股权作为初始信托财产设立信托，信托存续期间受托人以信托财产对外交易取得股权的，似乎并不需要完成信托登记才能证明股权是信托财产，只要根据《信托法》第 14 条第 2 款规定的信托财产的物上代位性原理（“受托人因信托财产的管理运用、处分或者其他情形而取得的财产，也归入信托财产”），将股权归入信托财产，即可对抗第三人的强制执行。在信托存续期间，受托人利用信托财产对外交易频繁，若所有交易或者非交易取得的财产都需要登记财产取得作为信托财产对抗第三人的效力，势必引起很多麻烦。

案例 3-5-6 俞某钢、广厦公司案[①]

俞某钢与赵某平签订《股权代持协议书》，约定俞某钢委托赵某平以受托方的名义持有委托方对胜邦公司 1 000 万元注册资本出资所占该公司 10%的股权。该协议第 7 条约定“委托方向受托方发出书面通知解除本协议”就可以提前终止该协议；第 9 条约定“协商不能解决的，双方同意提交杭州仲裁委员会裁决”。2016 年 3 月 2 日，俞某钢以委托合同向杭州仲裁委员会提起仲裁，请求撤销《股权代持协议书》。仲裁庭裁决：赵某平向俞某钢返还所代持胜邦公司原出资 1 000 万元人民币所占 10%股权，并在裁决生效 10 日内提请办理法定手续。该仲裁裁决生效后俞某钢已向本院申请执行。

一审法院在审理“广厦公司与赵某平借贷纠纷”一案中，依广厦公司的财产保全申请，于 2015 年 10 月 21 日冻结了赵某平在胜邦公司持有的 16%股权，并于 2015 年 9 月 22 日作出（2015）杭江商初字第 572 号民事判决，判令被告赵某平返还原告广厦公司借款本金人民币 1 030 万元及利息等。

针对俞某钢提出的执行异议，一审法院认为，对于俞某钢的第一项诉讼请求，由于信托法中规定的信托有其明确的法律界定，而且作为信托的受托人必须以信托机构形式从事信托活动，并非在民事活动中民事主体所有的委托行为都是信托行为，只有符合信托法规定的信托行为才受信托法调整。在本案中，首先，赵某平系自然人，不是信托法中规定的信托机构；其次，俞某钢与赵某平之间签订《股权代持协议书》是为了明确在股权代持关系中双方的权利义务，其并非信托法规定的信托合同，赵某平所代持的股权也不是信托财产。俞某钢提出的第一项诉讼请求，没有事实和法律依据，不予支持。

对于俞某钢的第二项诉讼请求，一审法院根据《最高人民法院关于人民法院办理执行异议和复议案件若干问题的规定》第 25 条第 1 款第 4 项、《公司法》第 32 条第 3 款规定指出，不特定社会公众对公示登记所具有的信赖利益的保护应当优于隐名股东利益保护，即股权变更不经登记不得对抗第三人。即使俞某钢委托赵某平代持股权确属客观事实，其在享受隐名的便利时也应当承担因此可能产生的法律风险。综上所述，俞某钢提出的撤销保全裁定、执行裁定，并解除对赵某平名下的胜邦公司 10%股权和其他投资权益的查封、冻结的诉请没有法律依据，不予支持。

二审法院认为，股权代持是指实际出资人与他人约定，以该他人名义代实际出资人履行股东权利义务的一种股权或股份处置方式。俞某钢与赵某平签订的案涉《股权代持协议书》涉及登记在赵某平名下的 10%的胜邦公司股权是赵某平代俞某钢持有，该协议书的相关内容符合股权代持的法律特征。《信托法》第 16 条第 1 款规定：“信托财产与属于受托人所有的财产相区别（以下简称固有财产），不得归入受托人的固有财产或者成为固有财产的一部分。”第 27 条规定：“受托人不得将信托财产转为其固有财产。受托人将信托财产转为其固有财产的，必须恢复该信托财产的原状；造成信托财产损失的，应当承担赔偿责任。”案涉 10%的胜邦公司股权明显不属于信托财产的范围，本案争议不适用《信托法》的相关规定。

《公司法》第 32 条第 3 款规定：“公司应当将股东的姓名或者名称向公司登记机关登记；

① 杭州市中级人民法院（2017）浙 01 民终 4658 号二审民事判决书（审结日期：2017 年 7 月 20 日）。

登记事项发生变更的，应当办理变更登记。未经登记或者变更登记的，不得对抗第三人。”工商登记是对股权情况的公示，与公司交易的善意第三人及登记股东之债权人有权信赖登记机关登记的股权情况并作出判断。本案中，上诉人俞某钢与赵某平曾签订过案涉《股权代持协议书》，但该股权代持仅具有内部效力，对外部第三人而言，股权登记具有公信力，隐名股东对外不具有公示股东的法律地位，不得以内部股权代持协议有效为由对抗外部债权人对显名股东的正当权利。前述第 3 款中的第三人，并不限缩于与显名股东存在股权交易关系的债权人。根据商事外观主义原则，有关公示体现出来的权利外观，导致第三人对该权利外观产生信赖，即使真实情况与第三人的信赖不符，只要第三人的信赖合理，第三人的民事法律行为效力即应受到法律的优先保护。基于上述原则，名义股东的非基于股权处分的债权人亦应属于法律保护的第三人的范畴。因此，案涉登记在赵某平名下的 10%的胜邦公司股权就是赵某平对外承担民事责任的责任财产，被上诉人广厦公司有权向法院申请对案涉股权强制执行，上诉人俞某钢在享受隐名便利的同时也应当承担可能出现的法律风险，这样才能保护第三人对公司股权公示登记所具有的信赖利益，维护社会交易的安全。在杭州市江干区人民法院对案涉 10%的胜邦公司股权冻结后，杭州仲裁委员会才受理俞某钢的仲裁申请，并作出（2016）杭仲字第 35 号裁决，该裁决虽然解决了实际出资人俞某钢与名义股东赵某平之间因股权代持产生的纠纷，但该裁决对本案的审理没有约束力，《最高人民法院关于人民法院办理执行异议和复议案件若干问题的规定》第 26 条第 2 款对此种情况已经作出了明确规定，即“金钱债权执行中，案外人依据执行标的被查封、扣押、冻结后作出的另案生效法律文书提出排除执行异议的，人民法院不予支持”。

由于执行程序需要贯彻已经生效判决的执行力，因此在对执行异议是否成立的判断标准上，应坚持较高的、外观化的标准。这一判断标准，要高于执行异议之诉中原告（案外人）能否排除执行的判断标准。由此，《最高人民法院关于人民法院办理执行异议和复议案件若干问题的规定》第 25 条的规定应当在如下意义上理解，即符合这些规定所列条件的，执行异议能够成立；不满足这些规定所列条件的，异议人在执行异议之诉中的请求未必不成立。是否成立，应根据案件的具体情况对异议人主张的权利、申请执行人债权实现的效力以及被执行人对执行标的的权利作出比较并综合判断，从而确定异议人的权利是否能够排除执行。因此，原审法院以该条款作为判决依据是正确的。

综上所述，二审法院判决驳回上诉，维持原判。

案例分析及问题：

一审法院引用了《信托法》第 4 条，认为根据该条自然人不能成为信托受托人，所以主张信托关系不成立。二审法院引用了信托财产的独立性条款（《信托法》第 16 条和第 17 条），但是没有论证该案中的代持关系是否可以用信托关系加以分析。

1. 从《信托法》第 4 条得不出“自然人不能成为信托受托人”的结论。一审法院认为，“由于信托法中规定的信托有其明确的法律界定，而且作为信托的受托人必须以信托机构形式从事信托活动，并非在民事活动中民事主体所有的委托行为都是信托行为，只有符合信托法规定的信托行为才受信托法调整。在本案中，首先，赵某平系自然人，不是信托法中规定的信托机构；其次，俞某钢与赵某平之间签订《股权代持协议书》是为了明确在股权代持关系中双方的权利义务，其并非信托法规定的信托合同，赵某平所代持的股权也不是信托财产”。这一论证建立在对《信托法》第 4 条不当理解的基础上。法院不应以受托人是自然人为由否定其持有的股权是信托财产，而应基于赵某平受托股权没有进行适当的公示而否定其持有的股权作为信托财产的独立性。

2. 信托财产的独立性不是信托成立的要件。有一种常见的解读认为，信托财产的独立性是信托成立的要件，信托财产不独立，信托无效，无法适用信托法。这是一种误解。

信托财产的独立性是有效设立信托的后果或者效果，而非构成要件。信托设立除了满足信托法规定的要件（《信托法》第 9 条）之外，还要有财产转移（处分），只要委托人将财产处分给受托人，信托财产就能产生独立于委托人自己的财产的效果。当然，在自益信托中，这种效果几乎不存在，自益信托大多利用信托的财产管理功能而非和委托人的个人财产破产隔离的功能。代为持股不少都属于自益的安排，委托人多数情况下只是想隐藏在持股人背后，利用受托人持股带来的便利，未必期待（当然也不能期待）产生和自我之财产相隔离的效果。

但是，几乎所有的信托都期待信托财产产生和受托人的固有财产相隔离的效果。恰如该案所呈现的，设立信托之后，若缺乏对信托财产的合理公示，信托财产无法产生和受托人的固有债务相隔离的效果，虽然信托已经有效设立。

3. 信托财产能否取得和受托人财产隔离的效果？委托人将信托财产转移给受托人之后，能否使信托财产产生独立于受托人的固有财产之效果，这属于受托人义务之范畴（《信托法》第 29 条），受托人怠于采取手段实现分别管理或者进行公示，导致信托财产和自己的财产混同，被受托人的债权人强制执行，委托人可以要求受托人承担违反信托义务的责任，而不用否定信托的效力。

该案中，法院不承认代持的股权为信托财产的主要原因，如一审法院所讨论的，“从公司内部信息披露来说，公司章程、股东名单均登记为赵某平；从工商行政机关公示的企业注册登记信息来看，股东亦为赵某平。基于《公司法》……规定，不特定社会公众对公示登记所具有的信赖利益的保护应当优于隐名股东利益保护，即股权变更不经登记不得对抗第三人”。

这实际上反映了在我国设立财产权信托的困境：因信托登记制度的缺失，当事人的持股信托安排无法产生对抗第三人的效力。该案中，仅凭当事人之间的代为持股协议，没有其他公示手段，自然不能产生对抗第三人的效力。

虽然中国信托登记有限责任公司的登记并非信托法规定的信托登记，但它具有确定受托财产状态的功能；在**案例 3-5-6** 中，仅靠当事人信托文件的内部约定，是无法确定股权的存在状态的——当事人之间的信托文件可以随时更改，受托人对外主张股权是其固有财产，在法律上是没有障碍的。

信托财产登记产生公示功能使得信托财产产生独立性是一个重要的侧面，但是我们忽视了另外的一个侧面：通过一种法律程序使得受托人持有财产的状态不可逆地确定，如此，即使没有第三人可以辨识的外观，第三人也不会对这种财产状态产生误信，所以，这种财产状态也能对抗第三人。对此有一个非常明确的例证是

案例 3-5-2“招行徐东支行诉黄冈劳动局案”。在该案中，担保公司持有财政设立的基金，并没有履行类似信托公司对信托财产进行登记或托管的特殊程序。根据《信托法》第 27 条和第 29 条，信托设立之后，受托人只要不将信托财产和固有财产混淆，将信托财产与其固有财产分别管理、分别记账，将不同委托人的信托财产分别管理、分别记账，信托财产即具有独立性，可以对抗受托人的债权人。**案例 3-5-6** 中，基金账户虽然开设在担保公司名下，但属于其名下的独立账户，进行封闭运作，只用于开设账户的目的，具有对抗第三人的独立性——即使没有对基金财产进行信托登记（法律对资金作为信托财产没有登记的要求），也没有如集合资金信托计划中那样进行第三方托管。

非信托机构受托人欠缺必要的措施使其持有股权的状态加以确定，所以无法以其持有之股权作为信托财产对抗第三人。自然人受托人更是如此，如**案例 2-3-1**“翁某雅案”。以非机构受托人的名义持有有限责任公司股权在境内是无法进行信托登记的，**案例 2-3-1** 中所涉股权后经诉讼判决登记到受托人名下，但此等登记并不符合我国信托法关于股权信托登记的要求。由于我国《信托法》确立的信托登记制度是有瑕疵的，股权作为信托财产“装入”信托要符合登记生效主义的要求（《信托法》第 10 条），但目前不存在可操作的股权信托登记制度，受托人虽然可以个人的名义将信托财产登记到自己的名下，但在外观上无法对抗第三人，股权上存在被受托人的债权人和继承人取得的巨大风险（事实上，受托持有的股权被受托人之债权人强制执行并不鲜见）。

2. 关于股份有限公司的股权（以股票形式表现）

《公司法》第 158 条和第 159 条规定：股东转让其股份，应当在依法设立的证券交易场所进行或者按照国务院规定的其他方式进行；股票的转让，由股东以背书方式或者法律、行政法规规定的其他方式进行；转让后由公司将受让人的姓名或者名称及住所记载于股东名册。据此，以股份有限公司的股票设立的信托，以背书方式或者法律、行政法规规定的其他方式转移给受托人。应当指出的是，股东持有上市公司股票，通常采取无纸化方式，即以在证券登记结算机构登记的方式体现其股权，因此，以无纸化的上市公司股票设立信托，应当以在证券登记结算机构办理变更登记为转移方式。

案例 3-5-7 浦北燃气诉庆泰信托案①

一审法院查明，被告在海通证券上海天平路营业部（以下称“海通证券营业部”）开设专用账户，户名“庆泰信托”、资金账号 99595，被告拥有该账户下资产的使用权，但全部资产所有权归原告所有；……同日，原告、被告与海通证券营业部还签订《授权书》一份。上述合同、协议签订后，原告按照被告发出的划款通知书，将人民币 1 858 万元划入海通证券营业部。……开设在海通证券营业部的庆泰信托 99595 账户自 2003 年 11 月 20 日起陆续

① 上海市第二中级人民法院（2004）沪二中民三（商）初字第 204 号民事判决书，上海市高级人民法院（2011）沪高民五（商）终字第 2 号民事判决书。

买入“桂林旅游”等股票。2004 年 12 月 15 日，浙江省杭州市中级人民法院向海通证券营业部送达民事裁定书和协助执行通知书，要求协助执行被告在 99595 账户内的股票。嗣后，该账户股票陆续卖出，所得资金由杭州市中级人民法院扣划。另据二审法院查明：浦北燃气向杭州市中级人民法院提起执行异议，被杭州市中级人民法院裁定驳回；之后浦北燃气向浙江省高级人民法院申请复议。浙江省高级人民法院认为：浦北燃气与庆泰信托签订的合同不是信托法意义上的信托合同，浦北燃气认为系争账户中的资金及股票系信托财产缺乏依据；合同中虽有关于账户中资产归属的约定，但只对双方当事人有约束力，不能对抗法院的执行；杭州市中级人民法院冻结账户中的资金及股票并对股票变价并无不当，遂决定驳回浦北燃气的复议申请。

案例分析及问题：

仅就有价证券作为信托财产而言，2004 年之前，对于如何开设规范的信托专用证券账户，并无规范。2004 年 9 月，《中国银行业监督管理委员会、中国证券业监督管理委员会关于信托投资公司开设信托专用证券账户和信托专用资金账户有关问题的通知》发布；2012 年 8 月底，《中国证券登记结算有限责任公司关于信托产品开户与结算有关问题的通知》发布。上述通知要求，信托公司运用信托资金进行证券投资时，应使用单独开设的信托专用证券账户和信托专用资金账户。（1）信托公司为信托产品开立信托专用证券账户，由本公司上海、深圳分公司办理。（2）信托公司申请开立信托专用证券账户时须提交设立信托的证明文件（合同或其他书面文件，须加盖信托公司公章）。（3）信托产品开立信托专用证券账户时，证券账户注册申请表中“持有人名称”为“信托公司全称—信托产品名称”，“身份证明文件号码”为信托公司营业执照中的注册号。不符合该要求的，该“信托专用证券账户”中的财产似不能作为信托财产产生独立性。

在这些有关证券信托账户的规范出台之前，似可认为，只要有证据证明该账户的资金来源于客户的委托，并非信托公司的固有资金，且有合法的信托合同作为佐证即可，不宜对公示的形式作过分苛刻的要求。

（三）不动产

不动产属于《信托法》第 10 条规定的“有关法律、行政法规规定应当办理登记手续”的财产，但目前欠缺不动产信托登记的操作规则。设立信托时，仅仅把不动产过户给受托人，无法直接产生以该不动产是信托财产对抗受托人之固有债权人的效力。

实践中，有家族信托以资金作为信托财产，设立之后的信托以资金购买不动产，该不动产仍然无法进行登记。问题是，所有成为信托财产的不动产是否均需要登记？或者，是否只要有证据证明该财产属于信托财产的代位物，就能以其是信托财产对抗受托人的债权人？

依文义解释，《信托法》第 10 条很明显是关于设立信托之时的要求，在信托存续期间以资金交易取得不动产或接受不动产赠与的，即使没有办理信托登记，也不会影响到信托的效力。至于能否以该不动产作为信托财产对抗受托人的债权人，本书认为这仅仅是证明的问题。如果在用信托资金购买不动产之时办理了产权变更登记，虽无法同时办理信托登记，但只要有证据证明该不动产是由信托资金购买所得，似无问题。但是，未来能进行信托登记的，应办理信托登记，以避免证明难题。

不动产信托登记的缺位导致信托文件无法作为非交易过户的依据，进而导致非常沉重的税负。即使在信托设立之后，通过交易购入不动产，亦属于交易过户，和受赠取得不动产一样，仍然会牵涉税负的问题。不解决不动产信托登记和非交易过户的问题，设立不动产信托不仅面临能否产生信托财产独立性的问题，还会产生复杂的税收问题。信托登记问题一直是限制我国信托事业发展的瓶颈。

[本章思考题]

1. 如何理解信托财产的归属？为什么说“信托财产所有权”的表述是不准确的？
2. 如何理解信托财产的物上代位性？
3. 如何理解信托财产独立性的内涵？试述资产分割（asset partitioning）理论的内容。
4. 《信托法》第 18 条是关于抵销禁止的规定，这一规定的意义为何？
5. 信托财产的公示和物权变更公示的重要区别是什么？

[本章学习参考资料]

第四章 委托人

委托人一旦创设出受益权，自己对信托财产也就丧失了发言权（out of the picture），只有受益人能强制执行信托。

——［英］潘纳[①]

① J. E. Penner, *The Law of Trusts*, 11th edition, Oxford University Press, 2019, p.23.

第一节　概述——委托人的多重面孔

一、委托人作为信托的设定者

一般而言，委托人是信托财产的提供者，也是信托目的的设定者，还是信托结构的发起者[①]。前已介绍，委托人是信托的发起人，基于信托的“意思冻结”功能，其意志和意愿贯穿信托存续期间，正是契约自由的体现。但是正如契约自由并非绝对，信托设定者的自由亦非绝对，否则会创设出一种流动性很差的、不能转让的财产，或者创设出过分复杂的财产权结构，这样也会违背物权法定原则的立法目的[②]。

不能过分强调作为信托当事人的委托人之作用。除了信托文件中有约定和法律有明确规定，委托人不能作为积极的权利行使者，更不能以委托人的身份从信托财产中取得经济利益。委托人的权利主要是消极性、防御性和监督性的。原因在于，为了确保信托财产的独立性，首先要确保信托财产独立于委托人；根据控制和所有权一致的原则，如果委托人对信托财产保留过多的权利，信托财产的独立性就会受到怀疑。

如果信托文件没有明确约定，法律的备用性规则应当是：委托人和赠与人一样——一旦赠与完成，赠与人对受赠人如何处理赠与财产就不再有发言权；在财产上创设的其他财产利益也是一样的，创设人对利益的获取者如何处理该利益也丧失了发言权，他不能认为由于这些财产曾经是他的，现在实际上还是他的[③]。委托人一旦创设出受益权，自己对信托财产也就丧失了发言权。

但是，作为例外，委托人可以在信托文件中为自己保留相关的权利[④]。特别是对于现实中大量存在的以金钱作为信托财产的自益信托而言，即使委托人保留这种权利，委托人的控制也似乎不会加重对第三人的损害。委托人可以在信托文件中为自己保留终止或撤回信托的权利（保留撤回权的信托，revocable trust），也可以为自己保留稍微弱一

① 但是，在我国的信托实务中，商事信托居多，信托计划的设定者为信托公司，信托公司决定着信托计划的结构、要素和本质特征，委托人（受益人）仅仅是投资者，对于信托合同和信托计划只能要么接受要么拒绝，并无发言权。在这种意义上，我国信托法授予委托人比较多的权能似有其合理性。

② 物权法定原则在功能上主要是限制对财产权进行过分复杂的分割，限制创设出过分新颖的、具有外部性的财产形态；委托人通过信托对财产权作出的过分复杂的安排会构成对物权法定原则所体现之精神的违反。

③ 英国法上的典型案例是 Re Bowden（1936）。委托人发誓坚守清贫、忠贞和服从，修行做尼姑。为了履行誓言，她把所有财产转移给受托人，并指定受益人。不过，过了一段时间尼姑生活之后，她改变了主意，企图将信托财产用于自己的利益。法院判决认为，既然信托已经设立，原告作为委托人已经失去了在信托财产上的全部利益，不能再要求从信托财产上受益。转引自何宝玉：《英国信托法原理与判例》，法律出版社 2001 年版，第 24 页。

④ 当然，目前有一些变化趋势。例如，根据美国《统一信托法》§602（a）以及美国一些州的成文法，生前信托，除非信托文件中明确约定为不可撤回信托，为可撤回信托。See Edward C. Halbach, Jr, *Trusts*, *Gilbert Law Summaries*, Thomas/West，2008，p.31.

点的权利，如更替受托人的权利，或者保留决定受益人能从信托财产中取得份额的权利。委托人虽然能为自己保留这些权利，但这些权利必须明确地在信托文件中体现出来。委托人的地位是来自信托文件中的约定，而不是来自委托人原本是信托财产所有人的地位。

事实上，委托人还可以在信托文件中为他所选择的任何人保留权利。特别的例子是在离岸信托（off-shore trust）[①]中，信托的管理是在其他法域（避税港），委托人可以授予其选定的人很多职权，以确保信托最初设定的目的得以实现，这些被授权的人通常被称为“保护人”（protector）[②]。

正是因为委托人是信托目的的设定者，委托人还有各种维持信托目的的法定权能。比如，违反信托目的的信托变更[③]、合并、分立等，需要得到委托人的同意。而且，在出现信托行为当时无法预见的特别情势之时，委托人有请求法院作出终止和变更信托的裁判的权利。根据委托人和受益人之间的合意，亦可随时终止信托。在某些特殊情况下，委托人甚至有解除或者终止信托的权利（《信托法》第 50 条等）。

二、委托人作为信托的监督者

委托人法律地位的本质在于，其为受托人的监督者。在信托法理论中，最典型的、最有动力的信托监督者为受益人。不过，在我国信托法上，委托人和受益人一样享有广泛的监督信托的权利（《信托法》第 49 条）。

三、委托人作为剩余财产的取得者

这也是基于其信托设定者之中的信托财产提供者身份而取得的地位。在自益信托中，委托人主要基于受益人的身份成为剩余财产的最后取得者；而在他益信托中，除非在信托文件中约定，作为第二顺位的剩余财产权利归属人（《信托法》第 54 条），委托人几乎没有机会取得信托的剩余财产。

---

① 离岸信托是指在离岸属地成立的信托。在操作上与普通信托类似，但因为特定的属地对信托的定义，或法律有相对宽松或特别的税收等政策等，受益人的利益能够得到更多的保护。

② See J.E. Penner, *The Law of Trusts*, 11th edition, Oxford University Press, 2019, pp.23–24. 在美国法上，保护人又被称为超级受托人或者受托人控制人，其权利来自信托文件，其权利内容既可以是肯定的，如作出投资决定、分配决定，增加或者减少受益人，变更受托人甚至是变更信托的司法域（jurisdiction）；也可以是消极的，如否决受托人的某项决策。See David I Faust, Asset Protection Trusts: Some Practical Guidelines, in *Trusts in Prime Jurisdictions*, 3d edition, Globe Business Publishing Ltd, 2010, p.452.

③ 《日本信托法》第 149 条。

第二节　委托人的资格

一、一般规定

委托人，又称信托人[①]，在意定信托的场合是信托的设定者，是信托合同的当事人。关于委托人的资格，《信托法》第 19 条规定，“委托人应当是具有完全民事行为能力的自然人、法人或者依法成立的其他组织”[②]。由于设定信托的行为是法律行为，关于委托人行为能力的相关事项，若《信托法》没有具体规定，可以适用民法关于法律行为的规定。

原则上，任何超过 18 岁，且没有精神和能力方面问题的自然人均可创设明示信托[③]。信托设定行为具有处分行为的性质，因此信托设定人可以是任何有处置特定财产权利的人。无民事行为能力或限制民事行为能力人可否经法定代理人同意设定信托，值得探讨，具体可参见**案例 8-4-1**“少年（15 岁）设立慈善信托事件”。

法人要成为委托人，必须限制在相关法律规定的范围之内。比如，公司办理信托，需要符合公司法以及公司章程的要求；非营利法人办理信托要受到相关法律法规或者捐助文件的限制。不过，超出法人目的范围的信托设定行为的效果，是一个值得讨论的问题。从保护善意第三人的原理出发，不宜一律认为这种信托设定行为无效。

“依法成立的其他组织”的特定含义是，虽然不具有法人资格，但是能够独立从事民事行为、承担民事责任的组织，主要包括没有获得法人登记的企业和社会团体，如依法登记成立的个人独资企业、合伙企业，不具有法人资格的专业机构等。《民法典》采用的术语是“非法人组织”。信托本身不符合非法人组织的定义，但金融监管文件中已经把信托产品看作是合格投资者甚至是机构投资者[④]，理论上有进一步讨论之必要。

---

① 《民法典》中的委托合同和信托关系中都存在“委托人”，易于混淆，日本在民法上称之为“委任人”，在信托法上称之为“委托人”，易于区分。有学者建议可以直接把信托委托人称为信托人，参见高凌云：《被误读的信托——信托法原论》（第二版），复旦大学出版社 2021 年版，第 57 页。

② UTC§ 402. REQUIREMENTS FOR CREATION.

③ 任何年满 18 周岁，神智正常，有能力处置特定财产的人均可创设明示信托。See Parker & Mellows, *The Modern Law of Trusts*, 8th edition, Sweet & Maxwell, 2003, p.95.

④ 《证券期货投资者适当性管理办法》第 8 条规定，“符合下列条件之一的是专业投资者：（一）经有关金融监管部门批准设立的金融机构，包括证券公司、期货公司、基金管理公司及其子公司、商业银行、保险公司、信托公司、财务公司等；经行业协会备案或者登记的证券公司子公司、期货公司子公司、私募基金管理人。（二）上述机构面向投资者发行的理财产品，包括但不限于证券公司资产管理产品、基金管理公司及其子公司产品、期货公司资产管理产品、银行理财产品、保险产品、信托产品、经行业协会备案的私募基金。（三）社会保障基金、企业年金等养老基金，慈善基金等社会公益基金，合格境外机构投资者（QFII）、人民币合格境外机构投资者（RQFII）”。

二、特别委托人

特别法对委托人的资格有要求的，从之。我国的监管规章对集合资金信托、信贷资产证券化信托、企业年金信托、保险资金信托等的委托人都作了特别的要求。

三、外国人作为委托人的资格问题

随着经济全球化，外国人能否以及如何在中国设定信托，信托法应予充分的考虑。我国《信托法》对于外国人能否作为委托人没有明确的规定，《信托法》第 19 条对委托人的规定没有区分外国人和本国人，因此，只要符合《信托法》第 19 条的规定，外国人也可以作为委托人设定信托。

四、多数委托人

委托人可以是上述自然人、法人、其他组织中的一个或者几个。

第三节　委托人的权利和义务概述

一、委托人的权利

委托人对信托并无固有的财产利益，即便在自益信托的场合，信托设定者也并非以委托人的身份而是以受益人的身份享受信托利益。因此，严格说来，委托人对信托并无任何包含利益的权利。

在传统英美信托法理论上，信托财产交付受托人之后，就成为受托人的财产，委托人就没有了普通法上承认的任何权利，衡平法法院也不能否认这一点，只能以维护受益人的权利作为出发点，保护受益人衡平法上的“所有权”。在现代社会，淡化委托人的权利依然是必要的：（1）在他益信托中，委托人在设定信托之后可能因去世或者丧失行为能力事实上无法监督受托人；而在自益信托中，委托人和受益人身份重合，可以受益人的身份对受托人进行监督，无须强调委托人身份。（2）委托人保留过多的权利可能会使其有机会滥用信托制度，逃脱税收，规避法律甚至进行欺诈活动[①]。（3）委托人享有过多的权利会使委托人和受益人之间在权利行使方面产生冲突[②]。

---

① 参见何宝玉:《信托法原理研究》，中国政法大学出版社 2005 年版，第 128 页。

② 正是基于对委托人和受益人行使权利方面意见不统一的担忧，《信托法》第 49 条规定，受益人在行使权利的时候与委托人意见不一致的，“可以申请人民法院作出裁定”。

（一）信托委托人保留一定权利的理由——和财团法人设定人之地位的比较

在实务中，财团法人的捐出人多会出任理事，以保障自己意愿的实现，这也是非常正常且正当的。为了达到这种目的，可通过信托行为为委托人保留一些权限（指示权等），《信托法》自身也授予了委托人各种权限。在合同信托中，委托人之所以有这些权利，是基于其合同当事人的地位，而在遗嘱信托中是立法授予了委托人这种权限[①]。

在创设信托阶段，委托人通常是必要的，并起着重要的作用。但是在信托成立之后，委托人经常是不必要的。委托人的重要性在民事信托和商业信托中各有不同。一般而言，在民事信托中，委托人通常保有对于信托的控制，因为是他确定了信托的目的并规划了信托的整个结构。而商业信托通常由受托人安排一切，委托人对于信托合同的签订和信托计划的内容安排并没有磋商的权利，只有选择是否缔约的自由，因此委托人只不过是一个投资者而已。

（二）委托人和受益人的权利冲突

承认委托人的权限，就有可能产生委托人与受益人权利的冲突。比如，在委托人和受益人就是否行使撤销权意见产生冲突的时候该如何处理？（《信托法》第 22 条）受益人并不打算请求解任受托人，而委托人却请求解任受托人这样的情形（《信托法》第 23 条），又该如何处理？

在民事信托中，当受益人自己能够行使权利的时候，把监督权集中于受益人是妥当的做法。现行信托法却把监督信托的很多权能给了委托人及其继承人，当委托人及其继承人的意愿和受益人的意愿不一致时，《信托法》第 49 条规定由法院来解决这种冲突。对于这一问题，还应有所讨论。虽然需要根据具体问题进行具体分析，原则上应确立受益人意愿优先的备用性规则。

二、委托人的义务

委托人的义务问题和信托合同的性质及信托的本质问题密切相关，对此应进行充分的探讨。委托人的主要义务是根据信托文件（主要是信托合同）产生的给付义务。[②]

（一）支付信托报酬和提供补偿的义务

关于支付报酬的义务，《信托法》第 35 条规定："受托人有权依照信托文件的约定取得报酬。信托文件未作事先约定的，经信托当事人协商同意，可以作出补充约定；未作事先约定和补充约定的，不得收取报酬。"我国《信托法》采取受托人无偿受托的备用性规则。

《信托法》第 35 条没有直接规定委托人为报酬支付义务人。倘若信托文件中规定委托人为报酬支付义务人，则由委托人负责该报酬的支付；倘若信托文件中没有就支付义

① 参见［日］能见善久：《现代信托法》，赵廉慧译，中国法制出版社 2011 年版，第 224 页。

② 参考我国台湾地区"信托法"第 63 条第 2 项、第 64 条第 2 项。

务人作出规定，委托人不负支付义务。

另外，受托人就信托财产或处理信托事务所支出的税款、正常支出的费用或负担的债务，只要受托人处理信托事务没有过失和瑕疵，原则上应由信托财产承担。但是，在信托财产的资金不能承担或不适宜承担时该如何处理，存在争议。我国有学者主张，通常应当由受益人承担，信托文件规定由委托人承担的，应当由委托人承担；受托人以固有财产先行承担的，受益人、委托人负有补偿受托人的义务①。本书以为，从平衡委托人、受益人和受托人的关系的立场出发，凡是信托文件就信托财产或处理信托事务所支出的税款、正常支出的费用或负担的债务之承担没有约定的，委托人和受益人均无补偿之义务，即委托人支付信托报酬和提供补偿的义务均为约定义务。

（二）配合设立信托的义务

《信托法》第 8 条第 3 款规定，“采取信托合同形式设立信托的，信托合同签订时，信托成立”。可以看出，信托法上的信托合同为诺成合同，而不是实践合同。这意味着，只要委托人和受托人之间就信托设立达成合意，则信托成立，委托人转移其财产权给受托人并不是信托合同成立的条件。凭信托合同的成立，信托受托人可以请求委托人根据约定承担使信托设立的义务，否则应当承担违约责任。但是，由于财产权并没有实际转移给受托人，在与第三人的关系上，委托人不能主张该财产为信托财产。若需要转移的信托财产没有现实地进行移转，信托法使用信托不“生效”的措辞，此时，信托处于不完整之状态。因此，委托人作为信托的设定者有义务转移其财产权给受托人从而完成信托设立。如果委托人不按照信托合同的规定转移其财产权给受托人，受托人可以委托人债务不履行（违约）为由，请求委托人赔偿损失②，但是原则上受托人并无权请求强制委托人转移财产使信托生效（参见第二章关于信托合同性质的讨论）。

第四节　委托人的权利

一、知情权

委托人作为信托的设定者，是信托合同的当事人。委托人虽然不享受信托利益，但作为信托的利害关系人，为保护受益人的利益，有权了解受托人处理信托事务的情况以及信托财产的收支情况。而且，委托人有权直接了解受托人处理信托事务的情况和信托财产的收支情况，不需要和受益人一起行使该权利。（《信托法》第 20 条）

除调查信托事务的处理情况外，委托人有权直接要求受托人就信托事务的处理情况作

---

① 参见何宝玉：《信托法原理研究》，中国政法大学出版社 2005 年版，第 135 页。

② 但是，正如第二章中关于信托合同的性质所讨论的，即使承认信托合同的诺成性，承认受托人有权请求委托人实际履行合同转移财产设立信托，受托人的这种权利也是一种比较弱的权利。

出说明。委托人以及受益人要求查阅与处理信托事务有关的其他文件时，受托人有义务提交相关文件，接受调查。委托人和受益人要求受托人作出说明的，受托人必须作出说明。

除查阅相关的账目和文件以外，委托人还有权抄录或者复制该账目和文件。因为向委托人和受益人提供与信托财产有关的情况是受托人的义务，所以调查或者抄录、复制有关账目以及文件所产生的费用应由受托人来承担。委托人的继承人不享有此项权利，但委托人死亡的，应视其继承人也享有该项权利。该项权利受益人亦能行使。

案例 4-4-1　WANG YING 与国民信托案①

二审法院认为，《信托法》第 20 条规定："委托人有权了解其信托财产的管理运用、处分及收支情况，并有权要求受托人作出说明。委托人有权查阅、抄录或者复制与其信托财产有关的信托账目以及处理信托事务的其他文件。"案涉《信托合同》对于委托人有权查询、抄录的文件范围没有明确约定。本案中，WANG YING 的诉讼请求亦不明确，法院依据《信托法》的规定和《信托合同》的约定，对其上诉请求能否得到支持分析如下：

依据《信托法》的规定，委托人只能行使与其信托财产有关的知情权，不能扩大成对全体投资人的所有信托财产的所有信息要求知情。本案中，国民信托向 WANG YING 提供了国民信托官方网站关于案涉信托计划的成立公告、临时公告、季度管理报告、国民信托向 WANG YING 分配收益的银行电子回单等，可以反映国民信托作为受托人对 WANG YING 信托财产进行管理、运用及收支的情况，已能满足 WANG YING 作为委托人的知情权。《信托法》和《信托合同》中所说的处理信托事务的其他文件，应当包括运用、处分信托财产而签订的合同文本、信托登记文件以及其他记载信托事务处理情况的文件。按照《信托计划说明书》载明的内容，国民信托已将相关处理信托事务的合同文件列明供委托人查阅。故国民信托已经向 WANG YING 履行了《信托法》和《信托合同》规定的披露处理信托事务文件的义务。至于 WANG YING 要求国民信托披露尽调报告及工作底稿、向监管部门备案提交的资料等，均属于信托计划成立前形成的文件，不属于受托人应当向委托人披露的内容，亦不属于《信托法》和《信托合同》规定的"处理信托事务的其他文件"的范围。故对于 WANG YING 的相关上诉请求，法院不予支持。

WANG YING 的上诉请求还包括要求国民信托提交完整的银行账户收支明细、信托财产划拨指令等。对此，法院认为，WANG YING 投资的信托本金为人民币 300 万元，案涉信托计划募集资金为人民币 34 900 万元，包括了其他委托人投资的金额。《信托法》第 33 条第 3 款规定："受托人对委托人、受益人以及处理信托事务的情况和资料负有依法保密的义务。"该条款所说的保密义务，包括诸如委托人和受益人的姓名、职业、身份证件、账户账号、设立信托的情况、受益情况等，处理信托事务的情况和资料等。WANG YING 要求国民信托提交完整的银行账户收支明细，有悖《信托法》第 33 条第 3 款的规定。故法院对于其此项上诉请求不予支持。

对于 WANG YING 关于召开受益人大会的相关上诉理由，法院认为，《信托合同》第 13

① 北京市高级人民法院（2019）京民终 1600 号二审民事判决书（审结日期：2021 年 8 月 6 日）。

条第 3 款对于受益人大会的召集程序进行了明确约定。依据该约定，受托人决定不召集受益人大会的，代表信托单位总份额 10%以上的受益人有权自行召集受益人大会。本案中，国民信托决定不召集受益人大会，并不违反法律的规定和《信托合同》的约定。受益人大会并非 WANG YING 行使知情权的唯一途径，国民信托不召集受益人大会并不影响 WANG YING 行使知情权。故 WANG YING 的相关上诉理由不成立，法院不予采信。

对于 WANG YING 关于国民信托未告知其账户密码，无法查阅季度管理报告的上诉理由，法院认为，《信托合同》已经明确约定了国民信托披露的途径。在 WANG YING 没有证据证明其按照《信托合同》约定的途径仍不能查阅季度管理报告的情况下，法院对其该项上诉理由不予采信。

综上，WANG YING 的上诉请求及上诉理由均不能成立，应予驳回。

案例分析及问题：

知情权的存在主要是为了解决委托人（受益人）和受托人之间的信息不对称问题。委托人的知情权不仅是为了知悉这些信息，还为了证明受托人存在过错，为此可能需要了解从信托设立、运作到终止过程中的重要信息，甚至有权要求受托人作出必要的说明和解释，因为没有这些信息，委托人无从发现受托人是否尽职管理，是否从事了利益冲突的行为。

委托人的知情权并非漫无边界。确定受托人信息披露义务边界需要注意两个问题：

一是必要性的约束。为了确保委托人（受益人）的知情权，受托人在委托人请求时应提供一切可能关涉委托人权利保护的相关信息。若不能建立这种必要性，则不能支持这种要求。否则对于受托人管理信托事务可能造成不必要的干涉和损害。原告要求信托公司披露尽调报告及工作底稿、向监管部门备案提交的资料等，虽然属于信托计划成立前形成的文件，但是否一定“不属于受托人应当向委托人披露的内容，亦不属于《信托法》和《信托合同》规定的‘处理信托事务的其他文件’的范围”，值得探讨。在证明受托人过错的必要的范围内，即使是信托计划成立前的文件，受托人也应进行披露。

二是对其他委托人的保护。除非委托人有初步证据证明受托人和其他委托人串通或者受托人对其他委托人加以优待等情形，原则上委托人不能要求提供其他委托人的相关信息。这也是受托人保密义务的内容。在集合信托中有多个委托人存在，特定委托人知情权的行使涉及其他委托人的个人信息的，可能会使受托人违反对其他委托人的保密义务。知情权的行使要注意保护其他委托人的隐私权等。

以保密义务作抗辩也并非绝对，如果涉及公平对待同一项目的不同投资者的问题，受托人披露其他投资者的部分信息可能是必要的。

另外，委托人的知情权虽为法定权利，但当事人可以在信托文件中明确约定知情权的范围。该案中，信托文件并没有明确约定知情权的范围。

二、调整信托财产管理方法的权利

因设立信托时未能预见的特别事由，致使信托财产的管理方法不利于实现信托目的或者不符合受益人的利益的，委托人有权要求受托人调整该信托财产的管理方法（《信托法》第 21 条）。

信托财产的管理方法是信托的重要内容，一经确定，一般不能轻易更改。但是，因客观情况的变化致使原来采用的信托财产的管理方法不能继续采用或者不需要继续采用的，应当允许经过一定的程序加以改变，委托人无须向法院提出请求，而有权直接要求受托人调整该信托财产的管理方法。该权利受益人同样能够行使，委托人和受益人行使该权利出现争议的，"可以申请人民法院作出裁定"（《信托法》第 49 条），详情请参见第七章中的相关论述。

三、撤销受托人权限外行为的权利

委托人和受益人对受托人权限外的行为能行使撤销权（《信托法》第 22 条）。撤销权行使的条件和程序详见第六章"受益人"部分的论述。

四、解任受托人的权利

《信托法》第 23 条规定："受托人违反信托目的处分信托财产或者管理运用、处分信托财产有重大过失的，委托人有权依照信托文件的规定解任受托人，或者申请人民法院解任受托人。"按文义解释，解任受托人的权利并不是委托人固有的、法定的权利，而是约定的权利，即除非委托人在信托文件中保留了这种权利，委托人不得直接行使。

这和委托合同中的情形不同——委托人不管受托人是否有过错，均可解除委托合同（自由解约权）；而在信托关系中，委托人解除信托合同需要一个前提，即"受托人违反信托目的处分信托财产或者管理运用、处分信托财产有重大过失的"。也就是说，受托人的轻过失导致的信托违反行为不构成其被解任的事由。但这和信托关系的性质不符。信托关系为信任关系，若信任不存在，委托人和受益人似乎有权通过合意解任受托人，也有权通过约定解任条款的方式达到类似目的。信托文件规定了受托人的解任事由的，委托人可以按照信托文件的规定解任受托人；信托文件没有规定的，委托人须请求法院以受托人违背职责等为由解任受托人，并由法院来判定受托人是否违背职责。

解任受托人或者请求解任受托人并非委托人的专属权利，受益人也与委托人一样享有此权利（《信托法》第 49 条）。信托文件规定的解任事由发生的，委托人可单独根据该规定解任受托人。但如果发生了信托文件没有规定的事由，可以解释为，委托人没有必要和受益人一起请求法院解任受托人，委托人和受益人之间也无须就解任受托人达成合意，可各自单独向法院提出解任受托人的请求[①]。

---

① 参见张军建：《信托法基础理论研究》，中国财政经济出版社 2009 年版，第 152 页。

五、变更受益人和处分受益权的权利

由于自益信托的委托人和受益人为同一人，不存在委托人变更受益人的问题，所以，委托人变更受益人的权利只在他益信托中才存在。

在他益信托中，信托一旦成立即对信托当事人产生法律约束力，除《信托法》第 51 条第 1 款规定的特殊情形之外，委托人（以及受托人）不得擅自变更受益人。

根据《信托法》第 51 条第 1 款规定，设立信托后，委托人在下列情形中可以变更受益人：一是受益人对委托人有重大侵权行为的；二是受益人对其他共同受益人有重大侵权行为的；三是经受益人同意的；四是信托文件规定的其他情形。

解释上，发生上述情形之一的，委托人无须请求法院，可以直接变更受益人。从法律条文的字面上来看，委托人的继承人不享有此项权利，但委托人死亡，受益人对其继承人有重大侵权行为的，其继承人也应享有变更受益人的权利[①]。该款所称“受益人对委托人有重大侵权行为”是指因受益人故意或者重大过失致使委托人的财产权、人身权或者其他合法权益受到侵害的情形。受益人的这种违法行为属于忘恩负义、违背道德的行为，委托人因此变更受益人、剥夺其受益权符合正义和公平观念。该款所称“受益人对其他共同受益人有重大侵权行为”，是指在信托中存在两个以上受益人的场合，其中的一个受益人严重侵害其他受益人的权益，对此，可以参照《民法典》剥夺继承权的相关规定。而所谓“经受益人同意”，相当于受益人放弃了部分或全部受益权。所谓“信托文件规定的其他情形”，是指信托文件中规定有委托人保留对信托受益人的变更权的情形，此时委托人可以按约定变更受益人。

六、解除和终止信托的权利

（一）我国相关规则的解释

在委托人和受益人为同一人的自益信托中，委托人及其继承人有权解除信托（《信托法》第 50 条前段）。自益信托的委托人兼受益人，是全部信托利益的享受者，此时委托人解除信托，并无疑问。

在他益信托的情形下，委托人在信托存续期间原则上不可擅自解除信托。受益人如果对委托人有重大侵权行为或经受益人同意，或者信托文件中保留了委托人解除信托的权利，则委托人有权解除信托（《信托法》第 50 条后段、第 51 条第 2 款）[②]。另据《信托法》第 53 条第 4 项，信托当事人协商同意，可以终止信托。

与自益信托相反，虽然法律条文中没有规定委托人的继承人享有信托的解除权，但当委托人因死亡而不存在时，应视其继承人享有委托人所享有的法定的解除信托的权利。

---

① 参见张军建：《信托法基础理论研究》，中国财政经济出版社 2009 年版，第 155 页。

② 实际上，不管是自益信托还是他益信托，信托文件就委托人解除信托的条件有约定的，从其约定。

信托文件规定在信托的存续期间受托人享有一定的报酬的，在该信托存续期间，委托人解除信托的，作为对受托人的损害赔偿，受托人有权取得剩余期间的信托报酬。

（二）英美法上委托人变更和撤销信托的权利

根据传统的普通法规则，生前信托的委托人没有默示的变更和撤销信托的权利。委托人只在信托条款中有此约定时才有此权利[①]。

一般而言，赠与人不能在赠与标的交付之后再要回财产。与赠与类似，生前信托一旦设立，被创设出来的法律利益和衡平利益就已经转移了。若转移是无偿的，就相当于赠与——除非另有规定，是不可撤销的。因此，主流观点认为，委托人除非在转移财产时为自己保留了变更和撤销的权利，否则是没有这种权利的。在一般规则之外，多数法院认为，银行账户信托（A 把自己的资金存在银行中以 A 的名义为 B 设立信托），又称托顿信托（Totten Trust），一般是可以撤销的[②]。另外，如果委托人是信托的唯一受益人，委托人享有唯一受益人所享有的包括变更和撤销信托在内的宽泛权利。

目前，美国很多州的成文法采取的立场和传统观点不同。例如，《加州检认法典》（Cal.Prob.Code）第 15400 条规定，除非信托文件有相反规定，赠与性的信托是可以撤销的。该观点随着《统一信托法》的颁行被广为法典化[③]。

七、受托人辞任的同意权

由于客观原因致使受托人自身情况发生变化，或者客观环境发生变化致使受托人不能继续履行受托人职责的，经委托人和受益人同意，受托人可以辞任。也就是说，委托人和受益人有受托人辞任的同意权（详见第五章的相关论述）。(《信托法》第 38 条）

鉴于我国《信托法》规定，设立信托需要采取书面形式，委托人和受益人的同意也需以书面形式作出。

在我国《信托法》上，受托人辞任的同意权并非委托人单独享有的权利，而是由委托人和受益人共同享有的权利。即使委托人根据自己的判断单独同意受托人辞任，没有受益人的同意，受托人也不可以辞任。当委托人因死亡而不存在时，原则上受托人辞任必须获得受益人的同意，除非在信托文件中约定必须经委托人的继承人同意。

---

① Rest. 2d §330.

② 当存款人提取存款或者发出支票的时候，可以认为存款人撤回了信托。在美国，这种银行账户信托和其他信托不同的是，在美国多数的州，存款人的债权人可以追及该存款，而且当被指定的受益人先于委托人（存款人）死亡时，该信托也就终止了。在存款人死亡时，账户中的存款归属于受益人而非存款人的财产。Scc Edward C. Halbach，Jr，*Trusts，Gilbert Law Summaries*，Thomas/West，2008，p.81. 其中有意味的一点是，美国法在承认存款人（委托人）的债权人可以追及信托财产的同时，还坚持承认信托的存在，这大大提升了信托制度的包容度。这一点也是美国信托制度的灵活性和高度实用主义的众多例子之一。

③ UTC§602（a）.

八、新受托人的选任权

信托具有一经生效即不因受托人的欠缺而终止的特点，所以受托人职责终止的，应当选任新受托人，由新受托人继续为受益人的利益履行管理和处分信托财产的职责。在受托人职责终止的情形下，要根据信托文件的规定选任新的受托人，信托文件没有规定的，委托人有权直接选任新受托人，而不是请求法院选任。可以看出，在合同信托中，具有选任新受托人资格的第一顺位的人是委托人，而不是受益人（《信托法》第 40 条）。委托人因死亡而不存在，或者委托人不选任或者无能力选任新受托人的，才由受益人选任。作为对比，在遗嘱信托的情形中，遗嘱指定的人拒绝或者无能力担任受托人的，除非遗嘱另有规定，由受益人选任受托人（《信托法》第 13 条第 2 款）。关于新受托人的选任，详见第五章的论述。

九、对非法强制执行信托财产的异议权

根据《信托法》第 17 条的规定，信托财产在信托设立以前业已存在债权，或信托财产本身存在应当承担的债务和税款等情形的，其债权人可以强制执行信托财产[①]。除上述情形外，对信托财产不直接享有任何权利的委托人的债权人、受托人的债权人甚至受益人的债权人，对受托人行使债权而强制执行信托财产，委托人、受托人及受益人有权向法院提出异议。

提出异议的委托人（委托人死亡的，其继承人有原告资格）、受托人和受益人为原告，申请强制执行信托财产的债权人为被告。提出异议可以由委托人、受托人以及受益人共同进行，也可以由委托人、受托人或受益人单独进行。受托人的债权人强制执行信托财产，使得受托人免于清偿自己的债务，受托人因此对提出异议表示反对的，应当将该受托人和强制执行信托财产的受托人的债权人一起作为共同被告提起诉讼。

十、其他权利

第一，委托人有权同意受托人按照公平的市场价格将受托人的固有财产与信托财产进行交易或者由受托人将受托人名下的信托财产进行相互交易（《信托法》第 28 条）[②]。

第二，在共同受托人共同处理信托事务出现意见不一致的情况下，如果信托文件未

---

① 《信托法》第 17 条第 1 款规定："除因下列情形之一外，对信托财产不得强制执行：（一）设立信托前债权人已对该信托财产享有优先受偿的权利，并依法行使该权利的；（二）受托人处理信托事务所产生债务，债权人要求清偿该债务的；（三）信托财产本身应担负的税款；（四）法律规定的其他情形。"

② 有学者认为，受托人的自我交易伤害的是受益人而不是委托人，因此，授予委托人对该交易的同意权并不恰当。而且，我国信托法上的委托人被赋予了过多的权限，即使强调这种权限的必要性，也应在信托法理上明确委托人应本着信义义务行使这些权限，不要和受益人的利益发生冲突。See Lusina Ho，*Trust Law in China*，Sweet & Maxwell Asia，2003, p.114，note 98，pp.115－116.

规定解决方法，则由委托人、受益人或者其利害关系人决定(《信托法》第 31 条第 3 款)[①]。

第三，受托人有权依照信托文件的约定取得报酬，约定的报酬经委托人、受托人和受益人协商同意，可以增减其数额（《信托法》第 35 条）。

第四，法人受托人因被撤销或者宣告破产、依法解散或者法定资格丧失、辞任或者被解任而职责终止的，需要把处理信托事务的报告交委托人或者受益人认可之后，其报告中所列事项的责任才能予以解除（《信托法》第 41 条）。

第五，在信托文件没有规定剩余信托财产的权利归属人的时候，委托人及其继承人为第二顺位的权利归属人（《信托法》第 54 条）。

第六，公益事业管理机构违反《信托法》规定的，委托人、受托人或者受益人有权向法院起诉（《信托法》第 73 条）。

第五节　委托人地位的承继

一、委托人地位的继承

《信托法》第 46 条规定，委托人或其继承人可以取得被放弃的受益权；第 54 条规定，委托人可以成为剩余信托财产的权利归属人；第 50 条规定，委托人是唯一受益人的，其继承人可以行使委托人解除信托的权利。但是就委托人的地位是否可以成为继承对象，仍然需要讨论。

作为参考，《日本信托法》第 147 条规定，遗嘱信托当中，委托人的继承人有可能和受益人的利益发生冲突[②]，此时否认委托人地位的继承；但信托文件中可以作出不同的约定。在遗嘱信托以外的信托中，原则上委托人的地位可以继承。可以看出，只要委托人的继承人的权利行使和信托目的、受益人的利益不发生冲突，委托人的地位均可由其继承人继承。

在通过信托行为而保留给委托人一定权限的场合，该权限能否被继承，要根据信托行为的规定以及对信托行为的解释来决定。在委托人保留有运用指示权的场合中，委托人若死亡，其继承人能继承该权利，这也和信托设定人（委托人）的意思相一致。

二、委托人地位的移转

由于委托人并不享受信托利益，委托人的地位（自益信托中的信托设定人也是以受益人的身份取得受益权）并不能为其自身带来经济利益。因此，传统的信托法理论认为，

① 在这三者的意见不一致时，应该遵照谁的意见呢？我国信托法没有提供一个合适的规则。日本新修订的信托法中有在受托人之间进行多数决的备用性规则（《日本信托法》第 80 条第 1 款）。

② 遗嘱信托系为实现与法定继承不同的财产承继制度，委托人的继承人和受益人之间存在利益冲突，因此难以期待委托人的继承人适当行使自己的权利。

委托人地位所带来的权利基本上属于专属权(类人身权),并不像财产权那样可以被转让。在自益信托中，即使受益权被转让，委托人的地位也并非当然转让。

但是在商事信托实务中，委托人权利有转移给第三人的需要。例如，在资产流动化的信托中，把发起人（委托人）从法律关系中剥离出去，把委托人的权利归属于第三人，由第三人行使对受托人的监督权。因此，在日本信托法上，委托人的地位，在得到受托人和受益人同意的情况下，或者依信托文件规定的方法，可以转移给第三人(《日本信托法》第 146 条第 1 项)。

在我国信托实践中比较常见的问题是：信托受益人转让了受益权，委托人的地位是否一并转让？目前存在的大多是以投资为目的的金钱信托，原委托人设定信托之后，如果发生信托受益权转让，原委托人并没有动力也没有必要继续保留信托法上的委托人权能。日本的《贷款信托法》第 10 条就把委托人地位和受益凭证作一体化处理[①]，这一点值得借鉴。

案例 4-5-1　盛世公司与北京信托案[②]

2001 年 12 月 12 日，林生投资作为委托人与作为受托人的北京信托签订《投资信托合同》，约定：林生投资作为委托人愿意委托北京信托，办理本合同项下的投资信托。林生投资根据需要，有权在不损害北京信托利益的情况下随时更换本信托的受益人，但林生投资须事先书面通知北京信托，新的受益人享受本合同项下的信托收益。

2014 年 7 月 7 日，林生投资作为出让人与作为受让人的前海开源签订《信托受益权转让合同》，约定自北京信托完成标的信托受益权转让登记之日起，标的信托受益权和信托合同项下受益人及委托人的全部权利、义务即刻转移到受让人名下。

2016 年，前海开源作为出让人与作为受让人的盛世公司签订《信托受益权转让合同》，约定自受托人完成项目标的信托受益权转让登记之日起，项目标的信托受益权和信托合同项下受益人及委托人的权利、义务即刻转移到受让人名下，受让人享受信托合同赋予的受益人及委托人的权利并履行信托合同规定的受益人及委托人的义务。自本合同生效之日起，由受让人作为项目标的信托受益权和信托合同项下的受益人及委托人向受托人发出指令，指令的发出需符合证券交易所的相关解释规定和要求。出让人与受让人另行签订的《信托受益权转让合同》仅为办理信托受益权转让登记所用，内容与该合同不一致的部分，以该合同为准。该合同还约定了其他条款。该合同首部载明的受托人为北京信托，但北京信托并未在合同上签字盖章。

前海开源作为转让人和作为受让人的盛世公司，共同向北京信托出具《投资信托合同信托受益权转让申请书》，北京信托在“北京国际信托有限公司意见”处加盖了北京信托信托业务受理专用章。

……

对于盛世公司要求法院确认盛世公司享有《投资信托合同》项下委托人与受益人全部权

① 参见［日］三菱日联信托银行编著:《信托法务与实务》，张军建译，中国财政经济出版社 2010 年版，第 62 页。
② 北京市高级人民法院（2019）京民初 7 号一审民事判决书（审结日期：2019 年 12 月 3 日）。

利的诉讼请求，法院认为，首先，各方当事人对于盛世公司取得《投资信托合同》项下受益人地位并无争议。至于盛世公司是否为《投资信托合同》项下委托人，盛世公司认为依据其与前海开源签订的《信托受益权转让合同》的约定，盛世公司已经成为《投资信托合同》项下的委托人，对此，法院认为，盛世公司与前海开源签订的《信托受益权转让合同》中约定，该合同自出让人前海开源、受让人盛世公司、受托人北京信托签字盖章之日起生效，而在该合同首部被列为受托人的北京信托未在合同尾部签字盖章。依据《合同法》第 45 条的规定，当事人对合同的效力可以约定附条件。附生效条件的合同，自条件成就时生效。盛世公司与前海开源签订的《信托受益权转让合同》未生效。

其次，在前海开源、盛世公司、北京信托均加盖公章的《投资信托合同信托受益权转让申请书》中，明确的是申请办理信托受益权转让手续。该申请书没有关于委托人变更的约定。前海开源和盛世公司签订的用于在北京信托备案的《信托受益权转让合同》中约定的转让标的为信托受益权，以及与之相对的委托人与受益人的权利义务。即随着信托受益权转让的是与信托受益权相对应的委托人的权利，而非将委托人的全部权利转让给盛世公司。《信托法》第 49 条规定，受益人可以行使本法第 20 条至第 23 条规定的委托人享有的权利。但上述法定的受益人可以行使的委托人的权利，不是《投资信托合同》项下的全部委托人的权利。在没有明确约定的前提下，《投资信托合同》项下的委托人权利仅能由委托人行使。不能据此认定案涉信托项下委托人权利义务全部转让给盛世公司。此外，该协议还明确约定对北京信托不具有任何法律约束力。北京信托处理信托事务，需要得到盛世公司和林生投资共同同意。本案立案后，北京信托对于案涉信托事务的处理亦是如此。

最后，北京信托一直定期向林生投资报送信托事务管理报告，而且林生投资按期向北京信托支付信托管理费。2018 年 7 月，林生投资还与北京信托共同致函深圳证券交易所，确认信托资产归属于信托计划下的受益人林生投资，信托资产所有权归林生投资所有。

综上，盛世公司没有证据证明其已取得天音信托项目项下委托人的全部权利、义务，盛世公司以委托人身份指令北京信托出售案涉股票没有合同和法律依据，不应得到支持。

对于盛世公司提交的林生投资相关函件以佐证信托委托人权利义务的转移，法院认为，林生投资在本案纠纷过程中态度数度反复，且与盛世公司存在利害关系，不能据此证明案涉信托委托人发生了变更。

首先，在盛世公司以委托人身份要求北京信托启动股票出售程序后，北京信托询问林生投资意见时，林生投资在 2018 年 11 月 21 日给北京信托的回函中并未表示同意盛世公司出售股票的意见，同时还提出林生投资是天音信托项目的实际投资人，并要求北京信托依法维护林生投资的合法权益。在该函中，林生投资依据《信托公司管理办法》第 28 条规定，即“信托公司应当妥善保存处理信托事务的完整记录，定期向委托人、受益人报告信托财产及其管理运用、处分及收支的情况。委托人、受益人有权向信托公司了解对其信托财产的管理运用、处分及收支情况，并要求信托公司作出说明”，要求北京信托向林生投资进行信息披露，保障其知情权。依据《信托法》第 20 条“委托人有权了解其信托财产的管理运用、处分及收支情况，并有权要求受托人作出说明。委托人有权查阅、抄录或者复制与其信托财产有关的信托账目以及处理信托事务的其他文件”的规定，林生投资虽然没有明确表示其是案涉信托的委托人，但主张自己享有只有委托人才能享有的权利。而在短短几天后的 2018 年

11 月 27 日，林生投资在与盛世公司、海通公司的电话会议备忘录中，又确认已将信托合同项下委托人和受益人的全部权利、义务转让给谷盈 6 号。

其次，2019 年 4 月 5 日，林生投资在回复盛世公司相关问询的函件中，确认盛世公司具备委托人身份。而在 2019 年 3 月 1 日，林生投资还通过电子邮件，以委托人身份指示北京信托处理信托事务。对此，盛世公司亦未提出异议。

综上，法院认为，林生投资一直以委托人身份行使委托人权利，林生投资在相关信函、会议中的态度不影响对其作为案涉信托委托人身份的认定。

北京信托作为受托人，在盛世公司对案涉信托的委托人身份提出主张且林生投资对于委托人身份的态度出现反复时，主动询问林生投资关于股票的处置意见，及时将林生投资的意见反馈给盛世公司，并针对股票处置不可逆性的特点，向盛世公司说明了股票出售的指令存在的问题以及解决方案，北京信托已经尽到受托人的职责，不存在违反《投资信托合同》约定和《信托法》规定的情形。据此，对于盛世公司要求法院判令北京信托根据指令出售案涉天音控股股票，将《投资信托合同》项下的全部现金收入给付盛世公司的诉讼请求，法院亦不予支持。同理，盛世公司关于其要求法院判令北京信托赔偿其损失以及承担相关诉讼费用的诉讼请求均不能得到支持。

综上，判决驳回盛世公司的全部诉讼请求。

案例分析及问题：

1. 该案的核心问题是：受益权转让的，委托人的地位是否一并转让？

该案审理法院的立场是：在没有明确约定之时，信托关系项下的委托人权利仅能由初始委托人行使，受益权转让也不会导致信托项下委托人权利义务全部转让给受让人。法院指出，受让人“盛世公司没有证据证明其已取得天音信托项目项下委托人的全部权利、义务”，所以受让人“以委托人身份指令北京信托出售案涉股票没有合同和法律依据，不应得到支持”。法院实际上认同这样一个缺省性规则：如果受益权转让合同中没有明确将委托人的权利一并转让给受让人，则受让人并不享有信托合同项下委托人的权利，而且，想要证明取得委托人权利的受让人还负有举证义务。

法院的这一立场值得商榷。商事信托的一个基本特征就在于创设出具有确定性的、可转让的受益权（该案中，受益权两次转让），如果受益权还要受到和受益人不同的委托人权利之限制，降低了投资者对受益权价值的稳定预期，背离了商事信托受益权创设的初衷，会极大阻碍受益权的转让。对商事信托而言，和委托人的身份相伴的所谓权利大多不是财产性的，反而意味着负担，委托人（受益人）通常没有动因转移受益权而仅保留纯粹委托人地位。而且，委托人身份和受益人身份的分离会带来代理成本的问题。法律中缺省性规则的设计应尊重这种现实。

所以，关于商事信托（基本上都是自益信托）受益权转让的缺省性规则应当是：除非信托文件明确为原委托人兼受益人保留权利（资产证券化项目往往如此），委托人（受益人）转让受益权的，委托人地位应一并转移。这样才和商法所追求的效率价值一致。北京市朝阳区人民法院在“刘某波与中信信托案”[①]中就认可了类似的法

① 北京市朝阳区人民法院 2015 年朝民（商）初字第 13922 号一审民事判决书。

理，法院在该案裁决中指出，信托受益权全部转让后，出让人即丧失受益人、委托人的身份，但委托人明确表示保留委托人权利且受托人同意的除外。

委托人如果基于特别原因要保留权利，可以在信托文件中作出明确约定。该案中，法院要拒绝受让人行使委托人的权利，需要以信托文件中的约定保留为依据。但在该判决给出的信息中看不到这种约定保留。最初林生投资与北京信托签署的《投资信托合同》约定："林生投资作为委托人愿意委托北京信托，办理本合同项下的投资信托。林生投资根据需要，有权在不损害北京信托利益的情况下随时更换本信托的受益人，但林生投资须事先书面通知北京信托，新的受益人享受本合同项下的信托收益"，似乎有将委托人权利和受益人权利分离的意向，但并不明确。而在首次受益权转让合同——林生投资和前海开源签订的《信托受益权转让合同》中明确约定："自北京信托完成标的信托受益权转让登记之日起，标的信托受益权和信托合同项下受益人及委托人的全部权利、义务即刻转移到受让人名下。受让人享受信托合同赋予的受益人及委托人的全部权利并履行信托合同规定的受益人及委托人的全部义务"，第一次转让完成，受让人已经成为委托人兼受益人，对此各方当事人似乎没有争议，此时，林生投资已经完全丧失了委托人（受益人）地位。

而且，该案裁判文书中的证据表明，原委托人已经发函认可盛世公司（第二次受让人即受益人）同时是委托人，两个受益权转让合同都明确约定受让人同时取得受益人和委托人的权利，但法院仍然作出相反的解释，令人费解。

2."启动股票出售程序"不需要委托人身份。该案中，受让人主张其根据《信托法》第 49 条行使委托人的权利（《信托法》第 20—23 条）。法院指出，"上述法定的受益人可以行使的委托人的权利，不是《投资信托合同》项下的全部委托人的权利。在没有明确约定的前提下，《投资信托合同》项下的委托人权利仅能由委托人行使"。

但是，该案中的当事人和法官都忽视了一点："启动股票出售程序"本身根本不属于《信托法》第 20—23 条规定的委托人权利（这 4 个条文所规定的是知情权、变更权、撤销权等监督权和救济权）。而受益人作为全部信托利益的享有者，启动股票出售程序正是实现受益权所必须的。如果委托人没有明确保留出售股票的指示权，该权利就应当是受益人内生的和必要的权利。受益人享有受益权，如果不同时享有处置信托财产的权利，受益权就无法强制执行。所以，该案中受让人提出了错误的根据，法院也作出了同样错误的回应。

本书第五章将探讨受托人的义务和职权。在现代的商事信托中，如果委托人在信托文件中没有为自己、受益人或者第三人就如何管理和处分信托财产约定指示权，原则上受托人可以为了受益人的利益最大化采取一切他认为必要的行动。如果信托文件中没有这种权利保留，受托人可以不用向任何人寻求指示或者同意。

当然，出于对裁量权行使的担心，实践中受托人仍然习惯从信托当事人的同意（特别是委托人的同意）中寻求安全感，如果能取得委托人和受益人的共同同意自无疑问，但如果无法取得二者共同同意，而只能寻求一方的同意，那么这个同意权人更应该是受益人。毕竟，《信托法》明确要求受托人"为受益人的利益"管理信托事务。况且，受益人是强制执行信托的唯一主体，而委托人不是。

总之，在该案中，信托文件中如果没有明确约定谁享有指示出售股票的权利，受让人可以直接以受益人而非委托人的身份对受托人发出指令，要求其启动股票出售程序，与委托人的地位是否随受益人地位转移并不相关。

案例延伸分析

［本章思考题］

1. 如何理解委托人权利的特性？
2. 委托人地位能否继承？能否转移？

［本章学习参考资料］

第五章 受托人

曾子曰：吾日三省吾身：为人谋而不忠乎？与朋友交而不信乎？传不习乎？

——《论语·学而》

战战兢兢，如临深渊，如履薄冰。

——《诗经·小雅·小旻》

如果契约可以足够详尽，信义义务即无存在必要。

——伊斯特布鲁克和费舍尔①

透明国际（international transparency）在2012年之前将“为获取私利而滥用公职”定义为腐败，后来又将“为获取私利而滥用受托权力（the abuse of entrusted power for private gain）”定义为腐败。

——透明国际②

① Frank H. Easterbrook and Daniel R.Fischel, *The Economic Structure of Corporate Law*, 1996, p.90.

② 转引自［澳］莱斯利·霍姆斯：《腐败》，胡伍玄译，译林出版社2019年版，第2页。

第一节 受托人的资格

一、一般规定

（一）受托人应当是具有完全民事行为能力的自然人、法人

信托最重要的功能是财产持有和管理，因此，受托人应具备持有财产和管理信托事务的能力。不具备完全民事行为能力的人不能成为受托人。

（二）非法人组织能否成为受托人

若从字面解释，合伙等“其他组织”（非法人组织）无法成为信托受托人。不过，《证券投资基金法》第 12 条规定，基金管理人由依法设立的公司或者合伙企业担任，相当于特别法对受托人资格作出了突破性规定。

二、特别受托人

法律、行政法规对受托人条件另有规定的，从其规定。这主要是对信托业的要求。《信托公司管理办法》第 7 条规定：“设立信托公司，应当经中国银行业监督管理委员会批准，并领取金融许可证。未经中国银行业监督管理委员会批准，任何单位和个人不得经营信托业务，任何经营单位不得在其名称中使用‘信托公司’字样。法律法规另有规定的除外。”

什么是“经营信托业务”？一般认为，只有长期、持续、重复地以取得信托报酬为目的而承受信托业务，才能被称作“经营信托业务”。这样，不仅限于信托公司，基金公司、商业银行、保险公司、证券公司等开展资管业务的，也属于经营信托业务。另外，基金公司开展证券投资基金业务，养老保险公司、商业银行和信托公司等经营企业年金基金业务，以及商业银行等金融机构开展理财业务等，原理上都属于经营信托业务，出现纠纷时，可以适用《信托法》。基于金融监管体制的原因，基金公司、证券公司等不受国家金融监督管理总局的监管，但无法否定它们开展的大部分资管业务在私法属性上是信托。

另外，慈善组织根据《慈善法》的规定受托慈善信托，即使收取信托报酬，也不属于经营信托业务。自然人、非信托机构等偶发地接受委托，即使收取信托报酬，也不构成经营信托业务。

三、共同受托人

同一信托有两个以上受托人的，受托人被称为共同受托人。一般认为，设立共同受

托人的优点在于：（1）可以提高受托人的整体信用度；（2）可以让受托人之间相互监督；（3）可以保持信托事务管理的连续性；（4）可以利用不同类型受托人的不同专业能力。

（一）共同受托人执行信托事务的规则

《信托法》第 32 条第 2 款规定："共同受托人应当共同处理信托事务，但信托文件规定对某些具体事务由受托人分别处理的，从其规定。"即除信托文件另有约定外，共同受托人应共同处理信托事务。某一受托人不能处理信托事务的，其他受托人有义务接手，使信托得以继续存续。即使共同受托人根据法律或者信托文件的约定只负有保管等义务，在共同受托人缺位的情况下，剩余的共同受托人也应当采取必要措施避免信托财产损失扩大。《信托法》第 42 条规定："共同受托人之一职责终止的，信托财产由其他受托人管理和处分。"即使共同受托人之一不是正常职责终止而是因逃避甚至违反职责而终止，其他共同受托人也应该接手。

共同受托人共同处理信托事务，意见不一致时，可遵循信托文件的规定分别处理；信托文件就此没有规定的，由委托人、受益人或者其利害关系人决定①（《信托法》第 31 条）。

《信托法》第 31 条第 2 款虽然使用了"应当"二字，该规则仍然应解释为任意性规则，当事人可以就信托事务的处理约定各自的职责分工。例如，当事人约定，运用信托财产从事证券投资，由甲受托人负责；运用信托财产从事房地产投资由乙受托人负责；对信托利益的分配由丙受托人负责②，这样可以充分利用各个不同受托人的专业优势。

（二）共同受托人债务和责任的承担规则

为了使共同受托人相互监督、相互约束而非相互推诿信托职责，《信托法》就信托事务的处理、信托债务和信托责任的承担规定了共同受托人的相互代理规则和连带责任规则：（1）共同受托人处理信托事务对第三人所负债务，应当承担连带清偿责任。（2）第三人对共同受托人之一所作的意思表示，对其他受托人同样有效。（3）共同受托人之一违反信托目的处分信托财产或者因违背管理职责、处理信托事务不当致使信托财产受到损失的，其他受托人应当承担连带赔偿责任（《信托法》第 32 条）③。也就是说，受托人为两人以上的，在对第三人关系上，受托人在处理信托事务时对第三人承担债务的，各受托人为连带债务人；在对内关系上，单个受托人违反信托对受益人承担责任的，各受托人承担连带责任。此为原则。

但是，当事人通过信托行为规定受托人之间的职责划分，使受托人甲的事务处理和

---

① 此处的"利害关系人"是谁需要解释。一般理解为委托人和受益人的继承人（当委托人和受益人死亡时）或者监护人（当委托人丧失行为能力时）。这些主体意见不一致的时候，可以向法院提起确认之诉，由法院裁定解决。参见周小明：《信托制度：法理与实务》，中国法制出版社 2012 年版，第 303 页。

② 参见周小明：《信托制度：法理与实务》，中国法制出版社 2012 年版，第 302 页。

③ 值得关注的是，这里至少确立了共同受托人是信托债务的"债务人"，至少在名义上如此，受托人在管理信托事务过程当中的负债，其债权人应能选择扣押受托人的固有财产，因此，《信托法》上的备用性规则应当是：受托人就信托事务的处理是承担个人责任、无限责任而非有限责任。对此，本章第七节有详细讨论。

受托人乙的事务处理相互分离，若置这些目的于不顾，让受托人乙以其固有财产为受托人甲处理信托事务产生的债务承担连带责任，显得过分严厉。对此，《证券投资基金法》第 145 条规定："违反本法规定，给基金财产、基金份额持有人或者投资人造成损害的，依法承担赔偿责任。基金管理人、基金托管人在履行各自职责的过程中，违反本法规定或者基金合同约定，给基金财产或者基金份额持有人造成损害的，应当分别对各自的行为依法承担赔偿责任；因共同行为给基金财产或者基金份额持有人造成损害的，应当承担连带赔偿责任。"该条确立了受托人在对受益人责任方面的过错责任原则。

就多数受托人的内部求偿关系，我国信托法没有相关规定，一般认为可以适用民法关于连带责任的相关原理。除非从事了欺诈性的违反信托的行为，否则承担了全部赔偿责任或者超出自己应承担份额的受托人可以向其他共同受托人求偿。但是，在确定每个受托人的责任份额时，不能简单地适用民法"有约定从其约定，没有约定的推定均等"的一般原理，没有约定亦没有法律特别规定的，法院应参酌各方的过错、参与度和具体职能确定责任份额。共同受托人要承担的责任虽然被称为"连带责任"，但实际上，因这种关系中不存在双向的求偿关系，因此称之为"不真正连带责任人"更为准确。

（三）共同受托人的应用场景和规则适用

在我国，共同受托人的信托有以下几种实践类型。

第一，双受托人型慈善信托，即由信托公司和慈善组织共同成为慈善信托的受托人，较好地结合了信托公司财产管理方面和慈善组织慈善事业实施方面的专业优势。

第二，双受托人型物业服务信托，即信托公司负责物业基金的管理，物业公司负责提供物业服务。①

第三，企业年金信托。企业年金信托中存在两种类型的受托人，其中理事会受托人可以理解为共同受托人；但是就采取法人受托人的企业年金信托，其法人受托人和投资管理人、托管人和账户管理人之间关系的性质，值得研究。《企业年金办法》第 27 条规定："受托人应当委托具有企业年金管理资格的账户管理人、投资管理人和托管人，负责企业年金基金的账户管理、投资运营和托管。"至少从字面上看，在受托人管理信托财产（年金基金）方面，采取的是转委托的方式而不是共同受托方式，在法律适用上应适用《信托法》第 30 条关于转委托的规定。

此外，在《证券投资基金法》中，基金管理人和基金托管人之间的关系也会被解释为共同受托关系②。不过也有观点认为，基金管理人和基金托管人虽然都是受托人，但绝非信托法意义上的受托人，因其在信托财产的归属、受托人处理信托事务的方式以及责任承担方式等方面均与信托法上的共同受托人存在差别③。

---

① 参见胡萍：《信托制物业服务模式陆续落地 信托公司参与涉众性资金管理领域有待进一步挖掘并实践》，载《金融时报》2022 年 9 月 26 日。

② 金锦萍：《证券投资基金托管人的法律地位之辨》，载《中国信托法制的法理论和实务检证——以商事和金融领域为中心》，中日信托法研究会会议文集 2010 年 12 月。

③ 参见郭峰、陈夏等：《证券投资基金法导论》，法律出版社 2008 年版，第 206 页。

案例 5-1-1 范某某与银行案[①]

2013 年 7 月 26 日，湖南某合伙企业（下称“A 基金”）与某银行长沙分行签订《财产保管协议》，约定由某银行长沙分行作为 A 基金的财产保管人。2013 年 7 月 31 日，范某某与基金管理人签署《优先级有限合伙人入伙协议》，约定由其投资 100 万元成为 A 基金的优先级有限合伙人；A 基金投资方向和目的为对中国境内优质的私募股权基金进行投资，以期获得高额利润分红。2013 年至 2014 年期间，A 基金投资了湖南汉坤智源投资管理合伙企业（有限合伙）（下称“汉坤智源”）与株洲中元华金投资管理合伙企业（有限合伙）（下称“中元华金”），并转入投资款。后范某某因无法兑现投资款而诉至法院。

法院认为，《证券投资基金法》第 36 条第 10 项规定，基金托管人应当按照规定监督基金管理人的投资运作；第 37 条规定，基金托管人发现基金管理人的投资指令违反法律、行政法规和其他有关规定，或者违反基金合同约定的，应当拒绝执行，立即通知基金管理人，并及时向国务院证券监督管理机构报告。某银行长沙分行作为案涉基金托管银行，对 A 基金管理人资格不作审查，便接受委托托管私募基金；在履行基金托管职责过程中，案涉基金入伙汉坤智源和中元华金时，没有证据显示汉坤智源和中元华金系国内优质股权私募基金，A 基金发出的投资指令违反了合伙人协议的约定，某银行长沙分行应当拒绝划款并向监管部门报告。某银行长沙分行对汉坤智源和中元华金是否为国内优质股权私募基金未作审查，仅审核入伙协议书、风险提示书和划款指令就划转资金，导致募集资金流出，与投资人发生的损失存在因果关系。某银行长沙分行违反法律规定和合同约定，未尽到基金托管人的审慎监管义务，存在明显过错，依法应当对投资人的损失承担相应的赔偿责任。A 基金为发行私募基金而签订《财产保管协议》，案涉《财产保管协议》亦系为第三人（投资者）利益签订的合同，某银行长沙分行不审慎履行托管职责，应向投资者承担相应的违约责任。某银行长沙分行声称与范某某不存在合同关系，故承担案涉责任于法无据。

法院认为，案涉私募基金托管人某银行长沙分行不审慎履行托管职责、未尽到托管人的审慎监管义务，存在明显过错，且其未经审查划转款项与投资人发生损失存在因果关系，故应向投资者承担相应的违约责任，对案涉基金管理人不能返还的部分应承担 40%的补充赔偿责任。

案例 5-1-2 江某与民生银行案[②]

毛某某（资产委托人）与深圳某资产管理有限公司（下称“某资管公司”）、某银行股份有限公司总行营业部（下称“某银行总营”）签订《B 专项资产管理计划资产管理合同》（下称《B 资管合同》），明确拟将资金投资于某信托有限责任公司（下称“某信托”）管理的某证券投资单一资金信托计划，并指定李某某为特定投资指令权人，为单一信托下达投资指令。而后，江某与毛某某、李某某签订《投资协议书》，约定由江某出资人民币 1 000 万元，投资于 B 专项资产管理计划；一年后，江某所投资金全部亏损。

---

① 株洲市中级人民法院（2021）湘 02 民终 2127 号二审民事判决书（审结日期：2021 年 12 月 8 日）。

② 北京市第二中级人民法院（2018）京 02 民终 6942 号二审民事判决书（审结日期：2018 年 9 月 28 日）。

北京市第二中级人民法院认为，案涉《B 资管合同》及信托合同中均约定不得主动投资于 ST 类上市公司发行的证券，在特定投资指令权人发出不符合约定的投资建议时，某资管公司违反合同约定运作产品，某银行总营在发现管理人投资指令违反合同时未拒绝执行，某信托作为信托产品受托人在接受违约投资建议时也未及时通知特定投资指令权人，因此上述各方（即某资管公司、某银行总营、某信托）均存在一定过错。但法院进一步指出，需注意在案涉《B 资管合同》及信托合同存续期间，除投资某 ST 类股票，上述各方亦投资了其他股票，仅购买某 ST 类股票的行为，不足以造成信托单位净值低于止损线被强制平仓的整体投资后果，即上述各方虽有过错，但与信托单位净值低于止损线之间不存在法律上的因果关系，因此法院最终未判定托管人某银行总营承担赔偿责任。

案例分析及问题：

在**案例 5-1-1** 中，法院认定某银行长沙分行作为托管人的不适当履职表现有：（1）对案涉基金管理人资格未作审查即接受委托托管私募基金；（2）在履行基金托管职责过程中，案涉基金入伙汉坤智源和中元华金时，没有证据显示汉坤智源和中元华金系国内优质股权私募基金，基金管理人发出的投资指令违反了合伙人协议的约定，但托管人未拒绝划款，也未向监管部门报告。所以，托管人对案涉基金管理人不能返还的部分应承担 40%的补充赔偿责任。

在**案例 5-1-2** 中，法院认定托管人的过错在于“发现管理人投资指令违反合同时未拒绝执行，某信托作为信托产品受托人在接受违约投资建议时也未及时通知特定投资指令权人”，但是，因该过错和投资受损之间不存在因果关系，所以托管人不承担责任。

关于托管人的义务，至少可以得出以下几个方面的初步结论：

第一，基金托管人处在一种和受托人（基金管理人）类似的受信人地位，对投资者负有差异化的信义义务。

第二，托管人的义务虽然有法定义务的属性，但是，界定托管人责任更多地要看相关托管文件的约定。例如，上述两个案例中，托管人都有明显违背托管文件约定的事实。

第三，基金托管人的地位和狭义受托人的地位存在差异。托管人属于托管受托人，其职责、义务和投资管理人存在极大差异。《信托法》规定共同受托人连带责任的目的是让受托人相互监督，但基金托管人职责决定了他有时是无法监督投资管理人的，故让其承担连带责任是不公平的。而且，根据《证券投资基金法》第 145 条，基金托管人承担的责任是过错责任，在可以适用作为《信托法》特别法的《证券投资基金法》的场合，不宜直接适用《信托法》关于共同受托人连带责任的规定。

理论上，存在着托管受托人（custodian trustees）和管理受托人（managing trustees）的划分。在商事领域，更重视的是对不同受托人的专业化分工方面优势的利用，而不是其相互监督功能。让托管受托人和管理受托人之间相互监督有时是无法实现的。特别是对于托管受托人而言，只需严格依照约定和法律的规定履行职责即可，很难要求托管受托人对管理受托人的行为特别是管理受托人的投资行为进行监督，更无法要求托管受托人为管理受托人的违法甚至犯罪行为承担责任。

信托法关于共同受托人连带责任的规定来自信托为民事信托的假设。在民事信托中，让共同受托人之间相互监督和制约，让各自的信用互相担保，对于维护受益人的利益非常重要。在今天的商事信托中，应把信托法上共同受托人的连带责任规则作柔化处理，特别是在与受益人（委托人）的关系方面，应允许对各个不同受托人的职责和责任边界进行约定。

当然，托管受托人仍然具有保持信托连续性的功能。在管理受托人不履职甚至违法履职时，无论根据现行法律法规还是根据信托法原理，托管受托人和管理受托人作为共同受托人，都有至少确保信托状况不继续恶化的消极的“保存”功能。

在日本，无论是立法还是解释方面，都在缓解传统上关于共同受托人规定的严苛性。比如，信托事务管理方面的共同行为规则已经被改为“多数决”规则，关于受托人责任的规则已经被改为任意性规则等。①

四、信托关系中的其他受信人

（一）保护人

信托结构中，有时需要引入一个新的机制，它可以被称作管理人、保护人（protector），或当事人认可的其他名称，其职责要么是维护受益人的利益，要么是确保贯彻委托人意愿，或者二者兼而有之。

在我国，人们主要通过“信托监察人”了解“保护人”。《信托法》要求强制设置信托监察人，《慈善法》第 50 条规定，委托人可以根据自己的意愿设置慈善信托监察人。信托法是私法，因此也不排除委托人在私益信托中自愿设置类似信托监察人的角色。理论上也应允许委托人在信托文件中为自己或者第三人保留干涉信托事务的权利。在我国信托法和慈善法中，信托监察人的职责侧重对缺位的受益人之利益（公共利益）加以保护，而在家族信托中设置保护人的主要目的是贯彻委托人的意愿和对受益人进行保护。慈善信托中比较多地使用“信托监察人”这种称呼，家族信托（民事信托）中则一般称之为“保护人”。

但须注意的是，慈善信托中的信托监察人和家族信托中的保护人有着重要的差异。二者虽然都由委托人选任，但是信托监察人的权利主要来自法律的授权，而保护人的权利主要来自信托文件的约定。

作为信托法母国的英国，其信托法中并没有正式地出现“保护人”这一角色，可以说，“保护人”这一术语没有确切的含义。不过，实践中经常会运用到保护人的情形是，信托文件中任命某人为保护人［又称“执行人”（enforcer）、“指定人”（appointor）］，保护人通过控制受托人的功能发挥，来确保委托人的意愿得到贯彻，最终照顾受益人的利益。为了达到此种效果，信托文件可以授予保护人：（1）对受托人裁量权的否决之权；

① 《日本信托法》第 80 条第 1 项。参见道垣内弘人『信託法入門』（日経文庫、2007 年）124—125 頁。

（2）确保信托财产用于某种特定用途的权利；（3）任命或者解任受托人的权利；（4）就受托人的费用、报酬进行磋商的权利[①]；等等。

第一个关于保护人的法律定义出现在库克群岛的法律中。据此，国际信托中的保护人是享有以下职权的人：关于信托事务有权指示享有裁量权之受托人，有权指定或者解任受托人。包括巴哈马在内的离岸地的信托立法中，都存在关于保护人的规定，但是巴哈马的相关信托法律制度的基础仍然是《英国 1893 年受托人法》的一个条款（s.3）。

保护人最初产生于离岸信托的场合。一个英国的委托人为了筹划税收在离岸地如巴哈马设立信托，由于此时的委托人离受托人（通常是一个公司）太过遥远，就授予值得信赖的第三人如其律师或者老朋友监督受托人的职权。但是，该如何对待这些职权和义务？保护人是不是一个准受托人，其对受益人是否负有受信义务？或者保护人是一个针对委托人的受信人，必须为了委托人的最大利益行使职权（一个有趣的问题是，这会不会使委托人成为某种受益人）？这些问题一直困扰着信托律师和法官。某些法域制定的信托法中包含了保护人条款（如《巴哈马 1998 年受托人法》），但是对于没有相关法律的国家如英国，授予这种职权的效果需要由法官根据信托条款确定。在未来的几十年，设置“保护人”这一角色是否会成为信托的普遍做法？法院又如何理解这一问题？英国在多大范围内使用保护人制度？目前并不清楚[②]。

在英格兰和威尔士，并没有和保护人职责和义务相关的立法和判例法原则。对此现状，学者的一种分析是，保护人事实上就是受托人。为了避税而进行的精心安排会尽量不让保护人担当类似受托人的职责。但是，如果保护人有否决受托人的决定等权利，那么，就产生了一个问题：保护人是否在事实上承担了某些受托人的职责？如果受托人决定投资于 × 项目而保护人介入进来，不让其投资于 × 项目，我们该如何理解保护人的职权呢？此人既然有权否决受托人的决定，他至少应有和受托人一致的职权，保护人能恣意地行使其职权吗？答案肯定是否定的。如果保护人能否决受托人作出的决定，那么保护人就被授权作出影响他人（也就是受益人）财产权的行为。这肯定构成一种受信人角色。鉴于保护人的行为会给受益人对信托财产的权利带来直接影响，受托人所担当的必定是一种受信人角色。以此种方式控制受托人的决策意味着保护人是控制受托人行为和决定权的“舵手”。可以认为，如果这种角色没有在信托文件中被命名为保护人，任何以这种方式控制信托的人都应当被视为事实上的受托人。即，保护人是受托人的一种类型。[③]

信托法是私法，是自由之法，所以它允许业界的实践走在立法甚至理论的前面。可以去探索，但是需要行业自律。从业者应自我约束，确定合理的行为准则，确保所有的行为都是符合当事人利益的。通过这种自律的行为，在探索中逐渐确定保护人的角色定位、行为模式、任职资格、权利、义务和责任等一系列规则。

---

①③ See Alastair Hudson, *Equity and Trusts*, 7th ed., Routledge, 2013, pp.1053 – 1054.

② See J. E. Penner, *The Law of Trusts*, fourth edition, Oxford University Press, 2005, pp.64 – 65.

（二）美国法上的指示权人信托

在美国，在起草信托文件的时候，人们越来越多地将某些权限授予受托人以外的主体，这种类型的信托被称为指示权信托（directed trust）。信托文件中指定的受托人以外的主体被称为信托指示权人（trust director，以下简称“指示权人”）、信托保护人或者信托顾问（a trust protector or trust adviser）。指示权人并不持有信托财产之财产权，也并非信托受托人，但是对信托享有不同程度的权限（原本这些权限归属于受托人）。指示权信托中的受托人，则被称为被指示受托人或者管理受托人（directed trustee or administrative trustee，下文简称“受托人”），其职权范围根据指示权人指示权的不同而不同。

指示权信托中的一个重要法律政策问题是，如何划分指示权人和受托人之间的职责?

如果管理信托的职权由受托人独占，信义义务和其他受托人义务的规则很显然就只适用于受托人。但是，如果信托文件将受托职权在受托人和指示权人之间作出明确划分，受托人规则的适用问题就变成一个困难的问题。例如，指示权人是否应当适用受托人的信义义务规则？是否应当减轻甚至免除受托人的信义义务?

2017 年，美国统一法律委员会（the Uniform Law Commission，ULC）通过了《统一指示信托法》（the Uniform Directed Trust Act，UDTA），为上述问题提供了清晰的解决方案。根据莫利和西特考夫的总结，UDTA 和目前美国很多州关于指示信托的制定法相比，有四个方面的创新安排。[①]

第一，关于指示权人和受托人的信义义务。UDTA 采取的方法是，对所有保有受托人权限的人都施加受托人义务，即使这个人并不是受托人。享有指示权的指示权人比仅仅是助力指示权人行使职权的受托人更应承担信义义务。这样，受托人就免于承担单一受托人之时的全面的信义义务。受托人有限而微弱的义务是：在决定是否遵照信托指示权人的指示之时避免从事“故意的不当行为”（willful misconduct）。

就指示权人的义务，UDTA 规定指示权人承担与“类似地位和类似情况下”的受托人相同的信托义务。参照处于类似地位和处于类似情况下的受托人义务，使得指示权人的义务具有了确定的内涵，同时也保证了指示权人义务的灵活性和对具体情形的敏感性，有效避免了指示权人可能享有的各种权利之间的巨大差异。

第二，关于对非信义义务关系事项的处理。尽管许多调整指示权信托的制定法明确了信义义务，但没有任何现行制定法就如何接受委托、补偿、职位空缺和时效等附属事项作出全面的规定。UDTA 采用了和规范受托人义务相同的基本解决方案——它将适用于受托人的规则适用于指示权人。例如，指示权人承继的规则与处于类似地位和类似情况下的受托人的规则相同。UDTA 还规定了普通信托中不会出现的独特问题，如受托人和指示权人之间的信息共享。

第三，将传统的共同受托人法律规则与指示信托中所承认的委托人更广泛的意思自治相协调。UDTA 扩大了委托人在设计共同受托人规则方面的自主权，委托人可以在信

---

① See Morley, John D. and Sitkoff, Robert H. (2019) “Making Directed Trusts Work:The Uniform Directed Trust Act”, *ACTEC Law Journal*: Vol. 44: No.1, Article 2.

托条款中分配共同受托人之间的信托义务，也可以分配指示权人和受托人之间的义务。因此，根据 UDTA，受另一个共同受托人指示的共同受托人可以免除信托责任，就像 UDTA 免除指示受托人的责任一样。这种免除并非 UDTA 的默认立场；相反，它赋予委托人选择这样做的自由。

第四，设立排除规则，以保留委托人在一系列问题（如税收筹划、可撤回信托和指定权）上的自主权。例如，UDTA 排除将可撤回信托的委托人或指定权人因对信托拥有权利而被定性为受托人。这种排除很重要，因为它纠正了许多现有指示权信托法规（包括美国特拉华州的法律）中被忽视的起草错误，如果按字面理解，因可撤回信托的委托人和指定权人对信托的权利，那些法规会将委托人和指定权人按受托人对待。

（三）指示权人的约定和转委托

指示权人信托和我国《信托法》第 30 条规定的转委托容易混淆。指示权人和转委托的受托人的权利来源不同：指示权人的权利来源于委托人；而转委托的受托人的权利来自信托受托人的聘请。详见本章第五节的讨论。

第二节　受托人义务的综合性

一、受托人义务的综合性

《信托法》第 25 条概括规定了受托人整体上的义务：（1）约定义务（信托文件遵守义务）。意定信托通过法律行为设立，委托人的意愿体现在信托文件之中，遵守信托文件（合同、遗嘱或宣言）中具体而明确的约定，是受托人的首要义务。当然，当事人并没有能力完全且准确地约定受托人的具体义务，所以，信义义务就产生了。（2）信义义务。正因为当事人和立法者都仅具有有限理性，当事人无法完全约定受托人的具体义务，立法也是如此，受托人的大部分义务只能通过立法以抽象规则的方式加以确定，最终须经司法裁量。

此外，受托人还应履行狭义的法定义务，即法律、行政法规和部门规章等法律文件中规定的受托人的具体义务。

可见，受托人的义务具有综合性，受托人违反信托义务可能会构成违约，但并不必然构成违约，如对信义义务和狭义法定义务的违反。

在信托法中，受托人的信义义务具有代表性，本章后面展开论述。这里首先讨论受托人的约定义务。

二、受托人约定义务的具体性

约定义务应当是具体的。信托文件中可能把法律法规和监管文件的要求都规定在内，但是违反这些法律文件的规定并不构成对约定义务的违反。受托人只有违反了与委托人明确约定的事项，如违反信托财产管理方法的约定、违反信托财产投资方向的约定、违反信托存续期限的约定等，才构成对约定义务的违反。

案例 5-2-1 中泰信托违约案[①]

2015 年 12 月 11 日，原告与被告签订《中泰–潍柴动力股票收益权投资集合资金信托计划资金信托合同》（以下简称《信托合同》），原告支付 300 万元认购了 300 万份 P 类信托单位，案涉《信托合同》载明的期限为 2013 年 12 月 16 日至 2018 年 12 月 16 日。

2016 年 7 月 11 日，原告被告知案涉信托计划将提前终止，并已经在被告网站上披露《信托合同》提前终止理由。嗣后，被告支付原告本金 300 万元和 184 636.44 元预期收益。

案涉《信托合同》通用条款项下第 15 条第（2）项、第（6）项约定，提前终止《信托合同》应召开受益人大会审议决定，并应当经参加大会的受益人全体通过；案涉《信托合同》专用条款第 5 条约定：受托人有权根据项目运行情况提前终止信托计划。原告主张：《信托合同》系格式合同，上述特别条款属于“排除原告主要权利，加重原告责任的条款”，加之被告在缔约时没有依法对该条款起到提示和提请原告注意的义务，根据合同法规定，应属于无效条款。而且，被告在未召开受益人大会的情况下，提前终止《信托合同》，原告只得另行寻找其他类似信托产品进行投资，而被告违约时，与案涉信托计划所涉及的投资条件相当的信托产品，其信托预期收益率已经降至 6%以下，与案涉信托计划约定的预期收益率 9.3% 相去甚远，实对原告造成 281 424.66 元经济损失[计算公式：3 000 000×（9.3%–5.3%）×856 天（持有到期天数）/365 天]。因此，原告认为被告没有按照《信托法》规定履行诚信、勤勉的义务，应该承担违约责任。

案例分析及问题：

信托大多基于合同约定而产生，违反信托是否构成违约当然是首先应当考虑的问题。在另一个案件中，法院指出，“根据《信托合同》第 2.2 条的约定，信托资金由四川信托按照湖北银行的指示用于向满洲里实业公司发放信托贷款；根据第 6.1 条的约定，受托人四川信托对信托财产的管理负有诚实信用、谨慎勤勉的义务；根据第 6.3.2 条的约定，受托人按照上述（即第 2.2 条约定）具体运用方向，管理、运用信托财产，即视为四川信托已履行了恪尽职守、诚实、信用、谨慎、有效管理的义务。……湖北银行和四川信托之间存在明确、有效的《信托合同》，该合同是解释合同责任、信托责任的首要文本”[②]。

实务中，信托合同往往照搬了信托法和监管规则的规定，违反了这些条款并不必然构成违约。只有对信托合同中明确而具体的约定的违反，才构成违约，如对信托财产管理和处分方法的具体规定（比如，不能出卖只能出租信托财产中的不动产）、

① 上海市黄浦区人民法院（2016）沪 0101 民初 23030 号一审民事判决书。

② “湖北银行股份有限公司与四川信托有限公司、中国农业发展银行根河市支行合同纠纷案”，武汉市中级人民法院（2015）鄂武汉中民商初字第 00293 号一审民事判决书（审结日期：2016 年 7 月 29 日）。

对信托资金特定用途的约定、对放款条件的约定[①]、对信托终止条件的特别约定，以及对于信托期限的约定等的违反。

受托人提前终止信托，是否构成对受托人义务的违反？该案中，《信托合同》载明的期限为2013年12月16日至2018年12月16日（5年），而根据《信托合同》的一般条款，提前终止信托产品需要召开受益人大会，但合同的专用条款第2条第4款、第5条第1款特别约定："受托人有权根据信托计划运行情况提前赎回全部或部分信托单位"，"受托人有权根据项目运行情况提前终止或延长各期信托单位存续期限"；第10条第1款第8项约定："本信托计划存续期间，潍坊市投资公司向受托人申请提前行使优先回购权并提前回购特定股票收益权的，受托人有权根据实际情况予以同意。"其实质效果是该案信托计划没有约定确定的信托期限，仅约定预期期限是5年。受托人取得了在不损害受益人利益的前提下终止信托的权利。

该案提供的一个启示是，受托人可以在满足知情告知（informed consent）的基础上，在信托文件当中就信托的存续期限、提前终止事项、延期事项等进行约定。特别是对于贷款信托或者变相贷款信托项目而言，有时交易第三人可能只是暂时出现流动性问题，受托人可以在信托文件中为自己保留根据具体情形提前终止信托或者延期的权利，把裁量权保留在自己手中。这样，即使交易第三人到期违约，受托人可以根据不同情形作出不同的处置，避免因交易第三人的违约而导致自身违反信托义务（至少避免在约定固定期限的情形中构成违约）。

在该案中，受托人根据情势决定提前终止信托，是不违背其信义义务的。法院指出：如果继续履行信托计划，"除了需面临包括银行贷款利率下行压力在内的金融风险和投资人的资金安全风险外，还需面临被告对潍坊市投资公司的追索成功率的风险。……如果让信托计划继续持续下去，投资人的权益将面临更大的不确定性，为了尽可能地确保投资人9.3%的收益权，被告综合评估信托产品的风险系数，决定提前终止信托计划，其行为具有适当性、审慎性"。被告作为受托人有权为自己保留终止信托的权利，此时法院关注的重点是受托人在行使提前终止信托的权利时，"是否依照《信托法》的规定，本着保护委托人的最大经济利益，践行诚信、勤勉的宗旨"。

《信托公司集合资金信托计划管理办法》第42条是任意性规定，当事人特别是受托人可以约定变更和排除。该条规定："出现以下事项而信托计划文件未有事先约定的，应当召开受益人大会审议决定：（一）提前终止信托合同或者延长信托期

① 在泰州市中级人民法院（2014）泰中商初字第00173号一审民事判决书中，法院认为，"中泰信托公司作为受托人应当按照《信托合同》的约定履行信托资金的发放、资金的监管等义务。《信托合同》明确约定，中泰信托公司应在土地抵押、在建工程抵押手续以及强制执行公证完成之后向目标企业发放贷款。现有证据表明，中泰信托公司在未具备上述三个前提条件的情况下，将信托资金发放给目标企业；且目标企业也未按《房地产项目资金封闭运作管理协议书》及《借款合同》的约定，将商品房预售款汇入监管账户，在归还江山制药公司2 000万元本金及部分利息后便无力偿还剩余款项及利息。对此，中泰信托公司违反《信托合同》的约定，对款项的发放、款项的监管、款项的回收等未尽到合理、谨慎的义务，依约应向江山制药公司承担违约责任，赔偿其损失"。

限……”该案让我们看到信托合同起草中容易出现的一个问题，即“照抄”法律和监管规章。案涉《信托合同》的特别条款已经对信托的提前终止和延期事项作出了具体的约定，一般条款中还保留《信托公司集合资金信托计划管理办法》中规定的“受益人大会审议决定”的条款，徒增不必要的争议。

在该案中，法院认为，“本案所涉的信托产品系私募产品，针对的目标客户不同于普通投资人，原告作为投资信托产品20余年的主体，在金融领域所具备的专业知识不同于其他普通投资人”，鉴于此，案涉《信托合同》虽是信托公司提供的标准合同，但只要受托人履行了知情告知程序，并不导致提前终止的特别条款无效，可称公允。

三、受托人信义义务的法定性

最高人民法院《九民纪要》之引言把受托人的法定义务置于约定义务之前，指出了受托人的义务主要是法定义务，这对于清除司法实践中就信托纠纷只适用《民法典》合同编而忽视《信托法》、把违反信托直接按违约对待的错误观念，都有着非常重要的意义。

虽然信托关系主要是根据信托合同构建，很多信托合同也会重复《信托法》关于受托人义务的条款，但这些都不能改变受托人义务中的信义义务本质上是一种法定义务的事实。受托人信义义务是一种不管信托文件中是否有约定都存在的义务，也是一种无法通过约定完全排除的义务。具体而言，可以从以下几个方面理解信义义务的内涵：

第一，受托人的义务包括约定义务和法定义务。其中信义义务本质上属于法定义务。受托人的义务在法定义务和约定义务的互动中不断界定其边界。

第二，受托人的义务中当然包括约定义务，违反这种义务即构成违约。信托法规定了受托人对信托文件的遵守义务（《信托法》第25条）。例如，委托人在信托文件中明确约定信托财产的运用方法只限于贷款，受托人违反约定把信托财产进行股权投资，即构成违约。再如，委托人约定信托财产中的不动产永远不可出售，受托人若把该不动产出售，原则上构成违约。

第三，受托人的信义义务是当事人无法清晰地在信托文件中具体约定的义务。委托人可能不具备在信托文件中详尽约定受托人该如何行为的能力；即使委托人具备一定的专业能力（如委托人是金融审判专家）[①]，也不能改变信托关系中委托人/受托人关系的失衡状态，受托人仍然在专业、技能和信息等方面占有优势，对信托财产有直接的控制权和全面的管理职权；委托人不管能力如何强，基于理性的有限性，也不可能对未来应采取什么行动作出准确的预测。而为了让受托人妥善处理信托事务，必须授予

① 判断信托公司是否适当履行受托义务，应将机构投资者与自然人投资者相区分，多数自然人投资者无论专业能力如何，和信托机构相比仍然处于不对等的地位。参见“中国建设银行股份有限公司恩济支行与王某财产损害赔偿纠纷案”，北京市高级人民法院（2019）京民申3178号民事裁定书。

受托人裁量权。相应地，为了限制裁量权滥用，就得通过为受托人施加法定义务的方式加以限制。

第四，可以看出，受托人义务的来源比较复杂：至少有当事人在信托文件中的具体明确约定、信托法等法律的规定、监管规范的规定、行业自律规范的规定、行业惯例等。信托文件把《信托法》等的规定“照抄”其中并不意味着把法定义务转变成了约定义务。比如，多数信托文件都“照抄”《信托法》关于谨慎管理义务的条款，违反谨慎义务（尽职管理义务）似乎也违反了信托文件的约定，但是仍然不能说受托人构成了违约。需要强调的是，受托人的约定义务应是具体的、明确的义务，实践中把抽象的法律条文纳入合同的方式不能使受托人的权利义务具体化，仅有宣示的意义。

第五，受托人信义义务的法定性意味着，不管信托合同等信托文件是否约定受托人的信义义务，其信义义务依然存在。例如，信托文件中没有约定股票投资的整体止损线，受托人没有及时止损，导致信托财产受损。此时不能说因为信托文件没有为受托人约定止损义务所以受托人就没有违反义务。在商事信托中，受托人大多是信托文件的设计和起草者，受托人没有在信托文件中约定止损线本身就意味着对信义义务这种法定义务的违反（参见案例 5-4-1“整体止损案”）。再如，信托文件比较简略，没有约定受托人不得利用信托财产为其自身谋取利益等义务，受托人仍然负有这些忠实义务。

第六，信义义务可以存在于信托关系被有效创设之前。[①]例如，受托人在信托成立之前利用和委托人磋商而取得的信息为自己谋利，也构成对忠实义务的违反；受托人在信托关系成立之前没有对委托人提供必要之信息，也构成对信义义务的违反。

第七，受托人信义义务的法定性还意味着，受托人通过约定可以对信义义务作适当“裁剪”，但是无法排除。在通道业务（消极信托）中，“当事人在信托文件中约定，委托人自主决定信托设立、信托财产运用对象、信托财产管理运用处分方式等事宜，自行承担信托资产的风险管理责任和相应风险损失，受托人仅提供必要的事务协助或者服务，不承担主动管理职责”（《九民纪要》第 93 条）的，并不意味着受托人对委托人就不存在信义义务，受托人至少还要提供必要的事务协助或者服务。更重要的是，受托人在通道业务中的忠实义务是不变的。

案例 5-2-2　新华信托与钱某莹案[②]

钱某莹称：2011 年 11 月 1 日，钱某莹与新华信托订立信托合同约定，钱某莹作为委托人认购了安吉新农村信托计划下的信托单位，对应的信托资金金额为 102 万元，钱某莹是该信托合同项下的唯一受益人，为 C 类信托受益人。现该信托计划期限早已届满，新华信托未能按照约定的分配时限向钱某莹分配信托本金及最后一期收益。

---

① “Fiduciary duties can exist before formal creation of the trust relationships and it will be wise to minimise the chances of the settlor or a beneficiary alleging that an exemption clause had been included in the trust instrument as a result of a breach of fiduciary duty or by means of undue influence such that the trustee cannot be allowed to rely on the terms of such clause”. Underhill and Hayton, *Law Relating to Trusts and Trustees*, 19th edition, LexisNexis, p.810.

② 重庆市第一中级人民法院（2015）渝一中法民终字第 05004 号二审民事判决书（审结日期：2015 年 12 月 1 日）。

新华信托一审辩称：根据相关法律规定，信托公司不能向委托人承诺收益或承担风险，信托公司仅作为受托人取得委托人的财产并进行投资；信托公司取得财产后至信托生效前的期间不算信托计划期间，不能计算信托计划收益，对钱某莹的此项请求有异议；从金融风险看，任何投资均具有风险，新华信托在与钱某莹签署合同时，已通过风险说明向其告知不能承诺本金不出现任何损失，且新华信托的投资项目可能因为宏观政策等导致钱某莹的投资不能按照约定获取收益；对于安吉新农村信托计划，新华信托已经向钱某莹提示出现实质性风险，无法在合同约定期限内向钱某莹清偿信托计划的本金和收益，相关情况新华信托已经向中国银行监督管理委员会重庆监管局（现为重庆市地方金融监督管理局）报备；钱某莹是安吉新农村信托计划的经理，按照新华信托的内部职责分工，作为信托计划成立后风险管理的首要责任人，其对该项目的风险非常清楚，同时作为资深金融行业从业者，钱某莹对信托行业能不能违反法律规定向委托人承诺本金不受任何损失以及能否获得合同约定的最高收益是非常清楚的；钱某莹在担任安吉新农村信托计划经理期间，对项目出现风险负有不可推卸的责任，从整个项目的风险控制来看并按照法律规定，当信托计划出现实质性风险且项目公司无法在信托期限内按时清偿到期信托本金和收益时，新华信托除非能引入第三方进行接盘，否则无法向投资人按时按期兑付本金和收益。

一审重庆市江北区人民法院认为，钱某莹与新华信托签订的信托合同系双方当事人的真实意思表示，不违反法律法规的规定，合法有效，双方当事人均应当按照合同约定履行义务。钱某莹向新华信托支付了资金，新华信托应当按照合同约定向其分配信托本金及收益。合同期满后，新华信托未按照约定向钱某莹分配信托本金及收益，亦未举证证明安吉新农村信托计划发生不可归咎于其自身原因的损失的证据，相关法律法规亦未禁止信托管理人参与购买信托计划，故新华信托应当按照合同约定向钱某莹分配信托本金及收益，并承担相应的违约责任。钱某莹请求新华信托分配信托本金 102 万元诉讼请求一审法院予以支持。

二审重庆市第一中级人民法院认为，虽然本案信托计划具有投资风险，但新华信托作为对信托计划项下信托财产进行集中管理、运用或处分的受托人，应就该信托计划是否盈利，或者是否存在因不可归咎于受托人的原因导致信托财产发生损失等相关情况承担举证责任。钱某莹与新华信托签订的信托合同也约定，新华信托作为受托人，应当在信托终止后 10 个工作日内编制信托财产分配的清算报告，且在信托计划存续期间，如果发生可能对信托受益人权益产生重大影响的事项，受托人应在知道临时事项发生之日起 10 个工作日内向委托人或受益人作临时披露等。本案中，新华信托在合同期满后既未向钱某莹分配信托本金及收益，亦未举示证据证明安吉新农村信托计划发生不可归咎于其自身原因的损失，亦未尽到合同约定的编制清算报告、临时披露等义务，故应由新华信托承担相应的违约责任。综上，维持一审判决。

案例分析及问题：

1. 受托人承担责任的基础。法院支持原告的主张，判令受托人承担“违约责任”。但是，受托人是否违反了信托义务，违反了何种信托义务，仍然需要进一步探讨。

该案中，信托公司认为，信托公司的义务并非刚性兑付的义务。法院指出，“虽然本案信托计划具有投资风险，但新华信托作为对信托计划项下信托财产进行集中管理、运用或处分的受托人，应就该信托计划是否盈利，或者是否存在因不可归咎于受托人的原因导致信托财产发生损失等相关情况承担举证责任”。根据《信托法》和相关部门规章，受托人以信托财产对受益人承担的义务不是一种债务（如《信托公司管理办法》第 3 条规定，“信托财产不属于信托公司的固有财产，也不属于信托公司对受益人的负债”），而是一种针对投资者的管理者义务，自然没有刚性兑付的义务。

受托人没有刚性兑付的义务并不意味着受托人没有义务。受托人没有尽到信托文件约定的义务，或者违反了法定的谨慎管理和忠实义务等受托人的核心义务的，仍然需要承担责任。

2. 受托人是否违约？由于信托文件很多时候会“照抄”法律条文，给人的印象是受托人违反义务就是违约。其实，受托人义务的主要性质是法定义务，即使信托文件没有约定受托人义务，这些义务依然存在，而且，这些义务甚至不能用约定的方式加以排除。受托人的义务主要有两个方面：一是谨慎义务；二是忠实义务。这些都是法定的信义义务。另外还有约定的义务，约定的义务和法定义务经常纠缠在一起。

3. 受托人是否违反谨慎义务？违反谨慎义务而生的责任是一种过错责任，原则上需要原告负举证责任，证明受托人从事了某种违反受托人义务的行为。但是，在商业领域，委托人（受益人）证明义务的行使很大程度上取决于受托人法定的披露义务的履行，具体到该案中就包括作出信托事务履行情况报告、编制清算报告、各种通知义务，这些义务均属于法定义务，其目的是确保受托人谨慎管理义务的履行。该案中，受托人在信托终止之后没有履行编制清算报告的义务，导致原告无从得知受托人是如何履行其义务的，原告主张，“其作为信托受托人，没有把项目履行情况、分配情况向受益人公开，应由其承担不利后果”，而法院认为，“新华信托在合同期满后既未向钱某莹分配信托本金及收益，亦未举示证据证明安吉新农村信托计划发生不可归咎于其自身原因的损失，亦未尽到合同约定的编制清算报告、临时披露等义务，故应由新华信托承担相应的违约责任”，支持了原告的主张，是符合逻辑的。

这里确立的规则是，受托人违反谨慎义务的责任属过错责任。不过，受托人过错的证明责任虽然需要由受益人承担，在受托人不主动履行信息披露等法定义务的场合，可认定受托人过错成立。这里需要稍加强调的是，在信义义务关系（不仅是信托关系）中，受信人的信息披露和报告义务已经超出了合同法中附随义务的“次要”义务地位，更具重要性。

在该案中，当事人在信托文件中对受托人的清算义务作出了具体约定，受托人应“在信托终止后 10 个工作日内编制信托财产分配的清算报告”，所以，受托人的行为也构成违约。其实，即使当事人没有在信托文件中约定受托人的此项义务，由于《信托法》第 58 条将其作为法定义务规定下来——“信托终止的，受托人应当作出处理信托事务的清算报告……”，受托人仍然负有该义务。

4. 受托人是否违反忠实义务？忠实义务是不作为义务，受益人只要证明受托人存在侵害受益人利益的利益冲突行为，不需要证明受托人有过错，受托人的责任即成立。成立该种责任时，受托人可能会承担一种特殊的责任——吐出所侵吞利益（归入权）。

在该案中，受托人没有履行报告和清算的义务，有混淆信托财产和固有财产之边界、侵吞受益人利益之嫌，因此，应认定为违反忠实义务。

此外，在该案中，受托人也违反了公平义务。我国《信托法》并没有明确规定受托人的公平义务，但是公平义务亦可被理解为忠实义务的一部分：受托人应当对各个受益人平等对待，否则就违背了为了所有受益人的最大利益的原则。原告主张，“本案争议焦点在于信托计划已经按约履行完毕，应当根据信托合同向信托受益人进行分配。本案所涉的信托项目中其他受益人已经收到新华信托分配的收益，是正常兑付的”。原告实际上是主张，受托人未经正当程序（受益人大会、知情告知等），只对部分受益人兑付，违反了受托人对各个受益人公平对待的义务。在信托项目出现问题时，除非信托文件另有约定或者受益人大会作出决议，受托人对所有的受益人应当平等对待。

该案中，信托公司主张，“信托计划是通过受益权转让的方式实行了部分兑付，但新的受益人并没有受让钱某莹的部分，上海洛亚资产管理有限公司收取的款项是其转让信托受益权所得的款项，并非项目分配的收益；整个信托计划现在仍然存续”。即使有证据证明受托人在信托存续期间对部分受益人通过受益权转让的方式进行了偿付，但如果这种受益权转让是受托人主导的（往往是受托人自身或者关联方的“兑付”行为），就无法解释钱某莹作为受益人，其受益权为什么没有一并转让，原告仍然可以主张自己受到了不公平对待。

5. 信托终止和对受益人的义务。约定存续期的信托项目，除非信托文件规定有展期或者当事人事后同意展期，到期后信托即终止。受托人不能主张信托依然存续从而拒绝履行清算义务。

6. 受益人同时作为信托经理是否会对受托人的责任承担产生影响？在投资领域，法律不禁止受托人或者受托人的雇员或者合伙人成为某一项目的投资者，该案审理法院也认为“相关法律法规亦未禁止信托管理人参与购买信托计划”，这样做使得投资者和管理者之间存在更多的共同利益，也能对管理者提供适当的激励。在该案中，原告是该项目的信托经理，是所有的项目流程和管理的第一责任人，受托人没有作出清算报告、部分受益权被兑付等，竟然连原告都不知情，原被告双方也都没有就该情形展开说明。

如果信托经理没有尽到管理职责，信托公司可以追究信托经理的内部管理责任，但不妨碍信托公司作为受托人向包括该信托经理在内的全部委托人（受益人）承担民事责任。这两个问题不能混淆在一起。

案例 5-2-3 吉林建苑公司和四川信托案①

法院裁决概要：

1. 案涉法律关系性质的认定

吉林建苑公司上诉主张，其与四川信托之间形成了“居间+委托代理”的法律关系，并不受《信托法》的调整。主要理由有：一是我国法律承认的信托为主动信托，即信托公司应当在接收信托财产后，积极主动地管理、运用和处分信托财产。吉林建苑公司与四川信托之间系被动信托关系，即案涉《信托合同》中约定受托人四川信托不承担积极管理信托财产的职能，对信托财产的管理和处分一切听任委托人在信托文件中的约定，或者在信托设立后直接听从委托人的指示。该种法律关系并不受《信托法》调整。二是因吉林建苑公司愿意设立信托将 3 000 万元款项出借给众诚钡盐公司是基于四川信托的推介以及四川信托出具的《尽职调查报告》，双方实质上形成的是“居间+委托代理”的法律关系。

法院认为，根据《信托法》第 2 条的规定（条文略），信托法律关系具有以下特点：一是委托人基于对受托人的信任，将其财产权委托给受托人管理；二是受托人以自己的名义，为受益人利益或特定目的，对信托财产进行管理、处分，信托财产具有独立性。案涉《信托合同》从签订、内容及履行情况看，系吉林建苑公司基于对四川信托的信任，自愿将其合法所有的 3 000 万元资金委托给四川信托，由四川信托在合同确定的权限内对 3 000 万元信托财产进行管理、运用或处分，并约定信托的类型为被动受托，即系根据委托人吉林建苑公司指定管理并运用信托资金。同时，四川信托亦是以自己的名义与众诚钡盐公司签订的《信托贷款合同》，作为一方合同主体履行了《信托贷款合同》，独立对信托财产进行了事务型管理，双方交易符合信托法律关系的特点。一审认定案涉法律关系的性质为信托关系并无不当，吉林建苑公司的该项上诉理由不能成立，不予支持。

2. 四川信托是否应当返还吉林建苑公司信托报酬、赔偿损失

吉林建苑公司上诉主张，在合同履行中，四川信托主要存在以下违约行为：一是向吉林建苑公司出具的《尽职调查报告》的数据不实，严重误导了吉林建苑公司，增加了项目风险；二是四川信托向吉林建苑公司提供的第一季度管理报告严重失实，结合法律规定，四川信托应当按照合同约定返还报酬、赔偿吉林建苑公司的损失。

四川信托抗辩，其不应返还信托报酬、赔偿损失。理由有：一是案涉《信托合同》明确载明信托类型为被动信托，吉林建苑公司自行判断借款人及担保人的经营、财产信用状况并承担风险，《尽职调查报告》并非吉林建苑公司判断项目风险的依据。同时，《尽职调查报告》并不是四川信托向吉林建苑公司出具的，系四川信托下属职能部门“资产管理部”起草，用于公司内部审批，此后是因为吉林建苑公司内部存档需要而向四川信托索取了前述报告。二是四川信托在合同履行过程中出具的第一季度管理报告，是按照吉林建苑公司选定的借款人众诚钡盐公司提供的第三方审计机构出具的报告制作，四川信托已经履行了合同义务。

法院认为，根据《信托法》第 36 条关于“受托人违反信托目的处分信托财产或者因违背管理职责、处理信托事务不当致使信托财产受到损失的，在未恢复信托财产的原状或者未

① 最高人民法院（2017）最高法民申 5004 号民事裁定书（审结日期：2017 年 12 月 25 日）。

予赔偿前，不得请求给付报酬”的规定，结合在第一个争议焦点中关于双方形成了信托法律关系的分析，吉林建苑公司要求四川信托返还报酬、赔偿损失的前提是四川信托在案涉合同履行中存在违反信托目的处分信托财产或者因违背管理职责、处理信托事务不当致使信托财产受到损失的行为。结合双方的主张，具体评析如下：

关于《尽职调查报告》是否存在误导吉林建苑公司的问题，本院认为，四川信托的抗辩意见能够成立，主要理由有：

第一，根据案涉《信托合同》第三条关于“受托人为被动信托，根据委托人指定管理并运用信托资金，按照信托目的持有、管理信托财产，直到信托终止”、第五条“发放信托贷款的基本条件”第二款关于“信托贷款发放的基本条件如下：（1）借款为众诚钡盐公司”、第十三条第一款“风险揭示”部分关于“委托人了解并认可借款人与保证人的经营状况、财务状况、信用状况，自行判断并承担风险”的约定，结合在 2012 年 11 月 20 日案涉《信托合同》签订之前，2012 年 9 月 29 日吉林建苑公司已形成《董事会决议》，决定以自有资金 3 000 万元信托给四川信托，用于向众诚钡盐公司发放流动贷款的事实，案涉信托项目实质是吉林建苑公司自主决定设立，四川信托是按照吉林建苑公司的指示将 3 000 万元发放给众城钡盐公司，项目的风险由吉林建苑公司自行判断、承担。

第二，《尽职调查报告》的出具主体并非四川信托，是四川信托下属职能部门“资产管理部”起草，《尽职调查报告》从内容看，并不是向委托人吉林建苑公司出具的，而是四川信托下属职能部门向四川信托出具的。结合案涉《信托合同》中关于项目风险由吉林建苑公司自行判断并承担的内容，从常理上推断，四川信托关于《尽职调查报告》是用于该公司内部审批流程使用的抗辩意见能够成立。

第三，《尽职调查报告》中明确载明“此项目为被动型管理项目”，吉林建苑公司提交的证据显示，其在 2012 年 10 月 17 日收到《尽职调查报告》，在阅知了该报告的内容后，仍于 2012 年 11 月 20 日签订案涉《信托合同》，且该合同中明确载明由吉林建苑公司自行判断并承担项目风险。据此，可以认定《尽职调查报告》并非其判断项目风险的依据。

综上，吉林建苑公司关于四川信托出具与客观情况不实的《尽职调查报告》系违约行为的上诉理由不能成立，不予支持。

案例分析及问题：

1. 关于被动信托的效力。该案判决中论证被动信托仍然属于信托关系，而非所谓的“居间＋委托代理”的关系。结论似无问题，但是论证的过程稍显局促。

该案判决中引用《信托法》第 2 条给出的定义，从中归纳出信托的两个特点。一是委托人基于对受托人的信任，将其财产权委托给受托人管理；二是受托人以自己的名义，为受益人利益或特定目的，对信托财产进行管理、处分，信托财产具有独立性。虽然这是一种非常流行的归纳，但是从信托的定义如何归纳出第二个特点实在令人疑惑——至少从信托的定义无法得出信托财产具有独立性的特点。这种常见的做法存在的问题是，会把信托财产的独立性当作是信托成立和生效的要件。要件论的做法是倒因为果：信托成立生效可能会产生信托财产独立性的特点，但是信托的成立和生效并不需要以信托财产产生独立性为条件。试举例说明：受托人违反分别管理义务导致信托财产与其固有财产混淆，此时信托财产的独立性是不存在的。

若以此时信托财产会被受托人的债权人扣押等为由主张信托财产没有独立性，继而主张信托不生效，是荒唐的。

就被动信托是否是有效的信托，该案判决中并无充分论证。吉林建苑公司的解释逻辑是这样的——《信托法》第 2 条规定了受托人为受益人或者其他特定目的管理和处分信托财产的义务，而这可以被解释为积极管理的要求，因该案中的被动信托之受托人不存在此种义务，所以不符合《信托法》的定义，就不是有效的信托。

二审法院并没有对此作出精准的回应。而最高人民法院在就该案作出的再审裁定中认为，《信托法》并未区分主动信托与被动信托，因此，被动信托也是信托关系。

而且，该案所涉《信托合同》明确约定，"委托人了解并认可借款人与保证人的经营状况、财务状况、信用状况，自行判断并承担风险"，亦即委托人的投资风险应当自负。然而，即便在被动信托中，受托人也存在着账户开设、信托财产拨付和回收分配等基本的管理义务，更不用说受托人还存在着忠实义务这样的消极义务。不存在受托人不承担任何义务的信托。

2. 关于尽职调查报告和受托人义务。尽职调查报告是体现受托人履行信托义务的一个重要的方面。中国信托业协会发布的《信托公司受托责任尽职指引》对信托公司作为受托人应当信守的尽职调查规范作出了示范性规定。虽然尽职调查的义务有时可能会根据信托文件的约定被减轻甚至免除，但是在该案中，信托公司主张《尽职调查报告》为信托公司内部职能部门起草所以应当免责，并不具有说服力。该案中的《尽职调查报告》十分草率和敷衍，若非有证据证明是经过委托人同意如此作为，不能仅仅以该报告是内部职能部门出具而否定信托公司的责任。

3. 关于报酬请求权和赔偿损失请求权。该案判决中指出，要求受托人返还报酬、赔偿损失的前提是受托人在履行案涉信托合同过程中存在违反信托目的处分信托财产或者因违背管理职责、处理信托事务不当致使信托财产受到损失的行为（《信托法》第 36 条）。得出这一结论并无不当，但须注意的是，《信托法》第 36 条本身存在着一些值得商榷之处。赔偿损失或者说损害赔偿应以损害的存在为条件，这一点并无疑问。但是，受托人报酬请求权受到限制仅仅以受托人给信托财产带来损害作为条件，是不合理的。理论上，只要有严重违反信托义务的行为，就应对受托人的信托报酬施加限制。特别是对于受托人违反忠实义务的行为，有时很难证明这一行为对信托财产造成了损害，但是这一行为对受托人义务的违反甚至更为严重，此时不仅应限制受托人报酬请求权，而且，即使受托人弥补了给信托财产造成的损失（如有损失），受托人亦不应重新取得报酬请求权。违反忠实义务的行为更不可宽宥。

四、信义义务和约定义务的关系

信托法上信义义务发展演进的过程，体现出了信义义务和约定义务的互动关系。根据美国信托法学者约翰·郎拜因教授的研究，信托法在从古典时代到现代社会的发展过程中，出现了一些重要的变化，例如，信托财产从不动产变成金融资产，受托人从个人转变成机构，由此受托人的信托事务中的包括投资在内的主动管理职权或者裁量权在扩张（empowerment），而限制受托人裁量权的方法已经不再适合恢复到古典时代的禁止和限制（disempowerment），而是通过信义义务的方法制约受托人的裁量权。在信托法发展的早期，受托人谨慎义务的规则是：除了信托文件有授权或法律有授权，受托人原则上没有投资权等裁量权（prudent man rule）。在现代社会，受托人义务的规则是除了信托文件有限制或者法律有限制的情形之外，受托人原则上有广泛的裁量权（prudent investor rule）。[①]法律关于受托人义务的规则是抽象的缺省性规则：在传统信托法上，虽然受托人原则上没有被授予宽泛的权限，如投资权或者出售不动产的权利，但是委托人可以在信托文件中授予其这种权利；在现代信托法中，虽然原则上受托人享有广泛的投资权等裁量权，但是，委托人可以在信托文件中限制他这样做。不同时期缺省性规则的差异在当事人没有特别约定的场合才显现出来。在现代社会，受托人既然享有广泛的剩余权利——裁量权，就负有更广泛的剩余义务——信义义务，尽管信托文件没有约定受托人有某种行为义务，但是，如果这是作为一个受托人应当从事的行为（如案例 5-4-1“整体止损案”），受托人没有去做，信托文件也没有特别约定排除这种行为义务，受托人仍然构成义务违反。

概言之，信义义务作为受托人义务的一部分，是当事人无法明确约定的、约束受托人剩余裁量权的剩余义务，当事人的约定可以改变受托人信义义务的边界，但不能完全排除信义义务。

五、约定义务和情势变更

信托是基于委托人的意愿而设，信托文件有明确约定的，受托人当然要严格按照该约定行事。但是，信托法还要求受托人为了受益人的最大利益管理信托事务（《信托法》第 2 条和第 25 条），如果情势变更，严格按照委托人的要求很显然会侵害受益人的利益，受托人是否以及在什么程序下可以变更信托，就变得十分重要了。

此时，严格按照约定行事也会明显违背委托人可推知的意愿的，受托人似应有权变更；当然，如果委托人的意愿中包含了即使对受益人的利益造成损害也不足惜的意思，该意愿也应当被尊重。

第三节　受托人的忠实义务

一、忠实义务的内涵

忠实义务并非单纯的道德义务，而是信托法中最核心的、决定信托之所以是信托的

① See Langbein,John H., “The Rise of the Management Trust” (2004), *Faculty Scholarship Series*. Paper 494.

义务。受托人忠实义务的内容主要是防止受托人从事和受益人以及信托利益冲突(conflict of interests)的行为。忠实义务不可以通过约定加以排除，因此被称为信托法中“不可削减之核”(irreducible core)。

我国《信托法》上虽然没有使用“忠实义务”的表述，但用多个条文规定了忠实义务的大多数规则。

二、忠实义务的类型化

受托人对忠实义务的违反目前比较成熟的类型化有：

第一，自己交易 (self-dealing) (《信托法》第 28 条)。受托人不得将信托财产与其固有财产进行交易。

第二，“双方代理”(《信托法》第 28 条)。受托人不得将其管理的不同委托人的信托财产进行相互交易。

第三，从信托财产中取得利益 (non-profit rule) 的行为 (《信托法》第 26 条)。受托人除了根据约定从信托财产中取得信托报酬之外 (《信托法》第 35 条)，不得从信托财产中取得利益。

第四，将信托财产转为其固有财产的行为 (《信托法》第 27 条)。

第五，不当抵销的行为 (《信托法》第 18 条)。《信托法》禁止不当抵销的法理基础也是防止受托人从事利益冲突的行为：若允许受托人将信托债权和其固有债务相抵销 (《信托法》第 18 条第 1 款)，则构成以信托财产清偿其固有债务，类似将信托财产转为其固有财产；若允许受托人管理的不同的信托财产之间的债权债务相互抵销 (《信托法》第 18 条第 2 款)，则类似双方代理。

第六，竞争行为。该规则类似公司法上的“公司机会原则”，受托人不应把自己置于和信托财产竞争的地位，而应把交易机会让给信托财产。我国《信托法》对此没有规定，但是从法理上看，允许受托人和信托财产竞争，违背了信托法上关于受托人要“为受益人的利益”行事的基本要求 (《信托法》第 2 条)，所以禁止竞争行为是忠实义务的应有之意。

第七，收取回扣的行为。从法理上看，收取回扣的行为也属于典型的利益冲突行为。

第八，其他关联交易行为等。关联交易的重要特点是违背忠实义务，从事利益冲突的行为。理论上，没有归类到上列行为中的其他关联交易行为，也可能属于违反忠实义务的行为[①]。

忠实义务和善管注意义务相同的地方在于，二者均属法定义务。二者重要的差异是：

---

① 例如，《信托公司集合资金信托计划管理办法》第 27 条规定：“信托公司管理信托计划，应当遵守以下规定：(一) 不得向他人提供担保；……(三) 不得将信托资金直接或间接运用于信托公司的股东及其关联人，但信托资金全部来源于股东或其关联人的除外；(四) 不得以固有财产与信托财产进行交易；(五) 不得将不同信托财产进行相互交易。”其中第 4 项和第 5 项重申了《信托法》第 28 条的规定，第 3 项是对关联交易的明确禁止，而第 1 项规制的重要内容也是向受托人的关联人提供担保。

善管注意义务主要是一种积极义务，而忠实义务主要体现为一种消极义务。违反善管注意是过错责任，而违反忠实义务基本上属于一种严格责任——即使受托人是诚实的、善意的，也不会因此被免除责任。而且，即使受托人没有给信托财产带来损害，受托人违背忠实义务亦应承担责任。

案例 5-3-1　丁某某诉 SD 信托公司案[①]

2014 年 4 月 11 日，委托人丁某某与受托人 SD 信托公司签订《资金信托合同》，信托项下的全部信托资金向天富人防发放信托贷款。受托人与天富人防签署信托贷款合同，贷款金额 3 000 万元，贷款期限 6 个月。信托计划成立时，本项目拟抵押的在建工程已抵押给 SD 信托公司（代表 SD 信托・弘毅蓝色经济Ⅱ号单一资金信托计划）。本项目借款人 2013 年 12 月末资产负债率为 95.54%，2011—2013 年的利润表均为亏损。信托成立时，天富人防工程竣工验收尚在办理之中，地下商铺尚未开盘销售且招商营运存在一定财务风险。

2014 年 4 月 14 日，丁某某向 SD 信托公司×××91 账户汇入 3 000 万元；同日，SD 信托公司×××91 账户向天富人防账户发放贷款 3 000 万元。

二审法院认为，本案争议的焦点问题是 SD 信托公司是否构成违约，丁某某主张的解除合同、赔偿损失的诉讼请求是否成立。本案中，根据中国银行保险监督管理委员会山东监管局作出的鲁银保监罚决字［2019］26 号行政处罚决定书可知，SD 信托公司在案涉信托项目设立时未充分向丁某某披露风险信息，主要包括：弘毅蓝色经济Ⅴ号信托借款人天富人防同时也是 SD 信托公司前期信托的借款人，弘毅蓝色经济Ⅴ号信托成立时，天富人防在前期信托项下的 2 330 万元借款已逾期欠息；借款人开发的天富人防商城工程延期、多名客户退房、拖欠建筑商款项，法院判决建筑商对天富人防工程具有优先受偿权。SD 信托公司未将上述事项在信托合同以及可行性研究报告中如实、明确地向委托人进行披露，而是笼统表述为行业风险、市场风险、抵押物登记及变现风险、财务风险等。同时，SD 信托公司还存在“信托成立时，天富人防工程竣工验收尚在办理之中，地下商铺尚未开盘销售和招商营运公司目前无重大涉诉情况，不会影响本次信托贷款资金的偿还”等不实披露。

法院认为，案涉信托并未明确是通道业务型信托还是主动管理型信托，根据《信托法》第 25 条的规定以及信托合同约定，SD 信托公司负有向丁某某如实披露信托项目相关风险信息的义务。而本案中，按照理性投资者的通常认知，上述未披露信息及不实披露，足以影响丁某某的投资意向，SD 信托公司未依法依约履行信息披露义务，构成违约，按照《资金信托合同》约定，其应当赔偿因违约给丁某某造成的相应损失。一审法院认定 SD 信托公司在实施信托计划期间信息披露并不存在明显违反法律法规及合同约定的不当行为，本院予以纠正。因上述未披露信息及不实披露行为已足以认定 SD 信托公司构成违约并应承担相应违约责任，故本院对丁某某主张的 SD 信托公司在资金监管、资料提供等其他方面的违约行为不再予以评述。

① 山东省高级人民法院（2020）鲁民终 2633 号二审民事判决书（审结日期：2020 年 11 月 24 日）。

因案涉弘毅蓝色经济V号信托系有抵押物之信托且抵押物价值较高，丁某某作为第一顺位抵押权人，抵押物变现后完全有可能偿付其信托本金及收益，故案涉信托目的并非不能实现。且双方在《资金信托合同》中亦约定，信托期限届满，如果信托财产未全部变现，则信托期限自动延长至信托财产全部变现之日。故即便 SD 信托公司存在上述违约行为，亦不必然导致信托合同目的无法实现，对于丁某某解除合同的主张，本院不予支持。案涉信托可继续履行，但如最终导致丁某某遭受损失，则 SD 信托公司应予赔偿。

对于赔偿损失的数额。双方无异议的支出为丁某某在执行案件中支付的评估费 247 800 元，该部分支出应视为 SD 信托公司违约导致的损失，但因案涉信托尚未终止，丁某某最终可以收回的信托本金及收益目前无法确定，其主张的 200 万元律师费亦未实际支付，也即丁某某的最终损失数额尚无法最终确定，故对其赔偿损失的诉讼请求法院暂不予支持，丁某某可待损失实际发生数额确定后再行主张。

综上，丁某某的上诉请求虽然部分成立，但本着有利于纠纷一次性解决的原则，法院暂不予支持。一审判决认定事实有误，但判决结果可以维持。

案例分析及问题：

1.《资管新规》第 19 条列举了 3 种具体的“刚性兑付行为”，其中第 2 种是“采取滚动发行等方式，使得资产管理产品的本金、收益、风险在不同投资者之间发生转移，实现产品保本保收益”的行为。其实，这种行为的不当之处是违背信托法关于信托财产分别管理和信托财产独立性的规定，违反了受托人的基本义务如忠实义务，而非这种行为产生了刚兑的后果。

2. 该案中，受托人的行为为何构成对忠实义务的违反？在民法上，欺诈的定义中就包括故意告知虚假信息或者隐瞒重要的信息。而受托人欺诈投资者往往是为了其自身的利益，这也符合忠实义务违反的定义。“发新还旧”的操作中，受托人如果没有对新的投资者（委托人）进行知情告知即构成欺诈，受托人取得的利益是项目风险，不会马上暴露，“继续发新还旧”，循环往复构成一个庞氏骗局（Ponzi Scheme），而受托人在这个骗局中继续收取管理费。在金融监管部门发布的《资管新规》中，把“发新还旧”、滚动发行仅仅规定为“刚性兑付行为”的一种类型，低估了这种行为的危害性。

滚动发行方式的严重性在于，受托人帮助融资方“发新还旧”的行为违反了公平对待客户（《九民纪要》第 94 条用语）、只能为了客户的利益管理信托事务的忠实义务。受托人和融资方通过欺诈委托人的方式来转嫁各自的风险和责任：融资方“借新还旧”，避免了违反上一个项目约定的对受托人的还款义务；受托人通过利用新的资金来兑付前一个信托项目，避免第一个信托项目的风险暴露（这也是为受托人谋取利益）。新信托募集来的资金被用来归还信托公司清偿旧信托之受益人的信托利益，这种信托财产的使用方法只是为了受托人和融资方的利益，恰恰没有考虑新信托之委托人/受益人的利益，这违反了《信托法》第 25 条、第 26 条的规定，构成对受托人义务的严重违反。

即，受托人“发新还旧”，不仅严重违反《资管新规》等的监管规范，还违反信托法规定的受托人忠实义务。

3. 忠实义务违反和知情同意。如果受托人恪守信托法的原则，对新发行资管计划的受益人进行了知情告知，经过正当程序（《信托法》第 28 条但书），则滚动发行或者“发新还旧”本身似乎并不必然构成违法或者违规。这里需要注意的是，受托人为了解决前一个信托项目的风险——比如前一个信托贷款的债务人违约——而发行的第二个信托产品，相当于受托人为一个垃圾债发行了一个新产品，此时受托人要对新的投资者进行充分的、详尽的披露，特别告知并解释该产品的特殊风险，仅仅以常规的方式让委托人抄录一下监管部门要求的风险自担条款，或者仅在信托合同中提示信托投资项目存在风险，不足以构成知情告知。受托人在信托合同中用特别强调的方式（如将提示文字加粗显示），信托公司工作人员对此明确说明和特别解释本项目募集的资金用于清偿上一个信托项目的债务时，才能构成知情告知。如果尽到如此知情告知义务，即使受托人允许融资者将新信托募集的资金用于清偿前一个项目的债务（对前一个信托项目刚性兑付），受托人也不构成对忠实义务的违反。当然，如果明知有如此风险，很少有人愿意做“接盘侠”。

不能按照合同法理论把信息披露义务仅仅当作一种附随义务。在信托法中，信息披露义务是一种法定义务。如果信息披露不到位，委托人对信托财产的投向不明确，就会影响到信托关系的根基。

案例 5-3-2　投资者 A 和私募基金管理人仲裁案[①]

2017 年 6 月 26 日，投资者 A 与私募基金管理人 X 签订基金合同，约定投资者 A 出资 400 万元认购基金管理人 X 发行的基金，基金募集金额不超过 1 亿元，存续期限 24 个月，业绩比较基准为 8.2%/年。基金合同约定的投资范围为：基金管理人 X 受让 ZQ 公司持有的 JAG 公司 100%股权（以下简称“标的股权”）。2017 年 6 月 19 日，ZQ 公司、JAG 公司与基金管理人 X 签署《股权转让合同》。同日，JAG 公司的母公司作为标的股权的回购人与基金管理人 X 签署《股权回购合同》。基金的交易结构中不存在推介材料和尽调报告中提及的保证、土地抵押等增信措施，且推介材料所称资金运用方式为贷款，而在实际投资时变为股权转让附加回购。根据工商登记信息，2017 年 7 月 12 日，JAG 公司的股东由 ZQ 公司变更为基金管理人 X 的关联公司 SC 公司。2017 年 9 月 5 日，JAG 公司的股东由 SC 公司变更为基金管理人 X。投资者 A 先后收到 2017 年 6 月 30 日至 2018 年 6 月 19 日的收益共计 319 013.69 元，上述收益为基金管理人 X 的母公司 XY 公司垫付。投资者 A 以基金管理人 X 违反合同约定，未履行说明义务，未尽诚实信用、勤勉、谨慎义务导致合同目的不能实现为由提起仲裁，要求解除基金合同，返还投资本金并按照贷款市场报价利率（LPR）赔偿资金占用损失。

仲裁庭意见：基金管理人 X 及其关联方涉及多个与 JAG 公司有关的交易关系，且金额巨大、彼此之间存在利益冲突。由于无法判定基金管理人 X 管理的本基金以及管理的其他基金真实的损益情况，因此，即使 JAG 公司的母公司有部分可供执行的财产，现有证据也无法让

① 《私募基金募集推介材料的效力认定、基金管理人存在利益冲突的处理方式》，载北京仲裁委员会 2022 年 5 月 18 日推文。

仲裁庭相信基金管理人 X 及其关联方可以在投资者之间组织公平追索、进行公平分配。因此，就本案而言，仲裁庭认为，投资者 A 的合同目的已经无法实现。

关于合同目的不能实现和违约行为的关系。第一，基金管理人 X 在基金募集阶段，未尽告知说明义务，构成违约。基金管理人 X 向投资者 A 出示的尽调报告、项目方案等推介材料与基金合同约定的资金运用方式以及担保措施存在重大差异。这些关系投资安全的重要措施和重要信息，基金管理人 X 未能真实、完整和准确地告知投资者。因此，仲裁庭认为本案投资者作出投资决策的基础不存在，基金管理人 X 未尽告知说明义务与投资者 A 的损失具有直接的因果关系。第二，基金管理人 X 违反基金管理人的诚实信用义务，构成违约。仲裁庭认为，基金管理人 X 作为基金管理人，对投资者 A 负有诚实信用的义务，即忠实义务。忠实义务建立在信任关系之上，既是合同义务又是法定义务，是受托责任的核心，其目的在于防范利益冲突，保护投资者的财产安全。忠实义务的违反并不以利益冲突的实际发生或者造成损失为前提，只要存在利益冲突的可能性，如未获得基金委托人的豁免，基金管理人即构成违约。对于利益冲突与损失的关系，从事利益冲突交易的基金管理人具有高度的证明责任，须绝对排除始可否定因果关系的存在。实际上，基金管理一旦存在损失与利益冲突并存的情形，即很难排除利益冲突与损失的因果关系。退一步讲，在本案中，即使能够向标的股权回购方追偿，由于存在利益冲突情形，基金财产的公平追索和公平分配显然亦无法保障实现。因而，让投资者 A 待基金清算后再请求赔偿，既不公平亦不合理。故仲裁庭认为基金管理人 X 违反诚实信用义务的行为与投资者 A 的损失存在因果关系。第三，基金管理人 X 在基金管理过程中，基金的重要信息均未向投资者 A 及时披露，构成违约。仲裁庭认为，虽然基金管理人 X 未尽信息披露义务与投资者 A 的损失表面上无直接因果关系，但是，基金管理人 X 未尽信息披露义务的行为是对其恪尽职守、诚实信用、勤勉谨慎的义务的违反，显示其管理上的失职以及对基金委托人的漠视，损害了基金法律关系赖以存在的信任基础，令仲裁庭难以相信其曾经充分履行了合理的管理义务，并竭力避免投资者 A 损失的发生。

综上，仲裁庭认为，基金管理人 X 违反基金合同约定和法定义务，并导致基金财产损失，其违约行为已经致使投资者 A 的合同目的无法实现。投资者 A 有权解除基金合同，并请求基金管理人 X 赔偿损失。

案例分析及问题：

该案中，仲裁庭的几点结论，深值赞同：

第一，对忠实义务的违反即从事了利益冲突行为，而关联交易是辨识出利益冲突行为的重要线索。

第二，对忠实义务的违反并不以给信托财产带来损害为条件，受托人从事利益冲突行为，除非得到受益人或委托人的知情同意（“豁免”），否则无法排除责任的承担。

第三，投资者的损害赔偿请求权并不以信托基金清算为前提。

需要注意的是，可能承担忠实义务的并不限于狭义的受托人，为信托服务的律师、会计师，受托人的利益相关方（亲属、股东），受益人中的一部分，信托监察人、保护人和投资顾问等，以及因其地位和决策可能对信托财产有影响的其他人，都有可能受忠实义务约束。

案例 5-3-3 李某芳与民生信托案[①]

法院认为，本案的争议焦点有二：一是信托公司是否构成根本违约而应对李某芳所受到的损失承担赔偿责任；二是李某芳投资损失是否已经确定。

关于争议焦点一。信托公司上诉称其严格按照信托合同约定进行管理，案涉信托计划投资行为符合法定和约定范围。委托人李某芳主张受托人信托公司违反了双方签订合同所约定的义务，违规将资金用于受托人的股东，李某芳提交的中国银行保险监督管理委员会北京监管局（简称“北京银保监局”）出具的京银保监举复 YJ2021303-673 号银行保险违法行为举报调查意见书中明确表示，至信 828 号受让信托合同约定的标的公司股权后，绕道非关联方公司，将信托资金违规用于信托公司股东。信托公司辩称监管部门出具的调查意见书认定结论具有很大主观性，不能作为认定案件事实的依据。《最高人民法院关于适用〈中华人民共和国民事诉讼法〉的解释》第 114 条规定，“国家机关或者其他依法具有社会管理职能的组织，在其职权范围内制作的文书所记载的事项推定为真实，但有相反证据足以推翻的除外”。经询，信托公司不能提出相反证据推翻北京银保监局的调查意见，根据现有证据，信托公司存在绕道非关联方公司、违规将资金用于信托公司股东的情形。

《信托法》第 5 条规定：“信托当事人进行信托活动，必须遵守法律、行政法规，遵循自愿、公平和诚实信用原则，不得损害国家利益和社会公共利益。”第 25 条规定：“受托人应当遵守信托文件的规定，为受益人的最大利益处理信托事务。受托人管理信托财产，必须恪尽职守，履行诚实、信用、谨慎、有效管理的义务。”本案中，受托人信托公司将信托资金用于其股东的情形，违反了《信托合同》中关于信托资金用途的约定；违反了《信托公司管理办法》第 24 条的规定，即信托公司管理运用或者处分信托财产，必须恪尽职守，履行诚实、信用、谨慎、有效管理的义务，维护受益人的最大利益；违反了《信托公司集合资金信托计划管理办法》第 27 条第 3 项的规定，即不得将信托资金直接或间接运用于信托公司的股东及其关联人，但信托资金全部来源于股东或其关联人的除外；违反了《信托法》第 5 条、第 25 条的规定。综上所述，本案中，信托公司的上述行为违反了合同约定的受托人基本义务，违反了《信托公司管理办法》关于职业信托人谨慎投资义务的规定，也违反了《信托法》有关受托人义务的规定，信托公司绕道非关联方公司、违规使用信托资金的行为导致投资人李某芳购买案涉信托产品的投资目的落空，其行为已经构成根本违约。

……

综上所述，信托公司的上诉请求不能成立，应予驳回；一审判决认定事实清楚，适用法律正确，应予维持。

案例分析及问题：

该案中，信托公司绕道非关联方公司，将信托资金违规用于信托公司股东的行为，很难直接归《信托法》中具体规范忠实义务的第 26 条、第 27 条和第 28 条调整，但属于严重和受益人利益冲突的行为无疑，所以，审理法院引用《信托法》第 25 条

① 北京金融法院（2022）京 74 民终 502 号二审民事判决书。

关于受托人义务的一般规定，以及《信托公司集合资金信托计划管理办法》第27条“不得将信托资金直接或间接运用于信托公司的股东及其关联人”的规定，相当于明确认定受托人构成对忠实义务的违反。

值得注意的是，《信托法》关于忠实义务违反的规定，仅仅规定了受托人自身直接从事利益冲突的行为。而在该案中，受托人不是将信托财产中的利益输送给自身，而是用很隐蔽的方法“绕道”用于受托人的股东。此即实务中所称“自融”。自融行为是一种隐蔽但危害巨大的违反忠实义务的行为。

关联交易规则限制的对象不限于受托人本身，也包括受托人的近亲属、股东、所投资企业等关联人。“绕道”的方式恰恰说明，违反忠实义务的行为被发现的概率较低，但对投资者的危害更为严重。审理法院认为，违反忠实义务的行为导致投资者“购买案涉信托产品的投资目的落空”，构成“根本违约”，虽仍然采用了合同法的语言加以论证，但也承认了这种行为具有较强的应追责性。

三、忠实义务的边缘

忠实义务的核心规则是禁止利益冲突行为，这些规则非常严苛，以确保信托关系的信任根基不被侵蚀。但是，在现代社会，交易安排逐渐复杂和专业，导致关联交易等形式上违反忠实义务的行为增加，信托法在坚持受托人应为受益人的最大利益原则（best interest rule）行事的前提下，允许经过正当程序的关联交易行为的存在。

（一）《信托法》第28条但书

既然利益冲突禁止规则的目的是避免受托人和受益人之间的利益冲突，如果能采取措施避免这种实际的利益冲突，利益冲突禁止规则应当允许例外。《信托法》第28条但书就规定了利益冲突行为的例外，即受托人所从事的行为即使形式上构成利益冲突，若能满足以下条件，也应被允许。

第一个条件是受托人取得授权或者得到相关关系人的同意，具体包括信托文件的规定、委托人的同意或受益人的同意。这些约定或者同意的条件是择一的关系。不过，对于委托人和受益人利益不一致或者多个受益人之间有不同意见的情形该如何处理，《信托法》并没有明确规定。似应解释为只要有一方（委托人、受益人或者多数受益人之一）不同意，所从事的交易即构成利益冲突行为。

需要强调的是，取得委托人或者受益人的同意，是被充分告知作出同意所必要的信息之后的同意，即知情同意（informed consent）。

第二个条件是以公平的市场价格进行交易。仅有第一个条件并不一定能保证信托的利益得到公平对待，所以第二个条件有一定必要性[①]。

---

① 但也有观点认为，“公平的市场价格”并非一定是必须的条件，重要的是要构成正当交易。例如，在受托人为了个人债务而使用信托财产设定担保的场合，权衡一下受托人不能履行债务从而行使担保权的可能性与信托财产负担额之间的关系，如果为设定担保权受托人支付的对价是充分的，这就构成合理的交易。参见道垣内弘人『信託法入門』（日経文庫、2007年）154頁。

（二）其他作为违反忠实义务例外的行为

第一，逆向利益输送的行为，一般不被视为违反忠实义务的行为。《信托法》第 18 条规定，受托人管理运用、处分信托财产所产生的债权，不得与其固有财产产生的债务相抵销。简单地说，就是禁止信托债权与固有债务抵销。经常被忽视的是，该条的理论基础仍然是利益冲突禁止（忠实义务违反禁止）规则，如果允许受托人用信托财产抵销其固有债务，则相当于用信托财产偿还其固有债务，使信托财产成为受托人个人债务的偿债财产，这同时违反了《信托法》第 27 条规定的“受托人不得将信托财产转为其固有财产”（该条也是忠实义务的规则）的要求。

但是值得注意的是，《信托法》第 18 条没有禁止受托人将固有财产债权和信托财产债务相抵销。受托人原本就有以固有财产垫付信托债务的权限，如此行事一般不会侵害信托财产利益，反而会对信托有益，因此信托法对此不加禁止。当然，受托人抵销之后向信托财产求偿时，应遵照《信托法》第 28 条确立的原则，虽然在知情同意方面可以缓和，但是仍然需要遵守“公平的市场价格”的要求。

同理，《信托法》第 28 条禁止受托人将“固有财产与信托财产进行交易”，但不禁止受托人将固有财产赠与信托财产。

第二，《信托法》第 27 条和第 28 条禁止的似乎是受托人积极主动地将信托财产归入其固有财产、将固有财产和信托财产进行交易，但如果因其他交易被动地、客观上产生了信托财产和其固有财产交易的后果，是否构成《信托法》第 27 条和第 28 条调整的内容，值得探讨。

原则上，信托财产经过其他途径归属于受托人的固有财产并不一定构成利益冲突。

在委托人所造成的利益冲突的场景下（这被称为“结构性”利益冲突），忠实义务的核心规则“无须更多调查原则（no-further-inquiry rule）”也是不适用的。例如，如果 S 以其持有的甲公司的股份为信托财产，指定一个在甲公司任董事的 X 作为受托人，X 在甲公司作为董事行使表决权的时候可能会存在利益冲突，特别是在涉及其重新当选董事以及审议董事费用事项的时候。但是，该利益冲突是结构性的，是由委托人而非受托人自身引起的，受托人在行使相关权利的时候只需为了受益人的最大利益即可。再如，《日本信托法》第 31 条第 2 款第 3 项规定，“因法定继承或者其他概括承受之情形，信托财产权利归属于固有财产时”，并不构成违反忠实义务的行为。信托财产归属于受托人的固有财产，并不取决于受托人的行为，此时并不必然形成利益冲突。再如，委托人指定一个受托人作为收益受益人，此时受托人的利益有可能会和本金受益人（剩余权利受益人）相冲突。反之，受托人若被指定为剩余权利受益人，其利益就可能和收益受益人相冲突。这些会被作为公平义务的问题讨论。

有学者认为，在这种结构性的利益冲突中，受托人在管理信托事务过程中的行为要受到认真的审查。不管信托文件授予受托人多么宽泛的自我交易或其他涉嫌违反信义义务的个人获利交易的权利，受托人违反诚信或者不公平行事，都会违反对受益人的忠实义务。因此，受托人在遇到这种情形时，可能需要独立的法律专家或者财务专家的建议，需要寻求司法的指导，或者申请任命针对特别诉讼事项的信托受托人（appointment of a trustee ad litem）来处理这种可能会涉及利益冲突的事务。

第三，《日本信托法》第 31 条第 2 款第 4 项规定，“受托人所为之行为，系为达成信托目的合理且必要者，且显然无损于受益人之利益，或对照该行为对于信托财产之影响、该行为目的与样态、受托人与受益人间之实质利害关系状况或其他情势，而有正当理由时”，该行为不构成忠实义务违反。

根据旧《日本信托法》第 22 条的规定，受托人如果在不得已的情况下从事了形式上的利益冲突行为，可因取得法院的许可而免除责任。但是，这一规则不具有可操作性。所以，2006 年修改后的《日本信托法》中删除了这一规定，通过第 31 条第 2 款第 4 项的规定，授予受托人一定的裁量权，该种行为可以经由法院通过事后的审查正当化。这一规则对受托人忠实义务的深远影响，目前还未经过深入的检讨。

第四，我国信托法上虽然没有明确规定，但是受托人也同样要遵守类似公司法上的“公司机会原则”，这一点似乎没有争议。但就“信托机会原则”的射程为何，仍然值得研究。

第五，实务当中，会出现受托人从受益人手中取得受益权的情形。例如，作为“刚性兑付”（这是一个极具误导性的词汇）的一种方式，受托人受让受益人的受益权。由于受托人取得受益权并不构成执行信托事务，所以一般并不构成利益冲突的行为。不过，受托人在管理信托事务过程中对信托财产的状况有精确的了解，受托人运用这些知识和优势，从受益人手中以更便宜的价格购入受益权的，可能会产生利益冲突。

另外，美国多数州的立法都允许一个法人受托人把信托财产存入自己在银行开设的账户中，也可以把信托财产投资于受托人自己或者自己的子公司管理的共同基金。这在美国《统一信托法》中都有具体的体现。

四、违反忠实义务的后果

（一）民事责任

信托法上并没有明确规定违反忠实义务的后果。原则上，违反忠实义务的后果并非无效，而是可撤销的。违反忠实义务的责任承担方式除了一般民事责任中的恢复原状、损害赔偿之外，还有信义法中所特有的归入权。归入权的救济和英美法上的返还救济类似。

案例 5-3-4　桂阳农商行和财信证券案[①]

法院认定本案的焦点之一是桂阳农商行是否有权要求撤销案涉债券交易行为，并要求财信证券赔偿损失。

法院认为，桂阳农商行主张湖南证监局已经认定“珠江 8 号”存在变相从财信证券自营账户购买“16 华阳 01”债券的情况，违反了《信托法》第 28 条的规定，故桂阳农商行有权

① 湖南省高级人民法院（2020）湘民终 1852 号二审民事判决书。

依据《信托法》第 22 条的规定撤销处分行为并恢复原状或赔偿损失。财信证券认为其不存在处理信托事务不当的行为，即使桂阳农商行遭受损失，“珠江 8 号”购买“16 华阳 01”债券的行为也与损失之间没有因果关系。法院认为，《信托法》第 22 条规定，“受托人违反信托目的处分信托财产或者因违背管理职责、处理信托事务不当致使信托财产受到损失的，委托人有权申请人民法院撤销该处分行为，并有权要求受托人恢复信托财产的原状或者予以赔偿；该信托财产的受让人明知是违反信托目的而接受该财产的，应当予以返还或者予以赔偿”。第 28 条规定：“受托人不得将其固有财产与信托财产进行交易或者将不同委托人的信托财产进行相互交易，但信托文件另有规定或者经委托人或者受益人同意，并以公平的市场价格进行交易的除外。受托人违反前款规定，造成信托财产损失的，应当承担赔偿责任。”由此可知，在主动管理型信托中，受托人没有恪尽职守，未履行谨慎、有效管理等法定或约定义务，造成信托财产损失的，委托人有权请求撤销处分行为，恢复原状或赔偿损失。结合本案具体分析如下：

首先，经监管部门认定，财信证券在“受人之托，忠人之事”的财产管理过程中确实存在行为不当之处。湖南证监局在对桂阳农商行的答复中明确：财信证券未有效控制资产管理部门与其他业务部门之间敏感信息的不当流动和使用，未有效避免资产管理业务与其他业务之间的利益冲突，“珠江 8 号”存在变相从财信证券自营账户购买“16 华阳 01”债券的情况。湖南证监局据此于 2019 年 5 月 13 日对财信证券作出［2019］7 号行政监管措施决定书。从监管部门对财信证券为“珠江 8 号”购买“16 华阳 01”债券行为的定性来看，财信证券在受托管理桂阳农商行资产的过程中确实存在违反《证券公司客户资产管理业务管理办法》和《证券公司定向资产管理业务实施细则》相关规定的行为，处理信托事务存在不当之处。

其次，信托处分行为是否能被撤销取决于该行为的性质。信托法调整的是委托人、受托人和受益人之间的信托法律关系，而受托人对信托财产的处分行为则可能涉及第三方的相关权利，需要受到行为所涉领域法律规范的调整。本案中，虽然桂阳农商行和财信证券之间是信托法律关系，但财信证券系将信托财产投资于公司债券，而公司债券的发行和交易应当适用《证券法》，故案涉债券交易行为能否撤销需要适用《证券法》的相关规定。根据《证券法》第 117 条之规定，按照依法制定的交易规则进行的交易，不得改变其交易结果。案涉“16 华阳 01”债券系在公开市场上通过协议交易的方式买入，符合交易规则，亦不存在《证券法》第 111 条第 2 款规定的除外情形。故桂阳农商行上诉主张撤销买卖“16 华阳 01”债券的交易行为，没有事实和法律依据，依法不予支持。

再次，金融机构开展的资产管理业务并不承诺保本保收益，是一种有风险的投资方式。桂阳农商行通过与财信证券签订《珠江 8 号资管合同》，将 6 亿元资金委托财信证券投资于具有良好流动性的固定收益类金融工具，以实现委托资产的保值增值，但任何投资都是有风险的，既有能力风险、财务风险，也有市场风险、变现风险等。桂阳农商行对此也是明知的，在合同中明确约定其“清楚认识委托投资存在的市场风险、管理风险、流动性风险和其他风险，并承诺自行承担风险和损失”。“16 华阳 01”债券未能如期兑付的根本原因是债券发行人中国华阳经贸集团有限公司自身的资信状况和经营状况恶化所致，是“珠江 8 号”投资债券所面临的正常的市场风险。桂阳农商行因为财信证券的不当行为即要求返还 5 000 万元，一方面因为处分行为不能撤销而无法恢复原状；另一方面，这实际上也是对信托财产提出了保本要求。《中国人民银行、中国银行保险监督管理委员会、中国证券监督管理委员会、国家外汇管理局关于规范金融机构资产管理业务的指导意见》第 2 条明确规定，“资产管理业务是金融机构的表外业务，金融机构开展资产管理业务时不得承诺保本保收益。出现兑付困难时，金融机构不得以任何形式垫资兑付”。同时，《全国法院民商事审判工作会议纪要》第 92 条也明确规定，信托业务的保底或刚性兑付条款无效。因此，桂阳农商行要求财信证券返还 5 000 万元不仅与双方的合同约定不符，也违反了信托业务风险自担的基本原则。

最后，根据《信托法》第 22 条的规定，委托人有权申请撤销处分行为的前提是受托人处理信托事务不当致使信托财产受到了损失。案涉《珠江 8 号资管合同》签订于 2016 年 10 月 13 日，约定的有效期限为 5 年。虽然该计划用 5 000 万元购买的“16 华阳 01”债券的信用评级于 2018 年 10 月 8 日降为 CC，且已经停牌不能交易，中国华阳经贸集团有限公司至今未根据桂阳农商行的回售登记办理兑付，桂阳农商行的损失是可能存在的，但案涉资产管理计划尚未终止，也未办理清算，该信托处分行为造成的损失到底是多少，目前尚不能确定。桂阳农商行主张以 5 000 万元本金的利息作为其损失，没有事实依据，不予支持。如桂阳农商行通过清算或者诉讼确定了损失大小，可以另行主张权利。

至于桂阳农商行上诉提出一审法院超诉请审理、程序违法的问题，因一审法院仅在说理部分阐述了不予解除《珠江 8 号资管合同》的理由，并未在判决主文部分体现，对桂阳农商行的诉请没有实质性影响。

综上，一审判决适用法律不当，说理部分存在瑕疵，但处理结果并无不当。桂阳农商行的上诉理由部分成立，但其诉讼请求没有事实和法律依据。依据《中华人民共和国民事诉讼法》，判决驳回上诉，维持原判。

案例分析及问题：

1. 梳理忠实义务违反的法律规则。法院认定受托人违反了《信托法》第 28 条自我交易禁止规则。法院认为，“经监管部门认定，财信证券在‘受人之托，忠人之事’的财产管理过程中确实存在行为不当之处”。“财信证券未有效控制资产管理部门与其他业务部门之间敏感信息的不当流动和使用，未有效避免资产管理业务与其他业务之间的利益冲突，‘珠江 8 号’存在变相从财信证券自营账户购买‘16 华阳 01’债券的情况。”“从监管部门对财信证券为‘珠江 8 号’购买‘16 华阳 01’债券行为的定性来看，财信证券在受托管理桂阳农商行资产的过程中确实存在违反《证券公司客户资产管理业务管理办法》和《证券公司定向资产管理业务实施细则》相关规定的行为，处理信托事务存在不当之处。”

法院认定财信证券违反监管规则的行为既构成了对《信托法》第 28 条所规定的自我交易禁止规则的违反，也构成了第 22 条所规定的“受托人违反信托目的处分信托财产或者因违背管理职责、处理信托事务不当”的行为。但法院并没有对《信托法》第 28 条和第 22 条的适用关系作出梳理。

《信托法》上关于受托人违反信托义务的规则如表 4 所示。《信托法》关于调整违反忠实义务的规范是不成体系的，相关救济的规范也是零散地规定在第 22 条、第 26—28 条之中。《信托法》第 28 条是针对具体违反“自我交易”和“双方代理”的规则，两类行为都属于忠实义务违反行为的典型类型。但是，第 28 条对违反该规则后果的规定只有“造成信托财产损失的，应当承担赔偿责任”这一种，而没有规定其他救济措施。根据《信托法》原理，违反第 28 条，既可能给信托财产造成损失，也可能没有给信托财产造成损失而仅仅是使受托人或第三人取得利益，因此，也可适用第 22 条关于行使撤销权的规定、第 27 条使信托财产恢复原状的规定以及第 26 条归入权的救济规定。实际上，《信托法》第 22 条的规定几乎可以涵盖全部具体的违反信托义务（忠实义务、注意义务、分别管理义务甚至信托文件遵守义务等）的行为。而且，如果其他条文规范的忠实义务违反行为涉及第三人（如和第三人的关联交易），这同时构成对《信托法》第 22 条的违反，委托人（或受益人）自然可据此撤销受托人对第三人的行为。

所以，该案在法律条文适用方面，应优先适用第 28 条，但第 28 条仅规定了损害赔偿的救济，是不完整的。（1）从自营账户购买债券的行为构成了对第 28 条中自我交易禁止规则的违反。第 28 条相关救济的规定也仅有损害赔偿一项，损害赔偿的救济以给信托财产带来损失为要件自无问题，但违反《信托法》第 28 条的救济并非只有损害赔偿［同属调整违反忠实义务的行为的第 27 条也只规定了损害赔偿的救济，同样不能理解为委托人（受益人）只能主张损害赔偿的救济］。从解释论上讲，违反《信托法》第 28 条的行为大多数可以同时构成《信托法》第 26 条所规定的“利用信托财产为自己谋取利益”，应当可以适用第 26 条所规定的归入权的救济，而该救济并不以给信托财产带来损害作为前提条件。（2）违反第 28 条的规定，同时可能会构成《信托法》第 22 条规定的“违反信托目的处分信托财产”的行为，自然可以一并适用第 22 条所提供的撤销权、恢复原状以及损害赔偿的救济。

表 4 《信托法》上关于受托人违反信托义务的规则汇总表

规范类型	《信托法》条文内容	构成要件	救济（后果）
受托人违反义务的构成要件及救济的一般规定	第 22 条规定：“受托人违反信托目的处分信托财产或者因违背管理职责、处理信托事务不当致使信托财产受到损失的，委托人有权申请人民法院撤销该处分行为，并有权要求受托人恢复信托财产的原状或者予以赔偿；该信托财产的受让人明知是违反信托目的而接受该财产的，应当予以返还或者予以赔偿。前款规定的申请权，自委托人知道或者应当知道撤销原因之日起一年内不行使的，归于消灭。”	受托人违反信托目的处分信托财产或者因违背管理职责、处理信托事务不当致使信托财产受到损失的	委托人或受益人行使撤销权，受托人恢复原状、返还信托财产、予以损害赔偿
对于受托人违反义务的救济：解任受托人	第 23 条规定：“受托人违反信托目的处分信托财产或者管理运用、处分信托财产有重大过失的，委托人有权依照信托文件的规定解任受托人，或者申请人民法院解任受托人。”	违反信托目的处分信托财产或者管理运用、处分信托财产有重大过失的（注意：不以给信托财产带来损失为要件）	委托人或受益人解任受托人

续表

规范类型	《信托法》条文内容	构成要件	救济（后果）
受托人义务的一般规定	第25条规定："受托人应当遵守信托文件的规定，为受益人的最大利益处理信托事务。受托人管理信托财产，必须恪尽职守，履行诚实、信用、谨慎、有效管理的义务。"	关于受托人义务的抽象的、一般规定，未规定构成要件	无救济的规定，可适用第22条
违反忠实义务的具体规范（1）	第26条规定："受托人除依照本法规定取得报酬外，不得利用信托财产为自己谋取利益。受托人违反前款规定，利用信托财产为自己谋取利益的，所得利益归入信托财产。"	利用信托财产，为自己谋取利益	归入权。另，也可适用第22条、第23条
违反忠实义务的具体规范（2）	第27条规定："受托人不得将信托财产转为其固有财产。受托人将信托财产转为其固有财产的，必须恢复该信托财产的原状；造成信托财产损失的，应当承担赔偿责任。"	将信托财产转为其固有财产的，不以给信托财产带来损失为构成要件；主张损害赔偿救济的，以"造成信托财产损失"为要件	恢复原状、损害赔偿
违反忠实义务的具体规范（3）	第28条规定："受托人不得将其固有财产与信托财产进行交易或者将不同委托人的信托财产进行相互交易，但信托文件另有规定或者经委托人或者受益人同意，并以公平的市场价格进行交易的除外。受托人违反前款规定，造成信托财产损失的，应当承担赔偿责任。"	两种代表性的忠实义务违反行为："自我交易"和"双方代理"。义务违反的构成并不以给信托财产带来损害为条件。造成信托财产损失的，应予赔偿	损害赔偿。也可适用第22条、第23条和第26条
违反忠实义务的具体规范（4）	第18条规定："受托人管理运用、处分信托财产所产生的债权，不得与其固有财产产生的债务相抵销。受托人管理运用、处分不同委托人的信托财产所产生的债权债务，不得相互抵销。"	受托人从事该条所禁止的抵销行为	无具体救济的规定，可适用第22条
分别管理义务的规范（和忠实义务违反有关）	第29条规定："受托人必须将信托财产与其固有财产分别管理、分别记账，并将不同委托人的信托财产分别管理、分别记账。"	受托人没有将信托财产和其固有财产分别管理、分别记账；没有将不同的信托财产分别管理、分别记账	无具体救济的规定，可适用第22条
亲自管理义务的规范	第30条规定："受托人应当自己处理信托事务，但信托文件另有规定或者有不得已事由的，可以委托他人代为处理。受托人依法将信托事务委托他人代理的，应当对他人处理信托事务的行为承担责任。"	原则上禁止转委托（信托文件另有规定或有不得已事由的除外）	产生权利义务归属的效果，无具体救济的规定
受托人的信托报酬请求权限制	第36条规定："受托人违反信托目的处分信托财产或者因违背管理职责、处理信托事务不当致使信托财产受到损失的，在未恢复信托财产的原状或者未予赔偿前，不得请求给付报酬。"	违反信托，未恢复信托财产的原状或者未予赔偿	不得请求信托报酬
受托人的清算义务	第58条规定："信托终止的，受托人应当作出处理信托事务的清算报告。受益人或者信托财产的权利归属人对清算报告无异议的，受托人就清算报告所列事项解除责任。但受托人有不正当行为的除外。"	受托人没有作出受益人或者权利归属人无异议的清算报告；或受益人或权利归属人就清算报告虽无异议，但受托人有不正当行为	无法就清算报告所列事项解除责任

2. 撤销受托人的行为是否以给信托财产造成损失为条件？《信托法》第 22 条第 1 款规定，“受托人违反信托目的处分信托财产或者因违背管理职责、处理信托事务不当致使信托财产受到损失的，委托人有权申请人民法院撤销该处分行为”。这一规定存在歧义，关键是如何理解“受托人违反信托目的处分信托财产”“因违背管理职责、处理信托事务不当”和“致使信托财产受到损失”之间的关系。如果把该句理解为“受托人违反信托目的处分信托财产”和“因违背管理职责、处理信托事务不当”这两种不当行为都需要以“致使信托财产受到损失”作为构成要件，该案审理法院的立场似乎并无问题。

但即便如此，二审法院也承认，“桂阳农商行的损失是可能存在的，但案涉资产管理计划尚未终止，也未办理清算，该信托处分行为造成的损失到底是多少，目前尚不能确定”，即该不当行为已致信托财产产生损失，只是损失额难以精确确定而已。不能把损失不能确定和没有损失等同起来。即使把“致使信托财产受到损失”作为行使撤销权的构成要件，审理法院以此作为委托人不能行使撤销权的依据仍然是不充分的。

3. 是否存在“撤销不能”？该案法院论证道：“信托处分行为是否能被撤销取决于该行为的性质。信托法调整的是委托人、受托人和受益人之间的信托法律关系，而受托人对信托财产的处分行为则可能涉及第三方的相关权利，需要受到行为所涉领域法律规范的调整。本案中，虽然桂阳农商行和财信证券之间是信托法律关系，但财信证券系将信托财产投资于公司债券，而公司债券的发行和交易应当适用《证券法》，故案涉债券交易行为能否撤销需要适用《证券法》的相关规定。根据《证券法》第 117 条之规定，按照依法制定的交易规则进行的交易，不得改变其交易结果。案涉‘16 华阳 01’债券系在公开市场上通过协议交易的方式买入，符合交易规则，亦不存在《证券法》第 111 条第 2 款规定的除外情形。”这相当于主张，该交易行为是“撤销不能”的。如何理解这一点呢？

受托人的行为如果不直接涉及第三人，只是在从事自我交易，似乎可以宣告该交易行为因违反忠实义务而无效（注意：并非信托无效）。在该案中，财信证券购买的证券如果是之前自己持有的，构成自我交易，因不涉及第三人，受托人可能因其违反忠实义务的行为无效，而承担恢复原状或赔偿信托财产损失的责任。该案中的自我交易之所以无法按照《信托法》第 22 条作撤销处理，不是因为受托人的行为没有给信托财产带来损害，而是因为受托人的行为不具有可撤销的涉他效力。

如果受托人的处分行为涉及第三人，违反《信托法》第 28 条的后果可能会导致委托人（受益人）根据《信托法》第 22 条行使撤销权。当然，如果受托人与利害相关的第三人之交易并没有给信托财产带来损害，若同时认为《信托法》第 22 条的适用以损害为要件，此时无法适用第 22 条，但因该行为同时违反了《信托法》第 26 条，构成利用信托财产为自己谋取利益；受托人从和第三人的交易中取得的利益，应归入信托财产。

4. 如何根据《信托法》第 28 条追究受托人责任？该案中，受托人将信托财产投资于“具有良好流动性的固定收益类金融工具”，即“16 华阳 01”债券，后因该债券发行人中国华阳经贸集团有限公司自身的资信状况和经营状况恶化，无法兑付，这也是“珠江 8 号”投资债券所面临的正常的市场风险，不能因此将信托财产损失和受托人过错联系起来，就谨慎义务而言，法院如此论证并无问题。但是，受托人是否就不需要承担责任了呢?

如前所述，受托人进行自我交易违反了《信托法》第 28 条的规定，忠实义务的违反是一种严格的责任，并不以给信托财产带来损害作为构成要件，也不需要委托人证明受托人存在过错，甚至，即使受托人能证明自己是善意的也不能免除其责任。该案审理法院仍然按照传统的过错责任和因果关系来论证受托人责任的承担，是不恰当的。

而且，《信托法》第 28 条只是规定了对自我交易和“双方代理”两种利益冲突行为的禁止，并没有规定违反该规定的后果。不过，如果能把违反第 28 条的行为理解为受托人“违反信托目的处分信托财产”或者“违背管理职责、处理信托事务不当”，委托人就可以根据《信托法》第 22 条请求撤销该行为，不仅可以请求受托人恢复原状、损害赔偿，也可以享有归入权的救济。

在该案的情形中，受托人有义务恢复原状并进行损害赔偿，采取本金+预期利益的方式是恰当的。这不属于刚兑行为。

案例 5-3-5 新华信托公司与东启房地产公司案①

2009 年 10 月 14 日，东启房地产公司、新华信托公司、帝多农业公司、王林等签订《新华信托·东启·幻境旅游度假酒店项目股权投资集合资金信托计划合作协议》，约定：(1) 新华信托公司设立新华信托·东启·幻境旅游度假酒店项目股权投资集合资金信托计划（以下简称“东启幻境项目信托计划”)。(2) 帝多农业公司认购全部劣后受益权信托单位。(3) 帝多农业公司支付信托资金 4 000 万元，其中 800 万元用于购买东启房地产公司的全部股权，其余 3 200 万元用于向东启房地产公司增资。

2012 年 3 月 21 日、4 月 27 日，新华信托公司两次向帝多农业公司发送《通知函》，内容为：信托计划将于 2012 年 5 月 6 日到期，根据新华信托公司与帝多农业公司签订的《资金信托合同》第 9 条第 4 款，帝多农业公司作为信托计划项下劣后受益人，在能够满足优先受益人和一般受益人本金及预期收益的情况下，具有对东启房地产公司股权的优先受让权。若帝多农业公司拟行使上述权利，请在 2012 年 5 月 6 日前向本信托计划信托专户支付本信托计划项下优先受益人本金及预期收益、一般受益人本金及预期收益，以及前期应付未付的信托费用。否则帝多农业公司作为劣后受益人享有对东启房地产公司股权的优先受让权灭失，新华信托公司可按照信托文件约定处置持有的东启房地产公司股权。

2012 年 4 月，新华信托公司设立新华中邦信托计划，新华中邦信托计划投资决策委员会决议如下内容：(1) 同意将该信托计划项下募集的资金委托中邦集团公司投入东启房地产公司位于重庆市南岸区涂山镇花果社的幻境旅游度假酒店项目。(2) 同意本次支付 215 791 390.41 元整至中邦集团公司尾号为 8821 的账户，由其代为收购东启房地产公司 100%股权。(3) 同意本次支付 10 000 元至中邦集团公司尾号 8821 的账户，用于支付转账当中可能产生的手续费用。新华信托公司在一审庭审中陈述，决议的形成时间是在东启幻境

① 重庆市高级人民法院（2017）渝民终 414 号二审民事判决书（审结日期：2018 年 1 月 12 日)。

项目信托计划结束之后、2012 年 5 月 10 日之前。

2012 年 5 月，新华信托公司（甲方，实际出资人）与中邦集团公司（乙方，名义出资人）签订《股权代持协议》，约定：鉴于甲方拟出资收购东启房地产公司（即目标公司）100%股权，甲方作为目标公司的实际出资人，是目标公司的实际股东，享有、承担目标公司股东的一切权利。甲方委托乙方作为目标公司的名义出资人，代替甲方行使目标公司股东的部分权利。

2012 年 5 月，新华信托公司与中邦集团公司签订《关于东启房地产公司之股权转让协议》。协议约定的相关内容为：（1）明确新华信托公司持有东启房地产公司 100%股权及信托计划受托人的权利。（2）新华信托公司将其合法持有的东启房地产公司 100%股权转让给中邦集团公司。（3）交易价 215 791 390.41 元，其中包括中邦集团公司折价受让东启房地产公司 100%股权的转让款 4 000 万元，以及新华信托公司持有的标的企业的其他投入 20 000 万元。新华信托公司保证在股权转让完成当日，标的企业的权益不少于本协议约定的标的企业拥有地块的土地使用权及其在建工程。……

2012 年 5 月 11 日，中邦集团公司支付了新华信托公司 215 791 390.41 元。

2012 年 5 月 28 日，新华信托公司在其公司网站上向全体资金信托计划下受益人公布《新华信托·东启·幻境旅游度假酒店项目股权投资集合资金信托计划信托财产清算报告》。

2013 年 8 月 31 日，新华信托公司与帝多农业公司、上海乾盛投资管理有限公司、东启房地产公司签订《股权与债权转让协议书》，约定：（1）帝多农业公司与新华信托公司于 2013 年 5 月 7 日签订的《股权与债权转让协议书》因帝多农业公司未能在约定的时间内履行付款义务而解除。根据前述协议，帝多农业公司支付的 500 万元定金新华信托公司有权不予退还。新华信托公司持有东启房地产公司 100%股权和因东启幻境项目对东启房地产公司通过股东借款而形成的债权。中邦集团公司作为新华信托公司受托管理人对东启房地产公司予以投入的资金而享有相应债权。中邦集团公司出具相应的授权文件，委托新华信托公司收取相应的债权款项。（2）本次转让的标的为，新华信托公司持有的东启房地产公司 100%股权，以及新华信托公司和中邦集团公司对东启房地产公司享有的全部债权。（3）至股权及债权转让基准日（2013 年 7 月 31 日），交易的基准价格为 48 750 万元。其中包括股权转让款 4 000 万元，新华信托公司股东借款 23 000 万元，中邦集团公司债权 20 000 万元，应付新华信托公司信托报酬金额 1 750 万元。帝多农业公司确认上述债权组成及用途包含了新华信托公司或中邦集团公司在管理东启幻境项目期间清偿的前期债务、支付的工程款、日常经营支出及其他费用，帝多农业公司已经经过尽职调查，并委托认可的审计机构进行了审核，对债权金额予以确认。

一审审理中，根据帝多农业公司申请，一审法院委托中介机构对基准日为 2012 年 5 月 5 日东启房地产公司 100%股权的价值进行鉴定，并于此后数次根据鉴定单位要求，协调当事人组织鉴定所需材料。鉴定机构最终认为，东启房地产公司账面混乱，大量会计凭证缺乏原始票据支撑，对评估基准日的财务状况无法作出评估。经过多次深入现场了解，对于评估基准日的实物状况不能取得双方认可的材料。由于上述原因无法完成鉴定任务，鉴定机构于 2017 年 4 月 20 日将鉴定事项退回一审法院。

二审法院认为，新华信托公司的上诉请求不能成立，帝多农业公司的部分上诉请求成立。根据《信托法》第 28 条等，判决撤销一审判决；新华信托公司于本判决生效之日起十日内赔偿帝多农业公司 4 000 万元及以 4 000 万元为基数按照年利率 24%从 2009 年 11 月 6 日起计算至付清时止的损失。

案例分析及问题：

该案中，受托人的行为是否违反忠实义务？《信托法》第 28 条第 1 款规定："受托人不得将其固有财产与信托财产进行交易或者将不同委托人的信托财产进行相互交易，但信托文件另有规定或者经委托人或者受益人同意，并以公平的市场价格进行交易的除外。"该案中，受托人将案涉股权处分给中邦集团公司，而中邦集团公司是接受新华信托公司设立的另一个信托计划之委托受让股权的，这一交易构成《信托法》第 28 条所称"将不同委托人的信托财产进行相互交易"，形式上违反了忠实义务。不过，信托公司可以通过满足《信托法》第 28 条规定的以下条件以避免承担违反忠实义务的责任：一是信托文件有规定或者经委托人或者受益人同意；二是以公平的市场价格进行交易。

（1）关于信托文件授权、委托人或受益人的同意。新华信托公司出示的关于东启幻境项目的信托文件中并未作出受托人可以将不同委托人的信托财产进行相互交易的规定，新华信托公司也未出示证据证明其在进行相互交易之前征得了东启幻境项目信托计划的委托人或者受益人的同意。

（2）关于交易的价格。虽然案涉《资金信托合同》中约定，新华信托公司出具的清算报告不须经过第三方审计，但根据《信托法》的规定，受托人应当遵守信托文件的规定，为受益人的最大利益处理信托事务。因此，即使新华信托公司出具的清算报告无须经过第三方审计，新华信托公司必须证明其清算处分信托财产是以受益人利益最大化为原则，合理适当地进行了清算处分。

法院论证道，"有权自行处分股权是合同权利，以公平市场价格处分股权是行使权利的内在要求，享有处分股权的权利不意味着可以随意的价格处分股权，新华信托公司对出让价为公平市场价格负举证证明责任"。法院认为，对于会计师事务所出具的《审计报告》《尽职调查专项报告》以及评估公司出具的《司法鉴定意见书》，信托公司委托审计、鉴定的目的并非股权转让，不能准确反映出以转让为目的的股权价值。且出具上述报告、意见的相关时间点均非在信托计划到期日的前后，不能直接证明信托计划到期时东启房地产公司股权的价值。另外，新华信托公司于 2013 年 5 月 7 日和 2013 年 8 月 31 日与帝多农业公司签订的两次股权转让协议中关于股权价格的计算方式，实际上就是新华信托公司以及新华信托公司委托的中邦集团公司投入到东启房地产公司的全部资金本金加上资金占用费以及信托报酬的金额，并没有以股权的市场价值作为参照。

法院指出，"若信托终止时东启房地产公司的市场价值不高于优先级受益人和一般受益人债权之和，自然应认为新华信托公司本着维护委托人最大利益的原则适当地处分了股权。但若公司市场价值高于优先级受益人和一般受益人债权之和，除非新华信托公司能提出合理解释并加以证明，否则应推定新华信托公司未以公平市场价格转让公司股权，未妥善尽到信托受托人的义务，损害了委托人帝多农业公司的权益"。这一观点有一定道理，但即使能证明信托终止时东启房地产公司的市场价值不高于优先受益人和一般受益人债权之和，也不能自动认为“信托公司本着维护委托人最大利益的原则适当地处分了股权”，东启房地产公司100%股权作为信托财产在信托公司名下，受托人通过委派董事、监管印信等方式实际控制了东启房地产公司。信托公司有义务为了受益人利益最大化妥善管理信托财产，但是，“鉴定机构在进行鉴定所需的调查中发现，直至本案信托计划终止，东启房地产公司账面混乱，大量会计凭证缺乏原始票据支撑，导致即使是鉴定机构也无法对评估基准日的财务状况作出鉴定”。这种管理混乱很明显可以证明受托人严重违反了谨慎管理义务；而且，受托人将信托财产的账目搞乱，有上下其手的嫌疑，目标公司的价值受损，受托人对此无法自证清白，明显违反了忠实义务。

简言之，该案中信托公司提出了合理市场价格的抗辩，而法院认为，受托人没有证据能够证明信托财产的清算处分价格不低于甚至高于市场价值。

即使合理市场价格的抗辩能够成立，也无法使受托人的关联交易行为合法化。如果不涉及关联交易，受托人能证明其处置信托财产符合公平市场价格的要求即可。但在关联交易的场景下，根据《信托法》第28条，如果没有经过知情同意程序（信托文件有约定或者受益人同意），即使信托公司证明了其清算的处分价格不低于甚至高于市场价格，仍不妨碍受托人构成忠实义务违反。《信托法》第28条但书中要求的“信托文件另有规定或者经委托人或者受益人同意”和“以公平的市场价格进行交易”两个条件以“并”字连接，必须同时具备才可以避免违反忠实义务。

案例延伸分析

案例 5-3-6　民生信托公司与深圳万旗公司案[①]

一审法院认为，本案中，信托合同明确约定信托计划为非公开发行的私募产品、固定收益类集合资金信托计划。按照上述监管部门的要求，案涉信托确定的类型为固定收益类集合资金信托计划，其投资于存款、债券等债权类资产的比例不应低于80%。民生信托公司在一审法院释明后拒绝提供产品的投资指向，其提交的2021年第一季度管理报告中载明的投资存款、债券类资产的比例与一审法院调取的案涉信托专户的银行交易流水存在不符之处，依据在案证据，其投资存款、债券等债权类比例明显低于监管部门要求的80%。

《资管新规》第15条规定，金融机构应当做到每只资产管理产品的资金单独管理、单独建账、单独核算，不得开展或者参与具有滚动发行、集合运作、分离定价特征的资金池业务。第22条规定，资产管理产品可以再投资一层资产管理产品，但所投资的资产管理产品不得

① 北京金融法院（2022）京74民终416号二审民事判决书（审结日期：2022年8月22日）。

再投资公募证券投资基金以外的资产管理产品。一审法院依职权调取的信托专户的交易流水显示，民生信托公司存在向其自行设立并管理的永丰 1 号、永丰 2 号信托计划进行多次投资的行为，而永丰 1 号、永丰 2 号信托计划再次投向了民生信托公司自行设立并管理的汇丰 3 号、汇丰 2 号、汇丰 4 号、汇丰 5 号、添丰 3 号、添丰 8 号信托计划，且存在永丰 2 号向汇丰 4 号认购互投的情形。民生信托公司在本案中均未披露汇丰 4 号信托财产的底层资产，无法查明底层资产的实际投向。虽然以设立信托计划的方式向其他信托计划投资的行为并不违反监管规定，但民生信托公司投资的信托计划再次投向了其他信托计划。此种以 TOT（信托投信托）为主要投资形式，通过设立开放式集合资金信托计划，滚动发行信托单元，采用多层嵌套投资方式，使由其设立并管理的不同信托计划进行循环互相交易的资产管理产品，具有典型的资金池业务特征。民生信托公司在对信托财产的管理及运用上，不仅违背监管部门的上述刚性要求，更增加信托财产的投资风险，使得委托人基于对受托人的信任认购信托单位，运用信托资金的目的无法实现，违反了受托人有效管理的原则。

二审法院认为，在一审法院予以释明的情况下，民生信托公司仍未说明信托财产的具体投资指向，亦未说明底层资产情况，拒绝提交信托专户的银行流水，故一审法院无法查明其是否按照合同的约定进行了适当的投资。民生信托公司在一审法院释明后拒绝提供产品的投资指向，一审法院依据在案已经查实证据，判决民生信托公司承担相应的不利后果并无不当，本院予以确认。……由于民生信托公司不能证明其管理信托财产的行为符合合同约定、信托目的及法律规定，应当承担违约责任。民生信托公司在深圳万旗公司购买的信托单位到期并发生自动赎回后，没有按照《信托合同》的约定与深圳万旗公司之间进行信托财产收益的确认，也没有支付相对应的赎回款项，致使深圳万旗公司一直处于投资款项和相应收益无法确定的状态，因此，一审法院认为认定深圳万旗公司的损失在发生自动赎回后即已经确定，并无不当，本院予以认可。

案例分析及问题：

1. 将不同的信托财产按一定的比例和策略投资于一个大的投资组合（信托基金，形式上也是一个“资金池”），并不违法。但是，非必要的多层嵌套，让自己管理的不同信托计划的财产之间进行循环交易，并刻意模糊投资的底层资产的做法，严重违反了受托人义务。

非必要的多层嵌套，将交易结构复杂化，使得投资者无法辨认投资的底层资产，受托人才有机会制造一个不受监督和约束的“资金池”，[①]如此才能故意混淆单个项目的风险边界，任意转移不同项目的风险，最终成为一个庞氏骗局。所以，信托监

---

① “资金池”这一术语，现有法律文件中缺乏明确的定义。2013 年《中国银监会关于规范商业银行理财业务投资运作有关问题的通知》（已失效）中重点规范了银行理财产品投资的“资金池”问题。一般认为，监管部门希望银行的理财产品必须投向清晰、标的明确，这也有助于防范理财产品形成“资金池”，从而达到防范风险的目的。该通知要求非标准化债权投资必须分开建账，单独管理，增加管理的程序和环节，并且厘清各个产品风险，独立测试，对混合打包以及“资金池”对接一揽子的类非标准化债权产品进行了厘清。

从法理上看，成立一般意义上的“资金池”并非为法律所禁止。现代信托投资的重要方式之一是建立“资金池”。重要的是“资金池”一定要边界确定，要在风险和收益之间建立固定和清晰的联系，这样才能确保理财产品客户的利益，确保不同理财产品的理财客户之间的公平。与此相对应的是《信托法》上的忠实义务、分别管理义务和公平义务。如果任由商业银行任意腾挪资金，混淆各个“资金池”之间的界限，那么对保护投资者利益是不利的。可以看出，我国大致是在消极的意义上使用“资金池”一语的。

管部门才出台规范禁止多层嵌套、禁止资金池业务。而不同信托计划之间的交易原本就是《信托法》所禁止的关联交易（第28条）。

资金池业务、多个信托计划财产进行交易的行为、刻意模糊投资的底层资产的做法，都是违反忠实义务的典型信号和线索。

该案中受托人的做法，既严重违反监管规范，也严重违反了受托人的谨慎管理义务和忠实义务，应当承担损害赔偿责任。

2. 二审法院指出，在一审法院予以释明的情况下，民生信托公司仍未说明信托财产的具体投资指向，亦未说明底层资产情况，拒绝提交信托专户的银行流水，一审法院判决民生信托公司承担相应的不利后果是合理的。受托人有法定的披露义务和自证清白的义务，若不能履行相关义务，应推定受托人构成义务违反。

同样，信托公司在信托单位到期并发生自动赎回后，没有按照《信托合同》的约定与受益人确认信托财产收益，也没有支付相对应的赎回款项，此时投资款项和相应收益无法确定的状态是由受托人造成的，因此法院推定投资者的损失"在发生自动赎回后即已经确定"，是公允的。

该案中，因受托人存在严重违反义务的情形，法院支持了按照投资本金加预期收益进行损害赔偿的主张，并指出：根据委托人所受损失情况进行衡量判决，系受托人责任的合理范畴，且判决信托公司承担上述责任的事由为其违反信托义务的行为，并非要求信托公司对投资者的损失在任何情况下均予以刚性兑付。[①]

（二）刑事责任

在国外，违反忠实义务的责任非常严厉，多有刑事责任作为悬诸受托人头上的"达摩克利斯之剑"，因受托人地位险要、信任构建脆弱之故也。我国因严重违反忠实义务而承担刑事责任的案例也在增加。

案例 5-3-7　甘肃信托公司案[②]

2012年被告人杨某某担任甘肃省信托有限责任公司（以下简称"甘肃信托公司"）信托业务十部负责人，被告人林某为十部团队成员；2013年，杨某某担任甘肃信托公司上海财务管理中心副总经理、研究发展部副经理、信托业务八部业务经理，林某担任甘肃信托公司信托业务十二部经理。二人利用从事信托投资业务的职务之便，与汇宝银（北京）投资咨询有限公司［以下简称"汇宝银（北京）公司"］实际控制人张某共谋，于2012年至2013年期间，将杨某某洽谈完成的河北钢铁集团九江线材公司贷款项目等8个信托项目虚列为汇宝银（北京）公司作为投资顾问方向甘肃信托公司推荐的项目，从甘肃信托公司骗取投资顾问费共计491.22万元。其中被告人刘某在甘肃信托公司计划财务部工作期间与杨某某共谋，利

① 判决原文如下："一审判决根据深圳万旗公司所受损失情况进行衡量判决，系违约责任的合理范畴，且判决民生信托公司承担上述违约责任的事由为其违约行为，并非要求其对于深圳万旗公司的损失在任何情况下均予以'刚性兑付'。"

② 兰州市中级人民法院（2016）甘01刑初1号一审刑事判决书。

用各自职务便利，将中山交通发展集团公司贷款项目虚列为汇宝银（北京）公司作为投资顾问方向甘肃信托公司推荐的项目，从而骗取投资顾问费 170 万元。

案例 5-3-8　背信运用受托财产案[①]

针对兴证期货有限公司大连分公司（原兴证期货有限公司大连营业部）提起的申诉，最高人民法院经组成合议庭并调卷审查后认为，相关证据足以确认孟某某、陈某违背高某的委托内容，在未找到投资顾问的情况下，未通知高某也未征得高某的同意，擅自利用高某的账户资金进行期货交易。根据法律、行政法规的规定，兴证期货有限公司大连分公司不得未经客户同意擅自进行期货交易。孟某某原系该公司总经理，陈某原系该公司客户经理，二人在高某与该公司签订期货经纪合同并将 1 670 万元资金转入期货保证金账户后，利用陈某索取的高某账户交易密码，多次擅自以该账户资金进行期货交易，收取的手续费亦归该公司所有，原审认定该公司构成单位犯罪正确。以上行为已构成《刑法》第 185 条之一规定的背信运用受托财产罪，原审认定事实清楚，证据确实、充分，定罪准确。兴证期货有限公司大连分公司及孟某某、陈某违反法律、行政法规的规定，严重违背受托义务，擅自利用高某的账户资金进行期货交易，自 2013 年 10 月 31 日至 2014 年 1 月 20 日连续每个期货交易日均有交易，并造成 1 043.1 万元的巨额亏损，原审认定为情节特别严重并无不当。

案例分析及问题：

这两个案例的被告人都违反了信托法上（前者还违反了雇员对公司）的忠实义务，同时还构成了犯罪。

忠实义务违反是一种严重的义务违反，受托人在承担民事责任的同时构成犯罪并不罕见。违反忠实义务构成犯罪的，构成的罪名比较多的是背信运用受托财产罪和贪污罪，有时还可能构成诈骗罪等。

第四节　受托人的谨慎义务

实践中，有人认为，信托法对受托人谨慎义务的规定过于模糊、概括，不具有可操作性，导致受托人无法判断自己行为的边界，外部也无法清晰判断受托人是否尽到谨慎义务。这种观点是基于对谨慎义务内涵的不理解。

一、谨慎义务内涵的历史演变

历史上，信托功能主要体现为财产转移功能，受托人主要是无偿的、非专业的自然人，所以更侧重“谨慎”这个词的原本内涵——重视信托财产的安全，受托人主要承担被动管理（保管、分配）职责。但是在现代社会，信托功能主要体现为财产投资管理功能，受托人更多的是取酬的专业机构，受托人不再仅对信托财产的安全性予以保障，而

① 最高人民法院（2019）最高法刑申 468 号刑事驳回申诉通知书。

被普遍授予投资权，运用现代投资和金融工程学的理论，组合投资、分散和对冲风险，为信托财产谋求更大的利益。这也是英美信托法上受托人义务从遵循“prudent man rule”到遵循“prudent investor rule”演进的原因。相应地，受托人投资权规则也经历了从“除非法律或信托文件允许，受托人原则上不能有投资权”到“除非法律或信托文件禁止，受托人原则上有投资权”的演变过程，详见表 5。

在现代的商事信托中，受托人几乎被授予了广泛的、不受约束的裁量权。据此，受托人在管理信托事务的过程中，除非信托文件中为委托人保留权利，原则上不受委托人干涉，不需要听从委托人的指示。例如，某信托公司在管理某证券投资信托过程中，因股市大跌，到委托人处寻求指令是否止损，委托人指令观望，结果导致损失扩大；之后委托人反而指责受托人没有及时止损，欲追究信托公司责任。此时，如果委托人没有在信托文件中为自己保留指示权，信托公司便没有义务听从委托人的指示，信托公司就损失的扩大应承担责任。

但是在慈善信托中，关于慈善信托受托人的谨慎义务的备用性规则又发生了变化。至少根据现行的实体法规则（《慈善信托管理办法》第 30 条），慈善信托的受托人除非得到信托文件或者委托人的允许，只应从事谨慎和安全的投资（详细见第八章的相关讨论）。

表 5　受托人裁量权和投资权的演变

	备用性规则	规则的具体运作方式
古典信托法	受托人没有裁量权和投资权	除非信托文件有授权或者法律有授权，受托人不享有裁量权和投资权
现代信托法	受托人有裁量权和投资权	除非信托文件有限制或者法律有限制，受托人享有裁量权和广泛的投资权
我国慈善信托法	受托人没有裁量权和投资权	除非信托文件有授权或者法律有授权，受托人不享有裁量权和自由的投资权，只能投资于法律规定的安全的投资标的

注：本表只是为了说明受托人裁量权和投资权规则演变的大致轨迹，粗略地作出所谓古典信托法和现代信托法的划分，不关注诸如民事/商事/慈善信托划分的场景下的差异以及规则发展过程中的细节和反复。

二、谨慎义务是法定义务

理解谨慎义务非常关键的一点是，它不是约定义务。即使信托文件中没有为受托人约定有某种义务，如果其行为没有达到作为受托人的一般行为标准（如作为信托公司这样的专业受托人所应采取的管理方式），其责任也成立（如**案例 5－4－1**“整体止损案”）。

谨慎义务作为一种法定义务，是基于信托关系为信赖关系的特点而生的。信托关系中，委托人和受托人地位不平等，受托人是在专业能力、信息和经济能力等方面处于强势的一方，二者不可能通过约定的方式在信托合同中完全约定受托人的义务。委托人无论如何努力，也不可能对未来受托人的行为边界作出界定，因此必须授予受托人裁量权。

信托关系虽然大多通过合同设立，但是这种合同是不完备合同（incomplete contract），为了保护委托人和受益人的利益，信托法把受托人义务规定成法定义务[①]，以制约受托人的裁量权：一方面，为了充分利用受托人的专业能力，必须授予受托人以裁量权；另一方面，为了防止受托人滥用裁量权，法律对受托人规定了法定义务，补充委托人约定的不足。但立法者亦为常人，不可能规定受托人违背谨慎义务的所有情形，所以，谨慎义务的立法规定是抽象的（虽然有一些具体化的尝试），中外法域概莫能外。关于受托人义务的抽象的法律规定如何实施，只能仰仗司法之判断。当然，监管者也可以根据具体情况确定受托人的行为规则，行业自律组织（如信托业协会）等也可以制定行业指引，为受托人的行为确定边界。学者也可通过解释法理、归纳案例，使受托人谨慎义务的内涵变得更为清晰。

三、受托人违反谨慎义务以过错为要件

受托人管理信托事务过程中给信托财产带来损失，因受托人是否尽到谨慎义务而产生不同：如果尽到谨慎义务，则该损失变成委托人应当承担的风险；如果没有尽到谨慎义务，受托人即存在过错，损失就成为应当由受托人承担的损害赔偿责任。即：

损失（loss）+过错=损害赔偿责任（damages）

损失（loss）+无过错=风险（risks）

受托人的注意义务标准是客观的。具体而言，受托人义务的内容和程度取决于受托人所属的社会、经济地位以及职业等因素，然后以这种类型的人所应具有的一般的、客观的注意作为判断标准。由于注意义务对专业能力有要求，具有专业的投资人能力的受托人，和不具有专业的投资人能力的受托人相比，应采取更高的行为标准。受托人为信托公司等机构的，则应较个人受托人课以更高的注意义务。不仅如此，若受托人表示有超出一般受托人的能力和特殊技能，应依该标准进行判断。

案例 5-4-1 整体止损案

2007 年 12 月，某信托公司发行证券投资集合资金信托计划，信托公司聘请投资顾问进行操作。一年后，信托计划出现投资亏损[②]，几名投资者诉至法院。

投资者主张：信托公司在推介信托计划时违反法律法规的强制性规定，误导投资者，有

① 在“甘孜州农村信用联社股份有限公司、四川科亨矿业（集团）有限公司合同纠纷案”中，最高人民法院认为，“合同法、信托法以及金融监管部门有关规范性文件规定了委托合同或信托合同受托人应承担的法定履职和尽职义务，即使当事人之间所签订的合同中未作约定，如受托人违反该法定履职和尽职义务并因其过失给委托人造成损失，亦应根据其过错情形承担相应的民事责任”，即，资管业务中受托人的受托义务具有法定性，这是最高人民法院较早明确承认信义义务为法定义务的案例。参见最高人民法院（2017）最高法民终 880 号二审民事判决书。另外在“谭某峥和中信信托公司等营业信托纠纷案”中，审理法院认为：“对风险的提示说明义务系受托人的法定信义义务，谭某峥作为受益人，其自身对风险的了解程度并不必然导致中信信托公司充分提示说明义务的减轻或免除”，即也认为信义义务为法定义务。参见北京市第三中级人民法院（2018）京 03 民终 13860 号二审民事判决书（审结日期：2018 年 12 月 28 日）。

② 2007 年 10 月 16 日，上证指数高达创历史的 6124.04 点；2008 年 10 月 28 日跌至 1664.93 点。

严重欺诈行为；信托公司没有亲自管理信托财产，而是委托投资顾问履行受托人职责；信托公司及投资顾问在操作中存在满仓操作，高买低卖的行为，并且在股市出现反弹行情时“踏空”，信托计划没有设置止损制度。信托公司违反诚信原则，没有尽到谨慎、有效管理信托财产的义务，存在严重过错，对信托财产的大幅亏损负有不可推卸的责任。

信托公司主张：投资者在签署信托合同的同时，均签署了认购风险申明书，未对投资者进行任何误导性陈述或保本承诺，不存在欺诈行为。聘请投资顾问进行操作，是根据《信托法》的规定和委托人在信托文件中的授权，目的是发挥投资顾问的专业管理能力，最大限度地保护受益人利益。投资损失是市场行情所致。2007 年 10 月开始，沪深股市大幅剧烈下跌，信托财产严重亏损，并非受托人的过错造成的。由于该产品没有约定进行整体止损，仅约定了投资单只证券的止损，信托公司无权进行整体止损操作。在发现相关风险后受托人已及时向委托人不断进行风险提示，根据信托文件的规定履行了相应义务。[①]

案例分析及问题：

该案涉及两个信托法问题：一是信托公司委托他人代为处理信托事务的合法性，容后述。二是信托法规定的受托人应恪尽职守，履行诚实、信用、谨慎、有效管理的义务，即受托人的谨慎义务（善管注意义务）的问题。

受托人违反注意义务而产生的责任为过错责任。因此，即使客观上受托人的行为给信托财产造成了损失，基于类似公司法上的“经营判断规则”原理，只要受托人尽到了相关注意义务，受托人并不一定要承担责任。但需要注意的是，受托人的义务是法定义务、抽象义务，当事人的约定只能把受托人的义务具体化，但是并不意味着受托人只承担约定的责任。

该案中，重点需要探讨的是：一个合理的受托人此时是否存在整体止损的义务。信托文件没有规定受托人有这样的义务并不能排除受托人有这样的义务——受托人有概括的剩余管理权，这也意味着其应承担概括的管理义务。市场下挫导致的损失并不能归因于受托人的行为，但受托人作为专业管理人，应采取处在类似位置的人（信托公司）应当采取的必要风险防范措施，避免损失扩大。该案中的受托人没有设置整体止损即构成对其谨慎义务的违反。而且，在确定损失的时候，应区分因市场带来的不可避免的损害和因受托人怠于履行义务而带来的损害。

鉴于投资者很难证明受托人的过错，《信托法》和相关监管规章才给受托人施加了非常严格的信托披露、报告、保存相关文件等法定义务，以弥补投资者监督能力的不足。司法实践中，在证明受托人是否违反谨慎义务之时，实行举证责任倒置。[②]

---

① 本案例摘编自李宪明：《信托制度司法实践的主要问题与对策建议》，载《信托法颁布十周年（2001—2011）纪念研讨会专题演讲材料之二》，2011 年 4 月 28—29 日。

② 《九民纪要》第 94 条“受托人的举证责任”规定：“资产管理产品的委托人以受托人未履行勤勉尽责、公平对待客户等义务损害其合法权益为由，请求受托人承担损害赔偿责任的，应当由受托人举证证明其已经履行了义务。受托人不能举证证明，委托人请求其承担相应赔偿责任的，人民法院依法予以支持。”

案例 5-4-2 卢某与山西信托案[①]

法院裁判文书“本院认为”部分摘录：

……

（三）卢某实际损失是多少

卢某主张，其投资本案信托产品的损失为本金 1 000 万元及按照年化 9%的标准自 2013 年 7 月 22 日起至实际履行之日止的收益。根据查明的事实，2013 年 8 月联盛投资公司出现违约事项后，联盛集团下属包括联盛投资公司在内的 32 家公司进入破产重整程序，山西信托在破产重整程序中被确认持有本案信托计划债权 712 330 866.35 元，债权性质为担保债权。《企业破产法》第 142 条规定，破产人的保证人和其他连带债务人，在破产程序终结后，对债权人依照破产清算程序未受清偿的债权，依法继续承担清偿责任。本案信托计划项下的债权在案涉破产重整程序中获得清偿后，仍享有就债权剩余未获清偿部分对其他连带债务人或其他保证人的追偿权，且山西信托已对案涉保证人申请强制执行，执行回款金额还不确定。故，卢某作为本案信托产品的投资人，其最终损失目前不能确定。另，信托产品为金融资产高风险类投资，是否能达到投资人预期的收益存在不确定性，卢某主张的损失是投资本案信托产品的预期利益，实质上是要求受托人保本付息予以兑付。该主张忽略了信托产品的投资风险，与信托产品的特性相悖，没有法律依据，本院不予支持。

（四）山西信托在履行合同中是否存在未尽管理职责的违约行为

卢某主张，山西信托在案涉信托计划的成立、发行及管理期间，存在未进行尽职的调研、未严格按照信托文件履行受托义务、在不具备付款条件的情况下提前划款、增信措施流于形式、受让的债权纯属虚无等诸多未尽管理职责的违约行为，致使其遭受损失。经查，本案信托计划于 2012 年 2 月 4 日开始推介，截至 2 月 21 日募集完成全部 5 亿元信托资金，山西信托确认该计划于 2013 年 2 月 22 日正式成立。山西信托在募集到合同约定的资金后进行付款，不违反合同约定，卢某也从 2013 年 2 月起，收到了 375 000 元的收益，卢某主张信托计划成立时间不能确定，与事实不符，也与其在《上诉状》中认可的“本案信托计划存续期间为 2013 年 2 月 22 日至 2014 年 8 月 22 日”相矛盾；且本案信托计划出现兑付风险由联盛投资公司无法支付回购价款引发，与信托计划前期募集、成立及信托资金的划转没有因果关系。

《信托合同》第 4 条约定“本信托为指定用途和管理方式的权益类集合资金信托”。第 7.1 条约定，“本期信托所募集资金用途为：受让联盛投资公司对债务人联盛能源公司的应收账款债权，以获取信托收益”，山西信托按照信托合同的约定，将募集的信托资金用于受让联盛投资公司对债务人联盛能源公司的应收账款债权，与联盛投资公司签订《债权转让协议》及《债权回购协议》，债权转让事宜依法通知债务人而生效，应收账款债权凭证均予移交。所募集的 5 亿元资金全部通过监管账户转给联盛投资公司，联盛投资公司按照 5 亿元信托规模支付回购价款及保证金，上诉人及其他投资人已经收取的 5 个月的信托收益亦是以 5 亿元信托规模收取后按 16 位投资人的信托份额进行分配。本案信托计划项下债权在联盛投资公

① 山西省高级人民法院（2019）晋民终 182 号二审民事判决书。

司等 32 家公司重整过程中得以全部确认，也证明了山西信托依约履行了将信托资金用于信托计划确定的资金用途。故，山西信托已经将 5 亿元信托资金用于信托计划约定的用途，履行了信托计划发行及成立阶段的管理义务。

《山西信托·信裕 15 号（第一期）集合资金信托合同》第 7.5 条约定的信托计划增信措施为：联盛能源公司以其持有的联盛投资公司 10%的股权的第二顺位质押受偿权为联盛投资公司履行回购义务提供担保；联盛能源公司以其持有的山西柳林金家庄煤业有限责任公司 35%股权的第二顺位质押受偿权为联盛投资公司履行回购义务提供担保；联盛能源公司、孝义市金岩电力煤化工有限公司、邢某斌、李某晓、温某忠及刘某萍为联盛投资公司到期溢价回购标的债权提供无限连带责任担保。山西信托于 2013 年 1 月 29 日，与联盛能源公司、孝义市金岩电力煤化工有限公司、邢某斌、李某晓、温某忠及刘某萍签订《山西信托·信裕 15 号集合资金信托计划保证合同》《追加股权质押担保合同》，并于 2013 年 2 月 5 日就上述保证合同、质押担保合同在太原市城北公证处办理了强制执行公证。2013 年 10 月 8 日，山西信托将《信托合同》中约定的两个股权第二顺位质押担保追加为第一顺位质押担保，并分别与联盛能源公司签订《山西信托·信裕 15 号（第一期）集合资金信托计划股权质押担保合同》，并于 2013 年 10 月 10 日办理了强制执行公证，2013 年 11 月 18 日办理完毕质押登记。山西信托完成了信托计划项下设置的上述担保措施。本案信托计划在联盛投资公司按期支付 5 个月回购价款后因联盛集团实际控制人邢某斌突发事件而导致后续回购价款未再按时支付。2013 年 8 月联盛投资公司出现违约事项后，山西信托向联盛投资公司及担保人进行了催收，并于 2013 年 10 月与联盛投资公司签订了《股权质押担保协议》，将原信托计划设置的 10%及 35%的两个股权第二顺位质押担保追加为第一顺位质押担保，并办理了质押登记。该股权质押在破产重整程序中被管理人依法确认，信托项下债权被确认为担保债权，可以抵押物的评估价值优先受偿。

在吕梁市中级人民法院裁定受理联盛投资公司的破产重整申请后，山西信托申报债权并获得确认，向委托人及时披露破产重整进展情况、征求委托人对重整计划的表决意见、督促管理人执行重整计划。

关于卢某主张案涉信托计划项下应收账款为虚假债权。经查，山西信托一审提交的证据四《债权转让协议》及《债权转让通知书》（含回执）显示山西信托、联盛投资公司、联盛能源公司对于受让的应收账款已进行确认，山西信托受让债权真实并具有法律效力。关于卢某所述本案信托计划与《山西信托·联盛能源投资有限公司权益投资集合资金信托计划》存在资金滚动发行问题。经查，这两个信托计划的投资人、受让的应收账款、信托计划期限等均不同，且《山西信托·联盛能源投资有限公司权益投资集合资金信托计划》于 2013 年 8 月已清算并兑付完毕（见该计划清算兑付公告），而本案信托计划尚在联盛破产重整及强制执行程序中。

综上，山西信托在本案信托计划的成立、发行及管理期间，依照合同履行了义务。本案信托计划因联盛投资公司未履行回购义务导致信托计划尚未兑付，系该信托产品出现的市场风险，而非山西信托管理行为所致。一审法院认定卢某提供的证据无法证明山西信托自始至终未能履行诚实、信用、谨慎、有效的管理义务是投资者损失的主要原因，并无不当。卢某主张山西信托未尽管理职责构成违约，要求山西信托赔偿损失，本院不予支持。

综上，一审判决认定事实清楚，适用法律正确，应予维持。

案例分析及问题：

1. 行政责任和民事责任认定的关系。受托人是否违反谨慎义务需要综合判断，受益人在对信托公司的举报和信访过程中得到监管部门对信托公司的处罚结果，对于认定受托人是否存在过错显然有着重要意义。不过，行政责任的承担和民事责任的认定是相互独立的两个过程，监管部门认定信托公司存在违反监管规定的情形虽然对认定受托人违反民事责任有意义，但是，即使监管部门认定信托公司存在违反监管规定的情形，仍然需要判断受托人违反监管规定和案涉义务违反是否是基于同一行为，且该行为和损害的产生是否存在因果关系；反之，即使监管部门没有认定信托公司存在违反监管规定的情形，也不妨碍法院综合案件各种事实，认定受托人违反其义务。

同样，受益人对监管部门的行政诉讼和受益人、受托人之间的民事诉讼是两个独立的诉讼，不符合《民事诉讼法》规定的"本案必须以另一案的审理结果为依据，而另一案尚未审结的"中止审理情形，故法院没有中止二审审理并无不当。

该案中，受益人主张一审人民法院"未强化山西信托的举证责任，举证责任分配不当，程序违法"。而二审法院认为，"《最高人民法院关于民事诉讼证据的若干规定》(2008 年调整）第 2 条'当事人对自己提出的诉讼请求所依据的事实或者反驳对方诉讼请求所依据的事实有责任提供证据加以证明。没有证据或者证据不足以证明当事人的事实主张的，由负有举证责任的当事人承担不利后果'，一审法院根据案件各方当事人的陈述及提供的证据对本案事实进行综合分析认定，不存在举证责任分配不当而程序违法的问题"。二审法院以民事诉讼的"谁主张谁举证"的一般原则反驳受益人的主张，稍有不当之处。在判断受托人是否违反谨慎义务的场合，虽然也要坚持过错责任原则，但是基于信托关系的特殊性，受益人证明受托人存在过错往往非常困难。所以，《九民纪要》第 94 条对受托人施加了比较严格的举证责任，是恰当的。该案中，应当对受托人施加较为严格的举证义务。

2. 受托人违反谨慎义务的构成。无论是当事人还是法院，大多把受托人违反义务的行为称为违约，这并非恰当。受托人的谨慎义务本质上属于法定义务，法定义务和约定义务互动，共同决定受托人的义务范围。

投资者主张信托公司在以下几方面存在过错：(1）案涉信托计划的成立、发行及管理期间，存在未进行尽职的调研、未严格按照信托文件履行受托义务、在不具备付款条件的情况下提前划款；(2）增信措施流于形式；(3）受让的债权纯属虚无等。

关于第（1）点，法院认为，信托计划在成立、发行和管理期间，受托人并不存在明显的疏于履行义务的行为。关于卢某所述案涉信托计划与《山西信托·联盛能源投资有限公司权益投资集合资金信托计划》存在资金滚动发行问题，法院查明此两个信托计划的投资人、受让的应收账款、信托计划期限等均不同，且《山西信托·联盛能源投资有限公司权益投资集合资金信托计划》于 2013 年 8 月已清算并兑付完毕（见该计划清算兑付公告)，而案涉信托计划尚在联盛破产重整及强制执行程序中。

不过，这些理由并不能否定两个信托计划是滚动发行的。滚动发行恰恰需要的是不同的投资者、不同的信托计划期限。受让的应收账款不同甚至也不能作为证明非滚动发行的关键证据，如果能证明资金的实际使用者是同一主体，仍然可以构成滚动发行。关于第（2）点，增信措施是否充分？信托文件中所采取的增信措施是两个第二顺位的质押担保加上个人和企业的保证，虽然难称充分，但是，之后山西信托将《信托合同》中约定的两个股权第二顺位质押担保追加为第一顺位质押担保，这个可以理解为补足了充分的增信措施。关于第（3）点，山西信托提交的证据四《债权转让协议》及《债权转让通知书》（含回执）显示山西信托、联盛投资公司、联盛能源公司对于受让的应收账款已进行确认，山西信托受让债权真实并具有法律效力。

基于此，法院得出结论，“本案信托计划因联盛投资公司未履行回购义务导致信托计划尚未兑付，系该信托产品出现的市场风险，而非山西信托管理行为所致”。

3. 受益人损害赔偿额的计算。如果认定受托人不存在过错，则信托财产上的损失即为受益人应当承担的投资风险，不需要受托人进行损害赔偿，所以不存在损害赔偿的计算问题。该案中，如果认定信托公司不存在过错，那么融资方到期无法履行回购义务并不导致信托公司违反其义务，更不会产生损害赔偿的问题。此时受托人对融资方应采取一系列措施回收债权，作为其履行信托财产管理职责的一部分。

4. 问题：金融领域内普遍存在着增信措施（credit enhancement）的安排，这些增信措施和民商法上的担保是什么关系？

四、商事信托受托人的经营判断规则抗辩

学理上，受托人特别是商事信托受托人应享有一种类似公司董事所享有的经营判断规则（business judgement rule）所提供的保护。

所谓经营判断规则，是指对于受托人在从事商事信托的管理过程中作出的投资决策和项目选择，要按照作决定当时的商业环境和具体情况来判断其决定是否合理。只要受托人当时的决定符合一个理性投资者的行为标准，并采取了合适的增信手段和风险防范措施，即可认为受托人不存在过错，受托人不应为信托财产嗣后产生的损失承担责任。

案例 5-4-3　信泉公司与冯某案[①]

二审法院认为：

首先，原审判决认定信泉公司存在未履行回访确认义务的违约行为并无不当。但是投资人对于信泉公司将其投资投入基金运作并已多次收取按季返还的收益，如果仅以未履行回访确认义务而判令信泉公司承担返还全部本金和利息的违约责任，缺乏法律依据与合同依据，而且对于基金管理人显失公平。

其次，根据原审查明事实可知，信泉公司在尽职调查过程中，曾调查了通邮公司与六省市邮政公司签署的《ATM 项目合作协议书》。信泉公司调查了入池 ATM 机采购合同、发票、

① 北京市高级人民法院（2020）京民申 4727 号民事裁定书。

融资租赁合同及产权转移证明、ATM 技术管理费收款回单、ATM 装机与巡检工作记录、科技硬件保修合同等资料。而且信泉公司调取了通邮公司 2016 年度审计报告，对通邮公司的履约能力也进行了充分的调查，并与通邮公司签订了质押合同并办理了质押登记，足以证明基础资产是真实有效的，并保证基础交易合同的履行。以上都表明信泉公司对案涉基金基础资产存在的风险进行了合理调查和有效管控。关于一审法院审理中调取的四省市邮政分公司回函，鉴于四省市邮政分公司与通邮公司存在债权债务关系，其关于终止履行《ATM 项目合作协议书》的意思表示并没有向相对人通邮公司作出明确表示或得到通邮公司认可，双方之间也没有其他关于终止协议履行的生效法律文件，故原审法院采信上述回函认定信泉公司尽职调查未尽到审慎义务有失客观。虽然信泉公司提交的尽职调查报告细节上存在瑕疵，但没有证据显示通邮公司在实际履行《ATM 项目合作协议书》中存在根本违约的情况。通邮公司在与六省市邮政分公司《ATM 项目合作协议书》履行中出现的风险，属于正常的市场风险，是信泉公司无法预见和避免的，故不宜认定因信泉公司在尽职调查中未尽审慎义务，或者就基础资产披露了虚假信息。

再次，虽然信泉公司在其发放的宣传材料中，采用了“保守计算”“每天 ATM 平均保底交易笔数”等描述，但是《基金合同》签订于 2017 年 3 月 30 日，而合同中载明基础合同中的“应收账款”为六省市邮政公司“自 2017 年 4 月至 2020 年 3 月期间产生的 3.064 7 亿元应收账款”。结合《基金合同》和其他推介文件中也有多处基金可能出现的回款延期等风险揭示内容，足以提示投资者对“应收账款”的含义自主作出判断。对于具备较高的金融投资常识和风险意识的私募基金投资人，仅凭以上表述难以认定信泉公司存在“虚假宣传”和误导。

最后，关于信泉公司应承担何种责任。根据查明的事实，除了没有履行回访确认义务之外，没有有效证据证明信泉公司在基金运作和管理过程中存在过错行为。鉴于信泉公司与通邮公司就信文通邮基金的基础资产所涉诉讼已经审理终结，信泉公司胜诉并已执行部分款项，根据信泉公司申请再审中提供的湖南、浙江两省邮政分公司向通邮公司交纳 2017 年 8 月、12 月支付的技术服务费、维修费银行汇款单据，通邮公司享有的应收账款债权真实可信且债务人仍在履行。投资人最终是否受损、损失具体情况以及信泉公司应承担何种责任，需要作进一步审查。

综上，原审判决以信泉公司存在违约为由，判令其承担赔偿责任，属于认定事实不清，适用法律有误。信泉公司申请再审理由成立。裁定：指定北京金融法院再审本案。

案例分析及问题：

从该案裁判中可以看出，受托人违反谨慎义务的责任为过错责任。法院认为，“虽然信泉公司提交的尽职调查报告细节上存在瑕疵，但没有证据显示通邮公司在实际履行《ATM 项目合作协议书》中存在根本违约的情况”。不过，法院仍然按照合同法的语言，探讨受托人是否构成根本违约。

法院认为，“通邮公司在与六省市邮政分公司《ATM 项目合作协议书》履行中出现的风险，属于正常的市场风险，是信泉公司无法预见和避免的，故不宜认定因信泉公司在尽职调查中未尽审慎义务，或者就基础资产披露了虚假信息”。这相当于承认受托人享有类似公司董事等所享有的经营判断规则的抗辩。

案例延伸分析

五、受托人谨慎义务和综合判断原则

《美国信托法第三次重述》和《谨慎投资人规则》（Uniform Prudent Investor Act）引入了现代的金融投资观念，其关于谨慎义务的规定有以下特色：（1）强调综合判断原则。应整体、综合判断是否构成注意义务违反。某一个特定投资（的失败）并不必然构成注意义务的违反。风险比较高的投资，允许放在整体之中加以管理。（2）强调分散投资义务。这可以被认为是进行整体投资时要进行风险管理的体现。（3）投资方面排除了亲自执行义务。即，僵化的亲自管理要求并非合理的投资态度[①]。

案例 5-4-4　刘某奎与粤财信托案[②]

2015 年 5 月 8 日，刘某奎与粤财信托签订了《信托合同》，认购金额为 350 万元。合同规定聘请创势翔公司为本信托计划的投资顾问，通过受托人的专业管理谋求信托财产的稳定增值。

2015 年 7 月至 2016 年 9 月，欣泰公司多次发布《丹东欣泰电气股份有限公司股票存在暂停上市风险的提示性公告》。粤财信托在中国证券监督管理委员会决定对欣泰公司立案调查，在欣泰公司披露可能暂停上市的风险提示后，仍然听取创势翔公司的投资建议大量买入欣泰公司股票。据查证，案涉集合资金信托计划账户持有“欣泰电气”250 万股。“欣泰电气”于 2017 年 8 月 28 日因欺诈发行被终止上市，成为创业板退市第一股。刘某奎与粤财信托因此发生纠纷。

刘某奎认为，粤财信托没有亲自处理信托事务，直接交由创势翔公司来直接操作管理，违背了《信托法》第 30 条的亲自管理义务；粤财信托在欣泰公司披露可能暂停上市的风险提示后依然听取创势翔公司的投资建议大量买入欣泰公司股票，造成刘某奎损失，违背了《信托法》第 25 条的谨慎管理义务，应当进行赔偿。粤财信托则认为，粤财信托是在审核投资顾问提交的投资建议后下达的交易指令，并未违反亲自管理义务；投资顾问建议买入“欣泰电气”股票前作了大量的可行性研究，同时有大量的其他投资机构、券商看好“欣泰电气”的发展前景，粤财信托基于投资顾问所作调研，看好“欣泰电气”市场前景，并经充分评估得出“欣泰电气”股票退市风险低的情况下，决定买入“欣泰电气”，具有充分的合理性基础；粤财信托在签订合同时已按照规定作了充分的风险提示，“欣泰电气”最终退市属于难以预

---

① 樋口範雄『アメリカ信託法ノートⅡ』（弘文堂、2003 年）58 頁。

② 广东省广州市中级人民法院（2021）粤 01 民终 416 号二审民事判决书。

见的市场风险，刘某奎的投资损失属于正常的市场风险，投资者应自行承担。

一审法院认为，“中翔 1 号信托计划”中“欣泰电气”退市全部损失由市场风险和粤财信托的过错共同造成，以刘某奎在“中翔 1 号信托计划”“欣泰电气”中的全部资金 595 901.95 元为刘某奎全部损失之基数，酌情认定刘某奎应承担全部损失的 70%即 417 131.37 元，粤财信托应承担全部损失的 30%即 178 770.59 元。

二审法院认为，谨慎的投资者亦不难得出“欣泰电气”将因为欺诈发行而被暂停上市或者强制退市的风险相当高的结论。而作为专业机构的受托人粤财信托，如果遵循了审慎原则，尽到了受托人的注意义务，完全可以发现投资顾问给出的大量购买“欣泰电气”股票的投资建议是风险极大且极不具有合理性的。但受托人粤财信托对这一投资建议的错误性应当发现而未发现，完全漠视了“欣泰电气”暂停上市和强制退市风险的现实性与紧迫性，贸然接受投资顾问的建议并大量买入欣泰公司的股票，严重违反了谨慎原则和注意义务。粤财信托作为受托人应当对委托人这部分损失承担赔偿责任，即粤财信托应当因此向刘某奎赔偿 595 901.95 元。

案例分析及问题：

1. 专业投资人是否更应重视投资的安全性？该案判决书中，这一部分的说理可圈可点：“不能将购入有暂停上市风险的股票和违反信义义务等同起来，要具体分析暂停上市的原因。在信托合同未约定不得买入可能被暂停上市的股票的情形下，受托人买入可能被暂停上市的股票是否一律违反受托人的信义义务呢？本院对此认为，证券市场中风险与收益并存，受托人的主要义务是在合理判断风险的前提下为委托人争取尽量大的收益，不能机械认为进行了一笔有风险的投资，受托人就违反了义务。这是因为，一方面，从交易所的规则来看，上市公司股票存在暂停上市风险的情形有多种，造成这一风险的具体原因更加多样，仅以连续亏损的原因而言，既可能是企业所处行业的周期性，也可能是企业自身经营的周期性，既可能是偶发因素导致，也可能是因公司自身经营不善；证券市场与之对应的现象是，许多曾经存在暂停上市风险的上市公司，克服了财务困境，或者改正了违法违规行为，最终并未暂停上市或者被强制退市，并在之后为股东创造了价值。因此，不能将受托人买入有暂停风险股票的行为，完全等同于受托人违反了审慎原则或者放弃风险控制，即本院认为受托人可以在合理判断风险的基础上，作出合理的投资于存在暂停上市风险股票的决策。另一方面，证券市场中每个投资人均处在历史的迷雾之中，对于所投资的上市公司的未来发展，再专业的投资者亦不可能作出绝对精准的判断。如果不顾及当时投资决策是否存在合理性，仅以最终发生了投资失败的结果而倒推得出受托人违反信义义务的结论，亦是一种过于线性的客观归罪思维的体现。总之，本院认为，在合同当事人均未在投资标的中剔除可能被暂停上市的股票的情况下，裁判者应当尊重商事主体的自主决策权利，不能一概认为受托人投资了有暂停上市风险且最终被强制退市的股票就一定违反了信义义务，而应具体考察受托人的投资行为在当时有无合理性，是否违反了忠实义务和在符合审慎原则的基础上尽到了一个专业投资者应当尽到的注意义务。”

一般而言，受托人是信托公司等专业机构时，应采取较之普通人更高、更专业的行事标准。受托人会因为自身具有专业技能而需要承担高于普通人的“谨慎义务”。

若其表示有超出一般受托人的能力和特殊技能，应依该标准进行判断。一个谨慎的普通人在看到欣泰公司发布暂停上市风险公告后一般会对其避之不及，而粤财信托却在专业投资顾问建议下反其道而行之，在经过调查分析后大量买入“欣泰电气”股票。粤财信托在上诉时辩称买入“欣泰电气”是基于对上市公司市场前景判断后的合理投资行为。

比普通人更冒险，是否意味着专业受托人违背了谨慎义务呢？对于同样的信息，普通人士和专业人士的判断可能是不同的；甚至，专业人士可能通过专业的调查手段获得更多的信息，以此作出更为全面的评估。专业投资公司基于搜集的更多信息和自身的专业判断，依然看好“欣泰电气”的前景，那么便应当承认专业投资人已经履行了谨慎义务而无过错。至少不能得出专业受托人就应当采取更保守、更重视安全的投资策略的结论。

不过，“欣泰电气”暂停上市的原因是首次公开发行股票并在创业板上市的过程中涉嫌欺诈发行或重大信息披露，且已被中国证监会立案调查。对于初次发行时的欺诈行为，上市公司无法通过改正错误来争取减轻处罚，加上上市公司被中国证监会立案调查后受到行政处罚的概率相当高的事实，不难得出“欣泰电气”有很高风险将因为欺诈发行而被暂停上市或者强制退市。再加上信托文件中受托人约定要进行稳健投资，而投资于如此风险巨大的股票似难构成稳健的投资。

2. “综合判断原则”。《信托公司集合资金信托计划管理办法》第 25 条第 2 款规定：“信托公司运用信托资金进行证券投资，应当采用资产组合的方式，事先制定投资比例和投资策略，采取有效措施防范风险。”案涉信托计划采取了资产组合的方式进行投资，符合监管文件的要求。另外，《美国信托法第三次重述》中采用现代投资组合理论，形成了“谨慎投资人规则”。该规则强调综合判断原则，认为应就全部信托财产的投资进行判断，某一个投资的失败并不构成对注意义务的违反；对于风险比较高的投资，允许放在整体的风险管理之中进行管理，该种投资并不必然构成对注意义务的违反。

信托公司主张，“2015 年下半年开始 A 股市场开始经历股灾，与本信托产品同一时期，创业板指数下跌 40%，个股受大盘影响同步下跌，粤财信托提交的信托产品统计数据表，表明大量不涉及买入‘欣泰电气’的基金或信托产品净值比本案的信托产品净值更低，证明在股灾大背景下亏损是共性的。而且，案涉信托产品在买入‘欣泰电气’前，信托产品仍然存在低于原始净值的问题，说明同时期信托产品净值下跌是与大盘同步的表现”。在此，信托公司相当于提出了“综合判断原则”抗辩。

由此引出的问题是，单笔风险过高的投资占整体投资多大的比例，就可以认定为是违背了谨慎义务呢？根据案情的介绍，“欣泰电气”占“中翔 1 号信托计划”的 17.025 77%（34 749 600 元/204 100 000 元），虽然该笔投资风险较大，但如果将该笔投资当作粤财信托整体信托产品中的一部分，是否可以免除或者减轻信托公司的责任呢？该案中，原告投资于一个集合投资信托计划，但当投资失败之后，法院单独支持了投资金额中用于“欣泰电气”部分的损害赔偿[①]，将信托计划的不同投资分割开来，似乎有违综合判断原则。

作为对比，在另一个案例“陈某与中信信托案”[②]中，审理法院明确指出：“案涉信托计划是集合资金信托，受托人是将信托资金作为整体加以管理，投资方式不唯一，投资项目数量无限制，各项目投资的结果也会有差异，最终能否分配收益、返还出资是需要根据信托财产各项投资的综合情况确定的。因此，某个项目投资失败不一定导致整体信托最终无收益或收益低，某个项目盈利也不必然导致整个信托计划最终有收益或收益高。《风险申明书》和《说明书》中均明确提示，信托计划存在投资项目亏损风险、流动性风险、管理风险等，受托人为受益人的最大利益服务，不保本、不保最低收益，信托计划能够获得适当的投资机会取决于受托人、投资顾问的投资能力，宏观经济环境以及其他非受托人、投资顾问所能控制的因素，投资人作出决策应结合信托计划投资组合的具体情况进行判断，不应仅依据受托人公布的信托单位净值。因此，仅凭投资的某个项目未能如期退出，不足以认定受托人违约，投资人因某个项目未能退出而最终取得的收益不高，也不足以认定系受托人违约行为所致。”这一论证体现了综合判断原则，较为公允。

3. 投资顾问对受益人是否负有某种义务？《信托法》并没有就投资顾问对受益人的关系作出规定。但在该案中，信托合同中当事人约定，“受托人根据全体委托人的意愿及指定聘请创势翔公司为本信托计划的投资顾问并与之签订《投资顾问合同》”，投资顾问虽由受托人聘请，但也经过委托人的同意，投资顾问对其在交易关系中的地位是知情的，投资顾问的投资决策可能会严重影响受益人利益，所以，投资顾问虽非狭义的受托人，但至少对受益人负有信义义务。

因判决书上提供的信息有限，这里仅作纯学理上的探讨：在该案中，受益人举证投资顾问在受聘之前已经持有“欣泰电气”的股份，之前也因此操纵“辉丰股份”等六只股票受到中国证监会的处罚，虽然持有“欣泰电气”的时间和操纵“辉丰股份”等六只股票的时间并不重合，但投资顾问的这种行为和受益人似乎存在利益冲突，有违反忠实义务之嫌。受益人是否有对投资顾问直接的诉权，值得探讨。

一个延伸问题是：投资顾问的行为若违反了忠实义务，投资顾问和受托人应承担什么样的责任？

4. 投资顾问由谁选择：受托人还是委托人？实践中，信托公司受托人为了规避自己的风险，往往不是根据《信托法》第 30 条选择投资顾问，而是在信托文件中约定由委托人选择第三人或者由特定委托人成为投资顾问。此时，是否适用《信托法》第 30 条的问题就浮出水面。

如果由委托人选择投资顾问，相当于委托人通过约定使第三人成为指示权人。

---

① “中翔 1 号信托计划”初始信托规模为 2.041 亿元，“中翔 1 号信托计划”共持有“欣泰电气”的资金为 34 749 600 元（1 320 000 股 × 13.56 元/股 + 1 180 000 股 × 14.28 元/股，均价为 13.899 84 元/股），“欣泰电气”的资金占“中翔 1 号信托计划”的 17.025 77%（34 749 600 元/204 100 000 元）。刘某奎认购 350 万元，因此，刘某奎在“中翔 1 号信托计划”“欣泰电气”中的资金为 3 500 000 元 × 17.025 77% = 595 901.95 元。

② 北京市朝阳区人民法院（2015）朝民（商）初字第 13923 号一审民事判决书。

很明显，根据《信托法》第 30 条，选择的投资顾问的权利来源是受托人（虽然也需要信托文件中约定或者有不得已事由作为前提条件），由受托人选定的投资顾问在我国信托法上是受托人的代理人；而委托人选择的投资顾问的权利来源是委托人。这个投资顾问明显不是受托人的代理人，不应适用《信托法》第 30 条。

越来越多的信托实践中出现委托人指定第三人成为指示权人或者行使其他受信职权的操作，第三人因此成为保护人、指示权人或者投资顾问等，此时，这个第三人的法律地位并非根据《信托法》第 30 条产生。参见本章第一节中的相关讨论。

六、谨慎义务和约定义务的关系

若信托文件对受托人作出特别的行为要求（《信托法》第 25 条规定了受托人的信托文件遵守义务），违背该特别要求就构成违约。

受托人的谨慎义务虽然是法定义务，但可以通过约定加以提高或者减轻。《九民纪要》第 93 条规定，“当事人在信托文件中约定，委托人自主决定信托设立、信托财产运用对象、信托财产管理运用处分方式等事宜，自行承担信托资产的风险管理责任和相应风险损失，受托人仅提供必要的事务协助或者服务，不承担主动管理职责的”，为通道业务。通道业务是通过约定将管理信托事务的职权保留在委托人或者第三人手中，借以减轻受托人义务的典型做法（如**案例 5-4-5**）。

当然，即使在通道业务当中，受托人的义务也不能通过约定加以完全排除。即使信托文件免除了受托人的谨慎义务，法院仍有权结合具体交易内容认定义务违反成立（如**案例 5-4-6**）。正是在这种意义上，不能一律说受托人违背义务是违约。市场人士、媒体和司法者动辄说信托违约云云，多数情况下是和受托人交易的第三人违约，导致信托公司无法向投资者按约定支付投资本金和收益。只要受托人尽到尽职管理义务，即便是和信托交易的第三人违约，受托人也未必违反义务。

案例 5-4-5 北川农村信用社和天风证券案[①]

关于天风证券、山东信托是否存在违背《资产管理合同》及《信托合同》约定，提供虚假信息，未能恪尽职守，未能遵循诚实、信用、谨慎、有效管理原则处理信托事务的问题。经查，根据《资产管理合同》约定，合同项下委托资产将投资于山东信托作为受托人成立的单一事务管理信托，该信托资金将用于受让可可钴业合法持有的对科亨集团的标的债权。北川农村信用社已经充分了解可可钴业、科亨集团、标的债权、抵押财产、保证人的真实情况和存在的风险，并承诺自行承担风险和损失。该投资品种的投资由北川农村信用社决策，该种类型投资的合法合规性、安全性及任何风险和收益均由北川农村信用社承担，天风证券不承担任何责任。《资产管理合同》签订当日，北川农村信用社向天风证券发送了《委托指令书》，明确要求天风证券将案涉 1 亿元投资于山东信托设立的单一事务管理信托。从上述合同约定以及履行情况看，北川农村信用社对委托资产所投资的信托项目的资金用途系自行作

① 最高人民法院（2018）最高法民终 1209 号二审民事判决书（审结日期：2018 年 12 月 24 日）。

出判断和决策，并自行承担风险。因此，二审法院认为“案涉融资项目实质上系天风证券基于北川农村信用社的指令进行的定向投资，风险应由北川农村信用社自担。天风证券、山东信托不负有事前审查和尽职调查的义务，并不存在提供虚假信息、隐瞒事实，进而欺骗北川农村信用社作出投资行为的问题”并无不当，北川农村信用社的该项主张不能成立，判决驳回上诉，维持原判。

案例 5-4-6 信诚达融公司和中粮信托公司案[①]

2015 年 10 月 14 日，信诚达融公司（委托人）与中粮信托公司（受托人）签订了《信托合同》，委托人将信托资金委托给受托人，由受托人以自己的名义，按照《信托合同》的约定进行管理运用。《信托合同》8.4.4 约定：受托人仅根据委托人的书面指令管理和处分信托财产，该等书面指令载明的信托财产管理及处分的方式应当符合相关法律法规规定且具有可操作性，否则受托人有权拒绝执行，且受托人没有义务主动采取任何措施，由此造成的一切风险由委托人及受益人承担。

一审法院认为：

第一，关于中粮信托公司不执行信诚达融公司 11 道指令是否构成违约的问题。2016 年 3 月 28 日至 2016 年 6 月 8 日，信诚达融公司共向中粮信托公司发出的 11 道指令，从内容上可以分成三类：第一类是与 B 座项目无关的其他项目，如第 2 号及第 7—10 号指令；第二类涉及中瑞公司经营管理事项，如第 1 号、第 3 号、第 6 号和第 11 号指令；第三类涉及国宾公司经营管理事项，如第 4 号和第 11 号指令。鉴于第一类指令超出案涉信托委托事项范围，中粮信托公司未予执行，并无不当。鉴于案涉《信托合同》8.4.2 约定受托人在中瑞公司、中瑞 1 号基金、项目公司的设立和运营过程中行使任何权利履行任何义务，包括但不限于完成中瑞公司、中瑞 1 号基金、项目公司设立所需的任何签约、注册、登记；作为股东行使权利或履行义务；因委派人员担任董事、监事、经理或任何其他职务而履行职责；参与日常经营管理以及使用法人主体印鉴，均需按照委托人的书面指令执行，第二类和第三类指令属于 8.4.2 的约定范围，同时，中粮信托公司作为享有中瑞公司 80%股权的控股股东，中瑞公司又作为国宾公司的全资股东，中粮信托公司委派到中瑞公司的董事占到中瑞公司全部董事的半数以上，中粮信托公司客观上可以实现指令事项，故中粮信托公司未予执行上述指令，属于违约。中粮信托公司关于其对于中瑞公司的管理是股权管理，不参与中瑞公司和国宾公司日常经营管理，故不应执行上述相关指令等相关抗辩主张，依据不足，一审法院不予采纳。

第二，关于中粮信托公司未完成国宾公司的银行开户和税务手续，且擅自将中瑞公司企业状态标注为“歇业”，是否导致新中实公司就 B 座项目不与信诚达融公司合作，构成违约的问题。根据本案目前证据，中粮信托公司未执行信诚达融公司关于要求中粮信托公司完成中瑞公司和国宾公司相关工商、税务手续等的指令，国宾公司目前未完成银行开户和税务手续，中粮信托公司构成违约。虽然信诚达融公司提交的证据中显示中瑞公司 2015 年年度报告中企业状态为“歇业”，但中粮信托公司提交的中瑞公司工商档案中未显示有办理中瑞公司“歇业”的相关材料，虽然不排除“歇业”状态的标注系中粮信托公司所为的可能性，但

① 北京市高级人民法院（2018）京民终 508 号二审民事判决书（审结日期：2019 年 12 月 20 日）。

根据目前证据，尚难以确认信诚达融公司指控的标注中瑞公司“歇业”的行为客观存在且系中粮信托公司所为。即使该行为确系中粮信托公司所为，鉴于目前中瑞公司经营状态已经恢复为“正常”，该行为亦已得到纠正。

信诚达融公司主张中粮信托公司迟延办理国宾公司税务和银行开户手续，导致新中实公司就B座项目终止与信诚达融公司合作的依据，是2017年1月6日新中实公司、中实公司共同向信诚达融公司发送的函件，该函件中载明“由于刘某团队未能按约定时间完成注册工作”，所以B座项目“不与中瑞公司做了”，信诚达融公司主张该函中提到的注册工作，既包括国宾公司的工商注册，也包括国宾公司的税务和银行开户工作。信诚达融公司对此应当负有举证证明责任，但其并未提交相关证据予以证明，同时，该函中还提到新中实公司和信诚达融公司之间存在400万元借贷关系的纠纷，新中实公司中止就B座项目与信诚达融公司的合作，不排除双方存在400万元借贷纠纷的原因。故信诚达融公司仅依据上述2017年1月6日的函，主张中粮信托公司迟延办理国宾公司税务和银行开户手续导致新中实公司就B座项目终止与信诚达融公司合作，构成违约，依据不足。另外，根据该函的记载，新中实公司早在2016年1月16日即提出项目公司注册迟延的问题，并第一次表示过终止B座项目合作的意思，而信诚达融公司迟至2016年4月6日才向中粮信托公司发出指令，要求办理国宾公司到税务局报到的用印手续，可见，即使如信诚达融公司所称，新中实公司是由于国宾公司迟延办理税务和银行开户手续才终止就B座项目与信诚达融公司的合作，迟延的原因也首先是信诚达融公司迟延发出指令导致的。故一审法院确认中粮信托公司未完成国宾公司的银行开户和税务手续构成违约，但信诚达融公司未提交充分证据证明该违约行为与新中实公司就B座项目不与信诚达融公司合作具有因果关系。

第三，关于案涉信托目的是否并非不能实现，而中粮信托公司于2017年4月28日向信诚达融公司送达通知，单方要求终止《信托合同》是否构成违约的问题。一审法院前已述及，案涉信托目的仅限于B座项目的资产重组和后续建设运作，故可以确认案涉信托的目的是委托人将信托资金委托给受托人，由受托人按照委托人的意思，以自己的名义，为受托人的利益，在B座项目资产重组和后续建设运作方面管理、运用和处分信托财产，并向受益人分配信托利益。现B座项目的相关方已经明确表示该项目不再通过中瑞公司实施，不与信诚达融公司合作，故案涉信托目的已经不能实现。信托目的不能实现，也导致《信托合同》目的不能实现。根据案涉《信托合同》第11条、第16条和第17条的相关约定，信托目的不能实现的，信托终止，信托终止时，信托利益以信托财产原状形式分配，中粮信托公司于2017年4月28日向信诚达融公司发出通知，要求终止案涉信托和《信托合同》，并向信诚达融公司原状返还信托财产，有合同依据，不构成违约。

鉴于中粮信托公司在处理案涉信托委托事项、管理运用信托财产方面存在一定的违约行为，在履行信托法规定的受托人的信义义务方面存在一定的欠缺，对于案涉信托目的不能实现，导致案涉信托和《信托合同》终止具有一定的过错，故一审法院结合中粮信托公司已收取的信托报酬情况、中粮信托公司违约行为的主观过错程度、违约情节等因素，酌情确定中粮信托公司向信诚达融公司赔偿经济损失4万元。

中粮信托公司在案涉信托和《信托合同》履行过程中，存在一定的违约行为，无权要求信诚达融公司支付第二期信托报酬，一审法院对中粮信托公司关于要求信诚达融公司支付第二期信托报酬的反诉请求，不予支持。二审法院维持原判。

案例分析及问题：

1. 在**案例 5－4－5** 中，委托人和受托人可以在信托文件中约定由委托人行使信托事务管理的决策权，受托人不承担“事前审查和尽职调查的义务”。若受托人没有其他违法和违约事项，原则上不为信托财产所产生的损失承担责任。

2. 在**案例 5－4－6** 中，《信托合同》虽然约定“受托人仅根据委托人的书面指令管理和处分信托财产，该等书面指令载明的信托财产管理及处分的方式应当符合相关法律法规规定且具有可操作性，否则受托人有权拒绝执行，且受托人没有义务主动采取任何措施，由此造成的一切风险由委托人及受益人承担”，但这并不表明受托人完全免除了自己的谨慎管理义务。在执行委托人的书面指令的时候，受托人仍然需要秉持善意和专业的精神，为了受益人的利益最大化管理信托事务。

3. 信义义务是一种法定义务，虽然可以通过约定的方式削减，但是绝不可以通过约定排除。即使是通道业务，受托人也并非对委托人（受益人）没有任何义务，受托人至少也保有最低的对信托事务的管理权限，如开设账户、分配利益等，至少要有“提供必要的事务协助或者服务”的义务。受托人没有任何义务的信托就不是信托。

通道类信托的受托人仍然存在违反义务的可能。

（1）受托人对委托人（受益人）存在忠实义务是不可以通过约定完全排除的。例如，受托人利用自己作为受托人的地位而取得的信息为自己谋取利益的，仍然构成忠实义务违反；受托人和信托财产进行关联交易的，也构成忠实义务违反。

（2）尽职调查报告是体现受托人履行信托义务的一个重要的方面，若非有证据证明经过信托文件授权或委托人同意豁免受托人的尽职调查义务，仅仅以该信托是通道类信托并不能否认受托人该义务的存在。

（3）受托人可能需要面对第三人以及第三人债权人的追责。即使是因委托人（受益人）的原因无法及时放款，融资方也可能会追究受托人的违约责任；信托财产以入股的方式进入融资主体后，受托人完全不对融资企业加以控制和管理，任由其实际控制人挪走资金，可能会导致融资企业的债权人要求受托人承担责任。

在对第三人（如融资方）的关系上，受托人就是和第三人交易的当事人，受托人当然可以约定在第三人违约等情形下自己没有义务去追债，但是，一个不完备的信托合同可能无法让委托人直接取得对第三人债权人地位。此时，信托公司显然不能拒绝诉讼，而一个不成功的诉讼会给信托公司带来巨大的声誉风险。

七、监管规范和行业自律规范对谨慎义务的细化

监管规范和行业自律规范中对信托公司尽职管理义务的规定，可以作为理解受托人谨慎义务的参考，也可以作为司法裁判的参考。

例如，2014 年 4 月发布的《中国银行业监督管理委员会办公厅关于信托公司风险监管的指导意见》（业界称“99 号文”），可从中总结出对信托业“七个尽责”的要求，即产品设计尽责、尽职调查尽责、风险管控尽责、产品营销尽责、后续管理尽责、信息披

露尽责及风险处置尽责，这是对信托公司作为营业信托的受托人事前、事中和事后谨慎管理义务的细化，可作为判断受托人是否履行了谨慎义务的重要参考。

另外，中国信托业协会在2018年9月发布了《信托公司受托责任尽职指引》，其中确立的受托人行为规则也可以作为判断受托人是否尽到谨慎义务的标准。

第五节　受托人的其他义务

一、分别管理义务

（一）概述

《信托法》第29条规定了分别管理义务，即："受托人必须将信托财产与其固有财产分别管理、分别记账，并将不同委托人的信托财产分别管理、分别记账。"本质上，该义务可视为广义上的受托人善管注意义务的一部分。另外，分别管理义务也有对信托财产和信托关系进行公示的效果，可以理解为一种公示方法。

分别管理义务的意义有五个方面：（1）明确受托人之责任范围，促使其为受益人利益管理信托财产；（2）维护信托财产的独立性，借以区分信托财产上发生之责任和受托人固有财产上之责任；（3）便于委托人、受益人对信托财产经营状况的查询和了解，以实现对受托人的监督；（4）便于第三人区分信托财产和受托人的固有财产，有利于交易安全；（5）就营业信托而言，便于主管部门对受托人进行监管[①]。

受托人的分别管理义务主要包括两个方面：（1）将信托财产与其固有财产分别管理、分别记账；（2）将其名下的不同信托财产分别管理、分别记账[②]。分别管理的具体内容一般包括四个方面：（1）法律上的分别管理。例如，对能够进行信托登记或注册的财产，进行信托登记或注册。（2）物理意义上的分别管理。对于无法进行信托登记或注册的财产，对其中的动产（金钱除外）采取在外观上和物理上可加以区分之状态进行保管。比如，在大型设备上标记"信托财产"字样。（3）财务上的分别管理（《信托法》第29条，《信托公司管理办法》第29条、第30条）。就金钱和其他无法进行物理上的分别管理的财产（权），原则上采取计算上（分别记账）分别管理的方法。（4）组织意义上分别管理（《信托公司管理办法》第31条）。在营业信托中，信托公司的信托业务部门应当独立于公司的其他部门，其人员不得与公司其他部门的人员相互兼职，业务信息不得与公司的其他部门共享。

比较法上，分别管理义务原则上为任意性规定[③]，但我国信托法并未规定分别管理义务的除外条款，所以一般认为我国信托法上的分别管理义务为强制性规定，不允许当事

---

① 参见余卫明：《信托受托人研究》，法律出版社2007年版，第181页。

② 参见周小明：《信托制度：法理与实务》，中国法制出版社2012年版，第280页。同时参考《日本信托法》第34条规定的受托人的分别管理义务。

③ 《日本信托法》第34条。

人约定排除[①]。

《日本信托法》第 40 条规定，受托人违背分别管理义务，致使信托财产受到损失的，受托人承担损害赔偿的责任，致使信托财产变更的，受托人承担恢复原状的责任；如果受托人不能证明即使按照规定进行了分别管理仍然造成了损失或变更，则不得免除其损害赔偿或恢复原状的责任。

（二）善管注意义务、信托财产的保全义务和分别管理义务

把各个信托财产（金钱）进行账簿上管理，如果在会计上作明确处理，即使把多个不同信托财产中的存款放在一个银行账户中管理，并不直接构成分别管理义务的违反；但是，如果账簿上各个信托财产的金钱合计额和银行存款的余额相比出现不足，是因为受托人怠于财产管理，则受托人构成善管注意义务的违反[②]。

比较法上，作为注意义务的一部分，受托人需要尽到对信托财产的保全义务。具体应采取以下行动:（1）对能登记和注册的财产进行登记和注册。（2）将需要投保的信托财产加入保险[③]。（3）对重要的文件租借保险箱等，采取措施防止失窃。（4）对现金应在金融机构设立账户[④]等。

（三）信托财产公示义务和分别管理义务[⑤]

例如，受托人保全信托财产的方法之一是把现金存入信托账户。受托人一般不能把信托财产中的现金存入自己的账户，而应另外开设信托账户，这产生和自己的财产分别管理的效果，也是就该金钱为信托财产进行明示（duty to earmark）。

分别管理义务同时具有公示信托财产的功能，这样会:（1）降低受托人因自身错误而给信托财产造成损害的风险;（2）降低受托人的固有债权人、继承人因其错误扣押和抵销而给信托财产造成损害的风险;（3）受益人和受托人之间产生纠纷时，受益人能更容易追踪信托财产的去处。

就受托人违反分别管理义务的法律后果，我国信托法并无明确规定，受托人大多同时违反忠实义务，似可加重其责任，使受托人负无过错责任[⑥]。同时，为避免受托人承担过重责任，应引入“修补因果关系”理论，即如果受托人能证明即使进行了分别管理仍然不能避免损害发生，则应认定其不当管理和损害之间并无因果关系，受托人无须承担赔偿责任[⑦]。

---

① 参见周小明:《信托制度：法理与实务》，中国法制出版社 2012 年版，第 281 页。

② 参见小野傑、深山雅也（编）『新しい信託法』（三省堂、2007 年）17 頁。

③ 美国法上作为信托财产保全义务的加入保险的义务的判例：Re Estate of Lychos（Pa.1983）。

④ 参见樋口範雄『アメリカ信託法ノートⅡ』（弘文堂、2003 年）22 頁。

⑤ 参见樋口範雄『アメリカ信託法ノートⅡ』（弘文堂、2003 年）24 頁。

⑥ 我国台湾地区“信托业法”的罚则中十余条内容都是刑罚的规定。最令人惊异的是我们多认为应课以民事责任至多是行政责任的情形，如信托业者没有将信托财产和其固有财产分别管理的场合也课以刑责（第 51 条）。不过，受托人处于被人信赖之所在，不得不如临深渊、如履薄冰。中饱私囊、背信弃义之行，课之以刑责，难称过分。

⑦ 参照我国台湾地区“信托法”第 24 条第 3 项但书。另参见赖源河、王志诚:《现代信托法论》（修订三版），中国政法大学出版社 2002 年版，第 149 页。

二、亲自执行义务和转委托

（一）规范基础

信托关系为信赖关系，受托人应当亲自处理信托事务，但信托文件另有规定或者有不得已事由的，可以委托他人代为处理。受托人依法将信托事务委托他人代理的，应当对他人处理信托事务的行为承担责任（《信托法》第30条）。

亲自执行义务主要规范的是谁有履行的义务和如何履行受托义务的问题，因此仍然可以视为广义上的善管注意义务的一环。

（二）什么是“委托他人代为处理”

“委托他人代为处理”是指，受托人与第三人基于委托关系，使第三人以自己的意思独立代为处理信托事务。反之，如果受托人利用律师、会计师、（托管）银行或者中介等履行辅助人来辅助其处理信托事务，并不构成“委托他人代为处理”[①]，因此不应受《信托法》第30条的限制。

实务中，有时信托文件中会约定由特定委托人担任“投资顾问”，此时要具体区分投资顾问的权限来源。如果是委托人全体选任的，可能构成委托人对指示权或投资运用权的保留，而不必然构成《信托法》第30条所称转委托，因为“委托他人代为处理”的主语是受托人。关于不同主体选任的投资顾问的法律地位，可参考**案例 5-4-4**“刘某奎与粤财信托案”中的相关讨论。

（三）转委托中受托人的责任

我国《信托法》规定，受托人仅在“信托文件另有规定”或者“有不得已事由”时方可以转委托，仍然坚持了原则上不得转委托的传统规则。本章多个案例中，信托公司就聘请投资顾问在信托文件中都有规定，其目的是发挥投资顾问的专业管理能力，不构成对亲自执行义务的违反。

关于受托人的转委托责任，我国《信托法》规定，受托人即使依法将信托事务委托他人代理，也应当对他人代理信托事务的行为承担责任（第30条）；作为比较，在《日本信托法》上，合法转委托的受托人此时仅负有就第三人的选任责任和对第三人必要和适当的监督义务（第28条），受托人的责任范围受到限制。

案例 5-5-1 中江国际公司、民生银行呼和浩特分行等金融借款纠纷案[②]

法院经审理查明：2013年1月29日，原告中江国际公司为委托人、原告民生银行呼和浩特分行为受托人、被告甲胜盘矿业公司为借款人，三方签订《公司委托贷款合同》。约定的内容主要为：委托人自愿将信托资金人民币150 000 000元委托受托人按照本合同的条款

① 赖源河、王志诚：《现代信托法论》（修订三版），中国政法大学出版社2002年版，第129页。

② 江西省高级人民法院（2016）赣民初2号一审民事判决书。

和条件向借款人发放委托贷款；自 2013 年 1 月 31 日至 2015 年 1 月 30 日止，贷款期限 2 年；贷款年利率为 10%；受托人与担保人就具体担保事项签订相应的担保合同，作为本合同的从合同。后被告甲胜盘矿业公司未按时还本付息被诉。

被告甲胜盘矿业公司认为，原告中江国际公司作为专业的金融机构委托民生银行呼和浩特分行发放贷款，违反了《信托法》第 30 条和《信托公司管理办法》规定，因而主张主合同《公司委托贷款合同》无效，继而主张从合同《委托贷款抵押合同》《委托贷款保证合同》《个人保证合同》无效。《信托法》第 30 条规定的实质是对转信托的禁止。

法院认为，本案原告中江国际公司、民生银行呼和浩特分行与被告甲胜盘矿业公司签订的《公司委托贷款合同》约定，原告中江国际公司委托原告民生银行呼和浩特分行向甲胜盘矿业公司发放贷款人民币 150 000 000 元。原告中江国际公司、民生银行呼和浩特分行与被告甲胜盘矿业公司分别作为委托人、受托人和借款人在合同文本上签字盖章确认。原告中江国际公司将信托资金委托民生银行呼和浩特分行发放贷款是其信托业务范围内的事项，并不违反《信托法》的相关规定。被告甲胜盘矿业公司辩称中江国际公司委托贷款的行为违反《信托公司管理办法》，根据《最高人民法院关于适用〈中华人民共和国合同法〉若干问题解释（一）》第 4 条的规定，不构成否定合同效力的依据。因此，本案所涉《公司委托贷款合同》《委托贷款抵押合同》《委托贷款保证合同》以及《个人保证合同》均经各方当事人签字、盖章，是各方当事人的真实意思表示，内容没有违反法律、行政法规禁止性规定，应当认定为合法有效。被告甲胜盘矿业公司关于本案主合同无效、从合同无效的抗辩意见，与事实和法律不符，法院不予支持。

案例分析及问题：

该案核心争点是：信托公司将信托资金委托银行机构向融资人发放贷款，是否违反《信托法》第 30 条？

被告认为，受托人应当按照《信托法》第 30 条规定的亲自管理义务来管理信托财产，原本有贷款权限的信托公司，却把信托资金委托给银行放贷，违反了《信托法》第 30 条确立的亲自管理义务。

法院认为，原告中江国际公司、民生银行呼和浩特分行和被告之间签订的委托贷款合同是真实、有效的。信托受托人作为委托人把信托资金委托给银行放贷符合《信托法》转委托的规定，也符合《信托公司管理办法》所规定的信托公司的业务范围。即，法院认为信托公司没有违反亲自管理义务。至于为何没有违反，没有给出进一步解释，法院给出的理由很难构成对被告的回应。

信托关系是信任关系，受托人基于委托人的信任管理信托事务，受托人原则上要亲力亲为，如此才不辜负委托人的信任。这是《信托法》第 30 条确立受托人亲自管理义务的原因。

但是，在现代社会，信托事务内容繁杂，专业分化趋势明显。为了更好地管理信托事务，需要利用社会化分工的优势，在必要的时候把信托事务转委托。我国《信托法》第 30 条在确定了亲自管理义务的同时也规定了其例外，即在“信托文件另有规定”和“有不得已事由”的情形下，受托人可以转委托。

在该案中，并无“不得已”的情形存在，但当事人信托文件中约定了受托人可以通过转委托的方式管理信托财产。案涉信托合同第 8 条第 1 款约定“本信托是委托人确定管理方式的信托，委托人指定受托人将本合同项下的信托资金用于向借款人甲胜盘矿业公司发放总额为人民币 150 000 000 元的委托贷款”，虽然没有直接指令受托人转委托，但是可以理解为转委托也是符合委托人意愿的。所以，该案中的转委托并不违反《信托法》第 30 条的规定，受托人转委托并不违反其对委托人（受益人）的信托义务。

值得关注的是，《日本信托法》第 28 条第 2 款规定：“信托行为中虽无将信托事务委托第三人处理之约定，但根据信托之目的，受托人可以在他认为合适的时候将信托事务委托第三人处理。”这相当于授予了受托人自由转委托的权利。

在现代法上，受托人裁量权有不断扩大的趋势，比较自由的转委托权限也属于受托人裁量权扩大的一个具体体现。当然，允许轻易转委托，可能会导致受托人以此回避履行自己的职责。因此，出现争议时，法院似乎仍然需要对受托人转委托的必要性和适当性进行审查。

我国《信托法》第 30 条主要从受托人义务的角度，避免受托人的转委托行为侵害委托人和受益人的利益。但问题是，委托人和受托人有没有可能通过转委托把信托“形骸化”，把受托人的义务“形骸化”，甚至规避监管的规定？

该案中，信托公司作为金融机构，有权直接向融资方发放贷款，为何还要委托第三方金融机构发放贷款？合理的猜测是，通过转委托可以规避监管规则对信托公司信托贷款的限制。如果都允许信托公司通过转委托方式放贷的话，这种规避方式甚至比“明股实债”[①]还要便利（受托人在明股实债中至少还可能承担股东责任的风险），监管者对信托公司贷款管制的目标基本无法实现。

当然，不应依被告的主张认定转委托无效。《信托法》第 30 条不能被理解为对转委托的禁止。如前所述，按照对该条的解释，该案中的转委托是有效的。如果这种转委托构成对监管规则的规避和违反，监管部门可以基于实质监管的原则，把这种设计视为贷款信托对待，并依规处罚。

稍微更改一下该案的事实，作个延伸探讨。假设该案中信托文件没有授权受托人转委托，受托人擅自转委托构成对亲自管理义务和善管注意义务的违反，在符合《信托法》第 22 条的情形中，委托人（受益人）可以行使撤销权，或者请求受托人承担损害赔偿责任。

案例 5-5-2　浙江教育书院等与中投信托案[②]

改编案情简介：A 公司与信托公司签署资金信托合同，设立单一资金信托。A 公司为受益人，资金用途为对 Z 公司进行股权投资。信托合同约定，信托公司分别提名 A 公司人员和信托公司人员进入 Z 公司董事会，其中信托公司的人员有两名。信托设立后，信托公司对 Z 公司进行股权投资，占 80%股份。Z 公司与他人合作办学，成立 F 公司。Z 公司成立后第二

---

① 在信托实务中，明股实债最简单的操作手法是：受托人以信托财产投资某公司股权，该公司的实际控制人承诺自己承担到期回购股权的义务，并为确保回购义务得到履行提供各种担保措施。

② 杭州市西湖区人民法院（2008）杭西民一初字第 1740 号一审民事判决书（审结日期：2009 年 12 月 17 日）。

天，信托公司划入Z公司账户中的出资款全部划转到A公司账户。F公司经营过程中发生亏损，经政府批准由原告接管。原告在接管时发现Z公司投入到F公司的资金没有到位，诉诸法院，原告主张Z公司股东信托公司应与委托人A公司共同承担连带赔偿责任。

原告主张：Z公司无正当理由占用F公司教学资金，应负返还义务；信托公司作为Z公司股东有义务保证出资真实，出资到位。但信托公司将股东权利义务委托A公司行使，致使F公司注册资本被抽走，故其应与A公司共同承担连带赔偿责任。

信托公司主张：信托公司与A公司是信托关系，已依据《信托法》和信托合同的约定履行了出资义务。原告以A公司抽逃Z公司出资为由，要求信托公司承担连带赔偿责任，违背信托关系代人理财的基本原则。信托公司未参与Z公司的经营管理，不具有资金调拨权。

一审法院审理后认为：信托公司委派到Z公司的董事只是挂名，并未履行任何管理、经营职责，而是委派A公司人员实际经营管理Z公司。《信托法》第30条规定，"受托人应当自己处理信托事务"，"受托人依法将信托事务委托他人代理的，应当对他人处理信托事务的行为承担责任"。故信托公司与A公司构成代理与被代理关系，信托公司应对代理人A公司的行为承担代理责任[①]。

案例分析及问题：

该案适用《信托法》第30条不妥。在该案中，信托公司作为受托人持有目标公司的股权，向目标公司派驻董事属其正常履行受托职权的行为。信托公司和派出的董事之间的关系属于公司的代表关系而非代理关系，只要派出的人取得信托公司的授权，该董事的行为就是信托公司的行为，信托公司的行为通过该董事的行为体现出来。或许，把信托公司提名A公司之员工（而非受托人自己的员工）进入Z公司董事会的行为解释为代表行为确有值得商榷之处，但即便认定信托公司和派出董事的委托代理关系，此时适用第30条亦非允当。是否存在转委托关系并非该案的关键所在。无论构成代理关系还是代表关系，最终对第三人承担责任的主体均是作为本人的受托人。

最重要的是，第30条的规范目的似在明确就"他人（代理人等）处理信托事务的行为"是由受托人自己承担（对信托财产和信托当事人的）亲自管理义务违反责任，而非强调对第三人的责任问题[②]。换言之，《信托法》第25—30条关于受托人的义务的规定均为信托内部关系的规定，即关于受托人对信托财产和信托当事人（委托人和受益人）的义务的规定。就受托人（自身、代理人或代表人）与第三人关系的问题，因受托人作为信托财产的名义财产权人，在相对人看来，受托人是股东，受托人派出的人的行为亦属于受托人的行为，因此，抽逃出资的主体是受托人，其承担相关责任是理所应当的，根据《信托法》第2条对"信托"的定义和《信托法》第37条第2款就可以得出明确结论，不宜适用《信托法》第30条。

至于信托公司承担责任之后如何向委托人主张权利或承担责任，则为另一法律

① 摘自金立新：《信托诉讼案例三大热点：受托人审慎义务、转委托、信托目的合法性》，载《金融时报》2010年6月12日。

② 参见何宝玉：《信托法原理研究》，中国政法大学出版社2005年版，第225页；卞耀武主编：《中华人民共和国信托法释义》，法律出版社2002年版，第104页。

关系，此处不论。

三、公平义务问题

《信托法》第 28 条禁止同一受托人名下的不同信托财产的交易，以免厚此薄彼，隐含公平义务的部分内涵。《证券投资基金法》第 21 条第 2 款规定："公开募集基金的基金管理人及其董事、监事、高级管理人员和其他从业人员不得有下列行为：……（二）不公平地对待其管理的不同基金财产"，可将这一规定理解为是关于基金管理人（受托人）公平义务的明文规定。

公平义务和忠实义务密切相关，涉及的是如何公平对待各个受益人的问题。信托的管理不可避免地要涉及内部的利益冲突问题，因为受益人之间的利益几乎天生就是相互冲突的。例如，有些投资不可避免对收益受益人有利，而有些则对本金受益人有利，公平义务试图去平衡这些冲突。但是，这并不是要求平等对待所有受益人的利益，而是要求受托人对信托条款、信托目的和某些信托的优先需求进行平衡，这和受托人从自己的主观的、直接的好恶和偏见出发来处理信托事务是不同的。值得注意的是，公平对待并不意味着平等对待，也就是说，受托人在对不同受益人的利益进行平衡的时候并不意味着所有的利益都有同样的优越性或者是权重。如果信托文件特别约定了对信托受益人的区别对待，约定了信托受益人的分层，如信托计划对优先级受益人和劣后级受益人进行了安排，受托人对受益人进行区别对待是正常的，不存在所谓对某些受益人不公平的问题。另外，在承认裁量信托的场合，受托人就信托利益的分配有较强的裁量权，一般不存在所谓违反公平义务的问题。但在信托文件没有就此作出约定的时候，法律和理论需要提供一些规则。

公平义务的问题至少可以分为两个方面：（1）受托人名下的多个信托之间的公平问题，这在很大程度上和忠实义务（如在**案例 5－3－1**"丁某某诉 SD 信托公司案"中，受托人没有尽到知情告知义务，"发新还旧"构成对公平义务的违反，也构成对忠实义务的违反）和善管注意义务有关。（2）同一信托项下收益受益权和本金受益权之间的公平问题。体现信托灵活性的一个重要方面是受益权的分层化，需要对不同类型受益人的利益加以平衡。目前，我国信托实践中很少运用收益受益权/本金受益权对受益权进行分层，而是进行优先级/劣后级受益权的分层，而优先级和劣后级受益权之间的不平等是信托文件约定的结果，通常不会产生公平义务违反问题，因此对公平义务几乎没有讨论。不过，随着家族信托的兴起，当事人越来越多对信托作利益分层化安排，享有裁量权的受托人如何对待不同类型的受益人就变成一个不可回避的问题。

四、受托人对受益人的给付义务

受托人以信托财产为限向受益人承担支付信托利益的义务（《信托法》第 34 条）。按照合同法理，该义务应当是受托人最主要的义务，即主给付义务。

但是，不要被合同法理所误导。信托关系虽然基于信托合同构建，但并不仅仅是一种合同关系。受托人对受益人所负义务的主要内容是对信托事务进行管理，而将信托财产分配或者支付给受益人，只是管理事务的部分内容和结果。从债法的视角看，这种债更重视的是过程（行为之债），而非结果（结果之债）。

另外，至少从《信托法》第 34 条规定可以看出，受益人和受托人之间并非一般的合同之债的关系——只要受托人在管理信托事务的过程中不存在过错，最终信托财产哪怕完全毁损灭失，受益人也只能接受信托财产归零的后果。也就是说，受托人对受益人不存在“兑付”的义务。

五、受托人的其他义务

（一）受托人妥善保管记录和信息披露的义务、说明义务等信息提供义务

受托人必须保存处理信托事务的完整记录。受托人应当每年定期将信托财产的管理运用、处分及收支情况，报告委托人和受益人。（《信托法》第 33 条，另见《信托公司管理办法》第 28 条）

鉴于受托人相对于受益人的优势地位，法律上给受托人施加了强制性的信息披露义务和保管记录义务作为制衡，在解释上，还应包括营业信托的受托人在销售信托产品时不能对委托人（受益人）进行不当劝诱，提供虚假信息这样的义务。受托人所负信息披露义务以取得相对人的知情同意为目的。仅仅有同意不足以免责，受托人首先要尽到说明义务，使委托人取得作出决策必要的信息。如此，委托人在风险申明书上签字并不必然使受托人免责。

案例 5-5-3　HX 信托与陆某隽案[①]

二审阶段的争议焦点是：《信托合同》中关于劣后级委托人追加保证金的条款是否对陆某隽具有约束力，以及陆某隽是否应当按照该条款约定向信托专户追加保证金并承担相应的违约责任。

二审法院认为，本案所涉《信托合同》项下信托结构的设置存在一定特殊性。在通常的结构化信托业务中，信托公司根据投资者不同风险偏好对受益权进行分层配置，劣后级受益人的分配同时具有高风险和高收益之特征，优先级受益人则相应获得相对稳定的收益保障、承担较小的风险，意在为劣后级融资提供杠杆支持。从这一层面而言，标准的结构化信托产品的本质可以视为劣后级与优先级投资人之间的借贷关系，HX 信托在上诉状中亦认为优先级委托人与劣后级委托人之间的实质关系可类比为借贷关系。但是案涉《信托合同》以及相关信托文件对信托计划结构的设计存在特殊性，并非标准的结构化信托产品，主要表现在以下三个方面：其一，《信托合同》约定由优先级投资人发出指令，决定信托计划是否继续存续或者提前终止以及如何变现等，劣后级投资人无法实现对信托资金的控制权，如视为借贷，作为融资方的劣后级投资人却无法控制借贷资金的使用，不符合借贷关系的基本特征；其二，

① 北京金融法院（2022）京 74 民终 928 号二审民事判决书（审结日期：2022 年 12 月 28 日）。

信托计划并未确保优先级投资人可以固定的本息回报退出，不承诺保本和最低收益，即委托人仍需承担信托计划的风险，信托计划项下的财产即使劣后级投资人追加了保证金亦无法确保均能变现，不符合借贷关系还本付息的基本特征；其三，陆某隽并非信托计划投向目标企业的股东或其他关联方，不存在为企业融资的需求及动因，陆某隽认购案涉信托计划的目的应为投资，而非通过杠杆向优先级投资人进行融资。因此，一审法院关于本案中优先级和劣后级投资人之间不属于借贷关系的定性符合本案合同约定内容以及信托计划的特征。且HX信托作为信托计划受托人而非优先级投资人，在缺乏合同依据及法律依据的情况下不能依据借贷关系向陆某隽主张支付保证金。故HX信托关于优先级委托人和劣后级委托人之间实质法律关系为借贷关系的上诉意见，缺乏法律依据，本院不予采信。

HX信托提起本案诉讼，要求陆某隽承担合同约定的追加保证金的义务，并承担相应的违约责任。HX信托诉讼请求的直接依据系《信托合同》第22条约定的劣后级委托人（劣后级受益人）的特别承诺，即如果标的公司实际股权价值在约定时点低于股权投资初始价值的88.8%，为保证优先级委托人利益，劣后级委托人应向信托专户追加保证金。本院认为，该条款系信托文件的一部分，属于劣后级委托人的义务以及可能面临的重大现实风险，HX信托作为适当性义务履行主体，应当在订立合同时向劣后级委托人陆某隽明确告知并充分提示上述重大风险。根据在案双录①视频显示，案涉《信托合同》系陆某隽本人签署并手抄相应声明条款，但是视频中并无HX信托告知说明《信托合同》的主要条款或提示风险的内容，在信托文件的风险警示部分亦仅提示了劣后级受益人无法获得现金信托利益分配的风险，未对上述需追加保证金的风险以及劣后级委托人的特别承诺予以提示。

本院认为，营业信托属高风险等级金融产品，HX信托承担适当性义务的目的是确保陆某隽能够在充分了解相关金融产品、投资活动的性质及风险的基础上作出自主决定，并承受由此产生的收益和风险。在推介、销售高风险等级金融产品和提供高风险等级金融服务领域，适当性义务的履行是“卖者尽责”的主要内容，也是“买者自负”的前提和基础。《信托公司集合资金信托计划管理办法》第7条第1款规定，信托公司推介信托计划，应有规范和详尽的信息披露材料，明示信托计划的风险收益特征，充分揭示参与信托计划的风险及风险承担原则，如实披露专业团队的履历、专业培训及从业经历，不得使用任何可能影响投资者进行独立风险判断的误导性陈述。本案中，HX信托认为陆某隽在HX信托无有效证据证明其已经提示了上述重大风险以及风险承担原则的情况下，一审法院按照信托法律制度的要求经审理认定HX信托未尽重要风险的提示说明义务，适当性义务履行不全面，具有事实依据。但是对于风险的揭示属于适当性义务范畴的要求，信托公司未能有效提示风险的法律后果是承担缔约上的过失责任，适当性义务的履行情况亦不涉及案涉追加保证金条款本身的效力及法律约束力的问题，并非本案争议的焦点问题。

关于作为劣后级委托人的陆某隽是否应当受到上述《信托合同》中追加保证金条款的约束，首先应当判断上述条款是否体现了当事人在订立合同时的真实意思表示。陆某隽提出追加保证金条款属于格式条款，而HX信托未尽到对保证金条款的风险提示义务，因此保证金

① 金融监管规范要求，金融机构业务员在金融投资理财产品过程中，应对关键环节同步录音、录像。

条款不构成合同内容，无须履行。对此本院认为，本案中，《信托合同》关于优先级和劣后级的安排以及劣后级委托人在特定条件下追加保证金的约定，均仅体现在《信托合同》标准化制式文本中，但是《信托合同》在信托计划所有投资人认购时均反复使用，陆某隽认购信托计划仅需在信托合同签署页上签字确认即可，无证据表明该追加保证金条款经过 HX 信托与陆某隽协商确认，故该条款符合法律规定的格式条款的基本特征。《合同法》第 39 条规定，采用格式条款订立合同的，提供格式条款的一方应当遵循公平原则确定当事人之间的权利和义务，并采取合理的方式提请对方注意免除或者限制其责任的条款，按照对方的要求，对该条款予以说明。在本案信托计划的结构化安排下，经一审法院认定，优先级与劣后级资金比例为 4:1，优先级的预期收益为 11.8%，在股票价值严重下跌时将可能引发劣后级受益人追加四倍本金以上的保证金，该义务对于劣后级委托人而言可谓利益重大。但《信托合同》中没有任何强制平仓及止损的安排，且交易的主动权为优先级委托人控制。一审法院据此作出劣后级委托人承担的风险与风控措施严重不匹配的判断符合本案客观情况。此外，《中国银行业监督管理委员会关于加强信托公司结构化信托业务监管有关问题的通知》规定：信托公司在开展结构化信托业务前应对信托投资者进行风险适应性评估，了解其风险偏好和承受能力，并对本金损失风险等各项投资风险予以充分揭示。信托公司应对劣后级受益人就强制平仓、本金发生重大损失等风险进行特别揭示。因此，HX 信托作为信托计划的受托人应以全体受益人最大利益为宗旨管理、运用、处分信托财产，并注意平衡优先级委托人和劣后级委托人之间的利益。

在追加保证金条款对劣后级委托人利益影响重大、杠杆率过高的情况下，按照法律规定，HX 信托应当采取合理的方式提请陆某隽予以充分的注意。根据 HX 信托主张陆某隽追加保证金所依据的计算公式，劣后级投资人追加保证金的范围涵盖优先级投资人的投资本金及一年预期收益。但是信托文件中未予以明确说明，亦未对保证金条款予以特别提示或者明显加粗加黑显示，HX 信托亦未提交证据证明其向陆某隽提示了上述条款的内容及风险，陆某隽主张未能注意并理解追加保证金条款对其权利义务的利害关系，上述条款不应作为合同内容，符合常理并具有法律依据，本院予以支持。在上述条款未订入《信托合同》并对当事人发生法律约束力的情况下，无须再行认定上述条款约定的保证金的法律属性。HX 信托要求陆某隽按照上述约定追加保证金并承担违约责任的诉讼请求，缺乏合同依据和法律依据，应予驳回。

案例分析及问题：

1. 该案审理法院没有按照“穿透思维”[①]把劣后级受益人认定为借款人，给出了劣后级受益人并非借款人的三个理由：（1）劣后级受益人并没有权利对信托财产的投资发出指令，无法实现对信托资金的控制；（2）信托计划对优先级投资人也未承诺保本和最低收益，信托计划项下的财产即使劣后级投资人追加了保证金亦无法确保均能变现，即全部委托人仍需承担信托计划的风险，这不符合借贷关系还本付息

① 在当前的金融审判中，法院经常把当事人的一些投融资安排从经济实质上作出判断，比如把通过信托公司进行的信托贷款直接视为委托人（非金融机构）对融资方的民间借贷。最极端的是**案例 3-4-1**“新长江公司等与易光贸易公司案”。

的基本特征；（3）陆某隽并非信托计划投向目标企业的股东或其他关联方，不存在为企业融资的需求及动因，陆某隽认购案涉信托计划的目的应为投资，而非通过杠杆向优先级投资人融资。总之，该案中劣后级受益人的融资目的稀薄，更无法认定借贷关系成立。法院此处的论理逻辑清晰，理由充分，值得赞同。

本书第六章在**案例 6－2－2**“新华信托公司与东启房地产公司案”和**案例 6－2－3**“江西银行与邦信公司案”中会探讨：结构化的信托中，劣后级受益人兼具融资和投资的目的，即加杠杆投资。简单地把有融资功能的结构化信托受益人之间的关系认定为借款关系，侵害了当事人的契约自由。

2. 劣后级受益人也可能仅仅是为了博取更大收益而承受了更大风险的受益人而已。虽然劣后级受益人多是机构投资者或者投资经验比较丰富的“大户”，但整体上劣后级受益人仍然是受益人（投资者），应为之提供信托法上的救济。为了保护受益人、特别是承担了额外风险的劣后级受益人的利益，受托人对劣后级受益人有特别的信息披露义务，应对信托合同中加重受益人义务、承担特别风险的核心条款作特别告知（“特别提示或者明显加粗加黑显示”），让劣后级受益人清楚了解其义务的内容之后，相关条款才会产生法律效力。

（二）受托人的保密义务

受托人对委托人、受益人以及所处理信托事务的情况和资料负有依法保密的义务，但是法律法规另有规定或者信托文件另有约定的除外。

受托人的保密义务的内容应包括和受托事务相关的商业信息和委托人、受益人等的个人信息。除特殊情况外（如基于反洗钱、反欺诈等特别法律的要求），受托人无权向外界披露信托财产的运营情况和相关的隐私。

六、受托人的责任

受托人责任主要指向受益人和信托财产，主要分为两类。

第一类和信托财产密切相关，体现信托财产的“物上代位性”和追及性，英文称之为“proprietary liability”，可理解为信托财产专属的责任。受托人管理信托事务过程当中，对信托财产进行管理处分，不管是否符合信托职权，只要信托财产没有被消费、被损坏、灭失，也没有被善意第三人取得，原则上受益人可以追及该财产。

第二类是受托人的个人责任（personal liability）。受托人如果在管理信托事务的过程中存在违反义务的行为，则需要以其固有财产承担个人责任。

第六节　受托人的权利

只有报酬请求权和求偿权（因用固有财产清偿信托债务而取得）算得上真正意义上的受托人权利，其他都是受托人的权能、职责和义务。

一、报酬请求权

（一）报酬请求权的基本规则

受托人除非经信托文件约定，不能取得信托报酬（《信托法》第 35 条）。如前所述，受托人原则上是信托财产的固定索取权人，只能按照约定取得固定的报酬。这种报酬可以是一个固定的数额，也可以是一个固定的比例。

我国信托实践中存在的大多是商事信托，但《信托法》第 35 条仍然以民事信托为中心，设置了“若没有约定就不能取得报酬”的备用性条款（第 35 条第 1 款）。虽然有不协调之感，但这一条款并不会产生问题。原因在于，实践中存在的信托大多是由受托人（信托公司）主导的，信托合同的提供者也是信托公司，在合同中很少有不约定信托报酬的[①]。

在民事信托中，偶尔会出现无偿的受托人（如朋友死亡的时候，为了这个朋友的子女，在朋友之间归集财产设定信托，由某一个朋友代表作为受托人）。在信托文件有明确约定的场合，可以约定信托报酬从信托财产中支出，也可以约定由委托人、受益人甚至第三人支出。

《信托法》第 35 条在确立无约定无报酬的原则之后还规定，“信托文件未作事先约定的，经信托当事人协商同意，可以作出补充约定”，“约定的报酬经信托当事人协商同意，可以增减其数额”，此纯属意思自治发挥作用的领域，如此规定无甚必要。

（二）信托事务管理和信托报酬的减免

受托人从事违背信托义务的行为，如果还能根据约定请求信托报酬，是不恰当的。因此，《信托法》第 36 条规定：“受托人违反信托目的处分信托财产或者因违背管理职责、处理信托事务不当致使信托财产受到损失的，在未恢复信托财产的原状或者未予赔偿前，不得请求给付报酬。”例如，在**案例 5－4－6**“信诚达融公司和中粮信托公司案”中，法院指出：“中粮信托公司在案涉信托和《信托合同》履行过程中，存在一定的违约行为，无权要求信诚达融公司支付第二期信托报酬。”

不过，《信托法》第 36 条规定亦有不妥之处。首先，法律要求受托人不得请求约定信托报酬的前提条件之一是“致使信托财产受到损失”，就意味着如果受托人的行为还未对信托财产造成损害，或者受托人利用其信托权限为自己谋取利益，但还未实际取得利益，委托人和受益人等就无法行使归入权，此时如果仍然允许受托人请求报酬，是有失公允的，因此，只要受托人从事了违背信托义务的行为，其报酬请求权就应当暂缓或者减免。其次，该条规定，“在未恢复信托财产的原状或者未予赔偿前，不得请求给付报酬”，似乎意味着，受托人在恢复原状或者进行赔偿之后，其报酬请求权就完全恢复了。对此，本书认为，如果受托人因处理信托事务不当致使信托财产受到损失，但并没有违反忠实义务，仅违反了善管注意义务，在其恢复原状或者赔偿损失之后，仍享有报酬请求权，但是应酌情减少其金额。而在受托人严重违背忠实义务时，即使受托人承担了恢复原状

---

① 《日本信托法》第 54 条规定，除了在信托文件中约定信托报酬之外，商人在其营业范围之内接受信托的也有权取得报酬。

和损害赔偿的责任，仍应剥夺或者至少减少其信托报酬。

（三）无报酬原则和忠实义务违反

受托人从信托财产中取得报酬本身有和忠实义务相冲突的因素。例如，在约定报酬为“收益的一定比例”的时候，提高收益是增加受托人报酬的有效途径，因此，受托人会选择风险高的投资方式。需要注意，不同的报酬确定方法，有可能会产生不同的利益冲突的因素。

（四）报酬请求权请求的对象

一般而言，由于受托人是信托财产的管理人，报酬请求权可以通过从信托财产中扣除的方式实现。若有另外的约定，受托人也可以向委托人、受益人甚至第三人请求信托报酬。

在案例 4–5–1“盛世公司与北京信托案”中，最初的《投资信托合同》中约定信托报酬由委托人支付。但是初始委托人将信托受益权转让，产生的问题是：委托人的信托报酬义务和其他义务是否随着委托人的身份转让？信托文件和受益权转让合同对该义务没有作出约定的情形下，该有什么样的缺省性规则？信托合同中约定委托人承担信托报酬义务的，在受益权转让协议中就信托报酬支付义务没有重新约定的，仍应由原委托人承担。理由是，委托人的报酬支付义务是约定义务，依赖于特定委托人的个人信用，不应推定由受让人承担。

（五）信托终止后报酬请求权的行使

在我国《信托法》上，信托终止后受托人的报酬请求权规定于《信托法》第 57 条，在信托关系存续期间，并没有关于信托报酬请求权的优先性之规定（《信托法》第 37 条只规定了受托人就“因处理信托事务所支出的费用、对第三人所负债务”的优先受偿权）。只是在信托终止后，受托人的报酬请求权可以通过留置信托财产或者对信托财产的权利归属人主张的方式实现。关于留置权的行使，应参照《民法典》物权编第十九章的规定，但是因《民法典》第 447 条规定，适用于留置权的财产只能是动产，这样，在信托财产是动产以外财产的场合，受托人就很难通过行使留置权的方式实现报酬请求权，这样并不公平。为此，有学者建议应将《信托法》中有关留置权的用语替换为“拒绝交付或转移登记”信托财产这样的表述[①]，以和民法规定相协调。

二、求偿权

（一）受托人费用等求偿请求权的优先性

受托人因处理信托事务所支出的费用、对第三人所负债务，以信托财产承担[②]。受托人以其固有财产先行支付的，对信托财产享有优先受偿的权利（《信托法》第 37 条）。这

① 参见赖源河、王志诚：《现代信托法论》（增订三版），中国政法大学出版社 2002 年版，第 200 页。

② 似乎还应包括受托人在管理信托事务过程中无过错而遭受的损失。参考《日本信托法》第 53 条。

种优先性到底是对谁的、什么类型权利的优先性，值得思考。

第一，关于求偿的对象。受托人原则上只能从信托财产求偿。当事人当然可以约定受托人取得向受益人/委托人（甚至第三人）的求偿权，而《信托法》第57条似乎还承认了受托人有针对受益人/委托人的法定求偿权（参见第六章关于受益人的相关讨论）。

从法理上看，受托人在处理信托事务过程中所支出的费用和对第三人所负债务属于信托债务，或称“信托财产责任负担债务”①，可以理解为信托财产的消极构成部分，这些债务是为了扩大受益权而产生的，最终由受益人承担似乎有一定合理性，所以受托人似应有权在受益人受益权的范围内进行求偿。但是，在商事信托（特别是受益权证券化）中，为了增强信托受益权作为一种财产权的确定性和可转让性，不应允许受托人向受益人求偿。②

第二，关于优先性的效力。由于受托人是信托财产的名义财产权人和实际控制人，因此受托人在信托终止之前行使优先权非常容易，只需要从信托财产中取出相应的财产或者变卖信托财产即可（仍需注意受托人此时是否违反忠实义务）。可以说受托人的求偿权在事实上有着很大的保障，需要确立一些规则防止受托人滥用这种权利。受托人求偿权的优先性似乎仅指对信托受益人的优先性。为了实现这一优先的权利，受托人可以留置信托财产。

但是，这种优先性还不能等同于受托人享有对信托债权人的优先性，更不能等同于受托人对信托债权人享有有限责任特权的保护。原因在于，若无当事人的约定或者法律的特别规定（如日本法上的有限责任信托），信托财产不足以满足受托人的求偿权的风险仍由受托人承担。

（二）受托人求偿权和受托人对第三人的个人责任

《信托法》第37条第1款规定了受托人行使求偿权的前提是其以固有财产承担了信托债务。因受托人既是其固有财产的财产权人也是信托财产的财产权人，似乎受托人可以选择用信托财产或者其固有财产来承担对第三人所负的信托债务。但值得注意的是，该款并未排除第三人债权人在信托财产不足以清偿债务的时候请求受托人以其固有财产清偿债务的可能性（事实上，从下文的讨论也可以看出，在传统英国法上，原则上第三人能扣押的责任财产恰恰是受托人的固有财产），即从该条款并不能得出受托人对第三人以信托财产为限承担有限责任的结论。受托人对第三人债权人的关系详见本章下一节的论述。

（三）求偿权的丧失和过错责任

《信托法》第37条第2款规定，受托人违背管理职责或者处理信托事务不当对第三人所负债务或者自己所受到的损失，以其固有财产承担。当然，不能由这一规定反推出，受托人没有违反信托对第三人所负债务就只能以信托财产承担责任。

---

① 参见《日本信托法》第21条第1项5号。

② 2006年修改的《日本信托法》顺应了实务的这种需要，删除了之前存在的允许受托人向受益人求偿的条款，深值注意。

第七节　受托人对第三人责任

一、受托人对信托债权人的无限责任原则

在信托对外交易时，信托财产不具有法人人格，这在法律上的反映就是受托人成为交易的主体。可以和公司制度作简单的比较：公司代表人为公司利益从事交易之时，由于公司是有法人人格的，其代表人作为公司的代理人采取行动，代表人 A 以 X 公司董事长的身份从银行借款，债务人是 X 公司，而不是 A。而在信托中，信托财产是没有法律人格的。因此，甲信托的受托人 T 从银行借入金钱，T 即使是以甲信托的受托人身份从事交易，债务人仍然是 T。此时，借入的金钱成为信托财产，债权人银行可以扣押信托财产，T 也可以信托财产来清偿借款，即受托人交易的全部后果都归于信托财产。但受托人名下还有固有财产，对于和信托交易的债权人而言，受托人的固有财产能否作为信托债务的责任财产呢?

形式上，受托人名下有两笔责任财产，一是固有财产，对受托人的个人债务承担责任；二是信托财产，对信托债务承担责任①。信托财产不对受托人的个人债务承担责任，是信托法一再强调的核心规则，对此少有争议；但是，受托人的固有财产是否也不对信托债务承担责任，从而真正达到固有财产和信托财产的完全隔离和相互独立，并非确定。从信托债权人的角度看，受托人的固有财产和信托财产均为受托人名下的财产，除非当事人另有约定或法律有明确规定，债权人并没有义务去区分哪些财产是信托财产或固有财产（受托人申明自己仅仅是受托人亦不能自动免除其个人责任），因此，原则上有权就信托债务扣押受托人的固有财产。一个初步结论是，受托人管理信托事务过程中和第三人交易产生债务，受托人自己为债务人，其固有财产仍然需要承担无限责任。这和一般人把受托人理解为承担有限责任不同，亦不同于公司中董事的有限责任。受托人对信托债务承担个人责任是信托财产法律地位的一般逻辑后果。

关于受托人对第三人责任，最直接的规范是《信托法》第 37 条第 1 款，该款前段规

---

① 就信托财产负债的问题，值得探讨。《信托法》规定了受托人可以对信托财产进行管理和处分，并不禁止信托财产负债，也无法避免信托财产管理在过程中被动负债。《信托公司管理办法》第 19 条第 2 款规定了“信托公司不得以卖出回购方式管理运用信托财产”，所谓“卖出回购”信托财产，是指信托公司在金融市场上按照回购协议的约定，先行卖出可以作为回购交易的特定信托资产（国债、股票等），再按固定的价格在到期日从交易对手处买回的经济行为，其本质是交易对手向信托财产融资，属于为信托财产借入资金。参见周小明:《信托制度: 法理与实务》, 中国法制出版社 2012 年版，第 400—401 页。在我国信托目前主要是金钱信托的背景下，将禁止的负债管理行为限于“卖出回购”信托财产，是有合理性的。但是，不能把禁止信托负债看作是一个强制性的规则。只要受托人遵循善管注意义务和忠实义务，风险控制到位，不应完全排除负债作为管理运用信托财产的一种方式。例如，我国台湾地区“信托业法”第 26 条第 2 款虽然也一般性禁止信托业以信托财产负债（“借入款项”），但是，在“以开发为目的的土地信托中，依信托契约之约定、经全体受益人同意或受益人会议决议者，不在此限”，允许有例外存在。

定："受托人因处理信托事务所支出的费用、对第三人所负债务，以信托财产承担"，该规定比较模糊，并不像规定受托人对受益人支付信托利益义务那样规定以"信托财产为限"（《信托法》第 34 条）承担。第 37 条第 1 款后段规定"受托人以其固有财产先行支付的，对信托财产享有优先受偿的权利"，也同样没有否定债权人强制执行受托人之固有财产的权利①。

令人疑惑的是《信托法》第 37 条第 2 款。该款规定："受托人违背管理职责或者处理信托事务不当对第三人所负债务或者自己所受到的损失，以其固有财产承担"，即受托人管理信托事务过程中如果存在过错（"违背管理职责或者处理信托事务不当"），受托人以其固有财产对第三人承担责任。但是，该款同样没有说明此时受托人是否只能以其固有财产承担责任，即看不出第三人是否有权对信托财产主张责任。所以不能以此反推出：由于受托人在对第三人交易存在过错之时，只以其固有财产承担责任，所以在受托人不存在过错时，受托人就仅以信托财产为限承担责任。对第三人而言，并无义务辨别受托人是否违反管理职责（管理职权或仅由信托文件规定，而信托文件为内部文件）或者处理信托事务是否不当，剥夺第三人对信托财产主张的权利并不恰当。

另外，根据《信托法》第 17 条第 1 款第 2 项的规定，因信托而生债务的债权人可执行信托财产，该规定同样没有排除对受托人固有财产的强制执行。

如果说前面都是对法条进行的反面推论，一个直接的规定是《信托法》第 32 条，该条虽是关于共同受托人的规定，但明确规定了受托人在处理信托事务的过程中所负债务为个人债务。"共同受托人处理信托事务对第三人所负债务，应当承担连带清偿责任"，明确规定了受托人对第三人的债务主体和责任主体地位。

有限责任不应该被推定出来。有限责任是一种特权（privilege），取得该特权需要立法的明确规定或当事人的明确约定。结合我国《信托法》起草的背景以及《信托法》第 32 条等的规范，可以认为我国《信托法》采取了和传统英美信托法、日本信托法类似的立场——受托人的固有财产原则上和信托财产就信托债务承担（不真正）连带责任，受托人用固有财产先行履行的，可以向信托财产求偿，但是信托财产不足以满足求偿的风险由受托人承担——是符合逻辑的。

二、受托人对外承担个人责任的正当性论证

传统英美信托法上，由于信托财产无人格，信托财产依附于受托人的人格之上，所

① 有观点认为，受托人如果无法对抗第三人对固有财产的强制执行，受托人的求偿权的优先性又如何体现呢？具体而言，以固有财产垫付信托债务的受托人对信托财产享有优先受偿权，这是优先于谁的优先受偿权呢？首先，这个权利优先于受益人对信托财产的权利无可争议；其次，优先于其他信托债权人。根据《信托法》第 37 条，当信托财产对第三人有负债时，债务人是受托人，受托人可以信托财产偿还债务，也可以其固有财产垫付，之后向信托财产求偿，从债权人的角度看，债权人既可以扣押信托财产，也可以扣押受托人的固有财产，这一条恰恰证明，第三人债权人有权请求受托人以个人财产清偿债务，受托人无法仅仅以该债务是信托债务进行抗辩。受托人对信托财产的优先求偿权是有前提的，即，信托财产没有破产。信托财产的破产风险由受托人承担，这和受托人对第三人承担个人无限责任在结果上是一样的。而且，受托人求偿权还要求受托人就信托财产对第三人之负债是合理的。未经受益人知情同意而给信托财产施加了过大风险的受托人并不一定能向信托财产求偿。

谓“信托债务”就是受托人的债务，受托人的固有财产自然就是对该债务的偿债财产，即原则上受托人对第三人承担个人责任。包括英国在内的多数法域的普通信托法（相比商事信托法而言）规则目前仍然如此[①]。

第一，在第三人债权人眼中，信托财产形式上的财产权人是受托人（legal owner），对信托财产债权人而言，信托财产和固有财产都是受托人的责任财产，可以被受托人之债权人扣押（固有财产的债权人只能索及固有财产是信托法的特别安排）是很自然的。

第二，受托人原本有机会向第三人申明或者约定，自己是以信托财产为限承担责任的。受托人在以信托财产与第三人缔结合同时，原本是有选择权的。

第三，在信托关系中，原本委托人、受益人和受托人之间是一种失衡的关系，受托人有比较多的动因和机会去滥用受托人的裁量权，从事比较激进的甚至加杠杆的投资。作为一种对受托人激进投资行为的限制，让他对第三人承担个人责任具有一定的合理性。这样，受托人对信托财产采取过分冒险的负债行为（我国狭义信托业中不允许受托人从事这种行为）的，只能和相对人约定自己的有限责任。有时，谨慎的交易对手（第三人）是不会和信托交易的，从而在客观上阻止或者减少了这种行为。

受托人对第三人的个人责任规则可以说体现了信托法区别于公司法的重要特征之一：公司法中，公司具有独立的人格，资产和责任的隔离比较彻底；信托法中，信托财产没有法律人格，资产和责任的隔离就相对较弱。

三、司法案例中的受托人对第三人关系

因我国信托公司在管理信托事务过程中被禁止积极负债，[②]所以，出现了大多不是因约定方式而是基于法定原因需要受托人对外承担义务和责任的案例。

案例 5-7-1　中信信托公司和青岛海融公司案[③]

中信信托公司上诉称：

一、一审判决认定事实不清。

1. 中信信托公司是基于信托法律关系受托持有青岛舒斯贝尔公司股权，而非公司法意义上的股权转让。根据《信托法》第 10 条的规定，公司股权属于应当办理信托登记的信托财

---

① 一个有趣的例证是，2022 年 11 月 3 日，澳门特别行政区立法会第二常设委员会通过《信托法》，其中第 11 条第 4 款明确规定：“受托人因处理信托事务而对第三人所负的债务，信托财产不足以承担者，由受托人以其固有财产承担，但受托人与第三人书面约定仅以信托财产承担者除外”，明确坚持了传统规则。

② 《信托公司管理办法》第 19 条第 2 款规定：“信托公司不得以卖出回购方式管理运用信托财产”，间接限制了信托公司以信托财产积极负债。不过，国家金融监管总局 2023 年 7 月发布的《〈关于规范信托公司信托业务分类的通知〉实施后行业集中反映问题的指导口径（一）》指出，信托公司开展基础资产为标品的资产管理信托业务，可以按照《资管新规》规定的比例，在公开市场上开展债券回购业务。信托公司为符合《资管新规》的、基础资产为标品的资管产品提供行政管理服务或专户受托服务，可以按照委托人指令，在公开市场上开展债券回购业务，但应确保相关比例符合《资管新规》要求。

③ 最高人民法院（2016）最高法民终 475 号二审民事判决书（审结日期：2019 年 12 月 25 日）。

产。由于我国尚未建立信托登记配套制度，中信信托公司只能与山东舒斯贝尔公司签署《股权转让合同》并办理工商变更登记，以实现信托的设立以及信托财产的交付和公示。案涉《股权转让合同》“鉴于”部分、第 2 条、第 7 条、第 8.1（8）条、第 8.3（4）条均明确表示中信信托公司仅受托管理青岛舒斯贝尔公司的股权，中信信托公司不承担股东出资责任。

2. 山东舒斯贝尔公司信托案涉股权的根本目的是为优先级资金提供增信措施，一审判决认定中信信托公司因受托管理具有担保功能的信托财产出现瑕疵，而需要承担股东出资责任，有悖公平。

3. 案涉《股权转让合同》自 2010 年 7 月起即留存于青岛市工商行政管理部门，青岛海融公司在一审审理期间也将该合同作为证据提交。青岛海融公司系通过中信信托公司与青岛舒斯贝尔公司的执行案件竞买获得相应的土地使用权，按照《竞买协议书》约定，其在参与竞买时有尽调义务。故青岛海融公司参与竞买并垫付税费前，已经或者应当知悉中信信托公司是基于信托法律关系而持有案涉股权。

二、一审判决适用法律错误。

1. 本案不应适用《最高人民法院关于适用〈中华人民共和国公司法〉若干问题的规定（三)》（以下简称《公司法司法解释（三）》）第 18 条的规定，该规定仅适用于股权转让情形，不应扩大适用至信托持股情形。案涉股权变更的实质是设立信托并交付信托财产，而非受让青岛舒斯贝尔公司股权并成为其实质意义上的股东，即并非通常的股权转让行为。

2. 青岛海融公司已完全知悉中信信托公司受托持有青岛舒斯贝尔公司股权的事实，非善意第三人，对工商登记信息不享有信赖利益。

3. 一审判决错误理解和适用了《信托法》相关规定。信托法以列举的形式明确规定信托公司仅在违背信托目的或违反受托人义务的情况下才应承担相应法律责任。中信信托公司受托管理该股权并无不当，后续青岛舒斯贝尔公司股权出现权利瑕疵，系由于山东舒斯贝尔公司违约所致，与中信信托公司的管理行为无关。

三、一审判决突破了信托财产与信托公司固有财产的界限，作出“信托公司在管理信托计划过程中，即便没有任何过错，也可能以固有财产对外承担责任”的判决，违反了信托法相关规定。

青岛海融公司辩称：

一、中信信托公司与山东舒斯贝尔公司所签订《股权转让合同》的性质是股权转让，并非股权信托，也非让与担保。

1. 该合同主要条款均调整股权转让人和受让人之间的权利义务，其约定不符合信托法所规定的信托的基本法律特征。

2. 该合同履行的全过程，清楚显示中信信托公司切实享有股东权利、履行股东义务，是实质意义上的股东。中信信托公司为受让案涉股权，依据《公司法》及相关行政法规办理了股权受让的全部手续。办理完工商变更登记后，还派驻董事参与公司重大经营决策并在董事会决议上签字。

3. 中信信托公司既主张案涉《股权转让合同》是股权信托又主张是让与担保，上诉理由自相矛盾。

二、工商登记是法定的企业信息公示方式，也是维护交易安全的基本依据。中信信托公司依法完成了工商变更登记，其股权转让及股东身份被依法公示，青岛海融公司完全有理由信任该信息真实有效，据此产生的信赖利益应予保护。

三、本案符合《公司法司法解释（三）》第18条的规定。山东舒斯贝尔公司作为青岛舒斯贝尔公司的发起人未全面履行股东出资义务，应在欠缴出资额本息范围内对青岛舒斯贝尔公司不能赔偿部分承担补充清偿责任。中信信托公司作为股权受让人，在明知山东舒斯贝尔公司未全面缴纳出资的情况下受让股权，应当对山东舒斯贝尔公司的补充赔偿责任承担连带责任。

一审认定事实：2011年8月11日，中信信托公司依据北京市方圆公证处作出的（2011）京方圆内经证字第16537号执行证书，以青岛舒斯贝尔公司为被执行人，向山东省高级人民法院申请强制执行。2013年5月3日，山东省高级人民法院依法拍卖了被执行人青岛舒斯贝尔公司名下位于青岛市的两处土地使用权，竞买人青岛海融公司以3.02亿元竞得。

2014年1月13日，山东省高级人民法院给青岛经济技术开发区地方税务局发函：……根据《竞买协议书》约定，标的的证照办理、变更、过户等相关手续由买受人持拍卖手续及委托人为其出具的相应材料自行办理，因此产生的税费按照国家规定由买卖双方各自承担。对于该标的物的前权利人应缴纳或补缴的税费（包括契税、营业税、土地增值税、交易税、测量费、评估费、房产税、土地出让金、城建税、配套费等），如前权利人不配合缴纳，则由买受人另行出资垫付，并自行向前权利人追索。该约定不违反法律规定，望青岛经济技术开发区地方税务局接此函后，接受买受人垫付的应由青岛舒斯贝尔公司所缴费用，尽快让买受人办理过户手续，以维护其正当权益。青岛海融公司提交填发日期为2014年1月20日的税收缴款书21张，主张其为青岛舒斯贝尔公司垫付各项税费合计64 530 410.18元。

青岛市中级人民法院（2014）青执裁字第20号执行裁定、山东省高级人民法院（2014）鲁执复议字第129号执行裁定查明：青岛舒斯贝尔公司系由股东英属开曼群岛舒斯贝尔集团有限公司（认缴出资6 300万美元、占90%）、山东舒斯贝尔公司（认缴出资700万美元，占10%）共同认缴出资7 000万美元组建的中外合资经营企业，于2008年5月29日登记注册成立。2010年6月7日，英属开曼群岛舒斯贝尔集团有限公司将40%的股权转让给山东舒斯贝尔公司，转让后两个股东各占50%的股份，各认缴出资3 500万美元。截止到2010年12月23日，英属开曼群岛舒斯贝尔集团有限公司实际出资3 101万美元，欠缴注册资本金399万美元，山东舒斯贝尔公司实际出资3 444.545 6万美元，欠缴注册资本金3 356.454 4万美元。两股东实际出资占认缴总资本的49.21%。2010年7月，中信信托公司与山东舒斯贝尔公司等签署《投资协议》。同月，中信信托公司与山东舒斯贝尔公司签署《中信–舒斯贝尔特定资产收益权投资集合信托计划信托合同》。

二审法院认为，本案二审争议焦点为中信信托公司应否对山东舒斯贝尔公司在未出资范围内就青岛海融公司的债权承担的补充赔偿责任负连带责任。

《信托法》第10条对信托财产的登记及其法律效力作出了规定，但配套的信托财产登记制度并未建立。实践中为了实现信托财产的控制与隔离，有的采用权属过户的方式，有的采用对目标财产抵押或质押的方式。上述两种方式能够部分实现信托财产的控制与隔离效果，但又各有不足。反映在本案中，案涉股权过户固然能够实现受托人控制股权的目的，但是由于过户登记在外观上并不具备信托财产的标识，隔离效果无法得到保障。且由于此类因信托目的引起的股权变动兼具股权交易与股权信托的双重特征，还引发了应当适用信托法还是公司法的争议。信托法与公司法在该问题上如何协调，不仅关系到个案中当事人权利的平衡与保护，也关系到信托行业的健康发展，是一个难以取舍的现实难题。

本案中，中信信托公司受让股权的目的在于控制并管理信托财产，派驻董事的目的也是为了保证信托财产的价值安全。但从表现形式上看，中信信托公司按照公司法的规定登记成了目标公司的股东，且案涉合同内容显示中信信托公司明知登记为股东后可能需要承担补足出资的风险。综合考虑上述两方面因素，中信信托公司与青岛海融公司关于法律适用的主张都具有一定的法律依据与现实合理性。不过本案特殊之处在于，案涉债权产生于司法拍卖程序，系中信信托公司实现抵押权过程中拍卖抵押的土地使用权所产生的税费。该税费本应由抵押人青岛舒斯贝尔公司在抵押物变现过程中缴纳，否则无法实现抵押财产的变现。由于青岛舒斯贝尔公司没有缴纳该税费的能力，所以执行法院责令买受人青岛海融公司先予垫付，然后再向青岛舒斯贝尔公司追偿。从性质上看，此笔款项属于抵押财产的变现费用，理应在变价款中优先予以扣除，然后再将剩余变现款交抵押权人。或者说，该部分款项原本就不应被中信信托公司领取。基于上述案涉债权来源特殊性的考虑，一审法院根据《公司法司法解释（三)》第 13 条第 2 款、第 18 条的规定，判令中信信托公司对山东舒斯贝尔公司在未出资范围内就青岛海融公司对青岛舒斯贝尔公司的债权应承担的补充赔偿责任负连带责任并无不当。

应当指出，《信托法》第 37 条第 1 款是关于“处理信托事务所产生费用与债务如何负担”的规定。根据该条文，无法得出一审判决关于“第三人不受信托财产和固有财产责任划分的约束，受托人应当以其名下的所有财产对第三人承担责任”的结论。一审判决对该条法律规定适用不当，本院予以纠正。

综上所述，中信信托公司的上诉理由不能成立，应予驳回；一审判决认定基本事实清楚，适用法律虽有瑕疵，但裁判结果正确，应予维持。

案件基础法律关系如图 3 所示：

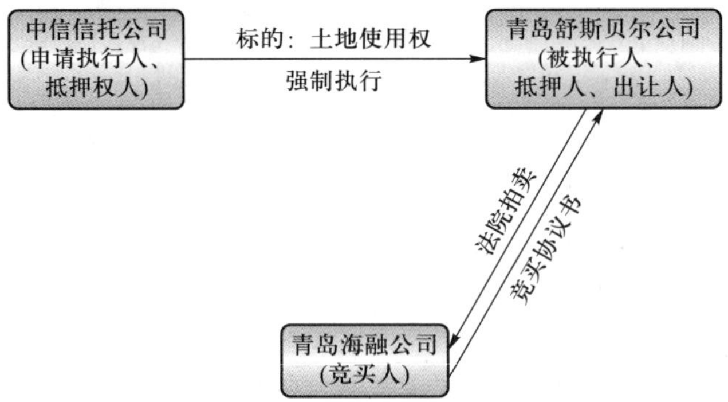

图 3　**案例 5-7-1 基础法律关系结构图**

《竞买协议书》中约定标的物转让过程中产生的相关税费由出让方青岛舒斯贝尔公司承

担，如前权利人不配合缴纳，则由买受人自行出资垫付，并向前权利人追索。

案件信托法律关系如图 4 所示：

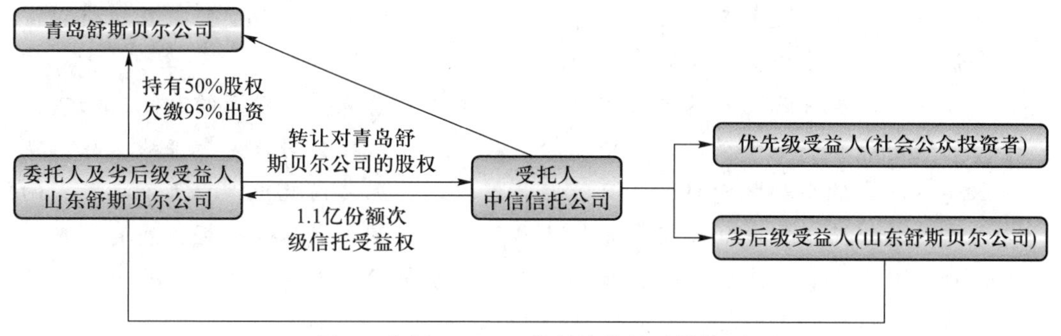

图 4　**案例 5－7－1** 信托法律关系结构图

案例分析及问题：

如在**案例 3－3－1**"爱建信托公司与方大公司案"中所分析的，即使我国没有信托登记制度，将股权工商登记到信托公司名下，辅之以信托文件和中国信托登记有限责任公司的登记，应能产生对抗第三人的效力。这不仅是理论的推演，在实践中已经有案例支持这一立场，例如，在**案例 3－5－5**"银河金汇与安信信托执行异议案"中，上海金融法院认为，案涉股权虽登记在安信信托名下，但安信信托已提交信托文件、付款回单等材料，证明案涉股权是案涉信托计划下的信托财产。本书赞同这一司法立场。

但关键是，信托财产的独立性所对抗的第三人主要指委托人、受托人和受益人的债权人，并不包括和信托交易的第三人，《信托法》没有任何条文授予受托人只以信托财产对外承担责任（有限责任）的特权。

该案中，二审法院维持了一审法院的裁判，但和一审法院采取了不同的论证路径。

一审法院认为，根据《竞买协议书》约定，债务人（抵押人）有义务承担相关税费负担，因债务人无法履行，信托公司通过受让股权成为债务人（青岛舒斯贝尔公司）的股东，根据《公司法司法解释（三）》的相关规定，有义务在未出资范围内就青岛海融公司之债权应承担的补充赔偿责任负连带责任。

一审法院明确指出，"第三人不受信托财产和固有财产责任划分的约束，受托人应当以其名下的所有财产对第三人承担责任"。本书认为这一论断本身是中肯的（参见前文对《信托法》第 37 条内涵的讨论），而二审法院认为这一论断是错误的。

不过，该案能否适用《信托法》第 37 条，不无疑问。《信托法》第 37 条明确规定，"受托人因处理信托事务所支出的费用、对第三人所负债务"才能适用本条，而在该案中，受托人受托股份作为信托财产，该股份上存在潜在债务，是否属于这里的"因处理信托事务……对第三人所负债务"，仍有进一步探讨之余地。

如前所述，从《信托法》第 37 条无法肯定地得出受托人对第三人承担有限责任的结论，《信托法》的立场和《公司法司法解释（三）》的立场是一致的，并不会产生二审法院所担心的"引发了应当适用信托法还是公司法的争议"问题。

二审法院则回避了《信托法》第37条是否适用的问题。把这个问题简化一下就更清楚了：信托公司作为青岛舒斯贝尔公司的普通债权人（暂不考虑信托公司是青岛舒斯贝尔公司之股东这一因素），在实现抵押权的时候，若拍卖抵押物所得对价上附有税费负担，这个税费负担应当由谁承担？

通过拍卖抵押不动产的方式取得现金价值，对于取得不动产的第三人而言，其垫付的税费原本应从不动产价值中扣除。换言之，信托公司作为抵押权人原本就无法取得不动产的全部拍卖对价，只能在其债权的范围之内就抵押物（不动产）的价值优先受偿，而抵押物的价值等于拍卖价格减去税费等成本。根据税法的规定，相关税费应当由出售人支付，但抵押物价值不足偿债的风险和债务人无其他偿债财产的风险应由抵押权人承担，而非抵押物买受人承担。

二审法院在裁决中的论证即采用这样的逻辑："该税费本应由抵押人青岛舒斯贝尔公司在抵押物变现过程中缴纳，否则无法实现抵押财产的变现。由于青岛舒斯贝尔公司没有缴纳该税费的能力，所以执行法院责令买受人青岛海融公司先予垫付，然后再向青岛舒斯贝尔公司追偿。从性质上看，此笔款项属于抵押财产的变现费用，理应在变价款中优先予以扣除，然后再将剩余变现款交抵押权人。或者说，该部分款项原本就不应被中信信托公司领取。"而无须引用《信托法》第37条让受托人承担补足出资义务的责任。所以，该案只是一个信托交易背景下的普通合同法和担保法问题，和《信托法》几无关联。

对买受人的义务是基于管理信托事务而生，信托公司有权以信托财产偿还。该案中，信托公司已经将抵押物的拍卖价款全部作为信托利益分配给受益人，有权向每个受益人按不当得利追索多分配的部分。至此，还没有引发《信托法》第37条是否授予了受托人对第三人的有限责任特权问题，因为即使信托公司可以主张以信托财产为限返还拍卖价款，需要返还的财产要远低于信托财产的数额——只是信托公司过早将拍卖所得价款作为信托财产分配给受益人了而已。

不过，向受益人追回部分已经分配的信托财产，可能会导致受益人的不满并追究受托人的过错责任（若有）。为了避免产生这种结果，信托公司可以先向违反补足出资义务的原股东（劣后级委托人）求偿并追究其违反约定的责任。该案中的信托公司正是这样做的。参见后续**案例7-3-2**"中信信托公司与青岛舒斯贝尔公司案"。

总之，本案和**案例3-3-1**"爱建信托公司与方大公司案"类似，并不涉及《信托法》第37条的适用问题，可以按公司法和合同法的相关规定处理相关纠纷。

任何一个法律规则，正当性都是其内在的要求。同一个商事纠纷，可能会涉及不同领域的法律规则适用问题。逻辑上，无论适用信托法、公司法还是物权法，大致都应产生类似的结果，否则我们就需要反思：这三个规则中的某一个或者几个是否存在正当性问题？或者，我们在适用这些规则的时候，是否存在不当的理解？

在"中航信托和毛某吉等案"[①]中，最高人民法院也几乎没有探讨是否适用信托法的问题，而集中探讨信托公司以信托资金增资目标公司取得控股股东地位之后，又从公司取回信托资金是否构成抽逃出资问题。信托公司持有股权很多时候的确是出于增信的目的，如在"中航信托和毛某吉等案"中，信托公司主张其持有股权属于让与担保，自己并非该公司的真实股东，审理法院支持了这种观点。但是，让与担保作为一种非典型担保，缺乏法定的公示手段，应该更多地考虑对第三人的保护问题；如果信托公司可以在信托股权投资和股权让与担保两种法律效力之间选择，这对于保护第三人是不利的。在商业实践中，当事人选择一种法律形式，就应当承担这种法律形式可能带来的消极后果。

在另外一个涉及受托人对第三人责任的案例——"吴某与华澳信托案"[②]中，投资者投资于一个资管计划，资管计划的资金通过信托投资的方式转移给了资管计划的实际控制人，此时投资者和信托公司并没有合同关系，但是，信托的设立为资管计划实际控制人的犯罪行为提供了通道，信托公司对此没有尽到基本的审查义务。审理法院引用了《信托法》第 25 条和侵权法的一般条文作出裁判：信托公司对原告吴某根据追赃程序追索不成的损失在 20 万元的范围内承担补充赔偿责任。信托公司和投资者虽没有直接的合同关系，但信托公司对投资者的存在是知情的。该案中，信托公司对投资者存在一定程度的信义义务，但更多的是对社会大众的注意义务。违反这些法定义务是信托公司承担责任的基础。

四、受托人对外个人责任的缓和

《信托法》第 37 条是任意性规定。实践中，受托人为了缓和此种个人责任，可以和第三人约定其仅以信托财产为限承担责任。例如，在**案例 6-2-2**"新华信托公司与东启房地产公司案"中，信托公司在转让信托持有股权的协议中约定，"新华信托公司将其合法持有的东启房地产公司 100%股权转让给中邦集团公司。……新华信托在本协议项下的权利义务，均为代表信托计划行使，并以信托财产为限承担责任"。这是可行的做法。

《日本信托法》坚持受托人对第三人承担个人责任的一般原则，但同时规定了"有限责任信托"特则。当事人在满足特则中的条件后，受托人对外有权获得有限责任的保护。

美国的信托法为了缓和受托人责任，首先在商事信托领域、之后扩展到普通信托，逐渐改变了受托人对第三人责任的一般规则，如，《统一信托法》第 1010 条。不过，这种责任限定存在于受托人对第三人合同责任的范围之内，而合同责任原本就可以通过约定的方式加以限定。

---

① 最高人民法院（2015）民二终字第 435 号二审民事判决书（审结日期：2017 年 11 月 18 日）。类似的案例还有"新华信托股份有限公司与邓某梅执行异议之诉案"，松原市中级人民法院（2017）吉 07 民初 87 号一审民事判决书。

② 上海市浦东新区人民法院（2018）沪 0115 民初 80151 号一审民事判决书（审结日期：2019 年 10 月 31 日）。

第八节　受托人职责终止和变更

一、概述

（一）信托原则上不因某一受托人职责终止而终止

在信托中，以信托财产为中心，而受托人不过是信托财产的管理人，因此，在没有指定受托人，或者被指定的受托人拒绝任职、死亡或者不适格的情况下，信托并不终止；即便现任受托人因死亡、辞职和解职而任务终止，以信托财产为中心的信托关系仍然继续存在（《信托法》第 53 条没有将此作为信托终止的原因）。这些规则背后的原理在于：为了保护委托人的意愿，尽量让信托持续到委托人目的得以实现之时，信托目的的实现比受托人身份的确定更重要[①]。这也证明了信托关系并非简单的合同关系或者对人关系（personal relationship），不同于委托合同。委托合同关系属于对人关系，委托合同的受托人若死亡、丧失行为能力或者破产，委托合同终止（《民法典》第 934 条）。

（二）专属受托人问题

专属受托人（personal trustee）问题，即在某些罕见的情形，委托人会明确表达出其所指定的受托人是自己唯一可以接受的管理信托之人，即如果没有这个人自己就不设定信托。此时，若所指定的受托人拒绝接受、死亡或者丧失行为能力，或者拒绝履行受托职责，信托就会终止，法院也不需要再指定新的受托人[②]。

（三）受托人职责终止的原因概述

受托人可能基于以下原因而终止职责：（1）因死亡（或被依法宣告死亡）、资格丧失、破产和其他原因丧失受托人资格；（2）辞任或者拒绝；（3）被解任。

二、受托人死亡、丧失能力等

受托人死亡（或被依法宣告死亡）、能力丧失、资格丧失、破产或其他原因会导致其丧失受托人资格。[③]在受托人是法人的场合，受托人破产可能是受托人职责终止的最可能

---

① Re Mc Cray's Estate, 204 Cal.399 (1928).

② Loughery v. Bright, 166N.E.744 (Mass.1929). George T. Bogert, *Trusts*, sixth edition, West Pub. Co., 1987, pp.90－91.

③ 《信托法》第 39 条规定："受托人有下列情形之一的，其职责终止：（一）死亡或者被依法宣告死亡；（二）被依法宣告为无民事行为能力人或者限制民事行为能力人；（三）被依法撤销或者被宣告破产；（四）依法解散或者法定资格丧失；（五）辞任或者被解任；（六）法律、行政法规规定的其他情形。受托人职责终止时，其继承人或者遗产管理人、监护人、清算人应当妥善保管信托财产，协助新受托人接管信托事务。"

原因。虽然我国的受托人主要是信托公司，但信托公司破产的可能性是存在的[①]。在破产程序中，可能会由法院指定的接管人占有信托财产，直到新的受托人被指定。若受托人是自然人，其继承人或者遗嘱执行人（遗产管理人）就可能占有信托财产。让其继承人或者遗嘱执行人暂时占有信托财产是符合现实的。虽然从理论上说受托人可能只是形式上的、“裸体的”权利人，但是其仍然是财产权人。因此，在自然人受托人死亡或者被依法宣告死亡时，一般认为受托财产的财产权转移至其遗产财团的信托财产项下。此时，受托人的继承人对该财产没有任何权利。此外，死者的财产管理人或者遗产管理人没有积极的管理权能，不过可能有义务对该信托财产提供保护，而且若有必要应帮助选任受托人的继任者。比较法上，有的法院会指令将财产的产权转移给继任者，新的继任者才有权能去管理信托财产[②]。不过也有成文法采取相反的立场，主张在唯一的受托人死亡的时候，财产的产权归于法院或者该产权被暂缓或者悬空（suspended）直到新的受托人被指定[③]。《信托法》第 39 条第 2 款规定：“受托人职责终止时，其继承人或者遗产管理人、监护人、清算人应当妥善保管信托财产，协助新受托人接管信托事务。”受托人的继承人、遗嘱执行人等这些财产占有人所承担的主要是保管和协助交接的义务，和受托人承担的责任似乎并不相同。

共同受托人被认为是共同共有（joint tenants）关系，每个受托人有所谓“存活者的权利”（survivorship），某一受托人死亡，其权利即转移给其他受托人。

三、受托人辞任或者拒绝

（一）辞任

1. 我国信托法上的受托人辞任

设立信托后，经委托人和受益人同意，受托人可以辞任。信托法对公益信托的受托人辞任另有规定的，从其规定（《信托法》第 38 条）。公益信托的受托人未经公益事业管理机构批准，不得辞任（《信托法》第 66 条）。当然，信托文件中也可以约定受托人辞任的条件。

这和民法委托关系中受托人原则上可以辞任的规则不同。民法的委托合同，不管是委托人还是受托人都可以在赔偿了给对方造成的损害之后，在任何时间解除合同（《民法典》第 933 条），可以不经对方当事人同意辞任。但是，信托受托人的职责比委托合同中受托人的职责要重要得多。委任合同的当事人，双方在很多情况下是对等的当事人；而在信托中，委托人自身的财产管理能力、知识、经验等并不充分，因此才向受托人委托；信托受益人通常没有能力指定新的受托人；同时，委托人在受托人辞任的时候也可能不存在。因此，信托受托人辞任受到极其严格的限制，作为备用性规则不允许受托人自由地辞任是具有合理性的。《信托法》规定，只有当委托人和受益人同意时，受托人才可以

---

① 《中国银保监会关于新华信托股份有限公司破产的批复》。

② Rest.2d§104.

③ Rest.2d§104cmt.b.

辞任（第 38 条）。

但是，如果这是允许受托人辞任的唯一方式，就会给受托人带来很多问题。特别是在存在多个受益人的情况下，有时很难得到所有受益人的同意。因此，至少应把《信托法》第 38 条解释为任意性规则，允许受托人在信托文件约定的条件下辞任；而且，受托人（特别是自然人受托人）应可在有特殊理由的情况下得到法院许可后辞任。

2. 辞任的生效时间

受托人辞任的，在新受托人选出前仍应履行管理信托事务的职责（《信托法》第 38 条第 2 款）。即便允许受托人辞任，在新的继任者出现前，辞任是不生效的。普通法上，“继任没有断裂”（no gap in succession）以及要求受托人稳健、安全管理信托财产的观念都要求财产权和义务应继续保留在原来的受托人手中，直到新的继任者接手。受托人在最初接受委托时就同时接受了这样的义务①。

3. 英美法上关于受托人的辞任

一旦接受受托人的职位，若信托文件没有规定辞任的权利或者得到所有受益人同意，受托人是不能辞任的②。在英美法上，受托人通常需要依据法院的命令来解除自己的职责。在家事信托（family trust）中经常能够看到这种情形，这是以受益人自己管理财产十分困难的信托为预想类型而形成的规则。但是，在商事领域使用的信托，限制受托人辞任的理由并不充分。

在解除职务之前，受托人还必须履行自己的信托义务。受托人不能通过把信托财产归还给委托人的方式来逃脱其责任或者使信托无效。该转让或许是无效的；或许虽然有效地把法定财产权归还给了委托人，但受益权仍然在受益人的手中。此时，委托人为了受益人的利益以拟制信托受托人的方式持有信托财产③。

4. 日本法上的受托人辞任④

原则上，受托人如果不能得到委托人及受益人的同意，不得辞任（《日本信托法》第 57 条第 1 项）。这和我国的相关规定相同。值得关注的是日本法上关于不许辞任的例外规定。

（1）若信托文件中有允许受托人辞任的规定，受托人就可以辞任（《日本信托法》第 57 条第 1 项但书）⑤。而且，日本信托业法对以信托为业的受托人是有限制的，目前只有信托银行（公司）可以从事信托业。如果受托人辞任，就很难寻找到新的受托人了。这会影响在具体情形中受托人的辞任是否适当的判断。实务中，受托人在辞任之前，需要提出信托事务的终止报告并得到确认，提出费用等的结算报告并得到确认，选任出后续受托人等。

---

① See Edward C. Halbach, Jr, *Trusts*, *Gilbert Law Summaries*, Thomas/West, 2008, p.39.

② Lane v. Tarver, 113 S.E.452 (Ga.1922).

③ Hinton v. Hinton, 176 S.W.947 (Ky.1915).

④ 《日本信托法》中关于受托人的辞任和解任的相关规定为：第 56 条总体上规定了受托人的任务终了事由，第 57 条具体规定了受托人的辞任，第 58 条具体规定了受托人的解任。

⑤ 对于在对等当事人之间设立的信托，这种特约是有其合理性的。但是，当在商事中使用的信托合同是持续性合同时，适用关于持续性合同解除的规则，没有相当的理由不应允许单方的辞任。

（2）受托人若能得到委托人或者受益人的承诺，当然就能辞任。在受益人是多数人的场合中，受托人欲辞任，需要得到全部受益人的承诺。这样，在受益人是多数人的信托中，通过这种方法辞任几乎是不可能的。为了应对这种事态，应建立以受益人多数决来决定受益人意思的受益人大会制度。在将来可能出现新受益人的场合中，若已选任有信托管理人（类似英美法上的保护人），需要得到信托管理人的同意；在没有信托管理人的场合，仅有现有受益人的同意是不充分的。

在委托人死亡等委托人不存在的情形中，仅有受益人的同意即可，不需要委托人的继承人等的同意（《日本信托法》第 67 条第 6 项）。

（3）在出现不得已的事由之时，取得法院的许可得辞任（《日本信托法》第 57 条第 2—5 项）。即在信托文件没有另外规定时，受托人辞任无法得到委托人及受益人双方的同意，若存在不得已的事由，受托人可以经法院许可辞任。

如何判定“不得已的事由”，是一个困难的问题。抽象而言，对于受托人无法继续受托事务的不得已的事由，应综合考虑信托行为的目的、信托设定的背景、委托人及受益人和受托人的关系等各种因素判断。对于自然人受托人而言，生病、天灾、海外居住等是具体的原因。

（二）拒绝

通常，不能强迫一个人成为受托人。因此，一个之前没有接受或者没有约定成为信托受托人的人可以任何理由拒绝对其的指定，甚至不需要拒绝的理由[①]。但是，一般认为受托人不能部分接受或者部分拒绝，他要么全部接受要么全部拒绝[②]。

四、解任受托人

解任是指违背受托人意愿终止其受托人资格。

（一）解任的原因和基础

解任必须有其原因。《信托法》第 23 条给出了两个原因，即“违反信托目的处分信托财产”和重大过失行为。违反信托目的可能是因过失引起的，但是仅仅因为过失还不足以使解任受托人这一行为正当化。因此，最好把重大过失行为解释为解任受托人的一般性的理由，而把违反信托目的当作是这种重大过失行为的一个例子。

理论上，解任受托人的原因可能是多种多样的，但是，判断是否需要解任受托人的最基本的标准是看受托人继续在任是否会给受益人利益带来损害。具体而言，受托人在法律上或者实际上丧失能力[③]；受托人严重地或者重复违反信托义务，包括违反和其他共

---

① Rest.3d§35 (2).

② See Edward C. Halbach, Jr, *Trusts, Gilbert Law Summaries*, Thomas/West, 2008. p.26.

③ 在美国，受托人破产并不足以成为其解任的理由，除非法院发现受托人破产将有害于受益人的利益；敌意——受托人和受益人之间的不和或者紧张关系并不是解任的理由，除非这种敌意有害于对信托财产的适当管理。和由法院指定的受托人相比，法院更不愿意解任一个由委托人指定的受托人。当申请解任的理由是委托人知道的或者预期到的更是如此。

同受托人合作的义务以及违反报账或者报告的义务，拒绝按照要求提供保证金；犯下和违反诚信有关的罪行，存在未被委托人发现的利益冲突[①]；或者受托人长期居住国外、拒绝处理信托事务、音信不明、因犯罪而被限制自由以及因病长期住院等情形，这些都构成解任受托人的基础。因此，我国信托法上对解任受托人的基础性规定是不全面的。

（二）解任权人

谁有资格向法院申请解任受托人？我国《信托法》规定委托人和受益人都有这样的权利，而最终由法院作出是否允许解任的决定。

美国信托法的原则是，除非委托人保留了解任受托人的权利或者把该权利授予了某些指定的受益人或其他人，只有法院有权解任受托人[②]。我国《信托法》第 23 条规定："受托人违反信托目的处分信托财产或者管理运用、处分信托财产有重大过失的，委托人有权依照信托文件的规定解任受托人，或者申请人民法院解任受托人。"如何适用第 23 条，需要解释。

案例 5-8-1　钦某某等与李某根等民事信托案[③]

上海市第二中级人民法院就**案例 1-1-1**"李某 4 遗嘱信托案"作出（2019）沪 02 民终 1307 号民事判决。经生效判决确认，李某某通过 2015 年 8 月 1 日自书遗嘱设立信托有效，李某 5、李某 4、李某 6 为受托人，按照法律规定以及判决确认的遗嘱内容履行受托人义务；上海元普投资管理有限公司处李某某名下资金 1 359 237.56 元及其孳息，多家银行李某某名下账户内资金及其孳息若干，招商证券李某某名下证券账户中的股份的折价款 1 180 037.10 元（由李某 3 支付），存于李某 4 处的 18 万元，李某某名下海南省海口市房屋产权的折价款 85 万元（由李某 3 支付）均交由李某 5、李某 4、李某 6 管理，李某 3、钦某某、李某 1 负有配合办理相关手续的义务。

2021 年 1 月 11 日，经李某 5、李某 4、李某 6 申请，前述继承纠纷案件生效判决已立执行案件。李某 5、李某 4、李某 6 确认，至 2021 年 3 月 10 日，信托财产已收集资金为 424 638.81 元，包含招商银行李某某名下账户内资金 241 398.86 元、存于李某 4 处的 18 万元及孳息。

因钦某某、李某 1 与李某 5、李某 4、李某 6 就信托利益支付无法协商一致，致涉讼。

案例分析及问题：

1. 信托关系并非对人关系。合同关系一般属于对人关系（personal relationship），合同当事人的死亡、终止、丧失能力、辞任、解任等都可能导致某一合同关系的终止。但信托关系并非对人关系，而通常是一种长期的、相对稳定的关系，除非信托文件有约定或者当事人达成新的合意，受托人的变更原则上不会导致信托关系的终止（解除）。此时，如何解任受托人、如何选择新受托人就显得尤为重要。在目前的

① See Sauvage v. Gallaway, 80N.E.2d 553 (Ⅲ.1948).

② Rest. 3d§37, UTC§706.

③ 上海市静安区人民法院（2020）沪 0106 民初 30894 号一审民事判决书（审结日期：2021 年 4 月 6 日）。

家族信托文件中，应妥善安排受托人解任和选任规则。该案中的问题是：受益人能否以及如何解任受托人？

2. 解任受托人的条件。在该案中，受益人根据《信托法》第 23 条主张解任受托人。受益人（原告）主张，“李某 5 等三人未尽到受托人的义务，判决生效后毫无作为，不申请法院执行，使信托财产未及时归集，相关义务人有逃避法院执行的可能，又不及时支付信托利益，故请求解任受托人，并要求受托人承担赔偿责任”。

法院认为，受益人当然有权申请法院解任受托人，但解任“以受托人违反信托目的处分信托财产或者管理运用、处分信托财产有重大过失为限。本案三位受托人并非专业人士，年纪均已超过 60 岁，在处理信托事宜上亦无经验，故其三人需要较长的时间并非不合理的请求。在支付信托利益一事上，三位受托人确有瑕疵，但考虑到对信托文件的理解存在一定的争议，且缺乏明确的支付标准，故本院难以认定三位受托人存在重大过失，对钦某某、李某 1 的该项主张不予支持”。即法院认为，只有受托人违反信托目的处分信托或者管理运用、处分财产有重大过失的，受益人才有权解任受托人。

在《信托法》第 23 条的适用上，需要探讨以下问题：

第一，未及时归集信托财产是否构成“违反信托目的处分信托或者管理运用、处分财产”？受托人的不作为是否可以作为受托人存在重大过失的证据？

在遗嘱信托中，信托在立遗嘱人死亡之时生效，虽然受托人并没有控制信托财产，但是，归集信托财产进行管理似乎也应解释为受托人履行管理信托财产义务的部分内容，甚至是基础性的内容。如果存有让遗产实际控制人获利的意图，怠于将遗产归集入信托（不作为）也并不必然意味着过失较轻。是否构成重大过失还要综合分析。该案中当事人和法院都未提及这些问题。

第二，受托人未及时分配信托财产是否构成“重大过失”？在管理信托事务中，受托人按照信托文件的约定支付信托利益、分配信托财产是其主要义务，对此并无争议，但受托人拒绝分配信托利益是否构成“重大过失”，仍有综合考量之必要。

在民事信托中，受托人可以是委托人信得过的亲友，此时，受托人对信托制度可能至为陌生，存在逐渐适应角色的问题。法院在该案判决中也强调受托人年岁高（都超过 60 岁）、非专业、无经验。而且，应当区分受托人的忠实义务和谨慎义务两种主要义务。

忠实义务对受托人提出了较高的“德”的方面之要求，但忠实义务并不仅仅是道德义务，受托人不能作出侵吞信托财产、向自己和自己的关联人等输送利益等利益冲突的行为，学理上，该行为不以受托人存在过错为条件。法院应对忠实义务违反非常敏感。该案中原告认为，目前信托财产中有超两百万元被李某 3（李某某之女）拿走，但李某 3 未按照法院判决将对应的资金交付三位受托人，即信托财产正面临损失超两百万元的极大风险。根据信托法理，部分受益人对其他受益人负有忠实义务，若受托人和这部分受益人共谋或者偏袒特定受益人，也构成对忠实义务的违反。法院似乎并未对此作出回应。

而受托人的谨慎义务属于“能”的方面的要求，受托人的“能”的欠缺是委托人设立信托之时应当预见的风险。委托人之所以选择亲友作为受托人，以家庭和谐、亲情友情纽带为重，并未对受托人的管理能力有过高的期待，未对信托财产保值增值有过高的期待。在处理民事信托纠纷的过程中，法院有权根据个案事实进行裁量。在该案中，法院认定共同受托人不存在重大过失似乎是合适的。

3.《信托法》对于解任受托人规定得不足。《信托法》第 23 条规定："受托人违反信托目的处分信托财产或者管理运用、处分信托财产有重大过失的，委托人有权依照信托文件的规定解任受托人，或者申请人民法院解任受托人。"严格按字义解释该条可以得出三个结论：

第一，即使依照信托文件的规定解任受托人，也需要以受托人违反信托目的、存在重大过失作为解任的条件。即，我国信托法不承认无过失解任。不过，如果受托人违反了忠实义务，此时不需要证明受托人存在过错，委托人亦应有权解任。

第二，仅具备前段规定的条件而信托文件没有规定的，委托人只能申请法院解任而不能自行解任。

第三，我国不存在嗣后的合意解任。

但是，从合理性的角度看，信托委托人可以约定解任受托人的条件，即使受托人不存在过错，条件成就，即可解任；委托人和受益人也可以在事后达成合意解任受托人，此时只需要对受托人承担违约责任即可。解任受托人应属信托当事人意思自治的范畴。

与信托解除略作比较。在自益信托的情况下，允许委托人解除信托（《信托法》第 50 条）；在他益信托的场合，允许委托人和受益人合意解除信托（《信托法》第 51 条）。当事人解除信托可以设立新的信托，这属于一种信托的更新（innovation），这和解任受托人相比，是一种更重大的变更，对此信托法都是允许的。根据举重以明轻的原理，信托法至少应当允许当事人合意解任受托人。

相比之下，《日本信托法》第 58 条的规定要全面得多：

第一，可以合意解任。只要委托人和受益人达成合意，即可以解任受托人。该条规定，委托人及受益人得随时依合意解任受托人（第 1 款），只是要赔偿受托人合理的损失而已；在出现不得已事由的场合，甚至不需要赔偿受托人（第 2 款）。不过，在不存在委托人的场合（如该案中的遗嘱信托），不可以由全体受益人行使合意解除权（第 8 款）。

第二，当事人可以在信托文件中事前约定解除受托人的事由。该解除不以受托人存在过错为条件。（第 3 款）

第三，委托人或受益人申请法院解任。此处的条件是受托人存在过错或者有其他重要事由。（第 4 款）增加了"其他重要事由"，使得该款更具有涵盖性。

第四，程序保障。法院解任时，受托人有陈述意见（辩解）的权利，法院的解任裁决需要陈述理由，委托人、受托人和受益人对法院的解任判决都有权提出即时抗告。（第 5、6、7 款）

4. 法院在家族信托中释明权的行使。由于普通受托人对信托法陌生，对受托人义务陌生，法院对受托人重申其职责和义务殊为必要。家族信托为民事信托，和民法中的家事法（婚姻、家庭、继承等）密切相关，家族信托纠纷并非简单的债权债务纠纷或者确权纠纷，需要对当事人提交法院审理的纠纷进行一定程度的“管理”。在处理信托纠纷过程中，法院介入的必要性出现了。

该案法院判决中最令人印象深刻的是对受托人的职责内容和具体义务的履行进行了释明：

“受托人有保存信托事务记录的义务。受托人应当完整保存所有处理信托事务的记录，包括但不限于信托财产的取得、支出、处分等并将记录整理为档案，以备受益人查询。”此处依据的是《信托法》第 33 条第 1 款。

“受托人有定期报告的义务。本案中，三位受托人应当每年制作信托管理报告一份，并在不晚于次年的 1 月 31 日前送达于钦某某、李某 1 或其二人指定的地址，内容应当包含上一年度信托财产的管理运用、处分及收支情况。”此处的依据是《信托法》第 33 条第 2 款。

在信托关系中，《信托法》第 33 条的保存信托事务记录的义务和报告义务是非常重要的。若无此种义务，受托人是否履行了谨慎义务和忠实义务就无从判断。

“受托人在特定情况下可委托他人代为处理信托事宜。本案中，三位受托人如遇到必须要依靠自身所不具备的特定技能处理的事宜，可委托专业人士代为处理，因此发生的合理费用，以信托财产承担。”此处的依据是《信托法》第 30 条。在该案中，受托人不具备专业的管财能力，出于受益人利益最大化的考虑，受托人可将信托财产转委托于其他专业人士或专业机构。

“受托人管理信托财产，必须恪尽职守，履行诚实、信用、谨慎、有效管理的义务。本院已组织三位受托人根据前述原则，结合本案具体情况，以简化操作、降低成本为导向，就信托财产的基本管理方式达成了协议。三位受托人应当根据法律规定以及相应的约定，对信托财产妥善管理，防止信托财产流失或失去控制。”此处依据的是《信托法》第 25 条等。在缺乏专业人士介入的时候，法院对受托人有一定的“指导”职权，可让他们“就信托财产的基本管理方式达成协议”。

对于信托利益的给付，法院指出，“现相关支付义务已由判决明确，履行生效判决及信托义务亦不应受法定事由以外的因素影响，三位受托人应当根据信托文件及法院判决所明确的标准履行相关义务。为避免争议，关于租房、学习、医疗费用，今后三位受托人应当以信托财产为限，在收到受益人附有相应凭证的书面申请后 30 天内审核并向受益人支付关于报销费用的信托利益，审核不通过的，亦应当在该期限内书面答复受益人并告知相关理由。本案中因缺少凭证未能支持的费用，如受益人在此后能够提供有效凭证的，可重新向受托人提出申请，并由受托人按照上述流程进行审核。关于生活费的支付，信托文件中并未指定支付前提，系基于身份关系的给付，故本院指定以信托财产为限，三位受托人应当不晚于当月 15 日，完成该项信托利益的支付，无须受益人申请”。这是对信托利益支付的程序性释明。

如果欠缺了上述释明的内容，该案的判决是不完整的，远不能算得上解决了纠纷。随着家族信托的增加，各种前所未有的问题都会提交至法院面前，法院不仅面临释明权的行使问题，一定程度的司法介入也不可避免。[①]

五、新受托人的选任

（一）新受托人选任之前的财产管理

受托人的任务终止之后，应确定在新受托人被选任出来之前由谁来管理信托财产。为此，《信托法》根据受托人任务终止的原因确定了临时性的信托管理方法。

第一，在受托人因死亡等《信托法》第 39 条第 1 款所规定的原因终止职责的场合，其继承人或者遗产管理人、监护人、清算人应当妥善保管信托财产，协助新受托人接管信托事务（第 39 条第 2 款）。

第二，根据《信托法》第 38 条的规定，经委托人和受益人同意而辞职的场合，包括根据信托行为的约定辞职的场合，受托人“在新受托人选出前仍应履行管理信托事务的职责”（第 38 条第 2 款）。

第三，在受托人根据《信托法》第 23 条的规定被委托人或受益人根据《信托法》第 49 条解任或者委托人请求法院解任的情形，以及旧受托人存在不能进行信托财产管理的情形，暂时由旧受托人进行管理是不适当的。根据《证券投资基金法》和《信托公司管理办法》，新的受托人产生之前，监管部门（证监部门或银保监部门）可以指定临时受托人[②]。

（二）新受托人的选任

此处假设一下：在案例 5－8－1 中，如果受托人构成对《信托法》第 23 条的违反，就可以解任受托人。受托人被解任原则上不会导致信托终止。新出现的问题是，如何选任新的受托人?

根据《信托法》第 40 条第 1 款的规定，受托人职责终止的，依照信托文件规定选任新受托人；信托文件未规定的，由委托人选任；委托人不指定或者无能力指定的，由受益人选任；受益人为无民事行为能力人或者限制民事行为能力人的，依法由其监护人代行选任。

1. 信托文件中就新受托人的选任有规定的，依其规定

没有规定的，信托法规定了具有选任新受托人资格的人的顺序。他们依次是委托人、受益人、受益人的监护人。

而在遗嘱信托中，遗嘱所指定的人拒绝或者无能力担任受托人的，先要看遗嘱中关于新受托人的选任的规定；遗嘱中没有相关规定的，“由受益人另行选任受托人；受益人为无民事行为能力人或者限制民事行为能力人的，依法由其监护人代行选任”（《信托法》第 13 条）。如前（第二章）所述，《信托法》第 13 条修正了第 8 条第 3 款要求遗嘱信托以受托人同意作为成立条件的不恰当规定，但仍然存在的问题是：因遗嘱信托中不存在

---

① 王志诚教授在其著作中单辟一章探讨“信托的监督”问题。参见王志诚：《信托法》（增订第六版），五南图书出版公司 2017 年版，第八章。

② 《证券投资基金法》第 30 条；《信托公司管理办法》第 40 条。

委托人，不能像合同信托那样由委托人选任新受托人，如果信托文件就选任新受托人没有规定，只能单凭受益人（或其监护人）选任新受托人，但由受益人选任新受托人，受益人可能会选任最符合其利益的人，这有悖信托目的和委托人的意愿[①]。因此，似应确立利害关系人申请法院选任的程序。这里的利害关系人可以包括受益人、前受托人、复数受托人中的剩余受托人、委托人的继承人、信托监察人（不仅是公益信托可以有信托监察人，在私益信托中也可以由当事人约定设立信托监察人）等。

在新受托人就任之后，原受托人处理信托事务的权利和义务，由新受托人承继[②]。

因上引**案例 5-8-1** 的遗嘱对选任新受托人没有规定，遗嘱信托委托人亦已死亡，只能由受益人选任。该案中，除了原告母子两人作为受益人之外，李某 3 也应作为受益人，该案中的三个受托人因有权从信托财产中报销部分医疗费也属于受益人。由他们共同选任新的受托人难免产生纠纷，对此该如何解决，我国《信托法》并没有提供规则。

2.《日本信托法》就新受托人的选任有更为绵密的规定

第一，首先根据信托文件的规定选任新受托人。信托文件没有规定，或者虽有规定但是信托文件确定的受托人不就任的，根据委托人和受益人的合意选任。

第二，在无法根据上述方法选任新受托人的场合，法院可以依照利害关系人的请求或者依其职权选任新受托人。在新的受托人就任之前，旧受托人不适宜继续履行信托财产管理职责的，法院甚至有权指定信托财产管理人。

第三，被选任为新受托人的人如果接受选任，新受托人即为确定，但是由于其并没有承诺的义务，仍会产生新受托人无法确定的事态。特别是当出现了无法实现信托目的和无法履行信托事务等困难状况之时，再寻找受托人的接替者就困难了。而且，有时信托报酬比较低，受托人觉得不合算，不作出改变很难找到新的受托人。就此，旧《日本信托法》第 49 条第 4 项规定了法院“酌情从信托财产中拿出适当报酬”给新受托人的权限，新《日本信托法》也重申了类似的规定（第 173 条第 4 项）[③]。

（三）新旧受托人的交接

就新旧受托人的交接，《信托法》第 40 条第 2 款规定：“原受托人处理信托事务的权利和义务，由新受托人承继。”但就如何承继和交接，《信托法》仅有两条规定相关：（1）第 39 条第 2 款规定，原受托人职责终止时，其继承人或者遗产管理人、监护人、清算人有“妥善保管信托财产，协助新受托人接管信托事务”的义务；（2）第 41 条第 1 款规定，受托人非因死亡或者丧失能力而职责终止的，应当作出处理信托事务的报告，并向新受托人办理信托财产和信托事务的移交手续。

目前，家族信托和慈善信托等长期信托发展迅猛，受托人的变更变得不可避免。新

---

① 美国法上的判例一般认为，其他受托人和受益人均没有默示的指定新受托人的权利，除非信托文件有授权。See George T. Bogert, *Trusts*, sixth edition, West Pub. Co., 1987, p.112.

② 此时，根据美国法，新受托人对先前受托人的违反信托行为是不承担责任的，除非他知道或者应当知道该违反信托行为且没有采取措施让前任去纠正之，或者因过失而没有采取必要措施去弥补信托财产的损失。See Edward C. Halbach, Jr, *Trusts, Gilbert Law Summaries*, Thomas/West, 2008, pp.191-192.

③ 不仅是报酬问题，若就信托财产的管理方法等也能变更信托条款，能更容易地寻找到新的受托人。

旧受托人交接规则的重要性日渐凸显。

［本章思考题］

1. 受托人的信义义务和约定义务之间的关系为何？违反信义义务是违约、侵权，还是第三种独立的形态？

2. 试述受托人忠实义务的类型化和边界。

3. 在信托关系中，知情同意为何重要？信托关系中知情同意的内涵为何？

4. 试述受托人谨慎义务和经营判断规则。

5. 在忠实义务和谨慎义务之外，是否有必要将公平义务作为受托人的独立义务加以规定？

6. 如何理解受托人的分别管理义务？

7. 如何理解受托人的亲自管理义务？

8. 受托人对第三人是否存在有限责任的“特权”？

［本章学习参考资料］

第六章 受益人

受益权本身就属于一种财产权（property right）。

——［英］潘纳[1]

① J. E. Penner, *The Law of Trusts*,11th edition, Oxford University Press, 2019, p.25.

第一节　受益人的法律地位概述

一、受益人权利概述

受益人的权利可被概括为两类：

第一，受益权，即受益人请求受托人给付信托利益并强制执行的权利。这是受益人的首要的、核心的权利。如果受益人没有针对受托人强制执行的权利，私益信托就无法存在。

第二，受益人的知情权和确保受托人适当管理的监督权。受益人应首先知道自己是受益人，知道自己享有权利的内容，所以，受益人的知情权是受益人行使其他权利的前提。受益人如果无法知道受托人是如何管理信托的，就无法实现其受益权。受益人监督权的范围十分广泛，有时能产生针对第三人的效果。

在比较法上，若满足若干条件，受益人甚至可以不顾信托文件的规定（委托人的意愿）而终止信托，最终控制信托的命运。

二、受益权和委托人权利的关系

《信托法》第 49 条第 1 款规定，"受益人可以行使本法第二十条至第二十三条规定的委托人享有的权利"。除此之外，举凡自我交易的同意权（第 28 条）、共同受托人共同处理信托事务意见不一致时的决定权（第 31 条第 3 款）、接受信托事务报告权（第 33 条）、受托人辞任的同意权（第 38 条）、新受托人的选任权（第 40 条）、对受托人处理信托报告的认可权（第 41 条）、解除信托权（第 50 条），等等，均以委托人作为第一权利人。

委托人和受益人在信托中的地位从其能否追究受托人的责任方面就可以更清晰地看出来。因信托的本质是"为了受益人的利益"，所以，在信托中能强制执行信托的是受益人，能追究受托人责任的人原则上也是受益人[①]。委托人要追究受托人责任，要么基于约定的权利，要么基于法定的特别情形，而不享有基于委托人地位自然能推出的权利。

委托人的权利主要基于其法律行为（合同、遗嘱等）当事人的地位，尊重委托人的权利似乎有更尊重契约自由原则的意味。但信托不能等同于契约，受益人并非信托契约当事人，其权利主要是基于其受益权人的法定地位，在英美法上，受益人是衡平法上的

---

① 在美国法上，如果受托人违背信义义务，只有受益人（或者后续受托人、共同受托人、监护人或者其他代表受益人利益的人）可以提出主张。除非委托人同时是受益人，否则委托人不能提出主张（公益信托的情形和法律有规定的除外）。See Edward C.Halbach，Jr，*Trusts*，*Gilbert Law Summaries*，Thomas/West，2008，p.218. 另参见《日本信托法》第 40 条第 1 款。

财产权人，作为财产权人，其转让信托财产的权利应受到尊重。因此，讨论委托人和受益人的法律地位应注意契约自由和财产转让自由之间的矛盾[①]。

第二节　受益人的概念和分类

一、受益人的概念和范围

（一）概念

受益人是在信托中享有信托受益权的人（《信托法》第 43 条第 1 款）。任何具有取得和保持财产权资格的自然人、法人及其他组织（非法人组织）都能成为受益人。

关于受益人的范围需注意如下几个问题：

1. 胎儿能否成为受益人

依据《民法典》第 13 条规定，自然人从出生时起到死亡时止，具有民事权利能力。根据《民法典》第 16 条和第 1155 条的规定，活体出生的胎儿有民事权利能力，有资格成为继承人，同样的规则也应适用于信托。应当认为，我国法律允许胎儿作为受益人，只要胎儿活体出生。

2. 未存在的“人”能否成为受益人

我国《民法典》虽然没有禁止在遗嘱中把遗产留给将来可能出现之后代，但是，是否允许设立信托把财产留给自己可能出现的后代仍不明确。为了促进信托之成立，应解释为允许。

3. 外国人成为受益人的可能性

信托法对于受益人的国籍并无限制，因此原则上，外国人可以成为受益人。但在具体情形中，外国人是否可以作为受益人，要根据各方面的情况进行综合判断。如果法律对外国人取得某些类型的财产权有限制，对于以这些类型的财产权作为信托财产的信托，外国人不能成为其受益人。

4. 物、动物可否成为“受益人”

比较法上有“目的信托”这一信托类型，在目的信托中，物和动物等可以作为信托利益所指向的对象。《信托法》第 2 条规定委托人可以“为受益人的利益或者特定目的”设定信托，该“特定目的”主要指的是特定的公益目的，但也似乎为承认目的信托留有空间，但物和动物不是受益人。

5. 受益人和委托人、受托人身份的重叠（《信托法》第 43 条）

委托人和受托人身份重叠的问题属是否承认宣言信托的问题，第二章有讨论。这里仅讨论委托人和受益人身份的重叠以及受益人和受托人身份的重叠问题。

（1）委托人和受益人身份的重叠（《信托法》第 43 条第 2 款）。委托人自己成为受益

---

① See Thomas P. Gallanis, “The New Direction of American Trust Law”, *Iowa Law Review* Vol. 97 (2011), pp.219–223.

人，此时的信托为自益信托。在我国目前的信托实务中，由于金融信托占主导地位，毋宁说自益信托才是常态[①]。家族信托中才强调委托人不得是唯一受益人。[②]

（2）受益人和受托人身份的重叠（《信托法》第 43 条第 3 款）。该条款明文禁止受托人为同一信托的唯一受益人（情形Ⅰ），其原因在于，受托人如果是同一信托的唯一受益人，受益权和管理权重叠，此时和直接转让全部财产权（如赠与）没有区别，按照英美法的表述，这构成衡平法财产权和法定财产权的合并（merger）。如果对该条款作反面解释，下面两种情形应予允许：在同一信托存在多个受益人时，受托人是共同受益人之一部分（情形Ⅱ）；在一个信托有多个受托人时，部分受托人是受益人（情形Ⅲ）[③]。

案例 6-2-1 朱某文诉华宝公司案[④]

原告主张，《3-5 期转让及回购合同》违反《信托法》第 43 条的相关规定，受托人华宝公司成为唯一受益人，合同应属无效。

一审法院认为，在信托受益权转让期间，受让人华宝公司（代表“月月增利集合资金信托计划”）享有信托项下的信托权益，这是借款合同所不能涵盖的。同时，《3-5 期转让及回购合同》的上述约定并不违反法律禁止性规定，是双方真实意思的表示，双方理应按照合同的约定来履行。

二审法院认为，《信托法》第 43 条规定，受益人是在信托中享有信托受益权的人。受益人可以是自然人、法人或者依法成立的其他组织。委托人可以是受益人，也可以是同一信托的唯一受益人。受托人可以是受益人，但不得是同一信托的唯一受益人。本案《3-5 期信托合同》中约定上诉人朱某文系委托人、受益人，被上诉人华宝公司系受托人，故该信托合同项下的受益人是上诉人朱某文。尽管双方在之后的《3-5 期转让及回购合同》中约定上诉人朱某文将其持有的全部信托收益权转让给被上诉人华宝公司，但该约定系上诉人朱某文对其权益的处分，亦无证据证明该约定非其真实意思之表示，故《3-5 期信托合同》并不存在违反法律的强制性规定之情形。同时，上诉人朱某文亦无证据佐证该合同存在恶意串通、损害第三人利益或以合法形式掩盖非法目的的情况。故朱某文关于《3-5 期信托合同》无效、《3-5 期转让及回购合同》亦无效的主张，于法无据，本院不予支持。

案例分析及问题：

1.《信托法》不允许直接设立受托人是唯一受益人的信托，这一点十分明确。但问题是，在情形Ⅱ和情形Ⅲ两种情形下，如果因受益人和受托人的死亡、受托人的解职、受益权转让等原因导致受托人嗣后成为唯一受益人，此时信托是否无效

① 《信托公司集合资金信托计划管理办法》第 5 条第 2 项规定：“参与信托计划的委托人为唯一受益人。”

② 《中国银行保险监督管理委员会信托监督管理部关于加强规范资产管理业务过渡期内信托监管工作的通知》（简称“37 号文”）中明确要求，“受益人应包括委托人在内的家庭成员，但委托人不得为唯一受益人”。

③ 实际上，根据《美国信托法第二次重述》第 115 条，除了某一特定信托的唯一受托人成为其唯一受益人，受托人和受益人的其他重叠都是可以的：一项信托的数位受托人之一可以是该信托的数位受益人之一；一项信托的数位受托人之一可以是该信托的唯一受益人；一项信托的唯一受托人可以是该信托的数位受益人之一；一项信托有数位受托人的，这些受托人均可成为该信托的受益人。

④ 上海市第一中级人民法院（2018）沪 01 民终 10601 号二审民事判决书。

或终止？

在比较法上，《日本信托法》第163条把“受托人以固有财产拥有全部受益权的状态持续一年”的情形作为信托终止的原因，在一年之内受托人可以成为信托唯一的受益人。此时信托并不马上终止。当事人如果选择让信托继续存在，可以采取另行选择受托人或者补充受托人的方式，而非让信托无效，这种处理更尊重当事人的意愿。①

设置一个受托人和受益人是同一人的信托，效果和赠与相当，如果不是因为陷入对信托概念的迷思，或者是意图利用信托之外衣掩盖其他不当目的的话，委托人绝无必要设立这样的信托。所以《信托法》第43条第3款主要禁止委托人初始设立这样的“信托”。

2. 该案中，因受益权转让而嗣后产生受托人为唯一受益人之状态的，是否属于《信托法》第43条调整的对象呢？该条从字面看，并未区分是初始状态还是嗣后状态，这似乎意味着：即使是嗣后产生的状态，也应属禁止之列。但即使属于该条调整，违反了该条规定时，会产生什么样的法律后果呢？必须无效吗？

民事法律中有一些以“不得”的方式加以禁止的行为，法律没有规定违反这一类禁令的后果，这并不必然导致行为无效。当事人尽快纠正这些状态即可，不必一律认定产生这些状态的行为无效。

3. 该案中受托人受让取得受益权，是以另一个信托的受托人身份进行的。判决书显示：“2015年9月，朱某文作为转让方和回购方，华宝公司作为受让方（代表‘月月增利集合资金信托计划’），肖某勇和案外人G（以下简称××公司）作为保证人，共同签订了《3-5期转让及回购合同》，约定朱某文将其持有的RQDII信托项下的全部信托受益权转让给华宝公司，并承诺予以回购。”这里，受托人华宝公司是代表“月月增利集合资金信托计划”作为受让方，准确地说是华宝公司以其管理的另外的一个信托（计划）作为受让方。由于信托计划本身没有法律人格，形式上就以受托人华宝公司为受让方，这和华宝公司以其固有财产作为责任财产之身份成为受让方显然是不同的。只要受托人不是以固有财产责任人的身份受让受益权而成为唯一受益人，就不构成我国《信托法》第43条第3款禁止的受托人和受益人身份的“合并”；也不构成信托公司变相地“刚兑”（关于受托人“刚兑”的问题，请参见本章后面的分析）。

因此，即使坚持字面解释，赞同《信托法》第43条第3款也禁止嗣后产生的受托人和受益人身份重叠的立场，由于华宝公司是以受托人身份受让原告受益权的，该案中的安排不受该条调整，更不因之无效。

4. 受托人以其管理的另一个信托计划的资产受让该案所涉信托计划的受益权，并不违反《信托法》第28条受托人不得“将不同委托人的信托财产进行相互交易”

① 日本学者道垣内弘人教授认为，对于在设立信托之时受托人不是唯一受益人，但嗣后成为唯一受益人的情形，和设立信托之时起受托人即成为唯一受益人的情形，在一年之内信托均为有效。参见道垣内弘人『信託法入門』（日経文庫、2007年）54—57頁。

的规定。《信托法》第 28 条禁止的是信托财产之间进行的交易，而该案涉及的是以一个信托的信托财产和另一个信托的受益人之受益权进行交易。当然，为了避免实质上产生利益冲突，受托人需要向受让信托计划的受益人事前披露这一交易，否则会侵害受让信托计划的受益人的利益。

5. 该案裁决的结论似无问题，但论证过程比较粗糙。例如，法院强调受益人转移受益权于受托人符合委托人真意，于是该转让有效；但对转让后果是否违反《信托法》第 43 条第 3 款没有论证，只是说如此转让没有违反法律的强制性规定；如果说这里的“法律的强制性规定”是指第 43 条第 3 款，法院就应该就为什么没有违反该条款展开说理。

最高人民法院在另一个裁决中（**案例 6－3－2**“安信公司和郑州银行案”）指出，案涉信托违反了《信托法》第 43 条规定，应对违反之处予以纠正，但是不能据此主张信托合同无效。但是具体而言违反该条侵害了谁的什么利益、如何纠正，在该裁决中并没有作出进一步说明。

6.《信托法》第 43 条并没有确立一个不可违反的规则（虽然条文中使用了“不得”二字）。当事人设立受托人是唯一受益人的信托，并不会侵害谁的利益，只是通常没有如此必要而已。即使当事人约定受益权远期转让使得该信托的受托人嗣后成为唯一受益人，这种约定也不会当然无效，至于是否构成“刚兑”并因之无效，则是另外一个问题。

总之，目前我国的法院对违反《信托法》第 43 条第 3 款规定的立场基本上是一致的：违反该规定并不会导致信托无效。

（二）受益人原则和例外

1. 受益人原则

信托本质上是为受益人设定的，受益人是享受信托利益的主体，“受益人确定”是私益信托“三个确定性”要求之一，受益人要素为信托的基本要素。一般原则是，受益人不存在，信托就不存在，否则相当于允许创设出没有任何人可以强制执行的权利。

受益人原则并不要求在设定信托时受益人一定是特定的。《信托法》第 9 条和第 11 条要求信托文件中必须规定受益人或者受益人范围，没有受益人或者受益人范围不能确定的信托无效。设定信托时，受益人不确定、甚至不存在都没有关系。例如，若设定加入某一团体的人为受益人的信托，由于该团体成员的变动，受益人也发生了变动，最典型的例子是年金信托。

美国法上要求受益人是确定的或者是一个合理确定类型的某些成员。一个有效的私益信托要求受益人能强制执行之，因此在信托设立后的确定期间（反永续权期间），这些受益人应是确定的或者是能够确定的。私益信托的受益人在信托设定之日不需要是确定的，甚至不需要是可以确定的。只要信托文件给出一个“条件”或者一个描述，受益人在其开始享有信托利益之时是可以确定的即可[①]。

---

① See Edward C. Halbach，Jr，*Trusts*，*Gilbert Law Summaries*，Thomas/West，2008，p.49.

2. 不特定/不存在的受益人及受益人的指定、变更

受益人原则要求在设立信托时受益人是确定的或者是可以确定的，至少应当有受益人的范围或者是确定受益人的方法。解释上，在设立信托时受益人没有确定的，可以在事后指定；也可以在信托文件中约定在信托设定之后变更受益人；还可以在信托行为中授予特定的人以指定权、变更权[①]。既可以让第三人成为变更权人，也可以把进行判断的权利委托给受托人。例如，委托人要在自身死亡之后给自己孩子当中生活困苦的人金钱，就需要有人能对必要的状况进行判断，以指定和变更受益人，此时，可以把就具体状况进行判断的权利委托于受托人（裁量信托或者反挥霍信托的受托人）或者是第三人（保护人，protector）。

3. 受益人的身份和对信托的强制执行

并非任何能从信托的运作中获益的人都是受益人。根据信托运行的目的直接受益的人才是受益人。若信托只是偶然地使个人或者法人取得利益，获利的自然人和法人就不是受益人，这些人亦不可以强制执行信托[②]。例如，若受托人接受指令以债券的形式投资部分信托财产到某一特定公司，该公司不是受益人，自然不能通过诉讼强迫受托人遵照该指令行事。而信托的受益人则会因为受托人没有遵照有效的信托条款而承担由此带来的损害[③]，因此有权请求强制实际履行或者损害赔偿。同样，能从公益信托中获得利益的人也并非受益人，公益信托中的"受益人"一般认为是社会，从公益信托中最终获利的人一般被视为社会利益的反射，并没有权利强制执行信托。

4. 受益人原则的例外——关于受益人资格的特殊问题

受益人原则也有以下例外：（1）一般而言，公益信托不存在特定的受益人。例如，为了保护环境把自然森林或者历史建筑作为信托财产设定信托，是以所谓"一般公民"作为受益人。就这些人能否全面地行使信托法规定的作为受益人的权利存有争议[④]，第八章会对此详加讨论。（2）狭义的目的信托也不存在特定的受益人。

二、受益人的分类

我国信托法并没有对受益人进行分类，但是探讨受益人的分类对于理解受益人的地位是非常有帮助的。

（一）收益受益人和本金受益人

理论上，受益人可分为收益受益人（income beneficiary）和本金受益人（principal beneficiary）。收益受益人是指只享受信托财产所产生利益的受益人，本金受益人是指只

---

① 如《日本信托法》第 89 条。

② Rest.3d§48. 英文中常将受益人表述为"enforce trust"的人。Enforce trust 直接翻译过来是"强制执行信托"或者"执行信托"，其含义并不限于通过强制执行措施实现信托中的利益，也包括请求等方式主张信托中的利益。

③ See Edward C.Halbach，Jr，*Trusts*，*Gilbert Law Summaries*，Thomas/West，2008，pp.48－49.

④ 参见四宮和夫『信託法［新版］』（有斐閣、法律学全集、1989 年）308 頁；能見善久『現代信託法』（有斐閣、2004 年）260 頁以下；新井誠『信託法［第 3 版］』（有斐閣、2008 年）250 頁以下。

受领信托本金的受益人。但是，在财产信托的场合，既无本金亦无利息，因此所谓“本金”或者“收益（利息）”，只是一种比喻的说法。

有观点认为，信托法里的所谓“受益人”是指收益受益人，信托财产的本金受益人即《信托法》第 57 条所称“信托财产的权利归属人”[①]。这种观点值得商榷，信托受益人和信托财产的权利归属人是不同的，下述。

（二）受益人和权利归属人

信托财产的权利归属人是指，在信托终止之时，按照信托文件的规定或者法律的规定有权取得剩余信托财产的人（《信托法》第 54 条）。信托文件就信托财产的归属有规定的，从其规定；信托文件没有规定的，首先是受益人或其继承人，其次是委托人或其继承人作为权利归属人。根据该条，权利归属人出现的时间点是信托终止之时。权利归属人是在信托存续过程中不能行使权利但在信托终止之后有权期待将剩余财产归属于自己的人。

区分受益人和权利归属人这两个概念至少有三个理由：（1）在信托存续之中，仅以权利归属人的身份不能行使受益人的撤销权等信托监督权能；（2）在公益信托的存续期间和终止之后，都会出现权利归属人，而在公益信托之中原本就没有受益人存在，因此把权利归属人完全等同于受益人（本金受益人）是不恰当的[②]；（3）在剩余信托财产转移给权利归属人的过程中，权利归属人被视为受益人（《信托法》第 55 条），权利归属人若“是”受益人就不用被“视为”受益人，这至少在字面上区分了权利归属人不同于受益人[③]。

由于《信托法》第 55 条可以被解读为有关法定信托的规定，目的是在信托终止之后按照信托关系、适用信托法独特的救济来保护权利归属人，所以不能仅仅把权利归属人理解为“只不过是拥有了一种能够取得剩余财产的期待权”的人[④]，权利归属人应得到和受益人同样的保护[⑤]。

（三）优先级受益人和劣后级受益人

这是依据受益人的权利顺位进行的划分。优先级受益人在分配信托利益时有优先的权利，只有优先级受益人取得约定收益之后，劣后级受益人才有机会分配剩余的利益。在信托实务中，优先级受益人通常由普通投资者构成，而劣后级受益人是最终剩余利益的取得者。受托人对信托进行管理所取得的信托收益，在对优先级受益人进行分配之后，全部归于劣后级受益人。优先级受益人承担较低的风险，但是只能取得相对较低的收益，而劣后级受益人通常是偏好高风险、高收益的投资机构，如表 6 所示。

---

① 张军建：《信托法基础理论研究》，中国财政经济出版社 2009 年版，第 110 页。

② 参见能見善久『現代信託法』（有斐閣、2004 年）269—271 頁。

③ 参见周小明：《信托制度：法理与实务》，中国法制出版社 2012 年版，第 348 页。当然，权利归属人和受益人可能是同一个人。

④ 参见［日］中野正俊、张军建：《信托法》，中国方正出版社 2004 年版，第 57 页。

⑤ 参见四宮和夫『信託法［新版］』（有斐閣、法律学全集、1989 年）307 頁。

表 6　结构化信托中不同类型受益人的风险—收益模拟表

	优先级投资额	优先级收益	优先级收益率	劣后级投资额	劣后级收益	劣后级收益率
总收益率为 20%的场景	15 000 万元	1 500 万元	10%	5 000 万元	2 500 万元	50%
总收益率为 10%的场景	15 000 万元	1 500 万元	10%	5 000 万元	500 万元	10%
总收益率为－10%的场景	15 000 万元	1 500 万元	10%	5 000 万元	－3 500 万元	－70%
总收益率为－20%的场景	15 000 万元	1 000 万元	6.67%	5 000 万元	－5 000 万元	－100%

注：假设优先级受益人投资 15 000 万元，劣后级受益人投资 5 000 万元，共计 2 亿元的投资；约定优先级的预期收益率为 10%。本表模拟在总收益率分别为 20%、10%、－10%和－20%四种场景下优先级和劣后级受益人各自的收益及收益率。

由此也可以看出，本章第四节中把受益人（主要是指标准化的商事信托受益人）定位为剩余利益取得者，只是典型的信托之中的应然状态，无法准确描述现实中存在的所有信托受益人，仍然需要作进一步细分。受益人中的优先级受益人很接近（但不等于）固定利益获得者，只有劣后级受益人才是真正的剩余利益获得者。劣后级受益人通常通过战略投资分析，以一定的杠杆效应来博取更大的收益，为某些专业的投资机构所偏好。

案例 6-2-2　新华信托公司与东启房地产公司案[①]

二审法院认为，帝多农业公司是该信托合同的委托人和劣后级受益人，认购了 4 000 万元劣后信托受益单位，信托计划到期后，在向优先级受益人和一般受益人支付本金及预期收益之后，劣后级受益人享有剩余信托财产及收益。虽然从劣后级受益人在信托合同中的权利、义务看，其对信托财产的权利劣后于优先级受益人和一般受益人，且从实际履行的效果看，劣后级受益人有保障优先级受益人和一般受益人实现预期收益的实际作用，但根据信托合同，劣后级受益人仍然享有信托法律关系当中的相关权利义务，如监督信托计划的执行情况、监督信托资金的运用情况、更换受托人、享有信托财产的受益权等，不能因为劣后级受益人受益权的劣后性和其对优先级受益人和一般受益人的保障作用，就否定劣后级受益人与信托公司之间的信托法律关系。因此，帝多农业公司与新华信托公司之间根据《资金信托合同》形成了信托法律关系。

案例分析及问题：

法院在该案中认定，劣后级受益人也是受益人。结构化的信托中，劣后级投资者有向优先级投资者融资的因素（俗称“加杠杆”）；劣后级投资者的资金对优先级投资者的资金有增信的功能。虽然通过优先劣后的安排让优先级投资者取得了类似固定收益人的地位，但无法否认优先级受益人享有受益人的权利；同样，劣后级受益人虽然有融资的实质，但是也无法否认其与受托人之间的信托关系，若无其他约定，劣后级受益人仍然是信托财产剩余信托利益的享有者。

① 重庆市高级人民法院（2017）渝民终 414 号二审民事判决书（审结日期：2018 年 1 月 12 日），同案例 5-3-5。

案例 6-2-3 江西银行与邦信公司案[①]

法院认为，本案二审争议的焦点之一为：江西银行（优先级受益人）向邦信公司（劣后级受益人）主张信托收益补足权利是否有合同依据？

案涉《信托合同》第 1 条就优先级受益人、劣后级受益人定义作出了规定；第 12 条规定，若当期优先级受益人的信托收益低于其预期收益率，则不足部分由劣后级受益人以其已收取的信托利益为限向优先级受益人予以补足。对于四川信托吉星 9 号定向资产管理计划项目，邦信公司对自身是劣后级受益人、江西银行为优先级受益人是明知的，对信托利益分配原则亦明知。虽然江西银行与邦信公司没有直接的合同关系，但其各自与四川信托合同中就优先级受益人的权益进行了约定，根据原《合同法》第 64 条的规定，当事人可以约定债务人向第三人履行债务，第三人直接取得请求给付权，故江西银行可依据该约定直接向劣后级受益人邦信公司主张信托收益补足权利。邦信公司关于江西银行主张没有合同依据和请求权基础的上诉理由不能成立。

案例分析及问题：

关于《合同法》第 64 条（现规定于《民法典》第 522 条第 1 款）在该案是否适用的问题。《合同法》第 64 条规定："当事人约定由债务人向第三人履行债务的，债务人未向第三人履行债务或者履行债务不符合约定，应当向债权人承担违约责任。"在该案中，涉及的三方主体是优先级受益人、劣后级受益人和受托人。其中，受托人和受益人之间（不管是劣后级还是优先级受益人）是否为债权债务关系，大可探讨，此处不论。即使认可是债权债务关系，原《合同法》第 64 条恰恰坚持的是"合同相对性原则"，非合同当事人不能直接主张合同上的权利，即不能强迫债务人直接向第三人履行。如果按该条的逻辑推演，该案的情形就演变成：信托当事人约定劣后级受益人向优先级受益人履行补足义务（债务）的，劣后级受益人未向优先级受益人履行义务或者履行义务不符合约定的，劣后级受益人应当向受托人承担违约责任。这恰恰不能得出优先级受益人可以直接向劣后级受益人主张权利的结论。因此，该案引用《合同法》第 64 条显然是不恰当的。

案例延伸分析

（四）连续受益人

例如，最初的 10 年由 B1 作为受益人，之后的 10 年由 B2 作为受益人。不过，这种连续受益人和不特定的受益人加以组合的话，信托就可以长期持续存在。例如，信托文

① 江西省高级人民法院（2017）赣民终 44 号二审民事判决书。

件约定以“民法学研究会的会员之中最年长的人为受益人”，这样，只要民法学研究会不解散，该信托就继续存在。这样的信托一般会禁止处分信托财产。例如，仅允许对信托财产（不动产）以租赁方式加以运用，而不允许进行处分。这样，该不动产就一直处于无法成为交易对象的状态。在这样的信托之中，信托财产在很长的时间内受到委托人意愿拘束，必将阻碍财产的流通，似有违反公序良俗原则之嫌。正因为如此，英美信托法中才有“反永续规则”的适用，以限制私益信托的存续时间。

又如，委托人 S 指定受益人，在受益人 B1 死亡之后，由其长子 B2 取得受益权，进而在 B2 死亡后由其长子 B3 成为受益人。在该例中，已经死亡的人对自己身后财产保留着过分强大的控制权。

针对这种情形，《日本信托法》第 91 条规定：信托中有“受益人死亡，该受益人享有的受益权消灭，其他人取得新的受益权（包括因受益人的死亡，其他人按照顺序取得受益权的情形）”之规定的，在该信托设立已满 30 年时现存受益人根据该规定已取得受益权之情形下，到该受益人死亡时止，或到该受益权消灭时止，信托有效。简言之，自信托设立起经过 30 年，由当时生存的人取得受益权，该人死亡之后，信托终了，关于连续受益人的约定失去效力。在上例中，B1 在信托设立后活了超过 30 年，在其死亡之前 B2 也活着，而且 B2 的长子 B3 也存在，此时，在 B1 死亡的时间点 B2 取得了受益权，不过，该信托只是在 B2 死亡之前或者该受益权消灭之前是有效的，B3 不是受益人。该条明文承认了“后继遗赠型连续受益人信托”的有效性，同时又对其施加了一定的时间限制①。

第三节　受　益　权

一、受益权的含义

受益人所享有的各种权利的总体被称为“受益权”。受益权主要包括两大类：（1）从信托财产受领给付的权利（自益权②）；（2）如信托文件阅览请求权等监督受托人的权能（共益权，主要是信托监督权能）。本节讨论的受益权主要是前者。

二、受益权的产生

根据《信托法》第 44 条规定③，原则上，信托受益权产生于信托生效之时，而不是信托（合同）成立之时。受益人非信托合同当事人，信托合同成立并不能使受益人取得

① 参见道垣内弘人『信託法入門』（日经文庫、2007 年）175—176 頁。

② 日本信托法采取了“债权说”，强调受益权对人权和请求权的侧面，直接称之为“受益债权”。

③ 《信托法》第 44 条规定：“受益人自信托生效之日起享有信托受益权。信托文件另有规定的，从其规定。”

受益权。该规定为任意性规定，可以由当事人在信托文件中另行约定，例如，信托文件中可以约定某一受益人的受益权在信托生效之后的两年后产生，或者受益权在满足信托文件规定的条件之时产生。

由于信托受益权不仅仅包括财产权，还有为了确保这些财产利益之实现而行使的监督权限和权能。为了确保受益人及时行使这些监督权限、权能并取得财产利益，在受益人不知道自己被指定为受益人的场合，除信托文件另有规定的情形或不适合通知的情形外，受托人有义务及时通知受益人取得受益权的事实。

三、受益权内容的多样性

受益权之内容各种各样，既可以是每月给付 1 万元生活费这样的确定内容；又可以是“以一定期限中每年的信托财产增加额作为给付”和“只在信托结束之后以信托财产中的实物进行给付”这样的不确定内容；还可以约定优先劣后顺序，优先将信托利益交付于优先级受益人，若有剩余的话，再向劣后级受益人交付。信托文件中还可以约定在不同受益人之间变换受益权的数额；甚至还可以约定“由受托人对向受益人进行给付的必要性进行判断、决定如何给付”（裁量信托），把判断给付内容的权限授予受托人。

受益人权利的内容和性质也存在一定的差异。根据信托文件的约定，不同受益人的受益权的内容和性质存在很大差异；在比较法上的裁量信托、反挥霍信托中，受益人的权利和其他信托受益人的权利相比，要弱得多[①]。

四、信托利益分配的方法

《信托法》第 45 条规定了共同受益人利益分配的默认规则，即信托文件对信托利益的分配比例或者分配方法未作规定的，各受益人按照均等的比例享受信托利益。

五、受益权和受托人的支付义务

在内部关系上，受托人对受益人承担的是有限责任[②]，即，受托人以信托财产为限向受益人承担支付信托利益的义务（《信托法》第 34 条），这也被称为受托人的“物的有限责任”。据此，受托人如果不存在过错，并无超出信托财产向受益人支付的义务，即信托受托人是没有“刚性兑付”义务的。

---

① 参见［英］D.J.海顿：《信托法》（第 4 版），周翼、王昊译，法律出版社 2004 年版，第 179 页以下。

② 《信托法》第 34 条规定：“受托人以信托财产为限向受益人承担支付信托利益的义务。”类似规定有《日本信托法》第 100 条，即关于受益债权下之债务，受托人仅以信托财产项下之财产负有履行的责任。

案例 6-3-1　安信信托公司与湖南高速财务公司案[①]

2016 年，湖南高速财务公司与安信信托公司签订 4 份《信托合同》认购其集合信托计划产品，认购信托资金金额总计 4 亿元，信托计划总期限为 60 个月。

2019 年 5 月和 7 月，湖南高速财务公司与安信信托公司先后签订《信托受益权转让协议》《信托受益权转让补充协议》，信托受益权转让时间为 2020 年 5 月 4 日，并约定自 2019 年 5 月 5 日起，信托资金收益率按 7.5%/年（365 天）执行，受让方（安信信托公司）不迟于每季最后一月的 4 日前付清当季收益以及不低于 1 亿元的信托资金本金，全部转让价款支付完成之日为 2020 年 5 月 4 日。

《信托受益权转让协议》及其补充协议签订后，安信信托公司未依约履行。另外，安信信托公司于 2017 年 12 月 29 日、2019 年 1 月 3 日、2019 年 5 月 6 日三次共计向湖南高速财务公司支付 5 200 万元。截至 2019 年 5 月 5 日，湖南高速财务公司持有的信托单位对应的信托利益均已“分配”完毕。

2020 年 1 月，因安信信托公司未依约支付信托受益权转让价款，湖南高速财务公司向湖南省长沙市中级人民法院（下称“一审法院”）提起诉讼，请求法院判令安信信托公司支付《信托受益权转让补充协议》项下的信托受益权转让价款本金 4 亿元和信托资金收益 17 753 424.66 元，以及支付相应的违约金、律师费等。

一审法院认为，案涉《信托受益权转让协议》《信托受益权转让补充协议》是双方当事人在《信托合同》生效 2 年后自愿签订的，法律、行政法规并未禁止信托受益权的转让，且两协议系湖南高速财务公司与安信信托公司的真实意思表示，内容也未违反法律、行政法规的效力性强制性规定，协议合法有效。在此认定的基础上，一审法院支持了湖南高速财务公司的诉讼请求，判令安信信托公司支付信托受益权转让价款 4 亿元及相关信托收益、违约金、律师费损失等。

一审判决作出后，安信信托公司向湖南省高级人民法院提起上诉。二审阶段，上海银保监局向二审法院出具《上海银保监局关于回复长沙市中级人民法院询证函的函》（下称《征询函》），该函指出：“贵院来函收悉，因事情较复杂，我局与贵院通过电话进行了相关情况的沟通。据悉，在贵院作出的一审判决中引用了我局回复，其中可能存在将沟通内容理解为回复的误解。经我局研究，现就来函事宜回复如下：根据《信托公司管理办法》第三十四条：‘信托公司开展信托业务，不得有下列行为：……（三）承诺信托财产不受损失或者保证最低收益。’因此，在各种信托文件中存在信托公司将履行远期回购义务等类似意思表示的，都属于违规行为。我局收到来函后，对安信信托公司进行了相关调查，同时也向湖南银保监局进行了协查问询。根据目前调查情况，安信信托公司与湖南高速财务公司在 2017 年 5 月签署的《信托受益权转让协议》等一系列操作是保证本金收益不受损失的行为，属于违规刚性兑付行为。”

二审法院认为，根据《信托受益权转让协议》及其补充协议，湖南高速财务公司获得的收益为其原投入的信托资金本金 + 固定比例的溢价款，其所获得的是固定的收益回报，

① 湖南省高级人民法院（2020）湘民终 1598 号二审民事判决书（审结日期：2020 年 12 月 7 日）。

其收益情况不受案涉信托计划的实际盈亏情况影响。如果《信托受益权转让协议》及其补充协议实际履行，会达到委托人从受托人处得到了本息固定回报、保证本金不受损失的结果，其法律关系是名为信托受益权转让，实为保本保收益的承诺安排。根据《九民纪要》第 92 条的规定，《信托受益权转让协议》及其补充协议应认定为无效。最终，二审法院判令撤销一审判决，并改判安信信托公司仅须向湖南高速财务公司支付部分律师费、差旅费。

案例 6-3-2 安信公司和郑州银行案[①]

安信公司申请再审称：

一、安信公司有新的证据，足以推翻原判决对 AXXT（2015）DY160-ZR02 号《信托收益权转让合同》（下称“02 号合同”）效力的认定。二审判决作出后，中国银行保险监督管理委员会上海监管局（以下简称“上海银保监局”）于 2020 年 3 月 31 日作出沪银保监银罚决字〔2020〕4 号《行政处罚决定书》，认定案涉信托计划因存在安信公司向受益人郑州银行“承诺信托财产不受损失或保证最低收益”的违法事实而对安信公司作出行政处罚。02 号合同第 2.3、3.4 条约定实质为安信公司对郑州银行所投资金不受损失并在案涉信托下获得固定收益的保证，是上述《行政处罚决定书》所认定的“承诺财产不受损失或者保证最低收益”的违法事实，故上述条款约定应视为保底或刚兑条款。依据最高人民法院于 2019 年 11 月 8 日施行的《全国法院民商事审判工作会议纪要》（以下简称《九民纪要》）第 92 条规定，上述条款应认定为无效，原审法院认定 02 号合同合法有效不当。

二、案涉信托计划系单一资金信托，如根据 02 号合同由安信公司作为受托人受让标的信托受益权，将导致安信公司即受托人成为案涉信托计划的唯一受益人，违反《信托法》第 43 条“受托人可以是受益人，但不得是同一信托的唯一受益人”的规定。

三、原审法院对信托本金的判决金额超出了郑州银行的诉讼请求。一审判决安信公司向郑州银行支付信托资金本金 189 731 845.78 元及违约金等，但郑州银行在起诉状以及其提交的相关证据中明确自认截至 2019 年 6 月 28 日的剩余未分配信托资金本金为 167 628 443.77 元，一审判决明显超出了郑州银行的诉讼请求。

四、原审判决结果造成民商事审判与金融监管脱节的局面，不利于实现金融监管目的。

郑州银行提交意见称：

一、郑州银行与安信公司签订的 02 号合同不构成受托人安信公司的保底承诺或刚兑。《九民纪要》第 92 条适用的对象是信托公司作为资产管理产品的受托人与受益人订立的含有保证本息固定回报、保证本金不受损失等保底或者刚兑条款的合同。保底或者刚兑条款也是无偿的，实质是一种担保行为。本案中，2016 年 8 月 30 日，郑州银行与安信公司签订 01 号《信托受益权转让合同》（下称“01 号合同”），约定安信公司作为案涉信托的委托人和受益人，将案涉信托受益权转让给郑州银行。同日，双方又签订 02 号合同，约定郑州银行于 2018 年 9 月 24 日将上述信托受益权转让给安信公司。安信公司在 01 号合同、02 号合同中

① 最高人民法院（2020）最高法民申 5362 号再审审查与审判监督民事裁定书（审结日期：2021 年 1 月 20 日）。

的身份均不是受托人，而是基于其受益人身份所形成的转让人和受让人。02 号合同的性质是远期回购合同，整体业务性质是安信公司的融资行为。安信公司并非以案涉信托的受托人身份向郑州银行承诺“信托财产不受损失或保证最低收益”，更不是无偿地保底或刚兑，而是基于其在先的转让行为向郑州银行作出回购承诺。因此，02 号合同不属于保底或刚兑合同。上海银保监局的《行政处罚决定书》混淆了安信公司的身份，与事实不符，不能作为认定 02 号合同属于保底或刚兑合同的依据，安信公司提交的该证据不能推翻原审判决。另外，《九民纪要》不应适用于再审案件，本案所涉交易模式也不属于《九民纪要》第 88 条规定的营业信托纠纷，不能适用《九民纪要》第 92 条规定。

二、02 号合同不属于保底或刚兑合同，未违反《信托法》第 34 条的规定。《信托法》第 43 条非效力性强制性规定，且案涉信托业务系由安信公司主导的，安信公司受让该信托受益权并未损害他人利益。郑州银行持有的该信托受益权原本是从安信公司受让的，安信公司回购后可将该信托受益权转让或进行信托财产清算，02 号合同并不因此无效。另外，安信公司在本案二审中自认 02 号合同的真实意思表示是进行信托收益权转让，现又主张 02 号合同性质系保底或刚兑合同应属无效，有悖诚信原则和禁止反言原则。

三、原审判决计算剩余本金的方法符合法律规定，支持的总标的额未超出郑州银行的诉讼请求总标的额，故并未超出郑州银行的诉讼请求。

四、案涉信托计划系安信公司发起和主导的，安信公司也系整个交易结构中获取利益最大的一方，理应为上述信托计划的风险承担者。安信公司和郑州银行于同一天签订 01 号合同和 02 号合同，两份合同所涉转让标的一样，安信公司通过 01 号合同转让信托受益权获取了资金，但在风险爆发后，安信公司主张对其有利的 01 号合同有效，对其不利的 02 号合同无效，有违诚信原则和公平原则。

五、安信公司擅自解除案涉信托所涉的股票质押，故意放弃信托财产，侵害受益人合法权益，存在重大过错，同时涉嫌刑事犯罪。

法院经审查认为，本案的争议焦点为：一是 02 号合同是否有效；二是原审判决是否超出了郑州银行的诉讼请求。

关于案涉 02 号合同是否有效的问题。《九民纪要》第 92 条规定，信托公司、商业银行等金融机构作为资产管理产品的受托人与受益人订立的含有保证本息固定回报、保证本金不受损失等保底或者刚兑条款的合同，法院应当认定该条款无效。本案中，安信公司系案涉信托的委托人和原受益人，其与郑州银行于 2016 年 8 月 30 日签订了 01 号合同和 02 号合同，其中 01 号合同约定，安信公司将其享有的案涉信托受益权于合同签订当日转让给郑州银行，转让价款为该信托受益权对应的信托资金本金。02 号合同约定，郑州银行于 2018 年 9 月 24 日将上述信托受益权转让给安信公司，转让价款为信托资金本金+信托收益。从 01 号合同和 02 号合同的签订情况及内容看，尚不能认定 02 号合同约定的转让价款中包含的信托收益为信托受托人与受益人之间订立的保底或者刚兑条款。安信公司提交的上海银保监局《行政处罚决定书》亦没明确认定 02 号合同约定了保底或刚兑条款。故安信公司主张应依据《九民纪要》第 92 条规定认定 02 号合同相关条款无效的理由不能成立。安信公司依据 02 号合同受让案涉信托受益权后，应对案涉信托违反《信托法》第 43 条规定之处予以纠正，但其以此主张 02 号合同无效，不能成立。02 号合同系安信公司、郑州银行真实意思表示，且内容并不违反法律、行政法规强制性规定，原审法院认定 02 号合同合法有效，并无不当。……

综上，裁定驳回安信公司的再审申请。

案例 6-3-3　盛茂投资公司与朱某案[①]

2017 年 10 月 11 日，被告成立“盛茂聚贤 1 号私募投资基金”。2018 年 6 月 7 日，朱某作为投资者、盛茂投资公司作为基金管理人、恒泰证券股份有限公司作为基金托管人签订《盛茂聚贤 1 号私募投资基金基金合同》，约定原告认购盛茂聚贤 1 号私募投资基金。双方约定朱某以 2 400 000 元认购盛茂聚贤 1 号私募投资基金，基金运作方式为开放式运作。同日，朱某支付投资款项并取得上述基金份额。

2020 年 5 月 12 日，原被告签订《[盛茂聚贤 1 号私募基金份额] 回购协议》，载明原告/投资人于 2019 年 6 月 10 日赎回盛茂聚贤 1 号私募基金全部投资份额，被告/管理人盛茂投资公司应将原告原始投资款及基金收益兑付给原告。但由于基金的底层资产无法变现且原基金担保方未履行担保义务，被告/管理人盛茂投资公司无法依约兑付原告的基金份额赎回申请，故被告/管理人盛茂投资公司承诺按照本协议约定回购原告/投资人持有的盛茂聚贤 1 号私募基金份额并应于 2020 年 5 月 15 日前按约定的回购价格回购原告持有的全部标的基金份额。

因被告/管理人盛茂投资公司未履行《回购协议》，原告/投资人向法院提起诉讼。一审诉讼请求为：（1）判令盛茂投资公司支付基金回购款 2 846 880 元（其中投资本金 2 400 000 元，应付未付利息 117 277.81 元，延期至 2020 年 5 月 15 日的延期回购收益 329 602.19 元，币种均为人民币）；（2）判令盛茂投资公司支付逾期罚金（以 2 400 000 元为基数，按每日万分之五，自 2020 年 5 月 16 日起计至实际支付日止）；（3）判令盛茂投资公司支付律师费××元。

一审法院判决认定，被告/管理人盛茂投资公司应履行《回购协议》项下的义务。被告/管理人盛茂投资公司上诉至上海金融法院。

二审法院认为，上诉人主张，案涉《回购协议》属于刚性兑付协议，因此该协议无效。但刚性兑付协议系金融机构作为受托人在合同缔约过程中对投资者作出明确固定回报承诺的协议。本案中，《回购协议》系双方当事人在基金赎回阶段签署，并非在合同缔约过程中签署，结合《回购协议》的相关内容，可以视为在被上诉人客观上无法实现投资目的时，上诉人与被上诉人就相关补偿事项达成了一致意思表示，应属合法有效。故上诉人的上诉理由缺乏事实和法律依据，不予支持。即被告/管理人和原告/投资者于基金赎回阶段签署《回购协议》，被告/管理人承诺按照投资本金 + 收益的价格回购基金份额，可以视为双方在客观上无法实现投资目的时，就相关补偿事项达成了一致意思表示，应属合法有效。

---

① 上海金融法院（2021）沪 74 民终 545 号二审民事判决书（审结日期：2021 年 4 月 26 日）。

案例分析及问题：

1. 刚兑的内涵。“刚性兑付”的法律内涵不清，这里作初步梳理。在类似银行和储户、发债企业和债券持有人之间的债权债务关系中，才存在债务人对债权人的还本付息的“兑付”义务。受托人和投资者之间不是金钱存贷款这样的债权债务关系，信托财产虽然在法律上归属于受托人，信托财产上产生的风险和收益均由投资者承担和享有，受托人对受益人并不负有还本付息的义务（《信托法》第34条），金融监管规则也强调受托人以信托财产对受益人履行支付义务并非对投资者负债（《信托公司管理办法》第3条），受托人更没有义务确保投资者能取得固定收益或本金不受损失。这就是说，受托人不像银行对存款人一样负有“兑付”义务。

上海金融法院在一个判决中认为，“差额补足协议的性质应根据协议主体、权利义务约定等综合进行认定。差额补足义务的主体不是所涉投资资金的管理人或者销售机构的，不属于法律法规所规制的刚性兑付情形。投资人之间自愿利用结构化安排以及差额补足的方式就投资风险及投资收益进行分配的，该行为原则上合法有效”。①该案明确，刚兑问题主要涉及受托人和受益人之间的关系，受益人（优先级受益人和劣后级受益人）之间的差额补足不构成刚兑。可以认为，信托法上调整的刚兑主要发生在受托人和受益人之间。

2. 刚兑的类型。受托人受托管理信托事务，在信托财产产生损失之后，可将受托人的行为模式划分为以下类型（如表7所示）。

情形A，受托人在信托文件或相关文件中明确或者默示表示会兑付；由于监管规范不允许如此约定，就只有用“抽屉协议”的方法。也有受托人以受益权远期转让协议（约定将来信托项目到期的时候受托人或受托人的关联人受让投资者的受益权）的方式达到类似目的的。鉴于很少有正规的受托机构敢于直接在信托文件中承诺兑付，“抽屉协议”或者销售者的口头允诺兑付可能是实务中常见的操作手法。

情形B，受托人没有明示表示兑付，也无“抽屉协议”，如果受托人能证明自己尽职管理，信托财产产生损失是商业风险（losses and risks），则受托人不应承担责任（no damages and liabilities），以全部剩余信托财产（“残值”）给付受益人（《信托法》第34条）。

情形C，虽然受托人没有明确表示兑付，也无“抽屉协议”，受托人无法证明自己尽职管理（根据《九民纪要》第94条规定，受托人有举证责任），或对法院的判决没有信心（主要是对法院能否辨别受托人义务违反没有信心），采取延期、发旧还新、自己或关联人接盘（如受让受益权）、自己直接兑付等措施进行处理。这属于监管规范中列举的比较常见的刚兑。

情形D，即使受托人没有明示或者默示表示兑付，但是，基于受托人较弱的管

① “甲银行诉乙资本公司其他合同纠纷案”，上海金融法院（2019）沪74民初601号一审民事判决书（审结日期：2020年7月30日）。

理能力，受托人就损失的产生可能是有过错的，因损失（loss）+ 过错（fault）= 损害（damages），裁判者会判令受托人承担损害赔偿责任。这和刚兑无关。参见**案例 5-3-6**“民生信托公司与深圳万旗公司案”等。

可能构成刚兑的，只有情形 A 和情形 C。

表 7　刚兑相关行为模式

信托财产遭受损失的四种情形	事前“兑付允诺”或“抽屉协议”的有无	受托人有无事后主动兑付	受托人有无过错	《九民纪要》的可能立场	监管规章的可能立场
A	有	无关	有	刚兑条款无效	违规
B	无	无	无	支持仅以剩余财产支付受益人	合规
C	无	有	不确定	不确定	违规
D	无	无	有	受托人承担损害赔偿责任	不违反刚兑规范，但可能违反其他监管规范

在监管规章层面，禁止信托中的兑付早已有之，《信托公司管理办法》和《信托公司集合资金信托计划管理办法》等都有明确规定，这些规定主要是对事前兑付承诺的禁止。2018 年《资管新规》也对事前兑付（情形 A）和事后兑付（情形 C）的情形进行了全面规定。而最高人民法院的《九民纪要》则相对稳妥，只列举了“受托人与受益人订立的含有保证本息固定回报、保证本金不受损失等保底或者刚兑条款”，即前文列举的情形 A，主要针对的是事前的兑付承诺，但是否包括情形 C，并不明确。情形 A 是事前承诺兑付，情形 C 是在事后处置，被认为达到和兑付同样的效果。但事后的兑付行为本身不具可谴责性——在民事后果上，民事责任尚可主动履行，事后进行兑付有何不可？

3. 在**案例 6-3-1** 中，二审法院认为，如果《信托受益权转让协议》及其补充协议实际履行，受益人获得的收益为其原投入的信托资金本金 + 固定比例的溢价款，其所获得的是固定的收益回报，其收益情况不受案涉信托计划的实际盈亏情况影响，实际上起到了保证本金不受损失的效果，其法律关系是名为信托受益权转让，实为保本保收益的承诺安排。二审法院根据《九民纪要》第 92 条的规定，认定《信托受益权转让协议》及其补充协议无效。

该案构成了前述情形 C，是在信托合同签订后 2 年多以受益权转让的形式达到兑付目的。但该案二审法院认为该情形属于《九民纪要》所规定的刚性兑付（情形 A）。

4. 和**案例 6-3-1** 相比较，**案例 6-3-2** 的处理更耐人寻味。两个案例的主要争点都是《信托受益权转让协议》是否构成刚兑，两案中被告（信托公司）都试图通过主张自己刚兑而使协议无效。不过，**案例 6-3-2** 是由最高人民法院作出的裁判，时间上比**案例 6－3－1** 晚一个多月，结果却完全不同。

在**案例 6－3－2** 中，受托人同样把监管部门对自己的行政处罚作为证据，证明自己既违反了监管规范，也违反了《九民纪要》，构成了刚性兑付，据此信托受益权转让协议应当无效。信托公司作为受托人，不是努力证明自己行为的合法性、合规性，而是拼尽全力自证作出了刚兑的约定，这些看似怪异的举动似乎是其理性的反应。特别是在监管机关已经作出处罚之后，处罚已经成为"沉淀成本"，受托人似乎有理由相信——如果能成立刚兑，即使承担"与其过错相适应的赔偿责任"（打破刚兑）也要比按约定"刚兑"履行合算。受托人认为承认自己违反了刚兑禁令对自己是有利的。

而法院则认为，02 号合同虽然约定，原受益人将其根据 01 号合同所取得的信托受益权转让给信托公司，转让价款为信托资金本金＋信托收益，但是，从 01 号合同和 02 号合同的签订情况及内容看，尚不能认定 02 号合同约定的转让价款中包含的信托收益为信托受托人与受益人之间订立的保底或者刚兑条款。此外，安信公司提交的上海银保监局《行政处罚决定书》亦没明确认定 02 号合同约定了保底或刚兑条款（上海银保监局的处罚决定的确不是以远期受益权转让构成刚兑为由作出的处罚）。所以，法院认为，02 号合同中将受益权转让给受托人的行为不构成刚兑的安排，不应根据《九民纪要》第 92 条之规定认定其无效。

5. 最高人民法院在**案例 6－3－2** 的裁定中有一个值得关注的点。《九民纪要》第 92 条第 2 款明确规定："实践中，保底或者刚兑条款通常不在资产管理产品合同中明确约定，而是以'抽屉协议'或者其他方式约定，不管形式如何，均应认定无效。"和监管部门在《资管新规》中对刚性兑付的认定规则相比，《九民纪要》已经表现得十分克制，仅仅规定"受托人与受益人订立的含有保证本息固定回报、保证本金不受损失等保底或者刚兑条款的合同"中的相关条款无效，把《资管新规》中规定的大量事中和事后的兑付安排排除在"无效的刚兑"之外。即便如此，该案中，与信托合同几乎同时签订的远期受益权转让合同构成《九民纪要》第 92 条规定的"不管形式如何"的刚兑行为似乎并无问题（情形 A），至少要比**案例 6－3－1** 更符合"刚兑"的定义。但是，二审法院在该裁定中明确否认了远期受益权转让的安排构成第 92 条的刚兑。

二审法院仅作出简单论断——"从 01 号合同和 02 号合同的签订情况及内容看，尚不能认定 02 号合同约定的转让价款中包含的信托收益为信托受托人与受益人之间订立的保底或者刚兑条款"，并没有就此展开论证。

法院在裁决中也没有对委托人提出的"安信公司在本案二审中自认 02 号合同的真实意思表示是进行信托收益权转让，现又主张 02 号合同性质系保底或刚兑合同应属无效，有悖诚信原则和禁止反言原则"的有力观点作出回应，没有承认"禁反言原则"，从而失去了对《九民纪要》中刚兑无效规则进行反思的机会。不只信托法属于衡平法，法律本身就是衡平法。任何法律规则都面临是否具有正当性的拷问。一个公平的法律规则，绝对不允许一方通过主张自己存在过错而得利。在该案中，支持刚兑无效的规则，似乎就会产生让存在过错的一方获利的效果。这原应成为法院拒绝承认刚兑无效规则的一个比较有说服力的理由。

6. 在**案例 6－3－3** 中，法院认为，"《回购协议》系双方当事人在基金赎回阶段签署，并非在合同缔约过程中签署，结合《回购协议》的相关内容，可以视为在被上诉人客观上无法实现投资目的时，上诉人与被上诉人就相关补偿事项达成了一致意思表示，应属合法有效"。即受托人嗣后和受益人签订协议回购基金份额（类似信托受益权），属于上述情形 C。该案审理法院认为嗣后的补偿约定有效，并不构成刚兑。

7. 刚兑无效的规则，除了监管规范和《九民纪要》当中的限缩规定之外，并无法律和行政法规层面的直接依据，对其正当性的论证都指向民法中的公序良俗这一抽象原则。而公序良俗原则需要司法机关在裁量中根据个案判断，并非常克制地适用。

六、受益权和信托债权之间的关系

受益权和信托债权都是最终以信托财产作为责任财产的权利，就二者的关系，我国《信托法》仅在第 17 条以例外的方式规定了可以强制执行信托财产的信托债权。受益权和信托债权均以信托财产为对象，但由于信托债权为信托财产（受托人名下的"特别财团"）之消极构成，因此，受益权劣后于信托债权是应有之义。若不这样，受托人为处理信托事务借入金钱，增加信托财产，而后说"全部信托财产已经交付给受益人，请放弃回收你的债权"，债权人就什么也得不到，有失公平[①]。

第四节　受益权的性质

一、信托受益权性质的规范依据

信托财产权是概括财产，并不是一种独立的民事财产权利。而信托受益权是信托法创设的新型财产权。

受益人所享有的受益权是一种不同于债权、物权、知识产权和股权的独立民事权利，对其性质不能一概而论。《民法典》关于民事权利的规定没有对此作出直接回应，其第五章只列举了物权、债权、知识产权、继承权和虚拟财产权，没有明确规定受益权，但不能据此说《民法典》不承认信托受益权的财产权地位，我们可以分别在《民法典》第 125 条（"民事主体依法享有股权和其他投资性权利"）和第 126 条（"民事主体享有法律规定

---

① 《日本信托法》第 101 条规定："受益债权，置于信托债权之后"，可资参照。不过，在某些特殊情形下，并不排除当事人作出约定将信托受益权和信托债权作同等对待。参见道垣内弘人『信託法入門』(日经文庫、2007 年）180 頁。

的其他民事权利和利益”）中找到商事信托和民事信托受益权的规范依据。当然，信托受益权的性质和行使方法等仍然有赖于司法和学理的解释。

《信托法》规定了信托受益权的具体内容。《信托法》第 34 条规定：“受托人以信托财产为限向受益人承担支付信托利益的义务。”第 43 条 1 款规定，“受益人是在信托中享有信托受益权的人”。对此，可以有两种不同的观察和相应描述：（1）受益人的受益权形式上体现为一种针对受托人的请求权（claim）。（2）受托人对受益人以信托财产为限承担一种“物的有限责任”，受益人对信托财产的这种权利又具有了“对物权”的特征，虽然该权利仍然要通过对受托人的执行来实现。可以看出，物/债两元划分之分析框架的解释力在此明显降低。

任何解释都可能会在阐明问题的同时简化问题，而简化背后总有遗漏或不及之处。传统民法路径的债权说、物权说、第三权利说都有过分简化受益权性质的嫌疑。物权说可以很容易地被排除，在解释信托受益权方面，传统物权的标签——支配权、对物权、优先权等都已经丧失了解释力；最关键的是，受益权所指向的标的很少是特定的独立物，而物权是对特定的物的支配权。相比之下，债权说在形式上最具解释力，日本、我国台湾地区均采取债权说。[①]类股权说在金融领域有较强的说服力，但是民事信托中的受益权是不具备股权的同质性的，而且，股权只能以实体化的公司作为请求对象，而受益权只能向受托人主张。无论如何，简单地把受益权描述为“特别的权利”或者“第三种权利”，其中所包含的知识增量非常有限。把受益权描述为财产权和成员权构成的复合权利，也无法说明其特殊性——其实，债权中也已经包含了成员权（如债权人会议——虽然只出现在公司债的场景下及债务人破产等特殊情形下）和某些工具性的权利（如撤销权）。

二、信托受益权问题的复杂性

如前述，具体财产权是针对具体的主体（债权）或者具体而独立的财产（物权）成立的，而非针对概括财产、集合财产。信托财产属于概括财产，在概括财产之上不能成立单一的、具体的民事权利。而信托受益权是信托法明确规定的受益人针对受托人的具体权利（《信托法》第 34 条）。但是，值得注意的是，由于信托类型多样，相应的信托受益权内容不同，对受益权的性质不能一概而论。信托可以分为民事信托、商事信托和慈善信托三类，对不同种类信托受益权的性质要分别讨论，而不应一般性地讨论信托受益权的性质。

慈善信托（charitable trusts）和目的信托（purpose trusts）中是否存在受益人乃至受益权本身就存在较大争议，此处不论。

而民事信托的受益权具有非同质化的特点。民事信托中的财产形态非常复杂，受益权内容可以是动产（如花瓶）或不动产（如房产）；也可以是本金（股本）或者利息（红

---

① 日本信托法把受益权中的财产部分直接称为“信托债权”（《日本信托法》第 100 条以下）；而我国台湾地区“信托法”第 20 条规定了受益权转让准用债权转让，第 30 条更是明确规定“受托人因信托行为对受益人所负担之债务，仅于信托财产限度内负履行责任”，类似日本信托法采债权说。

利）；还可以是债权、知识产权，甚至是信托受益权本身，因此很难简单贴上单一的权利标签。英美法的理论上也有受益权是对物权（real right）还是对人权的讨论。《美国信托法第二次重述》中一种代表性的观点主张，客体是动产的受益权就是“对人权”；客体是不动产的受益权就是“对物权”，可资参考。《日本信托法》把信托受益权描述为“受益债权”，体现为受托人以信托财产为限对受益人的有限债务，亦不失为一种符合其本国逻辑的处理方式。至于裁量信托的受益权，其权利属性至为稀薄，能否构成一种既成的民事权利都值得怀疑，期待权之说或可接受[①]。

只有商事信托之受益权，具有标准化程度高、流动性强的特点，和股权有着较大类似性，可以单独作为一类作整体上的研究。[②]

三、商事信托受益权属于一种剩余索取权

在商法领域，权利主要是无形财产权。这种权利在形式上大多体现为权利人的一种类似请求权的权利。金融领域中的两大类型，债权性（debt）和权益性（equity）投资权益，在形式上都体现为权利人对义务人的一种请求权，我们当然不能凭此就把全部金融领域内的权利都称为债权[③]。很明显，民法话语对如何描述这种权利是有疏离感的。

回到债法理论。在债法上，所有的债权债务关系在构成债务人对债权人的给付义务这一点上统一起来，各种各样的给付义务——物的交付、劳务的付出甚至不作为都可以作为债权人请求权的内容。那么问题来了，债的“给付”形式上体现为债务人应债权人的请求为某种行为（或不作为），受益人针对受托人的请求权能否被纳入债权，或者说受托人履行信托利益支付的行为是否可以算作债的给付？有趣的是，我国的信托监管规章和信托实务，都强调信托的结构中受托人以信托财产为限向受益人所承担的并不是一种债务[④]，借以揭示商事信托作为一种投资者风险自负的投资之显著特点。也就是说，在我国的信托实务中和现有规则下，信托受托人对受益人的义务并非债务。

受益人针对受托人的权利可以被归为对人权、请求权，但是这种请求权并非债权。请求权可以基于债权产生，也可以基于物权、知识产权产生，还可以基于权益型投资关系产生（股权、信托、合伙权益）。在金融领域，几乎所有的权利都表现为一种对人权、请求权，无论是债权（债券）持有人的权利、股东的权利、合伙人的权利还是信托受益人的权利概莫能外，由于欠缺物的存在，所以不存在所谓的物权意义上的金融权利（益），

---

① 在严谨的表述中，裁量信托中不存在“受益人”（beneficiary），而只存在“对象”（object）。参见［英］格雷厄姆·弗戈：《衡平法与信托的原理》（下册），葛伟军、李攀、方懿译，法律出版社 2018 年版，第 493 页。

② 张永健教授主张信托受益权是一种限定财产权，类似限定物权的概念，其指向的对象并不需要像物权一样具有确定性。参见张永健：《霍菲尔德分析法学对占有、信托概念的新界定》，载《经贸法律评论》2021 年第 6 期。

③ 形式上，受托人对受益人、公司对股东都存在类似债务人对债权人的“给付义务”。

④ 《信托公司管理办法》第 3 条规定：“信托财产……不属于信托公司对受益人的负债。”因此，受托人对受益人不存在所谓“兑付”义务，因此才有“打破刚兑”之说。

但我们不能把所有金融领域的权利都称为债权。或者说，物权和债权二元划分所体现出的解释力在金融法律领域几乎消失了。所以，在金融法律领域，在尊重金融实践对债（debt）和权益（equity）这两种基本金融形态的划分之基础上，引入剩余索取权和固定索取权的理论划分，就显得尤为必要。根据《信托法》第2条、第34条，以及《信托公司管理办法》《信托公司集合资金信托计划管理办法》，受益人的权利和股权具有类似性，该种权利高度同质化，且属于剩余索取权，区别于作为固定索取权的金融债权。[①]

当然，理论只是一种解释工具和分析模型而已，没有哪一种理论具有永恒而完美的解释力，但分析模型的提供仍然是重要的。正如受益权的复杂性所证明的，试图建立大一统、对称精美的理论是在削减信托制度的丰富性，注定无法成功。“信托受益权为剩余索取权”的观念，只是为理解商事信托受益权的属性提供一种新的维度、为分析财产权提供一种新的分析工具和分析框架而已，无意否认传统学说的合理之处。基于信托受益权内部形态的复杂性，剩余索取权理论也仅仅提供了一种对典型的（paradigmatic）信托受益权的分析工具。在现实中很多具体的受益权类型会或多或少偏离这种属性[②]。

剩余索取权理论在实践方面的重要意义在于它确立了一种清晰的逻辑：受托人对信托财产只有固定索取权（信托报酬债权），信托财产除去受托人的信托报酬、信托债务和成本，剩余的每一分钱都归属于受益人（参见**案例 5－3－5**“新华信托公司与东启房地产公司案”）。违反这一逻辑的受托人可被推定违反了义务。这样，受益人就真正成为信托利益的最终享有者和风险的最终承担者。

四、信托受益权和物权法定原则

由于信托财产不是一种独立的财产权，信托法只创设出信托受益权这样一种崭新的财产权，所以需要探讨信托受益权和物权法定原则的关系问题。

对受益人而言，特别是对民事信托中的连续受益信托的受益人而言，其受益权相当于一种附条件的财产权，严格说来是违背传统物权法中的物权法定原则的。受益权这种财产权的特点在于，内部差异比较大，某些受益权的可转让性比较差。但是，为什么根据物权法无法创设这种新型的权利，而根据信托法就可以呢?

“物权法定”被认为只是大陆法系国家所熟知的概念。按照这一假定，构成对所有权分割的信托制度在大陆法系国家应该是无处容身的。正是基于这种观点，“物权法定是信托无法在大陆法系国家适用的主要障碍”的观念才广为流传。

美国学者理查德·爱泼斯坦指出，财产法的要义，在于创造出一个个人选择受尊重的领域，而不被集体的偏好所压倒。只要行为人的安排不侵犯第三人的权利，就没有必

① 详见赵廉慧:《信托法解释论》，中国法制出版社2015年版，第443页以下。

② 例如，在商事信托中，存在着分级的安排，优先级受益人的权利已经非常接近债权人的地位。正如典型的债和典型的股权之间存在着无数的中间状态。

要否认当事人在一定范围内的选择自由。[①]信托法提供灵活的财产权结构安排，使得私主体能够达到原本在物权法框架内无法达到的多样化目的。

物权法定原则应仅限于物权法的领域，因物权处于财产权的基础性地位，不宜作过分琐细的分割，否则会增加很多外部成本。但如果把物权法定原则在财产法的背景下转化成一个更广阔的问题——新财产权创设之边界的问题，该原则似可适用于整个财产法领域，或许可以被称为“财产权法定原则”。

信托法创设出的信托受益权不具有物权属性，只是一种类似债权或股权的向受托人请求的权利，而非直接占有控制、使用和处分信托财产的权利。即使强调信托受益权不同于债权的对第三人效力（我国《信托法》第 22 条规定了对受托人处分行为的撤销权），这种撤销权也没有使信托受益权转变成一种物权，原因在于：（1）担保物权以外的物权都强调物权人（所有权人和用益物权人）对物权标的的占有和支配；（2）担保物权更强调物权人对物权标的价值的优先权。信托受益权明显不具备这两个特征：受益权人不直接占有信托财产，对信托财产也不产生优先于其他权利人的权利。有一种流行的表述是具有误导性的：受益人具有超越或者优先于委托人的债权人或者受托人的债权人的权利[②]。虽然有观点认为信托法隔离出委托人的债权人和受托人的债权人不能强制执行的财产，具有一定的“超越性”，这可能是有道理的，但由于委托人的债权人和受托人的债权人原本对信托财产就不享有权利（信托财产不是委托人和受托人之债务的责任财产），不能以受益权与其债权比较，所以也就谈不上“优先”。在对信托财产享有权利的人中，和信托财产的其他债权人（如我国《信托法》第 17 条第 1 款第 2—3 项规定的信托债权人）相比，受益人的权利反而是劣后的[③]。

受益人就信托财产的权利能产生对抗第三人效力的根本原因在于，信托财产作为受托人名下的对受益人支付信托利益的特别责任财产（我国《信托法》第 34 条），其法律地位是通过信托财产登记等手段加以公示和合理化的。民事信托的特殊性还在于，其具有私密性，对财产安排产生争议的人（第三人）多数情况下是家庭成员等范围确定的人。家庭成员以外的人很少去主张信托创设出来的财产权，即便是信托创设出来的很复杂的财产权（受益权）一般也不会对第三人产生明显的外部性。这样，可以通过约定（契约机制）解决公示的问题和对抗第三人的问题，甚至不需要一律按照法定的方式公示，这也是很多法域就信托财产公示采取公示对抗主义的主要原因[④]。

简言之，信托法创设出来的新财产权类型——信托受益权，不具备物权属性，所以不受物权法定原则的调整。

---

① See Richard A. Epstein, “Notice and Freedom of Contract in the Law of Servitudes”, 55 *S.CAL. L. REV.*1353, 1982, p.1353.

② 参见方嘉麟：《信托法之理论与实务》，中国政法大学出版社 2004 年版，第 89 页。

③ 如《日本信托法》第 101 条明文规定：受益权之顺位置于信托债权之后。

④ 日本、韩国的信托法都采取登记对抗主义。一个有趣的例子是我国台湾地区的“信托法”，其就信托财产的公示也采取“登记对抗主义”，这和其“物权法”上的登记生效主义是不同的。

第五节　受益权的放弃

一、受益权放弃的意思表示

受益权属于一种民事权利，原则上可以放弃[①]。因为受益人是自动取得受益权的，所以不需要其明确接受的意思表示；反之，受益人放弃受益权必须有明确的意思表示，不得因受益人默示而推断出其有放弃受益权的意思。

放弃的意思表示应向受托人作出。

二、受益权放弃之后的归属

全部受益人放弃全部受益权的，信托终止（《信托法》第 46 条第 2 款），信托财产按照信托终止后的规则确定归属（《信托法》第 54 条）。

部分受益人放弃其受益权的，被放弃的受益权依次归属于信托文件规定的人、其他受益人、委托人或其继承人（《信托法》第 46 条第 2 款）。

此处有两个问题值得考虑：

第一，如果部分受益人放弃了受益权，而信托文件没有其他规定，其余受益人应根据其受益权之比例取得利益。但是，当受益权性质不同时该如何处理值得探讨。假设一个信托中有两种类型的受益人，A、B、C 是收益受益人，而 D、E、F 是本金受益人，如果放弃其信托利益的受益人属于收益受益人（如 A），就只有其他的收益受益人（B、C）可以取得利益。如果存活的人中没有这一类型的受益人，另外一种类型的受益人（D、E、F）就可以取得利益。

第二，当某一受益人死亡但没有留下遗嘱且没有法定继承人，会产生是把其受益权按照《民法典》“归公”[②]还是按《信托法》第 46 条分配的问题。若把受益权视为和受益人个人的债权类似的财产，按照《民法典》处理似乎是必然的选择。但是，基于尊重信托目的和委托人意愿的立场，此时如果把受益人死亡的情形视为受益人放弃受益权的情形而准用《信托法》第 46 条的规定，合理性似乎占优。

---

① 我国《信托法》第 46 条规定：“受益人可以放弃信托受益权。全体受益人放弃信托受益权的，信托终止。部分受益人放弃信托受益权的，被放弃的信托受益权按下列顺序确定归属：（一）信托文件规定的人；（二）其他受益人；（三）委托人或者其继承人。”

② 《民法典》第 1160 条规定：“无人继承又无人受遗赠的遗产，归国家所有，用于公益事业；死者生前是集体所有制组织成员的，归所在集体所有制组织所有。”

三、受益权放弃的限制

受益人放弃行使受益权的，受益人的债权人能否根据《民法典》的规定行使撤销权？[①]根据《民法典》第538条的规定，行使撤销权的要件之一是“债务人以放弃其债权、放弃债权担保、无偿转让财产等方式无偿处分财产权益”，受益人放弃受益权可以构成“无偿处分财产权益”。

另外，在讨论受益权放弃问题时，似应区分自益信托和他益信托。

第一，他益信托类似于替代赠与的一种手段，正如受赠人不能被强迫接受赠与一样，受益人应有权放弃受益权[②]。换言之，这种利益（受益权）原本就不是受益人之债权人所应该期待的。但如果以设立信托的方式偿还原本欠受益人的债务，受益人放弃受益权的行为似能成为撤销权的行使对象。

第二，在自益信托中，委托人和受益人为一人，受益人放弃信托受益权至为少见。若其为单一信托的委托人兼受益人，则信托终止，此时信托财产原则上应返还委托人，并不影响委托人的债权人对原信托财产的扣押；在集合信托中，某一受益人放弃受益权会导致该权利归属于其他受益人，此时该受益人的债权人似有行使撤销权之必要。

四、受益权放弃的效果

部分受益人放弃受益权后，基于受益权取得的利益，构成不当得利，应返还受托人。由于民法不强制某人违背自己的意愿取得利益，因此有必要让放弃的意思产生溯及效力。但这也并不禁止受益人享受过去已取得的利益而只放弃将来发生的利益。

全部受益人放弃受益权的，信托终止，信托财产根据信托终止后的规则确定归属。

第六节　受益权的转让及其限制

一、受益权转让、继承、质押和被强制执行的同质性

受益权可以用来清偿受益人的债务，即受益权能被受益人的债权人强制执行（《信托法》第47条）。受益权也可以依法转让和继承（《信托法》第48条）。受益权用以清偿债务、被继承、被质押和被强制执行，在事实上都产生了转让受益权的效果，具有同质性。

---

① 《民法典》第538条规定：“债务人以放弃其债权、放弃债权担保、无偿转让财产等方式无偿处分财产权益，或者恶意延长其到期债权的履行期限，影响债权人的债权实现的，债权人可以请求人民法院撤销债务人的行为。”

② 应区分受益人放弃的是受益权还是已经取得的信托利益。对于后者，其债权人仍然是可以行使撤销权的。

其间的区别是：我们一般所讨论的转让（狭义的转让）和作为担保标的（设定质押）属于通过法律行为的自愿转让；受益权的法定继承是基于一定法律事实的转让；受益权被强制执行（作为偿债和担保权的对象）为非自愿的强制转让。

需要强调的是，在信托存续期间，受益人的债权人只能追索至受益人的受益权，而不能对信托财产本身强制执行。受益人的债权人可以通过一个合适的程序取得受益人在信托中的利益，借以满足自己的债权[①]，除非这个信托是裁量信托或反挥霍信托[②]。

案例 6-6-1 马某与张某甲等案[③]

法院查明，张某某与金某某共同生育有张某甲、张某乙、张某丙三个女儿，张某某于2003年9月15日去世，原告马某与金某某于××××年××月××日登记结婚，金某某于2013年3月1日去世。金某某在彤天公司投资了46 739元的信托财产，其中17 639元于2004年7月9日从张某某处转入，29 100元于2006年2月24日又从被告张某乙处受让。根据金某某与38名共同受托人（似应为"共同委托人"）签订的《信托协议》，金某某将46 739元的信托财产委托给共同委托人，以共同委托人的名义向彤天公司投资，金某某作为唯一的受益人获得彤天公司相应的利润分红或其他投资收益。……

法院经审理认为，遗产是公民死亡时遗留的个人合法财产。继承开始后，按照法定继承办理；有遗嘱的，按照遗嘱继承或者遗赠办理；有遗赠扶养协议的，按照协议办理。本案中，被继承人金某某去世时，并未立遗嘱，也无遗赠抚养协议，因此应该按照法定继承办理遗产继承，依法应由其丈夫即原告马某，以及其子女即被告张某甲、张某乙和张某丙继承其遗产。《信托法》第15条规定："信托财产与委托人未设立信托的其他财产相区别。设立信托后，委托人死亡或者依法解散、被依法撤销、被宣告破产时，委托人是唯一受益人的，信托终止，信托财产作为其遗产或者清算财产；委托人不是唯一受益人的，信托存续，信托财产不作为其遗产或者清算财产；但作为共同受益人的委托人死亡或者依法解散、被依法撤销、被宣告破产时，其信托受益权作为其遗产或者清算财产。"因此，对于金某某在彤天公司投资的46 739元信托财产，构成金某某遗产的应为46 739元的信托受益权，而该信托受益权应由原告及三被告依法分割，每人应分得其中1/4，即原告及三被告各分得11 684.75元的信托受益权。对于三被告认为其中17 639元信托财产应属于张某某与金某某的共同财产，张某某去世后，三被告以及金某某并未对张某某的遗产进行分割，故该17 639元的3/8，应属于张某某留给三被告的遗产的意见，法院认为，由于该17 639元信托财产转入金某某名下发生于张某某去世之后、被告张某乙转让给金某某之前，即对于该17 639元由张某某转入金某某名下，视为张某某的该部分遗产已完全由金某某继承，而张某乙于2006年2月24日向金某某转让信托财产时，对于上述17 639元的转入情况应该知道，三被告现主张分割张某某上述遗产，已超过两年的诉讼时效，故法院对于三被告的意见不予采纳。……

---

① See Edward C.Halbach，Jr，*Trusts*，*Gilbert Law Summaries*，Thomas/West，2008，p.130.

② Mc Kimmom v. Gogers，56N.C.200（1857）；Rest.3d§56.

③ 南京市建邺区人民法院（2014）建南民初字第178号一审民事判决书。

综上，依照《继承法》第 3 条、第 5 条、第 8 条、第 10 条、第 13 条第 1 款、第 26 条第 1 款、第 29 条，《婚姻法》第 17 条，《信托法》第 15 条，《民事诉讼法》第 64 条第 1 款、第 144 条之规定判决：对于金某某在彤天公司投资的 46 739 元信托财产，由原告马某和被告张某甲、张某乙、张某丙分别继承其中的 11 684.75 元的信托受益权。

案例分析及问题：

1. 信托受益权≠信托财产。该案中，法院引用《信托法》第 15 条作出判决并不恰当，应直接适用《信托法》第 48 条之规定，即："受益人的信托受益权可以依法转让和继承，但信托文件有限制性规定的除外。"之所以产生这种适用不当的情形，是因为审理法院对信托财产及受益权的概念有不当理解，从相当数量的司法判决的说理中都可以看到这种误解。例如，最高人民法院在"徐某玉、张某借款合同纠纷案"[①]一案中将受益人作为信托财产的"实质所有人"，"受托人持有的股权实质上是受益人所有的财产"。如果信托财产也可以被"透过形式看本质"为受益人财产的话，我们就可以"埋葬"《信托法》了。

在信托存续期间，信托财产只是信托债权人可以追索的责任财产，其他主体如委托人、受托人和受益人（受益人在信托存续期间依法主张信托利益分配请求权的除外）及其各自债权人原则上均不能对信托财产提出请求。根据《信托法》第 15 条，只有在委托人是唯一受益人的信托终止之后，信托财产才成为受益人（委托人）的遗产，才可由受益人（委托人）的继承人取得。

从法律原理上看，信托财产属于受托人的特别财产（《信托法》第 2、14 条等），而受益权属于受益人的财产（《信托法》第 44、47 条），两者分别属于不同的人，受益人的债权人强制执行属于受益人的受益权，不会影响信托财产的独立性。

当然，虽然受益权的行使首先要通过受托人，但受益权指向的标的最终是信托财产，受益权的强制执行仍然可能涉及信托财产。法院在强制执行受益权时，应当确保信托财产的独立性。需要坚持的基本原则是：如果信托没有终止，原则上不能对信托财产采取强制措施，而只能对受益权采取措施。不能把信托财产和信托受益权混淆。

2. 该案中，信托已经生效，并没有终止，亦无终止之必要。该信托的受益权属于受益人的责任财产，在信托存续期间，受益权被受益人用来清偿债务，或者作为受益人的遗产被其继承人继承，都是很自然的事情。

法院很明显没有区分信托财产和受益权。法院判决四个继承人分别继承信托财产的 1/4，是错误的。这还不仅仅是一个词语上的错误。由于该案中被继承人（兼委托人和受益人）参与的是集合信托投资，原来的信托似乎并没有因为该案的审理而终止，此时，受益人的继承人对信托财产本身是没有权利的。该案恰当的判决应当是：对于金某某在彤天公司投资的 46 739 元所代表的投资权益（受益权），由原告马某和被告张某甲、张某乙、张某丙分别继承其中 1/4。

---

① 最高人民法院（2017）最高法民终 604 号二审民事判决书（审结日期：2018 年 6 月 1 日）。

案例延伸分析

二、受益权的可转让性

除了受受益权性质的限制、法律法规的限制以及信托文件的限制性规定的限制外，信托受益权可以依法转让和继承。普通法上对此的解释是，受益人是信托财产的衡平法所有人，这种利益构成财产，因此受益人可以像转让自己的其他财产那样转移受益权[①]。总之，不管把受益权定性为债权、物权还是其他新的权利，其本质都是一种财产权，原则上具有可转让性。受益权的转让大致可以参照债权让与的原理[②]。

案例 6-6-2 吴某为与陆某明等合同纠纷案[③]

法院指出，根据《物权法》第 223 条第 7 项，“法律、行政法规规定可以出质的其他财产权利”，可以出质，以及《信托法》第 47、48 条“受益人不能清偿到期债务的，其信托受益权可以用于清偿债务，但法律、行政法规以及信托文件有限制性规定的除外”“受益人的信托受益权可以依法转让和继承，但信托文件有限制性规定的除外”之规定，集合资金信托计划的收益权属于信托收益权的一种，属于财产权范畴，案涉协议或条款并不存在无效的法定情形。

案例分析及问题：

虽然法院把信托受益权误写为“信托收益权”，但论证逻辑是通顺的。信托受益权属于信托法创设的财产权，且商事信托受益权的财产权属性更为显著，其可以被质押的属性并无争议。

《民法典》第 115 条规定：“物包括不动产和动产。法律规定权利作为物权客体的，依照其规定。”第 116 条又规定：“物权的种类和内容，由法律规定。”《民法典》并没有规定创设物权法规定以外的新的物权类型和权利内容的后果，这是明智的，为实务的创造留下充足的空间。

---

① Blair v. Commissioner of Internal Revenue，300 U.S.5（1937）.

② 受益人转让受益权原则上不需要委托人或者受托人同意，但是受益人为了能向受托人主张权利，需要通知受托人。信托权利和信托利益转移的时间应以转让人和受让人约定的时间为准。我国有法院判决指出，因信托文件中约定信托受益权转让在收到受托人的确认之后生效，从之。在信托财产是股权的场合，即使没有就股权利益的享有者的变更进行公告和变更登记，亦不影响受益权的转让。参见“上海市易融企业发展有限公司与上海市般诺电子科技有限公司、中融国际信托有限公司所有权确认案”，上海市第一中级人民法院（2008）沪一中民三（商）初第字 25 号一审民事判决书。

③ 浙江省杭州市中级人民法院（2015）浙杭商终字第 845 号二审民事判决书。

信托受益权能否质押，首先取决于对《民法典》第440条第7项的解释。该项规定“法律、行政法规规定可以出质的其他财产权利”可以设立质押。其具体含义是，其他法律和行政法规所规定的可转让的、合法的财产权利都可以设立质押，并没有要求在其他法律当中明确规定某项权利可以出质或者质押。

财产权被继承、被质押、被强制执行或被用来清偿债务，和被转让的含义是高度同质的，都是指财产权利被处分了。能转让的财产和财产权利适合设质的，自然可以设质，并不需要在“其他法律和行政法规”中明确说明“本权利可以设立质权”，把原《物权法》第223条规定的“可以出质”作限定性解释是不恰当的。《信托法》第47、48条规定受益权可以用于“清偿债务”、可以“依法转让”和“继承”，虽然没有明确“可以出质”，但信托受益权可以出质是显而易见的。

原理上，作为默认规则，所有的财产权利都可以转让，除非存在法定的或者约定的限制①。而不是反过来，必须法律规定可以转让的财产权利才可以转让。财产权的可转让性是内生的。

实践中已经出现关于受益权质押（转让）的大量需求和不少成例，法院严格执行物权法定原则会影响效率、妨碍创造，是不合理的。信托受益权设定质押的安排类似于根据信托法这种特别法创设了一种以信托受益权为权利质押客体的新型担保物权，并不违反物权法定原则。

这里的核心问题已经不再是法律是否允许信托受益权质押，而是如何在操作层面上实现信托受益权质押。**案例6－6－3**中，法院虽然承认了受益权质押，但是就受益权质押如何产生对抗第三人的效力提出了疑问。

案例 6-6-3 北方信托公司诉台海公司等追偿权案②

2020年，台海公司与案外人渤海信托公司签订《信托贷款合同》，约定渤海信托公司向台海公司发放信托贷款3.5亿元。北方信托公司为上述贷款提供连带保证责任。

随后，北方信托公司又与台海公司签订《反担保质押合同》，约定台海公司提供反担保，包括股票质押、信托受益权质押。签约后，双方将该合同办理了公证，后就股票质押办理了质押登记；台海公司将某信托计划的信托合同交付北方信托公司，但信托受益权质押因无法定登记机构未办理质押登记。

台海公司收到贷款后，未按期支付利息，渤海信托公司因此向法院提起诉讼，宣布贷款提前到期，要求台海公司偿还全部贷款本金及相应利息。法院判决支持该公司的诉讼请求。后台海公司未履行判决确定的还款义务。北方信托公司代台海公司向渤海信托公司偿还借款本金6 000万元后，向台海公司催收还款未果，遂起诉要求：台海公司向北方信托公司支付代偿款项中的4 000万元及相应利息，以及北方信托公司为实现上述债权产生的费用损失；

① 当然，信托受益权种类多样，例如，裁量信托中的受益权的权利属性十分稀薄，不能出质。法律对信托受益权的转让有限定或者当事人对受益权转让有约定限制的，从其规定、约定。

② 天津市高级人民法院（2021）津民终483号二审民事判决书。案例转引自荆嫒嫒：《信托受益权质押的效力认定——天津高院判决北方信托公司诉台海公司等追偿权纠纷案》，载《人民法院报》2022年5月31日。

确认北方信托公司对台海公司质押的信托受益权及股票享有优先受偿权等。

一审法院天津市第二中级人民法院审理后认为，北方信托公司与台海公司签订的《反担保质押合同》系双方真实意思表示，信托受益权不属于法律、行政法规禁止质押的财产，该合同合法有效。因信托收益权质押无法定的登记机构，该质押未经登记，不具有物权效力。北方信托公司有权按照合同约定就质押物折价、变卖或者拍卖所得价款清偿债务，其关于就质权优先受偿的主张不予支持。

因此，该院判决确认北方信托公司对台海公司享有 4 000 万元的债权及自代垫日到破产申请受理日的利息债权；确认北方信托公司有权以台海公司质押股票折价或者以拍卖、变卖的价款在第一项给付范围内享有优先受偿权；确认北方信托公司有权以台海公司质押的信托受益权折价、变卖或者拍卖的价款在第一项给付范围内受偿；驳回北方信托公司的其他诉讼请求。宣判后，北方信托公司不服，提起上诉。

二审法院天津市高级人民法院审理后认为，原《物权法》第 6 条规定了物权设立和变动的公示方法，物权的设立、变动应当以法定方式进行公示才能产生对抗效力和优先性。案涉信托受益权质押因无法定的登记机构而未能进行登记，不具有物权效力。案涉《反担保质押合同》办理公证仅为赋予该合同强制执行效力，且公证不是法定的物权公示方式，就该合同办理公证并不产生物权效力。且案涉某信托计划的信托合同也不是权利凭证，交付该合同亦不成立信托受益权质权。遂判决驳回上诉，维持原判。

案例分析及问题：

该案中，法院并没有否认受益权上可以设立权利质权。但是，法院认为，“物权的设立、变动应当以法定方式进行公示才能产生对抗效力和优先性。案涉信托受益权质押因无法定的登记机构而未能进行登记，不具有物权效力”。

根据《民法典》第 441 条规定，有权利凭证的质权，自权利凭证交付质权人时设立；无权利凭证的，质权自办理出质登记时设立。信托受益权在性质上类似基金份额，《民法典》第 443 条规定，以基金份额、股权出质的，质权自办理出质登记时设立。依此，信托受益权质权需要在相关部门登记才能设立。《民法典》并没有明确规定出质登记部门是什么部门。

基金份额是标准化的信托受益权。《证券投资基金法》第 102 条第 1 款规定：“基金份额登记机构以电子介质登记的数据，是基金份额持有人权利归属的根据。基金份额持有人以基金份额出质的，质权自基金份额登记机构办理出质登记时设立。”而关于私募基金份额，2022 年《上海市浦东新区绿色金融发展若干规定》提出建立私募股权和创业投资份额转让平台，而基金份额质押也属于广义“转让”的一部分。

信托受益权份额的质押与私募基金份额质押具有类似性，至少可以采取以下方式进行公示：（1）可以在受托人信托公司设置不可逆的登记信息。（2）可以在中国信托登记有限责任公司设置信托受益权质押登记。目前，《信托登记管理办法》亦未涉及信托受益权质押登记，中国信托登记有限责任公司网站上公示的信托登记内容中也没有信托受益权质押登记项目。一般认为，我国目前尚无法定的信托受益权质押登记机关，未建立信托受益权质押公示制度。

该案中，因不存在法院所说的法定的信托受益权登记机关，所以，即使信托受益权质押合同有效，债权人亦无法针对信托受益权取得优先于第三人受偿的权利。

不过，信托受益权这种私募型的投资权益份额，在形式上的债权属性非常强，这种关系具有一定的私密性，如果受益人欲以其信托受益权质押，只需要跟债权人签订质押合同，并在受托人处办理质押登记，该登记在技术设计上为不可逆的，在法律性质上类似债权转让中对债务人的通知（受益人类似债权人，将其持有的受益权设立质押类似债权转让，均构成对其自身债权的处分），并不存在可能受到侵害的第三人债权人——只要受托人不配合，受益人的其他债权人不可能就信托受益权取得优先受偿的权利。

由于中国信托登记有限责任公司处在信托产品登记的信息中心地位，如果能在中国信托登记有限责任公司进行信托受益权质押登记，信托受益权是否转让、是否被质押的权利状态已经确定，就不存在侵害第三人债权人的可能性，应能产生优先受偿的效力。该案中，信托受益权质押经过公证，且受托人是知情的，基本上也能产生类似的效果，法院不承认信托受益权质押的效力似有不妥。

需要注意的是，受益人转让的并不是信托财产本身，而是信托财产的受益权，是受益人在信托中所享有的利益。转让之前对信托利益所施加的条件和限制对受让人都适用[①]。若受益人需要使用信托财产清偿其债务，就必须终止信托（受益人在什么情况下能终止信托的问题，在第七章“信托的变更和终止”部分讨论）。

三、对受益权转让施加的限制

在我国的信托实务中，由于基本上都是资金信托，所以受益权应具有较好的可转让性。《信托法》第 48 条规定，受益人的受益权可以依法转让和继承，“但信托文件有限制性规定的除外”，没有如第 47 条规定“法律、行政法规”限制转让的例外，但是解释上二者并无实质差别。受益权转让和普通的财产权（特别是债权）转让所受限制具有可类比性。对受益权转让的限制有以下三种情形。

（一）自身性质上不得转让及法律法规限制转让的受益权

例如，以抚养受益人为目的的信托（残疾人抚养信托等）是为保护特定的人而授予受益权，该受益权原则上属于专有权，是不能转让的。这种具有专属性的权利不仅不能进行一般的转让，亦不能因继承而转让[②]。

再如，法律法规在确认受益权可以转让原则的前提下，对受益权拆分转让施加明确的限制。《信托公司集合资金信托计划管理办法》第 29 条明确要求，信托计划存续期间，受益人可以向合格投资者转让其持有的信托单位；受益权进行拆分转让的，受让人不得

① 例如，如果受益人 B 对信托财产享有终身受益权并把此权利转让给其朋友 F，F 就享有 B 的终身受益权（而不是 F 自身的终身受益权）。如果受益人 B 死亡，F 的受益权随即终止；如果 F 先于 B 死亡，F 的继承人可以继承 B 剩余存活期间的受益权。

② 不能成为继承对象的含义是：特定的受益人死亡是信托终止的事由。

为自然人；机构所持有的受益权，不得向自然人转让或拆分转让[①]。

（二）当事人约定不得转让的效力之一——以《民法典》第 545 条为参考

在信托文件中，当事人限制受益权的转让是契约自由的具体体现。《信托法》第 48 条但书有类似《民法典》第 545 条第 2 款的规定，允许当事人通过约定的方式限制受益权转让。但是，受益人违反委托人的限制，将受益权转让给他人，此转让行为的效力如何？

在债权转让的场合，有动因限制债权转让的人是债务人；而在受益权转让的场合，有动因限制受益权转让的人是委托人（有时受托人也有动机）。在民事信托中，委托人或可以通过限制受益权转让的方式来保护受益人的利益。但是，目前大量存在的商事信托中的受益权，是一种纯粹的经济利益，是一种财产，若当事人能通过约定限制受益权的转让，有违第三人的信赖，不利于财产的流通和对交易安全的保护。因此，似应参考《民法典》第 545 条，增加“信托行为中的约定不得对抗善意第三人”的规定。

案例 6-6-4　海淀科技与深圳新华锦源案[②]

法院认为，根据《信托合同》中关于受益权不得分割转让的约定，2004 年 7 月 27 日的《信托受益权转让协议》违背了受益权不得分割转让的约定，但 2004 年 9 月 10 日的《补充协议》约定将所有受益权进行转让，《补充协议》作为《信托受益权转让协议》的一部分，对其内容进行了修正，应当视为双方约定将受益权进行全部转让。

该判决虽然最终承认了受益权可以转让，但该结果是基于后续补充协议的效力。即法院认定，若无后续协议，违背最初约定的转让限制进行转让是无效的。

约定不允许转让的当事人是委托人（兼受益人）和受托人，受益权转让是在委托人（兼受益人）和受让人之间进行的，受让人一般并无从得知委托人和受托人就受益权转让有约定的限制，因此善意的受让人不应受该约定的限制。

（三）当事人约定不得转让的效力之二——关于反挥霍信托的问题

《信托法》第 47 条但书和第 48 条但书为承认英美法上的反挥霍信托等信托类型提供了制度空间。固定信托中享有终身受益权的受益人，对信托财产有固有的、“成熟”的既得权（vested right），就该权利受益人可以转让、可以设定担保，在受益人破产时该权利可以成为其破产财产。委托人可能愿意授予受益人信托利益，但是如果受益人破产，或者产生某种恣意的、挥霍性的运用其受益权的情形，受益人可能被迫用受益权偿还债权人，这可能违背委托人的初衷。因此，英美法上就出现了反挥霍信托、保护信托和教养信

① 这种转让限制的目的是防止信托受益权转让给合格投资者以外的人，但是，只要受让的对象是合格投资者，限制受益权拆分转让就缺乏合理性。参见周小明：《信托制度：法理与实务》，中国法制出版社 2012 年版，第 437—438 页。

② 重庆市高级人民法院（2006）渝高法民初字第 14 号一审民事判决书。

托等形态[①]。

在保护信托或者反挥霍信托中，受托人遵照委托人的意愿，在一定条件下解除信托或者剥夺（或者暂时剥夺）受益人的受益权，这个受益权原本就不是受益人的债权人所应期待的。这相当于为受益人能否取得受益权设定条件，和约定受益权不得转让相比，更具有合理性，更少受到受益人债权人的质疑。

这里需要注意的是，在反挥霍信托和保护信托的场合，受益权具有了一定的专属性[②]。这种约定不得转让和因自身性质不得转让之间的区别并不明显。

（四）受益权转让之事实上的限制

在受益权并非专属权利时，如商事信托的受益权，只要委托人和受托人之间没有约定的限制，一般是可以转让的。不过，如果没有受益权转让的市场，即使法律允许转让，事实上受益权也是不可能转让的。

第七节　受益人的其他权利

受益人是信托利益的享有者，也是受托人行为的主要监督者。《信托法》第 49 条似乎给人一种印象，即监督受托人的职责主要是由委托人承担的。这并不恰当。在自益信托中，委托人和受益人为同一人，区分二者似乎并无意义，但是从法理上要清楚二者有着不同的法律地位；在他益信托中，受益人类似于信托财产的受赠与人，是信托利益享有者，是真正的权利人，所以只有受益人才有足够的动力去监督受托人。而且，虽然说信托要尊重委托人设立信托时的意愿，但是信托一旦设立，其意愿即行冻结，委托人若行使监督权能则有可能和受益人产生冲突，只是由于我国现存的主要是自益的营业信托，受益人和委托人之间在权限方面的冲突和矛盾没有浮出水面。而且，在遗嘱信托中，委托人在设立信托之后可能不复存在，无法监督信托，让委托人的继承人进行监督，更易和受益人的利益发生冲突。当然，受益人在很多情况下也可能是行为能力受限的人，有时甚至是不能确定的人，也有可能是多数的人，如何行使监督职权，保护受益人的利益，法律必须予以考虑。因此，原则上应确定监督信托的首要的人是受益人，受益人不能或者很难行使监督权能的时候，法律应提供相应的补救制度来强化受益人的监督权能；只有在某些特殊的情况下，才允许委托人补充行使监督权能。

在信托中，受益人除了享有受益权外，其他的权利内容归纳如下：

---

① 实务界可能更重视反挥霍信托等通过合理的事前安排来达到未来财产安全的功能，这也正是信托法作为财产规划法（estate planning）所应体现的功能。但是根据《美国信托法第三次重述》，反挥霍信托条款不能用来保护委托人的保留利益，即，财产权人不能为其自身设立反挥霍信托来使自己的财产免于债权人追索。See Restatement（Third）of Trusts § 58 comment f.

② 对受益权转让的一般法定规则的修改：在美国几个州的成文法中，受益人从不动产中取得租金和利润的受益权是不可转让的，例外是在这些成文法中，这些受益人的债权人可以对超出受益人的“教育、维持生计和帮助”所必需的数额予以扣押。See Edward C.Halbach，Jr，*Trusts*，*Gilbert Law Summaries*，Thomas/West，2008，p.128.

（1）对非法强制执行信托财产的异议申诉权（《信托法》第 17 条第 2 款）。（2）信托财产的管理运用、处分及收支情况的调查权以及说明请求权（《信托法》第 20 条第 1 款）；信托账目以及处理信托事务的其他文件的查阅、抄录或者复制权（《信托法》第 20 条第 2 款）。（3）信托财产的管理方法的变更权（《信托法》第 21 条）。（4）信托财产的原状恢复请求权、损失补偿请求权以及撤销权（《信托法》第 22 条，详见第八节）。（5）受托人的解任权以及受托人的解任请求权（《信托法》第 23 条）。（6）受托人的辞任同意权（《信托法》第 38 条）。（7）新受托人选任权（《信托法》第 40 条）。

2006 年《日本信托法》为了提高对受益人救济的实效性，赋予了受益人请求受托人停止（已经发生或者可能发生的）侵害行为的权利，这属于事前的救济手段（第 44 条）。值得注意的是，受益人能请求停止的行为，应限于“违反信托”的行为，按照《日本信托法》上的表述，是“违反法令或者信托行为”的行为，而不能请求受托人停止其裁量权范围内的行为[1]。

第八节　受益人的撤销权

《信托法》第 22 条第 1 款规定，受托人违反信托目的处分信托财产或者因违背管理职责、处理信托事务不当致使信托财产受到损失的，委托人有权申请法院撤销该处分行为，并有权要求受托人恢复信托财产的原状或者予以赔偿；该信托财产的受让人明知是违反信托目的而接受该财产的，应当予以返还或者予以赔偿。该条和第 49 条构成受益人撤销权的规范依据。该条还可以作为受托人违反义务而为受益人提供救济的一般条款而存在，参见第五章的相关讨论。

一、撤销权人

《信托法》首先在第 21—23 条规定了委托人的权利，之后第 49 条规定受益人享有委托人的上述权利。即委托人和受益人均可行使此撤销权。实际上，受益人是行使此撤销权的更恰当的主体。

立法者就委托人行使撤销权所提供的理由有两个：（1）委托人是信托合同的当事人，应和普通的合同当事人一样享有撤销权。（2）民事信托的场合，受益人有时没有民事行为能力，没有监督受托人的人，因此需要委托人的监督。

二、作为撤销权对象的受托人行为

作为撤销权对象的是受托人“违反信托目的处分信托财产或者因违背管理职责、处

---

① 参见能見善久『現代信託法』（有斐閣、2004 年）179—180 頁。

理信托事务不当致使信托财产受到损失的”行为。该行为包括与第三人进行的处分行为和其他不当行为，似可包括负担行为[①]。

一般而言，受托人享有类似财产所有人的权限和管理职责，这些权限和管理职责确定了受托人的行为范围。但是，受托人实际上并不是真正的财产所有人，其行为会受到各种限制，主要包括法律、信托行为和信托目的的限制。

（一）违反忠实义务、善管注意义务的行为——对法定义务的违反

1. 违反忠实义务的行为是否成为撤销权的对象

受托人的自己交易行为和第三人没有任何关系，仅仅属于内部关系，不构成《信托法》第 22 条撤销权的对象。而受托人和第三人进行的违反忠实义务的交易(包括赠与)行为，应成为撤销权的对象。

2. 违反善管注意义务的行为是否成为撤销权的对象

违反善管注意义务的行为，并不能直接成为撤销权的对象。但有时某些行为属于违反善管注意义务的行为还是违反忠实义务的行为，很难判断。例如，受托人有出卖信托财产的权限，但以非常不当的低价出卖信托财产，该行为违反了善管注意义务，但是否构成对忠实义务的违反有待斟酌。再如，受托人无视投资对象的风险，仍然购买了某公司的公司债，给信托财产带来了损害。该行为虽然违反了善管注意义务[②]，但似乎不能成为撤销权的对象。

（二）违反信托合同（条款）所规定的约定义务

信托合同（条款）的限制为具体的限制，委托人通过信托行为决定受托人必须为哪些行为，不能为哪些行为。如前所述，以忠实义务为中心的法定义务，具有任意性规则的性质，因此，信托条款所规定的义务可以是对法定义务的具体化，也可以是对法定义务的变更。

（三）违反信托目的

委托人设立信托所欲达成的目的是信托目的。信托目的由委托人自由决定，当然，不能违反法律和公序良俗。这样，信托目的所确定的义务和信托文件所规定的义务大体相同。不过，信托目的所确定的义务比信托文件所规定的义务的抽象性更高一些。

---

① 我国《信托法》第 22 条和第 49 条均强调撤销权的对象是“处分行为”，而旧《日本信托法》第 31 条所规定的撤销权对象也是权限外的处分行为，受托人即使没有借入权限却仍然从第三人借款的这种行为由于属于债务负担行为，并不构成撤销权的对象。但《日本信托法》在 2006 年修改后改变了这一立场。

② 参见能見善久『現代信託法』(有斐閣、2004 年) 150—151 頁。

案例 6-8-1　宋某国与外贸信托公司案①

2013 年 7 月 4 日，宋某国与外贸信托公司签署《外贸信托—天工科技流动资金贷款单一资金信托合同》。该信托合同约定：该信托项目资金用于向天工科技公司发放流动资金贷款，由担保人河北融投公司、担保人王某为该借款的偿还承担保证担保责任。外贸信托公司作为受托人，负责信托贷款的发放及管理。

2015 年第一季度，外贸信托公司告知宋某国，借款人天工科技公司未能如期支付到期利息。2015 年 4 月，外贸信托公司向借款人发出通知，宣布贷款于 2015 年 4 月 15 日到期，要求天工科技公司偿还《信托贷款合同》项下所有贷款本金、利息、罚息及相关款项。随后，外贸信托公司在北京市第二中级人民法院提起对借款人及担保人的强制执行申请，但相关债权至今仍未获得任何偿付。

宋某国主张，该信托贷款实际并未用于天工科技公司的流动资金贷款，而是用于某一房地产项目（国隆府房地产项目）。外贸信托公司使用天工科技公司作为借款人也是为了规避当时法律法规对于房地产项目贷款的限制，而天工科技公司不具有实际经营能力与债务偿付能力。外贸信托公司在将贷款支付至天工科技公司账户后也没有实际予以监督管理。外贸信托公司在项目的前期调查及贷后管理中均存在严重问题。外贸信托公司作为信托专业机构，应当恪尽职守，诚实、审慎地履行管理义务，但外贸信托公司严重违法违规，将信托财产用于非信托目的，且在信托财产管理中存在违背管理职责、管理信托事务不当的行为，导致信托财产发生损失，信托贷款本息至今未能偿付。

法院认为，外贸信托公司基于《信托贷款合同》《保证合同》公证债权文书以及公证机关出具的《执行证书》，向法院申请执行公证债权文书，法院亦已据此裁定对被执行人天工科技公司、河北融投公司、王某进行强制执行。宋某国起诉请求撤销《信托贷款合同》，判令外贸信托公司返还宋某国信托财产 1 亿元并赔偿相应经济损失，该诉讼请求和其此前同意外贸信托公司依据《信托贷款合同》申请强制执行的意思表示存在矛盾，且执行公证债权文书程序正在进行中，尚无法确定宋某国的信托本金和信托收益的损失数额。经法院释明，宋某国亦未能对其诉讼请求和理由进一步明确。

综上，宋某国的诉讼请求和理由尚不明确、具体。法院驳回了宋某国的起诉。

案例分析及问题：

该案中，委托人根据《信托法》第 22 条主张撤销受托人的贷款行为，从法院的判决理由可以看出，法院实际上认为：（1）委托人不能在等待受托人向第三人主张债权（强制执行）的同时又撤销受托人取得债权的贷款行为，这两者是相互矛盾的。（2）由于债权文书强制执行程序正在进行，委托人无法证明自己损失的范围，无法请求损害赔偿。

1. 能否行使撤销权。委托人根据《信托法》第 22 条撤销受托人的交易行为，法院正在强制执行受托人基于该交易对第三人权利，委托人能否根据《信托法》第 22

① 北京市第二中级人民法院（2016）京 02 民初 173 号一审民事裁定书。

条撤销该交易，在理论上仍有值得探讨的空间。

《信托法》第 22 条并没有将可撤销的行为限于处分行为，该案中受托人把信托财产贷款给第三人的行为，构成了“因违背管理职责、处理信托事务不当致使信托财产受到损失的”情形，委托人可以行使撤销权。在该案中，“信托贷款实际并未用于天工科技公司的流动资金贷款，而是用于某一房地产项目（国隆府房地产项目）。外贸信托公司使用天工科技公司作为借款人也是为了规避当时法律法规对于房地产项目贷款的限制，而天工科技公司不具有实际经营能力与债务偿付能力。外贸信托公司在将贷款支付至天工科技公司账户后也没有实际予以监督管理。外贸信托公司在项目的前期调查及贷后管理中均存在严重问题”，完全符合该条的构成要件。

至于受托人是否无资力、是否积极行使权利、是否已经对第三人债务人强制执行，均非所问。至于受托人对第三人的诉讼和强制执行是否因此丧失了基础，也并非该案审理法院所需关注之问题。因此，即使受托人正在行使对第三人的权利，原则上亦不妨碍撤销权的行使。

而且，撤销权为形成权，必须在法定期间（知道或者应当知道权利受侵害起 1 年）行使，如果受托人故意拖延行使权利，可能导致委托人无法行使撤销权。特别是在长期存续的民事信托的场景下，委托人的撤销权更具有合理性。

另外，实践中有案例（**案例 5－3－4**“桂阳农商行和财信证券案”）涉及所谓“撤销不能”的问题。

2. 行使撤销权是否必要。撤销权的行使除了有其可行性之外，还要有其必要性。撤销权主要利用受益人和委托人权利的涉他效力，尽力从受托人以外的第三人处挽回更多的损失。该案中，即使委托人（受益人）有权行使撤销权，因金钱之债不存在所谓回复原状的问题，又因信托法规定比较模糊，不能确定委托人能否从信托债务人及其担保人处直接取得财产给付（所以无须担心委托人得到重复救济），这和让受托人向第三人主张权利并归入信托财产并无实质区别。因此，委托人似不需要提起撤销权诉讼，而可以采取其他救济措施，如主张因受托人严重违反信托而解除信托并请求损害赔偿。

3. 损失是否确定。法院认为，委托人根据《信托法》第 22 条行使撤销权并主张损害赔偿的救济，但因受托人仍在对第三人主张权利，委托人的损失仍不确定，所以不能主张损害赔偿。本书认为，如果委托人能证明受托人违反信托目的和信托合同的约定将信托财产处分于第三人，却不允许该委托人主张损害赔偿，有时就会导致一种奇怪的状况：受托人违反信托义务，把信托财产中的动产或不动产廉价卖给关联人，却可以自己正在对第三人行使权利为由，阻挡委托人行使权利（不管是主张撤销还是解除）并主张损害赔偿，即委托人被迫等待。受托人从事了一个错误行为，而让委托人（受益人）承担其错误行为的结果，这是不合理的。

三、关于受托人“致使信托财产受到损失”是否是撤销权的必要条件

就“致使信托财产受到损失”是否是受益人行使撤销权的必要条件，《信托法》第22条的规定有歧义。如果将条文中的“或者”连接的“受托人违反信托目的处分信托财产”和“因违背管理职责、处理信托事务不当致使信托财产受到损失的”分别作为行使撤销权的两种情形，则“致使信托财产受到损失”并非撤销权的构成要件。特别是在受托人违反忠实义务进行关联交易的场合，即使没有给信托财产带来损失，受益人亦有权撤销。

四、撤销权行使条件和第三人保护

《信托法》第22条第1款规定“该信托财产的受让人明知是违反信托目的而接受该财产的”，才承担返还或者赔偿责任，强调对善意第三人的保护。

案例 6-8-2　王某杰与李某东案[①]

法院经审理查明，2004年5月31日，王某杰与水电七局签订的《解除劳动合同协议书》约定，自2004年5月31日起解除双方签订的劳动合同；王某杰同意进入改制后的新公司，用国有净资产折抵王某杰应得的经济补偿金，经济补偿金转为新公司的股权或债权；王某杰应得的经济补偿金共计38 961元。

2004年12月24日，王某杰（委托人）与李某东（受托人）签订《信托合同》，约定委托人以本合同约定之财产设立财产信托，用于“中水七局成水有限责任公司”股权投资，并由受益人根据本合同之约定间接享受在该公司的资本收益等。

2008年4月28日，李某东在未取得王某杰书面授权的情况下，自行与水电七局签订《股权转让协议书》，该协议中明确李某东与成都水电公司138名职工已分别于2004年12月24日签署《信托合同》，李某东代该138名职工持有成都水电公司部分股权，该部分股权连同李某东自身持有的股权总计占成都水电公司总股本的5.896 5%，投资总额3 537 908.70元；现李某东愿意且获得一切合法授权依照本协议条款将以其名义持有的所有成都水电公司5.896 5%的股权及相关权益转让给水电七局等。

2009年6月16日，成都水电公司制作“第二批回购出资及扣除经济补偿金后兑现支付签字表”，记载王某杰补偿金38 961元出资形成的股权占成都水电公司全部股权的比例为0.064 9%。

王某杰于2012年向原审法院起诉，请求判决：撤销李某东与水电七局签订的《股权转让协议书》；水电七局返还王某杰享有的被李某东擅自转让的成都水电公司的股份。

二审法院认为，王某杰与李某东签订的《信托合同》是双方真实意思表示，且不违反法

① 四川省成都市中级人民法院（2013）成民终字第3622号二审民事判决书。

律、行政法规规定，应属有效。李某东应当按照合同约定对信托财产进行管理。根据《信托法》第 22 条“受托人违反信托目的处分信托财产或者因违背管理职责、处理信托事务不当致使信托财产受到损失的，委托人有权申请人民法院撤销该处分行为，并有权要求受托人恢复信托财产的原状或者予以赔偿；该信托财产的受让人明知是违反信托目的而接受该财产的，应当予以返还或者予以赔偿”的规定，李某东违反信托目的在未取得委托人授权的情况下处分信托财产，其处分行为已被（2012）温江民初字第 801 号民事判决予以撤销。该行为撤销后，王某杰有权要求李某东及水电七局恢复信托财产原状或予以赔偿。故王某杰的诉讼请求成立，应当予以支持。水电七局应将王某杰在成都水电公司以信托方式投资形成的登记在李某东名下的股权（出资额 38 961 元，占总股本比例为 0.064 9%）恢复至李某东名下。

案例分析及问题：

该案的核心问题是：受托人向第三人转让股权的行为是否可根据《信托法》第 22 条予以撤销。受益人撤销受托人违背信托目的的行为，需要同时保护善意第三人的利益（“受让人明知是违反信托目的而接受该财产的”，不予保护）。该案判决中提到，受托人的处分行为被（2012）温江民初字第 801 号民事判决所撤销，即后判决确认了受让人不具善意。

由于受托人原则上对信托财产享有类似所有人的处分权，受让人信赖受托人的处分权是正常的；信托文件一般并不具有公开性，即便如该案中李某东和水电七局签订的《股权转让协议书》中明确了李某东作为包括李某杰在内的 138 名职工的受托人持有股权，受让人并不一定会知道委托人对受托人处分权限的限制。受让人仅仅知道李某东是股权的受托人并不能自动证明其恶意，还需要证明受让人明知违反信托目的、违背信托权限处分财产。

值得注意的是，根据《信托法》第 22 条的规定，处分行为被撤销的，委托人（受益人）“有权要求受托人恢复信托财产的原状或者予以赔偿”，而非将信托财产返还给委托人（受益人）。该案中的委托人并没有主张解除信托，但法院直接判令将争议股权恢复至李某东名下，并不恰当。

五、撤销权行使的方式、后果和期限

对于撤销权行使的方式，当事人必须申请法院撤销，自己无法撤销。而且，共同受益人之一申请法院撤销该处分行为的，法院所作出的撤销裁定，对全体共同受益人有效①。

受益人有权要求受托人恢复原状或者赔偿损失；对于恶意受让人，受益人有权要求其返还财产或者赔偿损失。《信托法》第 22 条中的恢复原状、返还财产和赔偿损失之间虽用“或者”连接，似可同时适用。

---

① 其实，不仅限于受益人的撤销权，某个受益人对受托人违反信托义务所请求的赔偿并不局限于他本人的损失，事实上他是代表所有受益人的利益提起的诉讼，要求受托人恢复信托财产原状、赔偿因违反信托所造成的信托财产的损失。参见［英］D.J. 海顿：《信托法》（第 4 版），周翼、王昊译，法律出版社 2004 年版，第 17 页。可以看出，受益人的权利和债法上的债的保全以及公司法上的股东代表诉讼相类，原则上采“入库原则”。

受益人自知道或者应当知道撤销原因之日起一年内不行使撤销权的，撤销权归于消灭[①]。

第九节　受益人的义务和责任

一、受益人的法定义务

理论上，受益人为纯受益之人，除了享有受益权之外，若无约定不承担其他义务。不过，根据《信托法》的规定，受益人在法律有规定的情形下可能会承担一定的义务，这是在信托终止后原受益人作为权利归属人可能承担的义务。

《信托法》第 56 条规定："信托终止后，人民法院依据本法第十七条的规定对原信托财产进行强制执行的，以权利归属人为被执行人。"虽然理论上需要区分受益人和权利归属人，但在权利归属人是原受益人的场合，根据《信托法》第 17 条第 2 款规定，对信托财产提出强制执行的主体是信托债权人，该受益人亦可能要因信托债务履行相应的义务。

另《信托法》第 57 条规定："信托终止后，受托人依照本法规定行使请求给付报酬、从信托财产中获得补偿的权利时，可以留置信托财产或者对信托财产的权利归属人提出请求。"即如果受托人因清偿信托债务导致承担个人责任，而受托人不存在过错，且信托财产不足以求偿，或者受托人对信托财产有信托报酬请求权的，受托人可以请求权利归属人偿还，受益人便存在承担义务的可能性。

我国《信托法》上虽然存在信托清算的规定，但不存在信托破产的规定，这样，在信托终止之后，若信托债务超过信托财产，则自益信托的受益人可能承担偿还超出其"投资"数额的义务。他益信托（如家族信托）的受益人也可能会承担意料之外的风险。公平起见，应将受益人的义务限定在其取得的信托利益的范围之内[②]。

二、受益人的约定义务

不过，由于信托法为任意法，信托当事人（委托人和受托人）可以在信托文件中约定受益人负有某种义务，受益人虽然不是信托合同的当事人，但其接受受益权即意味着接受该条款和相关义务。受益人可能承担的约定义务有两种：（1）支付信托报酬的义务。

---

① 《民法典》第 541 条规定的 5 年最长撤销期限是否适用，值得探讨。

② 《日本信托法》第 48 条规定，原则上受益人对费用并无补偿之义务，但是受托人和受益人就费用补偿达成合意的除外。这一规则确立了受益人原则上的有限责任，目的是使得受益权成为一种真正的纯受益的权利，增加资产证券化中受益权凭证的确定性。

（2）补偿义务。实践中，受益人基于约定可能对信托财产、其他受益人或者受托人承担补偿义务。例如，在**案例 6－2－3**“江西银行与邦信公司案”中，案涉《信托合同》第 12 条约定，劣后级受益人信托利益分配中，当期优先级受益人的信托收益低于其预期收益率的，不足部分由劣后级受益人以其已收取的信托利益为限向优先级受益人予以补足。

在受益权转让之时，这些义务原则上并不随同转让。

第十节　受益人和信托的监督

一、受益人的监督权

传统信托的构造比较简单，成本低，运用灵活，受益人也不需要像公司股东那样监督信托。不过，信托不断地在商事领域拓展自己的适用范围，信托的基本性质虽然并未改变，但受益人的监督权逐渐变得重要起来①。受益人一个重要的职能是作为最密切的利害相关人，对信托事务是否得到恰当、合法的处理进行监督。由于受益人是信托最密切的利害关系人，他有足够的动因对受托人和信托的运作进行监督。因此，在受益人能自己行使权利的时候，一般由受益人监督受托人的行为。

但是，在不存在确定受益人的场合中，谁能监督受托人，进而保护受益人的利益就成了问题。即使现实存在受益人，但当受益人是高龄人或未成年人时，他们并没有监督受托人的充分能力。而且，在把信托受益权作为投资商品进行组合的场合，无时无刻不在关注受托人的行动，这对于投资者而言也是很大的负担，若有人能代投资者进行监督就很方便了。若能如此，受益权作为商品出卖或证券化就更具可行性。

受益人行使什么程度的信托监督权能是恰当的呢？这根据信托的类型不同而有所不同。

第一，在民事信托中，如果受益人自己能够行使权利，那么监督权应集中由受益人行使。《信托法》第 49 条建立了一个并不恰当的逻辑：监督信托的权能原则上在委托人处，受益人可以行使委托人（及其继承人）的相关权能②，其弦外音是仍然强调委托人的地位。我国《信托法》赋予委托人及其继承人很多的监督权能，但在委托人及其继承人的意愿和受益人的意愿不一致的时候，哪一方的意愿优先呢？虽然可以申请法院进行裁定，但是，法院裁定的根据是什么呢？这需要根据具体问题进行讨论，原则上应是受益

① 参见能見善久『現代信託法』（有斐閣、2004 年）187—188 頁。

② 《信托法》第 49 条第 1 款规定：“受益人可以行使本法第二十条至第二十三条规定的委托人享有的权利。受益人行使上述权利，与委托人意见不一致时，可以申请人民法院作出裁定。”

人的意愿优先；有时也不能完全忽视作为信托设定人的委托人的意思。

第二，为未成年人、病弱者或者残疾人的利益管理运用信托的时候，有时可能无法期待受益人能自己行使信托法上的各项权利，也无法期待受益人积极地监督受托人（法定代理人有时可代行监督职责）。在这种情况下选任第三人行使监督权（如保护人）是一种比较好的方法。若受益人本人无法行使监督权能，也不能设置保护人，就只能由委托人行使了。不过，委托人也可能因年龄、死亡等原因无法行使，只能由其继承人继承其地位，此时，很难期待委托人及其继承人行使监督权。原本，委托人在信托的治理结构中也只应有有限的功能。

第三，在商事信托中，受益人一般为信托产品的投资者，经常存在多数受益人，法律应为多数的受益人行使权利提供机制，我国《信托公司集合资金信托计划管理办法》第七章专章规定了“受益人大会”。

二、信托监察人

《信托法》在公益信托部分规定了监察人为公益信托的必设机关，2016 年颁布的《慈善法》将慈善信托的监察人改为任意设置。

在普通的私益信托中，虽然信托成立，但是在受益人不特定或者尚未存在的时候，受益权仍然处于不确定状态，就没有人能强制执行信托，也没有人能监督受托人履行信托职责。由于信托法为私法，为保护受益人利益，私益信托的关系人自然可以约定设立类似公益信托中监察人的机关。在私益信托中，委托人选择的这种对信托进行监督的角色往往被称为保护人（参见第五章第一节的相关讨论）。

日本信托法上使用的是“信托管理人”这样的术语。我国台湾地区在翻译该术语的时候，借鉴民法规定的社团和财团之监察人以及公司法所规定的监察人[①]制度，使用了“信托监察人”这样的术语。

2006 年修改后的《日本信托法》设置了信托管理人、信托监督人和受益人代理人三种制度，以全面实现对受托人的监督和制衡，实现对受益人利益的保护。日本旧信托法只是在受益人不特定或者不存在的时候才允许选任代替受益人行使监督权利的信托管理人。但即使受益人已经特定、已经存在，也有为了受益人的利益选任信托监督人和受益人代理人的必要。例如，在以老人，或者精神障碍者、儿童作为受益人设置信托的时候，不少情形下受益人本身不具备监督受托人的能力，需要信托监督人等来代为行使监督之责。另外，即使存在具有完全行为能力的信托受益人，但因为人数众多等无法行使受益人的权能，也需要设置受益人代理人制度，以提高受益人行使权利的实效性和机动性。

---

① 参见李宜儒：《以信托关系论公司负责人之责任》，台湾政治大学法律研究所硕士论文 1997 年。

三、信托保护人和指示权人

参见第五章第一节的相关讨论，此处从略。

四、受益人大会

多数国家的信托法规则是以受益人是一个人或者是少数人为假设形成的，我国《信托法》也继受了类似准则。但是现在，各国大规模投资的信托大量涌现，其受益人是复数。一方面，事业规模巨大，需要从众人的手中聚集金钱一起运用；另一方面，保有大额信托财产的信托，有时也需要把受益权分割出售给多数人。在为了家族子孙的利益设置民事信托的例子中，几乎没有在多个受益人之间调整利益的必要。在受益人为复数的时候，无论什么样的做法都会有异议，各种事项都根据全部受益人的全员一致同意来决定会产生很多不便。而且，无论是受益人对受托人进行指示，还是追究受托人责任，多数的受益人之间形成统一的意思决定程序是必要的。这就需要有一个调整多个人之间利益、形成多个受益人意思的机制。

《信托法》缺乏这种机制，但《信托公司集合资金信托计划管理办法》第七章确定了类似公司法上的股东大会的受益人大会制度，以使多个受益人的意思得以形成，借以切实行使受益人的权利，并履行受益人的监督职责[①]。

案例 6-10-1　厉某英与渤海信托案[②]

本案的争议焦点之一是：第一次受益人大会召开是否合法有效。

法院认为，按照信托合同约定，召集受益人大会时，召集人应当至少提前 10 个工作日通过受托人网站（或其他媒介）公告受益人大会的召开时间、会议形式、审议事项、议事程序和表决方式等事项。2015 年 7 月 15 日和 7 月 20 日，渤海信托两次以电子邮件方式通知厉某英召开第一次受益人大会，通知中包含了大会的讨论内容，双方对此并无异议。渤海信托向厉某英发送召开第一次受益人大会的通知及相关材料的时间，虽稍晚于信托合同约定的日期，但该瑕疵并不足以导致厉某英无法行使第一次受益人大会的表决权，亦未实际影响其相关权利。厉某英明知大会讨论内容，其收到相关通知后，并未及时向渤海信托提出异议。渤海信托已经履行了通知厉某英参加会议的义务。按照《信托合同》第 14.6 条约定，受益人大会应当有代表 50%以上信托单位的受益人参加，方可召开；更换受托人、改变信托财产运用方式，除本合同约定外提前终止信托合同或者延长信托期限应当经参加大会的受益人全体

---

① 《日本信托法》第 105 条以下设有“受益人为 2 人以上的意思决定方法的特例”，共计 18 个条文。简单地讲，相当于设置了受益人大会制度；同时作为受益人权利的反面，规定了受托人的公平义务，协调多个受益人之间的利益。

② 最高人民法院（2019）最高法民终 1025 号二审民事判决书。

通过。经审查，持有 57.14%信托单位的上海财通资产管理有限公司，持有 5.71%信托单位的孟某坤，持有 8.57%信托单位的朱某红，参加了第一次受益人大会。大会决议经参会的全体受益人一致表决同意并通过。故，第一次受益人大会的决议符合合同约定和法律规定，合法有效。第一次受益人大会召开后，渤海信托在其网站上公告了相关内容，厉某英亦未及时提出异议。渤海信托依据《信托合同》的约定和受益人大会的决议履行管理义务，不应承担违约责任。渤海信托不存在违反《信托法》第 25 条和原《合同法》第 8 条规定的问题，厉某英认为渤海信托违法违约的理由没有证据证明，其上诉请求不予支持。法院判决驳回上诉，维持原判。

案例分析及问题：

从公平与实质正义角度考虑，受益人大会决议程序中即使有轻微瑕疵，若不会明显损害投资者利益，不宜机械地否认该决议的效力。

关于受益人大会的权利和信托文件约定的效力，可参见**案例 5－2－1**“中泰信托违约案”。

第十一节　受益人终止信托的权利

一、受益人能否解除信托

《信托法》第 50 条规定：“委托人是唯一受益人的，委托人或者其继承人可以解除信托。信托文件另有规定的，从其规定。”即在自益信托中，受益人（委托人）原则上可以解除信托。但是，我国信托法就他益信托的全部受益人能否解除信托，并无明确的规定。

英国法上的 Saunders v. Vautier 案[①]确立了受益人解除信托的权利。该案是英国信托法上的典型案例。立遗嘱人把价值 2 000 英镑的东印度公司股票为 V 的利益设立信托。根据信托条款，该信托财产，即股票的红利和相关资产一起积累直到受益人 V 25 岁。到 V 成年（21 岁）时，他想马上取得全部的资产及其红利。法院经裁决认为，受益人的权利优越于委托人在信托文件中明确表达出来的意愿。它确立了以下衡平法规则：若所有的信托受益人均为成年人且无行为能力之瑕疵，受益人们可以要求受托人转移信托财产给他们，从而终止信托。

在 Saunders v. Vautier 案中，该积累信托设定为到单一受益人年满 25 周岁之前一直存在，而受益人在年满 21 岁时想终止该信托的积累。同样，如果信托是为了终生权益人（a tenant for life）之后再为了残余权人（a remainderman）的利益而存在，双方可以共同决

① ［1841］EWHC Ch J82.

定终止信托并马上取得全部财产，并按照约定在他们之间划分信托财产。

该规则虽然是根据 Saunders v. Vautier 案命名，但是其适用的历史更长。该规则可以表述为：只要一个享有绝对利益的受益人已经成年且有完全的行为能力，他可以主张该信托利益所代表的信托财产，受托人有义务把该信托财产的财产权转移给受益人。

二、受益人的终止权和对委托人信托自由的限制

Saunders v. Vautier 案所确立的原则代表了对委托人“信托自由”的限制。该原则背后的理由有二：

第一个理由即所谓“反信托”的理由。该理由认为所有人有权进行“结构性的赠与”固然不错（比如为未成年的晚辈提供金钱），但是不能允许原所有人在受益人已经成年、已经有能力照顾自己的时候仍然有权控制受益人。如果你把财产无偿给予他人，你当然要承担这些接受赠与的人以愚蠢或者违背你意愿的方式使用这些财产的风险，这是和独立的人（包括受赠人）打交道的必然代价。因此，信托法不允许把成年的正常人当作孩子看待，他们一经成年就应被视为有能力处理他们自己事务（包括处置其财产）。

第二个理由和衡平法财产权观念有关。在衡平法的眼中，受益人是信托财产的财产权人，而委托人不是。受益人有针对受托人的权利，必须自己强制执行信托。当受益人成年时，本质上信托财产就在他们的控制之下。他们可以选择强制执行信托或者不执行，也可以允许受托人以信托条款以外的方式行事（这原本是违反信托的），也可以自由改变信托的条款。委托人对此没有发言权。受益人通过受托人全面地控制信托财产。但是若如此，为什么他们不能像财产的完全所有人那样按照他们的意愿处理信托财产呢？为何不可按其意愿完全把信托财产从信托中取出来呢？

三、美国法的不同立场

美国的 Claflin v. Claflin 案①则采取了不同的立场。美国信托法似乎更加尊重委托人的财产处分自由（信托自由），不允许受益人违背委托人在信托文件中施加的明确限制提前解除信托。

［本章思考题］

1. 受益权的性质为何？为何要在商事信托中引入剩余索取权理论？
2. 如何理解“受益权的转让、继承、被质押、被强制执行具有同质性”这一命题？

① Massachusetts Supreme Judicial Court, 20 N.E. 454 (1889).

如何强制执行信托受益权？

3. 如何理解受托人“按委托人的意愿”和“为受益人的利益”(《信托法》第 2 条)之间的关系？

[本章学习参考资料]

第七章 信托的变更和终止

信托的终止，受托人作为信托财产的管理人所负债务的法律地位并不消灭，信托债权人可以请求受托人履行债务这种法律关系继续存续，这与法人解散的情形具有质的不同，这种差异又使信托的终止、清算程序与法人、公司的解散、清算、向份额持有者的财产分配制度产生差异。

——［日］能见善久[①]

①　［日］能见善久：《信托的终止、清算问题研究》，姜雪莲译，载《中国政法大学学报》2016 年第 4 期。

第一节 概 述

一、信托的连续性

信托有和法人类似的长期财产管理功能，信托成立之后，不会因信托受托人的缺位而终止。英美法上有“信托不因受托人缺失而失败（Equity will not allow a trust to fail for want of a trustee）”的法谚，我国《信托法》第 52 条也有信托不因“受托人的死亡、丧失民事行为能力、依法解散、被依法撤销或者被宣告破产而终止，也不因受托人的辞任而终止”之规定。而且，受托人即使辞任，“在新受托人选出前仍应履行管理信托事务的职责”（《信托法》第 38 条第 2 款）；受托人职责终止时，其继承人或者遗产管理人、监护人、清算人应当妥善保管信托财产，协助新受托人接管信托事务（《信托法》第 39 条第 2 款）。很显然，特定受托人的职责终止，信托并不会因此而终止。信托的连续性还体现在遗嘱信托的成立不会受托人欠缺的影响（《信托法》第 13 条第 2 款）、公益信托要适用近似原则（《信托法》第 72 条）等。

《信托法》第 52 条规定委托人的缺失也不会导致信托终止。信托虽然主要是因合同而设立，但毕竟不同于合同，信托当事人的缺位并不必然导致信托关系的终止；而且，信托设立之后即脱离委托人而独立存在，由受益人强制执行。

信托制度的最大优点就在于其灵活性。虽然信托可以作为长期的财产管理制度，委托人的意愿被“冷冻”在信托的结构之中，但这并不妨碍当事人在事前或事后终止或变更信托，也不妨碍信托因法律规定的条件的出现而被变更或者终止。和法人制度相比，信托反而具有在短期内完成当事人目的的制度优势（信托的灵活性之一就在于其存续时间可长可短）。所以，《信托法》第 52 条规定“但本法或者信托文件另有规定的除外”。

二、信托变更（含终止）的类型

广义的信托变更包括以下几种：

第一，对信托目的和信托内容（条款）的变更。这是狭义的变更，信托财产管理方法的变更也应被包含在这里。考虑狭义的变更之时应区分两种情况：（1）对信托条款的些许更改并不会和信托最初目的发生冲突，因此一般不会有问题，对这种类型的更改设置过高的要求是不合适的。在一个迅速变化的世界，随时的调整是必要的，若信托不能随着环境的改变进行调整，信托制度就无法和其他制度进行竞争。（2）当某一变更构成根本性的变更，比如对信托的变更有可能和信托目的相冲突甚至需要改变信托目的时，必须慎重考虑变更的程序和条件。似乎只有在委托人同意这种变化的时候才能允许，因为是委托人设定了信托目的，其维护信托目的存续的利益不应被忽视。当然，有时也需要得到其他当事人（受益人和受托人）的同意。

第二，受托人、委托人和受益人的变更——当事人的变更也属于狭义的信托变更。

第三，信托的分立和合并也应属于信托狭义变更之一种[①]。

第四，信托终止（包括信托的解除）为广义的信托变更。这个范围若再扩大一些，似还可以包括信托的无效和撤销。

第二节　信托的变更

一、对受益人和受益权的变更

（一）受益人有重大侵权行为（《信托法》第 51 条第 1 款第 1、2 项）

受益人对委托人或者其他共同受益人有重大侵权行为的，委托人可以变更受益人或者处分受益人的受益权。该条和《民法典》中类似规定[②]背后的原理具有一致性。特别是在遗嘱信托场合，受益人为了促使信托生效以尽早取得信托受益权，而故意对委托人的生命、人身进行侵害；或者，受益人为了谋取更大的信托利益，而故意对其他共同受益人的人身和财产实施侵害，此时，委托人有权采取类似剥夺受益人受益权的行动。虽然条文字面上规定委托人仅有权就“信托设立后”的受益人的行为作出反应，但在解释上应当允许委托人以信托设立前发生的、并未知晓的重大侵权行为为理由变更受益人[③]。而且，受益人的行为构成条文字面上所指的“重大侵权行为”自无异议，根据“举轻明重”的原理，其他更严重的违法和犯罪行为亦应包括在内。

信托法之所以授予委托人这种变更和处分的权能，是因为委托人所设立的是民事信托、他益信托，其实质上和赠与相类似，属于无偿向受益人转移和分配财产的行为，若受益人作出上述“背信”或者“忘恩”行为，则委托人有权变更受益人或者处分其受益权。但是，这一规定忽视了现实中所存在的信托多数是营业信托，且这种信托多是自益信托；即使是他益信托，其背后也可能隐藏着委托人和受益人之间的交易关系和其他利益交换关系（例如，委托人为了清偿受益人债务而设定信托，或者第三人经受让受益权成为受益人），不能因为受益人对委托人（或其他受益人）所从事的侵权行为直接剥夺其受益权。因此，似应把这一条的适用严格限制在赠与型的民事信托（gratuitous trust）的范围之内。

另外，《民法典》第 1142 条第 1 款规定：“遗嘱人可以撤回、变更自己所立的遗嘱。”在遗嘱信托的场合，委托人（立遗嘱人）亦可变更受益人和受益权。当然，这更可能被解释为遗嘱信托是否成立的问题而非成立之后对受益人的变更问题。

---

① 日本学者能见善久教授在其《现代信托法》一书中对信托的分立和合并进行了分析，深值参考。参见能見善久『現代信託法』（有斐閣、2004 年）248—253 頁。

② 《民法典》第 663 条、第 664 条、第 1125 条。

③ 参见周小明：《信托制度：法理与实务》，中国法制出版社 2012 年版，第 318 页。

（二）经受益人同意（《信托法》第 51 条第 1 款第 3 项）

此可理解为委托人和受益人通过事后约定进行的变更。需要注意的是，委托人和受益人合意解除信托的，只需承担违约责任或损害赔偿责任。

（三）信托文件规定的其他情形（《信托法》第 51 条第 1 款第 4 项）

此为事前在信托文件中约定的变更。

（四）受益权的转让导致的受益人变更

原则上，受益权为财产权，具有可转让性，受益人可以用于清偿债务，也可以依法转让和继承（《信托法》第 46—48 条），当出现这些情形时，就会产生受益权的继受和受益人变更的问题[①]。对此详见第六章的相关论述。

二、委托人和受托人的变更

关于委托人的变更，或者说委托人的地位转移问题，在第四章加以讨论。受托人的变更主要在第五章讨论，此处亦不赘述。

三、对信托内容的变更

（一）信托财产管理方法的变更

信托财产管理方法是最重要的信托事项之一，它和信托目的和信托利益的实现有着密切的关系。一般而言，信托财产管理方法一经信托文件确定，信托当事人不得擅自加以变更。但由于社会的经济和金融状况不断变化，为了信托财产的保值、增值和信托目的的实现，应允许在一定情况下变更信托财产管理方法。因此，《信托法》第 21 条规定："因设立信托时未能预见的特别事由，致使信托财产的管理方法不利于实现信托目的或者不符合受益人的利益时，委托人有权要求受托人调整该信托财产的管理方法。"另据《信托法》第 49 条第 1 款，受益人也有同样的变更请求权。

1. 变更条件

委托人和受益人对信托财产管理方法进行变更，必须同时符合两个条件：

第一，出现了信托设立之时未能预见的特别事由。该事由以未能预见为前提，如果某种事由在设立信托时已经预见到，即使信托设立后出现了该事由，也不能依该事由的出现而要求调整信托财产的管理方法。例如，设立信托时就已预见到股指期货即将推出，但信托文件未将股指期货纳入信托财产的投资范围，信托设立后委托人和受益人就不能单方面要求受托人将新推出的股指期货纳入信托财产的投资范围。未能预见的事由通常包括两种情形：其一，信托文件规定的管理方法因未能预见的事由而变得不可实施或者不适合实施。例如，信托文件规定的管理方法是对金融机构股权进行投资，但信托设立

---

① 此时的受益人变更，视变更的原因是当事人自愿转让受益权还是受益权被强制执行等而有所不同。

后，国家出台了政策，不允许信托财产对金融机构股权进行投资。其二，信托设立后，出现了设立当时未能预见的新的财产管理方法和投资品种。例如，信托文件规定的管理方法是对商品期货进行投资，信托设立后，国家又推出了金融期货投资品种[①]。

委托人可以通过在信托文件中授予受托人比较宽泛的管理权（投资权）的方式来避免因管理方法不合时宜而需要频繁变更的情形，也使受托人有更多的管理（投资）方法更好地为受益人服务[②]。当然，委托人同时也要承担受托人滥用过分宽泛的管理权所带来的风险。

第二，该事由导致信托财产的管理方法不利于信托目的的实现或者不符合受益人的利益。即使出现了信托设立时未能预见的特别事由，只要该事由没有导致原有信托财产管理方法不利于信托目的的实现或者不符合受益人利益的结果，委托人和受益人就不能依该事由要求受托人调整信托财产的管理方法。比如，信托文件确定信托财产的投资策略是进行稳健型证券投资，信托设立后，出现了当时未能预见的新的证券投资品种，如果该证券投资品种不符合稳健型投资策略，就不能认为原有的管理方法不利于信托目的的实现或者不符合受益人的利益。相反，如果该证券投资品种符合稳健型投资策略，则可以要求调整原有的管理方法，将该证券投资品种纳入信托财产的投资组合之中。[③]

2. 变更方式

对信托财产管理方法进行调整的方式，由委托人和/或受益人采取“要求受托人调整”的方式进行。

（1）《信托法》没有要求委托人和受益人必须共同行使该变更权，这样，既可以由委托人或受益人单方提出调整要求，也可以由委托人和受益人双方共同提出调整要求[④]。如果双方提出的要求是一致的，受托人按该要求执行即可；如果双方的要求不一致，可根据《信托法》第 49 条第 1 款之规定，申请法院作出裁定。问题是，在只有委托人或受益人一方提出变更要求时，受托人按该方要求对信托财产的管理方法作出了调整，事后该方又表示反对的，该如何处理？从我国《信托法》规定的精神看，委托人或受益人可以单方面行使信托财产管理方法的法定变更权，因此，依据一方的要求所作出的调整，应对没有提出要求的另一方具有效力，受托人已经依据另一方要求进行了调整的，另一方在事后不得提出异议。

（2）向谁提出变更。委托人、受益人可以向受托人直接行使这项权利，也可以通过法院作出裁定行使这项权利。

（3）调整要求的形式和内容问题。《信托法》要求设立信托应当采取书面形式，解释上，委托人和/或受益人依法提出的调整要求，也应当采取书面形式。

（二）其他信托内容的变更

《信托法》第 21 条仅仅规定关于信托财产管理方法的变更。由于信托财产的管理方

---

①③ 参见周小明：《信托制度：法理与实务》，中国法制出版社 2012 年版，第 314 页。

② 根据前面的论述，信托中受托人是剩余控制权人，也就是说，就信托的管理，受托人除信托文件有约定之外，有权从事一切不违背信托义务的、对受益人有利的行为。但是，应区分民事信托和商事信托。就商事信托，受托人享有宽泛的投资权，而在民事信托中，受托人的投资权受到限制。

④ 委托人因死亡而不存在时，应解释为其继承人享有此项权利。

法是信托的重要内容之一，法律对其变更采取的是限制的立场。根据“举重明轻”的原则，其他信托内容的变更也是可以的。但是按照什么样的程序进行变更，是否也要满足这里规定的条件，都值得思考。例如，对于信托其他内容的细微变更，若对当事人并无实质影响，似应归于受托人裁量的范围，不应遵循如此严格之条件。但是，就是否应考虑受托人的意见、委托人和受益人的意见发生冲突时应如何处理，并没有作出明确的规定。

《信托法》关于变更信托权限的规定为任意规定。委托人可以通过信托行为进行安排，例如，可以委托特定的第三人对信托进行变更。也可以看出，除了信托文件有明确约定之外，委托人自己一般不能单独变更信托。

第三节　信托的终止

一、信托的约定终止

关于约定终止和约定变更的关系问题，根据“举重明轻”的原则，若当事人能通过约定的方法终止信托关系，自应允许当事人通过同样的方式对信托进行变更。因此，下面的讨论对于信托的变更也适用，这里不单独讨论信托的约定变更。

（一）信托文件规定的终止事由发生

信托文件规定的终止事由大致可以分为两类：

1. 信托文件规定的期限届满

《信托法》虽然没有对信托的存续期限作出限制性规定，理论上委托人可以设立无期限的信托，但在实务中，信托当事人通常会规定信托的存续期限（设定永续存在的私益信托亦可能因违背公序良俗而无效），一旦信托文件规定的期限届满，信托即告终止。

2. 信托文件规定的终止条件成就

信托文件中可以规定信托终止的条件。例如，信托文件规定受托人因死亡、丧失民事行为能力或者依法解散、被依法撤销或者被宣告破产等原因无法履行职责时，信托终止；也可以约定信托因受托人的辞任而终止（《信托法》第 52 条但书[①]）。当事人可以约定在受托人符合这些条件的时候信托终止，此时的信托可以被理解为一种“专任信托”，此时的受托人为专任受托人（personal trustee）。再如，信托文件规定未成年之受益人成年时、未婚之受益人结婚时、未工作的受益人就业时、受益人之特定学业完成时等，信托终止。一旦信托文件中明确规定的终止条件成就，信托即告终止。

（二）信托当事人事后协商同意

根据意思自治原则，信托当事人如果经协商一致同意终止信托，信托应当终止。而

① 《信托法》第 52 条规定：“信托不因委托人或者受托人的死亡、丧失民事行为能力、依法解散、被依法撤销或者被宣告破产而终止，也不因受托人的辞任而终止。但本法或者信托文件另有规定的除外。”

根据《信托法》的规定，信托当事人包括委托人、受托人和受益人。因此，从字面理解，“信托当事人事后协商同意”似乎指委托人、受托人和受益人三方一致同意。但是，在多数情况下，终止信托未必一定需要受托人的同意；实际上，根据《信托法》第 53 条，委托人若是唯一受益人，可以终止信托，这样可以推出一个合理的解释，即委托人若能和全体受益人达成合意，亦能解除信托。《信托法》第 51 条第 1 款第 3 项明确规定委托人和受益人可以合意解除信托。作为参考，《日本信托法》第 164 条也明文规定，除信托行为另有约定的情形外，若委托人和全体受益人达成合意，则可以解除信托；但信托终止不利于受托人的，委托人与受益人除非有不得已之事由，否则必须赔偿因终止信托而给受托人带来的损害（《日本信托法》第 164 条第 2 项）。

二、信托的存续违反信托目的

所谓信托目的，是委托人设立信托所欲达成的意愿，是信托成立和存续的基本要素。因此，如果信托的存续违反了信托设立时所定目的，信托依法应当终止。例如，委托人为了其未成年子女的本科教育设立信托，信托文件并没有规定受益人大学毕业之后开始工作后信托应当终止。但是，受益人大学毕业后已经开始工作，如果允许信托继续存在，使原受益人继续获取信托利益，显然违反了信托目的，因此，该信托在委托人的未成年子女大学毕业后应予终止。

三、信托目的已经实现或者不能实现

委托人为了实现特定的信托目的而设立信托，一旦该目的实现，信托便失去继续存在的必要性。例如，委托人设立信托，目的是以信托财产为受益人提供留学费用，当受益人留学归来，信托目的已经实现，该信托即告终止。

信托目的也可能基于客观原因变得无法实现，此时信托也应终止。例如，委托人以对某公司的股权作为信托财产设立信托，目的是由受托人变卖股权并将所得款项资助受益人创业。但经受托人调查后，该公司因资不抵债已经进入破产程序，信托财产已经没有任何价值，信托目的因此不能实现，该信托依法就应当终止。再如，委托人设立信托，目的是以信托财产的收益为受益人清偿债务，后因受益人的债权人豁免了债务，信托目的已不能实现，信托因此而终止[①]。

案例 7-3-1　信诚达融公司和中粮信托公司案[②]

本案的一个核心问题是：关于案涉信托目的能否实现，中粮信托公司于 2017 年 4 月 28 日向信诚达融公司送达通知，单方要求终止《信托合同》是否构成违约？

一审法院述及，案涉信托目的仅限于 B 座项目的资产重组和后续建设运作，故可以确认

---

① 参见周小明：《信托制度：法理与实务》，中国法制出版社 2012 年版，第 332 页。

② 北京市高级人民法院（2018）京民终 508 号二审民事判决书（审结日期：2019 年 12 月 20 日），同案例 5-4-6。

案涉信托的目的是委托人将信托资金委托给受托人，由受托人按照委托人的意思，以自己的名义，在B座项目资产重组和后续建设运作方面管理、运用和处分信托财产，并向受益人分配信托利益。现B座项目的相关方已经明确表示该项目不再通过中瑞公司实施，不与信诚达融公司合作，故案涉信托目的已经不能实现。信托目的不能实现，也导致《信托合同》目的不能实现。根据案涉《信托合同》第11条、第16条和第17条的相关约定，信托目的不能实现的，信托终止，信托终止时，信托利益以信托财产原状形式分配，中粮信托公司于2017年4月28日向信诚达融公司发出通知，要求终止案涉信托和《信托合同》，并向信诚达融公司原状返还信托财产，有合同依据，不构成违约。

但是，在公益信托的场合，即使信托目的已经实现或者无法实现，若信托财产还有剩余，信托并不一定终止，而可能根据近似原则继续存在（《信托法》第72条）[①]。

四、信托被撤销

（一）信托被委托人的债权人撤销

委托人设立信托损害其债权人利益的，债权人有权申请法院撤销该信托（《信托法》第12条）。据此，委托人的债权人提出申请，法院依法撤销信托的，已经依法成立的信托关系即告消灭，信托终止。

（二）信托设立行为因意思表示瑕疵被委托人等撤销

信托行为属法律行为之一种，如果信托行为被委托人依法撤销，则视该法律行为从设立当初起就属无效，信托因被撤销而终止。例如，委托人因受他人欺诈或者胁迫而设立信托，或者委托人尚属未成年人、无民事行为能力人或限制民事行为能力人，如果在没有征得其法定代理人、监护人等同意的情况下设立信托行为，则委托人或其法定代理人可以撤销这些信托行为。信托行为因遗嘱而设立的，委托人的遗嘱继承人可撤销该信托行为。

（三）信托设立行为被撤销的后果

《信托法》规定信托撤销会导致信托终止，因此会产生信托终止的后果，可以适用《信托法》第54—56条的规定，剩余信托财产因此归属于委托人等权利归属人；为了保护委托人等的利益，还可适用拟制信托制度，在交付信托财产之前让受托人为了委托人等的利益继续管理信托财产。

但是，从法理上考虑，这一规定是有问题的。若信托被撤销是因为委托人从事了《信托法》第12条规定的欺诈行为，委托人并不值得保护。信托撤销与一般的信托终止法律后果不一样。把信托的撤销笼统当作信托终止的原因并不恰当，应作进一步限定。

---

① 当然，如此解释和信托法的规定不符。《信托法》第72条为适用近似原则规定了过于严格的标准，要求信托终止之后且没有财产归属权人或者没有特定的财产归属权人。为了更好利用公益信托的“壳价值”，应当允许在无法实现公益信托的原定目的的时候，把信托财产运用于近似的信托目的，这相当于对信托目的的变更，而没有必要终止信托。详见第八章。

五、信托被解除

信托被解除是指信托当事人解除已经依法成立的信托关系，使之归于终止。

（一）委托人解除信托

《信托法》第50条规定："委托人是唯一受益人的，委托人或者其继承人可以解除信托。信托文件另有规定的，从其规定。"该条区分了自益信托和他益信托。

第一，在信托为自益信托的场合，委托人是唯一受益人，信托的解除只对其自身产生影响，因此如果委托人想取回"自己的财产"，他自然可以这样做。委托人作为唯一受益人，自可解除信托；委托人（受益人）是自然人的，其继承人作为信托受益权的继承人也可以解除信托。由于信托利益全部由委托人享有，委托人或其继承人解除信托，一般不会影响其他第三人的利益。

受托人或许对信托的存续是有利益的，特别是当受托人作为营业机构接受信托的场合，但是，依然应允许解除。相比于可能会增加受托人负担的信托变更，解除信托不存在这种问题，因此这一规则具有一定的合理性。若受托人是从事信托业务的信托公司，该公司欲保护其利益，似可在信托文件中约定限制委托人解除信托权利的条款。但是即便如此，因信托关系属信赖关系，委托人仍可解除信托，只是需要对受托人承担违约责任而已。

第二，在信托为他益信托的场合，既包括委托人完全不是受益人的情形，也包括委托人为多个受益人之一的情形，委托人单方解除信托理应受到限制。因委托人与受益人不是同一个人，如果允许委托人任意解除信托，则很可能侵害受益人利益。

按照信托法原理，信托依法成立后，信托财产即处于独立状态。在信托关系存续期间，委托人不能轻易解除信托（也包括变更信托的受益权）。其理由包括：（1）委托人若能任意解除信托，表明委托人对信托保有最终的控制权，这会破坏信托财产的独立性，无法区分信托财产和委托人个人财产。（2）委托人可能会利用此达到逃税等非法目的，例如，委托人先将财产转移给受托人设立信托，完成纳税义务后再解除信托，财产归还给委托人，从而逃避税收。（3）这样会侵害受益人和受托人的合法权益。他益信托的设立事实上起到了向受益人输送利益的结果。受益人因信托的设立取得了合法的财产权，这种权利不得随意剥夺。且不论委托人向受益人输送利益的原因是他们之间存在交易关系（委托人设立信托偿还欠受益人债务），即便是无偿向受益人输送利益的情形，譬如赠与，赠与合同完成之后赠与人也不得随意撤销。在信托存续期间，受益人依法享有受益权，委托人撤销信托或者变更信托受益权将会损害受益人的权益，对受益人是不公平的。而且，受托人如果是有偿受托的，委托人撤销信托也可能在一定程度上给受托人带来损失①。美国法上的传统规则是，委托人解除信托的权利受到极大限制，例如，生前信托的委托人没有默示的解除或者变更信托的权能（power），除非委托人在信托条款中保留了

---

① 信托文件对信托当事人均有约束力，特别是通过合同设立的信托，依据我国《民法典》第465条的规定，依法成立的合同，对当事人具有法律约束力。

这样的权能[①]。

但是，在我国《信托法》起草过程中，不少人强调文化传统和背景的差异，认为如果委托人将财产设立信托后像英美信托法那样基本上失去对信托财产的任何控制权，不符合东方文化传统和社会公众的心理预期，由此主张在一定情况下允许委托人解除信托关系，这不仅是对委托人意愿的尊重，也有利于让委托人打消顾虑，放心地为受益人的利益或者社会公共利益设立信托；而且，大陆法系国家的信托法通常不像英美法系国家的信托法那样重视信托的税收问题，对信托特别是私益信托的税收设计，远不如英美法系国家那样严密，因此不担心利用信托解除制度逃避税收，通常允许委托人设立信托后解除信托[②]。基于此，我国《信托法》第 51 条第 2 款作出下列规定：

第一，受益人对委托人有重大侵权行为的（第 51 条第 1 款第 1 项），委托人可以解除信托。

第二，委托人和受益人合意解除信托（第 51 条第 1 款第 3 项）。委托人若取得受益人的同意解除信托，自应允许。

第三，委托人在信托文件中约定解除合同的（第 51 条第 1 款第 4 项），委托人可以保留解除（撤回）信托的权利。

（二）受益人解除信托

一般而言，受益人是最有动机解除信托的人。那么，是否允许所有的受益人都同意解除信托呢？因委托人通常会对信托的存续有利益，受益人能违背委托人的意愿解除信托吗？

在信托实践中，委托人设立信托的目的十分复杂。有时，委托人在信托文件中明确表达了信托设立后不应解除或者在自己去世后信托继续生效的意愿，此时应服从信托文件的规定，受益人或其继承人均不得违背信托文件的规定解除信托。有时，委托人为了将一定的财产赠与某未成年人而设立了信托，规定了明确的信托期限。倘若允许该未成年的受益人在成年后马上解除信托，委托人设立信托的宗旨、目的就有可能会被扼杀。因此，即使受益人享受全部信托利益，也不应当赋予其单独行使解除信托的权利。我国《信托法》似乎不允许在他益信托中仅由受益人解除信托。

英国法上的 Saunders v. Vautier 案采取允许的立场，主张应在一定的条件下允许受益人解除信托。例如，如果受益人需要用信托财产偿债或者出现困境需要解除信托，必须允许他这样做，但需要法院判断该必要性的真实存在。而美国法上的典型案例 Claflin v. Claflin 案则采取了相反的立场。《日本信托法》第 164 条第 2 项规定在没有委托人的场合，不得仅凭受益人的意愿解除信托，明显没有采取 Saunders v. Vautier 案的立场，认为委托

---

① Rest.2d §330.《统一信托法》第 602 条。实际上。在商事信托中根本没必要保留这种权利。而在民事信托中，特别是在遗嘱代用信托（遗嘱代用的生前信托）中，从与遗嘱撤回的自由的平衡考虑，承认撤回的权利还是具有合理性的。参见四宫和夫『信託法［新版］』(有斐閣、法律学全集、1989 年）241 頁。另我国台湾地区“信托法”第 3 条规定：“委托人与受益人非同一人者，委托人除信托行为另有保留外，于信托成立后不得变更受益人或者终止其信托，亦不得处分受益人之权利。但经受益人同意者，不在此限”，该条确立了委托人除非有约定或者得到受益人的同意，不得解除信托这样一个重要的原则。

② 参见何宝玉：《信托法原理研究》，中国政法大学出版社 2005 年版，第 128—129 页。

人的同意依然是必要的。

（三）受托人能否解除信托

《信托法》并没有受托人解除信托的规定。信托关系并非对人关系，受托人欲从信托关系中摆脱出去，可以在得到委托人和受益人同意后辞任，原则上并不能解除信托。不过，由于多数信托是通过合同缔结的，若信托文件授予受托人在一定条件下解除合同的权利，应当从之。

问题是，受托人能否根据《民法典》第563条行使法定解除权解除信托合同？

案例 7-3-2 中信信托公司与青岛舒斯贝尔公司案①

法院认为，山东舒斯贝尔公司在案涉信托计划中是次级委托人（次级受益人、劣后级受益人）、信托计划资金融资方的关联利益方、提供增信措施人，本案纠纷的性质为营业信托纠纷。信托本质上是一种合同关系，大多基于信托合同设立，因此，《合同法》的相关规则一般可以适用于信托合同。信托合同也是信托得以运作的直接依据，信托合同对信托的设立与存续具有重要意义。此外，信托合同是信托制度的重要内容，也是《合同法》规范的对象。信托合同的订立、解除、解释、效力、违约责任等，都应当在《合同法》的体系之下进行理解与适用，并应当适用合同法总则的相关规定。中信信托公司请求解除的案涉《信托合同》《股权转让合同》虽然没有约定解除合同事项，但是不妨碍中信信托公司依据《合同法》第94条第3项规定行使法定解除权。

第一，案涉《信托合同》只是集合信托计划下的信托合同之一，其解除不影响信托计划中优先委托人（优先级受益人）即公众投资者的利益；一审法院基于信托计划完整性考虑不宜解除合同的结论不能成立。

在案涉《信托合同》中，次级委托人（劣后级受益人）山东舒斯贝尔公司将其对项目公司的股权委托中信信托公司进行管理处分，其目的在于通过信托计划募集社会投资者（优先级受益人）的资金，投资其控股的项目公司，发挥资金杠杆作用、实现融资功能；受托人中信信托公司受让股权的目的是在信托计划中为提供人民币5亿元的优先级受益人公众投资者提供类似担保的增信措施，在《信托法》第10条对信托财产的登记及其法律效力作出了规定，但配套的信托财产登记制度并未建立的情况下，中信信托公司采用股权权属过户的方式实现对信托财产的控制与隔离，其目的在于控制并管理信托财产，派驻董事也是为了保证信托财产的价值安全。

案涉信托计划成立且执行，山东舒斯贝尔公司在《信托合同》的目的已全部实现；但山东舒斯贝尔公司在其项目公司已成功募集资金后，并未按照如下合同条款履行义务：《信托合同》第11条“委托人的陈述和保证”第4项约定：委托人（山东舒斯贝尔公司）保证按照本合同委托给受托人管理、运用的信托资金（或标的股权、标的债权）来源合法，且可用于本合同约定之用途。《股权转让合同》第6条“取得转让对价的前提条件”第9项约

① 北京市高级人民法院（2020）京民终33号二审民事判决书（审结日期：2020年8月24日）。本案例和案例5-7-1“中信信托公司和青岛海融公司案”为关联案例。

定：转让方未违反其在本合同项下的义务或承诺，且转让方在本合同项下所作的陈述与保证持续真实、准确和完整。第 8.1 条“转让方就自身所作的陈述与保证”第 8 项载明，“转让方将标的股权转让至受让方后，仍然负有在商务主管部门规定的时间内按照股权转让前的合资合同、公司章程规定缴纳目标公司注册资本的义务（即在商务主管部门要求的时间内缴付未缴纳的注册资本 3 356.5 万美元）”。山东舒斯贝尔公司按时缴付项目公司的欠缴注册资本，是案涉合同反复约定的明确内容，是山东舒斯贝尔公司在案涉合同项下的主要义务，亦是其项目公司获得信托计划募集资金应支付的对价；其长期不补足出资的行为构成“延迟履行主要债务”。由于山东舒斯贝尔公司欠缴出资比例高达 95.9%，其委托给中信信托公司管理的股权存有严重瑕疵，致使案涉合同提供类似担保功能的增信措施、保障全体优先级受益人公众投资者的目的落空，严重损害信托计划公众投资者及中信信托公司的权益。

此外，根据山东省高级人民法院（2011）鲁执字第 13-3、4、5、6 号执行裁定书，因项目公司暂无财产偿还剩余债权，该院已终结本次执行程序；由于中信信托公司登记为尚未出资到位的项目公司股东，在项目公司已无财产可执行的情况下，面临被债权人诉至法院追究股东瑕疵出资责任的诉讼风险，例如最高法院 475 号案件，中信信托公司在代表信托计划应诉过程中产生的费用支出亦致使信托财产损耗。①

案涉《信托合同》的解除不影响其他相关方的利益。首先，案涉《信托合同》只是信托计划项下的一个合同，案涉合同解除不影响亦无须信托计划其他受益人同意；案涉合同解除后能够避免中信信托公司因受托持有严重瑕疵股权而面临的诉讼风险，减少管理信托财产的无谓损耗，有利于保护优先级受益人公众投资者的利益。其次，案涉合同解除不影响项目公司另一股东舒斯贝尔集团公司的优先购买权。山东舒斯贝尔公司、项目公司辩称，《投资协议》约定：中信信托公司转让其持有的项目公司的股权，无论全部或部分，均无须经舒斯贝尔集团公司同意以及项目公司的董事会同意，中信信托公司、舒斯贝尔集团公司任何一方转让其出资额时，他方有优先购买权。但是，该《投资协议》亦载明：中信信托公司拟设立信托计划，信托计划中，优先级受益权预计规模为人民币 5 亿元，次级受益权预计规模为人民币 2.1 亿元，山东舒斯贝尔公司是次级投资者之一，该公司拟以项目公司 50%股权认购信托计划次级受益权份额人民币 1.1 亿元；山东舒斯贝尔公司在信托项目公司股权后，仍然负有资本补足义务。可见，舒斯贝尔集团公司是清楚知悉中信信托公司信托持有项目公司股权是“为全体受益人的利益持有、管理和处置标的股权”；结合案涉《信托合同》第 8.2 条“信托财产的分配顺序：信托财产按照如下顺序进行分配，如不足以支付，所差金额应按以下顺序在下一期支付”第（9）项约定：在最后一个信托利益支付日，在支付完上述款项后，标的股权和标的债权则按照该等财产的现状分别分配给劣后级受益人。案涉《股权转让合同》第 3.1 条约定，双方同意，转让方系为按照《信托合同》将标的股权信托给受让方（作为受托人）的目的而将标的股权转让给受让方，受让方向转让方支付的转让对价为信托计划项下的次级信托受益权，即 1.1 亿份次级信托单位，转让对价人民币 1.1 亿元。第 7.1 条约定，如果在交易完成后，信托计划在推介届满之日未能成立或信托计划终止后且受让方按照《信托合同》的规定向转让方分配剩余的信托财产时，如剩余信托财产中包括标的股权，则标的股

① 即案例 5-7-1“中信信托公司和青岛海融公司案”。

权将在受让方分配剩余财产时转回给转让方并变更工商登记手续。在项目公司另一股东舒斯贝尔集团公司明知中信信托公司信托持有项目公司股权的情况下，“标的股权和标的债权则按照该等财产的现状分别分配给次级受益人”“标的股权将在受让方分配剩余财产时转回给转让方并变更工商登记手续”，优先购买权指向的情形不包括股权回复至山东舒斯贝尔公司的情形。最后，案涉合同解除不影响其他相关方的利益。由于《股权转让合同》在“鉴于”部分已载明：受让方拟发起设立信托计划，转让方拟将标的股权（即项目公司 50%股权）信托给受让方，成为信托计划项下次级受益人，享有次级信托受益权。转让方和受让方已经为此签署了《信托合同》，且受让方同意接受该信托。为履行《信托合同》的规定并使标的股权有效地信托给受让方，双方同意签署并履行本合同。《信托合同》解除，致使《股权转让合同》相应解除；由于《股权转让合同》第 8.1 条“转让方就自身所作的陈述与保证”第 8 项明确载明，“转让方将标的股权转让至受让方后，仍然负有在商务主管部门规定的时间内按照股权转让前的合资合同、公司章程规定缴纳目标公司注册资本的义务（即在商务主管部门要求的时间内缴付未缴纳的注册资本 3 356.5 万美元）”。因此，《股权转让合同》解除亦不影响其他相关方的利益。综上，在信托财产是存有严重瑕疵的股权且项目公司经法院强制执行已无财产可供执行的情况下，中信信托公司经多次催告山东舒斯贝尔公司履行出资义务而未果，中信信托公司有权依据《合同法》第 94 条第 3 项的规定，行使法定解除权解除案涉《信托合同》。

第二，中信信托公司作为专业人士已知股权认缴情况并对风险防范和解决路径作出安排，但不应影响中信信托公司依据法律规定行使法定解除权。首先，中信信托公司在信托文件里披露信托计划可能存在的各种风险并就此作出相应的风险防范，不妨碍其作为守约方针对相对方山东舒斯贝尔公司的严重违约行为，依据《合同法》第 94 条规定行使法定解除权。其次，鉴于如下因素：（1）本案投资计划因山东舒斯贝尔公司等次级委托人的违约行为而提前到期，信托计划已进入处置程序中；（2）山东舒斯贝尔公司作为次级委托人（次级受益人、劣后级受益人）信托的股权财产存有严重瑕疵且项目公司经法院强制执行程序已无财产可供执行、项目公司处于营业执照被吊销的情况；（3）项目公司股东山东舒斯贝尔公司从订立案涉合同的认缴股本期 2010 年 11 月 30 日经多次延期至 2013 年 5 月 30 日，至今仍未缴纳其应缴纳的出资；（4）信托计划期限为 2.5 年，自信托计划成立之日起算（2010 年 8 月），现信托计划无法按约定清算、分配，已严重超出约定的存续期限。因此，一审法院关于“针对出资未缴齐的风险，对内应由原股东山东舒斯贝尔公司承担补足注册资金，对外将信托计划推向处置程序，由中信信托公司按约定直接处置信托财产”的结论不妥。否则，将导致信托计划的处置完成取决于山东舒斯贝尔公司的履约行为，信托计划陷入有始无终的僵局状态，存在巨大的风险隐患，有损全体优先级受益人的合法权益。《信托法》第 53 条第 2 项规定，信托的存续违反信托目的，信托终止。案涉信托的瑕疵股权致使《信托合同》《股权转让合同》提供增信措施的目的无法实现，信托应当终止。在诉争的信托股权已近无价值、依约定的处置程序事实上无法开展的情况下，受托人中信信托公司有权行使法定的解除权。

第三，案涉项目公司是中外合资经营公司，其经营范围是房地产开发与经营。中信信托公司请求将信托股权回复至原股东山东舒斯贝尔公司，不涉及项目公司的外资投资者；且根据《外商投资法》第 4 条规定，国家对外商投资实行准入前国民待遇加负面清单管理制度。案涉项目公司经营事项不属于负面清单管理范围，不涉及外商投资准入的审批问题。虽然项目公司已被吊销营业执照，不具备当事人自行约定办理工商变更登记的条件，但不影响法院判决股权回复。

……

根据《信托法》第 25 条第 2 款的规定，受托人管理信托财产，必须恪尽职守，履行诚实、信用、谨慎、有效管理的义务。中信信托公司在目前约定的处置程序陷入僵局无法继续进行的情况下，有权行使法定解除权，保护信托计划中优先级受益人公众投资者的利益。综上，中信信托公司的上诉请求成立，予以支持。依照《信托法》第 25 条第 2 款、第 53 条第 2 项，《合同法》第 94 条第 3 项、第 96 条第 1 款，《民事诉讼法》第 170 条第 1 款第 2 项规定，判决如下：

一、撤销北京市第三中级人民法院（2018）京 03 民初 481 号民事判决；

二、确认中信信托公司与山东舒斯贝尔公司签署的《信托合同》《股权转让合同》于 2018 年 7 月 5 日解除；

三、山东舒斯贝尔公司受领中信信托公司返还的青岛舒斯贝尔公司股权，协助青岛舒斯贝尔公司办理股权工商变更登记手续（于本判决生效之日起十日内持本判决办理）；

四、青岛舒斯贝尔公司立即办理将中信信托公司持有的青岛舒斯贝尔公司的股权变更为山东舒斯贝尔公司持有的股权工商变更登记手续（于本判决生效之日起十日内持本判决办理）……

案例分析及问题：

该案审理法院认为，在委托人（作为合同当事人）违约导致合同目的无法实现之时，只要解除信托不对第三人产生消极影响，受托人也可以解除信托。

信托是为了实现委托人的意愿、为了受益人的利益设立的制度，受托人通过解除信托摆脱信托关系并非易事。在受托人辞任方面，受托人经委托人和受益人同意方可以辞任（《信托法》第 38 条）。辞任尚且如此困难，受托人解除信托更应受到限制。

因该案为商事信托，且委托人为劣后级受益人，其实质地位是融资方，和受托人更接近一种公平交易（arm's length transaction）关系，若委托人有严重违反合同约定的情形，终止信托关系亦不会给相关当事人带来消极的后果，应允许受托人解除信托。

信托解除和合同解除的一个相同的功能是：状态锁定，让不确定的法律状态在被解除时确定化，避免因恶性法律关系的存续带来无法预期的问题。

该案中，受托人还可以仅追究委托人的违约责任。

（四）信托解除的法律后果

信托解除的法律后果是，信托关系自解除之时起终止，信托当事人的权利和义务随之结束。解除的效果如果追溯到信托行为的当初，使其所产生的一切法律关系归于消灭，就会导致已经实施的信托财产的管理和处分行为当然无效，这样一来，势必引起很多无谓的混乱。因此，信托的解除没有溯及力，受益人已经取得的信托利益归受益人享有，不能要求归还信托财产。

案例 7-3-3 宋某国与外贸信托公司案[①]

（具体案情参见**案例** 6－8－1）。

案例分析及问题：

1. 在该案中，原告除了撤销受托人的贷款行为之外，还可以选择解除信托。从对《信托法》第 50 条的字面解释来看，自益信托的委托人（受益人）解除信托除了受信托文件约定的限制之外，几乎不受其他限制。信托解除不同于一般合同解除，不能完全适用合同法。该案中受托人严重违反信义义务（违反信托目的运用信托财产），委托人（受益人）当然可解除信托。同时，委托人根据《信托法》第 22 条等对受托人的损害赔偿等请求权并不丧失。委托人（受益人）可以同样根据《信托法》第 22 条主张受托人违反信托义务，要求损害赔偿。该案中，借款人违约，信用可能不足，选择让受托人承担违反信义义务的责任是较好的选择。

《信托法》第 22 条在规定委托人对受托人行使撤销权的场合规定了损害赔偿，至于此处损害赔偿和撤销权的关系，并不十分明了。综合《信托法》第 32 条和第 36 条，这里的损害赔偿不能只当作委托人行使撤销权之后对仍然无法弥补委托人等的损失的情形下的附带的后果；只要“受托人违反信托目的处分信托财产或者因违背管理职责、处理信托事务不当致使信托财产受到损失的”，撤销权和损害赔偿、恢复原状都是可能的救济方式。

2. 但是问题是，委托人（受益人）如果主张受托人违反信托义务的损害赔偿，还是要根据《信托法》第 22 条提出。该案中，法院仍有可能以同样的理由不予支持——“执行公证债权文书程序正在进行中，尚无法确定宋某国的信托本金和信托收益的损失数额”。

其实，在该案的情形中，原告的损失是容易确定的。在商业领域内，受托人违反信托义务，如何计算委托人（受益人）的损害，是一个十分棘手的问题，在受托人严重违反义务的情况下，“预期收益＋投资金额＋逾期利息－回收的信托财产”是一个合理的标准，如此并不会助长刚兑的不良倾向。特别是在把信托财产以债权（贷款）的方式运用的场合，预期收益反映了委托人应受保护的投资期待，除此很难找到合理标准。相关讨论参见**案例** 5－3－6“民生信托公司与深圳万旗公司案”。

《信托法》规定的损害赔偿并没有以清算为条件。作为资金信托，管理人一般不能约定原状返还（在资金信托中，未经知情同意而约定原状返还受益人的受托人是不负责任的），其计算方法最公允的还是“投入金额（本金）＋预期收益＋迟延利息”，原因是受托人有过错，迟延利息具有一定的惩罚性，应促使管理人自己先行赔偿（受托人有过错就谈不上“刚兑”，他在自觉履行自己的义务避免被追究责任），否则受

① 北京市第二中级人民法院（2016）京 02 民初 173 号一审民事裁定书。

托人不会积极履行回收资产的责任。不过目前司法普遍比较保守，忽视了无辜原告的期限利益损失。

如前所述，让委托人等待是不合理的，受托人迟早都应如此赔偿，延后赔偿可能还会导致利息损失，所以受托人应当及时赔偿。如果信托解除，委托人（受益人）得到损害赔偿，并不妨碍受托人（信托公司）对债务人及担保人之诉讼和执行的正常进行，从第三人处取得的财产归入受托人（信托公司）的固有财产。

3. 信托被解除，并不意味着受托人针对第三人的诉讼丧失了基础（或者出现冲突）。正如在**案例 7－4－1**“万向信托与润恒公司案”中所分析的，不管信托是否解除或终止，此时受托人对第三人债务人的债权人之身份没有变，只不过因信托已经解除，诉讼取回的财产不用归入信托财产而已。

案例 7-3-4　田某翔等诉张某俭案

（具体案情参见**案例 2－5－2**）。

案例分析及问题：

原告是否具有解除权？原告可否以没有得到投资回报就没有实现投资的目的为由要求解除合同？

信托关系通过合同确立，但并非简单的合同关系，受托人管理信托事务并非必然能给委托人（受益人）带来投资收益。原告不能仅以没有得到投资回报为由解除合同。

原告不能以没有得到投资回报为由解除信托，并不意味着不可以解除信托。该案中，原告无法根据原《合同法》第 94 条解除合同也不意味着他无权解除合同。该案为自益信托，根据《信托法》第 50 条，委托人是唯一受益人的，委托人或者其继承人可以解除信托。信托文件另有规定的，从其规定。如果信托文件没有约定原告不可以解除信托，原告即可根据该条行使解除权。

值得注意的是，信托解除后，并不会产生撤回投资的效果。公司的股权从作为受托人的被告处原状返还于原告处，原告从隐名股东走向前台。

但是，在该案中，原告能否解除信托还要受到公司法关于股东人数限制的影响。如果受托人管理信托事务并无过错，且解除信托导致股东人数升至法定人数之上，法院有权决定不解除信托；在受托人管理信托事务存在过错的场合，委托人（受益人）可以主张损害赔偿，并撤换受托人。

（五）信托解除和受托人

考虑到受益人、委托人解除信托可能给受托人造成损失。例如，受托人失去了本来可能获得的报酬，特别是受托人为营业信托机构的情形。日本、韩国信托法都规定，在这种情况下适用民法的一般规定，即委托人解除信托给受托人造成损失的，应当予以赔偿，但有不得已事由的除外。即受益人或者委托人行使解除权一般不需要得到受托人的同意。委托人或者其继承人在对受托人非常不利的时期行使解除权，致使受托人受到损失的，应当赔偿受托人的损失。但若存在不得已之事由，不得不解除信托，即使解除信托的时机对受托人不利，委托人或者其继承人也无须承担赔偿损失的责任。信托文件规定在信托存续的一定期间内，受托人可以取得信托报酬的，委托人或者其继承人在中途解除信托时，须对受托人支付整个期间应当支付的报酬。然而若因不得已的事由而不得不解除信托，则无须支付受托人整个期间的报酬。因受托人的违反信托行为导致委托人解除信托的，受托人应赔偿委托人因此遭受的损失[①]。

第四节　信托终止的法律后果

一、信托终止后信托财产的归属规则

（一）信托财产的归属规则

信托终止之后，若还有剩余财产，其归属按照以下顺序确定权利归属人（《信托法》第54条）：（1）信托文件规定的人；（2）受益人或者其继承人；（3）委托人或者其继承人。

（二）信托财产转移前信托视为存续——法定信托的成立

在确定信托财产的归属之后，在该信托财产转移给权利归属人的过程中，信托视为存续，权利归属人视为受益人（《信托法》第55条）。该条的目的是，在对原信托的剩余财产分配完毕之前，受托人的义务包括忠实义务和善管注意义务等并不随原信托的终止而消灭；同时，把保护权利归属人作为受益人予以保护。在英美法上，信托终止之后，在分配剩余财产的过程中，原信托转变为结果信托而存在。为了保护委托人的利益，不能简单地适用合同法的规定进行恢复原状和损害赔偿，应引入和英美法类似的返还信托原理，使原受托人为委托人的利益持有和返还财产。该条的作用与此类似。

案例 7-4-1　万向信托与润恒公司案[②]

法院认为，案涉《信托贷款合同》系订约当事人的真实意思表示，内容不违反法律、行政法规的强制性规定，应确认有效，双方应依约履行约定义务。……万向信托向润恒公司发放了信用贷款4.65亿元，润恒公司于2017年12月21日，2018年3月21日、6月21日、9月26日支付了当期利息，但对于2018年12月21日之后的当期利息未能支付，故万向信托有权根据合同约定要求润恒公司支付本息。……

① “上海岩鑫实业投资有限公司诉华宝信托投资有限责任公司信托合同纠纷案”，上海市第一中级人民法院（2004）沪一中民三（商）初字第201号一审民事判决书。

② 杭州市中级人民法院（2019）浙01民初2128号一审民事判决书。

关于润恒公司主张万向信托主体不适格。法院认为，虽然根据《玖富 67 号信托合同》，玖富 67 号信托于 2019 年 12 月 21 日到期，但万向信托提起本案诉讼时信托期限未到期。现虽然信托因期满且未延长而终止，但万向信托因提起本案诉讼未能将信托财产进行转移，根据《信托法》第 55 条规定，在信托财产转移过程中信托视为存续，故万向信托仍然为信托受托人，有权收取信托财产的债权，而委托人……也未对此提出异议，即并未指令或通知对本案撤诉。故万向信托有权向润恒公司主张权利，本院对润恒公司关于原告主体不适格的主张不予支持，对万向信托的合理诉请予以支持。

案例分析及问题：

该案的基本问题是：信托终止后，受托人向信托贷款债务人主张权利的根据为何？

法院认为，虽然信托因期满且未延长而终止，但信托公司因提起该案诉讼未能将信托财产进行转移，根据《信托法》第 55 条规定，在信托财产转移过程中信托视为存续，故万向信托仍然为信托受托人，有权收取信托财产的债权。

需要注意的是，《信托法》第 55 条主要解决的是受托人和信托财产权利归属人之间的关系问题。在信托终止之后，信托财产仍然在原受托人手中，该条利用法定信托原理，明确原受托人对权利归属人的义务仍然是受托人义务。该案中法院也指出，委托人也未对此提出异议，即并未指令或通知撤诉，所以，债务人的主张是没有根据的。

其实，该案中并无必要引用第 55 条。这里需要探讨一个更基本的问题：对于和信托交易的第三人而言，能否因信托终止而否认受托人的权利主体资格？具体到该案，对信托贷款的债务人而言，能否主张因信托终止，受托人就丧失了债权人的资格？

信托贷款合同也是贷款合同，合同当事人分别是信托公司（债权人）和债务人，若无特别约定，债务人无权以信托当事人之间的内部关系（信托关系）是否存续而对抗债权人。

受托人对第三人的关系一般并非信托关系，在处理受托人对第三人关系之时，原则上不需要引用《信托法》中调整信托关系的规范。《信托法》第 55 条主要调整的是信托终止之后受托人和信托财产权利归属人之间的法定信托关系，而该案中的受托人和信托贷款债务人之间的关系是建立在贷款合同的基础之上的，和信托关系的状态（是否终止）没有必然的关系。

二、信托终止后对信托财产的强制执行

为了确保信托财产的独立性，原则上不允许对信托财产强制执行。只有在符合下列情形之一时，才可以强制执行信托财产：设立信托前债权人已对该信托财产享有优先受偿的权利，并依法行使该权利的；受托人处理信托事务所产生债务，债权人要求清偿该债务的；信托财产本身应担负的税款以及法律规定的其他情形（《信托法》第

17 条）。例如，对已设立担保权的信托财产，从开始实施强制执行时起，或者在信托终止后，即便该被抵押的信托财产已经归属于权利归属人，抵押权人也可针对权利归属人请求强制执行。同理，在受托人处理信托事务过程中，委托他人修缮作为信托财产的房屋的，对修缮费拥有请求权的债权人，可以未付修缮费为由在强制执行开始时，或者在信托终止后甚至作为信托财产的房屋归属于权利归属人之后，对该信托财产请求强制执行。因为信托已经终止，这时的权利归属人应是被执行人。（《信托法》第 56 条）

三、信托终止后受托人信托报酬给付请求权和对信托财产的补偿请求权的行使

信托财产本身应负担的税款、受托人因处理信托事务所支出的费用、对第三人所负债务（《信托法》第 37 条）以及根据信托文件规定受托人可以取得的信托报酬（《信托法》第 36 条第 1 款），原则上都应以信托财产承担（《信托法》第 37 条第 1 款）。对以上费用以及债务，受托人以自己的固有财产先行垫付的，对信托财产享有优先受偿的权利（《信托法》第 37 条第 1 款）。受托人为了实现信托报酬给付请求权和对信托财产的补偿请求权，可留置信托财产，或者向权利归属人提出请求。（《信托法》第 57 条）

四、信托的清算[①]

信托一旦终止，信托关系即归于消灭，信托进入清算阶段。信托清算的义务人是受托人，受托人的清算事务主要包括以下几项：

（一）清理信托财产

信托终止后，受托人首先应当清理信托财产。对信托财产的清理，主要包括三方面的事务：

第一，处置、变现信托财产。该项事务视信托文件的规定而定。如果信托文件规定，信托终止时，受托人可以信托财产的原样分配信托财产，则受托人无须变现、处置信托财产。

---

① 信托财产原本就没有法人资格，在信托事务处理上产生的债务，其债务人是受托人。另外，信托即便终止，并不因此而改变受托人负担债务的情况。因此，比较极端地说，在完成对信托债权人的清偿之前将信托财产交付给权利归属人，只要受托人有资力，信托债权人就不会蒙受不利。因此，在信托关系中至少和信托债权人之间，清算并非必要的（清算可以说是减少受托人的债务，对受托人是有利的）。在英美法中，存在有关信托终止的规定，但没有信托清算的规定。在美国信托法重述中，就信托终止事项，终止事由以及剩余财产交付的规定较为详细（《美国信托法第二次重述》第 330—347 条），但没有关于信托清算的规定。在《统一信托法》中亦同。2006 年修改的《日本信托法》学习英美法，增加了清算的相关规定，使日本的信托制度向法人靠近。参见［日］能见善久：《信托的终止、清算问题研究》，姜雪莲译，《中国政法大学学报》2016 年第 4 期。

案例 7-4-2　陕西鸿永智诚与徐某超案[①]

案例分析及问题：

该案中，信托文件规定，“受托人有权将本信托项下的部分逾期贷款债权及未变现信托财产以原状交付的方式分配给受益人。由于届时分配给受益人的信托财产为非现金形式，可能会影响受益人最终获得的现金形式信托利益”。法院认为，案涉各方当事人签订的协议均系双方真实意思表示且并不违反法律、行政法规的强制性规定，上述合同均合法有效，受托人有权将债权原状返还于受益人。

反之，如果信托文件规定，信托终止时，受托人必须以现金形式分配信托财产，则受托人必须对非现金信托财产进行处置、变现，如变卖不动产等实物资产、转让股权资产等权益资产、清收贷款等债权资产等。

在信托实践中，对于以投融资为目的的资金信托，若无另外约定，受托人应有义务处置信托财产并以现金的形式向受益人分配（默示规则）。

第二，清偿信托财产的债务。信托财产上的债务主要包括与《信托法》第 17 条第 1、2、3 项规定相关的三种债务。

第三，编制信托财产清册。

（二）分配信托财产

信托终止的，受托人必须把信托财产的权利转移给受益人以及其他权利归属人。也就是说，该财产权属应登记之权利的，自当办理信托移交手续，还必须办理原信托登记的注销手续。

（三）受托人履行清算报告书的作成义务

此时，受托人应当就信托事务的处理作出清算报告，并将其提交给受益人或者信托财产的权利归属人，征得他们的认可（《信托法》第 58 条）。受益人或者信托财产的权利归属人对清算报告无异议的，受托人方可就清算报告所列事项解除责任（《信托法》第 58 条）。只要受益人或者信托财产的权利归属人认可了受托人在清算报告中所列事项，则不可在事后以清算报告有误为由追究受托人的责任。但是，受托人如有伪造记载事项内容或者隐匿事实等不正当行为，即使受益人或者信托财产的权利归属人认可了其清算报告，其责任也不得解除（《信托法》第 58 条但书）[②]。

---

① 宝鸡市金台区人民法院（2022）陕 0303 民初 4735 号一审民事判决书（审结日期：2022 年 7 月 19 日）。

② 根据《信托法》第 41 条，受托人有《信托法》第 39 条第 1 款第 3—6 项所列情形之一，职责终止的，应作出处理信托事务的报告，该报告经委托人或受益人认可，原受托人就报告中所列事项解除责任。但原受托人有不正当行为的除外。值得注意的是：第一，此时受托人要作出的是信托事务处理报告；第二，报告的认可人是委托人或受益人。另外，该条没有规定受托人死亡或者被宣告破产以及被依法宣告为无民事行为能力人或者限制民事行为能力人之时，原受托人的报告免责规则，是因为原受托人无法作出报告不能被理解为径行免责。

案例 7-4-3　桂阳农商行、财信证券等营业信托纠纷案[①]

法院经审查认为，本案系营业信托纠纷再审审查案件，应当围绕当事人的申请事由能否成立、二审判决处理结果是否妥当进行审查，审查的重点问题是：二审判决未支持桂阳农商行关于撤销案涉债券交易和赔偿损失的请求是否有误。

桂阳农商行依据《信托法》第 22 条的规定，请求撤销交易、恢复财产原状并赔偿损失。该条规定如下：“受托人违反信托目的处分信托财产或者因违背管理职责、处理信托事务不当致使信托财产受到损失的，委托人有权申请人民法院撤销该处分行为，并有权要求受托人恢复信托财产的原状或者予以赔偿；该信托财产的受让人明知是违反信托目的而接受该财产的，应当予以返还或者予以赔偿。前款规定的申请权，自委托人知道或者应当知道撤销原因之日起一年内不行使的，归于消灭。”根据上述法律规定，当受托人没有履行勤勉谨慎职责，造成信托财产受到损失时，委托人有权申请法院撤销该处分行为并要求恢复原状或赔偿损失，但该申请权若在一年内不行使便归于消灭。从桂阳农商行 2018 年 12 月 16 日向中国证券监督管理委员会湖南监管局提交的《关于财富证券违规办理债券业务的情况报告》的内容可知，桂阳农商行在出具该份报告时已经知晓了财信证券存在处理信托事务不当致使信托财产受到损失的行为，二审判决将 2018 年 12 月 6 日作为撤销权行使期间的起算点，并认定桂阳农商行于 2020 年 1 月 3 日向一审法院起诉已经超过一年的权利行使期间，有相应的事实和法律依据。

即使本案未超过撤销权行使期间，桂阳农商行关于撤销案涉债券交易和赔偿损失的请求亦不能得到支持。首先，财信证券为“珠江 8 号”账户购买 5 000 万元“15 沪华信 MTN001”债券的行为，系其作为受托人在资产管理过程中的资金运用行为，应当受实际构成的法律关系所约束。因公司债券的发行和交易适用《证券法》，故“15 沪华信 MTN001”债券的交易行为能否撤销应适用《证券法》的相关规定。二审判决根据《证券法》第 117 条的规定，认定案涉债券交易符合交易规则，不存在可撤销的情形并无不当。其次，根据《信托法》第 22 条的规定，委托人申请撤销处分行为并要求受托人恢复原状、赔偿损失也需符合下列条件：一是受托人存在违反信托目的处分信托财产的行为，或者违背管理职责、处理信托事务不当；二是因不当行为致使信托财产受到损失，且不当行为与财产损失之间存在因果关系。本案中，从监管部门对财信证券为“珠江 8 号”购买“15 沪华信 MTN001”债券行为的定性及后续的处罚措施来看，财信证券在处理信托事务时确有不当之处，但资产管理业务本身是一种有市场风险的投资方式，现有的证据并不足以证明财信证券为“珠江 8 号”购买“15 沪华信 MTN001”债券系因其预知该债券会出现兑付风险、出于转嫁风险的目的而采取的行为。而且，在资产管理计划尚未终止、未办理清算的情况下，案涉债券是否存在损失以及实际的损失数额尚无法确定。因此，二审判决对桂阳农商行的赔偿损失请求未予支持，并无不当。桂阳农商行在确定损失之后，可另行主张权利。

法院裁定驳回桂阳农商行的再审申请。

---

① **案例 5-3-4“桂阳农商行和财信证券案”的关联案例，最高人民法院（2021）最高法民申 5263 号民事裁定书。**

案例 7-4-4 邓某与联储证券案①

2016 年 12 月，被告联储证券设立资产管理计划，投资标的是昆仑信托作为受托人设立的信托计划，该信托计划以信托资金受让东方金钰持有的子公司深圳市东方金钰珠宝有限公司 100%股权的股权收益权。同时东方金钰与昆仑信托签订《回购合同》，约定东方金钰向昆仑信托转让并回购前述股权收益权，并约定该特定股权收益权不会发生抵押、质押、查封、扣押、冻结等任何形式的权利限制，并由保证人为东方金钰支付回购价款提供连带保证责任。

2017 年 1 月 4 日，联储证券作为委托人与昆仑信托作为受托人签订《信托合同》。后原告邓某以合格投资者身份与联储证券签订《资管合同》，认购案涉资管计划，并支付认购款人民币（以下币种同）100 万元，获得两期收益共计 68 754.93 元。

2017 年 4 月至 2018 年 5 月期间，东方金钰将其持有的深圳市东方金钰珠宝有限公司 15%的股权进行质押融资；其持有的深圳市东方金钰珠宝有限公司 24%的股权被司法冻结；其 2017 年累计新增借款占 2016 年末净资产的 97.02%；其持续为案外人提供担保；且东方金钰涉及众多诉讼及司法查封，同时《回购合同》项下保证人担保能力下降。2018 年 6 月 20 日，东方金钰未能按约支付第三期行权费，导致信托计划、资管计划于 2018 年 7 月 20 日提前终止。后联储证券对东方金钰及保证人提起诉讼，但胜诉后未执行到位。

邓某诉称，资管计划提前终止后，联储证券未予清算，未支付投资本金和收益，已造成原告损失，该损失系联储证券在销售时未履行适当性义务、在管理过程中未履行诚实信用和谨慎勤勉的管理职责所导致，故要求联储证券赔偿其投资款 100 万元以及相应的投资收益、律师费 3 万元、差旅费 2 390 元。

联储证券辩称，邓某的诉讼请求缺乏事实依据。投资款项根据约定已经转化为投资份额，现正在变现过程中，邓某没有产生《资管合同》约定的损失。联储证券对邓某进行风险测评并充分提示投资风险，已经履行了适当性义务。邓某没有证据证明联储证券存在违约行为及违约行为和损失之间存在因果关系。

关于投资者损失能否确定的问题，法院认为，资管计划到期后投资者损失的确定一般应以清算为前提，邓某起诉时，案涉资管计划并未清算，由此引发邓某在资管计划项下的损失确定是否应以清算为前提的争议。对此，若一概以未经清算为由认定损失无法确定，一方面会助长管理人怠于清算的不当行为，另一方面也不利于投资者合法权益的保护。因此，资管计划未经清算的，应当结合资管计划的具体情况、管理人的过错程度等因素综合认定投资者损失是否客观发生。虽然案涉资管计划未经清算，但邓某在资管计划提前终止后长时间未获清偿的事实客观存在。联储证券对东方金钰及保证人提起诉讼后，相关执行款项并到位，执行程序反映出资管计划可实际取得财产的分配时间及金额均不确定，且管理人无证据证明资管计划尚存在可清算资产，故可合理认定邓某在资管计划项下的损失已客观产生。

同时，为避免投资者获得双重清偿，法院明确了资管计划清算完成后仍有可分配资金的，管理人可按赔付比例扣除相应款项后再将剩余资金依约向投资者进行分配。即判决生效后，对于资管计划清算后收回的款项，其中收回款项 30%的部分应当在联储证券的赔偿金额中予

① 上海金融法院（2021）沪 74 民终 422 号二审民事判决书（审结日期：2021 年 11 月 30 日）。

以扣除。

在资管计划未经清算的赔偿纠纷中采用管理人先赔付后清算再结算的方式处理，既能让过错的管理人承担相应的赔偿责任，又能引导管理人继续有效履行清算职责，并合理平衡各方当事人的利益。

案例分析及问题：

受托人违反信托义务并给信托财产带来损失的，受益人可请求损害赔偿（《信托法》第 22 条、第 27 条和第 28 条），《信托法》并没有规定损害赔偿必须以信托清算为前提条件。

在**案例 7－4－3** 中，法院认为在资产管理计划尚未终止、未办理清算的情况下，案涉债券是否存在损失以及实际的损失数额尚无法确定。桂阳农商行可在损失确定之后另行主张权利。

而在**案例 7－4－4** 中，法院虽然认为投资者损失的确定“一般应以清算为前提”，但“若一概以未经清算为由认定损失无法确定，一方面会助长管理人怠于清算的不当行为，另一方面也不利于投资者合法权益保护”。因此，即使资管计划未经清算，法院也应当结合资管计划的具体情况、管理人的过错程度等因素综合认定投资者损失是否客观发生。

［本章思考题］

1. 委托人变更受益人和受益权，为什么原则上需要受益人的同意？
2. 如何理解《信托法》第 55 条？在学理上构成复归信托还是拟制信托？
3. 信托终止时为何需要清算？

［本章学习参考资料］

第八章 慈善信托

公益信托与公益法人二者的关系，犹如车之两轮，为现代公益活动不可或缺的制度。

——王志诚[①]

① 王志诚：《信托法》（增订第六版），五南图书出版公司 2017 年版，第 329 页。

第一节 慈善信托法和信托法

一、公益信托和慈善信托的关系

《慈善法》第 44 条规定:“本法所称慈善信托属于公益信托……”该条确立了慈善信托和公益信托的关系。从字面上看，慈善信托“属于”而并非“是”公益信托，表明立法者认为公益是比慈善更为宽泛的概念。但是从《慈善法》第 3 条所列举的慈善行为类型来看，其与《信托法》第 60 条所规定的公益目的并无实质差异。虽然理论上存在根据《信托法》设立公益信托的可能性，但是不具备可操作性。基于此，除非必要，本书不区分公益信托、慈善信托和公益慈善信托。

二、慈善信托法与信托法的关系

慈善信托亦为信托之一种,《信托法》第六章就有关慈善信托事项有规定的，优先适用该章规定，未尽事宜，应适用《信托法》及其他相关法律的规定(《信托法》第 59 条)。《慈善法》第 51 条规定:“慈善信托的设立、信托财产的管理、信托当事人、信托的终止和清算等事项，本章未规定的，适用本法其他有关规定；本法未规定的，适用《中华人民共和国信托法》的有关规定。”该条进一步确立了《慈善法》关于慈善信托的规定作为信托法特别法的法律地位。

在《信托法》《慈善法》就慈善信托没有具体规定而需要适用《信托法》及其他相关法律的规定时，会有一些相互龃龉之处。因此，在强调慈善信托应适用信托法理的同时，也应注意慈善信托法理的特殊性。

第二节 慈善信托的设立机制

按照信托法原理，慈善信托的设立应当具备一般信托的成立要件。但是，在慈善信托中又存在着一些特殊之处。

一、慈善信托的概念与特征

(一)概念

慈善信托，是以公益慈善为目的的信托。在慈善信托中，委托人把自己的财产转移给受托人，受托人管理和运用信托财产，遵循委托人确定的公益慈善目的(公益目的、慈善目的)，把信托财产用于该公益慈善目的。

（二）特征

1. 基本结构

在慈善信托中，作为利害关系人的特定受益人的缺位，使得原本存在于普通信托中的委托人、受托人和受益人的三角架构处于失衡的状态，这恐怕是慈善信托区别于普通的私益信托的最大特点。如何确立新的支点，达到新的平衡，是慈善信托法需要研究的重点。为此，慈善信托需要引入监察人机制、外部监管机制和社会监督机制。而私益信托的结构更多地取决于当事人的意思自由。

2. 信托目的

私益信托虽然需要存在明确而特定的信托目的（这是私益信托设立的“三个确定性”要求之一，即意图或信托目的的确定性，certainty of intention），但是，信托目的可以是任何不违法、不违背公序良俗的私人目的，委托人的目的可以是自由的，只是在信托设立当时要求具备确定性。而慈善信托应以从事慈善和公益事业为目的，其慈善目的应符合法律规定的要求。当然，对于某些一般目的慈善信托，其慈善目的不一定是确定的或者明确的，即使是由概括性的、持续久远的目的构成，也是有效的。[①]例如，在英国，慈善目的不需要明确，只需要确定是为了慈善目的即可。[②]这相当于放松了私益信托中的“目的确定性”要求。[③]

在我国，无论是《信托法》还是《慈善法》，对慈善目的和慈善行为都有“菜单式”的列举，设立慈善信托似乎应从这些“菜单”中选择一个或者多个。不过，当事人尝试设立综合多种慈善目的的信托甚至是一般慈善目的的信托，法律似乎也并不禁止。

3. 设立条件和监管机构

设立私益信托，应当遵循受益人原则[④]，受益人应为特定或者可特定（《信托法》第 11 条）的主体。即使在信托设立的时候不存在受益人，将来也必然要出现，不能确定受益人的私益信托被认为是无效的，此一点和慈善信托大为不同。慈善信托既然为公共利益目的而设立，不存在特定化的受益人或受益人范围，恰恰是慈善信托具有“公益性”的体现。[⑤]从慈善信托实施中实际获得利益的人，是慈善信托“公益性”的反射效果，这些人一般而言并不能强制执行慈善信托，并非真正意义上的受益人。这样，在慈善信托中就缺乏能强制执行信托的人。在英国法上，最初是由总检察官，现在是由慈善委员会这种公设机构（public institution）来强制执行信托。我国《信托法》规定信托监察人为公

---

① 参见周小明：《信托制度：法理与实务》，中国法制出版社 2012 年版，第 352 页；张军建：《信托法基础理论研究》，中国财政经济出版社 2009 年版，第 239 页。

② 参见 Richard Edwards & Nigel Stockwell：*Trust and Equity*（影印本），法律出版社 2003 年版，第 182 页。

③ 过去在信托法上，公益慈善信托设立采许可主义，公益目的不明确或者涉及多个公益目的的，无法确定公益事业管理机构，增加了申请设立的难度。

④ See J.E. Penner，*The Law of Trusts*，fourth edition，Oxford University Press，2005，p.492.

⑤ 值得关注的是，《信托法》和《慈善法》对慈善信托中不能有特定的受益人这一原则都无明确的规定，仅有学者对此作学理的探讨。《慈善法》第 46 条规定“慈善信托的委托人不得指定或者变相指定其利害关系人作为受益人。慈善信托的受托人确定受益人，应当坚持公开、公平、公正的原则，不得指定或者变相指定受托人及其工作人员的利害关系人作为受益人”，所规范的只是受托人指定受益人不得向其利害关系人进行利益输送，也禁止委托人向与其有利害关系的受益人进行利益输送，不是关于受益人是否特定的要求。

益信托必设机构，《慈善法》则把信托监察人规定为任意设置机构，由信托监察人这种私设机构（private institution）担负起强制执行信托和监督信托实施的职责（《信托法》第64条、第65条）。

另外，私益信托的设立，除了某些特殊类型的营业信托品种，如企业年金信托、信贷资产证券化信托之外，并不以获得有关主管机构的事前批准为条件。而对于慈善信托，我国《信托法》第62条明确要求其设立、确定受托人等行为应当经公益事业管理机构批准。《慈善法》第45条虽然放松了对慈善信托设立的审批要求，变许可制为备案制，但慈善信托仍然需要更广泛地服从主管机关的监督和监管。慈善信托不仅在设立阶段需要主管机关的审查，其运作也需要主管机关的持续监督。

4. 信托的变更和终止

一般的信托中，因情势变更而作出的信托变更，被限定在信托财产的管理方法的变更（《信托法》第21条）等方面。慈善信托，也允许信托条款的变更（《信托法》第69条）[①]，而且在信托终止且信托财产有所剩余的时候，能够以相近似的目的使信托继续存在（《信托法》第72条），这被称为“近似原则”。其观念基础是，尽量使慈善信托得以继续存在，对社会整体而言是有益的。这样可以不考虑私益信托中通常要考虑的反永续规则，即慈善信托在理论上可以永久存续[②]。

5. 反永续规则和反积累原则的适用

在英美信托法上的私益信托中，原则上要适用反永续规则。虽然我国《信托法》没有规定这一规则（美国的不少州基于吸引投资和税收政策的原因废除了该规则），但是，设置为私人利益而永久存在的信托，某种意义上可能是违背公序良俗的。

慈善信托原则上不适用反永续规则。一般认为，支持慈善目的比维持财产的可分割性、可转让性所带来的公共利益更为重要。当代美国的税法规则也不允许慈善信托和基金会随心所欲地积累收益（反积累原则），而要求它们每年将资产的一定比例花费出去。该规则的主要目的是促进将慈善财产及时用于慈善目的，造福社会。我国法律原无类似规定，2023年修正的《慈善法》第61条第4款规定：“慈善信托的年度支出和管理费用标准，由国务院民政部门会同财政、税务和金融监督管理等部门制定”，确立了类似于反积累的原则。

6. 税收地位

慈善信托与私益信托的一个极其重要的法律差别在于：两者的税收法律地位迥异。慈善信托因具有促进慈善和公益事业发展的功效，无论在设立阶段还是运作阶段，都应享有一定的税收扣减等优惠待遇。虽然我国目前因尚未建立与信托相配套的税收制度，从事慈善事业缺乏有效的激励措施，慈善信托的设立还在依靠捐出者的道德感和社会责任感，但享有税收优待是从事慈善事业的应有之义。2023年修正的《慈善法》第85条第2款规定：“国家对慈善事业实施税收优惠政策，具体办法由国务院财政、税务部门会同

① 当然，这可能仅仅是形式上的区别。无论是公益信托还是私益信托，为了应对情势变更，应能在符合一定条件下对信托的要素进行变更。

② See Jill E. Martin, *Modern Equity*, 17th edition, Sweet & Maxwell Ltd, 2005, pp.402–403.

民政部门依照税收法律、行政法规的规定制定”，该规定使得慈善信托的税收优惠政策的落地更具有可操作性。私益信托原则上不享有税收优惠。

7. 受托人地位

根据《信托法》第 66 条，公益信托的受托人的辞任必须经公益事业管理机构批准。而私益信托的受托人辞任原则上不需要批准。

慈善信托的受托人人数没有限制，在比较法上可以根据受托人的多数决行事。[①]而在私益信托中，除非信托文件中有授权，多个受托人必须一致行事。

二、慈善目的

（一）概述

慈善信托是以慈善和公益为目的的信托，慈善目的是设立慈善信托的实质要件。我国《信托法》没有给慈善目的下抽象的定义，而是通过列举加兜底条款的方式规定了公益事业的类型：救济贫困，救助灾民，扶助残疾人，发展教育、科技、文化、艺术、体育事业，发展医疗卫生事业，发展环境保护事业，维护生态环境以及发展其他社会公益事业（《信托法》第 60 条）。而《慈善法》又细化了扶老、救孤、恤病、助残优抚，救助自然灾害、事故灾难和公共卫生事件等突发事件造成的损害等条目（《慈善法》第 3 条）。《信托法》第 60 条和第 63 条强调公益信托的设立应具有“公益目的”。《慈善法》则强调以大致类似于信托法列举的公益目的所从事的行为为慈善行为（《慈善法》第 3 条）。

（二）慈善目的的判定

判断慈善目的的标准，不是一成不变的，会因时间、地点和法律规定而发生变化。事实上，英美法上关于慈善信托的案例，很多涉及慈善目的的认定，该问题的复杂性可见一斑。[②]

根据慈善法颁行之前的信托法研究者的归纳，设立慈善信托需要注意三个问题[③]，即目的公益性、效果公益性和完全公益性。

1. 目的公益性

设立慈善信托应具有《信托法》《慈善法》所列举的慈善目的。实际上，全国人大常委会关于《中华人民共和国慈善法（草案）的说明》指出“慈善活动，主要指扶贫、济困、救灾方面的义行善举，这是我国慈善事业的重点”，这可能是符合我国国情的。前文曾讨论过，鉴于司法和行政部门特别是行政部门的保守立场，法律的兜底条款不少被机械地解释为“法无明文规定即不可为”，很多被普遍接受的慈善目的，如男女平等促进、社区意识的培养等，由于没有被明文写进法条，将来恐很难开展。随着《慈善法》的普及，还是应普及更广泛意义上的慈善和公益的观念，不能一提起慈善就只能想起传统的

---

① Restatement of Trust（second），§383；s.74，s.75，The Charities Acts 1993.

② See Jonathan Garton，*Public Benefit in Charity Law*，Oxford University Press，2013.

③ 参见何宝玉：《信托法原理研究》，中国政法大学出版社 2005 年版，第 328 页以下；周小明：《信托制度：法理与实务》，中国法制出版社 2012 年版，第 352 页以下。

扶贫济困和救灾。

《慈善法》实施之后，从完成备案的慈善信托的慈善目的看，除了少数具有特定的、单一的目的之外，多数列举了多项慈善目的。例如，“万向信托—乐淳家族慈善信托”的慈善目的被表述为“主要支持发展教育、科技、文化、艺术、体育、医疗卫生、环境及其他社会公益事业，扶贫、济困、扶老、救孤、恤病、助残、优抚、救助灾害事件及其他公益活动”，这几乎包括了《慈善法》上全部的慈善目的。另外，有的慈善信托则出现了《慈善法》中没有明文规定的慈善目的。例如，“顺德社区慈善信托”的目的是将慈善财产“用于支持建设更具人文性和富有吸引力的顺德社区”，由于社区建设的内容可以包含慈善法上所列举的多数慈善目的，所以并没有超出法律规定的慈善目的。综上似乎可以认为，目前，民政部门在认定慈善目的方面是比较灵活和宽松的。

未来，随着慈善事业的兴起，人们的慈善目的会变得比较多元化，在是否符合《慈善法》的慈善目的方面，可能会给监管部门提出挑战。

2. 效果公益性

这包括两重判断标准，即“有益性原则”和“公众性原则”。在英国《慈善组织公益性指南》(Charities and Public Benefit: Summary Guidance for Charity Trustees, January 2008, as amended December 2011)中，慈善委员会提出了判定慈善事业或组织的公益性的上述两个维度或者两项基本原则，并进行了详细的阐述和解释。只有同时符合这两项原则，并且从事《2006年慈善法》规定的13类慈善事业的民间组织才会经法定程序后注册为慈善组织。①在我国，判断一个信托是否为慈善信托也可以根据以下两个标准进行：

第一，是否有公共利益。有益性必须清晰、真切而具体。例如，防治癌症研究一般而言是有益于公共卫生的，但是，一个用有害方法从事癌症研究的机构并不符合有益性的标准。另外，有益性并不都是可以度量的，如为遭受自然灾害的公众提供心理抚慰、保护风景名胜和特殊地貌等行动的实际价值都是无法衡量的。有益性必须与慈善组织的目的一致。每个慈善组织都有一个或者数个慈善目的或慈善事业。慈善目的必须且只能通过特定的公益性产品或服务予以体现。有益性必须是绝对的“正值”，即任何一项事业或者行动，它给公众带来的好处必须超越其自身可能造成的某些不利后果。

明显不能带来公共利益的目的不构成慈善信托。在英国法上有两个典型案例至少在判决上截然不同：第一个典型案例是 Re Hopkins (1965)②，在该案中，某人要把一笔款项捐献给弗朗西斯·培根学社，该学社的宗旨是证明一般被认为属于莎士比亚的作品事实上是由培根完成的。法院认定该信托具有教育的公益目的。第二个典型案例是 Re Shaw (1957)③，在该案中，社会主义剧作家萧伯纳出资设立信托，意图创设一种新的语言，以使萧氏的作品及其中的观念可以在各种语言的人当中流传。法院认为该信托涉及宣传(propaganda)，因此不具备公益目的。这两个案例至少说明，判断一个信托是否具有公共利益是非常困难的。

---

① 参见徐彤武：《英国慈善法体系中公益性定义的演进发展》，载《中国社会科学院报》2008年12月2日。

② [1964] 3 All ER 46.

③ [1957] 1 WLR 579.

第二，受益人是否为不特定的社会公众（public）。最显性的判断是人数是否足够多和不确定，如环保信托等很容易判断其公益目的。但是，仅靠人数还不足以判断是否具有公益性。例如，一个人设置慈善信托资助慈善信托法的研究，资助对象由一个独立的委员会遴选，其所设定的遴选条件是：全国高校中的少数民族法学博士获得者教员，曾经在英国留学一年以上，40 岁以下，独立开设信托法课程等。最后哪怕符合条件的只有一位，如果不能证明该遴选过程为“萝卜遴选”，即可认可其公益性。反之，即便拟设立的慈善信托的受益人的人数足够多，但是如果设立信托的人和受益的人之间存在着某种联系（nexus），也不能认可其公益性。英国的典型案例是 Oppenheim v. Tobacco Securities Trust 案[①]，在该案中，一个公司欲设立一个慈善信托为其所有雇员的子女提供学费，虽然该公司的雇员子女可能人数众多，但法官仍然认为，该信托不具备让社会公众获利的特征，不是慈善信托。不过，英国法在济贫公益目的中缓和了受益人是不特定的社会公众的要求。但是，在我国法的背景下，能否认定委托人设置的一个意欲为其故乡所在村范围内的所有贫困儿童（可能只有三两个人）提供资助的信托为慈善信托，也是很值得探讨的。

英国慈善委员会认为，公众只能是具体的，不存在抽象的公众。在不同的语境中，“公众”可以分别指特定群体、社区居民、整个社会乃至全人类。哪些人能够构成法律所认可的公众，完全依赖于对具体组织机构公益目的和服务对象的分析。公众既可按照地理分布范围被划分成社区居民、地方居民、全国公众和全人类，也可根据年龄、性别、经济指标、社会地位或者共同特点而划分成不同群体，还可依照时间顺序分为当代公众和未来公众。

到底是指对整个社会有利，还是对社会的一部分有利，这一要求和标准是不断变化的，对公众性的要求应视不同的信托目的而有所区别。比如，要求宗教慈善信托必须针对全部公众；而对于教育，要求则相对宽松——针对某特定宗教的孩子的教育，也可以被认定为具有公众性。关于教育慈善信托存在一个特殊联系规则（nexus rule）：受益对象与特定的家族或雇主关联，是不可接受的，因为慈善信托占用国家资源，一个家庭或公司的教育费用不应得到国家的补助。而对于救济贫困的慈善信托，则不要求针对公众，因为法律假定这种信托本身就具有公共利益[②]。

对“部分公众”的界定必须合情合理。英国慈善委员会强调：无论采用什么标准来界定一种公益事业受益者的范围，受益人数（或者潜在受益人数）都要足够多，且这个事业必须是开放的，具备公众性的。有时受益者的绝对人数可能非常少，但对于“公众性”的要求来说已经足够多了，例如，某个慈善组织的目的是救治患有一种非常罕见的遗传疾病的人，该事业本身就已经体现了公众性原则。因为虽然患这种病的人数极少，但公众中现在和今后确诊这种疾病的患者都将获得该组织的帮助。从这个意义上说，实际上整个社会都在受益。

---

① ［1951］AC 297 HL（E），［1950］UKHL 2，［1951］1 All ER 31.

② 参见何宝玉：《英国信托法原理与判例》，法律出版社 2001 年版，第 314 页；何宝玉：《信托法原理与判例》，中国法制出版社 2013 年版，第 311 页。

英国慈善委员会强调，在具体进行评判时，应全面考察一个组织所宣称的公益目的和实际情况。任何私人获益都应该发生在慈善组织开展公益性活动之后，而且数量应该合理。

慈善法所调整的主要是剥离了捐出者和受益人之间个人联系的慈善行为，即有中介（慈善组织和慈善信托）的、正式的慈善行为。只要确保委托人和受益人之间（也包括受托人和受益人之间）不存在利害关系的纽带，不管受益人的人数多寡，公益目的即应被认定[①]。

3. 完全公益性

一个信托不会因为其通过运营取得收入而丧失公益属性。在判断一个组织是否为非营利性组织的时候，不是看该组织是否赚取利润和取得收入，而是看该组织是否把收入和盈利用于对其成员和捐出者的分配。具体到公益信托（慈善信托）中，根据《信托法》第 63 条规定的"公益信托的信托财产及其收益，不得用于非公益目的"，即便该公益信托通过运营（投资）取得了增值，只要该信托的信托财产全部用于信托文件所规定的公益目的，该信托就不丧失公益性。

可以看出，判断一个设立中的慈善信托是否具有公益性是一个非常复杂的问题。在英美的信托法著作中通常也会长篇累牍地通过案例分析说明如何判断公益目的。我国慈善法规定设立慈善信托只需要备案，虽然管制的放松令人鼓舞，但这并不能理解为是监管者放弃了审查和判断的职责。这在公益目的仅仅是扶贫济困救灾等方面是没有问题的，在我国慈善法把慈善信托的受托人限定在慈善组织和信托公司等的背景下似乎也没有大的问题，但将来必定会有考验监管层的判断能力的事例出现。

为了促进公益事业的发展，促进有活力的有机社会之形成和完善，我国的公益事业立法和操作细则中应参照比较法上成熟的公益目的清单，发展和充实公益目的的内涵，为制度利用者提供更大的空间。

（三）"完全公益性"的问题

1."完全公益性"的规范基础和现状

《信托法》第 63 条规定："公益信托的信托财产及其收益，不得用于非公益目的。"之后，《中国银监会办公厅关于鼓励信托公司开展公益信托业务支持灾后重建工作的通知》第 6 条和《慈善法》第 118 条也都要求受托人不得将信托财产及其收益用于非慈善目的。这些全部都是关于所谓的"完全公益性"原则的规定。

但是在实务当中，信托财产分别用于公益和非公益目的并非罕见。在《慈善法》颁行之前的公益信托实践中，可以看出多数项目的委托人均能取回本金甚至还能取得一定的收益，剩余的部分才用于特定的公益用途，被业界称为"准公益信托"。值得注意的是2008 年汶川地震后成立的"西安信托 5 • 12 抗震救灾公益信托计划"，该信托计划严格按照《信托法》《公益事业捐赠法》等相关法律和文件精神，取得公益信托管理机构陕西省

① 在英国，对于某些公益目的，如济贫，英国法院甚至支持为了贫困亲属的利益而设置的慈善信托具有公益性。See Alastair Hudson, *Equity and Trusts*, 5th Edition, Routledge-Kavendish，2007，p.1031.

民政厅的批准，并向银保监部门备案，由希格玛会计师事务所有限公司担任监察人，上海锦天城律师事务所担任法律顾问，上海东方爱心基金会担任执行顾问。该信托计划从成立伊始，就完全不谋求获利，每个环节都追求透明与无盈利，是我国第一个完全符合《信托法》要求的规范的、真正的慈善信托。

2. 部分慈善信托

从慈善信托的规范化管理的角度看，坚持纯粹的慈善信托之定位似乎有一定道理，但从鼓励慈善信托发展、鼓励更多委托人参与公益的立场看，应当允许把部分本金或者部分收益用于公益慈善事业的信托作为慈善信托对待。我国的信托法律法规没有涉及在一个大的信托中存在可分割的慈善信托的问题[①]，但学理上并不排除慈善信托实施过程中受托人将信托财产用于附属产生的非慈善目的，或者将可分的部分慈善信托财产用于非慈善目的[②]。比较法上（美国法）存在分割利益信托（split interest trust），如“公益先行信托”（charitable lead trust）[③]和剩余公益信托（charitable remainder trust），我国2016年《慈善法》实施之前存在的绝大多数的慈善信托实际上也仅能被称为“准慈善信托”。对于这种复合型的信托类型的存在，应该容忍，只是在管理上（特别是成立上、税收待遇上）需要更复杂的规范而已[④]。实务中，可以通过母子信托或者双层信托的方式达到与利益分割信托大致相同的目的。

三、慈善信托的形式

《信托法》和《慈善法》上的慈善信托主要是指意定的慈善信托。理论意义上的意定慈善信托的成立方式有三种，即合同慈善信托、遗嘱慈善信托和宣言慈善信托。我国法上探讨比较多的是以合同的方式设立慈善信托。至于如何以遗嘱的方式和宣言的方式设立慈善信托，甚至是否允许以这两种方式设立慈善信托，都有进一步讨论之必要。

另外，这里还需讨论非意定慈善信托的特殊性。

（一）合同慈善信托

以合同的方式设立慈善信托最为常见，也是本书讨论的主要内容，此处不赘。

（二）遗嘱慈善信托

从现有的法律法规来看，是允许以遗嘱的方式设立慈善信托的。《信托法》第8条规

① See Lusina Ho，*Trust Law in China*，Sweet & Maxwell Asia，2003，p.89.

② 参见周小明：《信托制度：法理与实务》，中国法制出版社2012年版，第355页；何宝玉：《信托法原理研究》，中国政法大学出版社2005年版，第333页。

③ 我国《慈善法》实施之前存在的“收益捐赠型”的信托就类似于“公益先行信托”。2019年6月19日，“孟想非凡·慈善先行信托”在京成立，这被媒体称为国内首单“慈善先行信托”。《中信信托试水国内首单“慈善先行信托”（非诚勿扰）孟非成“第一个吃螃蟹的人”》，载《21世纪经济报道》2019年6月19日。

④ 而且，理论上，公益信托（慈善信托）属于目的信托，而广义的目的信托还包括不具有公益目的的狭义的目的信托（日本信托法承认了这种信托类型）。对私益和公益之间的某些信托目的的容忍，是现代法上的一个发展趋势。

定，设立信托可以采取包括信托合同、遗嘱或者法律、行政法规规定的其他书面文件等形式。《慈善法》没有关于遗嘱慈善信托的直接规定。《民政部、中国银行业监督管理委员会关于做好慈善信托备案有关工作的通知》第 2 条，《慈善信托管理办法》第 13 条、第 14 条和《北京市慈善信托管理办法》第 7 条涉及遗嘱慈善信托，但主要是以合同信托为中心，对于设立遗嘱慈善信托的特殊问题并没有详细规定。

从法律性质上看，遗嘱是单方死因行为，即遗嘱的成立和生效并不取决于相对人的承诺。我国《民法典》虽然没有规定遗嘱生效的时间，但一般认为，遗嘱在立遗嘱人死亡时生效。相应地，遗嘱信托的生效也不应取决于受托人是否承诺，遗嘱信托生效的时间应当是立遗嘱人死亡的时间。

结合《信托法》第 13 条第 2 款的规定，遗嘱指定的人拒绝或者无能力担任受托人的，根据遗嘱的规定或者由受益人等另行选任受托人，这恰恰证明遗嘱信托不会因为受托人的拒绝、不能胜任等事由而无效。[①]

实际上，委托人通过遗嘱设置慈善信托时，可以持续保持和信托公司、慈善组织等受托人的沟通，也可以和自己的律师团队、财务团队、遗嘱执行人或家族办公室沟通而不和任何受托人沟通，待委托人死亡后将信托财产交由受托人执行即可。指定受托的信托公司当然可以拒绝，只是其拒绝并不导致遗嘱信托无效，依据《信托法》第 13 条的要求，选任新的受托人即可。委托人若想确保遗嘱信托的可操作性，最好提前和目标受托人沟通，或者至少在信托文件（遗嘱）中指定可能的备选受托人。

在司法实践中，如果立遗嘱人在依法成立的遗嘱中表达了类似慈善信托的清晰意愿，即使当事人并没有明确使用“慈善信托”或者“公益信托”的表述，法院似仍可通过解释使慈善信托得以设立。

案例 8-2-1　李某 1 等诉贺某继承案[②]

2017 年 12 月 20 日，李某 9 在医院病房内订立遗嘱一份。遗嘱内容为：“本人李某 9，生在河北平山县的山村，这个地方我去过，经济搞得不好。当时，我在八路军第 2 军分区医院出生。新中国成立以后，父亲做了国务院扶贫办的顾问，与李某华一起招商引资，并且在贵州修建了葆德希望小学。将来的基金会办成了，用‘葆德’是否合适，你们再商量。基金管理团队的主要目的，是接老一辈的班，继续承办教育、扶贫，这是主要方向。一是贵州延问县（谐音），二是河北太行山拦道石村。这个基金会，要有一定的‘造血’功能，要有利润增长点。根据我多年的观察，我觉得经营方面要听张某、周某的，羊某作为大管家，要从法律上好好研究程某的地位。贺某是我的亲戚，作为名义上的遗产继承人。现在的问题是，如果基金要发展，我财产中房地产比重太大，你们要想办法解决这些问题。……关于资助的对象，主要是以下四个方面（是否对，大家研究）：（1）2007 年以前加入中智外包服务分公司的员

① 在遗嘱慈善信托中，受托人拒绝或者不能接受信托时，根据《信托法》第 13 条，由受益人另行选任受托人不可操作，可以借鉴我国台湾地区“信托法”第 76 条和第 46 条，由法院基于利害关系人、监察人、监管部门或者检察官的申请或者依职权选任受托人，以确保信托成立。

② 北京市第二中级人民法院（2019）京 02 民终 9905 号二审民事判决书（审结日期：2020 年 12 月 31 日）。

工的子女；(2) 我妹妹李某 1、我弟弟李某 3 以及他们的子女，如读书有困难，可资助；(3) 我丈夫家有两个妹妹、一个三弟，他们的子女可资助，前提是他（她）们的子女有出息；(4) 锦州五姨，每年资助 3 000 元直至去世。另外，我父母之墓，请每年去'照顾'一下。(以上为第 1 页）关于我的房产，北京市西城区某某园 7 号楼 1 单元 401 室，是我户口所在地。该房产是我和我爱人李某 8 的婚后共同财产，……他已于 2005 年 1 月 15 日去世。我们的婚姻关系，对我们二人而言，均是唯一婚姻，我们没有生育（或领养）任何子女，我们双方父母也均已去世。故我作为他唯一法定第一顺序继承人，依法继承并享有他拥有的该房产的 50%所有权。综上，我目前拥有该房产 100%的所有权。同时指定程某、羊某、张某、周某共 4 人，作为遗产的执行人，共同管理这支葆德基金（名称待定），在共同决策，多数主要意见（需 3/4 或以上同意）的前提下，行使基金的支配、使用和处置权。贺某作为遗产受益人，应无条件配合（前提是合法合规）遗产执行人执行集体决策意见，确保基金使用过程的顺利进行。基金管理团队的报酬，依经营结果而定。基金的使用，应符合使用方向，立足于改善当地民生。……”

二审法院认为，结合双方意见及本案已经查明的事实，被继承人李某 9 以订立遗嘱方式设定相应权利义务，并就公益基金的成立和慈善事业的投入等意愿和基本方案进行了说明。其间还提及部分需要资助的人员及方式，亦指定了相关执行人。就全文来看，……不应仅依部分语汇判定本案遗嘱文件真正的意思表示。另考虑到李某 9 所表达的自身对于公益事业的热忱和对部分亲友的照顾关怀之意愿，本院认为，上述遗嘱内容中对遗产所作出的处理指示，实质上更符合遗嘱信托之性质。而我国法律并未禁止自然人依法设立遗嘱信托，个人以该形式投入公益和慈善事业亦并不违法，公民可以立遗嘱处分个人财产，并可以指定遗嘱执行人，亦可以立遗嘱将个人财产赠给国家、集体或者法定继承人以外的人。基于尊重信托目的和委托人意愿的立场，不宜直接类推适用遗赠之规定处理信托事宜。

鉴于此，本案中，贺某提出的法律关系系遗赠，对诉争财产应由其继承、判令财产全部归其所有的主张存在错误。李某 1、李某 3、李某 2 三人关于法定继承的诉讼主张依据不足，其三人作为原告在起诉时提出的诉讼请求与案件目前所查明的事实是两个不同性质的法律关系。双方的诉讼请求均缺乏充分的法律依据，而作为诉讼主体，提出错误的法律关系主张，该主张应因案件本身事实证据与诉讼请求不具充分关联性，而导致其诉讼请求被驳回。……

案例分析及问题：

该案中，审理法院认定，遗嘱中存在明确的公益意愿，有需要资助的慈善事业，有需要资助的人和方式，还有具体执行的人，构成遗嘱慈善信托。

为了简化问题，暂且抛开影响遗嘱和遗嘱信托效力的形式因素（主要是事实问题），仅就遗嘱慈善信托的内容是否有效展开分析。

遗嘱慈善信托和普通信托一样，需要实质满足《信托法》对设立信托的基本要求。《信托法》和《慈善信托管理办法》对慈善信托的设立也作出了明确规定，该案中的“遗嘱信托”完全不符合《信托法》和《慈善信托管理办法》要求。

1. 遗嘱信托因没有指定受托人而无效。《信托法》要求遗嘱信托经受托人承诺才成立。《信托法》第 8 条规定：“设立信托，应当采取书面形式。书面形式包括信托合同、遗嘱或者法律、行政法规规定的其他书面文件等。采取信托合同形式设立信托的，信托合同签订时，信托成立。采取其他书面形式设立信托的，受托人承诺信托时，信托成立。”以遗嘱这种书面形式设立信托的，“受托人承诺信托时，信托成立”。该案中，遗嘱人没有指定受托人，无法取得受托人的承诺，信托无法成立。

当然，《信托法》的这一规定有违遗嘱（信托）作为单方法律行为的特性，也有违“信托不因欠缺受托人而无效”的信托法原理。《信托法》第 13 条第 2 款作出了修补性的规定：“遗嘱指定的人拒绝或者无能力担任受托人的，由受益人另行选任受托人；受益人为无民事行为能力人或者限制民事行为能力人的，依法由其监护人代行选任。遗嘱对选任受托人另有规定的，从其规定。”“遗嘱指定的人拒绝或者无能力担任受托人的”，根据遗嘱的规定或者由受益人等另行选任受托人。该案中，遗嘱中没有明确指定受托人，不属于“遗嘱指定的人拒绝或者无能力担任受托人的”情形；而且，即便允许“由受益人另行选任受托人”，因慈善信托不存在确定的受益人，无人可以选任受托人。

因遗嘱中没有明确指定符合法律要求的受托人，法院也欠缺适当的职权和程序为慈善信托指定受托人，受托人缺位会导致遗嘱慈善信托的成立缺乏法律根据。该案中，遗嘱人虽然指定了原工作单位的员工作为遗嘱执行人，但遗嘱执行人和信托受托人是存在区别的。更何况遗嘱执行人都是自然人，不符合《慈善法》第 47 条对慈善信托受托人由“慈善组织或者信托公司担任”的要求，无法担任受托人。而且，根据现行法律的规定，遗嘱执行人或者遗产管理人无权指定或者选择受托人。

《慈善信托管理办法》第 14 条也规定，“慈善信托文件应当载明下列事项：……（三）委托人、受托人的姓名或者名称、住所，如设置监察人，监察人的姓名或者名称、住所”。即根据监管规范的要求，设立慈善信托必须指定明确的受托人。在该案中，不仅遗嘱中没有明确受托人，也无法根据正常的法律程序选任受托人，导致遗嘱信托无法成立、生效。

2. 遗嘱信托欠缺信托财产的确定性。信托财产的确定性是设立所有类型信托的核心要求（《信托法》第 7 条、第 11 条）。设立遗嘱慈善信托也需要满足信托财产确定性的要求。

设立遗嘱慈善信托时，仍然需要委托人在遗嘱中明确“装入”慈善信托中的财产类型、数量数额或者范围。若信托财产范围不明确，法院无法通过解释的方式弥补当事人意思的不足以“帮助”设立慈善信托。而在该案中，设立慈善信托的信托财产是不确定的。

案涉遗嘱涉及私益的安排和慈善的安排两方面内容。如果能明确用于私益的财产的范围，似乎可以勉强说剩余的财产都用来从事慈善活动。遗嘱中，存在至少五处不确定的私人受益的安排：（1）2007 年以前加入中智外包服务分公司的员工的子女；（2）妹妹李某 1、弟弟李某 3 以及他们的子女，如读书有困难，可资助；（3）丈夫家有两个妹妹、一个三弟，他们的子女可资助，前提是他（她）们的子女有出息；（4）锦州五姨，每年资助 3 000 元直至去世；（5）父母之墓，请每年去“照顾”一下。

虽然遗嘱人从事公益的意愿非常明显，但是，在遗产中拿出特定财产对亲属和所在企业的员工进行照顾的意愿也同样明显，后者都是遗嘱中为了私人利益的安排。

上述针对特定私人的支出都是不确定的。因此，无法建立“除了私益的安排都是慈善安排”的逻辑，无法确定用于从事慈善事业财产的范围。案涉遗嘱慈善信托的部分，会因欠缺确定的信托财产而无效。

遗嘱是处分私人财产的一种方式，即使立遗嘱人有明确的从事慈善的意愿，但如果遗嘱中缺乏对用于公益的财产的范围的界定，且用于私益的部分也无法确定，审理法院实际上确立了“若无明确的私益安排则全部都是用于慈善”的逻辑，着力帮助被继承人将全部遗产用于慈善目的，这虽然出于公心，但变相剥夺了立遗嘱人亲属的合法利益。

从事慈善的意愿不可以被推定出来。虽然立遗嘱人从事慈善事业的意愿非常明显，但从事慈善事业的财产范围也不可以通过推定的方式加以确定，法院也无法通过裁量的方式强行将当事人用作慈善和用于照顾亲友的财产作出划分。

3. 遗嘱信托中缺乏明确的受益人或者受益人的遴选机制。《慈善信托管理办法》第 14 条规定，慈善信托文件应当载明“受益人范围及选定的程序和方法”以及“受益人取得信托利益的形式和方法”。即慈善信托虽然并不像私益信托那样要求有确定或者可确定的受益人，但也应当具有明确的慈善目的和完善的受益人遴选机制。否则，慈善信托也无法成立。该案中，立遗嘱人虽然有明确的从事慈善的意愿，但是只有比较模糊的慈善目的，明显欠缺受益人遴选程序。

4. 案涉遗嘱中欠缺慈善信托文件中的其他“应当载明”事项。案涉遗嘱中除了具备模糊的慈善目的之外，其他决定慈善信托能否成立的重要事项，如信托财产的确定性、信托受益人或者受益人遴选方法的确定性、受托人的选任等，都是不存在的。另外，《慈善信托管理办法》第 14 条所要求的其他多项应载明事项，如“年度慈善支出的比例或数额”“信息披露的内容和方式”“信托报酬收取标准和方法”等在案涉遗嘱中都是不存在的。

5. 慈善信托的生效要件的欠缺无法通过解释的方式弥补。法院在多大程度上可以“挽救”一个遗嘱慈善信托？在司法实践中，如果立遗嘱人在依法成立的遗嘱中表达了类似慈善信托的清晰意愿，并同时具备信托成立的全部条件，即使当事人并没有明确使用“慈善信托”或者“公益信托”的表述，也属于可以弥补的瑕疵，法院似可以通过解释使慈善信托得以设立。但在该案中，遗嘱信托缺乏使信托成立的核心要件，遗嘱信托无效，无法挽救。

在“曾某甲与李某遗嘱继承纠纷案”[①]中，法院认为，“被继承人曾某生的遗嘱为‘剩余财产成立曾氏基金，由侄子曾某甲、曾某丙管理使用’，从遗嘱来看，该遗嘱对曾氏基金如何设立，以及曾氏基金设立的目的、基金如何运转，财产如何分配、使用等均没有明确，对遗产具体由曾某甲如何管理使用也没有明确的要求。现曾某甲以自己名义提起诉讼，请求分割立遗嘱人曾某生的财产，并将分割后的财产按遗嘱交付其管理使用缺乏法律依据，本院不予支持”。该案中，信托被否定的主要原因是立遗嘱人意思表示的内容过于简略、模糊，无法操作。法院无法用一个模糊的慈

---

① 抚州市中级人民法院（2015）抚民一终字第 266 号二审民事判决书。

善目的来剥夺其配偶的法定继承权，而不是因为立遗嘱人没有使用“慈善信托”这样的表述。

6. 案涉遗嘱和遗嘱信托缺乏可执行性。遗嘱和遗嘱信托作为一种处分行为，不仅要具备合法的形式，还应当有着明确的内容。但是，案涉遗嘱（信托）只是表达了初步的、探讨性的从事公益和照顾亲友的意愿，至于用多少财产、以什么样的方式从事公益活动，用多少财产、以什么方式照顾亲友的利益，以及遗嘱中涉及各方的职责和义务等重要内容，都欠缺明确的安排，这导致在我国的法律背景下，案涉遗嘱和遗嘱信托完全不具有可操作性。

（1）我国的相关法律法规对遗嘱慈善信托的执行缺乏规定。我国和慈善信托相关的法律法规对设立遗嘱慈善信托所面临的特殊问题并没有任何详细的规定。遗嘱信托不同于合同信托。遗嘱信托生效之时委托人已经死亡，缺乏执行信托、将信托财产转让给受托人的委托人，更缺乏委托人对受托人的监督。遗嘱慈善信托更不同于合同慈善信托，不存在特定的受益人，所以，《信托法》所规定的需要受益人参加的选任受托人、变更受托人、监督受托人以及追究受托人责任的规则就不具有可操作性。

（2）遗嘱执行人缺乏强制执行遗嘱信托的必要职权。遗嘱慈善信托生效时，遗嘱人（委托人）已经去世，又因慈善信托欠缺利害相关的受益人监督信托的实施，如何确立规则使得遗嘱慈善信托变得可以执行就成为至关重要的问题。

当通过遗嘱处分的财产数额较大、处理事务比较复杂的时候，遗嘱信托和遗嘱一样，更依赖于遗嘱执行人或遗产管理人。但是，遗嘱执行人或遗产管理人行使执行遗嘱的职权在现实中遭遇明确而具体的困难。

原《继承法》没有规定遗嘱执行人和遗产管理人的职责。《民法典》第 1147 条规定：“遗产管理人应当履行下列职责：（一）清理遗产并制作遗产清单；（二）向继承人报告遗产情况；（三）采取必要措施防止遗产毁损、灭失；（四）处理被继承人的债权债务；（五）按照遗嘱或者依照法律规定分割遗产；（六）实施与管理遗产有关的其他必要行为。”在设立遗嘱信托的场景下，遗产管理人最重要的义务是将遗产转移给受托人使信托得以成立。但《民法典》第 1147 条并没有明确规定这种职责，能否将其归入第 6 项规定的“实施与管理遗产有关的其他必要行为”，并不明确。

《民法典》和世界上很多国家的法律都没有赋予遗嘱执行人或者遗产管理人财产名义，在立遗嘱人去世之后，遗产管理人如何行使归集遗产的职权，法律并没有明确的规定。而且，遗嘱执行人缺乏选任受托人的职权。所以，即使认可遗嘱执行人有权将遗产转移给受托人，但该案中缺乏这样一个受托人，致使遗产的处置陷入僵局。

综上，该案中的遗嘱信托应按无效处理。

（三）宣言慈善信托

第二章已经在理论上探讨了承认宣言信托的必要性和可行性。目前，我国已经存在多例宣言慈善信托的操作实例。我国现行法律从来没有禁止宣言信托，只要符合慈善信托的条件，以宣言的方式设立慈善信托并无问题。

（四）非意定慈善信托

非意定慈善信托是指通过委托人的法律行为所设立的慈善信托以外的慈善信托，包括法定慈善信托（通过立法直接规定某种财产的管理体制为慈善信托）和司法慈善信托（由法院基于对公共利益的保护而依职权[①]采用信托或基金模式对某些特定财产进行管理）。这里通过对环保公益诉讼案例的分析简单澄清一下非意定慈善信托的概念。

案例 8-2-2　雾霾环境公益诉讼案

2016 年 7 月 20 日，山东省德州市中级人民法院首次对“雾霾环境公益诉讼案”依法公开审理并作出一审宣判，判处被告振华公司赔偿因超标排放污染物造成的损失 2 198.36 万元，用于德州市大气环境质量修复，并在省级以上媒体向社会公开赔礼道歉；将诉讼请求中的赔偿款项支付至地方政府财政专户，用于德州市大气污染治理。各方当事人均在宣判后的法定期限内没有提出上诉。现该判决已经发生法律效力[②]。

案例分析及问题：

该案在环保公益诉讼上取得的进展可圈可点。但是法院判决将损害赔偿款项纳入当地政府的财政专户，甚为不妥。审理法院可参照云南法院系统的做法，以损害赔偿金设立慈善信托，之前最高人民法院也曾经发布指导意见提出设立“公益环境诉讼专项基金”[③]。财政专户当然也可视为政府作为受托人的信托，但对政府几乎无法监督，难免滥用挪用，且有将损害赔偿变成行政罚款的观感（之前被告企业已经被行政罚款），缺乏正当性。

用慈善信托来解决环保公益诉讼的损害赔偿问题已非孤例。

案例 8-2-3　汽车排放环境公益诉讼案

2013 年 9 月，北京市环境保护局对现代汽车自韩国进口的全新胜达 3.0 车型进行了车辆环保一致性抽检，最终认定现代汽车自 2013 年 3 月 1 日至 2014 年 1 月 20 日进口中国并在北京地区销售的全新胜达 3.0 车型的排气污染数值中颗粒物一项数值排放超过京 V 环保标准的限值。2016 年 5 月 11 日，北京市朝阳区自然之友环境研究所针对现代汽车的以上违法行为，向北京市第四中级人民法院提起环境公益诉讼，请求法院判令被告现代汽车停止销售，召回已销售的不符合京 V 环保标准的车型，并承担因此所造成的生态环境修复费用，同时在媒体上公开道歉。2019 年 5 月 21 日，经北京市第四中级人民法院审理，该案以调解方式结案。双方自愿达成调解协议，协议确认被告现代汽车已停止销售违规排放的全新胜达 3.0 车

① 法院是否承认并愿意行使这种内在的职权仍然是个问题。

② 参见郑春笋：《首例“雾霾公益诉讼案”审理始末》，载《人民法院报》2016 年 8 月 29 日，第 3 版。

③ 参见赵廉慧：《信托法解释论》，中国法制出版社 2015 年版，第 176 页。

型，并已经对在北京地区销售的全部违规排放的车辆予以维修并达到排放标准；同时，被告还应于调解书生效之日起 30 个工作日内设立公益信托，向信托受托人长安国际信托股份有限公司交付信托资金 120 万元，用于保护、修复大气环境，防治大气污染，支持环境公益事业，并就销售车辆不符合排放标准一事向社会公众致歉。北京市第四中级人民法院于 2019 年 3 月 28 日将调解协议在《人民法院报》进行了为期 30 日的公告。[①]

案例分析及问题：

或许会有人提出疑问，上述法院判决所设立的慈善信托的委托人、受托人、受益人分别是谁？信托合同如何签署，如何能符合慈善法和信托法的要求？而且，2016 年 8 月 25 日发布的《民政部、中国银行业监督管理委员会关于做好慈善信托备案有关工作的通知》更明确规定了“除依法设立的信托公司或依法登记（认定）的慈善组织外，其他单位和个人不得以‘慈善信托’‘公益信托’等名义开展活动”。那么，如案例所涉情形，若设立慈善信托该如何备案？能否使用慈善信托的名义？这些疑问难免令人产生种种担忧。

实际上，诸多担心都产生于一种严重的误解。信托法、慈善法规定的慈善信托基本上是意定信托，也就是委托人积极主动设立的慈善信托；而司法裁决可以创设一种新型的信托——非意定信托。在我国，非意定信托并非完全的新事物，在《信托法》颁布前的 1998 年，最高人民法院曾经在“TMT 案”中承认了拟制信托这种非意定信托。

不完全列举一下，非意定慈善信托有如下特点：

第一，这种信托不需要信托法意义上的委托人，也不需要委托人签订信托合同。作为一种非意定信托，相关的信托法律关系的构建是基于法律的规定或者司法的裁决而产生的，并非基于委托人意愿。这对信托法上信托的定义是一种突破。

第二，这种信托的核心是明确受托人，受托人可以由基金会等慈善组织、环保组织、消费者保护组织或信托公司担任。这对于《慈善法》所要求的慈善信托受托人资格是一种突破。

第三，既然是慈善信托，相关文件只需要明确信托目的，根本不需要有明确的受益人，最多只需要规定受益人的遴选方法即可。

第四，为了监督和制衡受托人，法院可同时指定监察人。由于意定慈善信托通常是在信托文件中由委托人指定监察人，而在非意定慈善信托中缺乏委托人的指定过程，法院依照职权选任就成为必要。

除了法院在司法中可以创设非意定信托之外，立法机构和行政部门也可以在特别领域通过立法或行政法规的方式创设非意定信托。例如，《道路交通安全法》第 17 条规定，“国家……设立道路交通事故社会救助基金”。另参照《道路交通事故社会救助基金管理试行办法》（已失效）第 2 条，即“本办法所称道路交通事故社会救助基金（以下简称救助基金），是指依法筹集用于垫付机动车道路交通事故中受害人人身伤亡的丧葬费用、部

① 参见北京市第四中级人民法院官网的公告，载于 bj4zy.bjcourt.gov.cn。

分或者全部抢救费用的社会专项基金”。从该基金的财产来源看[①]，该基金是否构成慈善信托仍可商榷，但属于非意定信托无疑。

作为对当事人意愿的一种推定，作为一种精细的救济手段，作为一种法定的保护机制，非意定信托需要普及。非意定信托应有广泛的适用范围。应摒弃一想到信托就条件反射以为是意定信托的固定思维。

四、慈善信托的备案

这里主要讨论设立慈善信托的程序性要件。

（一）《信托法》上存在的问题和《慈善法》的修正

1.《信托法》上存在的问题

在我国《信托法》上，公益信托的设立缺乏可操作的程序，比如，信托的设立需要得到公益事业管理机构的批准，那么，“公益事业管理机构”是谁？设立公益信托的申请是由委托人还是受托人提出呢？公益事业管理机构批准的时间和期限如何？不批准的是否需要说明理由呢？《信托法》没有回答这些问题。

2.《慈善法》中的主要规则

（1）设立慈善信托的方式。根据《慈善法》的规定，设立慈善信托，需要到民政部门备案。除了为取得备案而必须满足的条件以外，慈善信托的设立方式和一般的私益信托并无本质区别，既可以根据委托人和受托人之间的合同来设立，也可以由委托人以遗嘱方式设立，甚至可以采取宣言的方式设立[②]。

（2）明确慈善信托和公益信托的关系。《慈善法》第 44 条明确规定，慈善信托属于公益信托。第 51 条规定，“本法未规定的，适用《中华人民共和国信托法》的有关规定”。上述规定把信托机制确立为从事慈善和公益事业的重要机制之一，并明确信托公司和慈善组织作为慈善信托受托人的地位。

（3）明确慈善信托的主监管部门为民政部门。《慈善法》明确了民政部门的主监管部门地位，避免了相互推诿或者争夺监管权的可能。不过，对于当事人在《慈善法》颁行之后能否依照《信托法》申请教育部门批准设立一个以科学研究为信托目的的慈善信托，应当为当事人的选择留下空间。[③]

（4）确立了慈善信托设立的备案制。《慈善法》第 45 条确立了备案制，同时确立了备案和税收优惠的联动关系（“未按照前款规定将相关文件报民政部门备案的，不享受税

---

① 根据 2019 年修订的《机动车交通事故责任强制保险条例》第 25 条规定，救助基金的来源包括：（1）按照机动车交通事故责任强制保险（以下简称“交强险”）的保险费的一定比例提取的资金；（2）对未按照规定投保交强险的机动车的所有人、管理人的罚款；（3）救助基金管理机构依法向道路交通事故责任人追偿的资金；（4）救助基金孳息；（5）其他资金。

② 在我国台湾地区，可以通过信托宣言的方式设立公益信托。参见我国台湾地区“信托法”第 71 条第 1 款。

③ 行政部门要有行政法规的明确授权才能行动，而《信托法》中事实上已经明确了对行政部门的授权（第 62 条等），只是没有达到行政部门期待的明确度而已。

收优惠”)，体现了对行政审批权的削减和对慈善事业的支持，无疑将对慈善信托的发展起到重要的促进作用。

（5）慈善信托监察人的任意设立。在信托法中，慈善信托的监察人为必设机构，当事人在设立慈善信托时，往往犹豫于如何选择监察人、谁可以充任监察人等问题，拖延了慈善信托的设立进程，也增加了设立慈善信托的成本。而《慈善法》第 50 条第 1 款则规定：“慈善信托的委托人根据需要，可以确定信托监察人”，把是否设置监察人作为委托人可以自愿选择的事项，这极大便利了慈善信托的设立。但是，把监察人的设置一律作为任意性设置是否有些激进，仍然需要探讨。

（二）备案制的正当化理由

由于当事人设立慈善信托将获得税收优惠，为避免委托人以慈善之名行私益之实，应对委托人欲设立的信托的目的进行审查。逻辑上，不需要取得税收优惠的慈善信托不需要经过严格的审查，但要取得税收优惠的慈善信托就要经过严格的审查，备案制是存在问题的。备案制虽体现了慈善门槛的降低和监管的后置，使慈善信托设立更为便利和灵活，但从批准制直接进入备案制，跨度似乎显得较大。对此可能的解释是：（1）《慈善法》排除了自然人充任慈善信托受托人，机构受托人（信托公司和慈善组织）的管理更为规范。机构受托人侵吞慈善财产的道德风险也比较低。（2）作为机构受托人的除了信托公司之外，均为《慈善法》规定的慈善组织，其设立过程、组织机构、运作模式和监管均有严格的法律规定，本身已经受到严格的监管，没有必要再经过一层审查和批准[①]。（3）对以信托公司作为受托人的慈善信托而言，其主要功能是对慈善资产进行投资和管理，一般并不涉及能否把资金实际运用于慈善领域的问题，因此由金融监管部门对其进行金融方面的监管就已经足够。

不过，目前的慈善事业目的比较单一、清晰，主要集中在传统的济贫、助困和教育等慈善领域，但是，将来民间的慈善事业可能是为了更加复杂和综合的目的，为了使慈善事业准入和税收优惠之间建立相关关系，建议至少应引入中立的、具有专业性的委员会对提交的慈善信托申请进行审查，既能够维护公共利益，又可以防止行政审批权的滥用和扩张。

没有经过审查、备案的信托，可以从事慈善活动（即便是营利性的公司，法律也不禁止其从事事实上的慈善活动，只要不公开募捐），仅是不能享受税收优惠而已。那些经过备案和审查符合慈善目的的信托，原则上既可以从事慈善事业，又可以享有税收优惠。前者就是学理上所称的“目的信托”。备案是慈善信托设立的必要条件，但不是从事慈善事业的必要条件。至于备案是否是慈善信托的充分条件，值得研究。法理上并不能排除主管部门在制定细则的时候，对慈善信托施加除了备案之外的其他要求。

如果承认《信托法》和《慈善法》确立了既有联系又有区别的双轨制，应允许当事人选择根据《信托法》设立慈善信托，此时仍然需要公益事业管理机构的审批。

---

① 全国目前展业的有 66 家信托公司，管理大多比较规范；但是，目前慈善组织的数量巨大，其组织结构、内部管理方面也有很大的差异，截至 2024 年 5 月 1 日，“慈善中国”平台上可查询的慈善组织共有 14 757 家，这些慈善组织是否一律都能充任慈善信托受托人，值得探讨。

（三）慈善信托的监管者

1.《信托法》上的规定与存在的问题

《信托法》第 62 条第 1 款规定："公益信托的设立和确定其受托人，应当经有关公益事业的管理机构（以下简称公益事业管理机构）批准"，但是，"公益事业管理机构是谁"一直是困扰理论界和实务界的问题。而且，公益信托（慈善信托）由于审批过程缺乏规范和统一的流程，其设立充满了不确定性。

2.《慈善法》上的慈善事业监管部门

《慈善法》第 45 条第 1 款规定："设立慈善信托、确定受托人和监察人，应当采取书面形式。受托人应当在慈善信托文件签订之日起七日内，将相关文件向受托人所在地县级以上人民政府民政部门备案。"该条款确立了民政部门为慈善信托的主管部门。而为了避免其滥用批准权，建议由其负责设立慈善事业认定审查委员会[①]，聘任专业能力强、品德端正、有公信力的专业人士等为委员，避免行政机关恣意专断。

在目前的慈善信托实践中，信托目的比较单一，主要集中在传统的教育、济贫、救灾、济困等领域，但是，对于新的慈善目的（如环保、教科文卫体等），民政部门恐怕无力应对。所以也不应完全排除有人根据《信托法》设立慈善信托，寻求其他主管部门审批。

此外，作为信托业的监管部门，金融监管部门对信托公司作为受托人的慈善信托进行监管。

3. 民政部门和金融监管部门

在监管方面还涉及民政部门和金融监管部门的监管协调机制问题。《民政部、中国银行业监督管理委员会关于做好慈善信托备案有关工作的通知》第 5 条"做好组织保障"规定，"加强组织领导。各级民政部门、银行业监督管理机构要高度重视慈善信托备案工作。明确接受备案的内设机构和责任人，并严格责任考核。建立民政部门和银行业监督管理机构的协同机制，加强沟通协调，及时通报情况，形成工作合力，共同履行好相应的监管职责"。但是，《慈善信托管理办法》第 6 条规定："国务院银行业监督管理机构及其派出机构、国务院民政部门及县级以上地方各级人民政府民政部门根据各自法定职责对慈善信托实施监督管理"，把金融监管部门放在民政部门的前面，明显是不恰当的。从整体上看，该办法由于是原中国银行业监督管理委员会主导制定的，民政部门的监管内容并不突出。本质上，慈善信托只是从事慈善事业的一种方式，而不仅仅是一种信托产品，民政部门对慈善信托的监管应该是主要的。

民政部门是慈善事业的主管部门，民政部门的监管占据主导地位，对慈善事业的实施进行监管是其职责所系。而金融监管部门主要应在信托财产的投资运用、保管等方面对信托公司受托人进行监管。

4. 其他可能的监管者

财税部门、检察机关、法院等都对慈善信托的运作有一定的监管职权。

---

① 北京市民政局在 2017 年成立了"慈善信托专家研判项目组"，笔者忝列这个专家组的成员。虽然这个研判组的功能相较"慈善认定委员会"甚至"公益认定委员会"的功能仍然存在巨大差距，但仍属于有益的尝试。

（四）慈善信托设立备案的管辖

《慈善法》第 6 条规定，“国务院民政部门主管全国慈善工作，县级以上地方各级人民政府民政部门主管本行政区域内的慈善工作；县级以上人民政府有关部门依照本法和其他有关法律法规，在各自的职责范围内做好相关工作”。《慈善法》第 45 条第 1 款规定：“设立慈善信托、确定受托人和监察人，应当采取书面形式。受托人应当在慈善信托文件签订之日起七日内，将相关文件向受托人所在地县级以上人民政府民政部门备案。”①

《民政部、中国银行业监督管理委员会关于做好慈善信托备案有关工作的通知》第 1 条规定了确定备案管辖机关的规范：“信托公司担任慈善信托受托人的，由其登记注册地设区市的民政部门履行备案职责；慈善组织担任慈善信托受托人的，由其登记的民政部门履行备案职责。信托公司设立慈善信托项目实行报告制度，新设立的慈善信托项目应当在信托成立前 10 日逐笔向银行业监督管理机构报告。”

涉及多个、异地受托人的，《慈善信托管理办法》第 17 条规定：“同一慈善信托有两个或两个以上的受托人时，委托人应当确定其中一个承担主要受托管理责任的受托人按照本章规定进行备案。备案的民政部门应当将备案信息与其他受托人所在地的县级以上人民政府民政部门共享。”

（五）慈善信托监管者的职权等

1. 批准受托人辞任

在私益信托中，受托人经委托人和受益人同意，可以辞任（《信托法》第 38 条）；而公益信托的受托人要辞任，需经公益事业管理机构批准（《信托法》第 66 条）。至于公益信托（慈善信托）受托人辞任是否还需要得到委托人或者受益人的同意，存在疑问。解释上，得到委托人的同意或者监察人的同意可能是必要的；但因公益信托不存在特定的受益人，应不需要得到受益人的同意。

2. 对受托人的经营管理状况和过程进行具体监督

民政部门应当检查受托人处理慈善信托事务的情况及财产状况。受托人应当至少每年一次作出信托事务处理情况及财产状况报告，经监察人认可后（在设置监察人的场合），报公益事业管理机构核准，并由受托人予以公告。（《信托法》第 67 条）有观点认为，慈善事业监管部门的职责和监察人的职责有很多重叠之处。如果慈善信托得以普遍设立，监管部门是否有能力行使如此具体的监管权能是值得怀疑的②。

3. 变更慈善信托受托人

慈善信托的受托人违反信托义务或者无能力履行其职责的，由公益事业管理机构变更受托人。（《信托法》第 68 条）

---

① 该条规定体现出我国《慈善法》并没有考虑遗嘱慈善信托的特殊性。在遗嘱慈善信托中，该条中的“慈善信托文件”是什么？若是遗嘱，那什么叫作“遗嘱信托文件签订”？因遗嘱为单方法律行为，通常并不需要委托人（遗嘱人）和受托人签订法律文件，遗嘱生效之时，可能会出现委托人指定的受托人并不知情的情形，或者受托人即使知道，未必愿意受托。此时将备案时间限定在“慈善信托文件签订之日起七日内”，完全不可操作。

② See Lusina Ho，*Trust Law in China*，Sweet & Maxwell Asia，2003，p.90.

4. 变更慈善信托条款

慈善信托成立后，发生设立信托时不能预见的情形，公益事业管理机构可以根据信托目的，变更信托文件中的有关条款。(《信托法》第 69 条)

5. 其他职权

慈善信托终止的，受托人应当于终止事由发生之日起 15 日内，将终止事由和终止日期报告公益事业管理机构。(《信托法》第 70 条) 慈善信托终止的，受托人作出的处理信托事务的清算报告，应当经信托监察人认可后，报公益事业管理机构核准，并由受托人予以公告。(《信托法》第 71 条) 在未设置监察人的场合，清算报告也要经过公益事业管理机构的核准。

公益信托终止，没有信托财产权利归属人或者信托财产权利归属人是不特定的社会公众的，经公益事业管理机构批准，受托人应当将信托财产用于与原公益慈善目的相近似的目的，或者将信托财产转移给具有近似目的的公益组织或者其他公益信托。(《信托法》第 72 条)

(六) 对监管者违法行为的监督

《信托法》第 73 条规定，公益事业管理机构违反信托法规定的，委托人、受托人或者受益人有权向法院起诉。该条建立了对公益事业管理机构的监督机制。下面对这一规则加以解释。

第一,《慈善法》并没有类似的规定，但把该规则适用于慈善信托的监管机构——民政部门也是合乎逻辑的。

第二，该条相当于承认慈善信托中有受益人的存在，这和一般的信托法理相悖。虽然《信托法》和《慈善法》在慈善信托部分都出现了“受益人”的表述，但是，在理论上，慈善信托中是不存在特定受益人的，具体从慈善信托中取得利益的人并非一般意义上的受益人，这些“受益人”不像私益信托的受益人那样有请求强制执行信托的权利。由于信托监察人可以承担起类似私益信托中受益人的代理人的职能，所以可以“信托监察人”替换这里的“受益人”[①]。只有被确定的受益人才具备强制执行慈善信托的资格，才能行使该条赋予的权利。

第三，该条授予了委托人、受托人和受益人以诉权来监督监管机构的行为，一种有力的解释认为，由于公益事业管理机构为行政机构，所以该诉讼为行政诉讼[②]。但是,《信托法》和《慈善法》都没有规定这种诉权能提供哪些救济，例如，能否要求监管部门停止侵害和损害赔偿。

第三节　慈善信托财产的法律原理

一、慈善信托财产的性质

慈善信托设立之后，信托财产并非委托人的财产，也不是潜在的受益人的财产，因

①② 参见周小明:《信托制度：法理与实务》，中国法制出版社 2012 年版，第 373 页。

此不是私人财产；信托财产不是公有财产，更不是政府财产，因此政府不能以权利人的身份，也不能以公有财产的代表人或者代理人的身份享有支配信托财产的权利。慈善信托财产只是在名义上归属于受托人，但是这些受托人也仅仅是形式上的财产权人，并不能从这些财产中享有利益（受托人只可以取得固定的信托报酬），因此也不是实质的财产权人。最终，慈善信托财产应被解释成独立的目的财产，即不属于任何人的财产（nobody's property）。这样才能排除捐出人、公权力的干扰，确保公益慈善目的的实现。

慈善信托的财产独立法理和机制，创设以慈善为目的的独立财产，把这种财产和委托人、受托人、具体受益的人等主体的风险分离开来，避免这些主体对这些财产的运营和目的的实现进行干涉。慈善信托制度在促进慈善事业发展、培育社会组织和社会中间力量的形成，进行多元化的社会治理方面，都具有重要的现实意义。信托对财产权主体的虚置和不定性，正好为慈善财产这种目的财产提供了高效的管理机制。可以说，信托和非营利组织、慈善法具有天然的联系。

二、慈善信托财产的保管

《信托法》对信托财产的管理并未规定保管制，《信托公司管理办法》也只是要求“分别管理”。首先确立了信托财产保管制的是《信托公司集合资金信托计划管理办法》第13、18、19条，特别是其第19条明确规定，“信托计划的资金实行保管制。对非现金类的信托财产，信托当事人可约定实行第三方保管，但中国银行业监督管理委员会另有规定的，从其规定。信托计划存续期间，信托公司应当选择经营稳健的商业银行担任保管人。信托财产的保管账户和信托财产专户应当为同一账户”。

保管制对于确保信托财产的独立性和安全性具有重要意义。对于资金信托财产而言，资金缺乏“着色”分辨机制，很容易和受托人的固有财产混同。若作为受托人的信托公司破产或者对外负债的，信托财产将很难避免被强制执行，慈善信托的目的就无法实现。而在采取保管制之后，信托财产在物理上归不同于受托人的保管人管理，信托财产的独立性便有了制度保障。

但是，一律要求慈善信托开设保管账户可能是不妥的：

第一，某些慈善信托的存续可能是短期的，信托目的也是简单明确和易于执行的，信托资金在受托人和保管人的账户上只停留很短的时间，之后很快就用于慈善事业的具体用途，如强制要求采取保管制，会增加慈善信托的设立成本，延宕其成立的时间。[①]

第二，应区分受托人的类型作区别对待。在受托人是信托公司的场合，因信托公司是商业性机构，可能对外负债甚至破产，采取保管制可能会有一定的必要性和正当性；而在受托人是慈善组织的场合，慈善组织几乎无对外负债的可能，也少有破产的可能，此时强令保管制并非合理。

---

① 可能会有观点质疑此时设立慈善信托的必要性。若捐赠对象明确、捐赠目的明确，的确不需要受托人的中介，此时直接进行慈善捐赠而不是设立慈善信托可能是比较合理的选择。但是不能由此否认此时的信托设立之效力。

三、慈善信托财产的投资运用

（一）慈善信托财产投资运用的基本原则

出于对信托财产安全性的重视，《中国银监会办公厅关于鼓励信托公司开展公益信托业务支持灾后重建工作的通知》规定，信托公司管理的慈善信托财产及其收益，“只能投资于流动性好、变现能力强的国债、政策性金融债及中国银监会允许投资的其他低风险金融产品”。不过，《慈善信托管理办法》第 30 条规定：“慈善信托财产运用应当遵循合法、安全、有效的原则，可以运用于银行存款、政府债券、中央银行票据、金融债券和货币市场基金等低风险资产，但委托人和信托公司另有约定的除外”[①]，虽然仍然坚持投资于风险较低、安全性高的金融产品，但是相比之前仍然进行了一定程度的扩张，更重要的是，这一规定是任意性规定或者备用性规定（default rule），可以由当事人自由约定投资的范围。

（二）慈善信托财产投资运用的限制

对慈善信托财产投资运用的限制，目前的法律法规并无完整清晰的规定，《北京市慈善信托管理办法》第 14 条规定了受托人不得利用信托财产从事的活动类型：（1）提供担保；（2）借款给非金融机构；（3）进行可能使本慈善信托承担无限责任的投资；（4）进行违背慈善信托目的的投资；（5）为自己或他人牟取私利；（6）国家法律、行政法规和信托文件禁止的其他行为。这一规定可供参考。[②]

这些规定当然并不是完整的禁止性规定。对于信托财产在投资运用上的限制，除了违法和违反信托目的的行为，即（4）（6），以及极端情形如用于贩毒牟利是被禁止的之外，其他被禁止的行为主要有把信托财产用于风险较大的行为，即（1）（2）（3）和违背忠实义务对信托财产进行投资运用的行为，即（5）。在违背忠实义务对信托财产进行投资运用的场合，根据《信托法》第 28 条的但书，受托人从事的形式上违背忠实义务的行为并非一律被禁止，而是在经过正当的程序之后可以是有效的。监管规范能否改变《信托法》等法律的基本原则，对受托人的行为进行更严厉的规制，有待探讨。

---

① 《民政部、中国银行业监督管理委员会关于做好慈善信托备案有关工作的通知》则规定，“除合同另有特别约定之外，慈善信托财产及其收益应当运用于银行存款、政府债券、中央银行票据、金融债券和货币市场基金等”，之后的《北京市慈善信托管理办法》第 13 条完全效法了这一规定。但是，《慈善信托管理办法》第 30 条的规定也被批评歧视了慈善组织，根据该条，似乎只有信托公司能在信托文件中约定突破保守的投资要求。而根据 2019 年实施的《慈善组织保值增值投资活动管理暂行办法》第 4 条规定，慈善组织可以从事几乎一切投资活动。慈善组织作为慈善信托的受托人在管理信托财产的事后亦应如此。这里的不协调是显而易见的，能否理解为“新法优于旧法”从而放宽了慈善组织作为慈善信托受托人的投资权，有待观察。

② 另外，《慈善法》第 55 条规定：“……政府资助的财产和捐赠协议约定不得投资的财产，不得用于投资。慈善组织的负责人和工作人员不得在慈善组织投资的企业兼职或者领取报酬。”根据《慈善法》规定，慈善组织将不得用于投资的财产用于投资的，“由县级以上人民政府民政部门责令限期改正，予以警告，并没收违法所得；逾期不改正的，责令限期停止活动并进行整改”（第 110 条）。这些规定虽然不是直接调整慈善信托的规定，但是否可以在慈善信托中予以参照，值得探讨。

四、慈善信托财产的支出

受托人在对信托财产进行支出时，应当遵照信托文件的约定，特别是要严格执行信托文件中约定的年度慈善活动支出数额或比例[①]。在美国税法中，私人基金会或者信托在每个财务年度后的 12 个月内，必须合格支出（qualifying distribution）超过其资产市场净值的 5%。[②]

慈善信托财产及其收益，必须全部用于慈善目的，而不能用于非慈善目的；支出信托财产时，受托人不得为自己或利害关系人牟取私利。

虽然从信托法原理上看，慈善信托不受反永久权规则的限制，也就是说慈善信托原则上可以永久存在。但是，慈善信托财产一直积累而长期不用于慈善目的，恐怕也是违反慈善信托制度的基本宗旨的[③]。2023 年修正的《慈善法》第 61 条第 4 款规定："慈善信托的年度支出和管理费用标准，由国务院民政部门会同财政、税务和金融监督管理等部门制定"，确立了慈善信托的反积累原则。法律法规虽然不便于为慈善信托具体确定每年的支出比例，但是，实践中的慈善信托最好应在信托文件中约定每年支出比例的合理区间，避免受托人自我强化其存在。

第四节　慈善信托的治理结构

一、慈善信托的委托人

（一）慈善信托委托人的资格

1. 概述

法律上对慈善信托委托人并无特殊要求。《信托法》第 19 条规定："委托人应当是具有完全民事行为能力的自然人、法人或者依法成立的其他组织"，即自然人、法人和非法人组织[④]都可以作为委托人设立慈善信托。

---

① 依据《北京市慈善信托管理办法》第 8 条第 6 项规定：慈善信托文件应当包含"每年用于慈善目的的支出的数额或比例"。

② 所谓"合格的支出"包括慈善拨款、直接从事慈善行为、管理一个慈善拨款项目所需支出的合理费用，项目相关的投资（program-related investments）以及其他国内税务局认可的特殊项目。拨给其他非运作型基金会的款项通常不被视为合格支出。See Betsy Schmidt，*Nonprofit Law: The Life Cycle of a Charitable Organization*，Wolters Kluwer，2011. p.331.

③ 美国 1969 年的税收改革法开始要求年度的最低支出额，还禁止基金会（信托）持有某家公司超过 20%的股权（目的在于禁止使用慈善信托或基金会维持对公司的家族控制）。转引自［美］劳伦斯 · M. 弗里德曼：《遗嘱、信托与继承法的社会史》，沈朝晖译，法律出版社 2017 年版，第 206 页。

④ 当时已经颁布的《民法总则》（2017 年 3 月颁布）已经将"依法成立的其他组织"修改为"非法人组织"。遗憾的是，同年 7 月印发的《慈善信托管理办法》没有根据《民法总则》使用新的术语。

案例 8-4-1 少年（15 岁）设立慈善信托事件

2022 年 6 月 27 日，“中诚信托 2022 诚善·凯德盛世助学慈善信托”完成备案。该慈善信托的委托人是一名 15 岁的中学生，在多次慈善志愿活动中萌生了用历年积累的压岁钱帮助家庭困难的学生完成学业的想法，得到了父母的鼓励和支持。

案例分析及问题：

是否允许未成年人设立慈善信托？

关键是，能否认为《信托法》第 19 条排除了《民法典》第 19 条“八周岁以上的未成年人为限制民事行为能力人，实施民事法律行为由其法定代理人代理或者经其法定代理人同意、追认”的适用。

信托法是民法的特别法，《信托法》第 19 条虽然规定信托的委托人应当具有完全民事行为能力，但该规定无非是对从事法律行为应当具有完全民事行为能力的民法基本要求的重申而已，因此，根据《民法典》第 19 条，限制民事行为能力人经过其法定代理人的同意，可以补正其法律行为的效力。15 岁的未成年人也可以作为委托人设立慈善信托。

一般而言，法定代理人行使同意权，使用被监护的财产设定他益信托的，相当于无偿处分被监护人之财产，很难被认为是符合被监护人利益的，背后也极易隐藏利益冲突，容易构成对监护职责的违反。不过，考虑到从事慈善事业很少给监护人带来实质的经济利益，利益冲突通常是不存在的；如果能把合理地从事慈善活动作为未成年人教养的一部分，应该容许。

在目前的慈善信托实践中，自然人、企业、慈善组织及社会团体甚至政府部门都可以成为委托人。法人作为慈善信托的委托人，应确保不违反其章程中对于其行为能力的限制，并经过法人的决策程序。

2. 慈善组织作为委托人

2018 年 1—6 月设立的 19 单慈善信托中，有 3 单未公开委托人信息，其余 16 单中有 7 单由慈善组织委托设立。对慈善组织成为慈善信托的委托人的必要性和合规性虽仍存在争议，但从目前来看，慈善组织作为委托人已经渐成常态。[①]

3. 政府部门作为慈善信托委托人的特殊问题

2018 年 1—6 月设立的 19 单慈善信托中，有 3 单由政府部门委托设立。其中，“大鹏半岛生态文明建设慈善信托”于 2018 年 1 月 30 日在广东省民政厅成功备案（备案编号：440000012018001），成为全国首个以“政府部门委托 + 慈善组织受托”为模式的慈善信托。深圳市大鹏新区管理委员会首期出资 1 000 万元人民币，委托深圳市社会公益基金会担任受托人。

对政府组织能否作为慈善信托的委托人，并非没有争议。某种意义上，政府提供“公共产品（public goods）”是其职责所系，因此，政府所从事的相关行为不能被称为“慈善”，

① 参见张明敏、张龙蛟：《今年上半年我国新设立慈善信托 19 单》，载《公益时报》2018 年 8 月 14 日，第 2 版。

至少不是慈善法中所调整的慈善行为。政府主导的社会救助、社会福利等行为并不属于慈善行为。但是，政府出资资助慈善事业，或者设立慈善信托，是否存在正当性呢？

政府作为委托人设立慈善信托之后，其权利来自《信托法》和《慈善法》等法律法规以及信托文件的约定，并不享有其他特殊的权利，更不能不当干涉慈善信托的正常运作。而且，政府部门在设立慈善信托时，应受预算约束和政府法定职责的约束，否则，政府动辄通过"转包"的方式转嫁其社会服务功能和法定职责，"无为而治"，有失职之嫌。

（二）慈善信托委托人的监督权限

1. 慈善信托委托人权限的特殊性

在慈善信托的背景下，由于慈善信托缺乏特定的受益人，缺乏利益相关者进行监督制衡，而《慈善法》又把作为慈善信托核心监督机制的监察人由《信托法》上的强制设置（《信托法》第 64 条）改为任意设置（2016 年《慈善法》第 49 条）。为了避免慈善信托的结构过度失衡，授予委托人较大的法定权限有一定必要性。[①]不过，在慈善信托成立运营之后，委托人如果仍然把信托财产当作自己的财产去干涉慈善信托的运作，也是不恰当的，应当在委托人的权限中排除这种行为，但也并不需要完全排除一般信托中法律授予委托人的权限[②]。委托人似乎也可以在慈善信托文件中为自己保留除信托利益取得权以外的其他权限。

慈善信托备案之后，一般能取得税收优待，所以，《信托法》原本规定的委托人和受益人共同决定的相关事项，在特定受益人缺位的情况下[③]，不能单凭委托人自身的意愿作出决定，也不能仅凭委托人和受托人的合意作出决定。凡涉及普通信托法上委托人单方可以行使的权限，应考虑在慈善信托中由委托人单独行使是否公平合理；凡涉及委托人和受益人共同行使的权限，应考虑让委托人和监察人共同行使。而有的慈善信托可能没有设置监察人，监察人的任意设置所带来的慈善信托制度失衡就非常显而易见了。

2. 慈善信托委托人权限规则的整理

根据《信托法》和《慈善法》的规定，慈善信托中的委托人有以下众多的权限：

第一，执行异议权（《信托法》第 17 条）。无权强制执行信托财产的人强制执行信托财产的，委托人有权提出异议。

第二，知情权。委托人有权了解其[④]信托财产的管理运用、处分及收支情况，并有权要求受托人作出说明。委托人有权查阅、抄录或者复制与其信托财产有关的信托账目以及处理信托事务的其他文件。（《信托法》第 20 条）《慈善法》第 49 条第 2 款则规定："慈

① 但是，由于生前慈善信托有时委托人人数众多、有时委托人可能是匿名的，而遗嘱慈善信托在信托生效后是没有委托人的，很多法定的监督权能无法行使。

② 公益社团法人 = 商事法務研究会『公益信託法改正研究会報告書』平成 27 年 12 月（2015）65 頁。

③ 即便存在特定的受益人，因慈善信托事务事关公共利益，也不能仅由委托人和受益人合意决定信托中的重要事项。

④ 《信托法》第 20 条以及第 18 条、第 28 条、第 29 条都有"委托人的信托财产"或类似的表述，会让人产生一种误解，以为信托财产仍然是委托人的财产。说信托财产是委托人的财产的实际功能是区分同一受托人名下的不同信托的不同设立人和财产来源，绝不能说明信托财产依然是委托人的财产。

善信托的受托人应当根据信托文件和委托人的要求，及时向委托人报告信托事务处理情况、信托财产管理使用情况。慈善信托的受托人应当每年至少一次将信托事务处理情况及财务状况向办理其备案的民政部门报告，并向社会公开。”该款从受托人公开和报告义务的角度重申委托人的知情权。[①]

第三，信托财产管理方法变更请求权。“因设立信托时未能预见的特别事由，致使信托财产的管理方法不利于实现信托目的或者不符合受益人的利益时，委托人有权要求受托人调整该信托财产的管理方法”。(《信托法》第 21 条)

第四，撤销权等救济权。“受托人违反信托目的处分信托财产或者因违背管理职责、处理信托事务不当致使信托财产受到损失的，委托人有权申请人民法院撤销该处分行为，并有权要求受托人恢复信托财产的原状或者予以赔偿；该信托财产的受让人明知是违反信托目的而接受该财产的，应当予以返还或者予以赔偿”。(《信托法》第 22 条第 1 款)

第五，受托人解任权。“受托人违反信托目的处分信托财产或者管理运用、处分信托财产有重大过失的，委托人有权依照信托文件的规定解任受托人，或者申请人民法院解任受托人”。(《信托法》第 23 条)

第六，关联交易同意权。经委托人同意并以公平的市场价格进行交易的，受托人可以将其固有财产与信托财产进行交易或者将不同委托人的信托财产进行相互交易。(《信托法》第 28 条)在慈善信托的场合，可能会出现一些特殊的情形。慈善信托的财产可能和委托人的财产进行交易，此时也构成关联交易，违反受托人对社会的信义义务。在慈善信托的关联交易的情形中，对于如何依照《信托法》第 28 条但书的规定履行知情告知(informed consent)义务，不能仅凭信托文件的约定或者经委托人同意就使得交易取得正当性，至少应当公告以便公众监督。

第七，共同受托人共同处理信托事务，意见不一致时，按信托文件规定处理；信托文件未规定的，由委托人、受益人或者其利害关系人决定。(《信托法》第 31 条第 2 款)此处的利害关系人应主要指监察人、信托文件中约定对信托有监督或指示权的人等。

第八，《信托法》规定了委托人享有受托人辞任同意权(第 38 条)，但慈善信托的受托人辞任还需要经公益事业管理机构批准(第 66 条)。

第九，受托人选任权(《信托法》第 40 条)。《信托法》第 62 条第 1 款规定：“公益信托的设立和确定其受托人，应当经有关公益事业的管理机构(以下简称公益事业管理机构)批准。”但根据《慈善法》，慈善信托的设立不再需要监管部门批准，确定受托人似乎也就不再需要监管部门批准。[②]不过，选任的受托人应当属于《慈善法》所规定的适格的信托公司或者慈善组织，受托人事项也是备案的必要内容。

---

① 由于慈善信托可能存在人数众多的委托人，如果每个委托人都如《信托法》第 20 条规定的那样有查阅、抄录或者复制相关信托账目和文件的权利，慈善信托事务的管理会增加很多不便和成本。在受托人有公告义务的前提下，似乎应对委托人的这种权利加以限制。《慈善法》的规定似乎有这种意味。

② 《北京市慈善信托管理办法》第 19 条规定：“受托人有以下情形之一的，委托人可以变更受托人：(一)违反信托文件义务或难以履行职责的；(二)依法解散、注销或法定资格丧失的；(三)被依法撤销或者被宣告破产的。”

第十，受托人信托事务处理报告的认可权（《信托法》第 41 条）[①]。

至于《信托法》所规定的委托人的其他权利，如被放弃的信托受益权的归属权（《信托法》第 46 条），解除信托的权利（《信托法》第 50 条），剩余信托财产的归属权（《信托法》第 54 条），受益人变更权和受益权处分权以及信托的法定解除权（第 51 条），不适用于慈善信托的委托人[②]。理由如下：慈善信托具有慈善和促进公共利益实现的目的，是一种特殊的他益信托，信托财产和信托利益原则上不能返还给委托人，所以，委托人不能享有可以放弃的信托受益权，也不能取得剩余信托财产的归属权；《信托法》第 50 条规定的委托人解除权只能适用于自益信托的场合，这里也不适用；而第 51 条规定的受益人变更权、受益人处分权甚至信托的法定解除权，针对的是有特定受益人的私益信托，慈善信托中是不能存在特定受益人的，即便某一受领人事后偶然从事了第 51 条规定的行为，也不能使委托人取得该条所赋予的权利。

在《信托法》之外，《慈善法》第 50 条规定慈善信托的委托人有权确定信托监察人；而且，信托监察人发现受托人违反信托义务或者难以履行职责的，应当向委托人报告。

（三）慈善信托委托人的权利行使机制

实践中长期存在、永续存在的慈善信托并不少见，委托人在信托存续期间的大部分时间是不存在的，此时信托文件如果没有约定委托人的承继和职权行使方式的话，《慈善信托管理办法》的很多具体条文[③]就很难适用。更何况法律还允许以遗嘱的方式设立慈善信托，委托人在信托生效之时是不存在的。

就一般的监督权限，多数委托人之一行使，应对全体委托人产生效力。在涉及信托财产管理方法变更、受托人解任和重新选任等重大问题上，就需要委托人内部的权利决定机制。对此，信托法和慈善法并无规定。建议在设立慈善信托时确立委托人行使权利的机制，例如，可以建立委托人委员会或者类似机构以确保委托人的权利行使。在永续存在的慈善信托的场合，还应有委托人地位承继的约定。

（四）委托人和受益人的利益冲突问题是否存在

在商事信托的场合，委托人和受益人的利益是统一的，二者甚至被要求是同一人（自益信托）。而非慈善信托的他益信托类似于赠与，受益人的利益来源于委托人，若信托文件中有约定，委托人和受益人之间不存在实质的利益冲突问题。但是，在慈善信托中，由于特定的受益人不存在，若信托利益完全取决于委托人和受托人之间的约定，则委托人和受托人就存在极大的动因去滥用慈善信托为自己和自己的关联人输送利益。此时也不存在所谓的“委托人与受益人的利益冲突问题”，而是委托人滥用慈善信托达到私人目的，是对公共利益的侵害。

① 但《信托法》第 71 条似乎没有承认委托人对公益信托清算报告的认可权。

② 《信托法》关于公益信托的规定中，没有关于公益信托委托人权限的直接规定。

③ 如第 10 条、第 20 条、第 37 条、第 38 条等，这些条文都是对委托人权限的规定。

值得关注的是，2023 年修正的《慈善法》第 46 条和第 118 条将委托人作为义务主体，注意到了委托人地位在慈善信托中的特殊性。

二、慈善信托的受托人

（一）慈善信托受托人的特殊性

在慈善信托中，受托人缺少确定的、作为利害关系人的受益人的监督，即使法律强化委托人的监督，慈善信托关系较之普通的信托关系仍有一定程度的失衡。受托人在变更、解任和终止等方面，都应有一些特殊的规则而不能直接适用信托法的一般规则；受托人的义务和责任，也应有一些不同于普通信托受托人之处。特别是《慈善法》和《信托法》二者的衔接目前仍然存在一些问题，就更有待理论解释来加以弥补。

（二）慈善信托受托人的担当

1. 信托公司作为慈善信托的受托人

信托公司是营利法人，其法律性质决定了信托公司必须以追求股东和受益人的利益最大化为目的，信托公司从事慈善事业除了履行社会责任、提升公司社会形象及增加公司美誉度之外，至少在目前并无太强的内部激励。而且，对于如何将善款运用于慈善事业，如何实施公益事业，并非信托公司之所长。

虽然充任受托人并不能为信托公司带来明显的商业利益（至少目前如此），但因参与信托的设立或充任受托人，信托公司可以为慈善信托提供大量的托管、清算服务。信托公司在资金的管理和风险隔离、资金的增值保值、运用期限匹配和流动性安排方面，都有着慈善组织所不能比拟的优点。[①]从家族财富管理的角度看，家族信托的设立几乎同时包括慈善信托的安排，信托公司在未来的业务转型中也越来越重视家族信托业务的开展，慈善信托的重要性不言而喻。更为关键的是，如果不允许信托公司担任慈善信托受托人，将不利于专业化财产管理能力的引入，不利于慈善事业效率的提升及可持续发展。

在我国的慈善信托实践中，《慈善法》实施之前，信托公司根据《信托法》创造性地从事慈善信托业务，积累了一定的经验；《慈善法》实施之后，从事慈善信托的主体力量仍然是信托公司。

按照现有的法律法规，信托公司从事慈善信托业务不需要经过批准或者准入。监管部门可以基于监管政策的调整为信托公司从事慈善信托受托业务确立标准。[②]

---

① 商业银行为了吸引这些客户，通常会通过其私人银行部门或托管服务部门为客户提供信托服务。商业银行往往将信托服务部门（或信托办公室）直接设在私人银行、财富管理或托管服务部门内部。相关情况可参见摩根大通集团资产与财富管理部门的组织设置、纽银梅隆西部基金管理有限公司托管服务部门的组织设置。参见曹华：《寻找可持续的业务模式》，载《2011 中国信托业境外培训成果专辑（英）》。本书为中国信托业协会编印的内部资料，没有公开出版。

② 《慈善信托管理办法》第 64 条规定："省、自治区、直辖市、计划单列市人民政府民政部门和国务院银行业监督管理机构的省一级派出机构可以按照本办法规定结合当地实际联合制定实施细则，但不得设置或变相设置限制性条件。"该规定对下级监管部门提高监管标准和设置限制条件作出了明确限制。

2. 慈善组织作为慈善信托的受托人

目前，慈善组织（慈善基金会、公益性的社会团体）是从事慈善事业最主要的组织，其成为受托人也是理所应当的。但是，在慈善信托实务中，慈善组织作为慈善信托独任受托人的案例仍较少见[①]。

慈善基金会等慈善组织成为慈善信托的受托人的障碍并没有想象中那么多。慈善组织成为慈善信托的受托人并不是《慈善法》新作出的规定，根据《信托法》第 24 条，慈善组织作为法人可以成为公益信托的受托人。而且，在实践中，慈善基金会等慈善组织在事实上管理专项慈善基金时，实际上是处于受托人地位的。另外，前已经论证过，慈善基金会的管理层在管理自己的固有财产时，虽然不能说是处于受托人的地位，但是说其处于受信人（fiduciaries）的地位应无疑问。早在《慈善法》出台之前，信托法的原理就已在《基金会管理条例》中得到了充分的体现。

《慈善法》明确规定慈善组织可以成为慈善信托的受托人。但是，慈善组织如何实现分别管理、实现信托财产的独立性，慈善组织作为受托人的义务、责任和信托公司作为受托人的义务有何差异等，仍然值得研究。

按照现有的法律法规，慈善组织受托慈善信托并不需要任何准入或者批准程序。由于慈善组织数目众多，层级不一，内部治理和管理能力各异，监管部门可以为慈善组织担任慈善信托受托人设定合适的标准。

3. 自然人能否成为慈善信托的受托人

《信托法》并没有特别规定公益信托的受托人资格。《信托法》第 24 条没有排除自然人成为公益信托的受托人的可能性，律师、会计师、社会贤达等成为公益信托受托人在理论上是可能的，只是缺乏可具体操作的规则而已。

但是，《慈善法》第 47 条规定："慈善信托的受托人，可以由委托人确定其信赖的慈善组织或者信托公司担任。"根据这一规定，一般认为自然人无法成为慈善信托的受托人。

4. 信托公司和慈善组织，谁是最佳受托人

信托公司作为营利法人，在对信托财产进行投资管理方面有着比较多的经验，过去商事领域普遍采用的托管制度在确保信托财产的独立性和安全性方面具有优势。在对信托财产投资运用、增值保值方面，信托公司也能提高善款的适用效率。用商业的机制运作慈善，必将激发慈善从业者的创造力。

不过，信托公司在资金的管理投资方面虽然具有一定的优势，但是其在将信托财产运用于慈善目的方面，不像慈善组织等那样富有经验；信托公司也不可能组织大量的自愿者和项目管理专家具体实施慈善。而且，信托公司不如慈善组织那样具有草根性，更能发现慈善的需求，及时有效地作出回应。慈善信托分为两种类型：一种是捐赠型，另一种是运作型。信托公司作为后一种的受托人是存在短板的。这样，信托公司和慈善组织的协作模式就相当必要。

信托公司为营利机构，担负为股东创造金钱价值的义务，虽然信托公司可以从慈善信托管理当中收费，但是不符合利益最大化的价值取向。尽管基于履行社会责任的要求

① 截至 2019 年 4 月，只有 11 例慈善组织独任信托受托人的慈善信托。

和监管层的激励，不少信托公司乐于参与慈善事业，但慈善信托毕竟不可能成为信托公司的核心业务。而对于慈善组织而言，从事慈善事业是其分内之事。但是，对于慈善组织如何从事慈善信托，仍然存在不少理论和操作上的不明之处。

可以说，不存在信托公司和慈善组织谁更能胜任慈善信托受托人的问题。二者各有优势和劣势。实务中，让信托公司和慈善组织各自分工，相互配合，扬长避短，共同实现委托人的慈善意愿，这才是应该予以鼓励的。

5. 共同受托人的特殊问题

同一信托的两个以上受托人，被称为共同受托人（《信托法》第 31 条）。共同受托人的一般制度优点在于：第一，可以提高受托人的整体信用度；第二，让受托人之间相互监督；第三，保持信托事务管理的连续性；第四，可以利用不同类型受托人的不同专业能力。

在我国法上，受托人是多数人的信托的例子有企业年金信托和证券投资基金信托等（有争议）。在《慈善法》实施后的慈善信托实践中，也出现了共同受托人（“双受托人”）的安排[①]。

根据《信托法》和《慈善法》的规定，慈善信托可以有两个以上的受托人，委托人向其中一个受托人交付信托财产（一般而言是慈善组织受托人，这样能解决发票开具的问题），在法律上，就构成了向受托人整体“转移”信托财产，慈善组织作为受托人之一接受了捐赠财产，信托就已经成立生效。而作为履行受托人分别管理义务的一种方式，慈善组织把信托财产转移至信托公司开设的信托财产专户，信托财产即实现了和受托人（慈善组织和信托公司）的固有财产（慈善组织的法人账户、信托公司的固有账户）的分别管理。之后，受托人各自按照信托合同的约定，信托公司履行财产管理职责，慈善组织负责项目实施，慈善财产没有回流至受托人和委托人，慈善目的得以实现。

而且，从监管的角度，共同受托人在信托事务的处理过程中是承担连带责任的，连带的机制会促使多个受托人相互监督、相互约束，确保信托财产管理和运用更安全。

比较法上，慈善信托受托人享有根据“多数决”行事的权利，这构成“共同受托人全体一致采取行动”原则的例外[②]。例如，根据英国法，受托人当然可以不止一人，当然，太多的受托人只会导致混乱，受托人可以根据“多数决”的方法进行决策而不需要意见全部一致。[③]

（三）慈善信托受托人的核心义务

一般的信托法著作中，关于受托人义务的内容都是核心内容[④]。本书不再重复关于受

---

① 例如，中信信托有限责任公司和北京市企业家环保基金会作为共同受托人的“中信·北京市企业家环保基金会 2016 阿拉善 SEE 华软资本环保慈善信托”、中信信托有限责任公司和广东省何享健慈善基金会作为共同受托人的“中信·何享健慈善基金会 2017 顺德社区慈善信托”、宁波市善园公益基金会和万向信托有限公司作为共同受托人的“华龙慈善信托”。

② 参见能見善久『現代信託法』（有斐閣、2004 年）171 頁正文及注释。

③ Re Whiteley [1910] 1 Ch. 600 at608.

④ 关于受托人义务的一般法理分析，参见赵廉慧：《信托法解释论》，中国法制出版社 2015 年版，第五章。

托人义务的一般原理的介绍，重点关注慈善信托中受托人的义务和普通信托中受托人的义务是否有区别以及有多大区别等问题。

《慈善法》第 49 条规定了慈善信托受托人的核心义务，“慈善信托的受托人管理和处分信托财产，应当按照信托目的，恪尽职守，履行诚信、谨慎管理的义务”。该条脱胎于《信托法》第 25 条第 2 款，即“受托人管理信托财产，必须恪尽职守，履行诚实、信用、谨慎、有效管理的义务”。这两个条款除细微的差别（《慈善法》中没有规定有效管理的义务，可能是认为慈善财产的管理应该安全、谨慎优先，不应过分强调效率；《慈善法》除了规定受托人管理信托财产之外，还增加了处分信托财产的表述）之外，其他关于受托人义务的表述是一样的。该条仅对受托人的义务作了笼统的规定，并没有有意识地把忠实义务和注意义务等具体义务作区分。另外，没有采取比较法上普遍采用的忠实义务的表述。

1. *慈善信托中忠实义务的特殊性*

一般信托中，受托人从事的自我交易、双方代理等行为，可以根据《信托法》第 28 条但书的规定除却违法性。但因慈善信托不仅关涉信托当事人的利益，还会牵涉社会公众利益，受托人从事信托文件授权的或者委托人同意的关联交易等行为也需要经过监管部门的审查，必要时要向社会公告。可以看出，《信托法》第 28 条但书在适用于慈善信托时存在一些特殊情况。

在私益信托中，较少出现委托人通过关联交易侵蚀信托利益的“必要”，委托人通常没有必要侵害受益人的利益——他可以一开始就不授予受益人此种利益。私益信托是为了受益人的利益而存在的，利益冲突主要出现在受托人和受益人之间，《信托法》关于忠实义务的规定（第 25—28 条）主要是防止受托人或受托人的关联人从关联交易中获利而非委托人，委托人和受益人的利益多数情况下是一致的，受托人和委托人的关联交易只有在侵害受益人利益的少数场合才构成违反信托义务的行为。

而在慈善信托中，不存在特定的受益人，信托财产为了社会利益而存在，委托人借道慈善信托实现私利的动因是现实存在的。对信托财产和委托人的交易进行规制的必要性就大大提升了。在对慈善信托进行管理的过程中，受托人能否以信托财产向委托人（及委托人的关联人）提供贷款、提供担保，能否把信托财产投资于委托人的企业，都是需要关注的典型情形。

2023 年修正的《慈善法》第 46 条除了禁止受托人和受益人的利益冲突之外，还规定：“慈善信托的委托人不得指定或者变相指定其利害关系人作为受益人”，要求委托人和受益人之间不得存在利害关系，揭示出委托人（和其指定的受益人）和慈善信托所代表的社会利益之间的冲突是慈善信托中重要的利益冲突。受托人允许信托财产和委托人进行交易，也违反了其忠实义务。

《信托法》对委托人和慈善信托之间的利益冲突没有规定。《民政部、中国银行业监督管理委员会关于做好慈善信托备案有关工作的通知》规定：慈善信托受托人按照《慈善法》规定向民政部门提出备案申请的，应提交的信托文件至少应载明的内容包括“不与委托人存在利害关系的不特定受益人的范围”，委托人及委托人一方的特定受益人，和慈善信托所设定的公共利益可能会产生冲突。《慈善信托管理办法》第 10 条重申了类似的要求："慈善信托的委托人不得指定或者变相指定与委托人或受托人具有利害关系的人作为受益人。"该办法第 32 条规定："委托人、受托人及其管理人员不得利用其关联关系，损害慈善信托利益和社会公共利益，有关交易情况应当向社会公开"，是明确地对委托人利益和慈善信托所代表的公共利益产生冲突加以调整的条文。可以理解为 2023 年修正的《慈善法》第 46 条的规定吸纳了前述监管规范的内容。

《信托法》中，一个在法理上与此相关的条文是第 72 条，该条把适用近似原则的条件规定为"公益信托终止，没有信托财产权利归属人或者信托财产权利归属人是不特定的社会公众的"，其反面解释似乎是允许慈善信托在终止时通过约定的方式把信托财产留给委托人或者其他私人（"特定的社会公众"）。不过，一种更合乎我国信托法的解释似乎应该是：在慈善信托终止时，可以根据约定把信托财产归属于"特定的社会公众"，这里的"社会公众"应当符合慈善信托受益人（受领人）的要求，而非包括委托人在内的利害关系人，否则慈善信托可以被滥用为私人输送利益的管道。近似原则蕴含的一个基本法理是，慈善信托一旦设定，信托财产即进入社会公共领域，原则上不可返还委托人或者其他私主体。委托人亦不可以通过和信托财产交易而取得利益。

比较法上，美国《国内税收法典》第 4946 条专门对私人基金会的"利益冲突人"（disqualified persons）作出了界定。其中第一个就是私人基金会的"主要捐赠者"，持有主要捐赠者 20%以上股权的人及其家庭成员，以及享有 35%以上表决权、利润分配权或者受益权的法人、合伙或者信托。鉴于美国的私人基金会很多场合采取信托的法律形式，该规则对慈善信托具有重要参照价值。美国《国内税收法典》第 4941 条把主要捐赠人等和私人基金会之间的交易当作自我交易来规制，而不考虑这些交易行为本身是否公平合理。这意味着在私人基金会和慈善信托中，这些自我交易甚至不能取得类似我国《信托法》第 28 条但书所提供的豁免。[①]

2. 慈善信托中谨慎义务的特殊性

在慈善信托中，关于慈善信托受托人的谨慎义务的备用性规则（default rule）发生了变化。至少根据现行的实体法规则（《慈善信托管理办法》第 30 条），慈善信托受托人除非得到信托文件或者委托人的允许，应从事谨慎和安全的投资。

在私益信托中，有所谓"投资规则"，受托人通常有义务为受益人的最大经济利益进行投资，确保信托取得最高的经济回报，除非受益人一致同意他遵照别的原则。因此，受托人有责任不让那些与信托目的没有什么关系的原因——如政治性或者道德方面甚至是个人偏好的理由来束缚其在投资方面的自由裁量权[②]。也就是说，不允许受托人以牺牲信托财产的经济利益为代价成全其自身的道德准则。

但是，慈善信托受托人有权在信托财产的管理中基于非经济因素的考虑排除某些投资，这可以被视为受托人"投资原则"或者投资义务的例外。例如，在英国慈善法上，为信托取得最大经济利益的基本原则要受制于 Nicholls 在 Harries v. Church Commissioners

① 转引自［美］贝西·布查尔特·艾德勒等：《通行规则：美国慈善法指南》（第二版），金锦萍等译，中国社会出版社 2007 年版，第 46—47 页。

② 参见何宝玉：《英国信托法原理与判例》，法律出版社 2001 年版，第 254—255 页。

for England 一案中所确立的规则：[①]

第一，慈善信托受托人如果认为投资于从事特定类型业务的公司会与慈善信托寻求的目标相冲突，就不应该进行这种投资。Nicholls 提到了被广为引用的几个例子，如癌症研究慈善组织和烟草股份公司，戒酒运动慈善组织的受托人和酿酒厂的股份等。

由此可以推断，如果受托人打算把慈善财产直接投资于显然具有冲突性的投资，这种投资行为会构成信托违反。但在实践中，问题很少如此简单。在不少场合既难判断什么是冲突性投资，也很难判断是否在事实上作了冲突性的投资。例如，当投资是非直接的场合，受托人投资于单位信托或者共同投资基金，有可能会间接投资于有冲突的目标公司。

第二，如果信托文件有规定，则受托人应把非经济标准考虑在内。如果信托文件指示将某些类型的投资从受托人的投资组合中排除出去，这些指示必须明确。而如果指示是关于受托人如何选择投资的方式，就不需要作出如上明确约定。很难理解为什么委托人有时会设定一个和慈善信托目的无关的非经济性标准。如果这些条款无助于实现慈善目的，似乎应当把这些条款作无效处理。

受托人如果认为委托人关于非经济标准的指示过于严苛，可以向慈善委员会或法院提出申请删除或者修改该指示。

第三，在某些很罕见的场合，受托人持有某种类型的投资可能会阻碍慈善事业：要么会使潜在的受助方担心慈善财产的来源不当而拒绝接受帮助，要么会疏离某些经济上支持慈善事业的人。在这些情形下，受托人被要求对其面临的困难选项作出平衡：如果从组合中排除这些投资，可能会带来财务亏损的风险；如果继续保持这些投资，则会使得潜在的捐赠人停止捐赠或转向其他慈善组织，使信托面临失去支持者的风险。

还有人批评第三个要求可能会让受托人的投资决策受制于政治操控。例如，某个个人捐赠人憎恶某些类型的公司，该标准可能会使这些捐赠人有效地操控受托人的投资决策。如果某一捐赠人不喜欢生产避孕产品的企业而要求受托人不能投资于这样的企业，如此，受托人的决策权无法真正独立。

第四，某些并不和信托目的冲突的投资，可能会被受托人（也包括受助人、捐赠人等）认为在道德上是不适当的（unsuitable）。在受托人遵守“不以道德诉求牺牲慈善事业利益的义务”的前提下，只要不给信托财产带来重大不利的风险，受托人在投资决策时一般会把伦理因素考虑在内。

受托人实际上可以进行道德投资。道德投资在追求经济效益最大化的同时也力求实现社会目标。

受托人处理信托事务的内容还包括选定受益人以及支付信托利益。除信托文件有明确约定之外，慈善信托受托人在选定受益对象以及在受益对象之间分配信托财产等方面也享有更为自由的裁量权。

3. 受托人的损失补偿保险和免责

慈善信托受托人的义务和责任和普通信托受托人的相比并无本质区别。只是，在慈

---

① See Peter Luxton, *The Law of Charities*, The Oxford University Press, 2001, pp.624－626.

善信托中，受托人如果贯彻“自愿者原则”，即受托人是不取酬的自愿者，若让其承担和普通信托中受托人一样严苛的责任，似乎有失允当。我国《慈善法》和《信托法》上都没有相关的规定。作为参考，《英国 2011 年慈善法》第 189 条规定了受托人损失补偿保险。根据该规定，慈善受托人可以安排使用慈善财产购买保险，补偿受托人以受托人资格行事之时因过失、违约等应当承担的个人责任。但是，受托人应支付的刑事罚金或者因违背监管机构的监管规范要求而需要支付的罚金，因欺诈、故意或者严重过失行为在刑事程序被定罪时为抗辩所承担的责任，因其明知或者无视其行为是否符合慈善事业的利益之行为所产生的责任例外[①]。简言之，受托人因违背忠实义务或者因故意或者重大过失而违反信托义务的行为不得通过购买保险的方式获得补偿。

另据《英国 2011 年慈善法》第 191 条的规定，受托人忠实并合理地履行了义务，并有正当理由免除其责任的，慈善委员会可以发出命令部分或者全部免除其责任。

4. 受托人的公开和报告义务

受托人义务是慈善信托的核心。为了确保受托人妥善履行义务，监管部门有权采取检查等积极的监管措施对受托人进行监管；委托人可以根据信托文件或者法律的规定进行监督，媒体和社会公众也可以对其进行监督[②]。但这些监督权的实现要依赖于给受托人施加的法定报告和公开义务。

（1）公开和报告义务的内容。受托人的信息披露（公开）义务和报告义务贯穿于慈善信托成立之后的整个期间。

第一，在信托存续期间，受托人每年有至少一次的信托事务处理情况及财产状况公开和报告义务。《信托法》第 67 条第 2 款规定：“受托人应当至少每年一次作出信托事务处理情况及财产状况报告，经信托监察人认可后，报公益事业管理机构核准，并由受托人予以公告。”《慈善法》第 49 条第 2 款也规定：“慈善信托的受托人应当根据信托文件和委托人的要求，及时向委托人报告信托事务处理情况、信托财产管理使用情况。慈善信托的受托人应当每年至少一次将信托事务处理情况及财务状况向办理其备案的民政部门报告，并向社会公开。”对不设置监察人的慈善信托免除监察人的认可程序。慈善信托的受托人应当于每年 3 月 31 日前向备案的民政部门报送慈善信托事务处理情况和慈善信托财产状况的年度报告[③]。信托公司新设立慈善信托项目的，还负有产品登记义务[④]，虽然本书并不赞同慈善信托在中国信托登记有限责任公司登记，但是必须承认，在中国信托登记有限责任公司的信托登记也有部分公开功能。

第二，慈善信托备案后，在受托人变更后，“变更后的受托人应当在变更之日起 7 日内，将变更情况报原备案的民政部门重新备案”；增加新的委托人、增加信托财产、变更信托受益人范围及选定的程序和方法等的，慈善信托的受托人应当在变更之日起 7 日内向原备案的民政部门申请备案，并提交发生变更的相关书面材料。当月发生两起或两起

① 《英国 2011 年慈善法》的该条规定是针对整个慈善事业的托管人而言的，这里针对慈善信托受托人进行了适当的改编。

② 《慈善信托管理办法》第 49 条、第 50 条、第 51 条、第 54 条。

③ 《慈善信托管理办法》第 58 条。

④ 《慈善信托管理办法》第 22 条。

以上变更事项的，可以在下月 10 日前一并申请备案[①]。由于备案信息原则上需要向社会公开，重新备案也属于受托人公开和报告义务的一部分。

第三，在信托终止时，受托人应当于终止事由发生之日起 15 日内，将终止事由、终止日期、剩余信托财产处分方案和有关情况报告民政部门。受托人应当在信托终止的 30 日内作出处理慈善信托事务的清算报告，受托人作出的处理信托事务的清算报告，应当经监察人认可，报民政部门核准后，由受托人予以公告，不设监察人的，免于认可程序。

第四，关联交易的公开义务。委托人、受托人及其管理人员不得利用其关联关系，损害慈善信托利益和社会公共利益，有关交易情况应当向社会公开。

第五，资料保管义务。受托人应当妥善保存管理慈善信托事务的全部资料，保存期自信托终止之日起不少于 15 年。

目前，在慈善信托账目和财务报表的细节要求、是否需要对其进行审计、重要事项的临时公告等方面，我国尚缺乏明确的规定。

（2）公开和报告内容的限制。涉及国家秘密、商业秘密、个人隐私的信息以及慈善信托的委托人不同意公开的姓名、名称、住所、通信方式等信息，不得公开。

（3）公开和报告义务人。受托人是公开和报告义务人。受托人应当在民政部门提供的信息平台上，发布慈善信托设立情况说明，信托事务处理情况报告、财产状况报告，慈善信托变更、终止事由，以及备案的民政部门要求公开的其他信息。受托人对信息的真实性负责。[②]

民政部门和金融监督管理机构应当及时向社会公开慈善信托备案事项，慈善信托终止事项，对慈善信托检查、评估的结果，对慈善信托受托人的行政处罚和监管措施的结果，以及法律法规规定应当公开的其他信息。[③]

（4）违反公开和报告义务的责任。《慈善法》第 118 条规定，慈善信托的受托人未按照规定将信托事务处理情况及财务状况向民政部门报告的，由县级以上人民政府民政部门责令限期改正，予以警告，并没收违法所得；对直接负责的主管人员和其他直接责任人员处 2 万元以上 20 万元以下罚款。该条是关于行政责任的规定。[④]相关法律法规没有关于受托人未履行信息披露和公告义务的民事责任的直接规定。在我国的慈善信托中，委托人、其他受托人、受益人和监察人能否以及如何行使诉讼权利，法院能提供哪些救济，全部都是未经检验的问题。由于上述私主体中除了受益人之外均不能取得信托利益，也不能获得损害赔偿（除非承认慈善信托的某些受益人有强制执行慈善信托的权利），这种诉讼产生了一些不同于普通民事诉讼的特点，有待进一步研究。不过至少可以认为，在私主体追究受托人的责任的场合，受托人未尽信息披露义务的，即可推定其未尽职管理。

---

① 《慈善法》第 48 条，《慈善信托管理办法》第 20 条、第 38 条、第 19 条。

② 《慈善信托管理办法》第 56 条。

③ 《慈善信托管理办法》第 55 条。

④ 《慈善信托管理办法》第 59 条重复了这一规定。值得关注的是，2023 年修正的《慈善法》将委托人和受托人一并作为公开和报告的义务主体。

（四）受托人的选任和变更

1. 受托人的选任

为了促进慈善事业的发展，应扩大慈善信托受托人的范围。我国慈善公益事业实践中，慈善信托的受托人多为信托公司等经营信托业务的法人机构，慈善组织成为慈善信托受托人也已经为法律所允许。另外，《信托法》等法律并没有完全排除律师、自然人成为慈善信托受托人的资格，但是缺乏具体可操作的规则。信托机制既可以公开募集财产的方式从事公益事业，也可以定向募集的方式从事公益事业；既可以实现大规模公益基金的募集，也可为小额的公益基金的参与提供平台。因此，应该为自然人和其他组织充任慈善信托受托人留下一个口子。从监管的角度看，自然人或其他组织充任慈善信托受托人不以公开募集的方式进行即可。[①]

根据《信托法》，慈善信托受托人的选任（第 62 条）和辞任（第 66 条）都需要得到公益事业管理机构的批准，但是，《慈善法》就慈善信托的设立采取备案制，把受托人的选任权交给委托人，不再需要监管机构的批准。

2. 受托人的消极资格

《慈善法》第 16 条规定："有下列情形之一的，不得担任慈善组织的负责人：（一）无民事行为能力或者限制民事行为能力的；（二）因故意犯罪被判处刑罚，自刑罚执行完毕之日起未逾五年的；（三）在被吊销登记证书或者被取缔的组织担任负责人，自该组织被吊销登记证书或者被取缔之日起未逾五年的；（四）法律、行政法规规定的其他情形。"可以看出，这些基本上都是针对自然人的规定。但是，由于《慈善法》第 47 条限定信托受托人只能是慈善组织或者信托公司，所以无法"参照"适用《慈善法》第 16 条的规定。

在比较法上，为了防止受托人的欺诈和不当管理，英国 1993 年和 2011 年的慈善法排除了某些类型的人担任慈善信托的受托人的资格，包括被判决构成不诚实或者欺诈罪名的人、未被解除受托人职位的破产人以及之前因不当行为和不当管理而被解除慈善信托受托人职位的人[②]；而根据英国《1906 年公共受托人法》（Public Trustee Act 1906）成立的公共受托人是不能接受慈善信托的。我国台湾地区学者也认为，行政机构不可以成为慈善信托受托人[③]。

3. 受托人的变更

（1）受托人的职责终止

《信托法》第 39 条第 1 款规定："受托人有下列情形之一的，其职责终止：（一）死亡或者被依法宣告死亡；（二）被依法宣告为无民事行为能力人或者限制民事行为能力人；（三）被依法撤销或者被宣告破产；（四）依法解散或者法定资格丧失；（五）辞任或

① 在美国，信托文件没有为慈善信托指定受托人，或者指定的受托人不适格或者拒绝担任，不影响信托的成立，此时法院可以起到填补空白的作用。和私益信托类似，一个信托不会因为欠缺受托人而不成立。See George T. Bogert，*Trusts*，sixth edition，West Publishing Co., 1987，p.244.

② Charities Act 1993，S.72. Charities Act 2011，S. 179.

③ 参见赖源河、王志诚：《现代信托法论》（修订三版），中国政法大学出版社 2002 年版，第 226—227 页。Public Trustee Act 1906，2（5）.

者被解任；（六）法律、行政法规规定的其他情形。”由于《慈善法》把受托人限定为信托公司和慈善组织等机构，所以上述情形中，只有第 3、4、5、6 项适用于《慈善法》规定的慈善信托[①]。下面仅就第 5 项规定加以讨论。

第一，受托人辞任。慈善信托受托人的辞任除了遵照一般受托人辞任的规定（《信托法》第 38 条）之外，还须得到公益事业管理机构的批准；未经公益事业管理机构批准，不得辞任（《信托法》第 66 条）[②]。在受托人辞任的场合，由于不存在特定的受益人，委托人能否单独行使同意权，值得探讨。在《信托法》的框架内，如果加上主管部门的批准，可能对保护公共利益而言是充分的，此时委托人可以单独行使同意权。在日本，有立法建议认为，受托人的辞任需要得到委托人和监察人的同意；在出现不得已事由的场合，受托人得到法院的许可可以辞任。[③]

第二，受托人被解任（变更）。根据慈善法相关规定，在两种情形下，委托人可以解任受托人[④]：第一种是受托人违反信托义务，第二种是受托人出现依法解散、法定资格丧失、依法被撤销、被宣告破产或者其他难以履行信托职责的情形。

《慈善法》第 48 条、《慈善信托管理办法》第 37 条的规定和《信托法》的规定相比，给委托人解任受托人提供了更大的方便：其一，慈善信托的受托人“违反信托义务或者难以履行职责”时，委托人就可以变更受托人。而《信托法》第 23 条规定的是受托人违反信托目的处分信托财产或管理运用、处分信托财产“有重大过失”的，委托人才可以变更受托人。其二，委托人在具备解任受托人的条件时，可以直接解任受托人。而《信托法》规定，委托人在信托文件有规定的场合，可以直接解任受托人，其他场合只能向法院提出解任受托人的请求。

在慈善信托中，公益事业管理机构可以直接依法变更受托人。《信托法》第 68 条规定：“公益信托的受托人违反信托义务或者无能力履行其职责的，由公益事业管理机构变更受托人。”

（2）受托人变更后的继续履行义务

受托人辞任的，在新受托人选出前仍应履行管理信托事务的职责。

（3）新受托人的选任和重新备案

受托人职责终止的，依照信托文件规定选任新受托人；信托文件未规定的，由委托人选任。（《信托法》第 40 条）委托人不指定或者无能力指定的，《信托法》规定由受益人选任，由于慈善信托不存在特定的受益人，所以此权能似可由监察人代行。在慈善信托没有设定监察人的场合，似应由监管部门（民政部门）来指定。

共同受托人之一职责终止的，信托财产由其他受托人管理和处分。（《信托法》第 42 条）原受托人处理信托事务的权利和义务，由其他受托人或新选任出来的受托人承继。

---

① 如果赞同当事人可以根据《信托法》设立不同于《慈善法》上的慈善信托的公益信托，可以由自然人充任受托人，那么第 1、2 项中的情形也可适用。

② 《北京市慈善信托管理办法》第 20 条规定：“慈善信托的受托人不得自行辞任。”

③ 日本法制審議会信託法部会『公益信託法の見直しに関する中間試案』平成二十九年（2017 年）13 条之 1。

④ 《慈善信托管理办法》第 37 条，《北京市慈善信托管理办法》第 19 条。

《慈善法》并没有规定受托人变更之后是否需要重新备案，鉴于受托人在慈善信托中的核心地位，受托人变更的应当重新备案[①]。

（五）受托人和近似原则

《慈善法》没有关于慈善信托中的近似原则的规定，而只对慈善组织募集善款和运用善款过程中如何适用近似原则作了规定，如《信托法》第 72 条。根据该条，在慈善目的无法实现时，经监管部门批准，受托人有权根据近似原则将信托财产用于与原慈善目的相近似的目的，或者将信托财产转移给具有近似目的的慈善组织或者其他慈善信托。[②]

三、慈善信托的受益人

（一）慈善信托中是否有受益人

在慈善信托法的理论中，有所谓的“受益人不特定”的要求。这一般被描述为慈善信托区别于私益信托的一个关键点。私益信托需要有特定的受益人去强制执行信托，所以要遵循“受益人（确定）原则”，如果设立的私益信托缺乏受益人或者无法确定受益人，则信托无法设立，其原因即在于，信托机制作用的发挥需要受益人强制执行之，否则信托财产就将真正成为受托人的财产。在慈善信托中，其“受益人”是最广泛意义上的社会一般公众，恰恰不能有特定的受益人，[③]这和私益信托的要求正好相反。

一种广为接受的观点认为，慈善信托中不是不能有受益人，只是“不能有特定的受益人”而已。这也是目前信托法和慈善法研究者的主流观点。例如，周小明认为，“公益信托的受益人就不可能是特定的个人或某些人，而只能是不特定的社会全体或者多数成员”[④]。这种表述既和我国的法律规定相一致，又符合多数人的语言习惯（多数人不习惯“受领人”的表述），为通说。但需注意的是，慈善信托中即使采用了“受益人”的术语，此“受益人”和私益信托中的受益人也存在较大差异。

（二）我国法的立场：禁止利害冲突

《信托法》和《慈善法》对慈善信托中“不能有特定的受益人”这一原则并无明确的规定。《慈善法》第 46 条规定：“慈善信托的委托人不得指定或者变相指定其利害关系人

---

① 《北京市慈善信托管理办法》第 21 条对此规定，“变更后的受托人，应当自书面文件签订之日起 7 日内到原备案的民政部门重新备案”。

② 《北京市慈善信托管理办法》第 26 条规定：“慈善信托终止，受托人应在信托财产处置前将处置方案报备案机关。没有信托财产权利归属人或者信托财产权利归属人是不特定的社会公众的，经原备案机关批准，受托人应当将信托财产用于与原慈善目的相近似的目的，或者将信托财产转移给具有近似目的的慈善组织或者其他公益信托。”

③ 在美国，慈善信托的设立不需要指定特定的自然人或法人作为受益人，只需要确定实质的慈善目的。See George T. Bogert，*Trusts*，Sixth edition，West Publishing Co.，1987，p.244.

④ 周小明：《信托制度：法理与实务》，中国法制出版社 2012 年版，第 354 页。

作为受益人。慈善信托的受托人确定受益人，应当坚持公开、公平、公正的原则，不得指定或者变相指定受托人及其工作人员的利害关系人作为受益人"，禁止受益人和委托人、受托人等有利害关系，而不是关于受益人是否特定的要求。

慈善信托要求受益人不能特定，主要的立法宗旨是避免委托人为了特定当事人的利益，借道向其输送利益。向特定的人输送利益自然就不能算作慈善行为。但是，如果该信托利益的受领人不是委托人选择的和指定的，受托人选择的受益人和自身也无利害关系，似乎就能排除利益输送、借公益行私益的可能。慈善信托法理实际上允许在信托文件中设置受益人的遴选方法，按照公平、合理而正当的程序所选择出的受益人哪怕只有一人，也应承认其为慈善信托。[①]如前所述，现代的慈善行为一般以存在中介机构或者组织为必要，捐赠人把财产捐赠给慈善组织、设立慈善组织或者慈善信托，摆脱了传统慈善行为的非正式性、非组织性、非专业性和与个人联系紧密的特征。慈善信托以其受托人的中立性和客观性，斩断委托人和受益人之间的个人联系，受益人是否人数众多，似乎变得不那么重要了。

（三）慈善信托的受益人是谁

《慈善法》中"受益人"一词共出现 29 次，显然并没有区分不同条文中"受益人"的含义。除第 46 条、第 50 条、第 81 条和第 118 条是直接针对慈善信托受益人的规定之外，其他条文都没有区分慈善信托的受益人和慈善组织实施慈善事业的受益人，但是很显然，立法者头脑中假设的是接受慈善组织捐助和帮助的受益人。在《信托法》的"公益信托"一章和《慈善法》的"慈善信托"一章中，多处出现"受益人"的表述，属于慈善信托的受益人无疑，但是，并没有就慈善信托中"受益人"的含义进行清楚的界定。这在实务当中也可能会造成一定程度的混乱。以下对此进行梳理。

第一，受益人不特定的要求只是慈善信托设立当时的要求，目的是排除委托人通过设立慈善信托向关联人输送利益，同时攫取慈善信托的政策优待。只要有证据证明委托人和嗣后选择出来的受益人之间不存在利害关系，能排除受托人和受益人之间存在利害关系即可，至于受益人是否人数众多，并非关键。例如，委托人在信托文件中确定受益人的遴选条件，即使最后符合条件的只有一位，原则上也不能否认该慈善信托的有效性。

第二，形式上，从慈善信托中取得信托利益的人，就是受益人。但是，从受托人手中取得信托利益的主体有两种情形，并不是所有从受托人手中取得信托利益的主体都是受益人。

第一种情形，其作为最终的受益主体而存在，如扶贫信托遴选出来的受到资助的贫

---

① 作为参考，美国法上的一般观点是：慈善信托的成立并不要求直接受领人不确定或者数量众多。一个或者数个个人能成为可以确定的从信托中取得利益的人这样的一个事实并不会使慈善信托的性质变为私益信托，只要（1）受领人是从不确定的群体中挑选出来的；而且，（2）该利益足以构成对社会公共利益的提升，社会可以被认为是信托的最终受益人。Rest. 3d §28 cmt. A（1）.

困人士、科研支持信托遴选出来的科研团队等。[①]

第二种情形，其多数情况下是组织。这些组织虽然也是从受托人处取得信托利益，但不能最终享有这些利益，而是要落实到具体的受益人。例如，从捐赠型（拨款型）慈善信托取得拨款的慈善组织，需要按照信托目的把善款再次分发给具体的受益人。又如，在没有具体的人出现的环境保护信托之中，环保组织虽然能从慈善信托受托人处取得信托财产，但是，只能用于特定的环境保护项目的实施。再如，某所大学从一个慈善信托基金中取得一笔奖学金，但该大学应当按照信托目的遴选具体获得奖学金资助的学生。[②]

上述情形中，只有在第一种情形下最终享有信托利益的人才算是慈善信托上的受益人。

（四）慈善信托受益人的权利

1. 受益人能否强制执行慈善信托

传统观点认为，慈善信托为公益目的而设立，不存在特定化的受益人，且不论有些慈善信托根本就没有人出现（如环保信托），即便存在从慈善信托实施中实际获得利益的人，也不过是慈善信托“公益性”的反射效果，这些人并非真正意义上的受益人，而仅仅是所谓的附带受益人[③]，一般而言并不能强制执行慈善信托，也就是说，在慈善信托中缺乏能强制执行信托的受益人。

我国《信托法》规定信托监察人为公益信托必设机构，对因受益人缺位而导致的强制执行慈善信托的主体的缺位进行再平衡。而《慈善法》则把信托监察人规定为任意设置机构，由信托监察人担负起强制执行信托和监督信托实施的职能（《信托法》第 64 条、第 65 条），此时存在的一个问题是，在委托人为多人，或者单一委托人已经死亡（遗嘱慈善信托），又没有设置监察人的情形中，如何确保对信托的强制执行和监督?

英美信托法也在逐渐认可特定的受益人强制执行信托的权利。例如，某一特定教堂的牧师设立的慈善信托获得了支持，尽管对于某一特定期限而言，直接受益人是一个具体的可以确定的个人，但是从长远来看，该信托的目的是促进宗教发展，其受益人的总数是不确定的。法院对于受益人不确定性要求的解释已经发生了较大的变化。英国法院

---

① 根据美国《统一信托法》第 103 条（3），“受益人”指：（A）对信托享有现时或未来的受益利益者，无论是既定利益还是或有利益；或者（B）受托人之外针对信托财产持有指定权者。英文原文为：“Beneficiary” means a person that:（A） has a present or future beneficial interest in a trust，vested or contingent, or（B） in a capacity other than that of trustee，holds a power of appointment over trust property。可以看出，其采用的是一种比较宽泛的受益人标准。

② 受益人或可被区分为最终受益人和中介受益人。最终享有信托利益和捐赠财产利益的人，为最终受益人。而中介受益人主要指的是慈善项目的执行人和具体实施者，这些主体并没有直接从慈善财产中为自己取得任何利益，并非真正的受益人。但是《慈善法》所涉及的受益人似乎并没有排除后者。

③ 程序上，一个附带受益人（incidental beneficiary）无权挑战受托人的作为或者不作为。例如，委托人为了受益人 A 的利益创设信托并指示把信托财产投资于海尔公司的股份，海尔公司对信托财产并不享有信托法意义上的受益权，因为海尔公司无权提起诉讼并强制执行信托文件，虽然该文件中有关于投资海尔公司的条款。其他例子如债权人可能会因为信托的设立增加了债务人（真正的受益人）的偿债财产而受益，但是，该债权人并不是信托的受益人，无法强制执行信托财产。“附带受益人”的概念在解释慈善信托中是否有受益人的时候也是有说服力的。

倾向于排除只用于帮助特定群体而非对广大公众开放的信托，例如，为某一工厂 11 万雇员之福利设立的信托被认定为无效。[①]而美国法院则可能会认为这样的信托是有效的，即便是为了更小群体的雇员而设立的慈善信托也是如此。如果能确证其是享有慈善信托利益资格的特定受领人，让其取得为了强制执行慈善信托而提起诉讼的资格，可能是合理的。例如，为某大学的利益而设定的慈善信托，该大学应可以强制执行。美国法院倾向于朝着缓和受益人自己强制执行所需要件的方向解释。也就是说，对慈善信托有享受资格、有着特别权益的人，可以被视为受益人。其结果是，在以设置市政公园为目的把土地设定为信托财产的场合，能够证明自己会利用该公园娱乐的人，可以强制执行该信托。[②]美国的税务局对慈善信托的有效性判断比法院的更为严格，其对税收豁免的驳回一般基于捐赠者获得私益的事实，而不是受益的群体是否过于确定。[③]从法律规定和务实的视角出发，逐渐承认某些受领人强制执行信托的权利可能是符合公共利益的。

“慈善信托不能有特定的受益人”这种表述包含看似互相矛盾的两个方面：慈善信托设立之时，不能有特定的受益人；在慈善信托实施的过程中，必须用某种方法或机制使受益人不断特定或者确定。受托人根据信托文件确定的规则或机制、根据自己的裁量去确定受益人是其义务和职责的主要内容。受益人特定是一个过程，在这个过程中，只有那些自身利益和慈善信托足够相关的人才能强制执行信托。

2. 慈善信托受益人能否享有监督权限

如果允许可以强制执行慈善信托的受益人存在，在信托法理论上需要解决的问题是，这些受益人能否主张信托法上的受益人的其他权利。在我国《信托法》上，受益人除了信托利益受领权之外，根据《信托法》第 49 条，还享有委托人所享有的第 20—23 条规定的一系列监督权利，这些权利让慈善信托中未经确定的受益人去行使既不现实，也不合理。

慈善信托的管理应公开透明，除信托和慈善法律等规定的内部制衡和监管部门的监管之外，广义上还需要公众和媒体的监督。有人或许会认为，连大众都可以监督，授予受益人监督权有何不可？其实，监督和授予监督权并不是一回事，社会公众并不享有起诉受托人的权利，否则受托人对信托事务的正常管理可能会受到不当干扰。受益人本身不被授予监督慈善信托的权利是合乎逻辑的。

不过，在受托人不进行给付，某些已经确定或者可以确定的受益人的利益受到损害，而信托监察人缺位或者信托监察人不履行监督权能的时候，日本学者认为受益人的监督权可以复活。[④]

---

① 参见［美］玛丽恩·R. 弗莱蒙特-史密斯：《非营利组织的治理：联邦与州的法律与规制》，金锦萍译，社会科学文献出版社 2016 年版，第 122 页。

② David.M.English，Primeer on American Trust Law，转引自财团法人トラスト 60『信託と信託法の広がり』1—36 頁。美国判例法上正在逐渐扩大为实现公益目的而能针对受托人的行为提出诉讼的适格当事人的范围，最近的案例为：Hicks v.Dowd，157 P.3d 914（Wyo.2007）。

③ 参见［美］玛丽恩·R. 弗莱蒙特-史密斯：《非营利组织的治理：联邦与州的法律与规制》，金锦萍译，社会科学文献出版社 2016 年版，第 123 页。

④ 参见新井誠『信託法［第 4 版］』（有斐閣、2014 年）449 頁。

四、慈善信托的监督机制——信托监察人

（一）信托监察人的必要性

信托监察人是指根据委托人的确定（《慈善法》第 50 条）、信托文件规定或公益事业管理机构的指定（《信托法》第 64 条）而承担维护受益人利益之职责的人。为什么要在信托的委托人、受托人和受益人三方结构中再引入信托监察人角色，是需要首先回答的问题。

作为私法的信托法上的一般规则是：受益人可自行维护其自身利益，但是在慈善信托中，可以监督信托的具体受益人通常是不存在的（如以促进环保或文化事业为目的的慈善信托，根本不存在受益人）；即便有从信托财产中享有利益的人，这些人也是不特定的，多而分散，难以有效行使法律赋予的各项权利（如以救助失学儿童为目的的慈善信托，其受益人是不确定的，这些受益人一般没有强制执行信托的权利）；同时，委托人及其继承人虽然有监督意愿，但通常不具备监督能力和监督条件[①]。由于慈善信托中存在结构性失衡，且其实施涉及公共利益，因此，设置信托监察人代表受益人行使权利是十分必要的。

《信托法》关于公益信托监察人的规定为强制性规定，信托监察人是公益信托的必设机构（第 64 条）。但 2016 年《慈善法》第 49 条（2023 年修正的《慈善法》第 50 条）则把慈善信托的监察人改为可由委托人决定的任意性设置。

信托监察人对受托人的行为进行监督，依法维护委托人和受益人的权益。信托监察人发现受托人违反信托义务或者难以履行职责的，应当向委托人报告[②]，并有权以自己的名义向法院提起诉讼。（《慈善法》第 50 条）

信托监察人是代替私益信托上的受益人行使监督受托人职权的人。由此，在私益信托中，如果受益人暂时不存在（如未出生的人），或者虽然存在，但无法行使监督权能（如丧失行为能力），也应当设置类似信托监察人的角色。而且，信托法并不排除当事人在私益信托中以信托行为设置类似信托监察人的角色。

慈善信托监察人虽然是替代受益人行使监督权能的人，但并非受益人的代理人，而是具有独立资格的人。

---

① 赖源河和王志诚认为，在慈善信托中应给委托人保留部分权利，即信托关系的修正权。这样，委托人便可以慈善信托的利害关系人的地位或身份行使以下权利：第一，委托人有权向法院提出申请要求变更管理办法。第二，受托人因管理不当致使信托财产发生损害或违反信托本质处分信托财产时，委托人可请求其赔偿由此带来的损失或恢复原状，或有权要求将其所得之利益归于信托财产，并请求减免其报酬。第三，如上所述，受托人违背其职务处分信托财产或者管理运用、处分信托财产有重大过失的，法院可因委托人之申请予以解任。第四，除以上权利外，委托人还可像一般信托一样，拥有信托监察人的指定权、解任权、变更权、信托事务处理的说明权、相关资料的查阅权等。参见赖源河、王志诚：《现代信托法论》（增订三版），中国政法大学出版社 2002 年版，第 223—224 页。

② 遗嘱信托存续期间不存在委托人。有些慈善信托虽然存在委托人但委托人人数不确定，或者委托人匿名。如何向委托人报告，值得探讨。

（二）慈善信托监察人的担当

相关法律并没有明确慈善信托监察人的选任条件。我国的慈善信托实践中比较多的是由律师事务所、会计师事务所、慈善组织、商业银行、其他社会组织或者自然人充任信托监察人，理论上信托公司也可承担信托监察人职责，因其具有审计、监督功能之故也。例如，我国台湾地区的法律规定信托公司等信托业者自身也可以成为信托监察人[①]。

值得注意的是，虽然《信托法》规定公益信托中应当设置信托监察人，但该法第 64 条规定，信托文件未规定信托监察人的，由公益事业管理机构指定。这说明未指定信托监察人并不导致信托设立无效，只是产生类似效力待定的效果。另据《慈善法》第 49 条，信托监察人并非慈善信托的必要设置，没有设置信托监察人的慈善信托更非无效。

（三）慈善信托监察人的任意设置问题

《慈善法》规定，慈善信托根据需要可以由信托文件规定设信托监察人，这更改了《信托法》的规定，把信托监察人的设置权交给了信托当事人。而在《信托法》中，基于平衡信托当事人利益和制衡受托人的考虑，信托监察人是必备机构，公益信托“应当”设置信托监察人[②]。

在公益信托中，不存在私益信托意义上的受益人，所以在制衡受托人的行为方面有所欠缺。因此，《信托法》把信托监察人作为必设机构[③]，是有道理的。

客观上看，《慈善法》改为由委托人任意设置信托监察人显得更尊重信托设立人的意愿。的确，之前《信托法》一律把信托监察人作为必设机构，增加了设立公益信托的成本，延宕了设置信托的时间，而且会产生“谁去监督监督者”的代理成本问题。

但是，《慈善法》把信托监察人一律作为可选择的设置，似乎对保护公共利益不足。慈善信托不仅关涉信托当事人利益，更重要的是它关涉社会公共利益。单一委托人以大宗财产设置慈善信托，信托存续期间比较长的，可能会出现委托人和受托人勾结起来，向委托人的利益关联人输送利益，把慈善信托当作实现个人私利的通道。此时，似乎应强制设立信托监察人。在慈善信托以遗嘱的方式设立的场合，信托生效之时委托人已经死亡不能监督，此时更应该重视信托监察人的权限。另外在委托人因人数众多无法行使监督功能的场合、在委托人丧失行为能力的场合、在信托事务过分复杂的场合，都需要强制设立信托监察人。[④]而且，在原来的批准制下，信托设立须经严格审查，对受托人的要求和监管较为严格，信托监察人作为任意设置似乎就是合乎逻辑的。但在备案制下，如果仅仅是形式审查，则很多规则就不能任由委托人决定。

---

① 我国台湾地区“信托业法”第 17 条第 6 项。另外，值得关注的是，我国台湾地区“信托法”第五章以“信托监察人”为标题规定了适用于公益信托和私益信托的信托监察人制度。

② 日本对公益信托修改的最新研究报告中，把信托监察人作为公益信托监督和治理结构的核心机制。参见公益社团法人＝商事法務研究会『公益信託法改正研究会報告書』平成 27 年 12 月（2015）69 頁。

③ 日本的信托法制把信托监察人作为公益信托的关键制度设置，所以，日本公益社团法人商事法务研究会认为，信托监察人的监督职责甚至不可以通过约定的方式在信托文件中加以限制。参见公益社团法人＝商事法務研究会『公益信託法改正研究会報告書』平成 27 年 12 月（2015）54—55 頁。

④ 日本税法上特定公益信托（及其中的认定特定公益信托）把是否设置信托管理人（监察人）作为享受税收优待的前提（所得税法第 78 条第 3 項、所得税法施行令第 217 条の 3 第 1 項第 5 号等）。

任由当事人（委托人）选择是否设置信托监察人混淆了私益信托和慈善信托。私益信托因仅有很少的外部性，可以比较多地采用尊重意思自治的法律规则；而慈善信托涉及公共利益，不能仅凭当事人的合意来决定机制的设置。因此，《慈善法》将信托监察人改为可由委托人任意选择设置是不恰当的。可以把慈善信托中信托监察人设置的规则仍然改回强制设置；只是作为例外，对具备信托财产数额较少、信托存续期短、信托目的单一等特征的慈善信托作出豁免的规定。这样即可调和意思自由和强制保护的矛盾。

（四）慈善信托监察人的设置程序

相比《信托法》第64条规定的公益信托监察人强制设立规则，《慈善法》第50条简化了慈善信托的设立条件，把是否设置信托监察人的选择权交给了委托人（“慈善信托的委托人根据需要，可以确定信托监察人”），体现了意思自治原则，毕竟善款来自委托人。例如，有人出100万元设置慈善信托，他对受托人的管理能力和忠实履职深为信任，就可以选择不设信托监察人，以免增加不必要的设立成本。

虽然一律诉诸委托人选择是否设置信托监察人有不恰当之处（前述）。但法条既然如此规定，需要由立法修订作出改变，不能理解为委托人（特别是单一委托人）没有设置信托监察人的，就一律自动适用《信托法》第64条规定“由公益事业管理机构指定”。

《信托法》第64条并未根据新法优于旧法的原则被排除适用。（1）有当事人非要根据《信托法》设置“公益信托”而非“慈善信托”，此时应予以适用；（2）多数委托人设置慈善信托，无法形成意思来表达是否设置信托监察人，或不能就是否以及如何设置信托监察人达成一致等的，公益事业管理机构可基于公共利益介入，指定信托监察人。即只有在委托人没有明确表示不设置信托监察人的场合，《信托法》第64条的指定机制才发挥作用。

（五）慈善信托监察人的职权等

1. 信托监察人的职责

《信托法》关于信托监察人职责的规定有3个条款：（1）“信托监察人有权以自己的名义，为维护受益人的利益，提起诉讼或者实施其他法律行为”（第65条）。由于一般认为公益信托并不存在受益人，说“为维护受益人”的利益并不准确。由于信托监察人的主要职责是弥补受益人不存在而带来的监督不足，所以信托监察人的职责应是“确保公益目的的实现”而非“维护受益人的利益”。[①]（2）受托人就信托事务处理情况及财产状况作出的年度报告，应经信托监察人认可，才能报公益事业管理机构核准并由受托人予以公告（第67条）。（3）公益信托终止的，受托人作出的处理信托事务的清算报告，应当经信托监察人认可（第71条）。

《慈善法》第50条第2款对信托监察人的职责也作了规定：“信托监察人对受托人的

① 根据《慈善法》第50条规定，信托监察人的职责是监督受托人和“依法维护委托人和受益人的权益”，采取的仍然是慈善信托中存在不特定受益人的立场。

行为进行监督，依法维护委托人和受益人的权益。信托监察人发现受托人违反信托义务或者难以履行职责的，应当向委托人报告，并有权以自己的名义向人民法院提起诉讼。”[①] 和《信托法》的规定相比，该规定只是多了信托监察人在受托人违反义务和无法履行职责场合向委托人报告的职权，并无新的规定，也未经司法实践之检验[②]。信托监察人可以就慈善信托或者受托人管理不当，以及资金使用违背慈善目的提起诉讼，但是，若委托人选择不设置信托监察人该如何解决这一问题？若没有可以接受报告的委托人或者委托人的人数众多又该如何处理？各种层级的立法没有提供完善的备用性规则，导致慈善信托的连续性受损。信托监察人诉讼权利行使的条件、诉讼费用的承担、法院提供的救济等问题处于未明状态，似可参照公益诉讼法理、公司股东衍生诉讼法理等加以完善。从操作的层面看，如果没有信托监察人，法律文件就要对慈善信托作出更为详尽的规定。

此外，信托监察人的职权还包括以自己的名义“实施其他法律行为”(《信托法》第65 条)，其含义为何，令人费解。《北京市慈善信托管理办法》第 35 条规定了信托监察人查阅和复制受托人处理信托事务记录的权利：“受托人应当妥善保存处理信托事务的完整记录，接受委托人和监察人的查阅和复制，并接受备案机关的检查。”

除了上述关于信托监察人的直接规定外，因信托监察人被认为是代行私益信托中的受益人之职责的主体，因此，私益信托上受益人可以行使的监督权能(《信托法》第 49 条，第 20—23 条)，信托监察人原则上均能行使。但是，根据《信托法》第 68 条的规定，公益信托受托人违反信托义务或者无能力履行信托职责的，变更受托人的职责由公益事业管理机构行使，信托监察人似不能根据《信托法》第 23 条、第 40 条、第 41 条的规定行使解任和选任受托人的权利[③]。信托监察人不得行使受益人的信托受益权亦是应有之义。

但问题是，《慈善法》把信托监察人由必备设置更改为选择设置，如果委托人选择不设置信托监察人，此时，如何进行上述的认可程序？受托人的年度报告和清算报告如何取得合法性？能否解释为上述两个报告无须认可？这里需要一个衔接的程序。委托人选择不设置信托监察人的，应当在信托文件中为确保上述程序的顺利进行作出详细约定。[④]

2. 信托监察人的权利

《信托法》关于信托监察人的权利、义务和责任的规定十分有限。信托监察人的权利有：

(1) 报酬请求权。信托监察人行使监督职责，应有权取得报酬，否则很难找到合适的人担任此职务，因此似应规定信托监察人的报酬请求权[⑤]。《中国银监会办公厅关于鼓

---

① 《慈善信托管理办法》第 11 条第 2 款、《北京市慈善信托管理办法》第 18 条、《广东省民政厅 中国银行保险监督管理委员会广东监管局关于慈善信托管理工作的实施细则》第 13 条重申了类似的规定。

② 法律中存在很多“僵尸条款”，这些条款内涵不明，也从来未受到实践特别是司法的检验，赋予了当事人很多看似宏大齐全的权利，但是这些权利中的某一部分是不可诉的，或者虽然可诉，但诉讼的程序不明、权利行使的细节不明。

③ 参见周小明：《信托制度：法理与实务》，中国法制出版社 2012 年版，第 361 页。

④ 在日本《公益信托法改正研究会报告书》中，学者们建议设立慈善公益信托必须设置信托监察人，而且，不得以在信托文件中约定的方式限制信托监察人的各种权限。参见公益社団法人 = 商事法務研究会『公益信託法改正研究会報告書』平成 27 年 12 月 (2015) 51 頁以下。

⑤ 例如，我国台湾地区“信托法”第 56 条规定了信托监察人的报酬请求权。

励信托公司开展公益信托业务支持灾后重建工作的通知》规定:“受托人管理费和信托监察人报酬,每年度合计不得高于公益信托财产总额的千分之八”,明确了信托监察人可以取得报酬。

(2)求偿权。信托监察人在以自己的名义提起诉讼的情形下,诉讼费用等应如何承担?原则上,此时的诉讼费用应由信托财产承担,但是,由于信托财产处于受托人的控制之下,而信托监察人提出诉讼主要针对的是受托人的不当行为,信托监察人担心受托人不配合是有道理的。是否需要建立信托监察人监察费用预支机制,值得研究。信托监察人也可以自己的财产预支诉讼费用,之后向信托财产求偿。

3. 信托监察人的义务和对信托监察人的监督

信托监察人被指定之后,公益事业管理机构或民政部门也没有被明确授予监督或者解任信托监察人的权力[①]。法律也没有规定委托人有权解任和变更信托监察人。那么在信托文件没有约定的情形中,什么主体依据什么样的程序可以解任或变更信托监察人,值得研究。理论上,有权选任信托监察人的主体也应有权解任和变更信托监察人,不过需要报告监管部门。

信托监察人未尽监察职责,给信托财产带来损害的,应赔偿损失;信托监察人从事和信托事务利益冲突的行为,也应受类似受托人之义务和责任规则的约束。

五、慈善信托中的其他角色

(一)事务执行人[②]或投资管理人

事务执行人(项目执行人、项目顾问)或投资管理人(投资顾问)并不是慈善信托的法定制度设置。但是,事务执行人或投资管理人在慈善信托当中存在着一定的必要性。

第一,在信托公司独任受托人的场合,信托公司由于仅仅擅长对信托财产的投资管理,缺乏慈善项目的实施团队和能力(由信托公司从事慈善项目的实施可能是效率低下的),需要借助慈善组织的力量实施。

第二,在慈善组织独任受托人的场合,慈善组织由于缺乏对信托财产的投资管理能力[③],或需聘任投资管理人进行财产管理。

即便是在共同受托人的模式下,受托人聘任事务执行人或投资管理人执行某些特定的信托事务,有时亦属必要。

---

① See Lusina Ho, *Trust Law in China*, Sweet & Maxwell Asia, 2003, p.90.

② 原来在实务中用的比较多的是“项目执行人”的表述,《广东省民政厅 中国银行保险监督管理委员会广东监管局关于慈善信托管理工作的实施细则》第12条使用了“事务执行人”的表述。

③ 《民政部、中国银行业监督管理委员会关于做好慈善信托备案有关工作的通知》规定,“除合同另有特别约定之外,慈善信托财产及其收益应当运用于银行存款、政府债券、中央银行票据、金融债券和货币市场基金等”,并没有区分慈善组织和信托公司作受托人的情形。《基金会管理条例》第28条规定:“基金会应当按照合法、安全、有效的原则实现基金的保值、增值。”民政部于2018年10月25日通过的《慈善组织保值增值投资活动管理暂行办法》规定,慈善组织可以从事广泛的投资活动,似乎对基金会投资运用信托财产并无障碍,但是基金会等慈善组织专业的投资管理团队和相应的管理能力亟待提升。

确立事务执行人和投资管理人法律地位的规范基础是《信托法》第30条，即："受托人应当自己处理信托事务，但信托文件另有规定或者有不得已事由的，可以委托他人代为处理。受托人依法将信托事务委托他人代理的，应当对他人处理信托事务的行为承担责任。"[①]按照该条规定，事务执行人或投资管理人是受托人选任的代理人，所从事的管理信托事务之行为效果归属于受托人。

（二）信托财产的保管人和法定托管人

1. 保管人

在商事领域，《信托公司集合资金信托计划管理办法》第19条规定："信托计划的资金实行保管制。对非现金类的信托财产，信托当事人可约定实行第三方保管，但中国银行业监督管理委员会另有规定的，从其规定。"《民政部、中国银行业监督管理委员会关于做好慈善信托备案有关工作的通知》明确规定，慈善信托备案必须提供"开立慈善信托专用资金账户证明"。对于个别小额、短期的慈善信托而言，信托财产几乎不在保管账户中停留，而直接用于慈善事业的实施，或者直接划拨给实施慈善事业的事务执行人等，保管账户破产隔离的功能几乎没有发挥的余地，因此，似乎不应一律要求设立保管账户。

对于非现金类的信托财产，信托当事人可约定由第三方保管，此时的保管人可以是"自然人、法人或依法成立的其他组织"[②]。

2. 法定托管人

在一个慈善信托存在多个受托人的场合，或者受托人发生变更的场合，难免会出现信托财产在受托人之间进行转移的问题。为了避免信托财产在受托人之间进行转移所带来的烦琐的程序要求，可以引入法定托管人机制。

英国法要求慈善委员会为慈善组织选任法定托管人，该托管人没有管理权限，但它是一个独任法人（corporation sole），目的是使慈善信托的受托人把信托财产权授予托管人，这样可以避免随着新受托人的选任而多次转让土地和证券等信托财产；并避免慈善组织因投资而被征缴所得税。不过，最近的一个改革方向是减少法定托管人的职责以增加受托人的责任[③]。

（三）慈善信托中金融监管部门[④]的监管职权

《慈善法》规定慈善信托的监管部门主要为民政部门。对于以信托公司为受托人的慈善信托而言，金融监管部门亦有部分监管职权。《银行业监督管理法》第2条规定，"国务院银行业监督管理机构负责对全国银行业金融机构及其业务活动监督管理的工

---

① 《广东省民政厅　中国银行保险监督管理委员会广东监管局关于慈善信托管理工作的实施细则》第12条对慈善信托的事务执行人的定义中体现了这一法理："慈善信托的事务执行人是指受托人应当自己处理慈善信托事务，但信托文件另有规定或有不得已事由，依法委托第三方代理的慈善组织、信托公司或依法成立的其他组织。"

② 《广东省民政厅　中国银行保险监督管理委员会广东监管局关于慈善信托管理工作的实施细则》第11条。

③ See Jill E. Martin, *Modern Equity*, 17th edition, Sweet & Maxwell Ltd, 2005, p.466.

④ 现为国家金融监督管理总局及其派出机构。

作。……对在中华人民共和国境内设立的金融资产管理公司、信托投资公司、财务公司、金融租赁公司以及经国务院银行业监督管理机构批准设立的其他金融机构的监督管理，适用本法对银行业金融机构监督管理的规定。”《信托公司管理办法》第 2 条规定：“本办法所称信托公司，是指依照《中华人民共和国公司法》和本办法设立的主要经营信托业务的金融机构。本办法所称信托业务，是指信托公司以营业和收取报酬为目的，以受托人身份承诺信托和处理信托事务的经营行为。”《慈善法》第十一章“监督管理”对金融监管部门的监管职责几乎没有直接的规定[①]，但是《民政部、中国银行业监督管理委员会关于做好慈善信托备案有关工作的通知》对民政部门和金融监管部门的监管职责分工作了比较明确的规定，即“银行业监督管理机构依法履行对信托公司慈善信托业务和商业银行慈善信托账户资金保管业务监督管理职责”。该通知还规定，“信托公司设立慈善信托项目实行报告制度，新设立的慈善信托项目应当在信托成立前 10 日逐笔向银行业监督管理机构报告”。《慈善信托管理办法》第 47 条重申了类似的规则。

从上述法律和规章可以看出，金融监管部门对信托公司作为非银行业金融机构所从事的“非银行业”信托业务进行监管，自然对信托公司所从事的慈善信托“业务”有监管权。

金融监管部门虽然对信托公司所从事的行为有监管权，但不是对信托公司的所有行为都有权进行监管。金融监管部门在监管信托公司的行为时，只对其金融相关行为进行监管。信托公司在从事慈善信托之时，对信托财产进行投资管理运用的全过程，都要接受金融监管部门的监管。之前的监管规则主要是针对商事信托而制定的，并不能自动适用于慈善信托这种信托类型。慈善信托非为商事信托——虽然由信托公司受托的慈善信托为营业信托，但目前慈善信托实务中参照比较多的《信托公司集合资金信托计划管理办法》属于对商事金融信托的调整规范。在慈善信托中，慈善信托计划的设立，并非普通意义上的金融信托的资金募集过程，所以，不应受《信托公司集合资金信托计划管理办法》调整，特别是不应受所谓私募的限制、合格投资者要求的限制、信托须为自益信托的限制。涉及资金的安全管理和运用方面，更应尊重委托人的意愿，确保慈善目的的实现。

第五节　慈善信托的变更、终止

一、概述

信托制度的最大优点在于其灵活性。信托可以作为长期的财产管理制度，委托人

① 该章几乎全部是关于民政部门监管职权的规定，只有第 108 条规定，“任何单位和个人发现慈善组织、慈善信托有违法行为的，可以向县级以上人民政府民政部门、其他有关部门或者慈善行业组织投诉、举报。民政部门、其他有关部门或者慈善行业组织接到投诉、举报后，应当及时调查处理”，这里的“其他有关部门”可能包含金融监管部门。

的意愿被“冷冻”在信托的结构之中，但这并不妨碍当事人事前约定、事后终止或变更信托，也不妨碍信托因法律规定条件的出现而被变更或者终止。和法人制度相比，信托还具有在短期内完成当事人目的的制度优势（信托的灵活性之一就在于其存续时间可长亦可短）。所以，《信托法》第 52 条但书规定：“但本法或者信托文件另有规定的除外。”

一般而言，相比私益信托，慈善信托的存续期间更久远，但由于不存在特定受益人的监督，为了确保信托目的的实现，慈善信托应具备适应未来变化的机制。本节将探讨这些机制。

二、慈善信托的变更

（一）受益人或受益权的变更

《信托法》对受益人和受益权的变更作出了规定，这些规则能否适用于慈善信托，值得探讨。

1. 受益人有重大侵权行为（第 51 条第 1 款第 1、2 项）

该条文针对的是受益人对委托人的背信行为和对其他受益人的重大侵权行为。由于慈善信托中不存在特定的受益人，在信托设立之后遴选出来的受益人和委托人之间通常不存在人身上的联系，通过中介（信托）所为的慈善行为更是意图减弱捐赠者和受领人之间的人身联系，所以，该条文在慈善信托中的适用可能非常有限。

2. 经过受益人同意、信托文件规定的其他情形（第 51 条第 1 款第 3、4 项）

《信托法》第 51 条第 1 款第 3 项可理解为委托人和受益人通过事后约定进行的变更，第 4 项可理解为事前在信托文件中约定的变更。由于慈善信托中不存在特定的受益人，只有已经被确认的受益人才有权对自己的受益权作出处分。

另外，在私益信托中，受益权的转让会导致受益人变更。在慈善信托中，不存在可以转让的受益权，所以，该规则不适用于慈善信托。

（二）委托人和受托人的变更

关于慈善信托委托人的变更，或者其地位转移或继受问题，以及受托人变更的问题，主要在第四节“慈善信托的治理结构”中讨论，此处不赘。

（三）对慈善信托内容的法定变更

《信托法》第 69 条规定：“公益信托成立后，发生设立信托时不能预见的情形，公益事业管理机构可以根据信托目的，变更信托文件中的有关条款。”该条确立了公益信托内容变更的基本规则。正当与否姑且不论，根据该条，民政部门作为监管部门不仅可以变更信托财产的管理方法，也可以变更信托的条款。

（1）变更对象。在普通信托中，变更对象主要涉及信托财产的管理方法，对于其他信托内容的变更也是应有之义。在慈善信托中，没有特别指出是对信托财产管理方法的变更，理论上所有信托条款的变更，只要不涉及信托目的的变更[①]，均在许可之列，范围较为广泛。

（2）变更条件。私益信托的信托财产管理方法的变更，必须同时符合两个条件：一是出现了信托设立之时未能预见的特别事由。二是该事由导致信托财产的管理方法不利于信托目的的实现或者不符合受益人的利益。但是，慈善信托的变更，只需要“发生设立信托时不能预见的情形”即可。

（3）变更的主体和方式。普通信托中对信托财产管理方法进行调整的方式，是由委托人和/或受益人“要求受托人调整”。但是在慈善信托中，是由监管部门依照职权对信托的条款进行变更。在这里，是否剥夺了委托人和受托人作为信托当事人在出现法定事由时对信托合同内容进行调整的权利，值得探讨。在慈善信托中，由于不存在特定的受益人，似乎应允许由委托人、信托监察人请求公益事业管理机构在法定事由出现时变更信托的条款。

（四）对慈善信托内容的约定变更

对慈善信托内容的变更，不能自动参照适用《信托法》第 21 条。受托人可根据信托文件事先约定的信托内容变更方法加以变更，也可以经原委托人同意对慈善信托的内容进行变更，之后到备案机关备案。(《慈善信托管理办法》第 19 条、第 38 条）

美国《统一信托法》第 411 条确立了根据关系人的同意所进行的变更原则上只适用于私益信托的规则。一旦设立慈善信托，慈善信托就成了脱离了委托人控制的客观化的存在，直接允许受托人根据委托人的事后同意而变更信托是不恰当的。

（五）变更事项的备案

根据《慈善信托管理办法》第 19 条的规定，慈善信托备案后，发生该办法第 38 条规定的部分变更事项的，慈善信托的受托人应当在变更之日起 7 日内按照第 18 条的规定向原备案的民政部门申请备案，并提交发生变更的相关书面材料。当月发生两起或两起以上变更事项的，可以在下月 10 日前一并申请备案。

三、慈善信托的终止

（一）慈善信托的终止事由的特殊性

根据《信托法》第 59 条，《慈善法》和《信托法》第六章没有规定慈善信托终止的原因的，应适用《信托法》第 53 条的规定。而《慈善信托管理办法》第 40 条规

---

① 在慈善信托的场合，应当认为不能基于信托当事人之间的合意而进行信托目的的变更。参见能見善久『現代信託法』(有斐閣、2004 年) 293—294 頁。在现行的慈善信托中，信托设立需要向监管部门备案，如果仅依靠当事人之间的合意就能变更信托目的是不恰当的。那么，如果有了当事人的合意（如委托人、受托人和监察人的合意），能否经过在监管部门的再备案变更信托目的呢？在慈善信托设立之后，会存在潜在的多数受益人（虽然不是严格意义上的受益人），信托目的的变更有可能会剥夺这些潜在的受益人的地位。若有法律的规定另当别论，一般情况下还是应该认为不允许以当事人之间的合意为依据变更信托目的。

定的慈善信托终止事由实际上重复了《信托法》第 53 条的规定[①]。但是,《信托法》第 53 条规定的信托终止情形没有考虑慈善信托的特殊性，有几种事由需要单独加以讨论。

1. 能否依信托当事人的合意终止（解除）慈善信托

由于慈善信托中不存在特定的受益人，即便慈善信托设置信托监察人，信托监察人作为受益人的代表，在性质上只能为了保护受益人的利益而不能为了损害受益人的利益采取行动[②]。慈善信托本质上是为了慈善目的、为了公共利益而存在的，而非仅关乎信托当事人之私益，因此，原则上不应允许通过委托人和受托人的合意终止信托[③]。若委托人和受托人能未经公益事业管理机构的同意自由终止信托，根据《信托法》第 54 条，信托终止后委托人可以成为剩余财产的权利归属人，这样，受托人和委托人就可以根据该条(特别是在他们不同意公益事业管理机构的决定之时)终止信托而取回信托财产。这会削弱公益事业管理机构在监督管理方面的权威。所以，我国台湾地区学者认为，在慈善信托文件中约定信托终止的，信托财产应当约定只能归属于慈善信托、慈善组织或者各级政府机关。[④]

如果允许委托人和受托人合意终止信托，同时要求不能向委托人或其利害关系人返还财产，根据《信托法》第 72 条适用近似原则，应把信托财产用于与原来的信托目的相近似的慈善目的，而近似原则的适用要经过监管部门的批准，如此则没有侵害公共利益的可能，允许当事人合意终止信托似乎并无问题。

2. 慈善信托也不因法定解除而终止

法定解除信托的情形有二：一是委托人是唯一受益人的，委托人或其继承人可以解除信托（《信托法》第 50 条），这只能发生在自益信托的场合，而慈善信托均为他益信托，因此不适用；二是受益人对委托人有重大侵权行为或者经受益人同意的，委托人可以解除信托(《信托法》第 51 条），由于慈善信托中没有受益人，或者虽然有具体从慈善信托中取得利益的人，其侵害委托人的情形也很少发生，或者虽有发生，因慈善信托是为公益而设，乃不可撤销之行为，更不可因个别受领人的错误行为解除信托，所以这种情形也是不适用的。

3. 慈善信托被撤销是否可以导致信托终止

一般把这里的撤销行为解读为根据《信托法》第 12 条作出的撤销行为[⑤]，但“信托被撤销”一般不能作为慈善信托终止的事由，只有在非常有限的情形中才能成为慈善信托终止的事由。

因此，慈善信托终止的原因就只剩下以下几种：（1）信托文件规定的终止事由发生；（2）信托的存续违反信托目的；（3）信托目的已经实现或者不能实现；（4）信托被撤销

---

① 相比之下,《北京市慈善信托管理办法》第 24 条就比较谨慎，只规定了三项慈善信托终止事由：（1）信托文件规定的终止事由出现；（2）信托目的已经实现或者不能实现；（3）信托被依法撤销。

② 参见周小明:《信托制度：法理与实务》，中国法制出版社 2012 年版，第 374 页。

③ 日本公益社团法人和商事法务研究会支持这样的观点：公益信托的委托人、受托人及信托监察人的单独的意思表示或者共同的意思表示都不能产生使公益信托终止的效果。公益社団法人 = 商事法務研究会『公益信託法改正研究会報告書』平成 27 年 12 月（2015 年）86 頁。

④ 参见叶赛莺:《信托法专论》，新学林 2013 年版，第 399—400 页。

⑤ 参见卞耀武主编:《中华人民共和国信托法释义》，法律出版社 2002 年版，第 141 页。

（需重新解释“撤销”的含义，详见下文）[①]。

（二）信托文件规定的终止事由的发生

信托文件规定的终止事由大致可以分为两类：

1. 信托文件规定的期限届满

《信托法》虽然没有对信托的存续期限作出限制性规定，理论上委托人可以设立永续存在的慈善信托，但在实务上，慈善信托当事人通常会规定信托的存续期限，一旦信托文件规定的期限届满，信托即可终止。

2. 信托文件规定的终止条件成就

信托文件中可以规定信托终止的条件。例如，信托文件规定受托人因死亡、丧失民事行为能力或者依法解散、被依法撤销或者被宣告破产等原因无法履行职责时，信托终止；也可以约定因受托人的辞任而终止（《信托法》第 52 条但书[②]）。当事人可以约定在受托人符合这些条件的时候信托终止，此时的信托可以被理解为一种“专任信托”，此时的受托人为专任受托人（personal trustee）。一旦信托文件中明确规定的终止条件成就，信托即予以终止。

（三）信托的存续违反信托目的

信托目的，具体到慈善信托中是委托人设立信托所欲达成的慈善目的，是信托成立和存续的基本要素。因此，如果信托的存续违反了信托设立时所定的慈善目的，信托依法应当终止。

（四）信托目的已经实现或者不能实现

委托人为了实现特定的信托目的而设立信托，一旦该目的实现，信托便失去继续存在的必要性。例如，委托人设立信托，目的是为治疗艾滋病的药物的开发提供经费支持，当治疗艾滋病的药物被开发出来，信托目的已经实现，该信托即告终止。

另外，如果信托财产的规模太小，导致信托无法有效运作，委托人设立信托的目的变得不切实际，美国规定了通过简易程序对小型慈善信托进行改革。例如，《统一信托法》第 414 条规定，受托人如果认为信托资产的价值已经不足以为其管理成本提供正当性，就有权变更或终止资产少于 5 万美元的信托。在变更或终止之前要提前通知州首席检察官，以及信托条款中明确规定的接受其捐赠的慈善组织。[③]这也可以理解为慈善信托的目的无法实现的一种情形。

把信托文件所规定的事由的发生或者信托目的的实现不能作为信托终止的原因，在

---

① 《北京市慈善信托管理办法》第 24 条规定：“有下列情形之一的，慈善信托终止：（一）信托文件规定的终止事由出现；（二）信托目的已经实现或者不能实现；（三）信托被依法撤销。”该办法仍然把慈善信托被撤销作为终止事由，而没有考虑行使撤销权的主体、撤销之后的后果等问题。

② 《信托法》第 52 条规定：“信托不因委托人或者受托人的死亡、丧失民事行为能力、依法解散、被依法撤销或者被宣告破产而终止，也不因受托人的辞任而终止。但本法或者信托文件另有规定的除外。”

③ 转引自［美］玛丽恩·R.弗莱蒙特－史密斯：《非营利组织的治理：联邦与州的法律与规制》，金锦萍译，社会科学文献出版社 2016 年版，第 169 页。

这一点上，慈善信托和私益信托是相同的。但是，在慈善信托中，由于不存在受益人，不能通过委托人和受益人之间的合意来终止信托。信托监察人和委托人，甚至和受托人三方的合意也不能终止信托。同样，也不应适用《信托法》关于解除的规定[①]。在慈善信托中，似乎只存在客观的终止事由；不过如前所述，如果法律禁止委托人通过终止信托而取回信托财产，允许当事人约定终止信托也似无问题。

（五）慈善信托被撤销

就什么是“信托被撤销”，学界有不同的观点，需要详细加以探究。

第一，委托人设立的欺诈信托被委托人之债权人撤销。立法机构人士参与编写的“释义”中大多采这种观点[②]。根据《信托法》第 12 条，欺诈信托会被委托人之债权人撤销，撤销的后果一般是把相关的资产返还给委托人，作为其偿还债务的一般财产，不能根据《信托法》第 72 条的规定把该财产运用于其他最近似的公益目的，否则相当于认可了委托人的欺诈行为[③]，允许委托人慷债权人之慨。

周小明甚至认为，信托被撤销不仅不是慈善信托的终止事由，把它作为私益信托的终止事由本身就是立法的失误。《信托法》第 12 条的主要功能是保护委托人的债权人，如果产生的是《信托法》第 54 条的信托终止的后果，则无法达成保护债权人的目的。[④]所以，应直接根据《信托法》第 12 条的规定把欺诈信托作为信托效力瑕疵事由。

信托的终止，是合法有效成立的信托嗣后基于一定的事由而终止。而《信托法》第 12 条规定的“撤销”是基于保护委托人债权人的目的使设立信托之法律行为溯及既往无效，在《信托法》上，规定欺诈信托撤销的第 12 条紧跟规定信托无效的第 11 条，显然和信托设立的效力有关，和有效设立的信托因嗣后的事由终止无关。因此，《信托法》第 12 条规定的欺诈信托撤销不是普通信托终止的事由[⑤]，更不是慈善信托终止的事由。

第二，信托设立行为因意思表示瑕疵被委托人等撤销（《民法典》第 147—150 条）。信托行为属法律行为之一种，如果信托行为被委托人或者委托人的法定代理人依法撤销，则视该法律行为自设立时起即属无效，信托因被撤销而终止。例如，对于委托人因受他人欺诈或者胁迫而设立信托的行为，或者委托人尚属未成年人、无民事行为能力人或限制民事行为能力人，在没有征得其法定代理人、监护人等同意的情况下设立信托的行为，委托人或其法定代理人可以撤销。信托基于遗嘱而设立的，作为委托人的遗嘱继承人有权撤销[⑥]。但是，这和前一种情形一样，仍然属于因法律行为事前存在设立瑕疵而被撤销，其后果是信托失去效力而非终止。

第三，委托人对已经合法成立的信托行为的撤销。有学者指出，信托被撤销特指“委

---

① 参见四宮和夫『信託法［新版］』（有斐閣、法律学全集、1989 年）349 頁注（二）。

② 参见卞耀武主编：《中华人民共和国信托法释义》，法律出版社 2002 年版，第 141 页；王清、郭策：《中华人民共和国信托法条文诠释》，中国法制出版社 2001 年版，第 134 页。

③ See Lusina Ho，*Trust Law in China*，Sweet & Maxwell Asia，2003，p.93.

④ 参见周小明：《信托制度：法理与实务》，中国法制出版社 2012 年版，第 333 页。

⑤ 日本的信托法也不把欺诈信托的撤销作为信托终止的事由。

⑥ 参见［日］中野正俊、张军建：《信托法》，中国方正出版社 2004 年版，第 191—192 页。

托人对已经依法成立的信托关系的撤销”[①]，不同于“对欠缺法定条件的信托行为的撤销”。这种观点把上述两种情形排除在外，对此观点本书表示赞同。此时符合条件的撤销行为有：（1）委托人保留撤销信托权利的；（2）委托人根据法定事由撤销信托的。此时的撤销和信托的解除之间几乎无法区分。上文讨论过，在慈善信托场合，委托人不能撤销（解除）已经合法成立的信托。

第四，慈善信托因受托人履行违法等原因，被主管部门撤销。这类似《民法典》第69条第4项所规定的法人被撤销。

我国台湾地区“信托法”第77条规定，公益信托违反设立许可条件、监管命令或为其他有害公益之行为者，主管机关得撤销其许可。另公益信托如无正当理由连续3年不从事慈善活动的，亦同。我国《信托法》第53条所规定的“信托被撤销”作为信托终止事由的来源似乎在此。但值得深思的是，在我国，出现《信托法》第53条规定的“信托的存续违反信托目的”“信托目的已经实现或者不能实现”的情形时，信托终止，但是，如果没有当事人主张，监管机构能否依照职权撤销该慈善信托，似有疑问。

而且，信托生效之后，若受托人违法履行，委托人除追究受托人责任、更换受托人之外，能否解除信托？或者，如果委托人把慈善信托作为从事某种违法行为的工具，监管部门是否有权撤销慈善信托？我国的《信托法》《慈善法》《慈善信托管理办法》等均没有关于行政机关撤销慈善信托之规定，《慈善法》把慈善信托的设立改为备案制，也没有撤销备案一说。

照此解释，《信托法》规定“信托被撤销”而导致信托终止的只能是指类似我国台湾地区“信托法”所规定的情形。信托因之终止之后，不可适用《信托法》第54—56条的规定把剩余信托财产因此归于权利归属人；更不能适用《信托法》第12条的规定。至于能否适用《信托法》第72条关于近似原则的规定，值得进一步探讨。

（六）慈善信托终止时的报告

根据《信托法》第70条、《慈善法》第51条、《慈善信托管理办法》第41条，受托人应当自慈善信托终止事由发生之日起15日内将终止事由、日期、剩余信托财产处分方案和有关情况向备案的民政部门主动报告。根据《信托法》，报告对象是包括民政部门、环保部门、教育部门、卫生部门、体育部门等在内的“公益事业管理机构”，而根据《慈善法》，报告的对象是作为慈善信托监管部门的民政部门。在解释上，除根据《信托法》设立“公益信托”之外，慈善信托的监管部门为民政部门；在适用《慈善法》第51条时，受托人根据该条应向《信托法》规定的“公益事业管理机构”报告，此时的“公益事业管理机构”就是指民政部门。[②]

四、近似原则

（一）近似原则是慈善法领域的基本原则

近似原则（cy-pres doctrine）中的“cy-pres”来自法语，意思是“尽可能接近”。在信

---

① 周玉华主编：《信托法学》，中国政法大学出版社2001年版，第264—265页。

② 《北京市慈善信托管理办法》第25条规定：“自慈善信托终止事由发生之日起15日内，受托人将终止事由和终止日期报告慈善信托备案民政部门。”

托法中，如果慈善信托的信托目的已经实现、无法实现、变得违法或者不切合实际，信托的存续和信托的公益目的不符，受托人等应当把该信托财产处分于最能达成该目的的慈善事业。我国《信托法》第 72 条确立了类似的原则："公益信托终止，没有信托财产权利归属人或者信托财产权利归属人是不特定的社会公众的，经公益事业管理机构批准，受托人应当将信托财产用于与原公益目的相近似的目的，或者将信托财产转移给具有近似目的的公益组织或者其他公益信托。"

近似原则不仅是慈善信托法的原则，还应是整个慈善事业法中的一个原则。例如，《慈善法》第 18 条规定，"……慈善组织清算后的剩余财产，应当按照慈善组织章程的规定转给宗旨相同或者相近的慈善组织；章程未规定的，由办理其登记的民政部门主持转给宗旨相同或者相近的慈善组织，并向社会公告"。

（二）近似原则的适用条件

1. 慈善信托发生终止事由

按照《信托法》第 72 条的字面解释，"公益信托终止"而非"公益信托发生终止事由"是近似原则的适用前提。如后文所述，如此规定不是把近似原则作为一种信托变更的机制，而将其作为一种清算后信托财产的归属机制，不利于慈善信托制度功能的发挥。

即使作扩张解释，把"慈善信托发生终止事由"作为适用近似原则的条件，也只有在慈善信托发生"终止事由"之后，才可能适用该原则。慈善信托因被撤销而终止的，应将信托财产首先用于清偿委托人之债权人的债权，之后若有剩余才能适用近似原则[①]。

一个更允当的理论解释是，近似原则的适用并不仅涉及信托的终止，而且和信托目的的更改有关[②]。所以，一个更恰当的规则应当是：当信托的存续会违背信托设立的最初目的或者信托的目的已经实现或者不能实现，出现了终止事由，在经过公益事业管理机构的批准之后，应将信托财产用于与原公益目的相近似的目的，或者将信托财产转移给具有近似目的的慈善组织或者其他慈善信托。应更多采用信托变更的观念，这样能更充分地利用已设立之慈善信托的"壳"价值[③]。

2. 没有信托财产的权利归属人或者信托财产的权利归属人是不特定的社会公众

依字面解释，欲适用近似原则，也必须是在慈善信托终止后，剩余财产没有权利归属人，或者剩余财产的权利归属人是不特定的社会公众的场合。这里的权利归属人即《信

---

① 参见周小明：《信托制度：法理与实务》，中国法制出版社 2012 年版，第 373 页。

② 借用一个不太恰当的类比，慈善信托适用近似原则只适用于信托目的的变更的场合，而目的的变更是一种更为根本的变更，这类似在债的广义变更中，债的主要性质的改变构成债的更新，债的更新使债丧失同一性。

③ 传统英美法中的近似原则是在慈善信托的特定目的变得不合法、不可能或者不可行（illegal，impossible，or impractical）的场合，法院可以指示把信托财产运用于委托人的一般信托意图之内的其他信托目的。美国《统一信托法》Section 564－B：4－413 和《澳大利亚新南威尔士州公益信托法》第 9 条均不把信托终止作为适用近似原则的前提条件。《美国信托法第三次重述》中也把近似原则理解为信托变更的一种机制（Restatement（Third）of Trusts§1，comt.c）。我国《信托法》第 73 条的直接来源可能是我国台湾地区"信托法"第 79 条和旧《日本信托法》第 73 条（"当公益信托终止而其信托财产又无归属权利人时，主管官厅可以根据其信托之宗旨，继续其类似目的的信托"），上述条文字面上似乎是把信托终止作为适用近似原则的条件。值得注意的是，日本学者能见善久教授把该条的适用解释为"出现了应当终止信托的事由的场合，把信托在类似的目的上继续下去"。参见能見善久『現代信託法』（有斐閣、2004 年）297 頁。

托法》第 54 条所规定之人，即信托文件规定的人、受益人及其继承人、委托人及其继承人可以按照该条规定的顺序成为权利归属人。

但《信托法》第 72 条这一规定存在问题。在慈善信托出现终止事由的场合，信托文件似乎可以约定把剩余信托财产归属于某些慈善组织、用于某些近似的慈善用途，但不能按照《信托法》第 54 条的规定自由确定权利归属人。逻辑上，委托人在信托文件中约定信托财产归属于特定的私人，将会影响到慈善信托的效力。

不应该把适用近似原则限于信托财产没有权利归属人的情形。当慈善信托设立后开始运转，法律所推定出的委托人的意愿是：若没有信托文件的相反约定，委托人是要把信托财产永远地用于公益目的的。因此，即使慈善信托被终止，委托人或者特定的受益人（更不用说其继承人）原则上都不能取回或者取得信托财产。此时适用近似原则，以“挽救”慈善信托。

即便允许委托人在信托文件中约定将剩余信托财产归属于特定的主体，这个主体也只能是国库、政府部门、大学医院等事业单位，如果约定的权利归属人是特定的慈善组织或者慈善信托，将和近似原则的适用效果基本类似。

3. 信托财产只能用于与原公益目的相近似的慈善事业

这一要求的实质是尽可能遵循委托人的意愿、挽救委托人的意愿。信托财产可以被用于和原公益目的相近的慈善事业，不限于慈善信托。

4. 适用近似原则需要监管部门的批准

根据《信托法》第 72 条，在适用近似原则时，须经公益事业管理机构批准，受托人似乎无权自行决定是否适用近似原则以及如何适用。而根据《慈善法》第 51 条规定，慈善信托终止时适用近似原则的，按照《信托法》第 72 条处理，基于《慈善法》将慈善信托的监管职权统一收归受托人所在地的县级以上人民政府民政部门，是否适用近似原则以及如何适用近似原则的批准机关应是慈善信托原备案的民政部门，而不应再是公益事业管理机构。①

五、慈善信托的清算

（一）慈善信托清算的规范基础

《慈善法》中没有关于慈善信托清算的直接规定，在慈善信托清算的问题上仍然要适用《信托法》第 71 条的规定。《信托法》第 71 条规定：“公益信托终止的，受托人作出的处理信托事务的清算报告，应当经信托监察人认可后，报公益事业管理机构核准，并由受托人予以公告。”

（二）《慈善法》和《信托法》关于清算问题的衔接

《慈善法》对慈善信托制度进行了一些调整，但是和《信托法》产生了一些冲突。

依据《信托法》第 71 条，公益信托的清算要经过公益事业管理机构核准。可问题是，

① 《慈善信托管理办法》第 43 条规定，慈善信托终止后在适用近似原则的场合应“经备案的民政部门批准”。

《慈善法》第 45 条规定设立备案制，不再要求慈善信托的设立须经公益事业管理机构批准，那么，根据《慈善法》备案设立的慈善信托进行清算是否仍然要经过民政部门核准呢？《慈善信托管理办法》第 42 条第 1 款只是要求“慈善信托终止的，受托人应当在 30 日内作出处理慈善信托事务的清算报告，向备案的民政部门报告后，由受托人予以公告”，慈善信托的清算报告似乎不需要经过监管部门的核准，只需要向其报告即可。

依据《信托法》第 71 条，公益信托清算需要经过信托监察人认可。而根据《慈善法》第 50 条规定，委托人可以选择是否设置信托监察人。如果委托人设置了信托监察人，当然可以按照《信托法》第 71 条经信托监察人认可后顺利完成清算。但是，如果委托人没有设置信托监察人，如何完成《信托法》第 71 条所要求的信托监察人认可程序就成了问题。《慈善信托管理办法》第 42 条第 2 款规定“慈善信托若设置信托监察人，清算报告应事先经监察人认可”，这就意味着，慈善信托如果没有设置信托监察人，清算报告便不需要再经过任何机关的认可。

［本章思考题］

1. 慈善信托的慈善目的为何重要？如何判断一个慈善信托是否符合公益性的要求？
2. 《慈善法》规定设立慈善信托采取备案制，如何理解慈善信托的备案制和许可制？
3. 慈善信托中委托人的权利能否继承？
4. 慈善信托中受托人的义务存在哪些特殊性？
5. 慈善信托为何需要信托监察人？信托监察人的权利来源为何？和私益信托中约定的监察人、保护人在权利和义务上有何差异？
6. 慈善信托是否存在受益人？
7. 慈善信托的终止事由有哪些特殊性？
8. 《信托法》关于近似原则的适用条件是否存在修订的必要？

［本章学习参考资料］

本书主要参考书目

1. 周小明:《信托制度:法理与实务》,中国法制出版社 2012 年版。
2. 何宝玉:《英国信托法原理与判例》,法律出版社 2001 年版。
3. 张淳:《中国信托法特色论》,法律出版社 2013 年版。
4. 张军建:《信托法基础理论研究》,中国财政经济出版社 2009 年版。
5. 余辉:《英国信托法:起源、发展及其影响》,清华大学出版社 2007 年版。
6. 高凌云:《被误读的信托——信托法原论》(第二版),复旦大学出版社 2021 年版。
7. 李宇:《商业信托法》,法律出版社 2021 年版。
8. 周玉华主编:《信托法学》,中国政法大学出版社 2001 年版。
9. 方嘉麟:《信托法之理论与实务》,中国政法大学出版社 2004 年版。
10. 赖源河、王志诚:《现代信托法论》(增订三版),中国政法大学出版社 2002 年版。
11. 谢哲胜:《信托法》,元照出版公司 2007 年版。
12. 王志诚:《信托法》(增订第六版),五南图书出版公司 2017 年版。
13. 杨崇森:《信托业务与应用》,三民书局 2010 年版。
14. [日]能见善久:《现代信托法》,赵廉慧译,中国法制出版社 2011 年版。
15. [日]樋口范雄:《信托与信托法》,朱大明译,法律出版社 2017 年版。
16. [日]新井诚:《信托法》(第四版),刘华译,中国政法大学出版社 2017 年版。
17. [日]三菱日联信托银行编著:《信托法务与实务》,张军建译,中国财政经济出版社 2010 年版。
18. [英]格雷厄姆・弗戈:《衡平法与信托的原理》(下册),葛伟军、李攀、方懿译,法律出版社 2018 年版。
19. [英]F.W.梅特兰:《国家、信托与法人》,[英]大卫・朗西曼、[英]马格纳斯・瑞安编,樊安译,北京大学出版社 2008 年版。
20. [美]劳伦斯・M. 弗里德曼:《遗嘱、信托与继承法的社会史》,沈朝晖译,法律出版社 2017 年版。
21. 道垣内弘人『信託法入門』(日経文庫、2007 年)。
22. 四宮和夫『信託法[新版]』(有斐閣、法律学全集、1989 年)。
23. 能見善久(編)『信託の実務と理論』(有斐閣、2009 年)。
24. 能見善久=道垣内弘人(編)『信託法セミナー』(有斐閣、2015 年)。
25. 樋口範雄『アメリカ信託法ノートⅠ、Ⅱ』(弘文堂、2003 年)。
26. 樋口範雄『フィデュシャリーの時代』(有斐閣、1999 年)。
27. 小野傑、深山雅也(編)『新しい信託法』(三省堂、2007 年)。

28. 道垣内弘人『信託法』(有斐閣、2017 年)。
29. 姜雪蓮『信託における忠実義務の展開と機能』(信山社、2014 年)。
30. J.E. Penner, *The Law of Trusts,* 11th edition, Oxford University Press, 2019.
31. Scott A. W., Abridgment of the Law of Trust, Little Brown and Company, 1960.
32. Lusina Ho, *Trust Law in China*, Sweet & Maxwell Asia, 2003.
33. *Lewin on Trust,* 19th ed., Sweet & Maxwell, 2015.
34. George T. Bogert, *Trusts,* sixth edition, West Publishing Co., 1987.
35. Jill E. Martin, *Modern Equity*, 17th edition, Sweet & Maxwell Ltd, 2005.
36. Edward C. Halbach, Jr, *Trusts*, *Gilbert Law Summaries*, Thomas/West, 2008.
37. *Underhill and Hayton Law of Trusts and Trustees*, 19th edition, LexisNexis, 2016.
38. Maurizio Lupoi, *Trusts: A Comparative Study*, Cambridge University Press, 2000.
39. Parker & Mellows, *The Modern Law of Trusts*, 8th edition, Sweet & Maxwell, 2003.
40. Alastair Hudson, *Equity and Trusts*, 7th ed., Routledge, 2013.
41. Peter Luxton, *The Law of Charities*, The Oxford University Press, 2001.

案例索引

关键词索引

J

K

L

M

N

P

Q

R

S

T

W

X

Y

Z

郑重声明

高等教育出版社依法对本书享有专有出版权。任何未经许可的复制、销售行为均违反《中华人民共和国著作权法》，其行为人将承担相应的民事责任和行政责任；构成犯罪的，将被依法追究刑事责任。为了维护市场秩序，保护读者的合法权益，避免读者误用盗版书造成不良后果，我社将配合行政执法部门和司法机关对违法犯罪的单位和个人进行严厉打击。社会各界人士如发现上述侵权行为，希望及时举报，我社将奖励举报有功人员。

反盗版举报电话　（010）58581999　58582371

反盗版举报邮箱　dd@hep.com.cn

通信地址　北京市西城区德外大街 4 号　高等教育出版社知识产权与法律事务部

邮政编码　100120

读者意见反馈

为收集对教材的意见建议，进一步完善教材编写并做好服务工作，读者可将对本教材的意见建议通过如下渠道反馈至我社。

咨询电话　400-810-0598

反馈邮箱　gjdzfwb@pub.hep.cn

通信地址　北京市朝阳区惠新东街 4 号富盛大厦 1 座　高等教育出版社总编辑办公室

邮政编码　100029